Organizational Behavior

조직행동론

Angelo Kinicki · Robert Kreitner 저

전병준 역

McGraw Hill Education

MEDIA JIPHIL
(주)지필미디어

Higher Education

Organizational Behavior: Key Concepts, Skills & Best Practices, 4th Edition

1 2 3 4 5 6 7 8 9 10 JP20 14

Original: Organizational Behavior: Key Concepts, Skills & Best Practices,
4th Edition © 2009
By Angelo Kinicki, Robert Kreitner
ISBN 978-0-07-338141-1

This authorized Korean translationedition is jointly published by McGraw-Hill Education Korea, Ltd. and Jiphil Media. This edition is authorized for sale in the Republic of Korea.

This book is exclusively distributed by Jiphil Media.

When ordering this title, please use ISBN 978-89-964908-9-0
Printed in Korea

조직행동론

지 은 이 Angelo Kinicki, Robert Kreitner
옮 긴 이 전병준
발 행 처 (주)지필미디어
주 소 서울시 서대문구 충정로6안길 29(미근동) 101호
전 화 (02)362-4504
팩 스 (02)393-4509
이 메 일 book@jiphil.co.kr
홈페이지 jiphil.co.kr
발 행 인 김성남

발 행 일 2015년 2월 16일 초판 1쇄
등록번호 2제 312-1997-000043호 (1997년 07월 16일)
ISBN 978-89-97394-89-0 93320
값 32,000원

저자서문

여러 해 동안, 다양한 나라에서 학부생들과 대학원생들에게 조직행동 및 관리를 가르치는 동안 '내용이 많고, 비싼 책을 원한다'고 말하는 학생은 한 명도 만나지 못했다. 여기서 우리는 영감을 얻었다. 과중되고, 빠듯한 예산이 일상이 된 오늘날의 급변하는 사회에서는 얇고, 덜 비싼 책에 대한 요구가 있는 것이 사실이다. 조직행동론 분야의 '기본' 교과서들은 이러한 요구를 충족시키려고 노력하고 있다. 하지만, 간결하다는 것이 최신사례, 편리한 레이아웃, 학습향상을 위한 비용과 연결되어버렸다. 우리는 '간결'이 시대에 뒤지거나 지루하다는 것이 아니라고 생각한다.

새로운 표준

키니키와 크레이트너의 **조직행동론: 핵심 개념, 기술과 모범사례 4판**은 조직행동론 기본 교과서의 새로운 표준을 제시한다. 다음의 가이드 라인은 새로운 표준에 대한 우리의 목표를 이루게 하였다: "얇음, 새로움, 실질적, 사용자 친화적, 흥미로움, 조직행동 분야에 대한 흥미로운 도입 시도". 그래서 당신은 이 책에서 승인기관 AACSB(국제경영대학발전협의회)와 모든 조직행동론 교과서의 교육학적 내용들과 관련된 ACBSP(미국직업교육협회)에 의해 추천된 토픽들을 알게 되고, 효율적으로 이해할 수 있게 된다. 교육학적 개선사항들로는 현실적이고, 실생활적인 챕터-오프닝케이스들, 최신예제의 다양한 수록, 별도 상자 처리한 '기술과 모범사례'를 교재 전체에 배치하여 확실한 훈련의 강조, 각 장의 내용과 관련된 적어도 하나의 실전연습, 흥미로운 프레젠테이션, 다양한 사진들, 신랄한 만화, 유익한 요약, 장을 마무리하는 윤리적 딜레마로 구성되어 있다.

효율적이고 유연성있는 구조

이 교과서의 16장(1장의 윤리모듈을 포함)은 전통적 15주 학기과정, 10주 과정, 여름과 겨울 계절학기, 관리개발 세미나, 인터넷을 통한 원격학습 프로그램에 적용 가능하다. 중요한 주제(윤리, 국제 조직행동, 다양성 관리 포함)에 대하여 미리 살펴보면, 이 교재의 주제적 흐름은 미시(개인)에서 거시(그룹, 팀, 조직)로 가는 것을 알 수 있다. 다양한 방법으로 장을 혼합 및 연관시키는 것은 가능할 뿐만 아니라, 최적의 가르치고/배우는 경험을 만들어주므로 강력히 권하는 바이다.

조직행동론 연구 통찰의 다양한 방법

우리는 주요 주제를 다룰 때 교육적 효과를 높이기 위하여, 5개 영역에서 명확한 근거를 체계적으로 가져왔다. 가치 있는 증거는 연구방법론의 우선순위에 따라 도출되었다.

메타분석
통계적 절차를 통해 다양한 연구의 결과들을 통합하는 것

- 메타 분석. **메타분석(meta-analysis)**은 통계적 통합 기술로서 행동 과학자들이 많은 선행 연구들로부터 특정 변수들에 대하여 일반적 결론을 도출하도록 하는 방법이다. 이는 일반적으로 많은 수의 연구와 샘들을 포함하고, 샘플은 쉽게 천 단위를 넘어간다. 메타분석은 교육적으로 유익한데 왜냐하면 연구 결과의 일반적 패턴에 집중하기 때문이다.

필드 연구
실제 조직에서 존재하는 변수들을 조사

- 필드 연구. 조직행동론에서 **필드 연구(field study)**는 실제 조직 상황에서 개인이나 그룹 프로세스를 조사한다. 왜냐하면 필드 연구는 현실의 조직생활과 연관되어 있고, 그 연구결과들이 빈번히 즉각적이고 실질적으로 관리자와 연관성을 갖고 있기 때문이다.

실험실 연구
설정된 상황 속에서 변수들을 조작하고 측정하는 것

- 실험실 연구. **실험실 연구(laboratory study)**에서는 변수들이 설정된 상황 속에서 조작되고 측정된다. 학부생들이 일반적으로 실험 대상으로 이용된다. 이러한 고도로 조작된 실험실 연구의 특징은 연구의 정확도를 높인다. 하지만 연구결과를 일반화시켜서 조직관리에 적용하는 것에는 주위가 요구된다.

표본 조사
표본으로 뽑힌 사람들로부터 질의응답하는 것

- 표본 조사. **표본 조사(sample survey)**에서는 특정 인구계층에서 뽑힌 사람들이 질문에 응답한다. 연구자들은 표본을 통해 이와 연관된 계층에 대한 결론을 내린다. 결과의 일반화 가능성은 표본의 질과 질문 기술에 달려있다.

사례 연구
개인, 그룹, 조직을 대상으로 심도있는 연구를 하는 것

- 사례 연구. **사례 연구(case study)**는 개인, 그룹 혹은 조직에 대한 심도있는 분석이다. 사례는 범위가 한정되어 있어서 현실적으로 보이나 그다지 결과들을 일반화할 수 있지는 않다.

4판에서는 윤리를 더 강조

우리는 3판부터 두 가지 측면을 지속적으로 업데이트했다. 1장에서 윤리에 대한 포괄적인 모듈과 각 단원 마지막에 수록한 윤리적 딜레마 연습이 그것이다. 이것들은 직장에서 직원들을 관리하기에 적절한 도덕적 분위기를 만들기 위해 실었다. 16개의 윤리적 딜레마는 현재의 윤리적 이슈들을 다루고 있고, 다소 거친 질문들을 하였고 웹사이트인 www.mhhe.com/kinickiob4e에서 해설들을 볼 수 있도록 했다. 유익한 그룹 활동인 "성별에 따른 도덕적 합리화의 차이조사"

는 윤리적 모듈을 따른다. 10개의 이런 딜레마들은 4판에서 새롭게 소개된 내용들이다.

학습에 대한 확인

학습의 확인 많은 인증 기준의 중요한 요소이다. **조직행동론: 주요 개념, 기술과 모범사례 4판**은 학생들의 학습이 제대로 이루어졌는지를 확인하는데 많은 신경을 써서 설계하였다. 우리는 이 목표를 완수하기 위해 각 시작하는 단원마다 학습목표 리스트를 제시하였다. 이 목표들을 본문에서 그 내용을 다룰 부분에다가 다시 반복하여 삽입하였다. 이는 학생들로 하여금 학습목표와 관련하여 읽는데 집중하도록 도와준다. 순환학습을 완료하기 위해서, 단원의 마지막 부분에 토론 문제를 추가하고 각 학습목표에 대한 요약을 제공했다. 또한 이 책에 대한 모든 시험문제 은행은 블룸의 분류학(Bloom's Taxonomy) 단계와 AACSB 인증분야와 연결되어 있다. EZ Test, 맥그로힐의 easy-to-use 문제은행 소프트웨어는 이러한 문제은행을 검색할 수 있고, 학습분석 및 평가의 확인이 가능한 검색엔진을 제공한다.

AACSB 규정

맥그로힐은 AACSB의 자랑스러운 기관회원이다. AACSB 인증의 가치와 중요성을 이해하기 위해서 **조직행동론: 주요 개념, 기술과 모범사례 4판**은 AACSB에서 제시한 일반적인 지식과 기술 가이드라인에서 문제를 선별함으로써 경영 인증에 대한 AACSB 기준에 소개되어 있는 과정 가이드라인을 준수하고 공인받기 위해 고심했다.

조직행동론: 주요 개념, 기술과 모범사례 4판에 포함되어 있는 내용들은 이 책의 사용자들에게 가이드로서 제공된다. AACSB는 개별 학교와, 학교의 사명, 교수진의 범위에 대해 전반적인 규정과 평가를 한다. **조직행동론: 주요 개념, 기술과 모범사례 4판**과 티칭 패키지는 AACSB 규정과 평가에 어떤 특별한 클레임도 하지 않았다. 문제은행에는 6가지 일반적인 지식과 기술 분야에서 선별된 문제들을 수록하였다.

차 례

Part One 글로벌 경제 속에서 사람 관리

Part Two 개인 수준의 경영

Part Four 조직 프로세스 관리

Part Five 진화하는 조직 관리하기

글로벌 경제 속에서 사람 관리

Part One

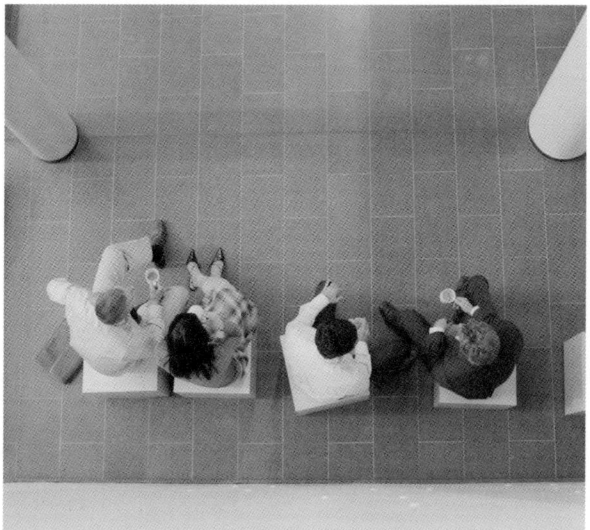

Chapter 01

인간중심의 경영활동과 업무환경의 필요성

학습목표

이 단원을 학습한 후, 다음의 질문에 답할 수 있어야 한다.

1. 페퍼(Pfeffer)의 인간중심의 경영활동을 최소한 네 가지 이상 적시하고 '경영'이라는 용어를 정의하라.
2. 맥그리거(McGregor)의 종업원에 대한 X이론과 Y이론을 비교하라.
3. 데밍(Deming)의 85-15 규칙과 관리적 중요성에 대해서 설명하고, 전사적 품질경영(TQM)의 네 가지 원칙을 적시하라.
4. 인적자본과 사회적자본을 비교하고 인적자본이 구축될 때 측정 가능한 다섯 가지 결과물에 대해 설명하라.
5. 조직행동론 분야에 긍정적 심리학 운동이 미친 영향에 대해 설명하라.
6. e-비즈니스 용어를 정의하고 실제 조직에서 효과적인 e-리더십에 대한 최소 세 가지 실질적 교훈을 설명하라.

업계 최고의 4대 회계법인이 되는 것과 그 법인의 최고 고용주가 되는 것은 어려운 일이지만 KPMG LLP U.S.는 이를 어떻게 해야 하는지 알고 있다. 이 기업의 전략 주도적 접근법은 회계 감사, 세금, 자문 방법론과 같은 전문적인 기술과 리더십 개발과 글로벌 비즈니스 윤리로 구성된 최고경영자 교육을 통합시켰다. 23,000명의 직원들에게 회사의 회계 감사, 세금, 자문, 고객 지원 역할을 교육시키기 위해 KPMG는 전형적인 교실 수업에서부터 몰입형 가상 기술까지 모든 것을 사용한다.

"우리의 사업 모델은 지식을 구축하고 그 지식을 시장에 적용할 수 있도록 하는 것이 전부이다."라고 미국 지역 최고운영 책임자이며 부회장인 잭 테일러(Jack Taylor)는 말한다. "우리가 가진 모든 것은 핵심철학에서부터 시작하여 업계의 선두를 달리는 학습과 개발 프로그램을 구축하는 것에 기반을 둔다."

성공은 KPMG의 학습에 대한 방식을 변화시켰다. 회계 기준과 규제를 이해하고 적용시키며, 필수적인 문서를 작성하고, 고객 응대에 필요한 적절한 프로토콜을 이해하는 등 전문적인 기술은 여전히 중요하다. 그러나 직무 기능별 지식과 함께 이 회사는 고객과의 어려운 첫 만남에서 대화를 풀어 나갈 때와 혹은 윤리적 갈등에 부딪힐 때 도덕적인 잣대를 제공하는 경영상의 노하우를 강조하고 있다. "우리는 비즈니스 윤리, 다양성, 동화 훈련 등을 포함하는 거대한 문화적 구성 요소를 만들기 시작했다."라고 잭 테일러는 말한다.

최근 생겨난 문화 교육은 비즈니스 윤리와 이 윤리가 글로벌과 다양한 환경에 있는 직장에서 무엇을 의미하는지 이해하는 것에 달려 있다. "우리는 5년이 넘는 기간 동안 국제화의 몇 가지 유형을 우리 직원들에게 전달하기 위해 노력하고 있다."라고 그는 설명한다.

젊은 신입 직원이 기능적 지식 뿐만 아니라 경력을 만드는 기술을 획득하는 것이 KPMG의 성공에 중요한 것만큼, 직장에서 효과적으로 상호 소통하는 방법을 가르치는 것은 기업의 신입 채용과 직원 유지 전략에 도움이 된다. 경력 개발은 최소한 신입 직원들을 회사에 끌어들이고, 계속 머무르도록 유인한다. "우리의 궁극적인 경영 명제는 경력을 개발하는 최고의 장소를 만드는 것이다."라고 인사부서의 부회장인 브루스 파우(Bruce Pfau)는 말한다. "최고의 장소는 단지 일하기 좋은 장소가 아니라, 이 곳 혹은 다른 곳에서 성공하는데 필요한 전문적인 능력과 발전을 얻기 좋은 장소"라는 그의 생각은 직원들에게 "성공적인 시장성 높은 기술"을 제공한다.

독일 프랑크푸르트에 있는 KPMG 본사.

KPMG의 가치를 하위 직원에게 전달할 수 있는 리더의 필요성은 점점 커지고 있다. 이는 소수의 경영자뿐만 아니라 KPMG의 정신을 퍼뜨리는 모든 이를 리더로 보는 광범위한 관점을 만들어냈다. "우리는 전문적인 서비스 기업체이기 때문에 '리더십'을 조금 다르게 정의 내리고 있다"라고 로드스테인(Rodstein)은 말한다. "모든 직원들이 어떤 방식으로든 고객들과 접촉한다. 이 때문에 우리는 23,000명의 리더들이 필요하다. 그들은 모두 고객 관리 능력과 팀원 관리 능력을 필요로 한다." 로드스테인은 실무능력을 갖춘 모든 직원들이 자신의 가치에 대해 개인 자각을 가지길 바란다고 지적한다. "직원들은 많은 시간동안 힘든 상황에 처한다"라고 그녀는 말한다. "그러나 우리는 직원들이 고객과 어려운 대화와 변화된 규제환경에 직면하면서 성숙한 내면의 균형을 가지길 바란다."

| 토의하기 |

KPMG는 어떻게 인적 자본과 사회적 자본을 구성하려고 하고 있는가?

조직의 성공을 위해 얼마나 사람이 중요한가? 앞에 나온 사례는 KPMG가 미래의 성공을 위해 직원의 능력과 직무 만족에 투자를 하고 있음을 보여주고 있다. 이는 사우스웨스트 항공사(Southwest Airlines) 또한 마찬가지이다. 사우스웨스트의 CEO이자 전 회계사였던 개리 켈리(Gary Kelly)의 말을 들어보자. "나의 최고 우선순위는 언제나 우리 사우스웨스트 사람들이였다. 만약 우리 종업원들이 사우스웨스트(Southwest Airlines)에서 하는 일을 사랑한다면 모든 것이 제 기능을 할 것이다." 켈리는 사우스웨스트 항공에 34,000명 이상의 종업원이 있다고 추정하고 있으며 이는 분명 큰 규모이다.

연구에 근거한 좀 더 명확한 대답은 스탠퍼드 대학교의 제프리 페퍼(Jeffrey Pfeffer)로부터 들을 수 있다. "기업이 사람들을 관리하는 방법과 경제적 성과 사이의 강한 연관성을 입증하는 확실하고 광범위한 증거가 있고 어떤 것들은 방법론적으로 꽤 정교하다." 미국과 독일에서의 연구들을 보면 인간중심 경영활동이 높은 수익과 낮은 이직률에 높은 연관성이 있다고 말한다. 성공한 기업의 일곱 가지 인간중심 경영활동은 다음과 같다:

1. 고용 안정(해고에 대한 두려움 감소)
2. 신중한 고용(개인과 기업 문화 간 일치)
3. 권한이양(분권화와 자율적 팀을 통한)
4. 성과에 대한 후한 보상
5. 많은 교육 훈련
6. 지위에 대한 의미축소('우리'라는 소속감 형성)
7. 신뢰 형성(비판적인 정보에 대한 수용과 공유를 바탕)

예를 들어, 연구에 따르면 직무 집단과 회사의 성과에 대한 정보를 공유하는 것은 높은 재무적 성과와 연관이 있고, 팀참여 훈련과 팀워크를 강조하는 것은 품질향상과 관련이 있다. 중요한 것은 이런 요소들은 하나의 묶음으로 다뤄져야 하는데, 각 요소들이 체계적인 방식으로 조화를 이루어야 한다. – 부분이나 하나로 따로 떼어져서는 안 된다.

불행히도 너무나도 많은 경영자들은 사람이 가장 중요한 자산이라는 그들의 주장과는 반대로 행동한다. 제프리 페퍼는 현대의 경영 트랜드와 정책들을 비난했다. 예를 들면 단기 수익을 과도하게 강조하는 것은 장기적으로 인적 자원을 육성시키는데 방해가 된다고 비난했다. 또한 관리자들이 사람을 하나의 자산으로 보기 보단 비용의 관점으로 보면서 과도한 해고를 하는 것은 직원의 믿음, 몰입, 충성심을 손상시킨다. 18개국의 고용자들을 대상으로 한 최근 연구에서, 단지 다섯 명 중 한 명의 사람만이 자신의 업무에서 기꺼이 회사의 성공을 위해 더 몰입하고 기여를 할 수 있다고 답했다. 나머지 종업원들은 자신의 부족한 몰입도에 대해 설명하면서 고위 경영자들이 자신들의 웰빙에 대해서만 관심이 있다며 의심을 갖고 비난했다.

종업원의 몰입도 부족은 사회와 세계 경제 모두에게 비극적인 손실을 나타낸다. 우리 모두는 더 나아지기 위한 도전을 받아들여야 할 필요가 있다. 포춘지(Fortune magazine)의 '일하고 싶은 100대 기업' 연간 리스트는 사람을 우선으로 하는 발전된 기업들을 보여준다. 예를 들어, JM 패밀리 엔터프라이즈(JM Family Enterprises)나 도요타 플로리다 지사(Toyota distributor in Florida)는 직원들에게 사내 보육시설이나 운동 센터와 같은 특전을 제공한다. 회사의 설립자가 최근에 죽었을 때, 그의 주식은 복지 혜택을 유지하기 위한 기금으로 조성되기도 했다. 중요한 것은 포춘지의 최고 100대 기업 리스트의 회사는 경쟁자보다 좋은 성과를 내는 경향이 있다.

이 책의 목적은 세상에 인간중심의 경영활동을 하는 경영자와 조직의 숫자를 늘리는데 도움을 주는 것이다. 우리의 출발점은 그림 1–1에 나와 있는 4–P 모델 구조이다. 4–P 모델은 사람을 관리하는데 있어서 필요한 거시적 전략적 맥락을 보여준다. 물론 계획, 기술 그리고 재무적 환경 또한 훌륭한 관리를 위해서 필요한 요소들이다. 뿐만 아니라 4–P모델은 기업들이 고객의 요구와 치열한 경쟁 속에서 살아남기 위해 노력하고 매일 꾸준한 개선이 필요함을 보여주고 있다. 이 장에서는, 경영자들의 직무를 논의하고 조직행동의 정의와 그 진화에 대해서 알아보고 새로운 방향에 대해 모색해 보고자 한다.

학습목표 1

페퍼(Pfeffer)의 인간중심의 경영활동을 최소한 네 가지 이상 적시하고 '경영'이라는 용어를 정의하라.

당신의 지식을 시험하라

전략의 단계들

경영자는 다른 사람을 통해 성과를 창출한다

더 나은 방향이든 더 좋지 않은 방향이든 경영자들은 다양한 방식으로 우리의 삶에 관여한다. 학교, 병원, 정부 기관, 기업체들은 모두 조직적인 경영을 요구한다. 일반적인 정의에 따르면 **경영(management)**이란 다른 사람들과 함께 일하고 그들을 통해 조직의 목표를 효과적이고 도덕적인 방식으로 달성하는 과정이다. 조직행동의 관점에서 이 정의의 특징은 "다른 사람들과 함께 일하는 것"이다. 최근 조사에 따르면, 36개국 이상의 최고 경영자들은 그들에게 가장 중요한 관심사항이 '실행의 탁월성'이라고 말한다. 그리고 '실행의 탁월성'이란 전략을 실행함에 있어서 그들의 직원들이 훌륭한 성과를 내도록 이끄는 것이다.

경영(management)
다른 사람들과 함께 일하고 그들을 통해 조직의 목표를 효과적이고 도덕적으로 달성하는 과정

경영자들은 꾸준히 진화하는 역할을 수행한다. 오늘날 성공한 경영자들은 더 이상 직원을 통제하고 전권을 휘두르지 않는다. 그들은 창조적으로 상상하고 활동함으로써 윤리적이고 신중한 방식으로 새로운 방향을 설립한다. 효과적인 관리자들은 이해관계가 서로 다른 사람들의

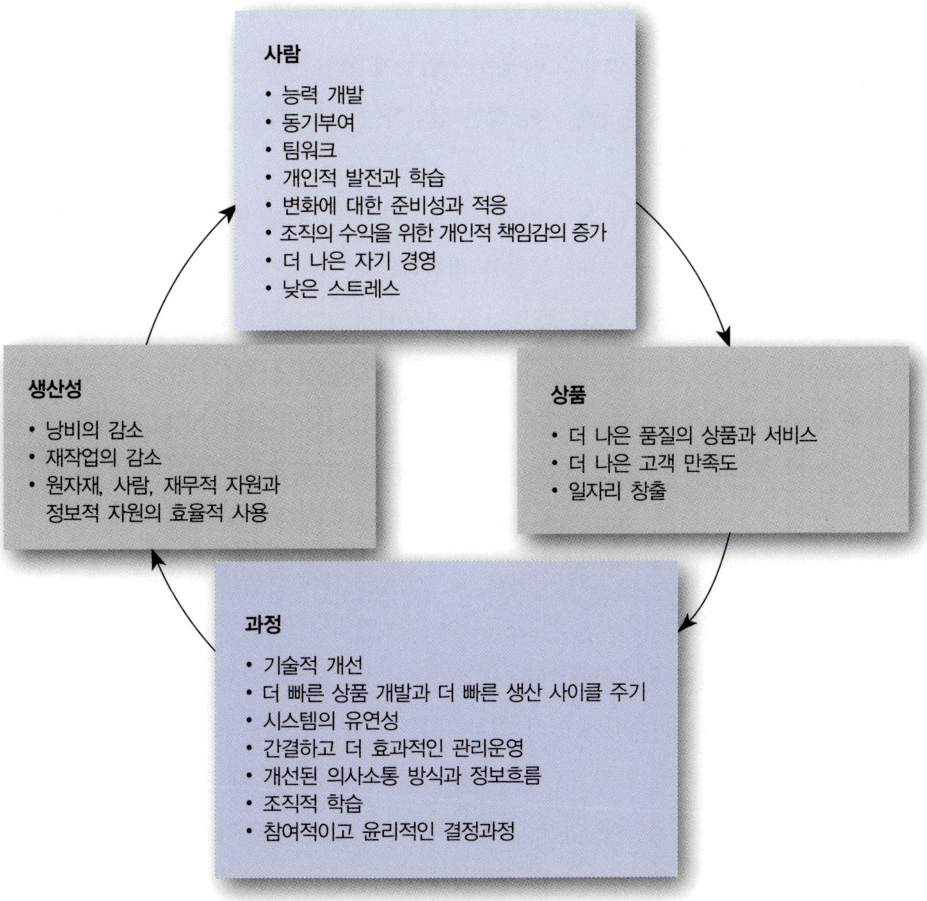

그림 1-1
전략적 결과: 지속적인 개선의 4-P 싸이클

당신의 지식을 시험하라
경영에서의 역사적 인물들

기술과 모범사례

효과적인 경영자들의 스킬에 대한 프로필

1. 관련된 모든 사람들의 목적과 목표를 명확히 한다.
2. 참여와 상향적 의사소통, 제안을 독려한다.
3. 체계적 업무 흐름을 위해 계획을 세우고 조직한다.
4. 조직과 관련된 질문에 대답할 수 있는 기술적, 관리적 전문성을 가진다.
5. 팀 조직, 훈련, 코칭과 지지를 통해서 업무를 수월하게 한다.
6. 정직하고 건설적인 피드백을 제공한다.
7. 정해진 스케줄에 의해 일을 진행시킨다.
8. 너무 과도하지 않게 세부적 사항을 관리한다.
9. 목표 달성을 위해 적절한 압박을 준다.
10. 다른 사람들에게 분명한 목표의식과 책임감을 부여하면서 권한위양을 한다.
11. 보상과 긍정적인 강화로 성과를 높인다.

출처: Adapted from material in F Shipper, "A Study of the Psychometric Properties of the Managerial Skill Scales of the Survey of Management Practices," *Educational and Psychological Measurement*, June 1995, pp 468–79; and C L Wilson, *How and Why Effective Managers Balance Their Skills: Technical, Teambuilding, Drive* (Columbia, Maryland: Rockatech Multimedia Publishing, 2003).

지지를 이끌어내고 권한을 부여 받는 팀 플레이어들이다. 우리는 경영자가 얼마나 변화하는 역할을 잘 수행하는 지에 대해서 많은 관심을 가져왔다. 존경받는 경영학자인 헨리 민츠버그(Henry Mintzberg)가 말하길, "우리 사회에서 경영자보다 더 중요한 직업은 없다. 경영자는 사회 기관들이 우리에게 제대로 된 서비스를 제공하는 지와 우리들의 재능과 자원을 낭비하는지를 밝혀낸다." 우리의 요점을 확대시켜, 경영자가 성과를 내는데 필요한 스킬과 경영의 미래 방향에 대해 더 자세히 알아보자.

경영자가 갖추어야 할 스킬(skills)

민츠버그와 다른 연구자들은 관찰연구를 통해서 전형적인 경영자의 일상은 많은 에피소드의 단편으로 구성되어 있음을 알아냈다. 계획과 성찰을 위해 긴 시간들을 많이 가질 수 없고 전화, 보고, 방문 등으로 인해 수시로 방해를 받는다. 한 연구에서 네 명의 최고 경영자들은 63%의 시간을 9분 이하짜리 활동에 주로 사용한다. 경영자의 시간 중 단지 5%만 1시간 이상을 할애하는 업무에 쓰여진다. 하지만 이렇게 빡빡하고 자투리 시간으로 가득 찬 업무시간 동안 성공적인 경영자는 어떤 특별한 스킬을 가지고 성과를 내는 것일까?

관리자들이 하는 일에 대한 실제적인 그림을 그려보기 위해 몇 년 동안 많은 시도들이 있었다. 관리적 기능에 대한 다양하고 복잡한 역할과 기능들이 논의 되어 왔다. 다행히도 클락 윌슨(Clark Wilson)이 수행한 지난 25년간의 연구에서 경영자의 기술에 대한 사실적이고 통계적인 프로필이 발견되었다(〈기술과 모범사례〉를 참고). 클락 윌슨의 경영 스킬 프로파일은 11개의 관찰 가능한 경영 행동에 초점을 두고 있다. 이것은 오늘날 강조되고 있는 관리역량과 상당한 조화를 이루는 부분이다. 클락 윌슨의 독특한 스킬 평가 방식은 자연적 오류가 존재하는 자기보고 방식과는 다른 점이 있다. 게다가 관리자의 11가지 능력에 대해 조사하는 클락 윌슨의 접근방식은 관리자가 자신의 스킬을 평가함과 동시에 그 관리자의 부하에게 상사의 스킬을 평가하게 했다. 클락 윌슨과 그의 동료들에 따르면 그 결과는 스킬의 숙련도에 대한 평가이지, 단순히 스킬을 알고 있는가에 대한 평가가 아니다. 클락 윌슨의 접근법 속에 숨어 있는 논리는 단순하고 강력하다. 매일의 일상 업무를 통해 상사의 행동과 스킬을 직접 경험하고 상사에게 직접 보고하는 부하 말고 또 누가 관리자의 역량을 잘 평가할 수 있을까?

클락 윌슨의 관리적 기술에 대한 연구는 세 가지 교훈을 준다.

1. 사람들을 효과적으로 다루는 것은 경영의 모든 것이다. 11가지 스킬은 목표설정/몰입/피드백/보상/달성의 사이클로 구성되는데 각 단계마다 사람들 사이의 상호작용이 필요하다.
2. 높은 기술 숙련도를 가진 경영자들이 낮은 기술 숙련도를 갖는 사람들보다 더 나은 하부조직의 성과를 만들고 종업원의 사기를 더 높인다.
3. 최근에 언론에서 주장해 왔던 것과 반대로 효과적인 관리자의 능력 요건은 남성과 여성이 별반 다르지 않다.

21세기의 경영자

오늘날의 직장은 커다란 변화를 겪고 있다. 조직들은 스피드, 효율성과 유연성을 위해서 재조직화되고 있다. 기업의 주된 구성요소는 개인에서 팀으로 바뀌었다. 명령과 통제형 관리는 참여적인 관리와 권한위임의 방법으로 바뀌고 있다. 자기 중심적인 리더는 고객 중심형 리더로 대체되고 있다. 직원들은 내부적 고객으로 여겨지고 있다. 이러한 것들은 21세기의 새로운 경영자들에게 요구되는 사항이다. 표 1-1은 과거와 미래의 경영자들의 특징을 비교하고 있다. 이 책의 균형을 위해 표 1-1에 제시된 관리기법의 변화는 단지 좋은 아이디어의 제시가 아니라 새로운 작업환경에서 꼭 필요한 것이다.

표 1-1
21세기 경영자의 진화

	과거의 경영자	미래의 경영자
주요 역할	특권을 지닌 엘리트, 조작자, 통제자, 명령하달자	중재자, 팀 구성원, 선생님, 변론자, 지지자, 후원자, 코치, 파트너
학습과 지식	주기적인 학습, 한정된 전문가	끊임 없는 평생학습, 다방면의 전문성을 지닌 제너럴 리스트
보상요소	시간, 노력, 지위	기술, 결과
문화적 근원	단일문화, 1개 국어를 사용하는 사람	다문화, 다언어
영향력을 미치는 주요한 원천	공식적인 권한	지식(기술적 그리고 대인관계)
사람에 대한 견해	잠재적인 문제	중요한 자원
주요한 의사소통 경향	수직적	다방면의
의사결정 유형	개인 의사결정을 위한 제한된 입력	공동 의사결정을 위한 폭넓은 입력
윤리적 고려사항	사후처리	사전예방
인간 관계의 본질	경쟁적(win-lose)	협력적(win-win)
권력과 핵심정보 처리능력	정보 저장과 제한적 접근	정보를 공유하고 넓은 접근
변화에 대한 접근	저항	촉진

조직행동론의 분야: 과거와 현재

조직행동론(organizational behavior, OB)
조직에서 사람을 관리하고 이해하는 것을 돕는 학제적 학문분야

일반적으로 OB라고 부르는 조직행동론(organizational behavior)은 조직에서 사람을 관리하고 이해하는 것을 돕는 학제적 학문이다. 조직행동론을 정의하자면 이론과 연구가 함께 공존한다. 조직행동론에 대한 세 가지 기본 분석 단계는 개인, 집단 그리고 조직으로 나눌 수 있다. 조직행동론은 다양한 학문 분야를 배경으로 하는데, 심리학, 경영학, 사회학, 조직이론, 사회심리학, 통계학, 인류학, 일반 시스템 이론, 경제학, 정보기술, 정치학, 직업상담, 스트레스경영, 심리측정, 인간공학, 의사결정이론 그리고 윤리학 등이다. 이런 풍부한 배경은 인간 행동에 대한 다양한 이론과 경쟁적인 시각을 내 놓고 있다. 실제 한 연구자는 73개의 조직행동 이론을 파악했다.

조직행동론은 학문적 성격이 강하다. 연구하고 교육하는 자리를 제외하고 조직행동론은 회계나 마케팅, 재무와 같이 일상적인 업무의 범주는 아니다. 조직행동론을 공부하는 학생들은 조직 행위 그 자체와 관련된 직업을 갖진 않는다. 이것이 효과적인 조직관리를 위한 조직행동론 분야의 중요성과 가치를 떨어뜨리지는 않는다. 조직행동론은 실제 모든 직업군과 사업 부서, 그리고 전문화된 업무까지 아우르는 수평적 학문이다. 큰 기업이든 작은 기업이든, 공기업이든 개인 기업이든 간에 조직에서 살고자 계획하는 사람들이라면 조직행동론에 대해 공부해야만 한다. 경영자와 경영자가 아닌 사람들 모두 동등하게 조직행동론에 대한 든든한 배경을 갖고 있어야 한다.

직장에서 일을 하는 사람들의 연구에 대한 역사적 관점은 조직행동론을 공부하는데 도움이 된다. 경영역사를 연구하는 전문가에 따르면 이것은 중요하다. 그 이유는

> 역사적 관점은 초창기와 그 이후의 진화라는 측면을 주제로 하는 연구이다. 역사적 관점은 역사와는 다르며 역사적 관점의 목적은 과거가 아니라 현재의 관점을 뚜렷하게 해주는 데 있다.

다시 말해서, 우리는 조직행동론이 현재 어디에 안주해 있으며 어느 방향으로 나아갈지를 현재까지 왔던 길을 통해 더 잘 이해할 수 있다. 사람을 관리하고 이해하는데 중요한 세 가지 기념비적 사건들에 대해 알아보자.

1. 인간 관계운동
2. 품질경영 관리 운동
3. 경영에 대한 상황적 접근

인간관계 운동

1930년대 여러 개별 요소들의 독특한 조합은 인간관계 운동을 촉진 시켰다. 첫째로 1935년 노사 단체교섭에 대한 합법화 이후, 경영자는 종업원을 다루는 새로운 방식을 찾기 시작했다. 둘째로, 행동주의자들은 좀 더 '인간적인' 측면에 주목하는 실무 현장 중심의 연구를 하기 시작했다. 노동조합을 공장 밖으로 쫓아내는 싸움에서 진 경영자들은 인간관계와 작업환경 개선에 신경을 썼다. 웨스턴 일렉트릭(Western Electric)사 시카고 지점에 있는 호손(Hawthorne) 공장에서 행해진 한 연구는 인간관계 운동에 관한 주된 자극제가 되었다. 아이러니 하게도 호손 연구들을 통해 밝혀진 많은 점들이 사실보다 허구에 가깝다고 밝혀졌다.

호손 연구 호손 연구의 세 가지 주제에 대한 지난 십여 년간의 인터뷰와 현대 통계 기법을 이용한 기존 데이터의 재해석은 지원적 감독(supportive supervision)의 긍정적인 효과에 관한 초기의 결론을 뒷받침하지 못한다. 지원적 감독이 아니라 돈, 대공황 기간의 실업에 대한 공포, 관리적 규율, 높은 품질의 원자재 등이 호손 공장의 조립 작업 실험에서 높은 수준의 성과에 영향을 미치는 것으로 밝혀졌다. 그럼에도 불구하고 학계와 관리자들이 개인적 욕구, 지원적 감독, 집단역학들이 직무 성과에 강력한 영향을 준다는 비슷한 주장을 잇달아 함에 따라 인간관계 운동은 1950년대에 탄력을 받았다.

호손 공장 실험에서 조립 라인에 있는 종업원들은 기록적인 업무성과를 보여주었다. 그러한 이유는 무엇일까? 정확한 이유에 대해 아는 사람은 아무도 없고, 오늘날까지 이에 대한 논쟁이 이어지고 있다. 지원적 감독이 이에 대한 중요한 요인으로 여겨졌다. 이유가 무엇이 되었든 호손은 인간관계 운동에 대해 눈뜨게 해 주었고 신빙성 있는 연구의 필요성을 강조했다.

메이오와 폴렛의 저서 인간관계 운동에 대한 본질은 엘튼 메이요(Elton Mayo)와 메리 파커 폴렛(Mary Parker Follett)의 저서에서 찾을 수 있다. 오스트리아 출생이고, 하버드 대학의 호손 연구 책임자였던 메이요는 1933년 그의 저서 「산업혁명에서의 인간문제」에서 경영자들에게 종업원의 감정적인 욕구에 관심을 가져야 한다고 충고했다. 폴렛은 진실한 선구자였다. 그녀는 1920년대 남성 주도형 산업에서의 여성 컨설턴트였을 뿐만 아니라 종업원을 태도와 신념 그리고 욕구의 복잡한 체계로 바라 본 작가였다. 폴렛은 시대를 앞선 방법으로, 경영자들에게 성과를 위해 지나친 요구를 하는 푸쉬전략(push strategy)보다 동기부여를 시키는 풀 전략(pull strategy)에 대해 말했다. 그녀는 또한 정치적 민주주의와 작업장에서의 협력적인 정신에 대한 논리적인 연결 고리를 만들었다.

맥그리거의 Y이론 1960년대 더글라스 맥그리거(Douglas McGregor)는 「기업의 인간적 측면」이라는 책을 통해 현장에서 일하는 사람들에 대한 현대적 시각의 철학적인 기초를 형성했

표 1-2
맥그리거(McGregor)의 X이론과 Y이론

일하는 사람들에 대한 고전적인 가정들(X이론)	일하는 사람들에 대한 현대적인 가정들(Y이론)
1. 대부분의 사람들은 일을 싫어한다: 그들은 할 수 있다면 일을 피한다.	1. 일은 놀이나 휴식과 같이 자연스러운 활동이다.
2. 대부분의 사람들은 그들이 일하려고 하기 전에 처벌에 의해서 강요받고 위협받는다. 사람들은 일하는 동안 직접적인 지시를 요구한다.	2. 사람들은 목표에 집중하게 되면 자기지시와 자기통제를 할 수 있다.
3. 대부분의 사람들은 지시 받는 것을 좋아한다. 그들은 책임을 회피하고 야망이 거의 없다. 그들은 자리보전에만 관심이 있다.	3. 사람들은 일반적으로 그들이 하는 일에 보상이 주어지면 조직의 목표수행에 집중한다.
	4. 전형적인 종업원들은 책임감을 수용하고 책임지는 법을 배운다.
	5. 일반적인 사람들은 상상력, 독창력 그리고 창조력을 갖고 있다.

출처: Adapted from D McGregor, *The Human Side of Enterprise* (New York: McGraw-Hill, 1960), Ch 4.

다. 경영 컨설턴트 경험을 통해서 맥그리거는 인간 본성에 대한 두 가지 대조적인 가설을 만들었다(표 1-2참고). X이론 가정은 맥그리거의 해석에 따르면 경영자들이 전통적으로 고용자들을 바라보는 부정적이고 비관적이며 전형적인 견해이다. 경영자들의 이러한 부정적인 생각을 깨기 위해서 맥그리거는 사람에 대한 현대적이고 긍정적인 가정들을 가리키는 **Y이론(theory Y)**을 만들었다. 맥그리거는 관리자들이 종업원을 창의적이고 책임감 있고 몰입하며 스스로 힘을 내는 존재로 바라봄으로써 성과를 달성할 수 있다고 믿었다.

Y이론(theory Y)
맥그리거의 종업원들에 대한 현대적이고 긍정적인 가정들로 종업원들은 책임감 있고 창조적이라는 이론이다.

2 학습목표
맥그리거의 종업원에 대한 X이론과 Y이론을 비교하라.

미국에 있는 여러 산업 분야의 10,227명의 종업원을 대상으로 한 조사는 경영자들에게 맥그리거의 Y이론 가정에 대해서 더 잘 이해하도록 독려해준다. 종업원의 관점에서 보면 X이론 관리 관행은 생산성 향상과 종업원 복지에 주요한 장애물이 된다. 연구자들은 다음과 같이 결론지었다.

> 우리의 연구에서 가장 주목할만한 점은 미국 노동자들의 압도적인 숫자—97% 정도—가 높은 생산성을 촉진 시키는 작업 환경을 요구하고 있다는 것이다. 조직의 유형, 나이, 성별, 급여체계 또는 조직체계의 수준에 개의치 않고 대부분의 노동자들이 협동, 책임 그리고 창조성을 위한 그들만의 작업환경을 원하고 필요로 한다는 연구는 생산성과 건강이라는 두 가지 측면의 필요성을 증명한다. 그러나 관리자에 의해서 제공되는 실제 작업 환경은 연구에 따르면 "역량 억제요소"들—역량의 발휘를 방해하거나 벌하는 그리고 비생산적인 조직을 가장 잘 특징 짓는 절차, 정책, 업무 관행들이다.

인간 본성에 관한 새로운 가정들 불행하게도 정교하지 못한 행동주의적 연구방법들은 인간관계에 대한 단순하고 잘못된 결론을 이끄는 원인이 된다. 예를 들어 인간관계론자들은 "만족한 종업원은 열심히 일하는 종업원이다"라는 명제를 믿는다. 후속 연구에서는(이 책에서 나중에 논의되겠지만), 만족과 성과의 관계가 본래의 생각보다 훨씬 더 복잡하다는 것을 보여준다.

이러한 결점에도 불구하고, 인간관계 운동은 인간 본성에 대한 진보적인 생각을 갖게 해 주었다. 경영자들은 종업원들을 수동적인 경제 주체로 바라보기보다 활동적인 사회적 존재로 보기 시작했다. 그리고 더욱 인간적인 작업 환경을 만들기 위한 준비를 했다.

전사적 품질경영 운동

1980년대 NBC는 TV에서 "일본이 할 수 있다면... 왜 우리라고 못할 것인가?"라는 제목의 다큐멘터리를 방영했다. 이것은 북미 기업들에게는 극적으로 상품의 질을 향상 시키지 않으면 일본의 전기 회사와 자동차 회사들에게 시장 점유를 지속적으로 빼앗기게 된다는 경종을 울렸다. 1980년과 1990년대에 필사적 노력들이 나타났다. 상품과 서비스의 질 향상에 대한 글과 논의와 조치들이 대거 나타났다. 전사적 품질경영(TQM) 덕택으로 오늘날 우리가 구입하는 대부분의 상품의 품질이 과거보다 현저하게 좋아졌다. 전사적 품질경영의 기본 원칙은 인터넷상의 e-비즈니스의 성장과 서비스 경제의 전반적인 성장보다 더욱 중요한 것이 되었다. 예를 들어, 아이디얼 서플라이(Ideal Supply Company)사가 버몬트 테디 베어(Vermont Teddy Bear)사에 주문을 할 때 아이디얼사는 상품을 제 시간에 올바른 고객에게 정확히 전달해야 한다. 하지만 운송회사의 역할은 여기서 끝이 아니다. 빨리 지는 꽃을 운송하는 경우에는 버몬트 사는 그들의 종업원들이 예상 주문을 실시간으로 확인하고 이로 인해 회사가 더 효율적으로 운영되기를 원한다. 그렇기 때문에 실제 운송 상에서의 '무결점' 뿐만 아니라 아이디얼사로부터의 모든 정보 또한 '무결점'이길 바란다.

조별 활동

전사적 품질경영에 대해 알아보자.

경영관리자들은 고객들이 최고의 상품, 서비스 그리고 정보를 기대하고 있다는 것을 알고 있으며, 이는 품질을 관리자들의 최대 고민 거리로 만들고 있다. 최고 재무 담당자를 대상으로 한 최근의 조사에 따르면, 고객들의 요구를 충족시키는 것은 회사의 가장 큰 목표인 우수한 인재를 찾는 것과 버금가는 것으로 나타났다. 전사적 품질경영 원칙은 오늘날 사람들을 관리하는 데에 있어 실무적으로 커다란 영향을 미치고 있다.

전사적 품질경영이 무엇인가? **전사적 품질경영**(total quality management)에 대한 전문가들의 정의는:

전사적 품질경영(total quality management, TQM)
훈련, 지속적인 개선과 고객을 만족 시키는 데 헌신하는 조직문화

> 전사적 품질경영(TQM)은 조직의 문화가 도구와 기술과 훈련의 통합적 시스템의 결과를 통해서 고객 만족을 지속적으로 달성하려고 한다는 것을 의미한다. 이것은 조직적 프로세스의 지속적인 개선이 상품과 서비스 질의 향상을 낳는다는 것을 의미한다.

품질 컨설턴트인 리차드 쉔베르거(Richard Schonberger)는 전사적 품질경영을 "지속적이고 고객 중심적이며, 종업원이 주도하는 개선"이라고 요약했다. 전사적 품질경영은 종업원들을 동

기술과 모범사례

포시즌 (Four Season)의 고품질을 달성하기 위한 고용 결정

포시즌 호텔의 서비스는 탁월하기 때문에 손님들은 하룻밤에 수천 달러를 기꺼이 쓰려한다. 직원들은 모든 사소한 부분에서 도움을 주려 하며 각각의 손님에게 주의를 기울인다.

이러한 수준의 서비스는 모든 직원들의 회사의 목표에 대한 열정적인 몰입을 요구한다. 포시즌 호텔은 어떤 누군가가 이러한 몰입을 가질 것이라고 가정하지 않는다. 그들은 고용 과정상에서 태도가 긍정적이며 남을 도울 만하고, 그들이 대접 받고 싶은 대로 다른 사람을 대접할 수 있는 가치를 지닌 사람을 찾는데 집중한다. 단순히 지원서의 경력을 훑어보는 것이 아니라 인사관리 직원들은 후보자들과 인터뷰를 진행한다. 설립자이자 최고 경영자인 이사도라 샤프(Isadora Sharp)가 말하길 "우리는 '나' 스스로가 도어맨이라는 사실이 자랑스럽습니다 라고 말할 수 있는 사람을 찾는다." 이러한 직원을 찾아내기 위해서, 포시즌은 한 후보자를 인터뷰할 때 총지배인을 포함하여 적어도 네 명의 사람을 준비시킨다.

물론, 최고의 직원을 갖는 것은 회사 또한 매력적인 복리후생을(직원들에게) 제공해줘야 함을 요구한다. 직원에 대한 임금을 업계 내에서 많이 주는 것뿐 아니라, 회사는 퇴직연금을 제공해줘야 하고 모든 사람들이 호텔 내의 편안한 직원 카페에 접근할 수 있도록 해줘야 한다. 가장 좋은 것은, 6개월 이상의 경험이 있는 어떤 직원이라도 포시즌 호텔이나 리조트에 3일 밤을 요금 부과 없이 묵을 수 있다는 것이다. 직원의 경험이 증가할수록 무료 숙박도 늘어난다. 이는 퍼스트 클래스 서비스의 의미를 배울 수 있는 호화스러운 방법이다.

출처: Based on Jeffrey M O'Brien, "A Perfect Season," *Fortune*, February 1, 2008, http://money.cnn.com.

기부여 시키는데 필수적이다. 왜냐하면 제품/서비스의 품질은 모든 종업원들의 적극적인 학습과 참여 없이는 지속적으로 향상될 수 없기 때문이다. 성공적 품질향상 프로그램에서는 전사적 품질 경영(TQM)원칙이 조직문화에 깊이 묻어 있고 선택적으로 채택되는 것이다(〈기술과 모범사례〉를 참조).

데밍 연구 전사적 품질경영은 에드워즈 데밍(Edwards Endersin Deming)의 많은 선구적인 작업으로 인해 오늘날 확고하게 자리잡았다. 세계 2차대전 이후 일본의 품질혁명에 대한 연구에서 권위를 인정받고 있는 이 수학자는 아이러니컬하게도 품질에 대해서는 거의 말하지 않는다. 그는 대신에 1993년 93살의 나이로 죽을 때까지 "좋은 경영"에 대해 논의하길 좋아했다. 데밍은 산업프로세스에서 오차를 줄이는 것과 통계적 측정에 열정적 관심을 가졌지만 종업원을 어떻게 관리해야 하는지에 대해서도 많은 얘기를 했다. 인간적인 측면에서의 품질향상에 관해서 데밍은 다음과 같이 설명했다.

- 팀워크와 통계적인 프로세스 관리에서의 공식적인 훈련
- 명령과 처벌보다는 도와주는 리더십
- 종업원들이 자유롭게 질문하도록 두려움을 제거
- 숫자적인 할당 보다 지속적인 프로세스 개선 강조
- 팀 워크
- 좋은 기량, 기능을 위한 장애물의 제거

경영자에게 데밍의 가장 영속적인 가르침은 바로 그의 85-15규칙이다. 특히, 어떤 일이 잘못되어 갈 때 대략적으로 85%가 시스템(경영, 기계 그리고 규칙을 포함한)의 잘못이다. 15%만이 종업원들의 개인적인 잘못이다. 불행히도 데밍이 발견한 것은 전형적인 관리자들은 시스템의 실패에 대해 개인들을 비난하고 처벌하는데 대부분의 시간을 보낸다는 것이다. 시스템의 실패를 밝혀내는 데는 통계적 분석이 필요하다.

3 학습목표
데밍의 85-15 규칙의 중요성을 설명하고, 전사적 품질경영(TQM)의 네 가지 원칙을 적시하라.

전사적 품질경영 원칙 전사적 품질경영 프로그램의 범위와 용어가 변함에도 불구하고 전사적 품질경영의 네 가지 기본 원칙을 발견할 수 있다.

1. 개정 비용을 줄이기 위해서 처음에 제대로 한다.
2. 고객과 종업원들로부터 경청하고 배워라.

3. 매일 지속적인 개선을 하라.
4. 팀워크, 믿음 그리고 상호 존중을 쌓아라.

데밍은 이 목록에서 분명한 영향을 미쳤다. 다시 말하면 인간관계 이론에 따라서 우리는 사람이 조직의 성공에 중요한 요소라는 것을 발견했다. 다임러 크라이슬러(Daimler Chrysler)는 메르세데스 벤츠(Mercedes-Benz) CL65 AMG를 구입하기 위해 190,000달러를 지불한 최상층 고객들을 대상으로 이 관점을 적용했다.

> 이번 연도에 판매된 모든 CL65 차종은 12기통 알루미늄 터보엔진과 탄소섬유로 된 엔진 덮개 위에 이 엔진을 직접 조립한 장인의 사인을 새긴 자태를 뽐내면서 차 주인집의 자갈길에 천천히 들어 설 것이다.

높은 품질의 제품과 서비스를 제공하는 사람이나 소비하는 사람 모두에게 품질은 개인적으로 중요한 문제이다.

요약하면 전사적 품질경영은 사람을 관리하는데 필요한 실제적인 항목들을 제공하여 조직행동론 분야에 가치 있는 공헌을 했다. 전사적 품질경영 원칙에 의해서 사람이 관리될 때 모든 사람들이 고용의 기회를 얻게 되고 고품질의 상품과 서비스를 받게 된다. 다음 단원들에서 많이 보겠지만 이 책은 데밍의 철학과 전사적 품질경영 원칙에 입각해서 쓰여 졌다.

경영에 대한 상황적 접근

학자들은 다양하고, 발전하는 관리 방식과 기법들을 어떻게 적용하는 지에 대한 문제에 대해 여러 해 동안 연구해 왔다. 그들의 대답은 상황적 접근이다. **상황적 접근(contingency approach)**이 하나의 최상의 방법에 의존하기 보다는 경영 개념과 기술들을 상황에 적합한 방법으로 사용하기 때문에 상황적 접근이라고 부른다.

상황적 접근(contingency approach)
상황에 적합한 경영적 기술과 도구를 사용함으로써 한 가지 방식만을 고수하는 관리적 사고를 막을 수 있다.

상황적 접근은 경영자들이 상황적 맥락 안에서 조직행동적인 관점을 가질 수 있게 도와준다. 이런 현대적인 견해에 따라 당면한 상황은 엄중한 규칙에 의해서가 아니라, 언제 어디에서 다양한 경영기법들이 적합한지에 대해서 결정하게 해준다. 하버드의 클레이톤 크리스텐슨(Clayton Christensen)은 "훌륭한 경영방식으로 많이 받아들여진 원칙들의 대부분은 단지 상황적으로 적용 가능할 뿐이다." 라고 말했다. 예를 들어, 14장에서 논의 될 것이지만, 연구자들은 단일의 최상의 리더십 스타일은 없다고 주장했다. 조직행동 전문가들은 상황접근 이론을 포용한다. 왜냐하면 이것은 현실적으로 개인, 집단, 그리고 조직이 상호관계를 맺는데 도움을 주기 때문이다. 더군다나 상황접근 이론은 현대 글로벌 경제 속에서 경영자들에게 분명한 메시지를 전달한다. 상황을 주의 깊게 살피고 기존에 발표된 연구와 롤 모델의 관찰, 자기학습과 훈련, 상황에 적합한 행동을 한 개인의 경험을 토대로 배운 원리를 적용하라는 것이다.

관리자가 꼭 해야할 것들
프로젝트 관리: 위원회 운영하기

조직행동의 새로운 방향

조직행동론의 분야는 정체되거나 완성되지 않고 역동적으로 진행 중에 있다. 조직행동론은 새로운 개념, 모델 그리고 기술들을 포함한 학문 내외적으로 다양한 영향력에 의해서 새로운 방향을 찾고 다시 형성되고 있다. 이 단원에서는 조직행동론 분야의 세 가지 새로운 방향에 대해 알아볼 것이다. 인적자본과 사회적자본, 긍정적인 조직행위 그리고 인터넷 혁명의 영향력에 대해서 알아보자.

인적자본과 사회적자본의 시대

경영은 곡예를 부리는 저글링과 많은 점이 비슷하다. 언제든 여러 가지 것들이 공중에 떠서 쉴 새없이 움직인다. 전략적으로 얘기하면 경영자는 사람, 돈, 물질, 정보와 기술을 가지고 저글링 곡예를 한다. 하지만 이 곡예사의 어떤 공은 고무공이고 어떤 공은 유리공이다. 떨어진 고무공

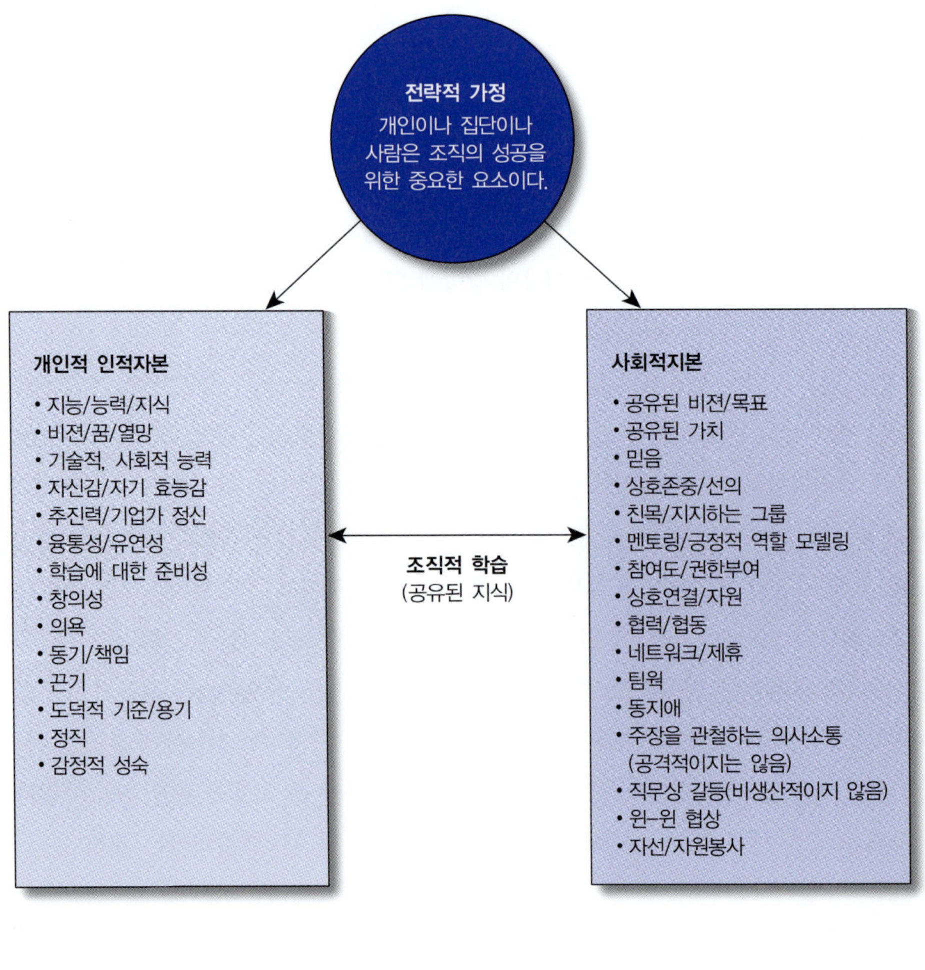

그림 1-2
인적자본과 사회적자본의 범위와 전략적 중요성.

은 튀어 오르며 떨어진 유리공은 깨진다. 경영자들이 현실을 깨달을수록 우리는 인적요소(그림 1-2에서 인적자본과 사회적자본이라고 언급한)를 떨어뜨릴 수가 없다.

인적자본은 무엇인가? (힌트: 넓게 생각하라) 최근 인적자원관리 전문가들은 이 관점에 대해서 언급했다.

> 우리는 새로운 경제 패러다임 속에서 살고 있다. — 속도, 혁신, 단기적 순환, 품질 그리고 고객만족 등의 특징이 있는 — 이런 새로운 패러다임은 브랜드 인지도, 지식, 혁신 특히 인적자원과 같은 무형 자산의 중요성에 대해 강조하고 있다.

학습목표 4
인적자본과 사회적자본을 비교해보고 인적자본이 구축될 때 측정 가능한 다섯 가지 결과물에 대해 설명하라.

인적자본(human capital)
사람의 지식과 행동과 같은 생산 잠재력.

인적자본(human capital)은 개인의 지식과 행동의 생산 잠재력이다. 잠재력이라는 말은 의도적으로 폭넓게 쓰인 이 정의에서 중요한 의미를 갖는 단어이다. 당신이 배고플 때 주머니 속에 있는 돈은 좋은 것이 된다. 왜냐하면 돈은 음식을 사먹을 수 있는 잠재력을 갖고 있기 때문이다. 마찬가지로 지식, 기술, 그리고 동기부여의 올바른 배합을 갖고 있는 현재 혹은 미래의 종업원들은 조직에 경쟁우위를 줄 수 있는 잠재력을 가진 인적자본으로 대표될 수 있다. 같은 이유로 오늘날의 경영자는 재능있는 인재의 선발과 교육훈련, 조직에 대한 몰입, 핵심인재의 이직과 은퇴에 대한 대비에 많은 관심을 갖는다. 예를 들면 듀퐁의 엘렌 쿨만(Ellen Kullman)은 두 사업부문의 수석부사장으로서 회사의 세전수익의 70%를 책임지고 있다. 이로 인해 그녀는 매우 중요한 사람이지만 쿨만은 이것을 직원들의 공로로 돌린다. 그녀는 대부분의 시간을 직원 개발과 직원을 어떤 프로젝트에 배치해야 최선의 결과를 낼 수 있는지에 시간을 보낸다.

개별적인 조직 환경 속에서 연구자들은 다섯 가지 인적자본의 중요한 결과물들을 정의하고 발견했다(표 1-3을 참고). 이 정의들은 기업이 인적자본을 만들려는 시도를 궁극적으로 측정해주는 첫 번째 단계이다. 책임있는 설득을 위해 측정은 당연히 필요하다.

사회적자본은 무엇인가? 우리의 초점을 이제 개인적인 것에서 사회적 단위로 바꾸어보자(예

표 1-3
정의된 다섯 가지 인적 자본의 결과물

결과물	정의
리더십/경영자의 관행	의사소통, 성과 피드백, 자신감을 심어주려는 노력과 조직의 핵심 가치에 대한 설명 등을 통해 조직의 인적 자본을 최적화 할 수 있는 관리자와 리더의 능력과 유효성
인력의 최적화	개인의 재능(기술, 잠재력, 능력 등)을 유지하고 개발시키거나 이를 직무에 적용하는데 지침을 주고 관리를 함으로써 종업원의 성과를 최적화시키는 조직적 성공
학습능력	조직의 학습, 변화 그리고 지속적인 개선에 대한 전반적인 능력
지식 접근성	조직에서 '협력'의 범위와 부문 간에 정보와 지식을 공유하려는 노력과 능력
인재관리	인재를 몰입시키고 유지하며 가치를 최적화 시킬 수 있는 조직의 능력

출처: L Bassi and D McMurrer, "Developing Measurement Systems for Managing in the Knowledge Era," *Organizational Dynamics*, no. 2, 2005, Table 2, p 190.

사회적자본(social capital)
생산잠재력을 갖고 있는 밀접하고, 신뢰적이며 협력적인 사회적 관계

를 들어, 친구, 가족, 회사, 집단 또는 클럽이나 국가). 관계라는 단어를 떠올려 보자. **사회적자본(social capital)**은 친절, 선의 그리고 협력적인 노력과 같은 긴밀한 관계로부터 나오는 생산잠재력이다. 여기서 잠재력이라는 단어가 핵심이다. 전문가들에 따르면; "기존의 조직 속에 부여되어 왔던 사회적 자본은 현대사회에서는 거의 드물거나 존재하지 않는다. 하지만 우리가 확립할 수 있는 사회적 자본이 있다면 이는 오늘날 불안한 경영환경 속에서 큰 자산이 된다."(〈기술과 모범사례〉를 참조) 문제는 관계이다. 최근의 조사에 따르면 77%의 여성과 63%의 남성들이 "상사와의 좋은 관계"를 가장 높은 순위로 중요하다고 대답했다. 다른 요소들—좋은 기계, 자원, 통근환경, 그리고 유연한 업무시간 등—은 낮은 순위를 보였다.

당신의 지식을 시험하라
훈련 방법들

인적자본과 사회적자본을 어떻게 확립할 것인가? 이 광범위한 영역의 개념에서 실무적 시사점을 찾는 것은 어려운 일로 보인다. 하지만 당신의 상상을 자극하는 간편한 지름길이 있다. 앞서 언급되었던 포춘지는 매년 1월에 '일 하기 좋은 최고의 100대 기업'을 선정해서 발표한다. 100개의 선정된 기업에 대한 짤막한 코멘트들을 읽어 보는데 시간이 걸리겠지만 흥미롭고 영감을 주는 점들이 있다(구직자들에게도 좋은 정보가 된다). 이러한 기업들은 인적, 사회적자본을 잘 확립하고 있다. 주의해서 살펴봐야 할 것은 학생들과 기업인들을 고무시키는 사회적 기업가 정신이 기업의 손익을 두 배로 창출해 낸다는 것이다. 사회적 기업가 정신이 극심한 빈곤이나 환경문제와 같은 사회적 문제들을 해결할 수 있게 사업의 방식, 사업자본, 사업 인적자원을 제공한

기술과 모범사례

개발 프로젝트에 반드시 있어야 할 사회적자본

인도네시아에서 케카마탄(Kecamatan) 개발 프로그램은 학교 보수, 상수도 시스템 구축과 같은 프로젝트를 통하여 34,000가구를 가난으로부터 구제하였다. 비록 비용을 세계은행을 통하여 미국으로부터 원조받고 있지만, 어떤 사업을 할지는 각 마을이 민주적인 절차를 통하여 결정하고 있다. 프로젝트들이 펀드를 받기 이전에는 마을에 있는 다양한 집단들이 협업을 할 수 있다는 의사표현을 할 수 있어야 했다. 즉, 세계은행이 금융지원을 할 때 프로젝트는 사회적자본을 요구하였다.

사실 몇몇 연구가들은 사회적자본이 개발 프로젝트에서 중요한 요소라는 증거를 발견하였다. 예를 들어, 정치 과학자 아니루드 크리시나(Anirudh Krishna)는 인도 마을들의 사회적자본을 측정하였다. 크리시나는 사회적 자본이 많은 마을일수록 경쟁보다는 협업을 통해 그들의 자원을 더욱 효율적으로 사용하는 것으로 나타났다. 또한 그는 원조 기관들이 그들 스스로 사회적자본을 구축할 수 없다는 것도 발견했다. 그렇기 때문에 케카마탄 개발 프로그램은 매우 중요하다. 이는 그들간의 관계를 구축하기 위해 지역사회의 사람들에게 인센티브를 제공한다.

출처: Based on S Vedantam, "One Thing We Can't Build Alone in Iraq," *Washington Post*, October 29, 2007, www.washingtonpost.com; World Bank, "Indonesia Kecamatan Development Program," Projects and Programs, accessed February 22, 2008; and World Bank, "Kecamatan Development Project in Indonesia," *PovertyNet*, July 25, 2003, http://poverty2.forumone.com.

타겟(미국의 대형마트 상호명)은 재무적 성과를 달성하고 성장하고 있다. 미국의 가장 존경 받는 기업 중에 하나로 선정되는 영예를 받았는데, 일하는 주부들과 라틴계사람들이 가장 일하기 좋은 기업, 시민들이 뽑은 최고 기업, 그리고 종업원들을 훈련시키고 교육시키는 의무를 다하는 리더로서 선정되었다. 어떤 긍정적 업무환경이 재무적 성과에 영향을 미쳤다고 생각하는가?

다. 독일에 기반을 둔 하소 플라트네 벤처스(Hasso Plathner Ventures)의 아프리카 사람들을 대상으로 한 투자, 인도 타타의 저가 자동차에 관한 아이디어, 클린턴 재단의 HIV/AIDS 해결을 위한 프로젝트 등의 다양한 사례는 후진국에서 실질적 도움이 된다. 이런 유망한 사업활동은 기업의 사회적 책임과 사업 윤리와 같은 분야와 맞물려 있다.

OB 분야와 관련되어 이 책에서 논의되고 있는 많은 아이디어들은 직간접적으로 인적자본과 사회적자본을 만드는데 관련되어 있다(예: 다양성, 자기 효능감, 자기관리, 감성적 지성, 목표 설정, 긍정적 강화, 집단 문제 해결, 집단 발달, 신뢰 형성, 팀 워크, 갈등 관리, 의사소통, 권한 위임, 리더십, 학습 조직).

최근에 생겨난 긍정적 조직행동론(POB, Positive Organization Behavior)

학습목표 5
조직행동론 분야에 긍정적 심리학이 미친 영향에 대해 설명하라.

조직행동론은 심리학 분야의 많은 것을 가져온다. 심리학 분야의 변화와 경향은 궁극적으로 조직행동론 분야에 영향을 미친다. 조직행동론에 영향을 미친 한 가지 주요한 변화는 긍정심리학 운동이다. 이러한 흥미롭고 새로운 경향은 조직행동론의 타당성과 범위를 넓힌다.

긍정적 심리학의 전개 20세기 후반에 심리학 분야에서 흥미로운 사건이 발생했다. 여기에는 분명한 부정적인 변화가 있었다. 이론과 연구들은 정신적, 행동주의적 병리에 대해 집중해 왔다. 다시 말해서, 사람들에게 어떤 문제가 있는지에 대해 관심을 가졌다. 과거의 전통적인 의학 모델에 따르면 대부분의 연구자들과 임상 심리학자들은 사람들에게 어떤 문제가 있고 이를 치료하는 것에 관심를 쏟았다. 그러나 21세기로 들어오면서, 대안적인 견해들이 긍정적인 심리학이라는 이름으로 아브라함 메슬로우(Abraham Maslow)와 칼 로저스(Carl Rogers)와 같은 심리학자들에 의해 연구 되었다. 이러한 접근은 인간의 강점과 잠재력이 정신적 행동적인 문제를 예방하고 삶의 질을 향상 시킨다는 것에 초점을 두고 있다. 긍정적 심리학자들은 다각적 수준의 접근을 다음과 같이 설명하고 있다.

구글의 직원들은 잘 먹게 되어있다. 이 회사는 심지어 직원들이 음식으로부터 100피트 이상 떨어져 있으면 안된다는 규칙까지 있다. 정성을 들인 무료 스낵 공간과 레스토랑은 회사 전역에 흩어져 있으며, 구글의 셰프는 그들의 직원을 위해 스시를 만든다. 이러한 환경은 직원들의 긍정적인 태도와 능력을 향상시키는데 기여한다고 할 수 있을까?

> 긍정적 심리학 분야는 주관적인 수준에서 주관적인 경험에 가치를 부여하는 것이다. 행복, 안도감과 만족감(과거의); 희망과 (미래에 대한); 낙관 그리고 몰입과 (현재의) 행복감; 한편, 개인적인 수준에서는 긍정적인 성향에 관한 것이다; 사랑과 소명에 대한 포용능력, 용기, 대인관계 능력, 예술적 감각, 인내, 관용, 독창성, 미래 지향성, 영성, 우수한 기질, 그리고 지혜이다. 집단 수준에서는 시민 덕목과 더 나은 시민을 만드는 기관이다: 책임감, 배려, 이타주의, 교양, 절제, 관용 그리고 작업 윤리 등이 있다.

이것은 인간의 상태를 개선시키고 이해하는데 너무 광범위한 주제들이다. 그러나 우리는 인적

자본 및 사회적 자본과 긍정적 심리 운동의 생산적 결합을 통하여 진화된 긍정적 조직행동(POB)을 기대한다.

긍정적 조직행동론(positive organizational behavior, POB)
종업원들의 긍정적인 태도와 능력에 대한 개선과 연구

긍정적 조직행동론: 정의와 주요 특징들 네브라스카 대학의 조직행동론 학자 프레드 루산스(Fred Luthans)는 **긍정적 조직행동론(positive organizational behavior, POB)**을 "오늘날 직장에서 성과향상을 위해서 효과적으로 관리되고, 개발되며 측정 가능한 긍정적 심리능력과 인적자본의 강점에 대한 연구와 적용"이라고 정의했다. 우리가 흔히 베스트셀러 목록에서 발견할 수 있는 쉽고 재미있는 자기개발 서적과는 차별화되게 그는 연구와 측정 방법을 분명하게 강조했다(그의 이론과 증거 자료들이 일관적임을 의미한다). 또한 긍정적 조직행동론은 작업 환경에서 긍정적인 심리학을 더 좁게 적용하고 있다.

루산스는 긍정적 조직행동론의 중요한 다섯 가지 특징을 설명하기 위해서 CHOSE라는 두문자어를 만들었다(표 1-4를 참고). 최근 연구에서는 긍정적 조직행동론이 직원몰입, 조직몰입, 직무만족, 성과, 고객만족에 긍정적으로 연관되어 있다는 것을 보여준다. 진보적인 경영자들은 이미 긍정적 업무환경의 가치에 대해서 알고 있다. 그 증거로 다음의 상황을 예로 들 수 있다. 미시간 주 사우스필드에 있는 1,365명의 종업원들로 구성된 플렌트 앤 모란(Plante & Moran) 회계법인의 목표는 'jerk-free(이상한 짓을 안하는)' 인력을 만드는 것이다. 직원들은 신조를 지키며 황금률에 따라 생활하도록 장려된다. "옳지 않은 무엇인가가 있다면 말하라. 우리가 바꿀 것이다." 그리고 캘리포니아에 기반을 둔 네트워크기기 사업을 하는 써니베일(Sunny Vale)의 직원들은 그들의 최고 관리자를 "접근하기 용이한가"에 따라 점수를 매긴다. 예를 들어, 한 직원이 자기 가족의 자폐증을 치료할 수 있도록 건강보험의 혜택을 늘려달라고 요청했다면, 데이터 저장 회사는 그 혜택을 추가함으로써 이에 응답해야 한다.

표 1-4
긍정적 조직행동론의 주요 측면에 관한 루산스의 CHOSE 모델

1. **자신감/자기 효능감(confidence/self-efficacy)**: 주어진 상황 하에서 구체적인 일들을 성공적으로 수행할 수 있다고 자기 스스로를 믿는 것(5장 참조)
2. **희망(hope)**: 목적을 설정한 사람이 어떻게 그것을 성취할지 알아차리고(방법을 알고), 그것을 달성하기 위해 스스로 동기부여 되는 것. 이것을 의지력, 의지라고 한다(5장과 7장 참조)
3. **낙관론(optimism)**: 긍정적인 결과를 기대하거나 긍정적인 인과관계를 말한다. 그러나 여전히 감정적인 부분이 있고, 행복, 인내, 성공과 연관되어 있다(4장, 5장, 7장, 16장 참조)
4. **주관적인 웰빙(subjective well-being)**: 행복한 감정을 넘어서서, 사람들이 인지적으로 자신의 삶과 삶에 대한 만족감을 평가하고 관리하는 방법(4장, 5장, 6장 참조)
5. **감정석 지성(emotional intelligence)**: 자신 스스로와 다른 사람들의 감정을 알아차리고 관리하는 능력.-자기 인식, 자기 동기부여, 동감, 사회적 기술(5장, 9장, 11장, 12장, 13장, 14장 참조)

출처: From *The Academy of Management Executive: The Thinking Manager's Source* by F Luthans. Copyright © 2002 by Academy of Management. Reproduced with permission of Academy of Management via Copyright Clearance Center.

인터넷과 e-비즈니스 혁명

전문가들은 전자상거래(인터넷을 통해 상품을 구매하고 판매하는 서비스)와 **e-비즈니스(e-business)**의 중요한 차이점은 사업의 모든 측면에서 인터넷을 사용하는데 있다고 설명하고 있다. 오늘날 기업들은 인터넷을 직원과 공급자, 고객 간에 정보를 공유하는데 이용한다. 직원들은 새로운 제품을 개발하거나, 마케팅계획을 만들거나, 청구서 문제를 해결할 때 온라인을 통해 협동할 수 있다. 그들은 세계 전역에 있는 사람들에게 아이디어나 제품을 설명하고 세컨드 라이프와 같은 가상공간 안에서 대화를 진행할 수 있다. 인터넷은 또한 작은 기업들이 회계, 재고관리 소프트웨어나 정보를 기반으로 한 시스템에 연결될 수 있도록 도와준다. 이것은 인터넷시대에 산업 안에서 경쟁 우위를 위해서 굳이 거대한 기업이 될 필요가 없다는 것을 뜻한다.

e-비즈니스(e-business)
기업 전체를 인터넷을 통해 운영하는 것.

"직원들의 사기에 문제가 도대체 뭔가?"

휴대폰과 블랙베리와 같이 작은 스마트폰과 노트북 등 작은 휴대용 장치를 가지고 인터넷에 연결할 수 있는 능력이 있어야 하는 것은 경영자에게 중요한 시사점을 주는 하나의 발전이다. 12장에서 논의될, 이러한 기기들은 직원들이 직무를 로그온이 가능한 어느 곳—고객의 업무장소, 집, 근처의 커피숍—에서도 일을 할 수 있게 만들어 직원들을 자유롭게 만들어주고 있다. 오늘날의 관리자들은 직무 외의 장소에서도 스스로를 규율 할 수 있는 직원들을 선택할 수 있어야 할 뿐만 아니라, 그들의 직무시간의 대부분을 직접적으로 관찰할 수 없다 하더라도 성과를 측정할 수 있어야 한다. 반대의 측면에서, 직원들과 관리자들이 어느 곳에서나 연결될 수 있다는 사실이 단절을 의미하지는 않는 것임을 고려해야 한다. 관리자들은 직원들이 끊임없이 자신의 업무에 묶여있어 스트레스를 받거나 기진맥진하지 않도록 해야 한다.

e-비즈니스는 조직행동론의 중요한 구성요소가 되었다. 왜냐하면 궁극적으로 우리 업무 안팎에서 인터넷이 사용되기 때문이다. 인터넷 덕택에 정보에 접근하는 속도가 빨라져 더 빠른 의사결정을 할 수 있게 되었다. 또한 인터넷은 한번에 한 장소에 있어야 하는 우리의 물리적인 법칙을 깨뜨렸다. 예를 들어 뉴저지에 있는 해컨

기술과 모범사례

웹 2.0은 관리의 2.0을 요구한다

점점 더 많은 사람들이 (오프라인에서)온라인으로 이동함에 따라, 그들은 서로 주고 받는 정보—블로그에 글을 쓰거나, 사회적 관계 사이트를 통해 관계를 만들거나, 위키디피아 같은 사용자가 만드는 프로젝트에 기여하거나—를 통제하는 힘을 행사하기 시작했다. 사용자가 창조하는 콘텐츠에 많이 의존을 하는 이러한 활동적인 개입은 웹 2.0으로 불리게 되었다. 그리고 현재 직원들은 직장 내에서 정보가 자유롭게 공유될 것으로 기대한다.

그 결과 퓨처 오브 매니지먼트(The Future of Management)의 개리 하멜(Gary Hamel)은 "관리의 2.0은 웹 2.0과 같이 보이게 될 것이다"라고 예측한다. 그의 말은 미래의 관리자들은 정보의 흐름을 통제하는 대신에 직원들의 공통의 목표를 달성하기 위해 정보를 공유하고 협동할 수 있는 수단을 제공하는 것으로 기대된다는 것을 뜻한다. 이상적으로 이러한 협동은 작업에 최고의 아이디어를 가져다 주게 될 것이다.

이노베이터 랩(Innovators' Lab)의 설립자인 데일 도텐(Dale Dauten)은 이러한 하멜 생각에 감명 받고, 이를 고객과 함께 실행해 보기로 결정했다. 그는 매니저들이 이슈를 선택하고 회사의 블로그에 이 주제를 시작하는 것을 제안했다. 이 회사의 누구라도 그들의 생각에 기여하고 각자 서로의 기여에 대해 반응할 수 있다.

다우텐은 아직까지 그 누구도 이 아이디어를 받아들이지 않았다고 얘기한다. 그러나 아마 당신이 이 이야기를 읽을 때쯤이면 이러한 형식의 협동은 일반적인 것이 될 것이다. 인터넷은 빠르게 움직이고 있다.

출처: Based on Dale Dauten, "Managers of Future Will Shake Things Up," *The Arizona Republic*, December 3, 2007, p. B7.

색(Hackensack) 의학 센터의 가상의 미래에 대해 생각해 보자.

> 의사들은 PC를 통해서 어디서든 엑스레이 사진을 볼 수 있다. 환자들은 입원실에 있는 37인치 TV화면을 통해서 인터넷 검색을 하여 자신의 상태를 살펴 볼 수 있다. 심지어 실물 크기의 로봇이 존재한다. 의사들은 집에 있는 노트북으로 Mr. Rounder라는 로봇을 통제할 수도 있다. 그들은 이 디지털 로봇의사에게 흰가운을 입히고 청진기를 주어 병실로 보낼 수 있고 쌍방향 비디오를 통해서 환자의 상태에 대해서 살펴 볼 수도 있다.

간단히 말해서 우리의 일상적인 삶은 이메일과 인터넷 학습, 인터넷 경영, e-리더십, 가상 팀 그리고 가상 조직 때문에 이전과 같아 질 수 없다. 당신은 가상 팀과 가상 조직에 대해서 앞으로 나올 단원들에서 더 자세히 배울 것이다.

핵심 용어

경영(management) 5
긍정적 조직행동론(positive organizational behavior, POB) 18
사회적자본(social capital) 16
상황적 접근(contingency approach) 13
인적자본(human capital) 15
전사적 품질경영(total quality management, TQM) 11
조직행동론(organizational behavior, OB) 8
e-비즈니스(e-business) 19
Y이론(theory Y) 10

단원 요약

- **페퍼의 인간중심 경영활동(people centered practices)을 이해하고 '경영'이라는 용어를 정의하라.** 페퍼는 일곱 가지 인간중심 경영활동을 정의했는데 이는 직무 안정성, 신중한 고용, 사람에 대한 권한 이양, 업무 결과에 대한 관대한 보상, 많은 훈련, 직급에 대한 낮은 의미부여, 그리고 신뢰 형성이다. 경영은 다른 사람들을 통해 함께 협력해서 일하는 과정으로 효율적이고 윤리적인 방식으로 조직의 목적을 달성하는 것이다.
- **종업원에 대한 맥그리거의 X이론과 Y이론을 비교하라.** X이론에서 고전적인 사고를 가진 종업원들은 일하기를 싫어하고 세밀한 감독이 필요하고 주로 고용안정에만 관심이 있다. 현대적 관점의 Y이론에 따르면 종업원들은 스스로 목표를 설정할 줄 알며, 책임감을 추구하고 창의적이다.
- **데밍의 85-15 규칙의 경영상 중요성에 대해 설명하고 전사적 품질 경영의 네 가지 규칙에 대해 알아보라.** 데밍은 조직 실패의 85%는 그 원인이 관리체계, 기계 또는 업무 규칙과 같은 시스템적 요소들의 취약점 때문이라고 주장했다. 그는 종업원 자신의 업무 실패에 대한 책임감은 15% 정도라고 생각했다. 결과적으로 데밍은 개인들을 비난하고 벌하는 기준에 대해 비난했다. 전사적 품질경영의 네 가지 규칙은
  a) 잘못해서 다시하는 업무에 대해 발생하는 비용을 줄이기 위해 처음부터 일을 제대로 한다.
  b) 고객과 종업원들의 의견을 경청하고 그들로부터 배운다.
  c) 매일 발생하는 문제들에 대해 지속적으로 개선한다.
  d) 팀워크, 믿음 그리고 상호 존중을 형성한다.
- **인적자본과 사회적자본을 비교하고 인적자본이 구축될 때 측정 가능한 다섯 가지 결과물에 대해 설명하라.** 인적자본에는 개인적 성격과 능력이 포함되고 사회적자본에는 사회적 관계가 포함된다. 인적자본은 생산적인 개인의 잠재적인 지식과 행동을 의미한다. 사회적자본은 인간관계와 친절, 믿음과

협력적인 노력의 결과물들을 의미한다. 인적자본을 설립하기 위한 다섯 가지 측정 가능한 성과로는 a) 리더십/경영적 활동 b) 노동력 최적화 c) 학습 능력 d) 지식에 대한 접근성 e) 재능 관리가 있다.

- **긍정적 심리학 운동이 OB분야에 미친 영향에 대해 알아보라.** 사람에게 어떤 문제가 있는지에 대한 심리학의 오랜 질문을 뒤로 하고 긍정적 심리학은 대신에 인간의 강점과 잠재력에 대해 인식하고 주목하기 시작했다. 따라서 루산스(Luthans)는 긍정적 조직행위론(POB)과 CHOSE모델의 기본적 구성 요소들을 발견했다. 이 약자들은 자기 효능감/자신감, 희망, 낙관주의, 주관적 행복, 그리고 감정지능을 의미한다.
- **e-비즈니스 용어를 정의하고 현실적인 조직에서의 효과적인 e-리더십에 대한 최소 세 가지 실질적 교훈을 설명하라.** e-비즈니스란 일상의 경영활동을 더욱 효과적이고 효율적으로 관리하기 위해서 인터넷을 사용하는 것을 의미한다. 오늘날의 종업원은 이메일, 블로그, SNS, 위키피디아처럼 정제된 정보를 제공하는 사이트를 이용할 줄 알고 디지털 의사소통에 능숙하다. 종업원이 정보에 대한 접근성과 공유를 보다 자유롭게 할 수 있는 환경에서 경영자의 역할은 협력의 수단을 제공하는 쪽으로 진화되고 있다.

토의 문제

1. 페퍼의 일곱 가지 인간중심 경영활동 중 어떤 요소가 1장의 오프닝에 소개 되었던 사례의 증거가 되는 요소인가? 설명하라.
2. 당신이 생각하기에 표 1-1의 전략상의 결과물들 중에서 가장 중요한 세 가지 혹은 네 가지 요소는 무엇이라고 생각하는가? 그 이유는?
3. X이론과 Y이론 경영자들에 대한 당신의 경험을 말해보아라. 어느 쪽을 더 선호하는가? 그 이유는?
4. 인적자본과 사회적자본을 확립하기 위해서 당신은 어떤 노력을 하는가?
5. 긍정적 조직행위 분야로서 어떤 요소들이 경영활동을 하는데 잠재적 영향을 미친다고 생각하는가?

윤리적 딜레마

훔쳐보는 것이 잘못이라고 생각하는가?

대학생들은 최근의 사건들에서 의견이 갈리고 있다. 84%는 미국이 경제적 위기에 처해 있다고 생각하고 77%는 CEO들이 이에 대한 개인적인 책임을 지니고 있다고 생각한다고 했다.

하지만 같은 학생들에게 자신의 윤리적 행동에 대해 질문 했을 땐 다른 이야기를 한다. 59%의 학생들은 시험에서 컨닝하는 것을 허락한다고 했다(이중 남자는 66%, 여자는 54%였다). 그리고 19%만이 누가 컨닝을 했는지 알리겠다고 대답했다(이중 남자는 23% 여자는 15%였다 — 최근 이런 내부 고발자들은 여자들이었다).

비영리 조직이며 학생들에게 윤리적 경영활동에 대해 가르치는 SIFE(Students in Free Enterprise)에 의해 이뤄진 조사는 미국 27개 대학, 1100명의 학생들을 대상으로 하였다. 윤리적 행위가 실제 삶에 어떤 영향을 미치는 지에 대한 이해가 부족하다고 SIFE의 CEO인 앨빈 로어(Alvin Rohr)가 말했다. 우리는 젊은이들이 윤리와 자신의 의사결정에 대해서 생각하게 해야 한다. 그렇지 않으면 지금의 학생들은 곧 미래의 범죄자들이 될 수 있다. 불행히도 726명의 10대를 조사한 연구결과에 따르면 윤리문제는 생각보다 큰 문제다. 38%의 학생이 성공을 위해서 거짓말, 컨닝, 표절, 폭력이 필요하다고 응답했다.

이러한 이중적 기준을 우리는 어떻게 해석해야 할 것인가?

1. 걱정할 필요없다. 대부분의 학생들은 학교생활과 실제생활의

차이에 대해서 이해하고 있을 것이다. 실제 상황에 닥쳤을 때 학생들은 올바르게 행동할 것이다. 이론적 근거를 이용하여 설명해 보아라.

2. 회사 업무 상황이나 학급 내에서, 결과물에 대한 압박은 문제가 된다. 사람들은 쉬운 방법을 택하려는 경향이 있고 압박을 받게 되면 규칙들을 어기려고 한다. 이런 현상에 대해서 설명해 보아라.
3. 오늘의 사기꾼이 곧 내일의 사기꾼이 된다. 이에 대해 설명해 보아라.
4. 대학 교수들은 윤리교육에 더 많은 관심을 쏟아야 한다. 어떤 방법이 있는가?
5. 학생들과 경영자 모두 자신의 비윤리적 행위에 대해서 개인적 책임을 져야만 한다. 어떤 방식으로 책임을 져야 하는가?
6. 다른 이론이나 해석이 있으면 찾아보고 이에 대해 논의해 보자.

윤리적 학습 모듈

미국 국회의원들은 야후(Yahoo)가 중국에서 윤리적 위법을 저질렀다고 믿는다.

| 토의하기 |

야후(Yahoo)의 사태에 대해 어떻게 생각하는가? 설명하라.

야후(Yahoo)가 중국에서 한 행동에 대해 하원국제관계위원회에서 청문회를 개최한 것은 인터넷 리더로서 보기 드물게 공식적으로 부끄러운 일이었다.

위원회장이였던 톰 렌토스(Tom Lantos) 외교관과 다른 의원들은 야후 사장과 법무 자문위원이었던 양(Yang)과 마이클 켈러헨(Michael Callahan)이 중국의 관계자에게 2004년 샤이의 이메일 주소를 통해서 신상 정보를 제공한 것에 대해 강하게 비난했다. 2006년 국회의원들은 이 사례와 관련하여 오도된 것에 대해 비난했다.

"기술적으로나 재정적으로 당신이 거대회사로 성장한 반면 당신은 도덕적으로 아주 작은 존재가 되었습니다.", 야후의 사장을 다그치면서 렌토스가 말했다.

야후, 구글, 이베이와 다른 메이저급 웹 기업들은 중국의 증가하는 인터넷 사용자들을 잡기 위해 중국에 수억 원의 투자를 해왔다. 하지만 그들은 현지 경쟁자들에 의해서 상당수 제압당했다. Alibaba.com이나 Baidu.com이 대표적인 예이다. 또한 그들은 반드시 지역 법을 따라야만 했다. 예를 들어 구글(Google)은 중국 정부가 싫어할 만한 웹 검색 결과를 미리 검열하여 적극적으로 차단한 것에 대해 강한 비난을 받았다.

야후는 중국이 중국 정부의 기밀을 야후의 이메일 계정을 통해 국제 인권 단체에 전달한 사람의 이름을 요구했을 때 중국 당국에 샤이의 이름을 알려주었다. 그 메모는 천안문 광장 대학살의 기념일과 관련한 취재와 보도를 금한다는 것이다. 야후가 샤이의 신분을 밝힌 후에 샤이는 중국의 국가 비밀을 누설한 죄로 10년 형을 선고 받았다.

중국의 악명 높은 어려운 기업환경 속에서 경쟁하는데 야후가 최선의 노력을 다했다고 논쟁하면서 양(Yang)과 켈러헨(Callahan)은 야후를 옹호했다. 그들은 야후가 인터넷 사용자들에 대한 정보와 권한에 대한 정부의 법적 요청에 대응해야만 한다는 것에 주목했다. 미국에서도 소환장을 받았을 때 반드시 그렇게 해야만 한다.

정부, 고객, 주주와 다른 이해당사자들의 갈등을 중재하는 것은 어떠한 환경에서든 어려운 일이다. 기업 관행의 기준이 다른 나라로 업무를 확장시켜 나갈 때 이것은 특히 까다롭다. 중국에서 활동하기 위해서 야후는 중국 정부의 모든 요구사항을 따를 수 밖에 없었다. 일반적으로 미국 사람과 미국 기업에 이런 도덕적 기준을 적용하면 갈등이 야기 되지만 이 주제에 관하여 두 가지 측면에서 논의해 볼 수 있다. 윤리에 대한 논의를 하는데 있어 문제는 윤리적 행위에 대한 보편적 기준이 없다는 것이다.

윤리적 과제

기업윤리에 대해 주의를 기울여야 할 여섯 가지 이유가 있다:

- 월드컴(WorldCom)의 CEO였던 버나드 에버스(Benard Ebbers)는 사기와 모의로 25년 형을 선고 받았다.
- 엔론(Enron)의 CEO였던 제프리 스킬링(Jeffrey Skilling)은 증권회사 사기사건과 내부자 거래로 24년 형을 선고 받았다.
- 아델피아(Aldelphia Comunications)의 CEO였던 존 리가스(John Rigas)는 공모와 은행 사기로 15년 형을 선고 받았다.
- 컴퓨터 협회(Computer Associate)의 CEO였던 산제이 쿠마(Sanjay Kumar)는 증권 사기와 사법방해로 12년 형을 선고 받았다.
- 타이코(Tyco)의 CEO였던 데니스 코즐로우스키(Dennis Kozlowski)는 절도죄와 문서위조로 8년 형을 선고 받았다.
- 엔론의 최고재무책임자였던 앤드류 패스토우(Andrew Fastow)는 텔레뱅킹을 이용한 금융사기로 6년 형을 선고 받았다.

위의 범죄와 널리 알려진 전문 경영인들의 다른 범죄 덕분에 미국의 경영자는 2002년의 사베인스 옥슬리 법(Sarbanes Oxley)이 요구하는 높은 책임 기준과 혹독한 벌금을 감수해야 한다. 일반 대중과 선발된 임원(그들의 범죄에 대한 불명예의 전당에 올라있는)들은 윤리적 행동에 대해 상당한 관심을 갖고 있다. 비윤리적 행위가 만연하기 때문에 이것은 중요한 문제다.

전국 581명의 인사 전문가들을 대상으로 한 조사에서 응답자의 62%가 종종 자기 회사에서 비윤리적 행동을 목격한다고 응답했다. 비윤리적 행동은 조직의 말단에서부터 고위층까지 모두에게 발생한다. 예를 들어, 3,000명의 의사들을 대상으로 한 조사에서 45%가 동료에 의한 심각한 의료 실수를 목격했을 때 무능한 동료를 보고하지 않는다고 대답했다. 구직자들도 비윤리적 행동을 한다. ADP 검사와 선발 서비스(selection services)를 통해 검토된 2백 6십만 지원자들의 이력서검사에서 "44%의 지원자들이 그들의 근무경력을 속이고, 41%의 지원자들은 그들의 학력을 속이며, 23%의 지원자들이 그들의 자격증을 위조한다."고 밝혀졌다.

전문가들은 미국의 기업들은 비윤리적 행동과 범죄행위 때문에 한 해에 6천억 달러를 손해 본다고 추정했다. 미국과 영국은 이전의 연구에서 기업의 윤리경영이 기업에게 이득이 될 수 있다고 밝혔었다. 이에 대한 증거로 수익성은 정직에 대한 명성과 기업의 시민의식에 의해 향상된다고 주장한다. 윤리는 또한 회사에 지원하는 사람들의 수준에 영향을 미칠 수 있다.

1,020명의 개인들을 대상으로 한 최근의 온라인 조사에서 83%가 회사 지원 여부를 결정하는데 기업의 윤리적 경영에 대한 성적이 "매우 중요하다"고 평가했다. 단지 2%만이 "중요하지 않다"고 평가했다.

명백하게, 모든 사람들은 비윤리적 행동을 없애기 위한 노력에 동참할 필요가 있다. 비윤리적 행동을 조장하는 다양한 개인적, 조직적 요인들이 존재한다. 조직행동론은 직장윤리를 이해하고 개선시키는데 중요한 역할을 한다. 만약 조직행동론이 일을 함에 있어서 인간의 행동을 관리하는 통찰력을 제공한다면 윤리에 어긋나는 행동을 피하는 방법을 가르쳐 줄 수 있을 것이다.

윤리(ethics)
도덕적 문제와 선택에 관한 학문

윤리(ethics)란 도덕적 이슈와 선택에 관한 연구를 포함한다. 윤리는 옳고 그름, 선과 악, 흑백은 있지만 회색지대에 놓여있는 이슈들과 관련있다. 도덕적 시사점은 현실적인 모든 의사결정 속에서 나오며, 업무 안이나 밖에서도 발생한다. 경영자는 세계를 더 나은 환경으로 만들기 위해 옳은 일을 하는데 많은 용기와 상상력을 가지도록 요구된다.

조직행동의 맥락 내에서 윤리에 대한 이해를 높이기 위해, 우리는 (1) 기업의 사회적 책임에 대한 글로벌 모델, (2) 개인의 윤리적 행동 모델, (3) 관리자의 일반적인 도덕 규범, (4) 조직의 윤리적 분위기를 어떻게 향상 시킬 것인지에 대해 논의할 것이다.

기업의 사회적 책임에 대한 글로벌 모델

기업의 사회적 책임(corporate social responsibility)
기업은 이윤 창출과 법규준수 그 이상을 해야할 책임이 있다.

기업의 사회적 책임(CSR)은 "기업은 주주 이외의 사회구성원에게 법 혹은 노동계약이 규정하는 것 이상으로 책임을 가져야 한다는 생각"으로 정의된다. 기업의 사회적 책임은 과거와 현재의 종업원, 고객, 공급자와 회사의 공장이 위치한 지역의 주민을 포함한 이해관계자들의 이익과 필요에 부합되게 기업이 이익을 창출하는 것 그 이상을 요구한다. 따라서 어떤 사람들은 기업시민의식(*cooperate citizenship*)이라는 용어를 사용한다. 기업의 사회적 책임에 대한 많은 논란들이 존재하는데 그 이유는 전통적인 경제학 이론들이 기업은 상품과 서비스를 생산하는데 책임이 있지 세계의 사회적, 정치적, 환경적 문제를 해결하는 데는 책임이 없다고 말하고 있기 때문이다. 당신의 의견은 어떠한가?

조지아 대학(University of Georgia)의 기업윤리 교수인 아치 캐롤(Archie B Carroll)은 기업의 사회적 책임에 대해 더 넓은 견해를 제시했다. 그는 최근 글로벌 경제와 다국적 회사를 두고 CSR/business 윤리에 대한 모델을 포괄적으로 제시했다(그림 A-1).

모델은 매우 시의적절하다. 왜냐하면 이 모델은 다음의 세 가지 주요한 트렌드를 조화시켜서 분석하고 있다. 1) 경제적 세계화, 2) 기업의 사회적 책임에 대한 기대의 증가, 3) 개선된

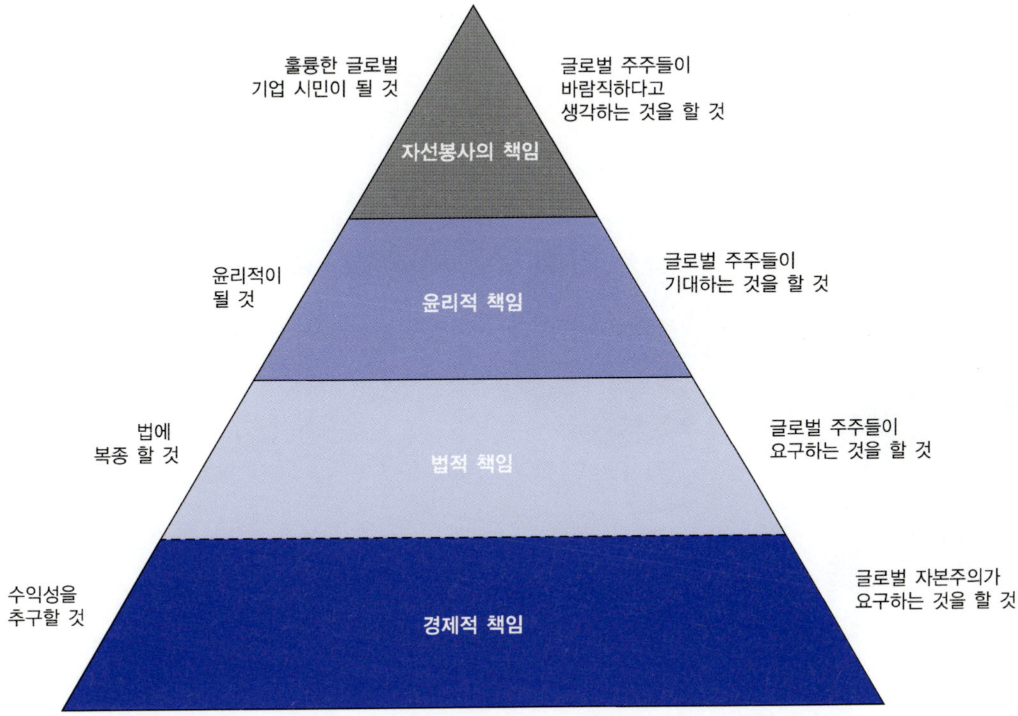

그림 A-1
캐롤의 글로벌 기업의 사회적 책임 피라미드

출처: Academy of Management Executive: The Thinking Manager's Source by A B CARROLL. Copyright © 2004 by Academy of Management (NY). Reproduced with permission of Academy of Management (NY) in the format Textbook via Copyright Clearance Center.

기업윤리에 대한 요구. 캐롤의 글로벌 기업의 사회적 책임 피라미드는 하위단계에서부터 상위단계로 올라가며, 글로벌 경제 속에 있는 기업들에게 다음과 같은 충고를 한다:

- 국제경영에서 기대에 부응하는 이윤을 만들어라.
- 국제법 뿐만 아니라 현지 국가의 법도 준수하라.
- 현지와 글로벌 기준을 함께 고려하여 윤리적 경영을 하라.
- 현지 국가의 기대와 정의에 부합되는 훌륭한 기업 시민이 되어라.

캐롤은 피라미드 모델이 제대로 서기 위해서는 각각의 단계가 튼튼해야 한다고 본다. 기업의 사회적 책임에서 어느 한 가지만 하는 것은 부적절하다. 캐롤에 따르면 피라미드의 가장 높은 단계에서는 기업이 법이나 기업 윤리적 문제에 대한 기대에 의해 강요된 것이 아닌 이를 넘어서 사회적 활동을 약속할 것이라는 글로벌 사회의 기대를 반영했다.

개인 윤리적 행위 모델

윤리적, 비윤리적 행위는 여러 영향력들의 복잡한 조합의 산물이다(그림 A-2). 그림 A-2모델

그림 A-2 직장에서의 윤리적 행위 모델

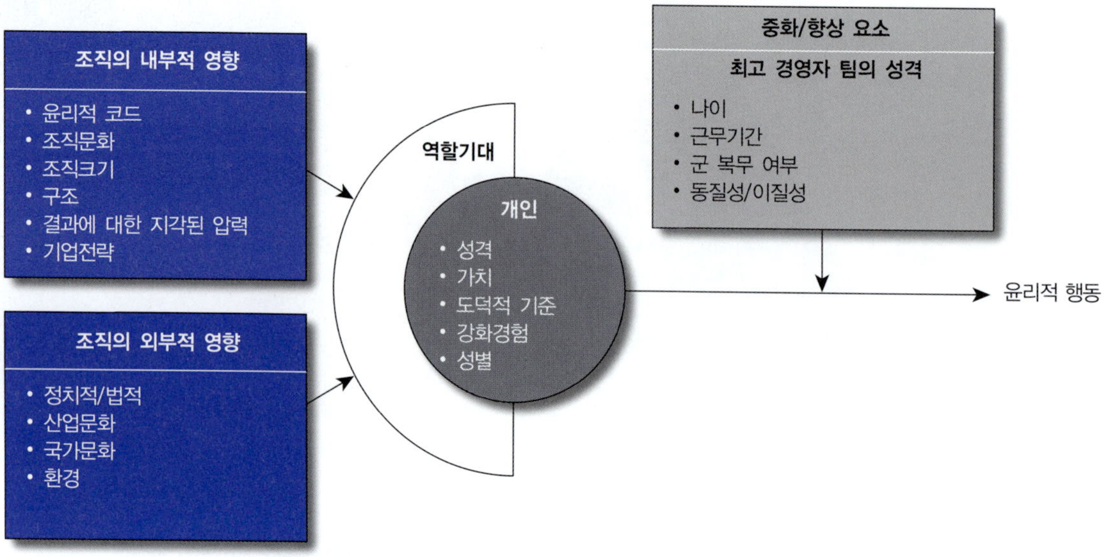

출처: Based in part on A J Daboub, A M A Rasheed, R L Priem, and D A Gray, "Top Management Team Characteristics and Corporate Illegal Activity," *Academy of Management Review*, January 1995, pp 138–70.

의 중심은 개별 의사결정자이다. 개인은 윤리적 행동에 치우치거나 벗어나는 성격, 가치, 도덕적 기준을 가지고 있다. 예를 들어, 자기 자신이 도덕적이라고 생각하는 개인은 더욱 강한 윤리적 기준을 가지게 된다. 특정 행위에 대한 강화나 처벌을 개인 혹은 타인으로부터 받아본 개인 경험은 개인의 성향을 만들고 윤리적으로 행동할지 혹은 비윤리적으로 행동할 지를 결정하게 한다. 또한 성별은 윤리적 행위를 예측하는 중요한 역할을 할 것이다.

여성과 남성이 서로 다른 윤리적 기준을 갖고 있다는 것이 오래된 믿음이다. 하지만 113개의 메타분석 연구에서 여성이 남성보다 덜 열정적이고 덜 배려하는 경향을 갖고 있고(배려측면) 권리와 규범에 덜 흥미를 갖는다는(정의측면) 결과가 나왔다. 중요한 것은 이런 차이는 도덕적 판단을 하는데 있어서 성별 차이를 배제할 수 없다는 것이다.

다음으로 그림 A-2는 역할 기대에 미치는 두 가지 중요한 원천에 대해 설명하고 있다. 사람들은 삶에서 종업원이나 관리자를 포함한 다양한 역할을 하게 된다. 그런 역할들이 어떻게 실행될 것인가에 대한 기대는 조직의 내부적, 외부적 요소들에 의해서 만들어 진다. 이제 얼마나 다양한 내부적, 외부적 조직 요소들이 윤리적 행동에 영향을 미치는지와 이런 영향들이 조직 최고 경영층의 성격에 의해 어떻게 중화되거나 향상되는지에 대해 설명해 보겠다.

내부적 조직 영향

그림 A-2는 윤리적 행동에 영향을 미치는 6개 중요한 조직의 내부적 영향들을 보여주고 있다. 기업의 윤리적 행동 규범과 조직문화는, 2장에서 논의하겠지만, 명백하게 비윤리적 행동의 빈

시카고에 위치한 썬 타임즈(Sun-Times)의 데이비드 래들러(David Radler)는 수백만 달러의 사기죄로 유죄판결을 받았다. 무엇이 그런 큰 잘못을 설명할 수 있나? 래들러의 사례로 인해 윤리성이 결여된 선택들이 많아질 것인가?

도수를 줄이는데 기여한다. 윤리 강사인 칼라 로버트슨(Karla Robertson)은 "윤리는 단지 논의되는 것이 아니라 반드시 살아있어야 한다."라고 말했다. 다시 말해서 조직의 리더들은 반드시 윤리적 행동의 모델이 되어야 하고 조직에서 윤리적 선택이 만들어지고 그 선택을 가치있게 여긴다는 것을 구성원이 알 수 있게 해야 한다. 미팅이나 공식적인 대화에서 리더들은 그들 혹은 다른 사람들이 채용이나, 판매, 재무와 여러 경영의 영역에 관한 의사결정에서 윤리적 시사점에 비중을 부여해 왔다는 것을 꼭 말해야 한다. 반대로, 만약 조직이 1등 판매자이지만 비도덕적 행동을 하는 종업원을 옹호한다면, 그 행동은 그 기업이 조직의 윤리적 기준을 가치 있게 생각하지 않는다는 신호가 될 것이다.

많은 연구에서 조직의 규모와 비윤리적 행위간의 긍정적 관계를 밝혔다. 비윤리적 행위는 큰 조직에서 더 빈번하게 일어난다. 흥미롭게도 많은 연구에서 분권화된 조직일수록 비윤리적 행위를 더 많이 한다는 것이 밝혀졌다. 비윤리적 행위는 이런 상황에서 일어난다고 의심해 볼 수 있는데 낮은 직급의 관리자는 본사의 윗사람에게 "잘 보이고" 싶기 때문이다. 이런 결론을 뒷받침하는 많은 연구를 보면 중간 관리자와 말단 관리자들이 성과에 대한 압력에 직면하기 때문에 비윤리적 행동성향을 보인다는 결과가 나왔다. 이런 경향은 특히 개인이 달성한 성과에 대한 보상을 받는 경우 특히 나타난다. 성과에 대한 강압적 분위기를 만드는 관리자들은 의도하지 않게 기업에 충성을 다하고 상사를 기쁘게 하려는 종업원들에게 비윤리적 행동을 하는 지름길을 제공해 줄 수 있다. 불행히도 이런 문제점의 씨앗은 일찍이 우리 삶에 심어져 왔다. 10대 청소년 787명을 대상으로 한 최근의 조사에서, 44%가 "어떤 댓가를 치루더라도 학업의 성공에 강한 압박을 느낀다"고 대답했고, 이런 압박을 받는 10대들 중 81%가 적어도 비슷한 압박을 직장에서 느낄 것이라고 예상했다. 같은 조사에서 69%의 학생들이 과거에 거짓말을 한적이 있다고 했다.

조직의 외부적 영향

그림 A-2는 윤리적 행위와 역할 기대에 대한 네 가지 외부적 영향들을 보여준다. 정치적/법적 체계는 분명하게 윤리적 행동에 영향을 미친다. 이전에 언급했듯이, 미국의 정치/법적 체계는 조직의 윤리적 행위에 대한 감시와 요구를 증가시키고 있다. 부패 혐의에 대한 공식적인 관용은 나라마다 다양하다. 또한 어떤 나라에서는 행위에 대한 지배적 규범이 비윤리적 행동을 촉진시킨다. 세계를 돌아다니는 기업인들은 이에 맞춰서 준비할 필요가 있다.

더구나, 그림 A-2는 국가의 문화가 윤리적 행위에 영향을 미친다는 것을 보여준다(국가의

폴렛 콜(Paulette Cole)사장은 유행에 민감한 맨하탄의 백화점에서 매출이 8억 달러인 에이비씨(ABC Carpet and Home)의 기업 전략에 윤리적 행동을 포함시키고 싶어 한다. 에이즈에 걸린 우간다 여성이 만든 보석과 여러 상품들이 콜의 상표를 달고 팔리고 그 수익금을 미국 중부에 있는 학교를 지원하는데 쓰는 것이 새로운 비즈니스 플랜이 되었다. "제품에 대한 투자가 누군가의 삶에 긍정적인 영향을 미친다는 사실을 알 때 당신이 그리는 디자인은 중요해 진다."고 콜은 말한다. "나의 목표는 회사가 모든 디자인에 사회적 책임을 부여하는 것이다."

문화에 대해서는 3장에서 다룰 것이다). 이런 결론은 경영윤리에 대한 다국적(미국, 영국, 프랑스, 독일, 스페인 스위스, 인도, 중국, 호주를 포함한) 연구들을 통해 지지되었다. 각 나라의 경영자는 31쪽에 있는 12가지 행동 목록에 대해 응답했다. 그 결과 10개 국가들 사이에서 분명한 차이점이 발견되었다. 경영자는 12가지 행동의 윤리성에 대해 동의하지 않는다는 것이다. 이런 행동에 대한 당신의 생각은 어떠한가?(당신이 직접 설문을 완성하면 답을 찾을 수 있다) 마지막으로 외부적 환경은 윤리적 행동에 영향을 미친다. 예를 들어 비윤리적 행동은 너그러움이 적은 환경에서 더 잘 발생하고 산업 이윤이 감소하는 상황에서 더 많이 발생할 수 있다.

중화/증진 요소

윤리적 행동의 원인에 대한 이해를 돕는 연구에서 조직행동론 연구자들은 그림 A-2에 나타난 내부적/외부적 요인들 간의 관계를 약화시키거나 강화시키는 몇몇 요소들에 대해서 밝혔다. 이런 요소들은 조직의 최고경영자 팀(TMT)이 갖고 있는 특성과 모두 관련이 있다. 최고경영자층은 CEO와 그에게 직접 보고하는 임원으로 구성되어 있다. 윤리적 영향력을 행사하는 자와 윤리적 행동간의 관계는 최고경영층의 평균 나이와 근속연수의 증가에 따라서 약해진다. 이런 결과는 더 나이 들고 경험있는 리더 집단이 비윤리적 행동의 발생을 적게 허용한다는 것을 의미한다. 최고경영자팀에서 군복무 경험이 있는 구성원의 수가 증가하고 팀 구성원이 이질적인 특성(예를 들어, 성, 나이, 인종, 종교의 다양성)을 지니면 비윤리적 행동은 적게 나타난다.

이러한 결론은 두 가지 중요한 시사점을 준다. 첫째, 이전의 군복무 경험은 최고경영층의 윤리적 행위에 긍정적인 영향을 미친다고 나타났다. 아직까지 조직행동론 연구자들이 이러한 관계의 원인에 대해 명확히 밝히지는 못했지만, 입대하면서부터 의무, 규율, 명예를 중시하는 군대의 관행때문일 수도 있다. 이유야 어쨌든 최고경영층 내에서 군 경험은 윤리적 행위에 긍정적인 영향을 미친다. 그러므로 조직은 군 경험과 같은 요인을 관리자를 채용할 때, 승진할 때 하나의 선발 요인으로 고려해야 한다. 둘째, 비윤리적 의사결정을 할 소지를 줄이고 싶다면 조직은 그들의 최고경영층의 다양성을 높이기 위해 노력해야 한다. 4장에서는 조직의 다양성이 얼마나 창의성, 혁신, 집단문제해결, 그리고 생산성을 높이는데 영향을 미치는지에 대해 논의할 것이다.

실전 연습

이 행동들이 얼마나 윤리적인가?

지시: 다음의 행동들이 어느정도 윤리적인가에 대해서 평가하라. 주어진 평가 척도에 당신의 답을 표시하시오. 당신의 평균 점수를 계산하고 기준 점수와 비교하라.

	매우 비윤리적	비윤리적	윤리적이지도 않고 비윤리적이지도 않다.	윤리적	매우 윤리적
우선적 대우에 대한 대가로 선물/호의를 받아들인다.	1	2	3	4	5
우선적 대우에 대한 대가로 선물/호의를 준다.	1	2	3	4	5
비밀스런 정보를 폭로한다.	1	2	3	4	5
하루 쉬기 위해 아픈 척을 한다.	1	2	3	4	5
개인적인 용도로 조직의 물건을 사용한다.	1	2	3	4	5
업무시간에 개인적인 용무를 본다.	1	2	3	4	5
휴식시간 이외에 개인시간을 더 갖는다.	1	2	3	4	5
개인적인 용도로 조직의 서비스를 이용한다.	1	2	3	4	5
실수에 대한 비난을 잘못 없는 동료에게 덮어 씌운다.	1	2	3	4	5
다른 사람의 공을 가로챈다.	1	2	3	4	5
조직의 정책에 대한 다른 사람의 위반을 보고하지 않는다.	1	2	3	4	5
자신의 실수를 숨긴다.	1	2	3	4	5

평균 점수 = 합계 ____________

기준(나라별 평균 점수)
미국 = 1.49
영국 = 1.70
호주 = 1.44
프랑스 = 1.66
중국 = 1.46
10개국 평균점수 = 1.67

출처: The survey behaviors were taken from T Jackson, "Cultural Values and Management Ethics: A 10-Nation Study," *Human Relations*, October 2001, pp 1287-88.

윤리적 의사결정을 위한 의사결정 지도

윤리적 행동은 궁극적으로 개인이나 집단 의사결정에 관여한다. 따라서 윤리적 의사결정 문제를 고려하는 것은 중요하다. 하버드 경영대학교 교수 콘스탄스 베글리(Constance Bagley)는 의사결정 지도가 경영자들에게 더 나은 윤리적 의사결정을 하게 해준다고 주장한다. **의사결정 지도(decision tree)**는 긴요한 의사결정 과정을 그림으로 표현하는 것이고 다양한 선택을 할 때 나타나는 결과들을 보여준다. 의사결정 지도는 의사결정을 하

의사결정 지도(decision tree)
의사결정의 근본적인 과정을 보여주는 그림.

비록 중국이 세계에서 모조품 회사들이 제일 많은 나라이지만, 저장성(Zhejiang Province)은 가짜 상품을 몰수하기 위한 노력을 계속 기울여 왔다. 공무원들은 460,000개의 가짜 소니(Sony) 건전지와 30,000개의 가짜 소니 이어폰을 발견했다. 당신은 가격이 저렴하다고 해서 가짜 디자이너의 상품을 구매할 것인가?

는데 보조도구로 사용된다.

당신의 지식을 시험하라

윤리학

윤리적 의사결정은 종종 상반관계를 가지는데 의사결정 지도는 관리자들에게 이런 상반관계의 안내자 역할을 한다. 그림 A-3에 있는 의사결정 지도는 관리자 개인 혹은 기업이 생각하는 어떠한 형태의 의사결정이나 행동에 적용될 수 있다. 지도를 보면, 가장 첫째로 묻는 질문은 제안된 행동이 합법적인가 아닌가에 관한 것이다. 만약 행동이 불법이라면 해서는 안된다. 만약 그 행동이 합법이라면 그 행동이 주주들의 가치에 어떤 영향을 미칠 것인지에 대해 고려해야 한다. 의사결정은 그 결과가 조직의 재무적 상태(예를 들어, 이윤증대)를 더욱 좋게 만든다면 주주들의 가치를 최대화 시킨다. 그 행동이 주주들의 가치를 최대화시키든 안 시키든 간에 의사결정 지도는 관리자들이 의사결정이나 행동에 대한 윤리적 시사점을 고려할 필요가 있음을 보여준다. 예를 들어, 만약 한 행동이 주주들의 가치를 최대화 시킨다면, 그 다음 질문은 그 행동이 윤리적인가 아닌가 하는 문제를 고려하는 것이다. 이 질문에 대한 답은 주주의 이익에 반하여 다른 주요 이해당사자들(고객, 종업원, 지역단체, 환경, 공급업자)이 받는 긍정적 영향을 고려하는 것에 달렸다. 의사결정 지도에 따르면 주주의 이익이 다른 주요 이해당사자의 이익을 초과할 때 경영자는 조치를 취해야 한다. 이로 인해 다른 주요 이해당사자가 주주보다 더 많은 이익을 챙길때는 조치를 더 이상 취해서는 안된다.

그림 A-3는 어떤 행동이 주주들의 가치를 극대화 시키지 못했다고 처음 결론을 내릴 때 관리자들은 조금 다른 견해를 사용한다는 것을 보여준다. 이런 경우, 질문이 "행동을 하지 않는 것이 윤리적인 것인가?"이다. 이 질문은 필연적으로 관리자가 주주들의 손해 혹은 비용에 대한 다른 주요 구성원의 비용 혹은 이윤을 고려하게 만든다. 만약 다른 이해당사자의 비용 혹

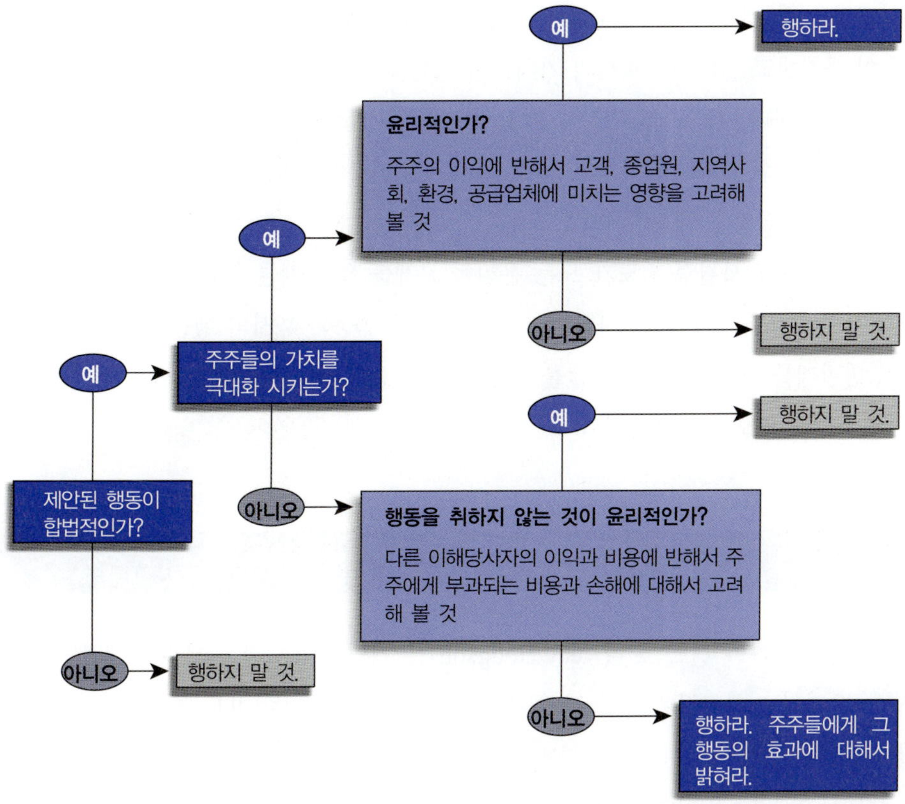

그림 A-3
윤리적 의사결정 지도

출처: Academy of Management Executive: The Thinking Manager's Source by A B CARROLL. Copyright © 2004 by Academy of Management (NY). Reproduced with permission of Academy of Management (NY) in the format Textbook via Copyright Clearance Center.

은 이윤을 초과한다면, 경영자나 기업은 그 행동을 취해선 안된다.

반대로 다른 이해당사자의 비용이나 이윤이 주주들의 비용보다 더 많다고 판단이 될 땐 행동을 행해야 한다. 이런 의사결정 지도를 회사가 퇴직자의 의료보험 비용에서 회사측의 부담을 줄이고 동시에 당사자의 부담을 늘리는 결정에 적용해보자. 예를 들어, IBM은 이 관행에 따르기로 의사결정을 했다.

조별 활동
윤리적 의사결정 지도 활용하기

퇴직자 의료보험에서 기업이 퇴직자의 부담을 증가시키면서 동시에 회사의 부담을 줄이는 것이 합법적인가? 대답은 '그렇다'이다. 조직이 퇴직자의 의료보험 비용을 줄임으로써 주주의 가치를 극대화 시키기 위해 노력하는가? 또 다시 대답은 '그렇다'이다. 우리는 이제 다른 주요한 이해당사자의 전반적인 이윤과 비교해서 주주들의 이윤을 고려해야만 한다. 이 질문에 대한 대답은 더욱 복잡하다.

다음의 두 가지 예를 생각해 보자. 한 회사는 돈을 잃고 있고, 신제품 개발에 대한 투자를 위해 현금을 필요로 한다. 경영팀은 신제품이 회사의 궁극적인 생존과 경제적 성장을 부채질할 것이라고 믿고 있다. 이 회사의 기업가치에서도 회사의 이익과 주주의 이익이 직원들의 애사심보다 더 중요하다고 명시하고 있다. 이 사례의 경우, 회사는 퇴직자의 의료보험 부담금을 올리는 의사결정을 할 것이다. 두 번째 회사는 반대로, 수익성을 내고 있고, 현재 상품에 대한 시장 점유율이 증가하고 있다. 이 회사의 가치는 종업원들이 어떤 다른 기관들보다, 심지어 주주들보다도 더 중요하다. 사우스웨스트 항공(Southwest Airline)은 이런 기업가치를 가진 회사의 좋은 예라고 할 수 있다. 이 사례의 경우, 회사는 퇴직자의 복리후생에 대한 회사의 부담을 줄이지 않는 의사결정을 내려야 한다.

관리자가 꼭 해야할 것들

윤리학 : 4분기 거래를 해보자.

조직과 관리자는 의사결정 지도가 모든 윤리적 문제를 위한 빠른 답을 제공해 주진 않는다는 것을 명심해야 한다. 그러나 의사결정 지도는 관리적 행동과 회사의 행동 그리고 회사 윤리 사이에 상반관계를 고려할 수 있는 틀을 제공한다. 당신이 윤리적 문제나 질문에 직면했을 때 이러한 의사결정 지도를 사용해보자.

일반적인 도덕적 기준들

경영 컨설턴트이자 작가인 켄트 호손(Kent Hodgson)은 경영자가 도덕적 기준에 대한 이해를 통해(표 A-1) 윤리적 의사결정에 한발 짝 쉽게 다가가는데 도움을 주었다. 호손은 그것을 "아름다운 일곱"이라고 불렀고 그 기준의 불변성과 세계적인 보편성을 강조했다. 호손에 따르면 중요한 것은 의사결정자들을 위한 절대적인 윤리적 대답은 없다는 것이다. 경영자의 목적은 자신의 결정이 원칙에 입각하고 적절하며 옹호하기 쉽게 도덕적 기준에 부합해야 한다는 것이다.

경제지 작가 수지 웰치(Suzy Welch)는 이런 기준들을 일에 적용 시켰던 많은 사람들을 회상했다. 예를 들어, 한 은행직원은 반복적으로 조직 내 다른 사람들을 방해하면서 자신의 자리를 지키려는 관리자 때문에 곤경에 처해 있었다. 그 관리자는 자신의 행동에 따라줄 것을 기대했고, 그 밑에서 그녀는 자신의 신념에 따라 행동할 수 밖에 없었고, 결국 그녀는 자신의 사업을 시작하기 위해 회사를 떠났다. 다른 사례로 한 관리자는 비서에게 다음 주에 퇴직을 시켜야 할 몇몇 직원의 서류를 준비해 달라고 부탁했다. 비서는 불과 1주일을 앞두고 퇴직 사실을 통보해야 한다는 생각에 마음이 불편해서 좀더 자세한 사정을 알아보았다. 인사부서 사람으로부터 이들은 조기 명예퇴직을 받아들였다는 사실을 들었다. 이 사례에서 확실한 정보를 얻은 후 관리자의 지시에 따른 비서는 사실 적절하고 방어적인 행동을 취했다.

조직의 윤리적 분위기를 어떻게 개선 시킬 것인가?

일련의 경영학자는 근무 중 윤리를 개선하기 위한 행동으로 다음의 행동들을 추천했다.

표 A-1

아름다운 일곱: 관리자들을 위한 일반적인 도덕적 기준들.

1. 인간 삶의 존엄성: 사람들의 삶은 존중받아야 한다. 인간은 존재하고 있다는 사실만으로도 가치를 지니고 존엄성을 갖는다. 우리는 무고한 사람을 죽이거나 해를 끼치는 의도를 갖는 행동을 해서는 안 된다. 사람은 살아야 할 권리를 갖고 있다. 우리는 인생에 그런 권리를 존중할 의무를 갖고 있다. 인간의 삶은 보호받아야 하고 신성한 것으로 여겨져야 한다.
2. 자율성: 모든 사람들은 고유한 가치를 갖고 있고 자기 스스로 의사결정을 내릴 권리를 갖고 있다. 개인의 가치, 존엄성, 선택의 자유를 드러내는 방식으로 우리는 행동해야 한다. 우리는 우리 고유의 가치와 정당한 요구를 주장하는 방식으로 행동할 권리를 갖고 있다. 우리는 타인을 한낱 '어떤 것' 이라고 생각하거나 목적을 위한 수단으로 여겨선 안 된다. 각각의 개인은 기본적인 인간의 자율성이라는 동등한 권리를 갖고 있으며, 다른 사람의 비슷한 자유와 양립할 수 있다.
3. 정직: 진실을 알 권리가 있는 사람에게 진실을 얘기해야 한다. 정직은 진정성이고 사실을 말하며 명예로운 것이다. 상황의 사실성을 반영하기 위해서 말하고 행동하는 것이다. 말하고 행동하는 것은 사물이 실제로 존재하는 그대로 거울처럼 반영되어야 한다. 다른 사람들이 우리를 통해 진실을 들을 권리를 갖게 되는 때가 있고 그렇지 못한 때가 있다.
4. 충성심: 약속, 계약 그리고 헌신은 명예로운 것이다. 충성심은 충실함, 신의, 공공질서 지키기, 훌륭한 시민의식, 업무에 대한 책임감, 신뢰성, 몰입, 그리고 법률과 규범, 정책에 대한 존중 등을 포함한다.
5. 공정성: 사람들은 정당하게 대우 받아야 한다. 개인은 공평하고 불편부당하며 동등한 대우를 받을 권리를 갖고 있다. 개인은 또한 타인을 공명정대하게 대우 할 의무를 갖고 있다. 모든 사람은(특히 도움이 절실하거나 무능력한 사람들까지) 생활에서 필수적인 요소들을 누릴 권리가 있다. 정의는 공평하고 한쪽에 치우침 없고 편견없는 대우를 포함한다. 공정성은 다양함을 받아들이고 개성과 생각의 차이를 수용한다.
6. 인간성: 여기에는 두 부분이 있다. (1) 우리는 선을 행해야 하고 (2) 악의적인 행동은 피해야 한다. 우리는 다른 사람들과 우리 자신을 위해서 올바른 행동을 해야 한다. 우리는 다른 사람들의 복지에 대해 생각해야 한다. 일반적으로 연민, 베품, 친절, 봉사, 보살핌의 형태로 선을 행한다.
7. 가장 일반적인 선: "최대다수의 최대행복"의 원칙에 입각하여 행동한다. 개인은 개인의 권리를 보호함과 동시에 다수의 사람들에게 복지를 제공하고 이득을 줄 수 있는 방식으로 말하고 행동해야 한다.

출처: From *A Rock and a Hard Place: How to Make Ethical Business Decisions When the Choices Are Tough,* by Kent Hodgson, 1992, American Management Association. Reprinted with permission of the author.

- <u>스스로 윤리적으로 행동하라.</u> 경영자는 강력한 모델이 된다. 그들의 습관과 실제 행동이 윤리적 행동의 중요성에 대한 분명한 신호로 작용한다. 윤리적 행동은 윗물이 맑아야 아랫물이 맑다.
- 잠재력 있는 종업원을 가려내라. 놀랍게도 고용자들은 일반적으로 지원자의 추천서, 자격증, 성적 증명서 그리고 이력서에 있는 다른 정보들에 관해선 꼼꼼히 챙기지 않는다. 이런 부분에서 부지런할수록 위조나 사실 왜곡 등을 가려 낼 수 있다. 인성검사가 분명한 타당성을 갖지만 그것이 만병통치약은 아니다.
- 의미있는 윤리규범을 만들어라. 다음의 네 가지 기준을 충족시킨다면 윤리규범이 긍정적인 영향을 줄 수 있다.

  1. 모든 종업원들이 윤리규범에 대해 안다.
  2. 최고경영층의 확실한 지지를 받고 있다.

미국 전기 발전소(Amercian Electric Power)의 윤리 및 감사 위원장인 산드라 윌리엄스(Sandra Williams)는 윤리와 감사에 대한 낙관적이면서도 선행적인 조치를 취한다. 조직 내에서 높은 직위로 인해서 윤리 규범을 최우선으로 하기가 용이했다.

3. 실험실의 과학자가 데이터를 조작하는 것, 회계사가 분식회계를 하는 것과 영업사원의 뇌물, 구매 담당자가 뒷돈을 챙기는 것과 같이 직원들이 일상에서 마주치는 윤리적 딜레마와 특정 관행을 말한다.
4. 법과 규범의 준수에 따른 보상과 불응에 따르는 엄격한 처벌을 똑같이 적용한다.

- **윤리 교육을 시켜라.** 종업원들은 오리엔테이션이나 세미나, 비디오 교육, 인터넷 교육들을 통해서 윤리적 문제들을 다룰 수 있고 훈련받을 수 있다.
- **윤리적 행동을 강화시켜라.** 강화된 행동은 반복되는 경향이 있는 반면, 강화되지 않은 행동은 사라진다. 비윤리적 행동이 보상을 받는 반면 윤리적 행동이 너무 자주 무시되고 처벌받는다.
- **윤리적 문제를 다루기 위해 직위, 부서 등 다른 구조적 메커니즘을 만들어라.** 윤리는 일상사에서 항상 필요하고, 새 윤리규범이 한번 공지되고 잊혀져서는 안된다. 점차 많은 수의 미국 대기업들이 CEO에게 직접 윤리적 이슈에 대해 보고하고 윤리적 행동과 윤리적 근거를 회사의 우선 과제로 만드는 윤리 담당 임원을 두고 있다. 이들은 CEO에게 직접적인 보고를 하며 윤리적 행동과 윤리적 문제의 우선권에 대한 책임을 갖고 있다.
- **내부 고발이 불필요하다는 분위기를 만들어라.** **내부고발(whistle-blowing)**은 종업원이 비윤리적 행동을 발견했을 때 정부기관이나, 언론매체 혹은 공익단체들과 같은 제 3자에게 보고하는 것을 의미한다. 엔론의 셰론 왓킨스(Sherron Watkins)는 잘 알려진 내부고발자이다. 조직은 반대하는 의견에 대한 자유롭고 개방적인 의사표시를 격려함으로써 또한 종업원들에게 공정한 고충처리 절차와 윤리적 문제에 대한 익명의 핫라인(직통전화)을 통해 목소리를 낼 수 있게 함으로써 내부고발의 필요성을 줄일 수 있다.

내부고발(whistle-blowing)
비윤리적/비합법적 행위를 외부의 제 3자에게 보고 하는 것.

행동에 대한 개인적인 노력

결론적으로 윤리는 개인의 마음 먹기에 달려있다. 조직의 분위기, 롤 모델, 조직 체계 그리고 보상 모두는 종업원에게 올바른 방향을 알려 줄 수 있다. 하지만 가장 중요한 것은 개인들이 반드시 올바른 일을 하기를 원해야 한다는 것이다. 메드트로닉(Medtronic)의 존경 받는 CEO 였던 빌 조지(Bill George)는 심장박동기와 같은 구명장치들을 만드는 사람이었다. 그는 이렇게 행동하라고 한다. “우리는 윤리적 경계가 어디까지 인지를 알고 결정할 필요가 있다. 만약 누가 윤리적 규범을 위반하라고 한다면 … 거절하라. 이것이 상사의 명령을 거절하는 것이라면 … 회사를 떠날 준비를 해야 한다.” 이런 윤리적 도전에 당당히 맞서기 위해서는 강력한 개인적 가치와 역경을 헤치고 윤리규범을 지킬 용기가 필요하다.

Chapter 02

조직문화, 사회화 그리고 멘토링

학습목표

이 단원을 학습한 후, 다음의 질문에 답할 수 있어야 한다.

1. 조직문화의 계층과 기능에 대해 논의하라.
2. 조직문화의 일반적인 유형과 연관된 특징을 설명하라.
3. 조직이 그들의 문화를 변화시키는 과정에 대해 요약하라.
4. 펠드먼의 조직사회화 모델의 3단계에 대해 설명하라.
5. 직원들을 사회화 시키는 데 이용되는 여러 기법들에 관해 논의하라.
6. 멘토링의 개발 네트워크 모델에서 기인하는 네 가지의 개발 네트워크에 대해 설명하라.

대량판매시장은 곧 종말에 이를 것이다. 단 애플사의 경우는 예외이다. 올 2월 아이튠즈 스토어 (iTunes Store)는 월마트 바로 다음으로 두 번째로 가장 큰 음악 소매업체가 되었다. 크리넥스의 휴지 혹은 제록스의 복사기와 같이 아이팟은 음악 플레이어의 대명사로 통한다. 애플사는 성별과 지역, 나이, 인종을 초월하는 제품을 만든다. 애플 스토어는 아이들을 위한 컴퓨터 게임과 부모들을 위한 지니어스 바(Genius Bar), 10대 및 20대를 자석과 같이 끌어들이는 멋진 것들로 가득한 모든 연령층이 융합되는 장소이다.

애플은 목표시장의 개념을 무색하게 하며 포커스 그룹마저 정해놓지 않는다. "당신은 사람들이 무엇을 원하는지를 가까이에 있지 않는 한 알기 힘들다"라고 애플의 CEO이자 공동 창립자인 스티브 잡스는 말한다. 애플에서 신제품 개발은 직감으로 시작하여 다음과 같은 대화로 발전된다: 우리는 무엇을 싫어하는가? (지금 가지고 있는 휴대폰) 우리는 제품으로 개발할 만한 어떤 기술을 가지고 있는가? (맥이 탑재된 휴대폰) 우리는 무엇을 가지길 원할까? (짐작했듯, 아이폰) "애플의 성공요인 중 하나는 우리가 실제로 관심 있어 하는 제품을 만든다는 것이다."

이러한 간단한 공식으로 애플은 마이크로소프트사의 유사제품을 능가하였을 뿐 아니라, [다양성이 강조되는 시대에서 번영하기 위해 브랜드를 창조하고 변화시키고 환생시키며] 전체적으로 새로운 비스니스 모델을 가진 미국경제계의 기준을 정립하여왔다.

아이팟이 처음 출시된 지 고작 7년이 지난 지금, 애플의 수익의 절반은 음악과 아이팟에서 나온다. 아이팟과 아이폰에 대한 관심은 맥이 산업기준의 수익성장을 능가하는데 영향을 끼쳤다. 애플사는 새롭고 기발한 제품을 생각하여 하나의 시장을 다른 시장(가전제품, 음반산업, 영화산업, 비디오와 음악 제작)으로 뒤집는 놀랄만한 성장을 어떻게 이루어내는지 보여주고 있다. 이러한 과정을 통해 애플사는 미국의 가장 존경 받는 기업들 중 새롭게 1위를 차지했으며, 엄청난 재무적 성공을 거두었다. 지난 9월을 기점으로 지난 5년간, 수입은 240억 달러로 세배 뛰었고 이익은 420만 달러에서 35억 달러로 증가되었다. 낮은 매출에 대한 걱정을 야기하며 주가가 40%로 떨어질 때에도 애플사의 하락세는 오래 지속되지 않았다. 지난 5년(94%)과 10년(51%)동안 애플사는 포춘지가 선정한 500대 기업 중 주주 배당금이 1위인 기업으로 올랐다.

애플사의 거장, 스티브 잡스의 귀환과 그 시기는 정확히 맞아떨어졌다. 그는 총명함과 그만의 특이한 강박관념을 가지면서도 자신의 가치체계를 유지하였다. 새로운 발견과 탁월함에 대한 그의 헌신은 혁신의 상징인 애플사의 문화를 창조했다. 당신은 쿠퍼티노에 있는 애플사 본사, 무한루프에서 플래카드나 광고에서 이러한 말을 찾을 수 없을 것이다. 그 혁신은 삶의 방식과 같다. 그러나 이것이 단순히 크레스트 치약(흔한 치약)에 새로운 변화를 만드는 것이 아니다. 애플에서는 모든 노력은 달 탐사선 발사와 같다. 가끔 이 회사는 과녁에서 빗나가기도 하지만 그 성공은 매우 대단하다.

애플의 신제품인 맥북 에어(MacBook Air).

올해 애플사는 아이폰 판매목표를 2007년 6개월 동안의 판매량인 37만개에서 100만개로 조정하였다.

애플사는 특별한 인재를 요구한다. 회사는 제품별뿐 아니라 COO 팀 쿡(Tim Cook)이 "아주 모호한 선"이라고 부르는 기능별로도 나누어진다. 여기서 중요한 것은 협력이다. 또한 완벽함의 정도도 중요하다. 애플은 절대 현재에 만족하지 않는 사람들을 채용한다. 디자이너는 맥북 에어의 밑면에 있는 나사의 곡선이나 연결부를 숨기는 작은 문의 정확한 무게에도 집착하는 사람이어야 한다. 당신은 맥 컴퓨터를 이야기 할 때 눈이 반짝거리지 않는다면 이 세계에 발을 들여놓을 수 없다(디자이너 책임자인 조나단(Jonathan)은 새로운 맥북을 최근의 인터뷰에서 "이 친구"라고 언급했다). 회사는 엔지니어들로 넘쳐난다. 그러나 기술만이 중요한 것은 아니다. 중요한 것은 감정을 표현하는 능력이다(감성을 자극하는 것은 더욱 큰 의미로 통한다).

열정은 디자인과 기술적 장애를 극복하고 프로젝트를 제시간에 완수할 수 있게 만드는 추진제 역할을 한다. 때로는 동료 압박이 강해 팀의 구성원을 쫓아내거나 성과가 좋지 못한 상사에 반기를 들게 한다. 쿡은 "애플은 심신이 박약한 사람에게 맞는 직장이 아니다."라고 말한다.

당신이 내기를 걸만한 것은 없다. "많은 경영대학에서 가르치는 경영철학 중 하나가 다각화다. 하지만 우리의 경우는 아니다." 라고 쿡은 말한다. "우리는 그러한 경영대학에 반대한다." 애플사의 철학은 이렇게 흘러간다. 너무나 많은 회사들이 위험을 줄이기 위해 다양한 제품을 만들면서 그들 자신을 가볍게 만든다. 그것이 그들을 평범의 수렁에 빠트리고 만다. 애플사의 접근은 모든 자원을 단지 몇 개의 제품에 집중 투자하여 매우 뛰어나게 만드는 것에 있다. 애플은 도태하는 과거의 히트상품에 대해 잔인하다. 애플사는 가장 인기 있던 제품인 아이팟 미니를 버리고 아이팟 나노(더 좋은 상품, 높은 마진) 를 출시했다(왜 당신의 자원을 분산시키는가?).

| 토의하기 |

애플의 조직문화를 어떻게 설명할 수 있을까? 설명해보아라.

앞서 나온 사례는 조직 효과성에 일조하는 조직문화의 역할을 강조하고 있다. 높은 수준의 혁신, 협동, 열정을 갖고 있는 애플 사의 문화는 조직의 성공에 기여한다. 또한 이 사례는 조직문화가 최고경영층(CEO)이 가지는 가치 및 태도에 크게 영향 받을 수 있다는 것을 잘 보여준다.

본 장에서는 관리자가 어떻게 조직문화를 경쟁우위요소로 사용할 수 있는지에 대한 이해를 높이고자 한다. 우선 조직문화를 정의하고 내용에 대해 토론한 후, (1) 조직문화의 역동성, (2) 조직사회화 과정, (3) 멘토링을 통한 조직문화 접목시키기에 대해 살펴본다.

조직문화: 정의와 내용

조직문화(organizational culture)
기업 정체성의 근간이 되는 구성원들 간의 공유된 가치관과 신념

조직문화(organizational culture)는 '집단이 다양한 환경을 어떻게 인식하고 생각하며, 이에 어떻게 반응할 것인가를 결정하는 공유되고 당연시 여겨지는 암묵적인 일련의 가정들'이다. 이 정의는 조직문화의 세 가지 중요한 특징을 잘 보여준다. 첫째, 조직문화는 이 장의 뒷부분에서 다룰 주제인 조직화 과정을 거쳐 신입사원에게 전해지게 된다. 둘째, 조직문화는 직장에서의 행동에 영향을 미친다. 마지막으로 조직문화는 각각 다른 수준에서 작동한다.

그림 2-1은 조직행동에 광범위한 영향을 미치는 조직문화에 대한 검토를 위한 개념적 틀을 보여준다. 그리고 본 장에서 설명하는 문화, 사회화, 멘토링과 이 책에서 다루는 다른 주요 주제들과의 연관성을 보여준다. 그림 2-1에서 보는 바와 같이 조직문화는 네 가지 핵심요소로 형성된다. 즉 창업자 가치, 산업/사업 환경, 국가문화, 그리고 리더의 비전과 행동이다. 조직문화는 기업이 채택하는 조직구조의 형태와 조직목표를 달성하기 위한 관행, 정책, 절차에 영향을 미친다. 그리고 이와 같은 조직특성들은 집단/사회 과정들에 영향을 미치게 된다. 이러한 과정

그림 2-1 조직문화의 이해를 돕기 위한 개념구조

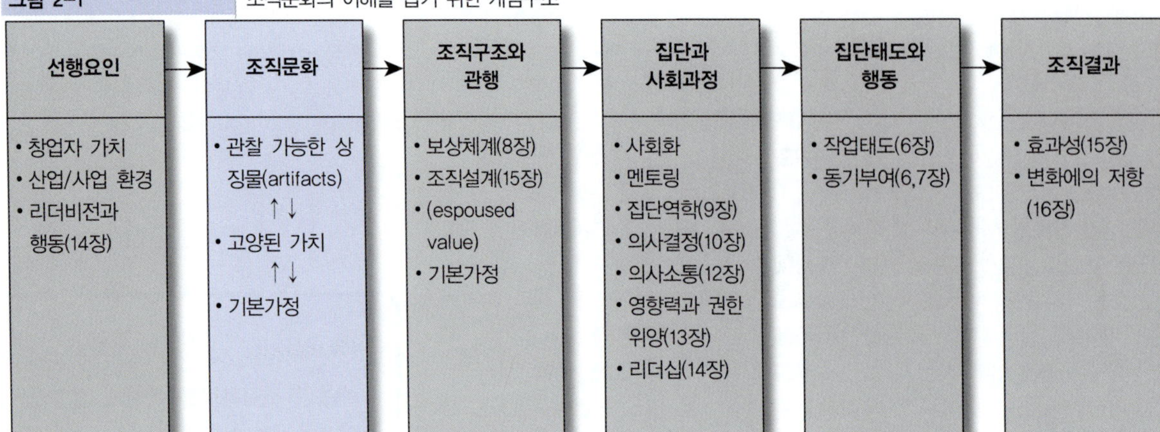

출처: C Ostroff, A Kinicki, M Tamkins 공저 Handbook of Psychology 12권 "Organization Culture and Climate"에서 부분 인용. eds W C Burman, D R Ilgen, and R J klimiski(New York: Wiley and Sons, 2003). pp 565-93.

은 궁극적으로 직원 태도 및 행동과 여러 가지 조직 결과물에 영향을 미친다. 정리하면, 그림 2-1은 조직문화가 개인, 집단, 조직행동에 영향을 미치는 상황변수인 것을 보여주고 있다.

조직문화의 역동성

조직문화가 어떻게 형성되고 종업원들이 어떻게 사용하는가에 대해 보다 잘 이해하기 위해서 조직문화의 계층에 대해 먼저 논의하기로 한다. 조직문화의 4가지 기능, 조직문화 유형, 조직문화와 관련된 성과, 그리고 어떻게 문화가 조직 내에 배태 되는가에 대해 살펴본다.

학습목표 1
조직문화의 계층과 기능에 대해 논의하라.

조직문화의 계층

그림 2-1에서 보는 바와 같이 조직문화는 3가지 주요 계층으로 이뤄진다. 각각의 계층은 변화에의 저항과 가시성이라는 측면에서 다양하며, 하나의 계층은 다른 계층에 영향을 미친다.

관찰 가능한 상징물(observable artifacts) 가장 가시적인 단계에서 문화라는 관찰 가능한 상징물이다. 유물은 조직문화의 물리적 표출로 구성된다. 머리글자, 복장규정, 상벌제도, 조직에 관해 전해지는 신화/이야기, 문서화된 가치목록, 의식/행사, 특별 주차공간, 장식물 등이 조직에서의 예이다. 예를 들어, 리츠칼튼 호텔은 자신들의 문화를 강화하기 위해 고객의 기대치를 뛰어넘는 서비스를 제공한 이야기를 사용한다. 이 회사는 매주 미팅에서 자신의 의무를 뛰어넘는 일을 한 직원에 대한 손님의 칭찬을 얘기하면서 "놀랄 만한 이야기"를 공유한다. 각각의 "놀랄 만한 이야기"의 승리자 — 예를 들어, 한 어린 손님의 배부른 진저브레드 맨(인형 혹은 장난감 책)을 쓰레기통에서 찾아온 세탁물 직원 — 는 100달러를 받는다. 이 수준에는 개인과 집단에서 나타나는 가시적 행동들도 포함된다. 상징물들은 비가시적인 다른 조직문화에 비해서 쉽게 변할 수 있다.

고양된 가치 가치는 다섯 가지 중요한 요소로 구성된다. "가치(values)란, (1) 개념 혹은 믿음이며, (2) 바람직한 최종상태나 행동에 연결되며, (3) 상황을 초월하고 (4) 행동/사건에 대한 선택/평가 시 지침이 되고, (5) 상대적 중요성에 따라 서열이 매겨진다." 고양된 가치와 실행된 가치간의 차이를 이해하는 것은 중요하다.

가치(values)
행위나 최종상태에 관한 지속적인 신념

고양된 가치(espoused value)
조직에서 선호 되는 명시적으로 기술된 가치관과 규범

고양된 가치(espoused values)는 조직에서 선호되는 명시적으로 기술된 가치 및 규범이다. 고양된 가치는 일반적으로 신생 또는 소규모 회사에서는 창업자에 의해서 제정되고 대규모 조직에서는 최고경영층에서 만들어진다. 예를 들어, 윌리엄 소노마(Williams Sonoma)사의 고양

기술과 모범사례

종업원, 고객, 주주, 윤리적 기업행동, 그리고 환경에 초점을 맞춘 윌리엄-소노마(William-Sonoma)사의 고양된 가치

사람중심 본사의 잠재력에는 한계가 없으며 이러한 잠재성은 본사의 직원들과 이들의 상상력으로부터 생겨난다고 믿는다. 우리는 높은 성과를 독려하고 인정하고 만들어내는 환경에 전념한다.

고객 우리들의 고객이 어떠한 불편함도 갖지 않도록 고객에 봉사하는 것이 본사의 목적이다

품질 우리가 하는 모든 것들에 대해 자부심을 갖도록 한다. 종업원으로부터 생산하는 제품, 그리고 사업파트너 및 공동체와의 관계에 이르기까지 품질이 본사의 지향점이다.

주주 본사의 주주들에게 반드시 높은 배당을 제공하도록 한다. 이는 모든 종업원들의 임무이다.

윤리적 문제 윌리엄-소노마와 이의 브랜드는 모든 사업부문에 있어 높은 수준의 성실 및 정직을 유지하도록 헌신하여야 한다. 또 대리인, 납품업체 등과 같은 사업파트너들도 사회적으로 책임 있는 고용조건에 대한 본사의 헌신을 공유하도록 한다.

친환경적 종이 조달정책 윌리엄-소노마사는 환경에 대한 책임을 다하도록 노력한다. 이는 숲과 다른 자연자원의 지속가능성을 담보하기 위한 건전한 종이 조달관행을 말한다.

재생 'Recycle 100' 캠페인을 시작하여 윌리엄-소노마의 전사적인 'Greening Our Home' 발안을 고객 가정에까지 전달한다. 미국 가정의 50%에서는 종이제품들을 재생하고 있다. 본사의 고객들의 재생율은 60%이나, 환경에 대한 관심을 공유하게 함으로써, 새롭게 시작한 혁신적인 'Recycle 100' 프로그램에서 추구하는 100% 재생을 위해 노력한다.

출처: Exerpted from "Corporate Values," www.williams-sonomainc.com/car/car_val.cfm, accessed February 26, 2008.

된 가치에 관한 사례를 생각해보자(42쪽의 〈기술과 모범사례〉 참조). 많은 회사들의 고양된 가치 중의 하나는 지속가능성이며, 이는 미래 세대에 해를 끼치지 않고 인간의 욕구를 충족시키는 것을 포함한다. 지속가능성을 달성하기 위한 방법에는 재사용이 가능한 자원을 사용하거나, 낭비나 오염을 피하는 것들이 포함된다. 비즈니스위크의 최근 기사는 지속가능성을 실행하고 있는 24개의 회사를 분류했다. 여기에는 도요타, 노키아, 휴렛패커드, 소니 등이 포함된다.

고양된 가치는 종업원들에게 명시적으로 전달되는 열망을 구성하므로 경영자들은 고양된 가치가 종업원 행동에 직접적으로 영향을 미치기를 바란다. 하지만 안타깝게도 사람들이 말한 것을 항상 실천하지는 않기 때문에, 이러한 열망이 자동적으로 생겨나지는 않는다.

반면, **실행된 가치(enacted values)**는 실제로 종업원들의 행동에서 드러나는 가치와 규범이다. 실행된 가치는 일상적으로 일어나는 것에 대한 종업원들의 관찰에 근거하여 종업원들이 조직을 대하는 가치들이다.

실행된 가치(enacted values)
종업들에 의해 표출되는 가치와 규범

실행된 가치는 조직이 고양하는 가치에 따라 달라질 수 있다. 예를 들어, 찰스 프린스(Charles Prince)가 경영하는 씨티은행은— 그들의 직원들은 고객에게 매우 광범위한 종류의 금융 서비스를 전세계적으로 제공할 수 있어야 하는 은행이기 때문에— "하나의 씨티"라는 가치를 고양시켰다. 이러한 문화는 일련의 합병을 통해 함께 일하게 된 직원들 간에 협동정신을 요구한다. 그러나 사실 많은 직원들은 씨티그룹의 소속이 되고, 씨티그룹(차원에서)이 획득한 문화의 가치에 놓여진 것에 대해 행복해하지 않고 있다. 예를 들어, 씨티그룹과 합병한지 몇 년이 된 샐러먼브라더스(Salomon Brothers)의 채권 거래자들은 여전히 전화를 받을 때 "샐러먼"이라고 답한다. 이러한 채권집단 내에서 실행된 가치는 통합의 가치를 고양시키는 씨티 집단과 직접적으로 갈등을 빚고 있다.

고양된 가치와 실행된 가치는 직원 태도와 조직 성과에 상당한 영향을 미치므로 이 둘 사이의 차이를 줄이는 것은 매니저들에게 중요한 일이다. CDC(Control Data Corporation, 현재 Ceridian)가 전사적 품질경영(TQM)을 소개했을 때, 관리자들은 고양된 가치와 실행된 가치 사이의 잠재적인 갈등을 발견했다. 만약 전사적 품질경영을 받아들인다면 종업원들이 공정이나 제품에서의 불량이나 변동성을 줄이는 데만 집중하게 된다. 이러한 불량을 피하려고 실행된

가치는 CDC의 혁신이라는 고양된 가치와 갈등을 빚을 수 있다. 따라서 CDC는 그들의 전사적 품질경영 프로그램을 시작할 때 혁신과 품질관리 모두를 강화 할 수 있는 가이드라인을 만들었다.

CDC는 각각의 직원들이 두 가지를 염두에 두기를 원했다:
내가 생각하고 행동하는 것이 CDC의 성공에 중요하다.
"보다 나은 방법이 있을 거야"라는 문구를 항상 생각하고 그에 따라 행동해라.

관리자들은 고양된 가치와 실행된 가치 사이의 조화를 위해 "문화 적합도 평가" 설문조사를 이용할 수 있다. 설문 결과는 업무 환경의 향상과 고양된 가치와 실행된 가치의 조정에 사용할 수 있다.

블룸버그(Bloomberg) 사무실 문화에서 관찰 가능한 인공물인 뉴욕에 있는 재무정보 회사는, 벌집을 반으로 잘라낸 것처럼 개방되어 유리로 둘러 쌓인 구조로 된 사무실 그 자체이다. 여기에는 사적인 사무실도 없고 작은 방도 없어서 회사의 에너지와 스타일리쉬한 모습을 표현하려는 의도가 엿보인다. 그리고 CEO인 렉스 펜윅(Lex Fenwick)이 말하기를 가장 큰 이점은 자신의 사무실에서 보이는 광경을 통해 얻는 정보라고 했다. "나는 우리 회사에 문제가 있을 때 어떤 소프트웨어보다도 더 빨리 알아차린다"고 그는 말했다. "나는 문제가 발생했을 때 바로 이 자리에서 그것을 볼 수 있다. 나는 무엇을 할 수 있는가? 누군가에게 그 문제를 재빨리 고치라고 지시한다. 이런 형태의 조직이 가져다 주는 의사소통은 엄청나다."

기본가정 기본적으로 암묵적 가정은 관찰이 불가능하며 조직문화의 핵심이라는 것이다. 기본가정(basic assumption)은 오랜 시간 동안 너무나 당연시 여겨져 적절한 조직행동을 규정하고 조직가치로 확립된다. 이런 이유로 인해 기본가정은 변화에 대해 상당히 저항적이다. 직원들 사이에 보편적으로 기본가정이 공유될 때, 직원들이 이와 상충되는 가치에 근거한 행동을 하는 것은 상상도 하지 못하게 될 것이다. 예를 들어, 혁신적인 문화로 잘 알려진 구글을 보자. 구글의 직원들은 창의성이나 혁신에 가치를 두지 않는 관리행위를 볼 때 충격을 받을 것이다.

조직문화의 네 가지 기능

그림 2-2에 보는 바와 같이 조직문화는 네 가지 역할을 한다. 조직문화의 네 가지 기능을 실제 적용하기 위해 사우스웨스트 항공사(Southwest Airlines)에서 각각의 기능이 어떻게 작동하였

그림 2-2
조직문화의 네 가지 기능

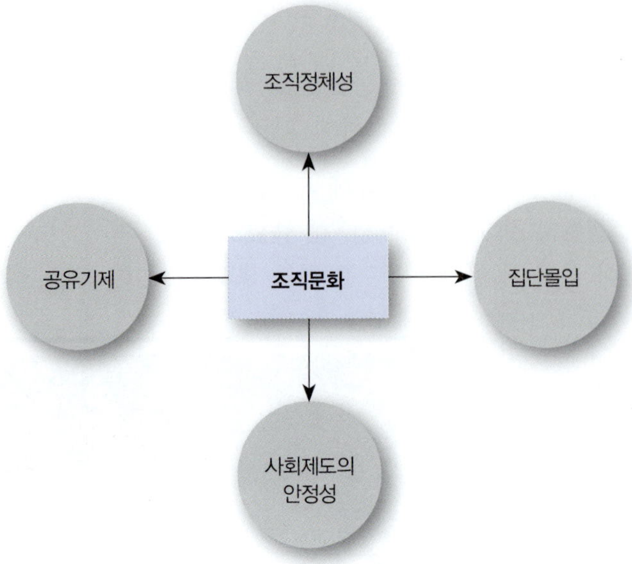

출처: Adapted from discussion in L Smircich, "Concepts of Culture and Organizational Analysis," Administrative Science Quarterly, September 1983, pp 339–58 Reprinted with permission.

는가를 살펴보자. 사우스웨스트 항공사는 1971년 창사 이래 미국의 4대 항공사로 성장했고 32년 연속 수익을 내었다는 점에서 특히 좋은 사례이다. 포춘지(Fortune)는 사우스웨스트 항공사를 1997년에서 2000년까지 미국에서 가장 입사하고 싶어 하는 5대기업으로 선정했다. 2000년 이후부터 사우스웨스트 항공사는 이 순위선발에 참여하지 않기로 결정했다. 또한 포춘지는 2008년에 사우스웨스트 항공사를 12번째로 존경 받는 기업으로 선정했는데, 이는 강하고 차별화된 그 기업문화 때문이었다.

1. **조직구성원들에게 조직정체성을 심어주어라.** 사우스웨스트 항공사는 종업원 만족도와 고객 충성도를 기업이익 보다 중요하게 여기는 일하기 좋은 기업으로 알려져 있다. 허브 켈러허(Herb Kelleher) 사장은 이점에 관해 다음과 같이 말한다.

> 직원, 고객, 주주들 중 누가 우선인가? 나는 이 문제에 대해 고민해본 적이 없었다. 직원들이 가장 중요하다. 직원들이 행복하고 만족하고 헌신적이며 활기에 넘치면, 그들은 진심으로 고객을 잘 돌볼 것이다. 고객들은 만족하면, 다시 찾아 올 것이다. 그리하면 주주들도 만족하게 될 것이다.

그리고 사우스웨스트 항공사는 개인적으로 아주 어려움을 겪는 직원들에게 배당하기 위해 자발적으로 조성된 '재난펀드(catastophe fund)'를 운용하고 있다. 사우스웨스트 항공사의 '사람에 초점을 둔 정체성'은 많은 사람들이 최고의 직장으로 손꼽는데서도 확인할 수 있다. 예를 들어, 2007년에 사우스웨스트 항공사는 329,200명의 입사지원서를 받아 4,200명의 새로운 직원을 채용했다. 그리고 포춘지가 선정한 대학생이 생각하는 최고의 기업에 선정된 것으로 유명하다.

2. **집단몰입을 촉진시켜라.** 사우스웨스트 항공사의 사명은 '다정함, 친근함, 자부심, 그리고 회사정신으로(company spirit) 최상의 고객서비스를 위해 헌신'하는 것이다. 사우스웨스트 항공사의 34,000명의 직원이 이와 같은 기업사명에 전념하고 있다. 미국 교통당국의 '항공여객고객에 관한 보고서' (air travel consumer report)에서 사우스웨스트항공사는 1987년 이후 고객 불만이 가장 적은 기업에서 1위를 차지하였다.

재미와 축제는 사우스웨스트(Southwest Airlines) 항공사의 규범이다. 회장인 칼린 바렛(Colleen Barrett)은 긍정적 업무 환경을 조성하는 것에 굉장한 자부심을 갖고 있다. 당신은 이 회사에서 일하고 싶은가?

3. **사회제도 안정성을 증진시켜라.** 사회제도 안정성은 근무환경이 얼마나 긍정적이고 안정적으로 인식되는지, 그리고 갈등과 변화가 얼마나 효율적으로 관리되고 있는지를 반영한다. 사우스웨스트 항공사는 '즐기고(having fun)' '파티하고(having parties)' '축하행사하는(celebrating)' 경영철학을 가진 것으로 유명하다. 예를들면 사우스웨스트 항공사는 자사가 취항하는 도시에 파티를 위한 예산을 지원한다. 그리고 사우스웨스트 항공사는 직원의 동기부여를 위해 다양한 성과와 서비스에 대한 포상을 수여한다. 이와 같은 긍정적이고 풍족한 기업환경은 동종업계의 최저 이직률과 1,165쌍의 사내커플 탄생이라는 결과로 나타났다.

4. **조직구성원들이 자신의 상황을 이해하고 행동하도록 하라.** 문화의 이러한 기능은 조직이 왜 그러한 일을 하고 어떻게 장기목표를 달성하려 하는지에 대한 이해를 높이는 역할을 한다. 1971년 사우스웨스트 항공사의 경영진들이 자사의 주요 경쟁대상을 육로운송으로 생각하였다는 것을 상기하면, 직원들은 왜 자사의 주요 비전이 미국 내 근거리 수송, 저가운임, 높은 운항 횟수, 특정 노선의 운항에서 최고가 되어야 하는가를 이해하게 된다. 사우스웨스트 항공사의 직원들은 '그레이하운드(Greyhound)'와 같은 육로교통의 강자와 경쟁하기 위해 반드시 비용절감을 이뤄내야 했기 때문에, 20분 만에 비행기를 재 가동 시키는 것과 같은 이례적인 성과를 내야 하는 것을 이해했다. 이후 사우스웨스트 항공사는 성과보상과 이윤분배를 통해 뛰어난 고객서비스와 높은 업무기대치의 중요성을 강화시켰다. 사우스웨스트 항공사의 주식 중 최소 8% 이상은 직원들이 주주다.

조직문화의 유형

조직행동 연구자들은 여러 종류의 조직문화를 담아낼 수 있는 세 가지의 서로 다른 프레임워크를 제안 했다: 세 프레임워크는 OCI(Organization Culture Inventory), 경쟁가치 모델(Competing Value Framework), 조직적 문화 프로파일(Organization Culture Profile)이다. 여기에서는 경쟁가치모델에 대해 논의할 것인데, 이 방법이 문화를 분류하는 접근법 중에 가장 널리 사용되기 때문이다. 이것은 또한 조직 연구에 사용되는 40개의 가장 중요한 모델 중의 하나이며, 조직문화를 분류하는데 유효한 접근법이다.

2 학습목표
조직문화의 일반적인 유형과 그것과 연관된 특징을 묘사하라.

경쟁가치모델(competing values framework)은 관리자들에게 조직의 문화를 이해하고, 측정하고, 변화시키는 데 있어 실용적인 방법을 제공한다. 이 모델은 초기에 조직의 효과성을 측정하는 여러 방법들을 분류하기 위해 노력하던 연구팀에 의해 발전되었다. 이 연구는 조직의 효과성을 측정하는 것은 두 가지의 근원적 축에 의해 달라진다는 것을 보여준다. 한 축은 조직이 관심과 노력을 직원이나 내부적 상호작용에 집중하느냐 아니면 고객, 주주와 같은 외부 환경에 집중하느냐의 측면이다. 다른 한 축은 조직이 유연성과 자의성을 선호하느냐 아니면 통제성과 안정성을 선호하느냐의 측면이다. 이 두 가지 측면을 조합하면 서로 다른 핵심 가치와 조직의 효과성을 측정하는 기준에 근거하는 네 가지 종류의 조직문화가 만들어진다. 경쟁가치모델은 그림 2-3에 나타나 있다.

경쟁가치모델(competing values framework)
조직 문화를 분류하는 구조

그림 2-3은 각각의 문화유형과 관련된 전략적 추진행동을 보여주는데, 각각의 문화유형이 추구하는 목적과 수단, 목표의 결과물을 함께 보여준다. 경쟁가치모델에 대해 자세히 알아보기 전에, 조직은 각각의 문화유형과 관련된 특징을 동시에 지닐 수 있다는 사실을 아는 것은 중요하다. 즉 조직은 여러 문화유형의 특징을 가질 수 있지만 특히 하나의 문화유형이 두드러지게 나타나는 경향이 있다. 경쟁가치모델의 왼쪽 위에 있는 부분부터 조직문화의 유형에 대한 논의를 시작해 보자.

집단문화(clan culture)
안정과 통제보다는 내적 집중과 가치 유연성을 강조하는 문화

집단문화 집단문화(clan culture)는 내부에 초점을 맞추고 안정성과 통제 보다는 유연성의 가치를 갖고 있는 문화이다. 이는 가족 기업과 유사하며, 직원들 사이에 협동을 장려할 때 효과를 발휘한다. 이런 유형의 문화는 매우 "직원 위주"이며, 종업원들의 관여를 통한 몰입, 직무만족, 합의 등을 통해서 응집력의 제고를 위해 노력한다. 집단적인 문화의 조직은 직원을 고용하거나 개발할 때 상당한 자원을 투자하고, 그들은 고객을 파트너로 여긴다.

그림 2-3
경쟁가치 모델

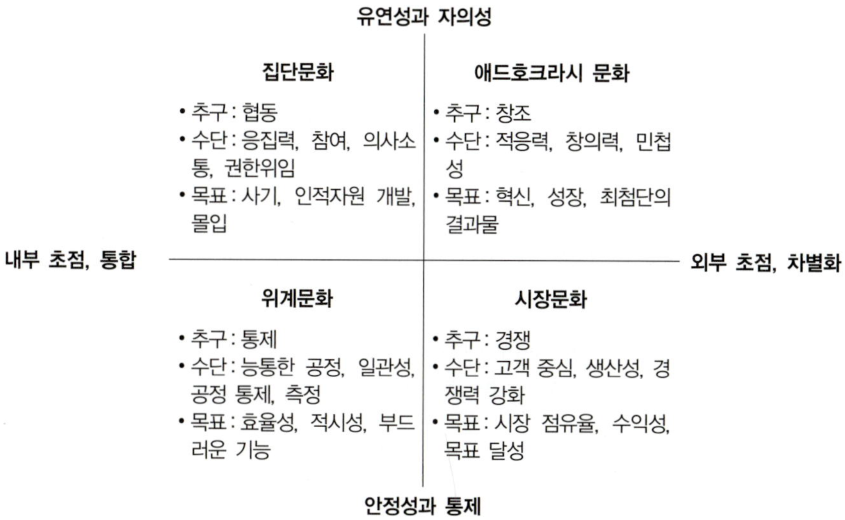

출처: Adapted from K S Cameron, R E Quinn, J Degraff, and A V Thakor, *Competing Values Leadership* (Northampton, MA: Edward Elgar, 2006), p 32.

강한 집단문화를 지닌 기업으로 뱃저마이닝사(Badger Mining Corporation)가 있다. 이 회사는 작긴 하지만, 퇴직금 프로그램에 대한 고용주의 기여, 건강보험에 대한 모든 보장, 건강 상담을 포함한 건강 패키지 등 회사의 복지, 후생 패키지는 매우 광범위 하다. 회사의 근무 스케줄은 매우 유연하며, 직원들은 뱃저의 안전교육 프로그램에 아이디어를 내도록 참여가 독려된다. 직원들은 또한 회사의 광산설비 시설을 확충하는 것과 같은 주요 투자계획에 참여할 수 있다. 설비담당 부사장인 댄 발리켓(Dan Valiquette)은 이러한 협동적인 접근법이 조직 변화에서 "회사 구성원 모두의 지지"를 이끌어 내는 것을 깨달았다. 뱃저의 사장인 티모시 웨스트(Timothy Wuest)는 이런 타입의 팀워크가 회사의 성공의 기본이 되었다고 말했다. 그리고 복리후생 전문가인 바바라 스완슨(Barbara Swanson)은 종업원 중심의 경영은 신입사원에게도 마찬가지로 적용된다고 말했다. 그녀가 뱃저에 지원했을 때, "나는 이 곳이 회사가 고용하기를 원하는 사람에게 신경을 써주는 곳이라고 즉각적으로 느꼈다"라고 말했다.

애드호크라시 문화(adhocracy culture)
외부 환경에 초점을 두고 유연성에 가치를 두는 문화

애드호크라시 문화 애드호크라시 문화(adhocracy culture)는 외부에 초점을 두고 유연성에 가치를 둔다. 이 장의 맨 앞부분에 나온 애플의 사례에서 언급 되었듯이, 이런 유형의 문화는 빠른 적응력, 창조성, 시장의 변화에 대한 즉각적인 반응을 통해 혁신적인 제품이나 서비스의 창조를 발전시킨다. 애드호크라시 문화는 시장문화나 위계문화에서처럼 집중화된 권력이나 권위 관계에 의존하지 않는다. 그들은 또한 직원들이 위험을 부담하고, 틀에 박힌 생각에서 벗어나고, 새로운 방식의 실험을 할 수 있도록 격려한다. 이런 유형의 문화는 초기단계의 기업이나, 지속적인 변화를 수반하는 산업, 성장을 위해 혁신이 필요한 성숙된 산업분야에 적합하다. 제너럴 일렉트릭(General Electric)의 경영자인 제프

기술과 모범사례

메이오 클리닉(Mayo Clinic)의 시장문화

명성이 높은 메이오 클리닉의 강령은 다음과 같다. "환자에게 최선의 이익만이 우리가 고려해야 할 이익이다." 환자의 이익을 우선하는데 가치를 두는 증거는 건물내에서 사람들이 많이 다니는 장소에 게시된 모토(motto)에 나타난다. 이 기관은 의사를 "컨설턴트" 에 비유하는데, 환자들을 도와주고 상의하는 그들의 역할을 강조한 것이다. 급여 정책도 가치를 강화한다: 의사들은 환자에게 얼마를 청구할지를 생각하기 보다는 환자가 진정으로 필요로 하는 것이 무엇인지에 집중하기 위해 정액의 월급을 받는다.

메이오 클리닉의 직원들은 환자들에게 집중하기 위해 어떻게 직원들이 일상적인 직무 요구를 넘어서 일하는지를 반복해서 강조한다. 한 가지 명확한 사례에서, 결혼하기로 한 딸을 둔 여성이 심각한 질병을 앓은 적이 있었다. 의사들이 그 신부가 어머니의 결혼식 참석이 가능하기를 간절히 원하고 있다는 것을 알았고 이 사실을 중환자실 관리자에게 알렸다. 의사들이 어머니를 치료하는 동안, 직원들은 병원 아트리움을 꽃, 풍선, 색종이로 치장하여 결혼식장으로 세팅했다. 어머니는 휠체어를 타고 아트리움에 나왔고, 결혼식은 병원 목사가 주례를 서서 진행했다.

출처: C Jarnagin and J W Slocum Jr., "Creating Corporate Cultures through Mythopoetic Leadership," Organizational Dynamics, vol. 36, no.3, 2007, pp 288-302.

이멜트(Jeff Immelt)는 지속적인 수익창출을 위해 애드호크라시의 이러한 특징이 조직문화에 잘 스며들게 하기 위해 노력했다.

> 많은 부문에 걸쳐 최고의 업무관행을 공유하는 것으로 잘 알려진 이 회사는 최근에 공식적으로 실패에 대해서도 논의하기 시작했다. 지난 9월 이 회사는 8명의 관리자들과 "상상돌파(imagination breakthrough)" 또는 "퇴출"에 대하여 2시간에 걸친 화상 회의를 했다(GE의 용어인 "상상돌파(IB)"는 3년에서 5년 안에 100만 달러 이상의 매출 잠재력을 가진 새로운 사업 분야나 제품을 말한다).
>
> 이러한 논의는 특히 실패가 전통적으로 가혹한 결과로 이어지는 회사들을 안절부절 하게 만들었다. "나는 오프라인에서 몇몇 IB 리더들과 대화를 통하여 호출한 이유가 해고 통지서를 주기 위함이 아니라고 안심시켰다" 라고 GE의 마케팅 관리자인 페이샤 맥그래스(Patia McGrath)는 말했다. "새로운 큰 시도를 한다는 것과 그 시도가 실패해도 괜찮다는 것이 제프에게는 새로운 것들이었다." 고어(Gore)와 인텔은 일관된 애드호크라시 문화 특성을 갖고 있는 또 다른 두 회사이다.

시장 문화(market culture)
외부에 강한 초점을 두고 안정성과 통제에 가치를 두는 문화

시장문화 **시장문화(market culture)**는 외부에 주안점을 두고 안정성과 통제에 가치를 둔다. 이 문화를 보유한 기업들은 성과를 만들어내고 목표를 달성하려는 강한 욕구와 경쟁을 바탕으로 한다. 왜냐하면 이런 유형의 문화는 외부환경에 초점을 맞추고 있고 고객과 이익이 직원 개발과 만족에 우선하기 때문이다(예를 들어 〈기술과 모범사례〉에서 메이오 클리닉의 사례를 볼 것). 관리자들의 주요 목표는 생산성, 이익, 고객만족을 증대시키는 것이다. 회사는 직원들이 재빨리 행동하고, 열심히 일하고, 시간에 맞춰서 양질의 업무를 해주기를 바라고 있다. 기아자동차의 안병모 사장은 시장문화를 촉진하고자 하는 대표적인 리더의 예이다. 그는 미국 지사에 있는 이사 두 명을 2008년 2월에 해고했는데, 그 이유는 그들이 판매목표 기대치에 미치지 못했기 때문이다. 북미 출신의 직원들은 안 사장이 매우 공격적이고 경쟁적인 업무환경을 조성했다고 회고했다. 몇몇은 그 환경을 군대 같다고 표현했다. 인텔은 또 다른 시장문화 기업의 예이다. 이 회사는 구조조정을 통한 비용 절감 및 효율, 이익 개선을 위해 2006년에서 2007년 사이에 10,000개가 넘는 일자리를 제거했다.

위계문화(hierarchy culture)
내부에 초점을 두고 유연성보다는 안정성과 통제에 가치를 두는 문화

위계문화 통제는 위계문화를 이끄는 핵심이다. **위계문화(hierarchy culture)**는 더욱 형식적이고 구조화된 업무 환경을 만드는 조직 내부에 초점을 두고 유연성보다는 안정성과 통제에 가치를 둔다. 이 성향은 신뢰할 만한 내부 프로세스, 광범위한 성과 측정 도구를 개발하고, 다양한 통제 기제를 실행할 수 있다. 예를 들어, 위계문화

를 갖고 있는 기업들은 1장에서 다룬 전사적 품질관리를 사용할 가능성이 높다. 이런 문화를 갖고 있는 기업에서의 효과성은 효율성, 적시성, 상품과 서비스의 생산 및 전달의 신뢰성을 기준으로 측정된다. 미국 제 1의 원자력 발전 회사인 엑셀론(Exelon)과 델(Dell)은 위계문화를 갖고 있는 대표적인 회사의 예시이다. 두 회사는 경쟁력을 높이기 위해 효율성과 비용 절감에 초점을 둔다.

문화적 유형이 경쟁 가치를 대표한다 특정 문화 유형이 상반되는 핵심 가치를 반영한다는 것에 주목하는 것은 매우 중요하다. 이러한 상반되는 문화들은 그림 2-3에서 보듯이 두 대각선을 통해 나타난다. 예를 들어, 집단문화—1사분면—는 내부 집중과 유연성을 강조하는 가치로 대표된다. 반면 시장문화—4사분면—는 외부 집중을 하고 유연성과 통제에 관심을 둔다. 마찬가지로 유연성과 외부 집중에 가치를 둔 애드호크라시 문화와 안정성, 내부 집중을 동반한 통제를 강조하는 위계문화 사이에서도 같은 갈등을 볼 수 있을 것이다. 왜 이 모순들이 중요한가?

그것들은 기업의 성공이 경쟁 문화 유형과 연관된 핵심 가치를 보유하는 능력에 의존하기 때문에 매우 중요하다. 이것을 성사시키기는 어렵지만, 충분히 해낼 수 있다. 예를 들어, 노텔 네트워크(Nortel Networks)를 고려해보자. 이 회사는 혁신을 장려하는 동시에 6-시그마 품질관리를 실행하려고 시도했다. 최고급 럭셔리 호텔인 리츠칼튼(Rits-Carlton)은 유사하게 집단문화와 시장문화에 관련된 경쟁 가치들을 극복하는 방법을 발견했다. 이 회사는 급여액의 10%를 직원 훈련에 쓰고, 직원들에게 권한을 부여함으로써 고객 서비스를 제공할 때 최선의 방법을 결정할 수 있도록 했다. 동시에 회사는 강력하게 세계 수준의 고객 서비스를 제공하는 것에 집중했다.

조직문화의 결과

관리자와 학자들 모두 조직문화는 직원 태도, 조직의 효과성, 그리고 성과의 동인이 될 수 있다고 생각한다. 이것이 실제 가능한지 알아보기 위해 다양한 개인 및 조직수준의 성과와 조직문화의 다양한 척도와의 상관관계를 연구해왔다. 이러한 시도로부터 어떤 것을 알게 되었는가?

첫째, 조직문화와 직원 행동 및 태도가 큰 상관성이 있다는 것이 여러 연구를 통해 밝혀졌다. 예를 들어, 집단문화는 직원들의 직무 만족, 조직에의 몰입, 회사에 남고자 하는 의지, 상사와의 의사소통의 질과 긍정적인 연관성을 갖는다. 집단문화의 직원들은 또한 외부에 초점을 맞춘 애드호크라시문화나 시장문화의 조직에서 일하는 직원보다 그들의 관리자와 더 긍정적인 관계를 갖는 것으로 보고되었다. 위계적문화나 시장을 기반으로 하는 문화에서 일하는 직원들은 또한 낮은 직무 만족도와 조직 몰입도, 높은 퇴사 의도를 갖는 것으로 보고되었다. 이러한 일련의 결과들은 직원들이 안정성이나 통제보다는 유연성의 가치를 갖는 조직에서 일하

"이번 기업문화의 변화가 성공할 것 같지 않아?"

기를 선호하며, 고객이나 주주의 욕구보다는 직원들의 욕구를 만족시키는 것을 고려한다는 것을 나타낸다.

둘째, 몇몇 연구의 결과는 개인적 가치와 조직적 가치 사이의 일치는 특히 조직 몰입도, 직무 만족, 퇴사 의도, 성과, 이직과 관련이 있다고 말한다.

셋째, 조직의 문화와 서비스 품질, 고객만족, 조직의 재무적 성과와 같은 결과물 사이에 분명한 패턴은 없다. 예를 들어, 시장문화를 갖는 조직은 높은 재무적 성과와 낮은 재무적 성과를 모두 갖는 것으로 나타났다. 반면 앞서 언급한 결과는 직원들의 조직문화 측정으로 얻어진 데이터로부터 뒷받침 되었는데, 이는 최근의 두 가지 연구에 의해 완화되었다. 40여개 산업 내 200개 기업의 연구에서 조직의 재무적 성과는 특히 고객만족과 연관되어 있음을 보여준다. 이러한 결과들은 돈을 벌기를 원한다면 그들의 고객에 집중하는 것이 조직에게 중요함을 함축한다. 대조적으로, 최근의 92개 연구에서 거시적 분석을 통해 기업의 재무적 성과가 고효율 작업관행과 긍정적인 연관이 있음을 보여준다. 고효율 작업관행은 조직내부 문화에 초점을 두고, 인센티브 보상, 직원 몰입, 직원 교육, 작업 스케줄의 유연성 등을 포함한다. 앞서 말한 이러한 모든 결과들은 관리자가 문화들 간의 잠재적 갈등에 효과적으로 대응하는 것이 중요하다는 것을 제안한다.

이러한 결론은 지난 11년간 22개의 산업 분야에서 207개의 기업을 대상으로 한 연구에서 일관되게 발견된다. 결론은 조직의 재무적 성과는 적응력이 강하거나 유연한 문화의 기업이 높다는 것이다. 다르게 말하면, 성공적인 기업은 그들의 시장이나 경영환경 속에서 적절하고 일관되게 시간에 따라 그들의 문화를 수정할 수 있었다. 우리는 관리자들에게 자신의 조직문화가 그들의 사업 분야나 전략적 배경과 잘 연결되어 있는지 측정하고, 적절하게 반응할 수 있도록 격려해야 한다.

마지막으로 기업합병에 관한 연구결과는 양립할 수 없는 문화들로 인해 기업들 간의 합병이 번번이 실패하는 것을 보여준다. 세계적으로 기업합병 숫자가 증가하고 있고 열에 일곱은 인수합병후에 기대하는 재무적 성과를 맞추기 어렵다는 것을 감안할 때 경영자는 새로운 조직을 만들어 가는 데에서 조직문화의 역할에 대해 심사숙고할 필요가 있다.

요약하면 많은 연구는 조직문화의 중요성에 대해 강조하고 있다. 이는 또한 조직문화를 변화시키고 육성하는 과정에 관하여 더 배워야 하는 필요성을 강조한다. 조직의 문화는 운에 의해 결정되지 않는다. 이는 조직 내에서 일하는 모든 사람들의 조합과 통합에 의해 형성되고 다듬어 진다. 예를 들어 변화에 저항하는 문화는 모든 종류의 조직 변화의 효과를 약화시킬 수 있다. 조직의 문화를 바꾸는 것이 쉬운 일이 아니기 때문에, 다음 부분은 이를 어떻게 할 수 있는 가에 관한 전반적인 사항을 살펴본다.

조직문화 변화의 과정

학습목표 3
조직이 그들의 문화를 변화시키는 과정에 대해 요약하라.

조직의 문화는 변화될 수 있다. 이 과정은 필수적으로 조직문화의 세 가지 층—관찰가능한 상징물, 고양된 가치, 기본적인 가정—의 하나를 선택하는 것에서 시작한다. 궁극적으로, 문화의 변화는 사람들의 마음의 변화와 행동의 변화를 포함한다. 조직행동학자인 샤인(Schein)은 문화가 배태되는 것에 교육과정이 포함된다고 하였다. 즉, 해당 조직에서 선호하는 가치, 신념, 기대, 행동에 관하여 조직구성원들 간에 교육이 실행된다는 것이다. 이러한 조직구성원들 간의 교육에는 다음에 소개되는 메커니즘이 하나 이상 사용된다.

1. **조직의 철학, 미션, 비전, 가치, 그리고 모집, 선발, 사회화에 사용되는 자료에 관한 공식적인 기술서** 월마트(Wal-Mart) 창업주인 월튼(Sam Walton)은 월마트의 핵심적인 조직문화를 표방하는 세 가지 기본신념과 가치를 제정하였다. 세 가지 기본신념은 (1) 직원존중(respect for the individuals), (2) 고객서비스(service to our customer), (3) 최고를 위한 노력(striving for excellence)이다. 또 뉴코(Nucor)사는 연례보고서 겉표지에 모든 직원의 이름을 기재함으로써 직원을 소중히 여기는 자사의 가치를 강조하고자 한다. 이러한 시도는 뉴코사가 바라는 '가족형 문화'를 강화시켜 준다. 뉴코사에 일해보

훈련 프로그램은 기업에 문화를 보존하고 주입하는 것을 도와준다. 인도 방갈로에 위치하고 빠르게 성장 중인 소프트웨어 회사인 인포시스 테크놀러지(Infosys Technologies)는 매일 40명의 새로운 직원을 선발하고 마이소르에 위치한 세계에서 가장 큰 기업 훈련 센터 중 하나인 이 곳에서 1천 명 단위로 교육시킨다. 여기서 회장이자 설립자인 나라아나무르티(Narayana Murthy)가 비디오를 통해 '신입사원'들을 환영한다.

고 싶지 않은가?

2. **물리적 공간, 근무환경, 건물들의 디자인** 인텔은 본래 평등의 가치를 갖고 있었기 때문에 그들의 직원들이 획일적인 칸막이 사무공간에서 일하도록 하였다(최고 관리자 역시 전용 주차공간을 갖지 못하였다). 그러나 칸막이 공간 방식은 인텔의 다른 가치인 "혁신"과 갈등을 일으켜서, 회사는 작은 회의실과 연결된 열린 좌석 방식을 실험적으로 운영하였다. 열린 좌석은 협동을 유발할 뿐만 아니라, 직원들이 자신의 행동이 다른 직원들을 화나게 할 때를 알 수 있기 때문에 소음을 줄일 수 있었다. 인텔은 이러한 환경이 창조적인 생각을 더욱 잘 뒷받침 할 수 있기를 바란다.
3. **표어, 언어, 표두어, 격언** 예를 들어, 아리조나 주립대학교(ASU)의 비즈니스스쿨 학장인 로버트(Robert Mittelstaedt)는 'Top-of-mind business school(제일 처음 상기되는 비즈니스스쿨)'과 같은 표어를 통해 세계 일류의 비즈니스스쿨이 되고자하는 비젼을 고취시켰다. 교직원들은 아리조나 주립대학교의 교육과정의 명성 및 수준을 증진시키기 위한 활동들을 하도록 장려되었다.
4. **경영진 및 상사에 의한 역할모델, 교육프로그램, 지도, 조언** 캘리포니아에 있는 헬스 케어 재무컨설팅 회사인 트리아지 컨설팅 그룹(Triage Consulting Group)은 뛰어난 성과와 측정 가능한 목표를 달성하는 것에 높은 가치를 둔다. 새로운 직원들은 즉시 트리아지의 문화와 방법에 관한 4일간의 오리엔테이션을 받도록 준비되고, 이어서 6주의 간격을 두고 15가지의 교육 과정을 받는다. 1년이 되기 전에, 최고의 성과자는 그들 자신의 프로젝트를 관리할 준비가 되며, 그렇게 함으로써 그들의 경력을 더욱 발전시킨다. 성과 측정은 1년에 4회가 있으며, 이는 성과에 대한 동기를 부여한다.
5. **명시적인 보상, 지위상징(예, 직함), 그리고 승진에 대한 기준** 트리아지에서 그들의 직무상 같은 수준에 있는 직원들은 같은 임금을 받지만, 직원들은 성과 보너스를 받을 수 있기 때문에 이는 성취라는 조직의 문화를 강화한다. 성과 보너스는 부분적으로 조직의 성공에 누가 가장 큰 기여를 했는지에 관한 동료의 투표에 근거하고, 가장 표를 많이 얻은 직원은 매년 회사의 "State of Triage" 회의에서 그 존재를 인정받는다.
6. **주요 인물 및 사건에 관한 일화, 전설, 신화** 재무 서비스 기업인 어소시에이츠(Associates)에서 시간은 매우 귀중한 자원이다. 시간 낭비를 줄이는 중요성을 강조하기 위해 부장급 관리자들이

기술과 모범사례

영향력 있는 이야기 개발하기

관리자들은 적절한 행동들을 주목하고 이를 가치에 결부시킴으로써 동기부여 할 수 있는 이야기들을 개발하고 말할 수 있다. 그들은 위기 관리자, 비공식적 리더, 조직의 영웅, 그리고 직무의 범위를 넘어서 조직의 가치를 살리고 다른 직원들의 성공을 돕는 성공적인 개인들을 발견하여 하루하루의 활동들을 관찰해야 한다. 다른 이야기들은 만족한 고객과 공급자들의 말에 조심스럽게 귀 기울이면 찾아낼 수 있다. 관리자들은 그들이 왜 만족했는지 물어볼 수 있다.

이야기를 들려줄 때, 관리자는 이것이 회사의 사명과 가치에 어떻게 반영되는지 요점을 집어줄 필요가 있다. 누가 영웅이었는가? 영웅의 행동으로 누가 이득을 보았는가? 이 이야기를 통해 우리가 어떤 종류의 조직이라고 말하는가? 이 이야기를 통해 알 수 있는 직원들에게 요구되는 점은 무엇인가?

강력한 이야기는 감정적 내용을 함축하고 있다. 청중을 움직이는 말하기는 말하는 사람이 개인적으로 배운 가치들을 믿을 때 더욱 쉽다.

출처: Based on B Kaufman, "Stories That Sell, Stories That Tell," Journal of Business Strategy, March/April 2003, pp11–15; and C Jarnagin and J W Slocum Jr., "Creating Corporate Cultures through Mythopoetic Leadership," Organizational Dynamics 36(3) (2007), pp. 288–302.

항공편을 놓친다거나 제 시간에 출근하지 못해 회의에 참석하지 못하는 등 많은 이야기들이 떠돌아다닌다. 〈기술과 모범사례〉에서는 관리자들이 영향력있는 이야기들을 찾는 방법을 추천해준다.

7. **리더들이 주의를 기울이고, 측정하고, 통제해야 할 조직의 활동, 과정, 결과** 론 사전트(Ron Sargent)가 스테이플(Staples)의 최고경영자가 되었을 때, 그는 고객 서비스에 더욱 초점을 맞추고 싶었다. 그는 사무용품 공급 소매회사의 직원들이 가진 기존의 가치들을 조사하기 시작했는데, 그들은 다른 사람들을 돕는 것에 신경을 쓴다는 것이다. 사전트는 그 가치를 고객들에게 서비스를 제공하는 기술을 개발하는 것의 기초로 삼았다. 스테이플은 직원들에게 판매할 상품들에 대해 더 많이 가르쳤고, 팀 성과에 따라 보너스를 지급하기 시작했다. 사전트는 또한 상점에 자주 방문하여 직원들과 고객들이 좋아하는 것과 싫어하는 것에 대해 직접 이야기한다.
8. **리더는 중요한 사건과 조직위기에 대응한다**
9. **작업공정과 조직구조** 계층구조를 갖는 조직은 수평구조를 갖는 조직에 비해 보다 통제와 권한 지향적인 문화가 심어진다. 스테이플이 직원들로 하여금 고객 서비스에 몰입할 수 있도록 가능하게 했던 한 가지 방법은 직원들이 광범위하게 의사결정을 할 수 있도록 권한을 주었다는 것이다.
10. **조직 시스템과 절차** 기업들이 혁신, 품질, 효율성을 얻고 직원들 사이에 협업을 증진하기 위해 전자 네트워크를 사용하는 빈도가 증가하고 있다. 예를 들어, 캘리포니아에 위치하고 14개국 29개의 사무실에 800명의 직원을 둔 세레나 소프트웨어(Serena Software)는 직원들에게 자유롭게 페이스북을 사용하도록 장려하고, 네트워크를 매개체로 사용하여 서로 알고 지내도록 하였다. 네트워킹으로 공공 사이트를 사용하는 것과는 대조적으로, 다우 케미컬(Dow Chemical)은 현재 직원, 과거의 직원, 임시 직원들 간의 관계성을 창조하기 위하여 자체적으로 내부 소셜 네트워크 망을 구축하고 있다.
11. **조직목표와 직원의 모집, 선발, 개발, 승진, 해고, 퇴직에 관련된 기준** 펩시(PepsiCo)는 도전적 목표설정을 통해 높은 성과지향 문화를 정착시켰다.

조직사회화 과정

조직사회화(organizational socialization)란 "개인이 조직구성원으로 갖추어야 하는 조직의 가치, 규범, 필요한 행동양식에 대해 배우는 과정"이라고 정의할 수 있다. 앞서 논의한 바와 같이, 조직사회화는 조직문화를 조직에 배태시키는

> **조직사회화(organizational socialization)**
> 조직의 가치, 규범, 필요한 행동양식을 배우는 과정

데에 사용되는 주요 메커니즘이다. 즉, 조직사회화를 통해 해당 조직의 핵심 가치 및 신념을 장려하고 강화시켜줌으로써 외부인을 완벽한 조직 일원으로 변화시킨다. 다음에서는 조직사회화의 3단계 모델을 소개하고 사회화에 관한 연구를 현실에 적용하기 위한 방법에 대해 모색한다.

조직사회화 3단계 모델

4 학습목표

펠드먼의 조직사회화 모델의 3단계에 대해 설명하라.

복잡한 조직에 입사한 첫 해에는 누구라도 혼란스러울 것이다. 새로운 만남, 어색한 전문용어, 모순된 기대, 업무와 관련 없는 사건들로 인해 정신이 없다. 일부 조직에서는 신규 구성원을 무계획적이고 될 대로 되라는 식으로 대한다. 하지만 일반적으로 조직화과정은 각각 다르게 구성된 단계별로 특징지어진다.

조직행동연구자 대니얼 펠드먼(Daniel Feldman)은 사회화과정의 중요성에 대해 보다 폭 깊은 이해를 돕기 위해 조직사회화 3단계 모델을 제안했다. 그림 2-4에서 보는 바와 같이, 3단계는 (1) 선행적 사회화, (2) 현실체험, (3) 변화 및 습득이다. 각 단계에는 관련된 지각 및 사회화과정이 있다. 그리고 대니얼 펠드먼의 사회화모델은 개인이 얼마나 잘 사회화되었는지 판

그림 2-4

조직사회화 모델

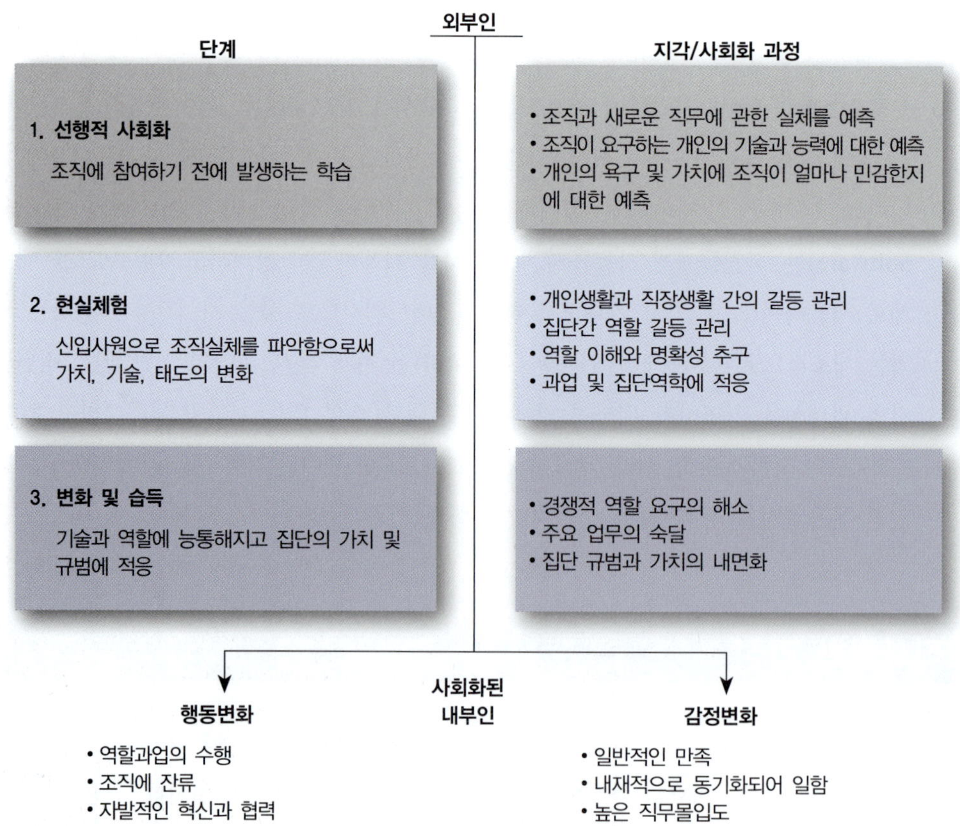

출처: Adapted from material in D C Feldman, "The Multiple Socialization of Organization Members," Academy of Management Review, April 1981, pp 309–18.

단할 수 있게 행동 및 감정적 변화를 구체적으로 제시하여 준다. 펠드먼의 모델을 전부 소화하는 데에는 개인 차이와 상황의 복잡성 정도에 따라 몇 주에서 일 년까지 소요될 수 있다.

1단계: 선행적 사회화 선행적 사회화(anticipatory socialization)는 개인이 실제로 조직에 합류하기 전에 발생한다. 선행적 사회화는 개인들이 상이한 조직, 직업, 직무, 경력에 관해 학습하게 되는 정보이다. 예를 들어, 선행적 사회화는 미국 정부기관에 근무하는 것과 인텔 및 마이크로소프트사와 같은 첨단기술관련 기업에서 근무하는 것에 대해 갖게 되는 상이한 인지를 부분적으로 설명한다.

선행적 사회화(anticipatory socialization)
개인이 조직에 들어가기 전에 발생하며, 상이한 조직, 직업, 직무, 경력에 관해서 학습하는 정보를 포함한다

선행적 사회화에 관한 정보는 여러 곳에서 얻을 수 있다. 가장 강력한 선행적 사회화 관련 정보는 해당 조직의 현재 직원들이다. 세도나(Sedona)센터의 사례를 살펴 보자. 이 회사는 아마라 크릭사이드 리조트(Amara Creekside Resort)를 포함하여 2개의 쇼핑센터 및 3개의 레스토랑을 아리조나 세도나에서 운영하고 있다. 틀림없이 세도나에 근무하는 200명의 종업원들은 '종업원지향 조직문화'에 대해 구직자들에게 얘기할 것이다(〈기술과 모범사례〉 참고). 이로 인해 세도나 센터의 조직문화에 보다 적합한 종업원들이 입사하게 되고, 이들은 보다 만족감을 갖게되어 이직하는 것이 줄어들 것이다. 이 회사의 이직률은 13-18%인데 이는 동일산업 내 미국 전국평균 이직율의 절반에 해당한다.

신병 훈련소는 현실체험 단계로 분류될 수 있으며, 군 가치를 신속하고 확고하게 주입할 목적으로 군대에서 사용하는 방법이다.

2단계: 현실체험 두 번째 단계는 고용계약서에 서명하면서부터 시작된다. 현실체험 단계 동안 종업원들은 실제 조직이 어떠한지를 배우게 된다. 이 단계는 새로운 근무환경에 대한 이해와 충족되지 않은 기대들을 조정하는 기간이다. 현실체험(encounter phase) 기간 동안에 많은 기업들에서 종업원을 사회화시키기 위해 오리엔테이션과 훈련 프로그램을 병행하고 있다. 온보딩(onboarding)이 한 가지 기법이다. 온보딩 프로그램은 기업정책, 절차, 문화 등에 친숙하게 하고 과업역할 기대 및 책임을 명확히 해줌으로써 종업원들이 새로운 직무에 통합 및 동화되고 정착하도록 도와준다. 보험회사인 처브 그룹(The Chubb Group)은 고객들의 기대를 충족시키기 위해서 서비스 지향적인 문화를 갖고 있다. 고객센터의 새로운 직원들이 이러한 문화를 계승하는 것을 준비하기 위하여 처브는 그들에게 회사의 제품과 과정에 관한 30일 간의 교육훈련을 제공하고, 뒤이은 30일 동안 새로운 직원들은 다양한 고객들의 불만을 수용하면서 그들이 배워야 하는 것들에 관하여 연습한다. 이어 6개월 동안, 새로운 직원들은 어떻게 처브의 고객들을 배려해야 하는지 도와줄 멘토에게 각각 배정된다.

현실체험(encounter phase)
종업원은 실제 조직이 어떠한가에 대해 배우고, 충족되지 않는 기대를 조정

온보딩(onboarding)
온보딩 프로그램은 종업원들이 새로운 직장(직무)에 통합되어지고 동화되고 정착하는 것을 돕는 목적으로 한다.

변화 및 습득(change and acquisition)
과업과 역할에 능통해지고 업무집단의 가치 및 규범에 적응하도록 요구됨

3단계: 변화 및 습득 **변화 및 습득(change and acquisition)** 단계에서 주요 과업과 역할에 능통하고 집단의 가치와 규범에 적응하여야 한다. 이러한 사항을 달성하기 위하여 직원들은 자신의 역할을 분명히 알고 있어야 하며, 기대되는 만큼의 것들을 할 수 있을 것이라는 자신감을 느껴야 하고, 동료들을 받아 들여야 한다. 여기에 더해, 다국적 석유 기업인 슈럽버거(Schlumberger)와 같은 대규모 조직은 직원들에게 기대된 새로운 행동들을 강화하기 위하여 인센티브 보상과 사교적 모임을 사용한다.

> 그 기업은 오래된 소비에트의 비난 문화를 점진적으로 바꿔나갔었다. 50세의 프랑스 남성 뤽 올리비에(Luc Olivier)는 시베리만 지오피지컬(Siberian Geophysical)의 지역 운영 책임자가 되었다. 그는 성과에 대해 보상하려고 노력했고, 단순히 실수를 한 사람에게 벌을 내리는 것 보다 체계적으로 실수를 제거하려고 노력했다. 올리비에는 회사에 엄청난 경험을 가지고 있는 숙련된 드릴공(工)들이 젊은 사람들을 가르치는 것을 좋아하지 않는다는 것을 알았다. 그래서 그는 떠들썩한 맥주파티를 갖는 것과 같이 하루 종일 같이 지내는 것을 통해 더 나은 관계를 맺도록 노력했다. 올리비에는 작업공정의 속도가 지난 2년에 비해 30%이상 좋아졌다고 말했으며, 시베리안 지오피지컬의 2007년 드릴 매출은 2006년의 두 배에 달하는 25,000만 달러를 달성하였다.

표 2-1은 직원들을 도와주기 위해 조직에서 사용되는 사회화 과정 혹은 기법에 관한 목록을 나타내고 있다. 당신은 표 2-1을 보고 슈럽버거에서 사용된 사회화 기법들을 구분할 수 있는가?

사회화 연구의 실제 적용

5 학습목표
직원들을 사회화시키는데 이용되는 여러 기법들에 관해 논의하라.

이전의 사회화 연구 결과는 조직에서 사회화를 다루기 위한 다음과 같은 4가지 지침을 제시하여 준다.

1. 공식화된 사회화 기법은 신입사원에게 긍정적으로 영향을 미치므로 관리자는 무계획적으로 '모 아니면 도'식의 사회화를 지양해야만 한다. 공식화된 오리엔테이션 프로그램들이 보다 효과적이다.
2. '현실 체험' 기간 중 관리자의 역할이 중요하다. 신입 회계사를 대상으로 한 연구 결과, 입사 후 처음 6개월 동안 입수한 정보의 빈도 및 종류에 따라 직무성과, 역할 명확성, 사회적인 통합 정도가 크게 영향 받는 것으로 밝혀졌다. 관리자는 신입사원들이 해당 조직문화에 융화될 수 있도록 도와줘야 한다. 시스코 시스템(Cisco system)의 CEO, 존 챔버스(John Chambers)가 사용한 접근법을 살펴보자. 존 챔버스는 입사 직후 신입사원들을 환영해주기 위해 일단의 신입사원들과 미팅을 가졌다. 그리고 하기 어려운 질문들을 회장인 그에게 하도록 장려하는 월별 조찬회의를 가졌다.

표 2-1
사회화 기법

기법(tactic)	내 용
집단 대 개인	집단적 사회화는 신입사원을 개별적으로 다루고 각자 독특한 경험을 하도록 하기 보다는, 신입사원을 그룹화시켜 보편적 경험을 하도록 한다.
공식적 대 비공식적	공식적 사회화는 정해진 사회화 기간 동안 정규사원과 신입사원을 격리시키는 것이고 비공식적 사회화는 정규사원으로부터 신입사원을 확연히 구분 짓지 않는 것이다. 신병은 고참병과 함께 근무하기 전에 반드시 신병훈련소를 거쳐야 한다.
순차적 대 무작위	순차적 사회화는 모호하고 역동적인 발달과 비교할 때, 새로운 역할에 도달하는 일정한 발달 단계를 말한다. 의사의 사회화에는 실제 의료행위를 하기 전에 의대, 인턴, 레지던트까지의 엄밀한 단계가 포함된다.
고정적 대 변동적	고정적 사회화과정에서는 특정 역할의 수행에 관한 스케줄은 제시하는 반면 변동적 사회화과정에서는 이를 제공하지 않는다. 일반적으로 미국 대학생들은 1학년, 2학년, 3학년, 4학년생으로 각각 1년 과정을 밟는다.
연속적 대 간헐적	연속적 사회화과정에서 신입사원은 숙련된 구성원에 의해 사회화되는 반면 간헐적 사회화과정에는 역할 모델이 사용되지 않는다.
수여 대 박탈	수여는 신입사원에 부여받게 될 포괄적이고 구체적인 역할 정체성 및 속성을 확인하는 것을 의미한다. 박탈은 신입사원의 기존 자아인식을 거부/멀리하고 조직이미지에 상응하게 자아를 재현하는 것이다. 경찰 훈련 기간 중 생도들은 제복을 착용하고 단정한 외모를 갖춰야 한다. 그리고 '경찰관'으로 호명되며 더 이상 일반시민이 아니라 경찰을 대표한다.

출처: Descriptions were taken from B E Ashforth, *Role Transitions in Organizational Life: An Identity-Based Perspective* (Mahwah, NJ: Lawrence Erlbaum Associates, 2001), pp 149-83.

잠깐 58쪽의 〈실전 연습〉을 해보자. 현재 당신의 업무 조직에서 얼마만큼 사회화되어 있는 지를 측정하는 것이다. 측정결과, 당신이 속한 조직이 적절히 사회화되어 있는가? 그렇지 않다면 당신은 멘토를 찾아내야 한다. 멘토링에 관해서는 다음 장에서 다루도록 한다.

3. 능동적인 사회화행동을 하도록 훈련시키는 것은 조직에 도움이 될 수 있다. 154명의 입사초반의 직장인을 대상으로 한 연구에서 능동적 사회화행동을 효과적으로 사용하는 것은 일반적으로 신입사원들이 입사 후 첫 달 동안 느끼는 불안 및 스트레스가 입사 6개월 후에 갖는 동기부여 및 불안에 영향을 미친다는 것이 밝혀졌다.
4. 관리자는 다양한 직원들의 사회화에 관심을 가져야만 한다. 관련 연구결과에 의하면, 일반 신입사원들 보다 이전에 다른 사회화과정을 받은 적이 있는—특히 장애를 갖고 있는—직원들의 사회화에 관심을 기울여야 한다. 이와 같은 특이한 경험으로 인해 신입사원들의 장기적인 성공 및 직무만족이 달라질 수 있다.

멘토링을 통한 조직문화의 접목

현재 사용되는 '멘토(mentor)'의 어원은 그리스신화에 등장하는 현명하고 신뢰할 수 있는 조

실전 연습

당신은 충분히 사회화 되었는가?

지시: 현재나 과거의 직무를 떠올리면서 다음의 설문지에 답하여라. 만약 직무경험이 없다면, 경험있는 친구에게 도움을 받아 친구의 조직에 대한 사회화 정도를 측정하라. 각 지문을 읽고 자신이 해당되는 척도에 표시하여라. 당신의 점수의 합계를 구하고 이를 기준점수와 비교하여라.

	매우 그렇지 않다	그렇지 않다	보통이다	그렇다	매우 그렇다
1. 신입사원들에게 직무관련 기술에 대한 전반적인 지식을 제공하는 트레이닝 프로그램에 참여한 적이 있다.	1	2	3	4	5
2. 자신이 속한 조직은 신입사원들을 일괄적으로 교육 프로그램에 참여시킨다.	1	2	3	4	5
3. 부서 및 직무 절차에 전반적으로 적응할 때까지 조직은 나에게 책임을 질만한 일을 시키지 않는다.	1	2	3	4	5
4. 하나의 과업과 역할이 다음 과업과 역할로 넘어가는 뚜렷한 패턴이 있다.	1	2	3	4	5
5. 다른 사원들의 경험을 바탕으로 나의 미래 경력을 설계하고 예측할 수 있다.	1	2	3	4	5
6. 대부분의 동료들이 개인적으로 나를 도와준다.	1	2	3	4	5
7. 내가 조직에 적응할 수 있도록 나의 동료들은 특별한 노력을 보인다.	1	2	3	4	5
8. 나의 직무를 어떻게 행하여야 되는지에 대해 경험 많은 직장선배로부터 많은 가이드를 받는다.	1	2	3	4	5
합계	______	______	______	______	______

기준점수
8–18 = 낮은 수준의 사회화 정도 19–29 = 중간 수준의 사회화 정도 30–40 = 높은 수준의 사회화 정도

출처: Adapted from survey items excerpted from D Cable and C Parsons, "Socialization Tactics and Person–Organization Fit," *Personnel Psychology*, Spring 2001, pp 1–23.

멘토링(mentoring)
멘토로서 선배와 후배 간의 계발관계를 형성, 유지하는 과정

언자의 이름인 'Mentor'에서 유래하였다. 멘토링(mentoring)은 일반적으로 교사, 조언자, 충고자, 동료와 관련되어 사용된다. 멘토링은 다양한 개발자(예, 경력 및 사회 심리적 지지를 제공해 주는 사람)와 후배(피후견인으로 남자의 경우 protege, 여자의 경우 protegee) 간의 강력하고 지속적인 개발관계를 형성하고 유지시키는 일련의 과정이라고 할 수 있다. 개발자와 피후견인이 같은 조직에서 함께 일할 때, 조직문화를 배태시키는 데 멘토링이 도움이 된다. 우선, 멘토링은 조직 전체에 걸쳐 해당 조직의 핵심가치에 대한 수용을 높임으로써 일체감을 만들어 낸다. 그리고 멘토링의 사회화 측면은 소속감을 높여 준다.

멘토링은 조직문화를 배태시키기 위한 방책으로서도 중요할 뿐만 아니라, 연구결과에 따르면 멘토링이 피후견인의 향후 경력에 크게 영향을 미치는 것으로 나타났다. 멘토링을 받지 않은 종업원들 보다 멘토링을 받은 종업원들이 직무수행에서 훨씬 뛰어나며 빠른 경력 향상을 보인다. 또한 멘토링을 받은 종업원들이 보다 높은 직무 및 경력 만족을 보이며 직무할당에 있어 보다 적극적이었다. 이러한 점을 염두에 두고 본 절에서는 사람들이 자신을 위해 멘토링을 어떻게 이용할 수 있는지에 초점을 맞춘다. 멘토링 기능, 멘토링의 기본이 되는 개발 네트워크, 그리고 멘토링의 개인 및 조직적 시사점에 대해 논의하기로 한다.

멘토링의 기능

보스턴대학 연구원인 케시 크램(Kathy Kram)은 선·후배 관리자로 이뤄진 18쌍에 대해 심층 인터뷰를 하였다. 이 연구의 부산물로서 크램은 멘토링 과정의 일반적인 두 가지 기능 — 경력 및 심리사회적 — 을 찾아냈다. 경력개발을 개선하는 5가지 경력기능은 후원, 노출 및 가시성, 지도, 보호, 도전적인 업무할당이다. 4가지 심리사회적 기능은 역할모델, 수용 및 확신, 상담, 교류이다. 이러한 심리사회적 기능은 참가자의 정체성을 명확히 해주고 자신감을 높여 준다.

당신의 지식을 시험하라

멘토링

멘토링의 기초인 개발 네트워크

학습목표 6

멘토링의 개발 네트워크 모델에서 기인하는 네 가지의 개발 네트워크에 대해 설명하라.

역사적으로 멘토링은 '멘토'라고 불리는 한 사람에 의해 우선적으로 이뤄진다고 생각하였다. 하지만 기술, 조직구조, 역동적 시장과 같은 변화로 인해 개인은 다양한 출처로부터 경력정보와 지지를 얻으려고 노력하게 되었다. 현재 멘토링은 피후견인들이 개발자로 불려지는 사람들의 네트워크로부터 발전적인 지도를 구하려는 과정으로 여겨진다. 맥킨지 컴퍼니(McKinsey & Company)는 직원들에게 "너 스스로의 맥킨지를 만들어라"라고 말한다. 이러한 슬로건은 컨설팅 회사에서 직원들이 다른 직원의 전문성 발전을 도와주기 위해 서로의 목적이나 이익과 관련 있는 파트너, 동료, 부하직원이 누구인지 찾기를 기대한다는 것을 의미한다. 각각의 맥킨지 컨설턴트들은 스스로의 경력 발전과 다른 이들을 멘토링 하는 것에 대해 책임을 갖는다. 맥킨지의 접근법을 통해 개발관계의 다양성과 강도가 커리어를 관리하는데 중요하다는 것을 알 수 있다. 그림 2-5는 개발관계의 다양성과 강도를 통합하여 개발 네트워크의 유형을 보여준다.

개발관계의 다양성(diversity of developmental relationships)

개발지원을 위해 사용하는 네트워크 내의 사람들의 다양성

개발관계의 다양성(diversity of developmental relationships)은 개인이 개발지원을 위해 사용하는 네트워크 내의 사람들의 다양성을 의미한다. 네트워크 다양성과 관련하여서는 다음과 같은 두 가지 하위구성요소가 있다. (1) 개인이 네트워크 되어 있는 사람들의 수와 (2) 네트워크화 된 관계가 생성되는 다양한 사회제도(예를 들어 고용주, 학교, 가족, 지역사회, 직능단체, 종교단체)들이다. 그림 2-5에서 보는 바와 같이, 개발관계의 다양성은 '낮음(소수의 사람 또는 사회제도)'에서 '높음(다수의 사람 또는 사회제

개발관계의 강도(developmental relationship strength)
네트워크에 관련된 사람들 사이의 관계의 질

도)'까지 다양하다. **개발관계의 강도(developmental relationship strength)**는 개인의 개발 네트워크에 관련된 사람들 사이의 관계의 질을 말한다. 예를 들어, 강한 결합은 빈번한 교류, 상호관계, 긍정적 감정을 기반으로 한 관계이다. 한편, 약한 결합은 보다 표피적인 관계에 근거한다. 개발관계의 다양성과 강도는 수용적, 전통적, 기업가적, 기회주의적과 같은 4가지 유형의 개발 네트워크를 만든다(그림 2-5 참고).

수용적 개발 네트워크는 고용주 또는 전문직 협회 같은 단일 사회시스템에서 소수의 약한 결합으로 구성된다. 그림 2-5에서 D1과 D2를 둘러 싼 하나의 달걀모양의 원은 단일 사회시스템으로부터 나온 두 명의 개발자들을 볼 수 있다. 반면, 전통적 네트워크에는 단일 사회시스템으로부터의 종업원과 개발자 간의 강한 결합을 포함한다. 가장 강력한 개발 네트워크 유형인 기업가 네트워크는 네 가지 다른 사회시스템으로부터의 다수의 개발자(D1-D4)들 간의 강한 결합으로 이뤄진다. 마지막으로 기회주의적 네트워크는 각기 다른 사회시스템으로부터의 다수의 개발자들 간의 약한 결합이다.

개인 및 조직차원의 시사점

개인수준에서는 3가지 생각해볼 만한 주요 시사점이 있다. 우선 개인의 경력 목표와 사용가능한 개발 네트워크 유형 간의 일치 정도에 따라 직무 및 경력 만족도가 달라질 수 있다. 예를

그림 2-5
멘토링과 연관된 개발 네트워크

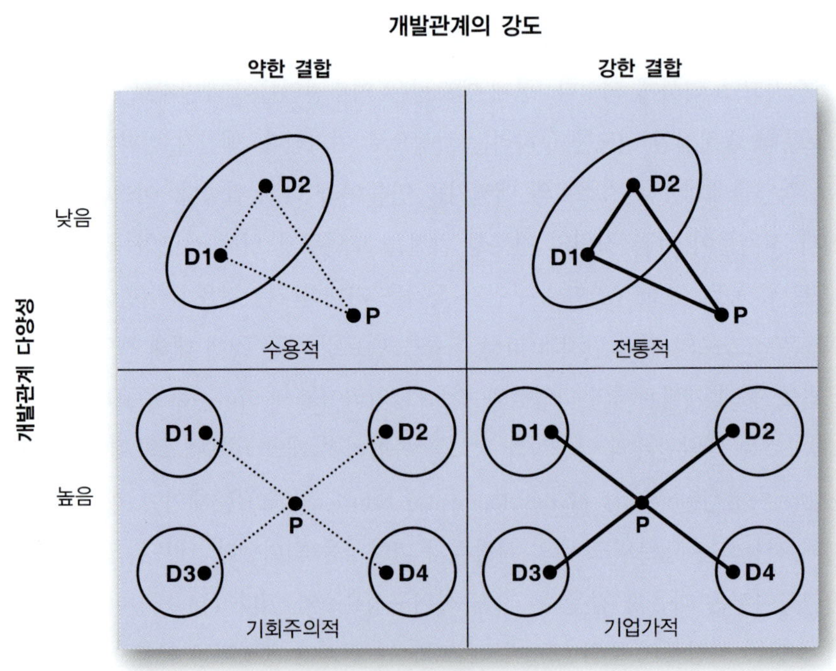

출처: From *Academy of Management Review* by M Higgins and K Kram, "Reconceptualizing Mentoring at Work: A Developmental Network Perspective," April 2001, p 270. Copyright 2001 by Academy of Management. Reproduced with permission of Academy of Management via Copyright Clearance Center.

들어 기업가적 개발 네트워크 유형의 개인은 다른 세 가지 유형의 개인 보다 자주 경력상의 변화를 보일 것이며 개인학습에서 이득을 얻으려 한다. 이러한 것이 흥미롭다면 당신은 자신의 개발 관계의 다양성과 강도를 증진시키기 위해 노력해야 한다. 반면 수용적 개발 네트워크의 직원들은 다수의 조직에서 경력개선을 경험하기를 원하기 때문에 낮은 직무만족을 갖을 것이다. 하지만 경력사다리에서 승진 욕구가 크지 않는 개인은 수용적 개발 네트워크에 만족할 수 있다. 두 번째로, 경력 및 심리사회적 지원을 제공하고자 하는 개발자의 의지는 피후견인의 능력, 잠재력, 그리고 대인관계의 질에 달려 있다. 즉, 인생전반에 있어 경력개선을 원한다면 기술, 능력, 개발 네트워크를 증진시켜야 한다(〈기술과 모범사례〉 참고). 마지막으로 멘토를 구하고자 노력하여야 한다. 최근 42개 국가의 4559명의 리더 및 944명의 인사관리 전문가를 대상으로 한 연구에서 91%가 성공적인 경력에 멘토를 사용한 경험이 도움이 되었던 것으로 나타났다.

기술과 모범사례

효과적인 멘토링 네트워크 구축하기

1. **당신의 관계에 투자하라.** 시간과 에너지를 투입하여 당신의 멘토에게 신뢰와 존경을 심어주어야 한다. 특정한 문제점에 봉착하기 전에 각각의 멘토의 성격과 배경을 파악하라.
2. **360도 네트워킹을 통해 관계를 맺어라.** 정보를 공유하고, 위, 아래, 같은 위계서열에 있는 사람들과 좋은 관계를 유지하라.
3. **네트워크를 계획하라.** 당신이 구축해야 할 경쟁력을 평가하고, 그러한 경쟁력에 도움이 될 멘토를 구하고, 그것이 충족이 되면 멘토를 교체하라.
4. **다양한 연결망을 개발하라.** 공식, 비공식 관계에 개방적인 마인드를 가져라.
5. **과정에 동의하라.** 첫 번째 회의에서 멘토와 후배는 얼마나 자주 만나고 계획된 일정 외에 어떻게 의사소통할지를 정해야 한다.
6. **나아갈 준비를 하라.** 평균적으로 멘토 관계는 5년 정도 지속된다. 관계가 더 이상 이득이 없을 경우, 당사자들은 그것을 끝내고 더욱 생산적 관계를 위해 시간을 자유롭게 이용해야 한다.

출처: Based on S C de Janasz, S E Sullivan, and V Whiting, "Mentor Networks and Career Success: Lessons for Turbulent Time," Academy of Management Executive, November 2003, pp 78–91; and N Anand and J Conger, "Capabilities of the Consummate Networkers," Organizational Dynamics, 2007, pp13–27.

또한 관련 연구결과에 의하면 멘토링이 조직에 긍정적으로 기여하는 것으로 밝혀졌다. 직원 개발에 있어서의 긍정적 효과와 함께 멘토링은 조직 커뮤니케이션의 효과성을 높여 준다. 특히 멘토링은 조직의 상하간의 수직적 커뮤니케이션을 증가시키며 조직문화를 수정하거나 강화시켜주는 메커니즘을 제공한다. 또한 효과적인 멘토링 프로그램은 이직을 줄이고 생산성을 높여준다. 밀뱅크, 트위드, 해들리 앤 맥클로이 법률회사의 유명한 변호사는 제대로 쉬지 못하고 있었고, 회사의 리더가 일이 잘 되었다고 칭찬과 격려를 해 줄 때 이미 떠날 준비가 되어 있었다. 그러나 그 변호사는 파트너의 관심에 매우 강화되어서 계속 회사에 남아있기로 결정했다. 이러한 종류의 이익은 기업들이 공식적 멘토링 프로그램을 더욱 더 많이 채택하도록 만들었다. 최근의 연구에서는 60%의 기업들이 이미 코칭 혹은 멘토링 프로그램을 보유하고 있었고, 나머지에서 80%의 기업들은 이런 프로그램을 계획 중인 것으로 나타났다.

핵심 용어

가치(values) 41
개발관계의 강도(developmental relationship strength) 60
개발관계의 다양성(diversity of developmental relationships) 59
경쟁가치모델(competing values framework) 46
고양된 가치(espoused value) 41
기업의 사회적 책임(corporate social responsibility) 26
내부고발(whistle-blowing) 36
멘토링(mentoring) 58
변화 및 습득(change and acquisition) 56
선행적사회화(anticipatory socialization) 55
시장문화(market culture) 48
실행된가치(enacted values) 42
애드호크라시 문화(adhocracy culture) 47
온보딩(onboarding) 55
위계문화(hierarchy culture) 48
윤리(ethics) 26
의사결정 지도(decision tree) 31
조직문화(organizational culture) 40
조직사회화(organizational socialization) 53
집단문화(clan culture) 46
현실체험(encounter phase) 55

단원 요약

- **조직문화의 계층과 기능에 대해 토론하시오.** 조직문화의 세 가지 계층은 관찰 가능한 상징물, 고양된 가치, 그리고 기본적 가정이다. 각 계층은 외향적인 가시성과 변화에 대한 저항이라는 측면에서 다르다. 조직문화의 네 가지 기능은 조직정체성, 집단몰입, 사회제도의 안정성, 의미형성 장치이다.
- **조직문화의 일반적인 유형과 그것들과 연관되어 있는 특징들을 토론하시오.** 경쟁가치구조에 의하면, 두 개의 축(내부 집중 혹은 외부 집중, 그리고 안정성 선호 혹은 유연성)을 이용한 문화 정의는 네 가지 유형의 조직문화를 나타낸다. 집단문화는 내부 집중과 가치 유연성을 갖고 있다; 이는 변화에 대해 혁신과 빠른 반응을 강조한다. 시장문화는 강한 외부집중과 안정성과 통제에 가치를 두고 있다; 이런 기업들은 경쟁과 고객만족 강조를 통해 운영된다. 위계문화는 내부 집중과 안정성과 통제에 가치를 두고 있다; 이는 높은 기준을 만족시키기 위해 형식적이고 구조화된 업무를 강조한다.
- **조직의 문화를 변화시키기 위해 사용되는 과정을 요약하라.** 과정은 기본적으로 변화를 위해 세 가지 조직문화—관찰 가능한 인공물, 고양된 가치, 기본 가정—의 계층 중에 하나를 목표로 삼으면서 시작한다. 이를 위해서는 다음에 논의되는 11가지 방법들 중 하나 이상의 것을 사용하게 된다. (1) 조직 철학에 대한 공식적인 발언, 사명, 비전, 모집/선발/사회화에 사용되는 자료, (2) 물리적 공간, 작업환경, 건물의 디자인, (3) 표어, 언어, 표두어, 이야기, (4) 역할모델, 훈련 프로그램, 교육, 관리자 및 상사의 조언, (5) 명확한 보상, 지위상징, 승진기준, (6) 핵심인물 및 사건에 관한 이야기, 전설, 신화, (7) 리더가 주의를 기울여 측정/통제하는 조직활동, 과정, 산출물, (8) 중요사건과 조직위기에 대한 리더반응, (9) 작업공정과 조직구조, (10) 조직시스템과 절차, (11) 조직목표와 모집/선발/개발/승진/해고/퇴직을 위해 사용되는 관련 기준들
- **펠드먼의 조직사회화 모델의 3단계를 설명하시오.** 선행사회화, 현장체험, 변화 및 습득이다. 선행사회화는 개인이 실제로 조직에 들어가기 전에 시작된다. 현장체험 단계는 고용계약이 성립되고서 시작된다. 변화 및 습득 단계는 종업원은 주요 과업에 능숙해지고 역할갈등을 해결하는 기간이다.
- **종업원 사회화에 사용되는 기법들에 대해 얘기해보시오.** 사회화에는 6가지 주요 기법들이 있다. 구체적으로 집단 vs 개인, 공식 vs 비공식, 순차적 vs 무작위적, 고정적 vs 변동적, 연속적 vs 간헐적, 수여 vs 박탈이다(표 2-1 참고). 각각의 기법은 조직에서 종업원을 사회화시키는데 두 가지 상반되는 선택을 제공한다.
- **멘토링의 개발 네트워크 모델에서 기인하는 4가지 유형의 개발 네트워크에 대해 설명하시오.** 4가지 개발 네트워크는

수용적, 전통적, 기업가, 기회주의적 유형이다. 수용적 네트워크는 단일 사회시스템에서 소수의 약한 결합으로 구성된다. 반면, 전통적 네트워크에는 단일 사회시스템에서 종업원과 개발자 간의 강한 결합을 포함한다. 기업가 네트워크는 다수의 다른 사회시스템으로부터의 개발자들 간의 강한 결합으로 이뤄진다. 기회주의적 네트워크는 각기 다른 사회시스템으로부터의 다수의 개발자들 간의 약한 결합이다.

토의 문제

1. 경쟁가치 구조를 사용하여, 애플사에서 나타난 조직문화의 유형을 당신은 어떻게 설명하겠는가?
2. '조직문화는 관리자가 염려할 만큼 중요하지 않다'라고 말하는 사람에게 어떻게 응답하겠는가?
3. 당신의 업무행동에 관하여 영향을 주었던 조직영웅(organizational heros)이 있었는가? 이러한 조직영웅에 대해 얘기해보고 어떻게 당신의 업무행동에 영향을 미쳤는지 설명하라.
4. 조직의 성공에 있어서 사회화가 왜 중요한지에 대해 이야기하라.
5. 멘토를 만나본 적이 있는가? 멘토를 가진 적이 있다면 어떻게 영향을 받았는지에 대해 설명하라.

윤리적 딜레마

컨트리와이드사는 안젤로 모질로의 부인의 여행 경비를 보전해야 하는가?

미국 최대 규모의 부동산 대출업체인 컨트리와이드 파이낸셜은 정부로부터 철저한 조사를 받았다. 회사가 2007년과 2008년에 수십 억 달러의 손실을 입은 것뿐만 아니라, 현재 잠재적으로 부적절한 회계장부를 작성했다는 혐의로 증권거래 위원회에서 조사 중인데다가 FBI로부터 증권사기를 저질렀다는 혐의로 조사를 받고 있다. 컨트리와이드의 행동과 제기된 문제들은 2007년과 2008년에 발생한 부동산 대출 위기와 관련이 있다.

회사의 CEO인 안젤로 모질로는 대략적으로 1998년부터 2007년에 걸쳐 2억5천만 달러를 받았고 추가적으로 4억6백만 달러를 회사주식 매각으로 벌었다. 그의 행동들은 그가 이사회에 이메일을 보내서 아내가 회사 제트기를 이용한 것에 대한 세금을 보전해달라고 하면서 조사를 받기 시작했다. 그는 이사회가 세금을 보전하지 않을 경우 사임과 동시에 주식 1천2백만 주를 매각하겠다고 협박했다. 주식의 매각은 시장에서 회사의 이미지에 타격을 줄 것이다.

당신이 만약 컨트리와이드의 이사회에 속해 있다면 어떻게 조치할 것인가?

1. 모질로에게 비용을 보전하지 않을 것이라고 말한다. 그의 부인은 기업용 제트기를 이용했고, 주주들은 이 비용에 대해 보전해서는 안 된다.
2. 보전해야 한다. 안젤로는 회사의 공동창립자이고 그의 부인이 원하면 전용 제트기를 이용할 수 있어야 한다.
3. 비용을 반으로 나눈다. 이것이 서로 상생하는 방안이다.
4. 다른 대안을 제시하고 논하라.

Chapter 03

글로벌 관리자(Global Manager)의 육성

학습목표

이 단원을 학습한 후, 다음의 질문에 답할 수 있어야 한다.

1. 자문화중심주의를 정의하고, 호프스테드가 다른 나라에서 미국식 관리 이론들을 적용하는 것에 대해 어떻게 결론 내렸는지 설명하라.
2. GLOBE 프로젝트의 아홉 가지 문화적 측면들을 구분하고 설명하라.
3. 개인주의 문화와 집단주의 문화를 구분하라.
4. 고 배경 문화와 저 배경 문화, 일원적 문화와 다원적 문화에 대해서 구분하여 설명하라.
5. GLOBE 프로젝트로부터 얻을 수 있는 리더십 교훈을 설명하라.
6. 해외 업무 순환의 각 단계에서 조직행동 상의 문제점을 구분하라.

20세기의 IBM사는 빅 블루(Big Blue)가 정의한 다국적기업과는 거리가 멀다. 20세기 당시 IBM사는 160개국에 진출해 있었고 각 지사들은 현지 고객에 맞춘 독립적인 시스템으로 운영되고 있었다. 각각의 지사들은 마치 하나의 회사가 아닌 독립적인 mini-IBM과도 같았다. 이러한 사업 확장 방식은 IBM사에게 막대한 지출을 안겨주었고 그로 인해 현재 IBM사는 최적의 조건에서 직무가 이행되도록- '합리적인 가격의 적합한 인재'- 기업 구조조정을 하고 있다.

이러한 구조조정 이념은 IBM사의 기업 운영에 있어 엄청난 변화를 가져왔다. 최근 3년간 IBM사는 인건비가 낮은 브라질, 중국, 인도와 같은 국가에서 90,000여명을 고용하였다. 이들은 기업의 글로벌 서비스 센터에서 다양한 분야의 고객 서비스를 제공하는데 그들의 업무는 소프트웨어 프로그래밍뿐만 아니라 데이터 센터 운영, 전화 상담, 회계 관리, 경영 지원 등 다양하다. 초기에는 값싼 노동력이 기업 변화에 있어 매력적인 요소였다. 하지만 오늘날에는 값싼 노동력 뿐 아니라 인도와 중국 같은 신흥 시장에서의 풍부한 고급 인력 확보 (새로운 아이디어 확보) 또한 중요하다.

국제 서비스를 제공하는 대다수의 직원들은 현지 상사와 수 만 킬로 떨어져 있는 관리자에게도 보고를 한다.

하지만 전 세계 375,000명이 일하고 있는 IBM사가 원활하게 다국적 조직으로써의 역할을 수행하기 위해서는 아직도 부족한 점이 많다. 최고경영자인 사무엘 팔미사노(Samuel J. Palmisano)는 다음과 같이 말한다. "우리에게 있어 주요 이슈는 다음과 같습니다. 어디에 직원들을 배치시킬 것인가? 어떻게 그들을 관리할 것인가? 그들을 발전시킬 방법은 무엇인가? 어떠한 방법으로 업무를 할당하고 그 업무를 이행하도록 할 것인가?"

원가 절감만으로는 주요 논점을 해결 할 수 없었다. 팔미사노는 서비스 업무의 전반적인 흐름에 변화를 주어야만 했다. 그래서 그는 IBM과 오랫동안 함께 해온 51세의 로버트 모펫(Robert W. Moffat Jr.)에게 이 일을 맡겼다. 모펫은 이미 IBM사의 생산 공급체인에서 50억 달러의 원가 절감을 이루어낸 경력이 있었다.

모펫은 생산 공급체인에 적용했던 원가 절감 방법이 서비스 체인에도 적용될 수 있다고 보았다. 그의 팀은 각 나라별 비용, 가용인력, 교육 시스템, 언어, 시장접근성, 정치적 안정성을 조사하였다. 그리고 이 자료를 바탕으로 전 세계로 서비스를 제공할 수 있는 장소를 선정하였다. 그 예로 모펫은 방갈로, 부에노스 아이레스, 크라카우, 상하이, 털사 등에 재정과 행정 내근 부서를 설치했다.

모펫과 그의 동료들은 그들의 경험을 살려 멀리 있는 IBM 직원들을 계속적으로 파악하고 기록하였다. 직원들의 인적사항, 능력, 최근 근무 현황들은 새로운 데이터베이스에 기록되었고 이는 마치 IBM 컴퓨터에 들어가는 모든 부품들이 '재고 관리 및 구매 계획서'에 상세히 기술된 것과 같았다.

배우 샤바나 아즈미(Shabana Azmi)가 인도 방갈로에서 열린 Winspiration 2008, IBM 인도 리더십 컨퍼런스에서 IBM 여성 직원들에게 연설을 하고 있다. IBM사의 국제적인 입지는 세계적인 경영인을 양성하고 있다.

과거에는 프로젝트의 총 책임자가 그동안 함께 일 해온 사람들로 구성된 팀들을 모집하였다. 하지만 IBM사가 전 세계적으로 진출하면서 총책임자가 팀을 한 곳에 모으기란 쉽지 않게 되었다. 이에 반해 현재의 프로젝트 매니저는 그의 요구사항을 '전문시장'(Professional Marketplace)이라는 데이터베이스에 상세히 올리기만 하면 된다. 이 데이터베이스에는 직원 170,000명의 기술, 임금 수준, 프로젝트 참여 가능 여부 등이 저장되어 있다. 몇몇 매니저들은 데이터베이스를 통해 직무와 적합한 인적 자원을 선발한다. 이 데이터베이스는 보통 팀을 만드는데 걸렸던 시간을 20% 줄여 주었고 5억 달러를 절약하는 효과를 가져왔다.

IBM 브라질 지사는 IBM사의 실질적인 축소판이라고 할 수 있다. 지난 5년간 직원 수는 4000명에서 13,000명으로 늘었고 대부분의 직원들은 상파울로에서 차로 90분 거리에 위치한 브라질의 실리콘밸리, 호틀란디아에서 일한다. 그들의 사무실 칸막이에는 그들이 제공하는 서비스 국가들의 국기가 걸려있다. 만약 당신이 이 사무실 복도를 지나가게 된다면, 당신은 영어, 프랑스어, 포르투갈어, 스페인어를 들을 수 있을 것이다. 임금은 IBM사가 미국에서 지불하는 임금의 절반 수준이다.

대부분의 브라질 경영팀은 현지 출신이지만, IBM은 국제통합프로세스를 위해 다른 나라 국적의 직원들을 브라질 경영팀에 투입시켰다. 브라질에서 기술 서비스 조직을 관리하며 22년간 IBM 이사직을 맡고 있는 로버트 패인(Robert Payne)은 미국인이다. 올해로 48세인 패인은 그동안 여러 나라에서 근무하면서 그 나라의 문화를 배웠다. 실례로 그는 일본에서의 업무를 위해 일본어를 배운 경험도 있다. 3년 전 그가 브라질에 도착했을 때 그는 9개월 내에 모든 회의를 포르투갈어로 진행할 거라고 약속했다. 그리고 그는 약속을 지켰다.

| 토의하기 |

세계 곳곳에서 경영을 위해 IBM은 어떤 기술을 사용하고 있는가?

이번 장의 앞부분에서 나온 사례는 국제 경영의 복잡성을 설명하고 있다. 누군가가 전 세계의 경제에 대한 소식을 들으려면 신문을 읽거나 심야 뉴스를 시청해야 한다. 최근 몇 년간 헤드라인을 장식하고 있는 경제의 범세계화 신호와 증상은 북미 자유무역협정기구(North American Free Trade Agreement)에서 논쟁거리가 되었고, 국제 무역 기구(World Trade Organization) 회의에 모여서 직업의 해외 위탁, 무역 불균형, 외국인 노동착취, 이민 제한, 지적 소유권 남용에 대해 불만을 제기했다. 세계적인 경제 지각변동이 진행 중이다.

반세기 이상의 기간 동안, 미국인들은 세계경제가 자신들을 중심으로 돌아가는 것을 당연하게 여겼다. 하지만 더 이상 그렇지 않을 것이다.

세계 은행에 따르면, 개발도상국의 경제가 계속 발전한다는 가정 하에 세계의 중산층의 규모가 2030년에는 12억명으로 세 배나 증가할 것으로 보인다. 오늘날 자유롭게 지출하는 중산층의 절반 이상이 개발도상국에 살고 있다. 2030년을 기점으로 이 집단의 대부분인 92%가 개발도상국에 거주하게 될 것이다.

다국적 기업에게 이는 미국 외의 국가들, 특히 아시아, 라틴 아메리카, 중동 일부분, 그리고 아프리카에 더 많은 신경을 써야 한다는 것을 의미한다.

수요의 증가는 기업들이 세계 시장에 주목해야 한다는 것뿐만 아니라, 관리자들이 세계의 다양한 직원들을 이끌어야 한다는 것 또한 의미한다. 텐코(KLA–Tencor)는 반도체 제조업자에게 장비와 시스템을 제공한다. 제조업자들이 중국, 싱가폴, 인도에 공장을 구축했기 때문에, 텐코도 그래야 한다. 각각의 위치에서, 텐코는 그 지역의 직원들에게 기계를 어떻게 생산적으로 작동시키는지 교육하는 계획을 세워야 하고, 마이크로칩 제조회사 직원들에게는 그들이 무엇을 배웠는지 알려주어야 한다. 이를 위해서는 다문화 의사소통, 교육스킬, 문제 해결력, 기술력, 그리고 리더십의 조합이 필요하다.

사업을 할 때 편안하게 다른 문화로 이동이 가능한 코카콜라의 무타르 켄트(Muhtar Kent)와 같은 글로벌 경영자는 새로운 글로벌 경제에서 이점이 있다. 사실, 한 연구에 의하면, 이력서에 해외에서 배치된 적이 있는 CEO가 있는 미국의 다국적 기업들은 경쟁에서 더 나은 결과를 가져오는 경향이 있다는 것으로 밝혀졌다. 심지어 자신의 나라에 있는 관리자나 직원들도 오늘날의 글로벌 경제에서 벗어나기 쉽지 않다는 것을 발견할 것이다. 많은 사람들이 외국인 소유 기업에서 일하거나 외국 공급자, 고객, 직원과 거래하면서 국제 관계에 직면하게 될 것이다.

글로벌 경제에서 사업 활동과 월급 많이 주는 직장을 구하는 것은 매우 어려워 보인다. 이 장의 목적은 이러한 도전을 마주할 수 있게끔 도와주는 것이다. 그러기 위해서, 이 장은 오늘날의 급증하는 세계화 기업에서 문화의 영향에 대해 알아보기 위해 문화인류학 분야를 둘러볼 것이다. 우리는 어떻게 글로벌 마인드를 키울 수 있는지 논의하는 것으로 시작한다. 다음으로, 우리는 이문화 간 이해를 돕기 위해 사회 문화의 주요 측면들을 검토해 볼 것이다. 그리고 이문화 간 경영에 대한 연구를 토대로 실질적 교훈을 리뷰할 것이다. 이 장은 해외 부서 배치의 문제와 기업들이 직원들로 하여금 그러한 문제들을 해결할 수 있도록 도와주는 방법을 살펴보면서 마칠 것이다.

글로벌 사고방식 개발하기

세계 경제에서의 경영은 무역협정, 상품, 서비스, 환율에 관한 내용을 다루기도 하지만 사고와 행동패턴에 대한 것을 훨씬 더 많이 포함한다. 하나의 지배적인 문화가 계속되면 현재상황이 어떠하고 또 어떻게 되어야 하는가에 대한 전제 또한 변화한다. 오늘날의 관리자는 외국계 회사에서 일하며, 집에서 일을 하든, 혹은 외국에서 일을 하든지 간에 글로벌 마인드셋(포용력, 적응력, 학습의욕)을 개발할 필요가 있다.

이 부분에서는 (1) 사회적 문화를 정의하고 (2) 그것을 조직화된 문화와 비교하고 (3) 자민족 우월주의에 대해 토론하고 (4) 국제적 관리자가 되는 것을 탐구하고 (5) 다른 문화권에서 미국식 관리이론 적용을 시험함으로써 국제적 사고방식을 키운다.

사회적 문화와 조직적 문화의 모형

사회적 문화(societal culture)
어떻게 생각하고 행동해야 하는지에 대해 사회적으로 도출된 당연하게 생각하는 가정

사회적 문화(societal culture)는 "공동체에서 무엇이 바람직하고 바람직하지 않은지에 대한 믿음과 가치이며, 이런 가치를 지탱하는 형식적, 비형식적 행동관행의 집합체"이다. 그러므로 문화의 요소들은 규범적(사람들이 해야 할 것)이고 기술적(그들이 실제로 하는 행동)일 수 있다. 문화는 가족, 친구, 선생, 관련된 타인들에 의해 한 세대에서 다른 세대로 전해지게 된다. 대부분의 문화습득은 하루 중의 일상에서, 혹은 대중매체를 통해서 롤 모델이 되는 사람을 관찰하고 모방함으로써 배울 수 있다.

문화라는 양파의 껍질 벗기기 문화는 굉장히 다층화 되어있어서 한손에 잡기 어렵다. 국제경영 전문가인 폰스 트롬페나르(Fons Trompenaars, 네덜란드)와 찰스 햄든 터너(Charles Hampden-Turner, 영국)는 그들의 대표저서 「riding the waves of culture」에서 이러한 교육적인 유사점을 언급한다.

> 문화는 양파와 같이 층으로 되어있다. 하지만 그것을 이해하기 위해서는 한 층 한 층 껍질을 벗겨선 안 된다. 표층은 마치 맨하탄의 우뚝 솟은 건물의 스카이 라인과 같이, 문화의 산물이다. 이것들은 직접적으로 보이지 않는 사회의 심오한 가치와 규범의 표현이다(수직상승의 가치, 다다익선, 물질적 성공에 대한 가치). 이 가치와 규범의 층들은 양파 안으로 갈수록 심오하고 구분하기가 어렵다.

2001년 9월 11일에 테러리스트들에 의한 뉴욕 국제무역센터의 붕괴는 미국인의 삶과 건물 뿐만 아니라 미국문화 가치에 대한 공격이기도 하다. 그것을 미국인들과 그들의 전세계의 친구들에게 상처를 더 깊게 만들고 분노를 뿌리박히게 했다. 일상생활과 비즈니스에 있어서 문화는 중요한 문제이다.

사회적 문화와 조직문화의 통합 그림 3-1에서 알 수 있듯이 문화는 조직행동에 두 가지로 영향을 미친다. 고용자는 관습과 언어의 형태로 사회적 문화를 그들의 일에 적용시킨다. 사회적 문화의 부산물인 조직문화는 반대로 개인의 가치, 윤리, 태도, 전제, 기대에 영향을 미친다. 사회적 문화라는 용어는 여기에서 국가문화 대신에 사용되었다. 왜냐하면 많은 현대 국가의 경계가 그 문화적 라인에 따라 정확하게 그려지지 않기 때문이다. 예를 들어 소련은 15개 공화국과 100여개의 민족, 그리고 그들만의 독특한 언어를 포함한다. 반면에 벤쿠버에서 영어를 사용하는 캐나다인들은 퀘벡의 불어로 이야기를 하는 캐나다인보다 시애틀에 있는 미국인과 문화적으로 가깝다. 사회적 문화는 그림 3-1의 왼쪽에 나열된 다양한 환경요소로 만들어진다.

먼저 조직의 영향권 안에 있으면 개인은 그 조직의 문화에 의해서 훨씬 더 많은 영향을 받는다. 사회, 조직문화의 통합은 다국적기업에서 아주 흥미로운 원동력을 만들어 낸다. 예를 들어, 몇 년 전에 보스 인터내셔널(BOSS International)이 인도로 사업영역을 확장했을 때, 위스콘신 출신이고 소프트웨어 회사의 대표이사인 크리스 메이더(Chris Maeder)는 그의 인도직원 65명을 보면서 문화적 차이를 발견했다. 그들은 모두 영어를 사용했지만, 문화까지 영어로 해석되는 것은 아니었다. 단지 정보공유 차원에서 메이더가 질문을 하면 인도 직원들은 그가 공손치 않게 일을 하라고 요구하는 것으로 생각했다. 그가 프로젝트 스케줄을 짜고나서 후에 확인해보면 업무가 완성되지 않은 채로 있는 것을 발견했다. 대부분 목표달성이 불가능하다는 것이 문제였지만 그 누구도 그렇다고 말하려고 하지 않았다. 인도 문화에서는, 특히 동부와 중동부에서는, 직설적인 거부는 무례한 것으로 간주되었다. 무엇을 하기를 거부하기 보다는 인도 직원들은 단순히 침묵을 지킬 것이며, 이는 상사를 실망시키지 않기 위함이다. 메이더가 선택한 방법은 인도 관리자를 고용하여 자신이 인도 문화를 해석하는 것을 돕게 했다.

직장에서 관리자들은 직원 개개인의 사회적 문화, 기업문화, 그리고 그 둘 사이의 상호작용을 고려할 필요가 있다. 실례로, 일본 기업들은 국내 경기 침체와 세계에서의 극심한 경쟁 문제를 해결하기 위해 그들의 경영 활동 전반을 재평가해야만 했다. 그렇게 해서 그들은 "사람들

그림 3-1 조직 행동에서의 문화적 영향

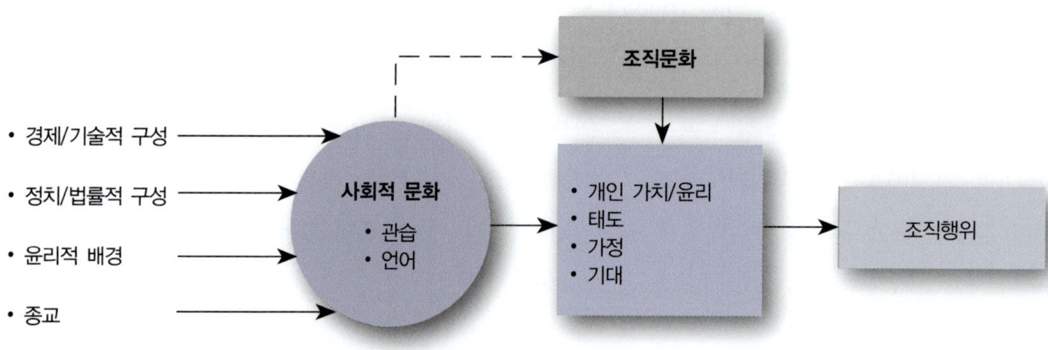

(특히 직원들)을 존경하며 보살피고, 그들의 이해와 욕구를 고려하며, 장기적으로 이러한 관계에 몰입하는" 전통적 가치를 버리고 성과에 대해 보상하는 서구식 스타일을 받아들이게 되었다.

자문화중심주의: 세계 경제에서 문화적 장애 제거하기

학습목표 1
자문화중심주의를 정의하고, 다른 나라에서 미국식 관리이론들을 적용하는 것에 대해 호프스테드가 어떻게 결론 내렸는지 설명하라.

자문화중심주의(ethnocentrism)는 자신의 모국, 문화, 언어, 행동형태 등이 다른 나라의 것보다 우수하다고 믿는 신념으로 문명의 시작부터 그 뿌리를 두고 있다. 1906년에 행동주의적 과학 용어로써 그 개념이 사용되었고, 외부세계를 거부하는 집단성향을 포함해서 자민족중심주의라는 용어는 국가적 또는 사회적으로 좀 더 많은 의미를 가지고 있다. 자문화중심주의는 세계 곳곳에서 목격된다. 보스니아, 보소보, 케냐에서는 소수민족 박해로 이어졌고, 아프리카의 르완다, 브룬디, 수단에서는 집단학살로 이어졌다.

자문화중심주의(ethnocentrism)
한 사람의 국가, 문화, 언어, 그리고 행동이 우수하다고 믿는 것

이처럼 극단적이지 않지만 자문화중심주의는 관리와 조직적 맥락에서 여전히 성가신 문제이다. 여기에 대한 전문가들은 이렇게 말한다.

관리자가 꼭 해야할 것들
문화적 차이: 기존의 생각을 깨보자.

> 자기민족을 선호하는 관리자는 자신들의 그룹이 조금 더 지적이고, 능력 있고 또한 신뢰할 수 있다는 느낌을 가지고 자기 동포를 주요직에 앉히며 일에 있어서 좀 더 보상을 해준다. 자민족중심주의는 외국과 외국인에 대한 편견, 무경험 그리고 지식 부족의 탓은 아니다. 이것은 놀라운 일도 아니다. 왜냐하면 중역들은 그들의 고용자들의 고국 환경에 대해서 훨씬 더 많이 알고 있기 때문이다. 어느 임원은 이렇게 말한다. "적어도 나는 자국의 관리자가 왜 실수를 하는지 이해한다. 그런데 나는 외국인들에 대해서는 전혀 알지 못한다. 외국인 관리자가 더욱 나을 지도 모른다. 그러나 내가 사람을 신뢰할 수 없다면 내가 그를(혹은 그녀를)고용해야만 하는가? 단지 우리가 다국적이라는 것을 증명하기 위해서."

조지 클루니(George Clooney)나 크리스 락(Chris Rock)과 같은 미국 스타들은 세계의 이목을 끌어 달푸르에서의 집단학살을 막기 위해 공식적으로 발언하기도 한다. 전쟁에 짓밟힌 아프리카인 중에 아랍인이 아닌 무슬림들은 주로 아랍 중앙 정부와 민병대에 반란을 일으키고 있다. 2006년을 기점으로 무려 180,000명이 사망하고 200만 명이 집을 잃었다.

연구 시사점 연구는 자문화중심주의는 사업에 있어 좋지 않다고 말한다. 미국(272), 일본(309), 유럽(337)에 각각 본사를 둔 총 918개의 기업조사에서 자문화중심주의 직원과 인사정책은 많은 인사문제를 일으킨다고 한다. 이러한 문제들은 사원모집의 어려움과 높은 이직률, 인사정책에서의 소송을 포함한다. 3개의 지역적 샘플 가운데 일본기업이 가장 높은 자문화중심 인사정책과 국제적인 인력자원문제를 가지고 있었다.

자문화중심주의에 대한 우리와 그들의 태도 현재와 미래의 관리자들은 교육, 타문화에 대한 이해, 국제경험, 문화의 다양성에 가치를 두는 의식적인 노력으로 자민족중심주의를 효과적으로 다룰 수 있다(70쪽에 있는 〈실전 연습〉을 해보라). 〈실전 연습〉의 결과는 신중하게 해석해야만 한다. 이것은 과학적으로 확증된 것이 아니기 때문에 교육과 토론의 목적으로만 사용한다.

실전 연습

자문화중심주의에 대한 당신의 잠재 의식은 얼마나 강한가?

설명: 당신이 미국에서 태어나고 자랐거나 당신 삶의 대부분을 미국에서 보냈다면, 아래 항목에 답하여라. 만약 당신이 다른 나라나 문화에서 왔다면, "미국의"와 "영어"라는 단어를 당신이 가장 동일시하는 나라/언어로 대체한 후 각각의 항목을 평가해 보라.

	매우 부정	부정	중립	긍정	매우 긍정
1. 나는 [진정으로] 미국적인 방법으로 길러졌다.	1	2	3	4	5
2. 내가 다른 문화들을 얼마나 비난하는 가를 비교해 볼 때, 나는 미국 문화를 덜 비난한다.	1	2	3	4	5
3. 나는 미국 문화가 자랑스럽다.	1	2	3	4	5
4. 미국 문화는 나의 삶에 긍정적인 영향을 미쳤다.	1	2	3	4	5
5. 나의 아이들이 [오직] 영어만을 읽고, 쓰고, 말해야한다고 믿는다.	1	2	3	4	5
6. 나는 미국 사람이 모인 장소에 간다.	1	2	3	4	5
7. 나는 미국 사람들을 존경한다.	1	2	3	4	5
8. 나는 미국 사회에서 사는 것을 선호한다.	1	2	3	4	5
9. 집에서, 나는 [오직] 미국 음식만 먹는다.	1	2	3	4	5
10. 전체적으로, 나는 미국인이다.	1	2	3	4	5

점수 계산하기
10 – 23 = 자문화 중심주의에 대한 낮은 잠재의식
24 – 36 = 자문화 중심주의에 대한 중간정도의 잠재의식
37 – 50 = 자문화 중심주의에 대한 높은 잠재의식

출처: Adapted from and survey items exerpted from J L Tsai,Y-W Ying, and P A Lee, "The Meaning of 'Being Chinese' and 'Being American' : Variation among Chinese American Young Adult," *Journal of Cross-Cultural Psychology*, May 2000, pp302-32.

글로벌 관리자 되기

오늘날의 세계경제에서 관리자는 여러 다른 나라 및 문화로부터 온 동료들과 항시 상호작용을 할 수 있다. 예를 들어 영국음악회사 폴리그램(Polygram)의 최고경영진 33인은 15개의 나라로부터 왔다. 그들이 무엇보다 효과적이기 위해서는 이러한 다양한 문화적 환경에서 국제감각과 문화교류에 필요한 기술을 발달시켜야 한다(〈기술과 모범사례〉 참조). 문화와 문화 사이를 편안하게 넘나드는 숙련된 관리자를 양성하는 데는 시간이 걸린다. 예를 들어, 질레트(Gillette)의 회장의 말을 생각해보자. "우리는 최고와 가장 똑똑한 사람을 고용할 수는 있지만, 우리가 필요로 하는 것은 질레트와의 경험이다. 우리의 해외 근무자들의 절반은 지금 그들의 4번째 나라에서 경험을 쌓기 위해 나가 있다. 내가 원하는 질레트의 관리자를 만들기 위해서는 10년이 걸린다".

중요한 것은 이러한 국제감각과 기술은 관리자로 하여금 미국이나 캐나다와 같은 문화적으로 다양한 나라에서 조금 더 효율적으로 일상업무를 할 수 있도록 도와줄 것이다.

호프스테드의 연구: 미국식 경영이론이 해외에서도 잘 적용되는가?

이 중요한 질문에 대해 간략히 답하자면, '썩 그렇지 않다'이다. 이 대답은 30년 전에 네덜란드의 학자 기어트 호프스테드(Geert Hofstede)에 의해 진행된 유명한 연구결과에 기인한다. 전 세계 53개국의 116,000명의 IBM근로자를 비교한 그의 독특한 비교문화 연구는 4가지 문화 요인에 초점을 맞춘다.

- 권력 거리(power distance): 사회적 상황에서 얼마나 많은 불평등을 기대 하는가?
- 개인주의 / 집단주의(individualism–collectivism): 얼마나 느슨하게 혹은 가깝게 사회적으로 묶여있는가?
- 남성성 / 여성성(masculinity–femininity): 전형적으로 경쟁적이고 성과 지향적인 남성의 특징과 육성하고 관계 지향적인 여성의 특징을 포용하는가?
- 불확실성 지양(uncertainty avoidance): 매우 잘 짜여진 상황을 얼마나 열망하는가?

기술과 모범사례

두 명의 글로벌 관리자

세계화된 경제에서 성공하기 위한 업무기술을 개발한 관리자가 린 체이스(Lin Chase)이다. 액센추어(Accenture)는 체이스를 인도의 방갈로 지역 연구개발 담당자로 임명했다. 새로운 직장에서 체이스는 재빨리 미국 사업문화에서의 일반적 가치가 인도에서 항상 같지 않다는 것을 발견했다. 그녀는 회의를 통해 계획을 수립했고, 모든 사람들이 계획에서 요구되는 점을 충족시키기 위해 헌신한다는 가정을 했다. 그러나 성과에 진전이 없었을 때, 체이스는 적극적으로 빈번하게 관리해야 한다는 것을 깨달았다. 그녀는 결국 이러한 노력이 강력한 사업 관계를 유지하기 위한 한 부분이라고 보았다. 체이스는 직원들의 업무 스타일에 따라 리더십 스타일을 바꾸는 방법을 배웠다.

다른 성공적인 글로벌 관리자는 제너럴 일렉트릭(General Electric)에서 일하는 비키 호(Vicki Ho)이다. 대만에서 태어나서 미국에서 자라났고 시카고 대학교의 경영학위를 수여받은 그는, 적극적으로 해외의 직무를 찾았다. GE는 그녀를 중국으로 보내서 회사의 장비 대여업무를 이끌게 했다. 호는 미국에서 배운 인맥관리 기술이 GE의 본부에 있는 동료들과 관계를 유지하도록 돕는 반면, 그녀 가족의 민족적 배경이 중국 문화를 받아들이기 쉽도록 했다고 믿는다. 그녀의 실적은 그런 관점을 뒷받침한다. GE가 중국 장비대여 부서를 닫았을 때, 그녀는 중국에서 보안장비를 판매하는 부서의 책임자로 임명됐고, 이익은 5배로 뛰었다.

출처: Based on L T Cullen, "The New Expatriates," Time, October 22, 2007, Global Business pp1–2, 4.

미국 표본에서는 권력 거리는 낮게, 개인주의는 높게, 남성성은 비교적 높게, 불확실성 지양은 낮게 나타났다. 문화 간에 높은 다양성은 호프스테드를 두 가지 주요 결론으로 이끌었다: ① 경영이론과 관행을 해당지역 문화에 맞출 필요가 있다. 이것은 미국식 경영이론과 일본식 관리관행의 적용에서 지극히 사실이다(예를 들어 매슬로우의 욕구단계설). 이문화 간 관리에 있어서 최상의 방법은 없다. ② 문화에 대해서 아집을 부리는 개인, 회사, 국가는 글로벌 경제에서 더 이상 살아남을 수 없다.

당신의 지식을 시험하라

국가문화에 대한 호프스테드의 모형

다문화적으로 경쟁력 갖추기

문화 인류학자들은 재미있고 가치 있는 교훈은 한 문화와 다른 문화를 비교함으로써 배울 수 있다고 믿는다. 세계의 다양한 문화를 비교, 대조하는데 수년간 여러 가지 차원들이 제안되어 왔다. 특히 현재 글로벌 관리자와 관련이 깊은 5개의 문화를 보는 관점은 기본적인 문화차원과 개인주의 vs 집단주의, 고 배경문화 vs 저 배경문화, 일원적 문화 vs 다원적 문화, 비교문화 리더십이다.

재키 파우스(Jackie Fouse)는 세계 최대의 아이케어 상품을 생산하는 회사 중 하나인, 알콘(Alcon)사의 CFO이다. 44억달러 규모의 국제적인 제조회사에서 2인자가 되기 전에, 그녀는 해외에서 9년동안 일해오며, 그녀의 경영 전문 지식에 문화적 감수성과 같은 미세한 기술을 더하였다. 네슬레(Nestle)사와 스위스에어(Swissair)사에서 익힌 그녀의 국제경험을 통해 파우스는 불어와 독일어로 다음과 같이 능숙히 말했다. "교육수준과 근무경험처럼 모든 것이 동일할 때 국제경험은 나를 다른 사람보다 두드러지게 만드는 요소이다."

타문화권과 사업을 진행할 때 이러한 문화의 구별은 부분적으로 또는 통합적으로 거대한 장애물이 될 수 있다. 그러나 우선 우리는 문화적 고정관념과 문화지능(cultural intelligence)에 대해 생각하는 것이 필요하다.

문화적 역설은 문화적 지능을 요구한다

이 시점에서 중요한 자질이 요구된다. 이 단원과 다른 곳에서 모든 문화 차이는 절대적이라기보다는 일종의 경향과 패턴으로 간주되고 있다. 모든 이탈리아 사람들은 "이것이다", 모든 한국인들은 "저것일 것이다"라는 가정의 함정에 빠지자마자, 잠재적으로 지시적인 일반화는 무의식적으로 스트레오타입이 되어버린다. 여러 국가에서 일한 경험이 있는 전문가들은 "다문화 환경 속에서 일하는 교사, 연구자, 경영자와 같이 우리는 우리가 가지고 있는 다른 문화에 대한 특징들이 모두 추측에 불과하다는 것을 알아야 한다. 그리고 이러한 추측들은 경험을 통해 수정해 나아가야 할 필요가 있다."고 조언했다. 결과적으로 그들은 우리가 피할 수 없는 문화역설을 다루기 위해 더 많은 준비를 해야한다고 주장했다. 역설에 따르면 그 규칙엔 언제나 예외가 있다는 것을 의미한다: 기대되는 문화적 패턴에 맞추지 않는 개개인들을 그 예로 들 수 있다. 캐논(Canon)사의 회장은 좋은 예이다. "일본 CEO의 표준으로서, 캐논사의 후지오 미타라이(Fujio Mitarai)는 어떤 의미에서 예외적인 사람이다. 먼저 그는 빠르고 결단력 있다. 일반적으로 일본 회사에서 합의를 도출하여 운영하는 경영자들과 상당한 거리가 있다."

모호한 이문화간 상황을 정확히 이해할 수 있는 능력으로서의 **문화지능(cultural intelligence)**은 오늘날 다양한 일터에서 중요한 기술이 되었다. 두 명의 조직행동 학자는 다음과 같이 설명했다.

문화지능(cultural intelligence)
애매한 이문화 간 상황을 정확하게 해석할 수 있는 능력

> 고도의 문화지능을 가진 사람은 개인이나 집단의 행동에서, 모두에 적용되는 보편적 특질과 특정집단과 개인에 적용되는 개별적 특질 및 보편적이지도 색다르지도 않는 특질을 어떻게 해서든 억지로 끄집어 낼 수 있다. 이런 보편성과 개별성 사이에 있는 막대한 범위를 문화라고 한다.

문화지능을 개발시키는 데 흥미 있는 사람들은 먼저 그들의 감성지능(5장에서 자세히 논의된)을 개발할 필요가 있다. 그 후에 모호한 이문화간 상황에서 실습하는 것이다. 물론, 모든 인간 사이의 상호작용에서 진심으로 서로를 알려고 하고 상대에 귀기울이고 상대를 배려하는 것 이상은 없다.

GLOBE 프로젝트의 9가지 문화적 측면

학습목표 2
GLOBE 프로젝트의 아홉 9가지 문화적 측면을 구분하고 설명하라.

GLOBE(Global Leadership and Organizational Behavior Effectiveness) 프로젝트는 펜실베니아 대학의 로버트 하우스(Robert J House) 박사의 아이디어이다. 특정 문화 변수가 리더십과 조직과정 및 과정의 결과에 미치는 영향을 설명하고, 이해하며, 예측하기 위해 시도된 대규모 연구 프로젝트이다. GLOBE는 1994년 캐나다 캘거리에서 시작한 이후로 160명 이상의 학자와 62개 사회의 네트워크로 발전되어 왔다. 대부분의 연구자들은 그들이 연구한 특정 문화의 본토 사람으로서 프로젝트의 신뢰성을 높였다. GLOBE 프로젝트의 초기 2단계 동안, 9개의 기본적인 문화적 요인 리스트가 개발되었고 이는 통계적으로 타당성이 있었다. 9개의 요인에 바탕을 둔 설문지는 데이터베이스를 구축하기 위해서 전세계의 은행, 음식, 정보통신사업에 종사하는 수천명의 관리자들에게 시행되었다. 그 결과는 정기적으로 발표되었다. 프로젝트의 목적이 성공하기 위해서는 보다 많은 회사와 시간이 필요하다. 그동안 이 프로젝트를 통해서 우리는 문화 간의 유사성과 차이점을 더 잘 이해할 수 있고 타당성이 있는 최신의 자료를 받아왔다.

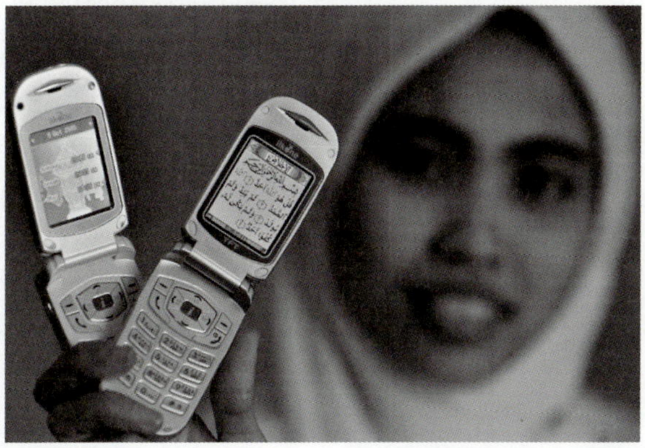

거대 기업으로부터 고용된 인류학자들은 신흥시장의 가치 및 습관을 더 배우기 위해 아시아와 태평양 지역의 사람들이 기술을 어떻게 사용하는지 연구해왔다. 이 연구의 결과는 사진에 나온 휴대폰이다. 무슬림 고객을 타겟으로, 이것은 자동적으로 세계 어디에서나 기도시간을 나열하고 알려주며, 나침반이 메카가 있는 곳의 방향을 알려주고, 영어 및 아랍어로 코란을 보여준다.

GLOBE 프로젝트로부터 알 수 있는 9가지 문화적 측면은 다음과 같다.

- 권력 거리(power distance): 조직과 사회에 권력의 불평등한 분배가 얼마나 있어야 하는가?
- 불확실성의 회피(uncertainty avoidance): 사람들이 불확실성과 예측 불가능한 것을 피하기 위해 얼마나 사회의 규칙과 규범에 의지해야 하는가?
- 제도적 집단주의(institutional collectivism): 개인적 이익추구 대신에 집단과 조직에 충성심을 보이는 개인에게 리더는 얼마나 격려와 보상을 해야 하는가?
- 내부 집단주의(in-group collectivism): 개개인들이 자신의 가정과 조직에 대해 얼마나 자부심과 충성심을 가져야 하는가?
- 성 차별(gender egalitarianism): 성차별과 역할 불균등을 최소화하는데 얼마나 노력 하여야 하는가?
- 단호성(assertiveness): 사회적 관계에서 얼마나 충동을 피하지 않고 지배적이어야 하는가?
- 미래지향(future orientation): 미래를 위해 계획과 절약을 통해 얼마나 욕구를 참는가?
- 성과지향(performance orientation): 향상과 우수성으로 얼마나 보상을 받는가?
- 인정지향(humane orientation): 친절, 공정, 우호성, 관대함에 사회가 얼마나 격려와 보상을 해주는가?

두 형태의 집단주의가 권력거리와 불확실성의 회피와 맞물려 이전에 언급되었던 호프스테드의 고전적 유사변인과 어떻게 대응이 되는 지를 살펴보자.

GLOBE의 문화적 측면을 삶에 적용하기 가능한 한 많은 GLOBE 특징을 이용하여 당신의 문화적 근원, 가족전통, 신념체계, 개인문화 프로필의 개발을 생각해 보는 것은 흥미롭고 해볼만한 연습이다. 아래 묘사한 문장은 9개의 특징 가운데 어느 것과 관련이 있는가?

> 크리스토퍼 존스(Christopher Jones)는 LA에 있는 클럽에서 록 밴드를 하는 UCLA 졸업생 음악가이다. 같은 또래의 아이들처럼 24살의 나이에 그는 미래에 대한 저축을 하지 않고 시간을 흘려보냈다. "중요한 것은 내 삶의 태도는 현재 지향적이라는 것이다. 만약 내가 돈이 있었다면, 여행을 하거나 비슷한 다른 것을 했을 것이다." 라고 존스가 말했다. "나는 젊은 사람이 돈을 저축하는 것이 올바르다는 것을 알고 있다. 그러나 나에게는 약간의 돈을 갖는 것보다 내 행복을 찾는 것이 더 중요하다"

미래지향과 관련있다고 생각했다면 그것이 맞다. 실제로 존스와 같은 미국의 많은 젊은이들이 미래지향에 대해 낮은 점수를 기록하고 있으며 미래를 위해서 충분한 저축을 하지 못하고 있다.

국가별 개요와 실무적 시사점 GLOBE 문화적 특징에 나라별로 얼마의 점수를 기록하고 있는가? 18,000명의 관리자로부터 표 3-1의 자료를 산출했다. 이를 통해 우리는 세계의 수많은 문화적 다양성을 엿볼 수 있다. 9가지의 GLOBE 특징 덕분에 우리는 좀 더 정확하게 얼마나 문화가 다양한지 알 수 있게 되었다. 심층 연구에서는 문화적 패턴에 대한 언급과 각 나라에 내재된 문화적 인자에 대해 밝혀냈다. 예를 들어 미국의 샘플을 살펴보면, 단호성과 성과지향에서 높은 점수를 나타내고 있다. 따라서 미국인들은 진취적이고 열심히 일하는 것으로 인식되고 있다. 스위스의 불확실성 회피와 미래지향에서 높은 점수는 백 여년의 정치적 중립과 세계

표 3-1 GLOBE의 문화적 측면에서 높고 낮은 국가들

측면	최고	최저
권력거리	모로코, 아르헨티나, 태국, 스페인, 러시아	덴마크, 네덜란드, 남아프리카, 이스라엘, 코스타리카
불확실성 회피	스위스, 스웨덴, 서독, 덴마크, 오스트리아	러시아, 항가리, 볼리비아, 그리스, 베네수엘라
사회집단주의	스웨덴, 대한민국, 일본, 싱가포르, 덴마크	그리스, 헝가리, 동독, 아르헨티나, 이탈리아
내부집단주의	이란, 인도, 모로코, 중국, 이집트	덴마크, 스웨덴, 뉴질랜드, 네덜란드, 핀란드
성 차별	헝가리, 폴란드, 슬로베니아, 덴마크, 스웨덴	대한민국, 이집트, 모로코, 인도, 중국
단호성	동독, 오스트리아, 그리스, 미국, 스페인	스웨덴, 뉴질랜드, 스위스, 일본, 쿠웨이트
미래지향	싱가포르, 스위스, 네덜란드, 캐나다, 덴마크	러시아, 아르헨티나, 폴란드, 이탈리아, 쿠웨이트
성과지향	싱가포르, 홍콩, 뉴질랜드, 대만, 미국	러시아, 아르헨티나, 그리스, 베네수엘라, 이탈리아
인정지향	필리핀, 아일랜드, 말레이시아, 이집트, 인도네시아	서독, 스페인, 프랑스, 싱가포르, 브라질

출처: SOURCE: Adapted from M Javidan and R J House, "Cultural Acumen for the Global Manager: Lessons from Project GLOBE," *Organizational Dynamics*, Spring 2001, pp 289–305.

적으로 유명한 은행산업을 이해하는데 도움을 준다. 싱가포르는 사업을 하기 무척 좋은 장소로 알려져 있는데, 그 이유는 깨끗하고 안전하고 사람들이 교육을 잘 받았고, 열심히 일하기 때문이다. 싱가포르는 제도적 집단주의, 미래지향, 성과지향에서 높은 점수를 얻었다. 러시아의 미래지향, 성과지향에서의 낮은 점수는 중앙 계획 경제에서 자유로운 자본주의 기업으로의 전환이 기대하는 것보다는 더 느려질 것 같은 전조가 된다.

이러한 설명들은 우리에게 중요한 실질적 교훈을 제공한다: **해외 사업 파트너나 경쟁자의 문화적 경향을 아는 것은 전략적으로 경쟁력을 줄 수 있다.** 예를 들어, 관리자들이 직원들의 단점 때문에 징계를 해야 할 때 명심해야 할 점은 집단주의 사고를 갖고 있는 직원들은 그들이 속한 집단의 성과를 떨어뜨렸다고 생각한다는 것이다. 권력과의 거리가 높은 곳에서는 자신보다 높은 지위에 있는 사람이 징계할 경우 받아들이는 경향이 있고, 반대로 별로 높지 않은 사람이 그럴 경우 무시한다.

개인주의와 집단주의: 집중조명

학습목표 3
개인주의 문화와 집단주의 문화를 구분하라.

당신이 개인적으로 원하는 것과 집단, 조직이 원하는 것 또는 사회가 당신에게 바라는 점의 차이 때문에 갈등을 겪어본 적이 있는가? 만약 그렇다면, 당신은 호프스테드와 GLOBE 연구에서 모두 언급된 기본적이고 중요한 문화 특징을 직접 경험한 것이다: 바로 개인주의와 집단주의 말이다. 이 특징을 의식한다는 것은 곧 우리가 살펴보겠지만, 타문화권과의 사업 거래에서 성공과 실패의 차이를 설명할 수 있다.

개인주의 문화(individualistic cultures)
개인의 자유와 선택에 중점을 두는 것
집단주의 문화(collectivist cultures)
사회의 목표와 이익이 개인의 목표보다 중요한 것

"나는"과 "나를"이라고 묘사되는 **개인주의 문화(individualistic cultures)**는 개인의 자유와 선택에 우선순위를 부여한다. **집단주의 문화(collectivist cultures)**는 반대로 "우리"와 "우리에게"라고 묘사되는데, 이는 개인의 욕구와 목표보다 더 높게 책정된 공유목표를 가진다. 집단주의 문화 내에서는 자신의 욕구와 목표는 사회집단과 관계있는 그것들보다 하위에 놓여지도록 요구된다. 집단주의보다 "공동체주의(communitarianism)"라는 용어를 더 선호했던 트롬피나르(Trompenaars)와 햄든 터너(Hampden-Turner)는 전세계에 있는 3만명의 관리자를 대상으로 한 조사에서 이스라엘, 루마니아, 나이지리아, 캐나다, 미국에서 개인주의의 정도가 가장 높다고 한다. 개인주의가 가장 낮게 나타나는 국가들 즉 집단주의 문화라 할 수 있는 국가들은 이집트, 멕시코, 인도, 일본이었다. 브라질, 중국, 프랑스도 집단주의 경향이 점점 커졌다.

사업 성공 요인 물론, 미국과 같이 문화적으로 다양한 나라에서는 개인주의와 집단주의 둘 다 맞닥뜨릴 수 있다. 예를 들어, 보스턴에 사는 뮤추얼 펀드 세일즈맨인 데이브 머피(Dave Murphy)는 애리조나의 나바호(Navajo) 인디언들이 노후대비 저축에 대해 흥미를 가지게 하는 것에 실패했다. 나바호의 근로자 집단과 몇 번의 성과 없는 미팅을 가진 후, 지역 내 공무원을 통해 문화적 통찰력을 갖게 되었다. "만약 당신이 이러한 환경에 처해 있다면 돈은 다른 차원이라는 것을 이해해야만 한다. 돈은 쓰여지기 위한 것이다. 만약 당신이 돈을 조금 가지고 있다면 당신의 가족이나 도와라." 전통적인 나바호 족들은 집단주의 문화를 가지고 있으며, 그들에게 저축은 이기심에서 일어나는 가치 없는 행위이다. 따라서 세일즈맨의 판촉은 개인의 은퇴 후 저축 계획에 의해서 가족이 혜택을 보는 것을 강조하는데 초점이 맞춰진다.

누구에게 충성하는가 나바호 족의 예는 집단주의 문화에 대한 중요한 포인트를 제기한다. 특히 사회의 어느 단위가 우세한가? 나바호인들에게 있어서 가족은 핵심적인 준거집단이다. 그러나 트롬피나르와 햄든 터너의 연구에 따르면, 중요한 차이점이 집단주의 문화 내에서 존재한다는 것이다.

> 개별사회에서 개인이 자신과 동일시하는 집단을 정하는 것은 필요한 일이다. 무역조합, 가족, 회사, 종교, 직업, 국가, 정치조직과 같은 집단과 자신을 동일시하기를 열망할 수 있다. 프랑스인들은 가족, 직장, 국가와 일본인들은 기업; 구동유럽 국가들은 사회주의 정당; 아일랜드는 로마 카톨릭 교회와 동일화시키는 경향이 있다. 공동체주의 목표는 기업 발전과의 연관성과 공동체의 관심과 태도에 따라 산업에 긍정적 또는 부정적일 수 있다.

4 학습목표
고배경 문화와 저배경 문화, 일원적 문화와 다원적 문화에 대해서 구분하여 설명하라.

고배경 문화와 저배경 문화

중국, 한국, 일본, 베트남, 멕시코, 아랍 문화권을 포함한 **고배경 문화(high-context culture)**의 사람들은 다른 사람들을 인식하고 의사소통을 할 때 그 상황적 단서에 많이 의존한다. 어떤 사람의 회사에서의 위치, 사회적 지위, 가족관계와 같은 비언어적 단서는 말로 표현하는 것보다 훨씬 더 강한 메시지를 가진다. 그러므로 우리는 일본에서 명함을 교환하고 읽는 관습을 훨씬 더 잘 이해하게 되었다. 일본의 문화는 비교적 고배경 문화이다. 누군가의 명함에 적혀있는 고용자와 회사 내에서의 위치는 일본처럼 동일성이 우선시 되는 사회의 조직원들에게 자신의 신분에 대해 알려주는 아주 중요한 묵시적 메시지가 된다. 또 처음 만날 때 말을 아끼는 고배경 문화로부터 온 사람들은 반드시 비우호적인 것이 아니다. 그들은 단순히 "맥락적" 문화를 수집하는데 시간이 걸릴 뿐이다.

고배경 문화(high-context culture)
비언어적 상황의 단서로부터 주된 의미형성

저배경 문화에서 자잘한 글자 읽기 **저배경 문화(low-context culture)**에서는 구어체, 문어체의 단어들은 공유된 의미를 가진다. 저배경 문화는 독일, 스위스, 스칸디나비아, 북아메리카, 영국 등을 포함한다. 독일인은 일상생활의 세부사항조차도 형태에 맞추어 문서화 시키는 것을 좋아한다. 고배경 문화에서 합의는 오래 알고 있거나 신뢰를 쌓은 후에 누군가의 말이나, 악수를 기반으로 하여 만들어 진다. 북유럽의 저배경 문화에 뿌리를 두

저배경 문화(low-context culture)
글과 말로부터 주된 의미형성

고 있는 미국이나 캐나다 인들에게 있어서 악수는 세부사항이나 변호사에 의해 공증되거나 대단히 완벽한 계약에 대한 사인을 하는 신호로써 볼 수 있다.

문화적 충돌 피하기 오해와 어긋난 의사소통은 종종 고배경과 저배경 문화간 국제적인 사업거래가 있을 때 종종 문제가 되곤 한다. 한 멕시코 경영대 교수는 최근 이러한 관찰을 해 보았다.

> 몇 년 동안 나는 사업 보고서에 기대하는 의견들이 문화에 따라 다양하다는 것을 알아차렸다. 예를 들어 미국 관리자들은 요점이 있고 실용적이고 간결하고 행동 지향적인 보고서를 기대한다. 그들은 긴 설명을 읽을 시간이 없다. "사실만을 넣게"
>
> 라틴계 미국 관리자들은 간결한 사실을 뛰어넘는 장황한 설명을 한다...
>
> 난 미국 기업에서 라틴 아메리카를 대표하는 친구가 있는데 그는 영업실적에 대한 일상적 보고를 할 것을 요구받았다. 그의 보고서는 세부적인 설명을 포함해 무척 길었는데, 그가 보고하고자 하는 사건이 발생한 배경, 그리고 앞으로의 가능성을 포함했기 때문이다. 그의 상사는 그 보고서에 대해 아주 짧게 일상적인 대답을 했다. "거두절미하고 요점만!"

이런 어색한 상황은 두 개의 문화가 배경을 서로 이해하고 수용하는 신뢰적인 기반을 닦으면 피할 수 있다. 예를 들어, 저배경 문화에 속한 사람들은 상황과 관련된 역사와 성격에 대한 정보를 제공하기 위해 노력할 것이고, 고 배경 문화에 속한 사람들은 그들에게 도움이 될 정보가 제공되지 않을 때 질문을 할 것이다.

기술과 모범사례

고배경 문화를 탐색하기 위한 학습

미국과 같이 저배경 문화로부터 온 관리자들이 고배경 문화권에서 사업을 하기 위해서는 어떻게 그들의 행동 — 말 뿐만 아니라 — 을 해석할 것인지 배우는 능력이 요구된다.

로 고다드(Roe Goddard)가 공동 투자에 참여하기 위해 중국 의약품 제조자를 찾는 그룹의 일원으로 있을 때, 그는 중국인 동료에게 멋진 만찬과 선물을 주고 일정을 마무리함으로써 중국의 사업 관습을 따르려고 시도했다. 그는 아름다운 가죽으로 된 여행 시계를 선물했다. 그러나 받는 입장에서, 선물은 단순한 선물이 아니었다; 선물의 이름조차 의미를 갖고 있다. 중국에서 'giving'은 'song'이고, 'clock'은 'zhong'인데, 이는 중국에서 '삶의 끝'이라는 말과 유사하다. 그것들을 종합해서 보면, 시계를 선물하는 것은 죽음을 기원하는 신호이다. 고다드가 의도적으로 그런 의미를 부여하지는 않았을 것이다.

운좋게도 동료들은 고다드에게 이런 사실을 가르쳐 주면서 관계를 유지했다. 연회가 끝나고 나서, 중국 사업가 중 한 명이 그에게 쪽지를 보내서 문제점을 설명하고, 선물 받은 사람들이 동전 한 개씩을 모아 보냄으로써 선물이 아닌 상징적인 구매로 만들었다. 문화를 공유하고자 하는 중국 동료들의 열망과 고다드의 겸손과 배우고자 하는 열망이 만나서, 둘 모두에게 중요한 거래를 성사시켰다. 이제 고다드는 중국에서 방문자가 펜이나 문구류, 자신의 세계에 대한 책과 같이 "안전한" 선물을 챙겨야 한다는 것을 안다.

출처: Based on E Flliter, "How Not to Give Partners a 'Death Wish' in China," The Wall Street Journal, October 10, 2007, http://online.wsj.com.

시간에 대한 문화적 인식

북미나 북유럽 문화권에서 시간은 단순한 문제이다. 후퇴하는 일 없이 항상 일정하게 또박또박 앞으로 나아가는 직선이다. 세 번째 생일날(아주 어릴 때) 시계를 받았던 미국인들에게는 시간은 곧 돈이다. 그것은 소비되고 절약되고 낭비된다. 미국인들은 약속시간에 10분 일찍 나타나도록 가르침을 받았다. 그러나 문화를 뛰어넘어서 일을 할 때 시간은 아주 복잡한 문제가 된다. 예를 들어, 카나와(Kanawha Scales & Systems)가 중국에서 첫 번째 사업인 석탄운반기계 판매를 성사할 때까지 1년이 걸렸던 사례를 살펴보자.

> 61세인 브래드베리(Bradbury) 사장은 1986년 처음 중국을 방문하여, 베이징에서 아무런 수확도 거두지 못한 채 한 달을 보냈다. 6년이 지난 후, 회사는 결국 첫 번째 거래를 성사시켰는데, 이는 중국의 석탄광산에서, 석탄을 밖으로 운반하는 시스템을 설치하는 300만달러 상당의 계약이었다.

그러나 브래드 베리가 시간을 들여 사업 관계를 공고히 한 후에 그의 고향인 웨스트 버지니아 주 포카의 회사는 연간 천만 달러 이상의 판매고를 중국에서 올렸다.

일원적 시간(monochronic time)
한 번에 한 가지 일을 하는 것을 선호하는 것. 시간은 한정되어 있고, 정확히 나누어져 있으며, 일정에 따라 움직임

다원적 시간(polychronic time)
한 번에 여러 가지 일을 하는 것을 선호하는 것. 시간은 유동적이고 다양하기 때문.

비문화권 간 거래에 있어서 인내의 필요성은 **일원적 시간(monochronic time)**과 **다원적 시간(polychronic time)**의 차이에 의해 설명될 수 있다:

> 전자는 질서정연하고 정확하며 공공의 스케줄에 따라 움직이는 효율적인 북유럽과 북미인을 풍자적으로 묘사한다. 후자는 지중해 연안과 라틴계, 특히 아랍문화권에 있는 사람들에게 볼 수 있는데 동시에 여러 가지를 하고 순환적이며 다차원적이다.

정도의 문제 일원적인 것과 다원적인 것은 절대적이기 보다는 상대적이다. 일반적으로 한 사람이 동시에 할 수 있는 일이 더 많을수록 그 사람은 더 다원적이다. 컴퓨터와 발달된 원격통신 덕분에 고도의 다원적 관리자들은 많은 일을 동시에 할 수 있다. 예를 들어 한 번에 전화기로 이야기를 하고 이메일 메시지를 보내고 보고서를 프린트하고 핸드폰 메시지를 체크하면서 딱딱한 샌드위치를 먹는 것이 가능하다. 불행하게도 이런 극단의 다원적 행동이 지나치면 바라는 것처럼 효율적이지 않을 뿐만 아니라 매우 스트레스를 받을 수 있다. 일원적인 사람들은 한 번에 하나씩 하는 것을 더 선호한다. 시간에 대한 당신의 태도는 어떠한가?

실질적 시사점 미국과 같은 저배경 문화는 일원적인 시간으로 다뤄지는 반면, 멕시코와 같은 고배경 문화는 다원적 시간으로 다뤄지는 경향이 있다. 다원적 시간 문화권에서는 시간을 융통성 있고, 유동적이며, 다의적인 것으로 본다. 독일인이나 스위스 사람들은 일원적 시간에 대한 정확한 과학을 만들어 왔다. 사실상, 독일회사 '융한스(Junghans)'의 라디오 제어 시스템이 달린 손목시계는 백 만년에 일초가 틀릴까 말까한 것이다. 많은 방문객들이 스위스 기차를 탈 때 단지 일분이 늦어서 역을 떠나는 기차의 꼬리등을 봐야 한다. 시간은 다원적 문화에서는 탄력적이다. 중동국가에서 이슬람의 성스러운 라마단 한 달 동안은 낮 시간대에 신성한 단식을 하며, 일상생활의 속도가 눈에 띄게 늦추어 진다. 경영자들은 이문화권에서 사업을 할 때 자신의 시간관념을 재조정할 필요가 있다.

GLOBE 프로젝트로부터 얻을 수 있는 리더십 교훈

5 학습목표
GLOBE 프로젝트로부터 얻을 수 있는 리더십 교훈을 설명하라.

2단계에서, GLOBE 프로젝트의 조사원들은 어떤 리더십의 태도가 보편적으로 좋거나 나쁜지 연구하기 시작했다. 그들은 62개국, 951개의 기관에서 일하는 17,000명의 중간관리자들을 조사했다(표 3-2 참조). 그 결과는 교육 담당자들과 현재와 미래의 글로벌 관리자들에게 중요한 의미를 가지고 있다. 팀을 꾸리는 데 탁월하고 영감을 주고 비전을 제시하는 리더는 일반적으로 일을 가장 잘한다. 반면, 고독하고 체면을 중요하게 여기는 이기적인 리더는 전세계 어디를 가나 푸대접을 받게 되어있다(리더십에 관한 포괄적 이해를 위해 14장을 보라). 이런 연구결과

를 토대로 국내외 관리자들은 현지 사람들의 문화를 이해하기 위해 문화지능 뿐만 아니라 리더십에 상황적 접근법을 사용하도록 충고를 받는다. 월풀욕조 제조사 롱타임(Longtime)의 CEO인 데이비드 휘트웜(David Whitwam)은 최근에 아래와 같이 도전을 정의했다.

> 오늘날 회사를 선도하는 것은 1980년대와 1990년대와 다르다, 특히 글로벌 기업일수록 더욱 그렇다. 이는 새로운 형태의 능력을 요구한다. 관료적인 구조는 더 이상 작동하지 않는다. 당신은 명령과 통제의 방식을 없애야 한다. 구성원들이 조직에 몰입하도록 장려할 필요가 있다. 특히, 가전제품 회사로서, 우리는 다양한 노동력에 따르는 다양한 리더십을 요구한다. 각각의 문화에 맞는 리더십이 필요하다. 미국에서는 미국인이 라틴아메리카에서는 라틴아메리카인이 경영을 하게 한다.

당신의 지식을 시험하라

국제의 문화적 다양성

해외 근무에 대한 준비

글로벌 회사가 계속 성장할 때, 외국에서 살면서 일하는 기회가 많아진다. 회사가 직원들의 글로벌 경영능력을 개발하고 싶어할 뿐만 아니라, 몇몇 지역에서는 능력을 갖고 있는 현지인에 대한 수요가 공급을 앞지르고 있다. 예를 들어, 중국에서 급성장하는 사업은 리더십과 팀워크

표 3-2

62개 국가에서 보편적으로 선호, 비선호되는 리더십 태도

보편적으로 선호되는 리더의 태도	보편적으로 비선호되는 리더의 태도
신뢰	고독한
공정	비사교적인
정직	비협동적인
통찰력	성가시게 하는
미리 계획하는 것	솔직하지 않은
격려	이기적인
긍정	무자비한
활동적인	독재적인
동기부여	
확신을 심어주는 사람	
동기부여적	
기댈 수 있는	
지적인	
단호한, 결단성 있는	
효율적인 협상가	
서로에게 득이 되는 문제 해결자	
행정에 능통한	
소통이 되는	
정보가 많은	
(의견)조정자	
팀을 만드는	
탁월함을 추구하는	

출처: Exerpted and adapted from P W Dorfman, P J Hanges, and F C Brodbeck, "Leadership and Cultural Variation: The Identification of Culturally Endorsed Leadership Profiles," in Culture, Leadership, and Organizations: The GLOBE study of 62 societies, eds R J House, P J Hanges, M Javidan, P W Dorfman, and V Gupta(Thousand Oaks, CA:Sage, 2004), Tables 21.2 and 21.3, pp 677–78.

를 겸비한 관리자를 충분히 찾기가 어렵다. 그러므로 기업들은 중국에서 일하기를 원하고 미래의 리더상을 개발할 인재를 원한다. 글로벌 사업가들은 문화를 초월하여 사업을 할 수 있고 활기차고 성장가능성이 있는 직원들의 집단을 만들어야 한다. 그러므로, 이 장 뒷부분의 목적은 외국에서 사람들이 성공적으로 일할 수 있게 준비를 돕는 것이다. 사실, 최근 포춘지에서 제시한 "경력을 키우는 다섯 가지 방법" 중에서 첫 번째가 바로 이것이다. "세계로 나가라. 글로벌 영업은 후미진 곳이 아니다 — 그것은 당신이 성공을 증명하는 방법이다."

미국 해외근무자들의 저조한 실적

해외근무자(expatriate)
외국에서 살거나 일하는 사람

우리는 여기서 사용하는 해외근무자(expatriate)라는 용어는 자신의 고국 밖에서 살거나 일하는 사람들을 일컫는다. 따라서 그들은 다른 나라로 전근되었을 때, 해외로 파견되었다고 얘기를 할 수 있고 다시 고국으로 돌아왔을 때는 귀국했다고 말한다. 미국 해외근무자들은 보통 문화적으로 서투르고 국제업무에 실패하기 쉽다는 특징이 있다. 애석하게도 여러 조사가 이를 뒷받침한다.

연구에서 해외근무자들은 직무 불만족과 그 나라의 문화에 적응하는 문제 때문에 일찍 업무를 그만두는 경향이 있는 것으로 나타났다. 더 나아가 프라이스 워터하우스 쿠퍼스(Price Waterhouse Coopers)의 최근 연구는 귀국한 직원의 25%가 외국에서 돌아온 직후 1년 안에 회사를 그만두는 것으로 밝혀졌다. 이러한 결과들은 미국의 다문화가정에서 확실히 직원들과 그들의 가족들이 해외근무를 준비할 수 있도록 도와주어야 한다는 것을 제시한다. 여기서는 이 목표를 성취할 수 있는 방법들을 제시한다.

몇 가지 좋은 소식: 해외근무를 맡은 미국 여성들

역사적으로 미국이나 캐나다에서 여성의 해외파견근무는 굉장히 드물었다. 느리기는 하지만 상황이 변하고 있다. 이에 관한 연구결과와 몇몇의 예시들은 다음의 시사점을 준다.

- 해외파견 업무를 맡은 북미 여성의 비율은 1980년대 초 3%에 불과했으나 1990대 후반에 들어 11~15%까지 증가했다.
- 여성 스스로의 평가절하와 여성직원은 외국문화에서 환영받지 못할거라는 — 외국편견이 아닌 여성편견 — 상사의 편견이 잠재적 여성 해외근무자들의 가장 큰 장애물이다.
- 파견근무를 하는 북미 여성은 현지에서 외국인으로서 대우받는다.
- 북미여성들은 해외파견 업무에 있어서 아주 높은 성공률을 보였다.

글로벌 관리자에 대한 수요가 빠르게 증가하는 것을 고려해 볼 때, 자기평가 절하와 상사의 선입견적 방침은 비생산적이다. 해외근무를 원하는 여성들에게 우리는 다음과 같이 충고한다.

"떠나라"

해외업무순환에서 조직행동상의 문제점 해결

학습목표 6
해외 업무 순환의 각 단계에서 조직행동상의 문제점을 구분하라.

해외근무에 적합한 사람(특히 해외로 기꺼이 함께 갈 가족이 있는 사람)을 찾는 것은 복잡하고, 시간과 비용이 많이 드는 과정이다. 이를 해결하기 위해서 해외업무순환에서 일어나는 일반적인 조직행동상의 문제점에 초점을 둘 필요가 있다. 그림 3-2에서도 언급했던 것처럼 순환주기의 처음과 마지막 단계는 자국에서 발생할 수 있다. 중간에 두 단계는 외국이나 자국에서 발생 할 수 있다. 각 단계별로 조직행동과 관련된 문제가 내재되어 있고 이를 해결할 소지도 있다. 그렇지 않다면, 또 다른 외국 업무 실패에 대한 비용은 더 커질 것이다.

이문화 훈련을 통한 비현실적 기대의 회피 현실적 직무예비체험(realistic job previews)은 해외파견 업무의 장단점에 대한 균형잡힌 정보를 제공함으로써 파견 예정자의 기대를 현실적으로 바꾸는데 효과적이다. 실질적 기대를 하는 사람들은 추상적 기대를 가진 사람들보다 이직률이 낮고 만족도가 높다. 현실적 직무예비체험은 파견 예정자들에게 있어 필수이다. 게다가 이문화 훈련도 필수사항이다.

이문화 훈련(cross-cultural training)
새로운 문화/국가에 사람들이 적응할 수 있도록 돕는 구조화된 경험

이문화 훈련(cross-cultural training)은 파견근무자가 외국문화에 적응하도록 돕기 위해 고안된 구조화된 경험의 실체이다. 최근 많은 회사가 이런 이문화 훈련을 실시하는 추세이다. 비용은 많이 들지만 이문화 훈련이 파견 업무의 실패에서 초래되는 손실보다는 적다고 믿는다. 프로그램은 형태와 난이도 면에서 매우 다양하다. 물론 난이도가 어려워질수록 시간과 비용이 더 많이 소요된다.

- 가장 쉬운 것: 출발 전 훈련은 책, 강의, 영화, 비디오, 인터넷 자료를 포함한 정보 자료에 국한된다.

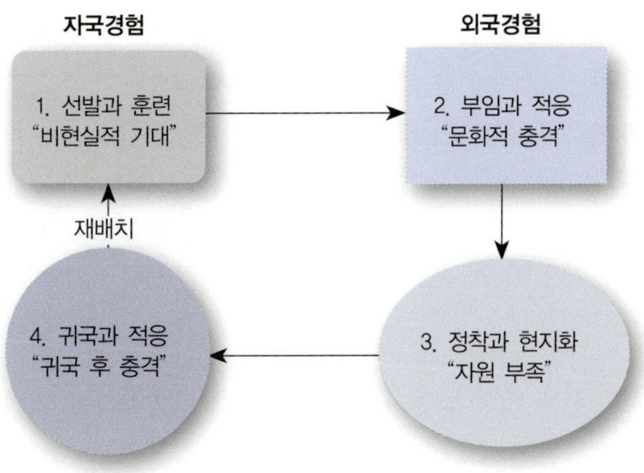

그림 3-2
해외업무순환(조직행동적 문제점과 함께)

기술과 모범사례

핵심 이문화 역량

이문화 역량 요소	요구되는 지식 혹은 기술
관계 형성하기	현지 사람과의 관계를 형성하고 유지할 수 있는 능력
다른 문화권 사람들에 대한 존중	차이의 존중과 배려: 다양성에 대한 감각
경청과 관찰	어떤 행동과 관습에 대한 문화적 역사와 배경에 대한 지식
애매함에 대한 대처	행동을 인지하고 해석하기, 특히 비언어적 단서
복잡한 정보해석	현지어, 상징 혹은 다른 형태의 언어, 문서에 대한 지식
행동력과 진취성	의도된 또는 잠재적으로 의도되지 않은 행동의 결과에 대한 이해
다른 사람들 관리하기	집단 응집력 유지를 포함한 직무의 세부적인 사항 관리 능력
적응성과 유연성	다양한 관점을 통한 시각 변화
스트레스 관리하기	자신과 다른 이들의 기분, 감정, 성격을 이해하기

출처: Exerpted from Y Yamazaki and D C Kayes, "An Experiential Approach to Cross-Cultural Learning: A Review and Integration of Competencies for Successful Expatriate Adaption," Academy of Management Learning and Education, December 2004, Table 2, p 372.

- 조금 어려운 것: 경험적 훈련은 사례연구, 역할극, (문화 간 일어날 수 있는 사건을 통한) 시뮬레이션, 초급 언어 수업을 통해 이루어진다.
- 가장 어려운 것: 파견되는 근로자들은 앞선 방법과 광범위한 언어수업 그리고 목표문화에 대한 현장 학습을 복합적으로 경험하게 된다.

어떤 접근법이 최선의 것인가? 지금까지 연구에서는 답을 찾을 수 없었다. 한국에서 일하는 미국 근로자들을 대상으로 한 연구에서 전문가들은 그들에게 정보와 경험적 요소가 복합된 훈련을 추천했다. 이문화 훈련은 정교할수록 더 좋다. 〈기술과 모범사례〉에서 자세히 다루고 있는 9개의 역량은 이문화 훈련 프로그램을 이해하는 데 핵심이 될 것이다. 플루어(Fluor Corporation)는 다양성 훈련을 통해 해외 파견 예정자를 준비시킨다. 이 훈련은 직원이 특정국가 혹은 지역에서 일을 시작하기 전에 개인적으로 개발이 요구되는 구체적 문화영역을 명확하게 해준다.

조별 활동

호프스테드의 문화 가치 응용하기

미국과 해외에서 외국인들에게 조직행동을 가르쳐 본 개인적 경험으로는 현지언어와 문화, 관습과 예절에 대한 상세한 지식을 대신할 만한 것이 없다는 것을 상기시켜준다. 엠넷(MTV Network International)의 사장인 빌리 로디(Bill Roedy)는 이 사실을 받아들여서 사우디에서의 중요한 사업을 성사시켰다.

> 그의 임무는 현지의 감정을 자극하지 않고 선정성이 있는 프로그램을 가능하면 많은 나라에서 계약하는 것이다... 로디는 MTV 설립 허가에 대해 메카시의 시장을 설득하기 위해 시내에 있었다. 이것은 네트워크 중에 가장 큰 지사이고, 잠재적으로 20억 명의 아랍인을 고객으로 할 수 있는 시장이었다. "대통령과 교주들은 일반적으로 MTV를 시청하지 않았기 때문에 우리는 그들이 갖고 있는 편견을 극복할 수 있도록 도와주어야 했다"라고 로디는 말했다. "이슬람 종교의 중심지인 메카의 시장만큼 영향력있는 사람은 없었다. 우리는 올바르게 접근해야 했다."
>
> 아랍인 랩퍼 제다 레전드(Jeddah Legends)와 함께 녹음 작업을 하는 동안, 로디는 노래 가사가 가족과 종교에 관련되어 있다는 것을 알게 되었다—메카의 시장과 회의를 할 때 그는 그것을 주제로 얘기를 이끌어 갔다.

문화적 충격 피하기 당신은 전혀 낯선 상황에 놓였거나 방향감각을 잃었거나 놀란 적이 있는가? 만약 그렇다면 당신은 문화충격을 어느 정도 알고 있는 것이다. 인류학자들에 의하면 **문화**

문화적 충격(culture shock)

과도한 새로운 기대와 단서로 인해 생기는 불안과 의심.

적 충격(culture shock)은 낯선 기대와 사회적 단서의 과중으로 야기된 불안과 의심도 포함한다. 미국에 일하기 위해 온 중국인들이 직면한 문제는 미국 동료들이 일반적으로 친목을 쌓거나 사생활을 터놓고 얘기하는 것에 관심이 없다는 것이다. 월 스트릿 저널(Wall Street Journal)의 칼럼니스트인 중국인 리 유안(Li Yuan)은 "중국에서 사무실은 일터이자 사교의 장이기도 하다... 한 주에 두어번 정도는 일이 끝난 후에 동료들과 저녁 식사를 하거나 노래방이나 운동을 가는 것이 일반적이다. 그리고 거기에 드물게 참여하는 사람은 거만하거나 사회성이 부족한 것으로 간주한다." 직장 동료들은 서로의 결혼생활, 월급, 주거비용, 연애 등에 대해 알기를 열망한다. 이런 문화권의 사람들에게 미국 직원들은 차갑고 유대감이 없는 것처럼 보이고, 미국에서의 삶이 외로워 보인다. 유안의 경우 미국인들이 다양한 문화 사이에서 화합하기 위해 특정 주제에 대해 얘기하기를 주저하는 것을 발견했다. 그녀는 그 차이에 익숙해져 갔다. 그러나 그녀의 월급이 올랐을 때, 중국의 친구들과 이 소식을 공유했다.

대학교 1학년생들은 종종 다양한 문화적 충격을 경험한다. 이와 같이 해외파견 관리자와 가족들은 이상한 광경, 소리와 행동에 한꺼번에 노출되어 균형을 잃어버릴 지도 모른다. 그들 중에서는 읽지도 못하는 길 표지판, 이상한 맛의 음식, 사회활동에서 왼손사용의 금지 등을 경험할 지도 모른다(이슬람국가에서는 왼손을 화장실에서 사용한다). 또는 확 터질거라고 확신하는 농담이 큰 호응을 얻지 못한 것도 경험할지도 모른다. 사업협상에서 세부사항에 집중하려는 해외파견 관리자에게 문화적 충격은 당황스런 불편함 이상이다. 이건 재앙이다. 학교를 중퇴하고 집으로 가는 혼란스런 대학교 1학년생들과 같이 문화적 충격을 받은 근로자들은 종종 패닉을 겪고 일찍 귀국한다.

문화적 충격에 대한 가장 좋은 방어는 집중적인 언어공부를 포함한 이문화 훈련이다. 재차 강조하지만, 언어는 미묘하지만 중요한 사회적 단서를 얻을 수 있는 유일한 방법이다. 그리고 오늘날의 사업가들이 깨닫듯이 언어를 배우는 것은 한 언어를 다른 언어로 번역하는 것 이상의 것이다. 49개의 나라에 사무실을 갖고 있는 컴퓨터 사이언스(Computer Sciences Corporation)에서 프랑스 직원이 영국 동료의 무미건조한 농담에 놀란 적이 있었다. 로이터(Reuters Group)에서 미국 프로그래머들은 업무가 완성되기를 "바란다(like)"고 말함으로써 지시를 내렸다고 생각하지만, 태국 동료들은 그 문장을 문자 그대로 그들의 선호에 따른 서술로 받아들인다. 이러한 잘못된 의사소통을 줄이기 위해 언어 훈련 프로그램은 문화 간 오해를 피하기 위한 전략을 포함시키고 그 교육 과정도 늘리기 시작했다.

해외업무기간 동안의 지원 특히 처음 6개월 동안, 해외파견자에게 모든 것이 새로울 때, 지원

메릴랜드에서 1학년에게 기초 중국어를 가르치는 크리스틴 웡(Christine Wang)의 수업처럼, 저학년 외국어 수업들이 있음에도 불구하고, 미국의 관리자들은 다른 언어와 문화를 이해하고 인정하는 능력에 있어 중국에 뒤지는 경향이 있다. 많은 전문가들은 미국인의 외국어 능력 부재가 일반적인 국제 감각의 부재로 이어질 것이라고 우려하고 있다.

시스템의 필요성은 크다. 관리자나 가족들에게 할당된 현지의 스폰서는 그들의 '문화적 안내자'로서 필요하다. 아주 작은 심부름이라도 말로 표현할 수 없는 외국에서 스폰서는 현지의 문화와 지리를 알고 있기 때문에 이를 빨리 처리할 수 있게 한다. 혼다(Honda)의 오하이오(Ohio) 근로자들은 일본에서 교육훈련을 받을 때 현지의 패밀리스폰서의 도움을 받았다.

> 혼다는 미국에 한때 살았던 일본인 부인들을 후원자로 둠으로써 문제를 해결했다. 그들은 다이애나 제트(Diana Jatt)의 딸 애쉴리(Ashley)의 턱을 꿰맬 때 응급상황을 도와주었다. 업무관리자 킴 스몰리(kim Smally)의 딸이 초등학교에서 적응하려고 애쓸 때 그들은 그녀의 하모니카를 담을 천케이스를 만들어 주었다. 물론, 한 일본인 지원자가 그것을 만들기 위해서 밤을 지샜다.

새로운 해외업무의 적응기간동안 파견근무자를 지원하는 또 다른 방법은 본국의 훌륭한 멘토와 활발하게 대화를 유지하는 것이다. 이메일과 화상회의도 실용적이고 효율적이지만 멘토나 동료와 시간을 보내는 것만 못하다. 어치브글로벌(AchieveGlobal)은 44개국에서 운영되고 있는데 고객이 다국적 팀을 관리하도록 도와준다. 고객과 함께 일하든지 자신의 팀워크를 강화하든지 간에, 회사는 팀 멤버들이 해마다 몇 번씩 면대면으로 만나서 회의를 하도록 권한다. 왜냐하면 상호이해와 문제해결을 위해서는 이런 수준의 의사소통 방식이 꼭 필요하기 때문이다.

귀국 후 충격을 피하는 방법 이상하게 보일수도 있겠지만 많은 성공적인 해외 파견 관리자들은 그들의 첫 번째 어려움을 그 임무가 끝났을 때 직면한다. 왜 그럴까? 자문화로 돌아오는 것은 일상적이고 평이하기 때문에 당연한 것이다. 그러나 장기간 다른 나라의 생활방식에 이미 적응한 뒤에 자신의 문화와 환경이 이상하게 새롭게 보일 수 있다. 귀국해서 잠정적으로 충격이 올 수 있는 세 분야는 직장, 사회활동, 일반적 환경(정치, 날씨, 교통수단, 음식)이다. 이라 캐플란(Ira Caplan)이 뉴욕으로 다시 돌아온 후의 충격은 좋은 예가 된다.

> 지난 12년 동안 거의 일본에서 살면서 그와 부인은 나일강을 유람하고 네팔을 여행하면서 휴가를 보냈다. 그들은 미국에 대해서는 많이 보지 못했다. 그들은 이제야 모두 보이기 시작했다...........
>
> 가격을 보고 놀랐다. 범죄에 대한 강박관념이 그를 무신경하게 하고 그의 뒤에 무엇이 있었는지 재정착하는 것을 힘들게 만들었다. 떠났던 것보다 돌아간다는 것이 더 스트레스였다. 그는 왜소해지고 이재민같이 무시되는 것을 느꼈다...........
>
> 어느 점심시간에 붐비는 이탈리안 레스토랑에서 웨이터는 그의 앞에 파스타 한 접시를 놓았다. 캐플란(Caplan)은 그것을 응시하며 이렇게 얘기한다. "아시아에서는 이렇게 붐비지도 않고, 1인분 양도 더 적었는데..."
>
> 그는 아시아를 그리워했다. 그는 엄청나게 중요한 지역에서 전문가적인 소양을 쌓으며 몇 년을 보내왔다. 그래서 어쩌겠는가? 여긴 뉴욕인데...

귀국 후의 일과 관련된 적응은 핀란드, 일본 그리고 미국 근로자들의 예에서 아주 중요한 문제라는 것을 알 수 있다. 본국으로 송환되는 것에 대해 한 미국 회사의 12년차 베테랑이 이렇게 얘기를 했다. 우리의 조직문화는 완전히 바뀌어 있었다. 전략적 기준, 목표를 달성하는 방법과 성공적인 직무수행을 위한 구호까지 모두 새롭게 바뀌었다. 나는 새로운 회사용어에 대해 배워야만 했다. 귀국 후 충격은 근로자 경력 상담과 본사의 후원자와 멘토를 통해 감소시킬 수 있다. 귀국 후에 충격이 있을 수 있다고 미리 경고해주는 것만으로도 충격을 효율적으로 다루는데 큰 진일보가 될 수 있다.

결국 성공적인 해외업무의 핵심은 그것을 하나의 고립된 모험으로 간주하기 보다는 경력의 고리에 있어서 잘 통합시키는 것이다.

핵심 용어

개인주의 문화(individualistic cultures) 75
고배경 문화(high-context culture) 76
다원적 시간(polychronic time) 78
문화적 충격(culture shock) 83
문화지능(cultural intelligence) 72
사회적 문화(societal culture) 67
이문화 훈련(cross-cultural training) 81
일원적 시간(monochronic time) 78
자문화중심주의(ethnocentrism) 69
저배경 문화(low-context culture) 76
집단주의 문화(collectivist cultures) 75
해외근무자(expatriate) 80

개인 수준의 경영

Part Two

Chapter 04

사회적 지각의 이해와 다양성의 관리

학습목표

이 단원을 학습한 후, 다음의 질문에 답할 수 있어야 한다.

1. 사회적 정보처리 모델에서 지각을 정의하라.
2. 경영에 있어서 사회적 지각의 여섯 가지 시사점을 간단히 설명하라.
3. 켈리의 모델에서, 외적 귀인과 내적 귀인이 어떻게 형성되는지 설명하라.
4. 노동자 다양성을 증가시키는 인구통계학적 경향에 대해서 아는 바를 설명하라.
5. 조직 안에서의 다양성을 관리함에 있어서 장애물과 애로사항을 설명하라.
6. 다양성을 관리하기 위한 조직의 관행들에는 어떤 것들이 있는 지 토의해보라.

미국 뉴저지주 로셀에 있는 아브라함 클락 고등학교에서, 비즈니스 수업을 담당하고 있는 바바라 고반(Barbara Govahn) 선생님은 학생들이 성장했을 때 무엇이 되고 싶은지 생각해 보게 하는 학습 자료를 나누어 주었다. 이에 따라 18명의 경력 경로의 프로파일이 완성 되었는데 거기에는 작가, 마술사, 시장 등이 있었고 딜로이트(Deloitte LLP)와 같은 큰 회계법인에서 일하겠다는 사람도 5명이나 되었다.

"전문 회계사로 일하는 것처럼 여러분들이 상상치도 못했던 직업을 떠올려보세요"라고 그 책은 제안했다.

딜로이트 산하의 비영리 조직이 공립학교에 무료로 제공하는 이 커리큘럼은 회계법인에 학생들을 많이 지원하도록 설득하는데 목적이 있다. 고반 선생의 수업에서 18살의 고학년 학생 히포리토 리베라(Hipolito Rivera)는 딜로이트의 후원으로 이루어지는 이 수업을 통해 얼마나 많은 분야의 전문가들이 회계사를 필요로 하는지 알게 되었다고 말한다. "수업을 들으면 회계분야의 직업이 매우 좋게 들린다." 딜로이트와 다른 후원기업들은 자신의 회사에서 일하는 장점을 설명하는 커리큘럼을 마련하여 교실에서 활용하고 있다. 장래에 활용할 주도적 인력을 키우려는 생각으로, 이 기업들은 무료 강의를 마련하고, 교실 학습자료, 선생님을 위한 트레이닝 세미나나 컴퓨터를 지원한다.

이 프로그램은 공립학교에 대한 비즈니스 세계의 새로운 영향력을 나타낸다. 맥도날드나 피자헛과 같은 회사들은 오래 전부터 학생들을 고객으로 만들기 위해서 학교 프로모션을 활용해왔다. 가장 최근의 방법은 학생들을 직원들로 고용하는 것이다.

엔지니어를 고용하는 회사들은 인력 부족을 염려하여 이런 노력의 최전선에 서있다. 록히드 마틴사는 지역 인력을 확충하기 위해, 캘리포니아주 팜데일 항공 테스트 개발 연구소 인근에 위치한 학교들을 대상으로, 2년 전부터 엔지니어링 코스 지원 자금을 투자하고 있다. 영국 엔진 제조업체 롤스로이스(Rolls Royce PLC)는 2004년부터 엔진 추진력과 같은 주제를 다루는 고등학교 수업을 지속적으로 지원하고 있고, 인텔(Intel Corp.)은 저학년부터 엔지니어링을 가르치는 학교의 커리큘럼을 후원한다.

10년간 제자리 걸음을 하고 있는 공교육 예산과 부동산 침체로 지자체의 재산세 수익이 낮아질 위험을 보이면서 학교들은 이러한 기업의 지원을 수용하고 있다. 또한, 선생님들은 기업에서 후원하는 전문 양성 과정, 수업 계획안, 교실 자재 등을 종종 환영하는 모습이다.

록히드사는 인력 부족 사태에 대비하고 있다. 이 회사는 과학 및 엔지니어링 인력의 거의 절반이 10년 이내로 퇴직할 거라 보고 있다. 반면에 엔지니어링 직업에 대한 학생들의 관심은 계속 감소하는 추세이다. UCLA의 고등교육 연구소가 270,000명의 대학 신입생들을 대상으로 실시한 2007년의 한 설문조사에서는 전체 학생의 7.5%만이 엔지니어링을 전공할 것이라고 응답했다. 이 수치는 1970년대 이후 가장 낮은 수치이다. 하지만 국가안보규제는 메릴랜드주 베데스다에 위치한 회사와 다른 주요 방위산업체들이 해외로부터 인력을 아웃소싱 하는 것을 금지하고 있다.

"우리는 이미 오늘날의 교실에서 미래의 엔지니어를 찾아야하는 상황에 직면해 있다."라고 록히드의 기업 시민의식 부서장 짐 노츠(Jim Knotts)는 말한다. "우리는 다음 세대의 엔지니어를 육성하여 국가적 요구에 부응하고 싶다. 물론 이는 록히드 마틴을 위한 것이기도 하다."

록히드는 특히 캘리포니아주 팜데일의 대규모 연구소에 새로운 엔지니어 인력을 확보하는데 집중하고 있다. 모하비 사막 남쪽 끝자락에 위치한 이 연구소는 거대 항공사인 보잉(Boeing)사, 노스롭 그루만(Northrop Grumman Corp.)과 함께 Plant 42라 불리는 공군 시설 인근에서 항공기를 설계 및 테스트한다. 록히드와 이 지역의 다른 회사들은 삭막하고 메마른 사막으로 직원들을 데려오기란 쉽지 않다는 것을 알고 있다. 그렇기 때문에 록히드는 공립학교와의 연계 교육을 통해 회사에서 일할 인재가 양성되기를 기대하고 있다.

록히드 마틴의 엔지니어가 고등학교 교실에서 엔지니어의 커리어에 대해 설명하고 있다. 미국 학생들 사이에서 엔지니어 직업에 대한 관심은 점점 줄어들고 있다. 따라서 이렇게 엔지니어를 교실에 보내는 노력은 학생들의 현재 성향을 변화시킬 수 있다.

| 토의하기 |

학교 시스템이 교과과정 개발에 기업을 포함시킴으로써 학문적 자유와 내용의 충실성을 절충하고 있는가? 설명해보아라.

이번 장의 앞부분에서 나온 사례는 지각과 다양성 관리의 광범위한 시사점을 보여준다. 어떤 사람은 커리큘럼 개발에 조직이 지나치게 영향을 준다고 생각하는 반면 다른 이들은 이를 선제적 전략이라고 본다. 점점 증가하는 이런 추세에 대해 당신은 어떻게 생각하는가?

우리의 지각과 감정은 신문, 잡지, 텔레비전, 라디오, 가족, 친구로부터 얻은 정보에 영향을 받는다. 당신이 보았듯이 우리는 기억 속에 있는 지식을 토대로 주위의 세상을 해석하고 그 해석은 우리가 남들과 어떻게 반응하고 상호작용하는지에 영향을 준다. 인간으로서 우리는 끊임없이 주위에 있는 것들을 이해하고자 한다. 그 결과로 나온 지식은 우리 행동에 영향을 주고 인생을 헤쳐 나아가는데 나침반 역할을 한다. 어떤 사람을 처음 만났을 때 생기는 지각 과정을 생각해보자. 당신의 관심은 그 사람의 외모, 매너, 행동, 당신이 한 말이나 행동에 대한 그 사람의 반응에 있다. 당신은 이러한 사회적 교류를 통한 지각을 바탕으로 그 사람에 대한 최종적인 결론을 얻는다. 갈색 머리, 초록 눈의 이 사람은 친근하고 야외 활동을 즐긴다는 것을 알았다. 당신은 이 사람이 마음에 들었고 그에게 당신 기억 속에 있는 이름을 외치며 같이 콘서트를 가자고 제안을 한다.

지각, 해석, 행동 반응의 상호작용은 업무에도 적용될 수 있다. 텍사스 동쪽 시골에서 자란 루스 시몬스(Ruth Simmons)는 열심히 일하는 그녀의 어머니로부터 여자들은 남자를 보조하고, 영리한 척을 하면 안 된다는 생각을 배웠다. 하지만 웰슬리 대학에서 그녀는 매우 우수했으며 그녀가 갖고 있었던 여성의 역할의 한계를 넓혀준 마가렛 클랩(Margaret Clapp) 총장에 깊은 인상을 받았다. 지도 교수의 도움을 받아 그녀는 스스로 무언가 이루고자 결심했고 박사학위를 얻어서 교수가 되었으며 최초로 세븐 시스터 학교(Seven Sister School)의 흑인 교장이 되었다. 그녀는 그 이후 마침내 브라운 대학(Brown University)의 첫 번째 흑인 여성 총장이 되었다. 그곳에서 그녀는 많은 이로부터 존경의 대상이며 그녀 또한 많은 이에게 멘토 역할을 하고 있다. 시몬스는 브라운 대학교로 학생을 모집하는 일이 그녀가 국가를 위해 할 수 있는 가장 중요한 일이라고 말한다.

다양성을 대하는 것은 민감하고 위험이 따를 수 있으며 때때로 불편한 주제이다. 하지만 관리자들은 조직 생존을 위해서 이를 간과해서는 안 된다. 따라서 이 장의 목적은 지각적 절차와 이것이 경영자가 다양성을 관리하는 방식에 어떻게 영향을 주는지에 대한 이해를 높이는 데에 있다. 우리는 지각의 사회적 정보 처리 모델에 대해 공부하고 귀인의 지각적 결과에 대해 논의할 것이다. 그 다음 다양성에 대해 정의하고 다양성을 효과적으로 관리하기 위해 조직이 대처하는 방법에 대하여 알아보고자 한다.

지각의 사회 정보 처리 모델

지각(perception)
주위 환경을 해석하는 과정

1 학습목표
사회적 정보 처리 모델에서 지각을 정의하라.

지각(perception)은 우리들로 하여금 우리 주위 환경을 이해하는 것을 가능하게 하는 인지의 과정이다. 사물의 인식은 이 과정의 주된 기능 중의 하나이다. 예를 들어서 사람과 동물은 모두 그들의 환경에서 친숙한 사물을 인식한다. 당신이 가장 친한 친구의 사진을 인식하는 반면, 개와 고양이는 그들의 밥그릇이나 가장 좋아하는 장난감을 인식한다. 독해는 알파벳 철자로 표현되는 시각적 패턴의 지각을 포함한다. 사람들은 자신의 환경에 의미 있게 대처하기 위해서 사물을 인식할 필요가 있다. 그러나 조직 행동론의 원칙이 사람들에게 초점이 맞춰져 있기 때문에 다음의 논쟁은 사물 지각 보다는 사회적 지각을 강조한다.

사회적 지각은 4단계 정보처리 단계를 포함한다.(따라서 사회정보처리라 이름 붙인다.) 그림 4-1은 기본적인 사회정보처리 모델을 설명한다. 이 모델에서 앞의 3가지 단계인 선택적 주

사회 지각: 사회 정보 처리 모델 **그림 4-1**

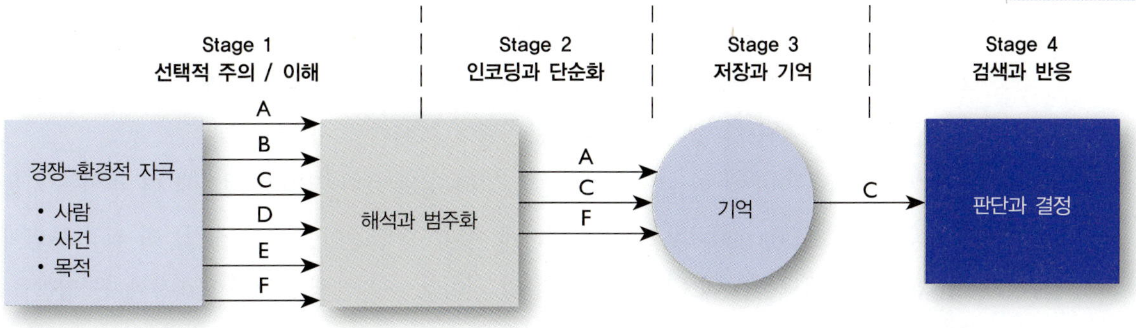

의와 이해, 인코딩(encoding)과 단순화, 저장과 기억 단계는 특정 사회 정보가 어떻게 관찰되고 기억에 저장되는가를 보여준다. 마지막 단계인 검색과 반응은 머릿속 생각이 실제 판단과 결정으로 바뀌는 것을 포함한다.

이 4가지 사회지각 단계를 보면서 다음 일상생활의 예를 생각해 보자. 당신이 재무 관리에 관한 수업을 수강할 생각을 하고 있다고 상상해 보자. 3명의 교수가 다른 타입의 수업법과 테스트 과정을 사용하여 같은 과목을 가르친다. 그리고 당신은 과거의 경험을 통해서 사례 위주의 교육 시스템과 논술 시험을 치르는 교수를 선호한다. 사회적 지각 이론에 따르면 당신은 다음 장에서 설명하고 있는 몇 가지 단계를 거쳐 어느 교수를 선택할지 결정한다.

1단계 선택적 주의와 이해

사람들은 주위 환경에서 물리적 사회적 자극에 의해 끊임없이 노출된다. 왜냐하면 그들은 이런 모든 정보를 충분히 이해할 정신적 용량이 없기 때문에 그들은 환경적 자극의 일부분을 선택적으로 지각한다. 이것이 주의가 역할을 하는 곳이다. 주의는 의식적으로 무언가를, 누군가를 지각하는 과정이다. **주의(attention)**는 환경이나 기억에서 나온 정보에 초점이 맞추어질 수 있다. 후자의 경우에서 이따금 책을 읽다가 당신이 전혀 관계없는 사건이나 사람들에 대해서 생각하고 있는 자신을 발견하게 된다면 당신의 주의는 과거의 기억에 초점이 맞춰진 것이다. 기존 연구는 사람들이 두드러지는 자극에 관심을 나타내는 경향이 있다고 말한다.

주의(attention)
무엇 또는 누군가를 의식적으로 인지하는 상태

두드러진 자극(salient stimuli) 무언가가 상황으로부터 튀어나와 있다면 그것은 두드러지는 것이다. 예를 들어 250파운드의 남자는 여자들의 에어로빅 수업에서 확실히 두드러져 보일 것이다. 하지만 프로 미식축구 연맹의 회의에서는 두드러져 보이지 않는다. 두드러진 자극은 개인의 욕구와 목표에 따라 달라진다. 기름이 떨어진 운전자에게는 맥도널드나 버거킹 표지판보다 엑손(Exxon)이나 쉘(Shell)의 간판이 더 두드러지게 보인다. 무상의료 서비스 기관에서는 적절한 보살핌을 통해 예방 가능한 질환이나 욕창에 대해서는 병원의 비용청구를 거절함으로써 병원에서의 욕창 예방을 두드러지게 만들었다. 부주의에 따른 욕창의 발병으로 인한 손실이 크기 때문에 어떤 병원에서는 간호사로 하여금 욕창에 취약한 환자를 매 두시간 마다 침대에 누워있는 자세를 바꾸게 했다. 이를 위해 알람이나 삐삐를 사용하였다.

뿐만 아니라 연구에 따르면 사람들은 긍정적 정보 보다 부정적 정보에 더 주의를 기울인다. 이는 부정 편견(negativity bias)을 생기게 한다. 아마도 이런 점이 직원들이 건강 보험이나 유급휴가 같은 혜택들을 과소평가하는 이유일 것이다. 복지혜택이 직무 만족도에 큰 영향을 미치고 직원들이 내년도 건강 보험료 인상과 같은 부정적 요소에 더욱 민감하다는 사실을 고려할 때 관리자들은 급여의 40% 이상을 차지하는 직원 복지혜택과 같은 좋은 소식에 그들의 관심이 가게끔 노력해야 한다.

예로 돌아가서 세 교수 중 누구의 수업을 들을 것인지 친구들에게 물어봄으로써 "당신에게 맞는" 재무 관리 교수를 찾기 시작한다. 당신은 또한 좀 더 관련있는 정보를 모으기 위해 강의를 가르치시는 다양한 교수님들을 찾아뵐 수도 있다. 그림 4-1로 돌아가서, 당신이 모은 모든 정보는 A에서 F까지의 경쟁적 환경 자극들이다. 왜냐하면 당신은 강의방법(그림 4-1에서 A부분)과 평가절차(C부분), 과거 성적 분포(D부분)에 대해 고려하기 때문에, 이 분야에 대한 정보는 특히 당신에게 두드러진다. 그림 4-1에서는 세 가지 두드러진 정보의 단편들은 지각의 과정을 거쳐 정보 처리의 두 번째 단계로 들어간다. 반면에 그림 4-1의 B와 D, E에 나타난 경쟁자극은 당신의 관심을 끄는데 실패하고 이전 단계의 사고로부터 버려진다.

2단계 인코딩과 단순화

관찰된 정보는 원래 형태로 기억 속에 저장되지 않는다. 가공되지 않은 정보를 머릿속에서 요약하여 해석하거나 변형할 때에 인코딩이 요구된다. 이것을 조합하기 위해서 수용자들은 정보의 단편을 **인지적인 범주화**(cognitive category)로 할당한다. "범주화함으로써 우리는 많은 사물들을 동등화시킨다. 범주화는 일반적으로 이름으로 고안되는데 예를 들어 개는 동물에 해당한다. 사람, 사건, 사물은 스키마(schema)에 있는 정보와 함께 특징을 비교함으로써 해석되고 평가된다.

인지적 범주화(cognitive category)
정보 저장을 위한 뇌의 저장소

스키마(schema)
사건 또는 사물에 디한 마음 속 이미지

스키마, 도식 사회정보처리이론에 따르면, **스키마**(schema)는 개인의 정신적 사진이며, 특정한 사건이나 자극의 요약된 형태로 설명된다. 예를 들어 스포츠카의 이미지를 그려보자. 비교적 작은, 두 개의 문짝이 달린 자동차를 연상하는가? 그것은 빨간색인가? 당신이 만약 그렇다고 대답했다면, 당신은 작고 두 개의 문이 있고 빨간 자동차를 스포츠카라고 분류하는 경향이 있는 것이다. 왜냐하면 이러한 유형의 차가 가지고 있는 특징이

조별 활동

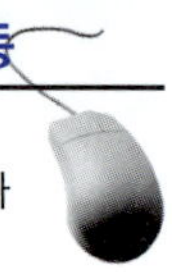

승리, 패배
또는 스키마

당신의 "스포츠카 스키마"와 일치하고 있기 때문이다.

인코딩하는 동안에 사용되는 스테레오타입 사람들은 사회 정보를 단순화하고 조직화하기 위해 인코딩을 하는 동안 고정관념을 사용한다. **스테레오타입(stereotype)**이란 그룹의 속성과 특징에 대한 개인의 믿음이다. 스테레오타입은 항상 부정적이지 않다. 예를 들어 엔지니어들이 수학에 능하다는 믿음은 스테레오타입의 한 부분이다. 스테레오타입은 정확할 수도, 그렇지 않을 수도 있다. 엔지니어들은 아마 일반적인 사람들보다 더 수학에 능할 것이다. 특히 스테레오타입이 모든 이들에게 항상 정확한 것이 아니라는 점을 고려한다면 한 개인이 그들에 관한 긍정적 스테레오타입에 의해 도움을 받는지, 피해를 입는지는 정확하지 않다. 일반적으로 스테레오타입의 특징들은 다른 그룹으로부터 특정 그룹을 구별시켜준다는 것이다.

스테레오타입(stereotype)
그룹의 특징에 대한 믿음

불행하게도 스테레오타입은 나쁜 결정을 야기할 수도 있다. 이것은 여자, 노약자, 유색인종, 장애인들에게 장벽을 만들 수도 있고, 충성심과 직무만족을 훼손할 수도 있다. 예를 들어, 전국 흑인 회계사 협회의 427명의 회원들을 대상으로 한 연구에서 이들 중 59%가 인종적 편견이 담긴 성과평가를 받아왔으며, 63%가 현재 다니고 있는 회사에 계속 근무해야 한다는 생각을 못 느끼고 있다고 밝혔다. 따라서 히스패닉, 아프리카계 미국인들의 이직률이 백인보다 높은 것은 놀라운 사실이 아니다. 널리 알려진 또 다른 스테레오타입은 여성들이 말이 많다는 것이다. 이에 따라 여성들이 자신의 생각을 제대로 말하지 못할 수도 있다. 아마도 당신은 남성들이 하루에 7,000단어를 말하는 것에 비해 여성들은 20,000단어를 말한다는 검증 안 된 사실을 들은 적이 있을 것이다. 사실 최근까지도 사람들이 하루에 사용하는 단어의 개수를 측정하는 기술이 없었다. 하지만 지난 몇 년 동안 시행된 연구에 의하면 남성과 여성이 모두 하루 평균 16,000 단어를 사용한다는 점이 미국과 멕시코의 대학생들을 대상으로 한 전자 디지털 녹음기를 이용한 실험을 통해 밝혀졌다.

조별 활동
스트레오타입은 무의식적으로 지각활동에 영향을 주는가?

당신의 지식을 시험하라
평가 과정상의 잠재적 오류

맥도날드 유럽 지역 회장이자 파리 출신인 데니스 엔느캥(Denis Hennequin)은 파리에 있는 그의 가족이 그가 미국 패스트 푸드에서 일한다는 것을 알았을 때 고정관념의 힘을 발견했다. "우리 할머니는 내가 세인트 미셸거리에서 감자 튀김을 판다고 생각을 하였다."

스테레오타입은 4가지 단계를 가진다. 그것은 성, 나이, 인종, 직업과 같은 다양한 기준에 따라 사람들을 집단으로 범주화하는 것으로 시작한다. 그 다음 우리는 특정한 집단의 사람들이 똑같은 특징을 가진다고 추론한다(예를 들어, 여성은 양육을 하고 노인은 산재위험성이 있고 모든 흑인들은 운동신경이 뛰어나고 모든 교수는 별 생각이 없다). 다음으로 우리는 자신의 스테레오타입에 따라 다른 사람의 행동을 해석하고 기대하고 해석한다. 결국, 스테레오타입은 이렇게 유지된다. 1)다른 사람들이 보이는 고정관념적 행동의 빈도를 과대평가한다. 2)기대되거나 기대되지 않았던 행동을 부정확하게 설명한다. 3)소수 집단을 자기 자신과 구별시킨다. 비록 이러

표 4-1
일반적으로 발견되는 지각 오류

지각 오류	설 명	예 시	추천 해결 방안
후광효과 (Halo)	사물에 대한 전체적인 인상을 형성한 후 그 인상을 이용해 편견을 생성시키는 것	좋아하는 교수에게 학생 동기부여 능력, 지식, 의사소통 능력과 같은 강의평가에 높은 점수를 주는 것	직원들의 행동은 다양한 성과척도에 따라 변한다는 것을 기억하라. 직원들의 긍정적 혹은 부정적 성과의 예를 오랜 시간에 걸쳐 기록하여라.
관대화 효과 (Leniency)	다른 이 또는 사물을 매우 긍정적인 방식으로 평가하도록 하는 개인 특징	실제 성과에 관계없이 교수의 모든 부분에서 높은 점수를 주는 것. 다른 이들의 부정적인 면을 말하기를 싫어하는 평가자	사실이 아닌 긍정적인 피드백은 직원들에게 도움이 안 된다. 다른 사람을 평가할 때 공정하고 현실적으로 하여라.
집중화 경향 (Central tendency)	사람 또는 사물을 평가함에 있어 극단적인 것을 피하고 평균 혹은 중립적 입장을 갖는 것	실제 수업 질에 상관없이 교수의 모든 평가 부분에서 중간 점수를 주는 것	긍정적, 부정적인 내용이 동시에 있는 평가를 하는 것이 일반적이다. 성과 일지는 직원들의 성과를 기억하는데 도움이 된다.
최신효과 (Recency effects)	가장 최근 일을 기억하는 경향. 최근의 성과가 부정적이라면 사람이나 사물에 대한 평가가 부정적으로 됨	비록 12~15주 동안은 좋았으나 마지막 3주의 교수의 성과가 안 좋았기 때문에 평가가 나쁘게 되는 것	전 기간에 걸쳐서 성과 평가에 관한 자료나 일지를 갖고 있는 것이 좋다.
대비효과 (Contrast effects)	가장 최근에 관찰한 사람 또는 사물의 특징과 비교하여 기존 대상을 평가하는 경향	훌륭한 교수에게 평균점수를 낮게 주는 것. 왜냐하면 당신은 대학에서 가장 완벽한 교수 세 명과 그의 성과를 비교했기 때문	특정 직업에 있어 당신 기억 속에 있는 가장 훌륭한 또는 최악의 직원들이 아닌 보편적인 기준에 맞추어 직원들을 평가하라.

한 단계가 자기-강화적(Self-reinforcing)성격을 갖지만 고정관념의 고리를 깰 방법이 있다.

연구는 스테레오타입의 사용이 개인에게 이용될 수 있는 정보의 양과 종류에 의해, 그리고 정확히 정보를 처리하려는 동기부여에 의해 영향을 받는다는 것을 보여준다. 사람들은 고정관념과 일치하지 않는 두드러진 정보를 얻었을 때 남에 대한 평가에 있어 스테레오타입에 의존하지 않는다. 당신이 이번 학기에 만난 새 교수가 할리 데이비슨(오토바이)을 타고, 가죽 바지를 입고, 피어싱을 한 코로 강의실에 들어섰다면 당신의 스테레오타입을 어떻게 적용해야 할지 난감할 것이다. 또한 사람들은 스테레오타입의 사용을 피하고 싶은 욕구를 느낄 때도 역시 마찬가지 일 것이다. 정확한 정보 처리는 정신적 노력을 필요로 한다. 스테레오타입은 일반적으로 정보 처리에 대한 노력을 덜 하는 것으로 비춰진다.

인코딩 결과 우리는 주위 환경을 이해하고 평가하기 위해서 인코딩 과정을 사용한다. 흥미롭게도 이 과정은 똑같은 사람이나 사건에 대해서 다른 이해와 평가를 낳는다. 표 4-1은 다른 사람에 대한 우리의 판단에 영향을 미치는 흔히 일어날 수 있는 5가지 지각오류를 보여준다. 이 오류는 종종 지원자나 직원의 성과를 왜곡하기 때문에 관리자들은 이런 오류를 미연에 방지해야 할 필요가 있다.

예로 돌아가서 3명의 재무관리 교수와 그들의 강의법에 관한 정보를 수집 한 후, 다른 세부사항을 스키마와 비교할 수 있다. 이것은 어느 교수로부터 강좌를 듣는 것이 좋을 지를 평가하는 것에 도움을 준다. 마침내 그림 4-1의 A, C, F에 포함된 정보는 정보 처리의 3번째 단계로 넘겨진다.

3단계 저장과 기억

이 단계는 장기기억의 정보 저장을 포함한다. 장기기억은 서로 분리된 단위들로 구성된 아파트 단지와 같다. 비록 다른 사람들이 각각 자신의 아파트에 살지만 그들은 때때로 교류한다. 게다가 큰 아파트 단지는 (A, B, C와 같은)다른 동을 가지고 있다. 장기기억은 분리되어 있지만 관련된 범주로 비슷하게 구성되어 있다. 각기 개성있는 사람들이 자신의 아파트에 살지만 연결된 범주들은 각각 다른 형태의 정보를 포함한다. 정보는 또한 이런 범주들 사이를 가로질러간다. 결국 장기기억은 사건, 의미론적 기억, 사람들에 대한 정보의 범주를 포함하는 3개의 구획으로 구성되어 있다.

사건 기억 이 구획은 특별한 사건과 일반적인 사건 모두에 대한 정보를 포함하는 범주로 구성되어 있다. 이 기억들은 레스토랑에 가거나 구직 인터뷰를 가거나 음식점을 가거나 영화를 보러 간다던가 하는 익숙한 상황에 적합한 일련의 사건들을 묘사한다.

의미론적 기억 의미론적 기억이란 세상에 대한 일반적인 지식을 말한다. 그렇게 함으로써, 어떤 개념에 대한 정신적 사전으로 작용한다. 각각의 개념은 정의(훌륭한 지도자), 연관된 특질(사교적이다), 감정적 상태(행복함), 신체적 특징(키가 큰), 행동(열심히 일함)을 포함한다. 일반적인 사건에 대한 스키마가 있는 것과 같이 의미론적 기억에서 개념은 스키마로 기억된다. 3장에서 국제적인 조직행동에 대해 이미 이야기 했듯이 의미론적 기억에 있어서 저장되는 정보의 형태가 문화적으로 차이가 있다는 점은 놀란만한 일이 아니다.

개인기억 이 구획 내의 범주는 개인(상사), 또는 집단(관리자들)의 정보를 포함한다.

예로 돌아가서 재무관리 교수를 선택할 때, 그들에 대한 당신의 배경 지식은 장기 기억에 3가지 범주 내에 저장된다. 이 배경지식은 즉각적인 비교와 검색에 유용하다.

4단계 검색과 반응

사람들은 판단과 결정을 할 때, 기억으로부터의 정보를 검색한다. 우리의 최종적인 판단과 결정은 장기기억에 저장되어 범주화된 정보에 접근, 해석, 통합하는 과정에 바탕을 두거나 또는 이미 만들어진 판단을 검색함으로써 이루어진다.

앞의 예를 볼 때, 수강신청날이 되면 당신은 어느 교수의 재무관리 과목을 수강할지를 결정해야 한다. 기억 속에서 스키마에 기초하여 세 교수의 인상을 검색한 후에 당신은 케이스 스터디 방식과 논술시험을 실시하는 교수 한명을 선택할 것이다.(그림 4-1의 C라인) 또 다른 방법으로 당신은 2주전에 내린 결정을 단순히 회상함으로써 선호하는 교수를 택할 수도 있다.

2 학습목표

경영에 있어서 사회적 지각의 여섯 가지 시사점을 간단히 설명하라.

경영의 시사점

사회적 인식은 우리가 사건과 사람에 대해 관찰하고 해석하고 우리의 반응을 준비하는 창이다. 경영 활동의 다양성, 조직 프로세스, 삶의 질의 이슈들은 지각에 영향을 받는다. 예를 들어, 아래와 같다.

"제가 맞춰 볼께요. 당신은 영업사원이 맞죠?"

고용 면접관은 고용 결정을 할 때, 지원자가 직무의 요구사항에 얼마나 적합한지를 고려한다. 인상에 대한 부정확한 평가는 좋든 싫든 잘못된 고용 결정을 낳는다. 게다가 성차별주의자 혹은 인종 차별주의자 면접관인 경우에는 고용 결정에 있어 정확성과 합법성을 해칠수도 있다. 이 같은 부적합한 스키마는 코칭과 훈련을 통해서 바꿀 수 있다. 예를 들어 고용 결정을 하는 금융기관 관리자 46명의 남성, 66명의 여성을 대상으로 한 조사에서 그들은 지원자의 육체적 매력에 의해 편견이 생기게 된다고 대답했다. 같은 자격의 경우 매력적인 남녀가 그렇지 않은 남녀보다 더 잘 고용된다고 한다. 그러나 긍정적인 측면을 보면, 연구결과는 면접관 훈련이 부적절한 스키마의 사용을 줄인다고 말한다. 훈련은 면접관의 질적 향상 및 면접관이 직무관련 정보와 면접 자체에 초점을 두게 한다. 훈련된 면접관은 그렇지 않은 면접관보다 지원자에 대한 훨씬 더 균형잡힌 판단을 내린다.

인식은 우리의 경영 행동에 관한 해석에 영향을 미친다. 여러 가지 일을 하고 있는 상관과 대화를 할 때, 부하 직원들은 자신과의 대화나 자신의 업무, 혹은 자기자신이 중요하게 여겨지지 않는다고 생각한다. 당신은 이런 경험을 당한 적이 있는가?

성과 평가 좋거나 나쁜 성과를 구성하는 요인에 대한 잘못된 편견은 부적절한 성과 평가를 야기하고, 이것은 직무 동기와 책임, 충성심을 희석시킬 수 있다. 생산직 근로자 166명을 대상으로 한 조사에서 성과에 있어 공정한 평가를 받는다는 것을 인식하면 관리에 대한 신뢰가 상승한다고 한다. 그러므로 관리자들에게 있어서 인사 평가 시기에 정확히 좋은 성과를 유발하는 행동과 성과지표를 확인하는 것이 중요하다. 그리고 이러한 특성들은 근로자 성과 평가에 있어 기준으로 사용 할 수도 있다. 성과 평가의 주관적인 측정보다 객관적 측정 사용의 중요성은 50개의 연구와 8,341명을 포함한 메타분석을 통해 강조된 바 있다. 성과 평가에서 주관적 측정과 객관적 성과 사이에서는 그저 조그마한 연관성이 있다는 것을 보여준다. 연구자들은 주관적, 객관적 수행 측정이 상호 호환적이지 않다고 결론짓는다. 관리자들은 가능한 한 많은 객관적인 평가방법을 쓰도록 충고받는다. 왜냐하면, 주관적인 기준은 선입관이 개입되거나 부정확한 경우가 많기 때문이다. 그러나 객관적인 성과평가를 하기 곤란한 직업의 경우에서 관리자들은 여전히 주관적인 평가를 사용해야 한다. 게다가 시간이 지날수록 직원 성과에 대한 기억이 감퇴되기 때문에, 관리자들은 종업원의 행동을 정확하게 기억하기 위한 매커니즘이 필요하다. 연구자들은 개인이 훈련을 받아서 성과평가를 정확하게 할 수 있다는 사실을 보여준다.

기술과 모범사례

당신이 사업적으로 준비가 되었음을 증명하기

종종 젊은 직원들은 자신에 대해 진지하게 생각하지 않는다. 때론 이들은 무의식적으로 그들 세대에 대해 갖을 수 있는 부정적인 고정관념을 심화시키곤 한다. 여기 비즈니스에서 동료들의 인식을 강화시킬 몇 가지 방안이 있다.

- **긍정적인 태도를 가져라.** 상황이 짜증날 때 문제 해결에 집중하고 웃음을 잃지 말라.
- **전문가처럼 입어라.** 동료 직원들은 주름진 셔츠를 입거나 속옷이 보이는 옷을 입었을 경우 그 사람의 전문성을 낮게 평가하는 경향이 있다.
- **다른 사람들과 교류할 때 휴대폰을 사용하거나 음악을 듣지 말아라.** 젊은 사람들에게는 동시에 많은 일을 하는 것처럼 보이는 이 멋진 행동이 다른 사람들에게는 주의를 기울이지 않는다는 신호를 줄 수 있다.
- **성 희롱에 대해 진지하게 생각해라.** 직장에서 성적 장난을 하지 말고 다른 누군가가 그러하다면 이에 대해 분명히 의사 표시를 해라.
- **피드백을 물어봐라.** 당신의 일년 성과 평가에 대한 비판(또는 칭찬)을 기다리지 말아라. 비록 비판이 불편하더라도 당신이 배운 것을 적용하려고 시도함으로써 이를 고쳐나가도록 노력한다는 신호를 보여주어라.

출처: Based on M E Slayter, "What Young Women at Work Should Know," *Arizona Republic*, June 3, 2007, p EC1; P Bathurst, "Success: Share, Play Nice," *Arizona Republic*, December 23, 2007, p EC1; C Binkley, "Want to Be CEO? You Have to Dress the Part," *The Wall Street Journal*, January 10, 2008, pp D1–D2; and K Tyler, "Generation Gaps," *HR Magazine*, January 2008, pp 69–72.

리더십 기존 연구에서 리더 효율성에 대한 근로자들의 평가는 그들이 가지는 좋은 리더와 나쁜 리더의 스키마에 따라서 영향을 많이 받는다고 주장한다. 리더들은 부하의 머릿속에 있는 나쁜 리더의 스키마와 일치하는 행동을 보여줄 때 어려운 시간을 가지게 될 것이다. 연구팀은 좋은 리더와 나쁜 리더에 관한 스키마를 조사했다. 좋은 리더는 아래와 같은 행동을 한다. 1)집단 구성원들에게 구체적인 일을 할당한다. 2)다른 이들에게 그들이 잘 했다고 말해준다. 3)집단을 위한 구체적인 목표를 세운다. 4)집단 구성원들이 결정을 하게 한다. 5)팀으로 일을 하게 한다. 6)성과에 대한 확실한 기준을 유지한다. 반대로 나쁜 리더들은 이러한 행동들을 한다. 1)다른 이들에게 그들이 잘못했다고 말한다. 2)자신만의 방식을 고집한다. 3)설명 없이 실행한다. 4)집단 구성원들의 제안을 무시하고 우려를 표시한다. 5)종종 계획을 변경한다. 6)중요한 일을 놔두고 사소한 디테일에 너무 신경쓴다.

상호소통과 대인관계의 영향 관리자는 사회적 지각이 상호 소통을 왜곡 시키고 정보를 걸러내는 과정이라는 것을 기억해야만 한다. 왜냐하면 사람들은 개인의 지난 경험과 나이, 성, 인종, 외모, 연설, 매너, 인격과 다른 개인적 특성을 고려한 다른 사람들의 스키마에 영향을 받아서 다른 사람의 말이나 글을 해석한다. 이러한 생각은 다른 사람들에게 영향을 미치거나 당신의 아이디어를 어필할 때 중요하다. 〈기술과 모범사례〉는 젊은 직원들이 직장 내에서 자신에 대한 다른 이들의 인상을 효과적으로 관리할 수 있는 방법을 제시하고 있다.

육체적, 정신적 웰빙 부정적인 성향은 육체적, 정신적 문제 둘 다 일으킨다. 특히, 한 연구에서 두려움, 해로움, 걱정의 지각은 천식 및 우울증과 같은 질병과 관계된다는 것을 보여준다.

우리는 지나친 걱정으로 부정적인 생각을 가지게 되는 것을 가능한 피해야 한다. 부정적인 생각들이 아무런 효과 없이 당신을 지나칠 수 있도록 해라.

웹페이지 디자인 연구원들은 최근 정교한 아이트랙킹 시스템 장비(눈의 초점 추적 시스템)를 이용하여 사람들이 웹페이지의 어느 부분에 시선을 고정시키는지를 파악하는 연구를 시작했다. 이러한 연구는 회사가 웹페이지를 디자인할 때 현명하게 돈을 쓸 수 있도록 할 수 있다. 웹페이지 디자인을 연구하는 연구프로젝트의 담당자인 카라 페르니체 코인(Kara Pernice Coyne)은 젯 블루 에어웨이즈(JetBlue Airways)와 시어즈(Sears)의 웹 페이지에 대해 칭찬을 하면서도 동시에 어그리시스템(Agree system)이 만든 홈페이지의 문제점에 대해서도 이야기했다. 한 전문가는 효과적인 웹페이지를 디자인하는데 유용한 몇 가지 추천을 하였다.

- 사람들의 웹 페이지 읽는 모습은 "F" 패턴과 유사하다. 그들은 처음 부분에서는 긴 문장을 읽는 경향이 있지만 시간이 지날수록 그렇지 못하다. 이는 문장의 처음 두 단어들이 가장 중요하다는 것을 의미한다.
- 인터넷 이용자는 그들을 직접 응시하는 사진들을 잘 기억한다. 이 경우 사진 속 사람이 매력적이라면 도움이 되겠지만 지나치게 외모가 뛰어날 필요는 없다.
- 중간에 위치한 사진은 방해가 될 수 있다.
- 사람들은 단순히 장식이 아닌 유용한 정보를 제공하는 사진에 반응한다.

귀인

귀인 이론은 사람들은 관찰된 행동의 원인을 추측하려고 시도한다는 전제에 기반한다. 옳든 그르든 우리는 우리와 다른 사람들의 행동의 인과관계를 규명하려고 한다. 아래와 같은 귀인은 일상적인 것이다: "조(Joe)는 의지력이 없기 때문에 술을 많이 마신다. 그러나 나는 많은 스트레스를 받기 때문에 근무가 끝난 후에 한두잔 술을 한다." 공식적으로 정의하자면, 귀인(casual attributions)은 어떤 행동의 원인에 대한 추측이다. 비록 우리의 귀인이 자기 중심적이고 타당하지 않은 경우가 있지만, 사람들이 어떻게 귀인을 하는지 이해하는 것은 중요하다. 왜냐하면, 그것들은 조직 행동에 많은 영향을 주기 때문이다. 예를 들어, 근로자의 부족한 성과를 노력 하지 않는 것으로 생각하는 관리자는 그 개인을 꾸짖게 된다. 그러나 만약 관리자가 그 부족한 성과를 능력의 부족이라고 생각한다면, 훈련의 필요성을 생각할 것이다. 일반적으로 말해서 사람들은 관찰된 행동 이전의 사건을 토대로 인과관계를 추론한다. 지금부터는 해럴드 켈리(Harold Kelley)의 귀인이론과 중요한 두 가지 귀인 경향을 소개한다.

귀인(casual attributions)
어떤 행동의 원인에 대한 추론

켈리의 귀인 이론 모델

켈리 모델과 같은 최근의 이론들은, 프리츠하이더(Fritz Heider)의 선구적 업적을 토대로 한다. 귀인 이론의 창시자인 하이더는 능력과 같은 개인의 **내부 요인(internal factors)**과 어려운 업무와 같은 환경의 **외부 요인(external factors)** 중 하나로 귀인을 할 수 있다고 보았다. 하이더의 연구로부터, 켈리는 내부 요인과 외부 요인의 선행변수를 찾으려 했다. 켈리는 사람들은 행동의 3가지 측면에 대한 정보를 얻은 후에 인과관계를 알아낼 수 있다고 가정한다: 합의성, 특수성, 일관성. 이 요인들은 매우 독립적이며, 다양한 조합을 형성하고, 다른 귀인을 야기한다. 그림 4-2는 합의성, 특수성, 일관성의 높고 낮음을 보여준다. 이 그림은 켈리의 모델에서 3가지 요인이 어떻게 작용하는지를 아는데 도움을 준다.

내부 요인(internal factors)
행동을 유발시키는 개인 특성
외부 요인(external factors)
행동을 유발시키는 환경적 특성

- 합의성(Consensus)은 개인의 행동을 그의 동료들과 비교하는 것을 말한다. 한 사람이 집단의 다른 사람들과 비슷하게 행동하면 높은 점수를, 집단의 다른 사람들과 다르게 행동하면 낮은 점수를 얻는다. 그림 4-2에서 보듯이 개인행동이 비슷한 점수를 얻는다면, 높은 합의성을 나타낸다. 반대로 C사람은 낮은 합의성 점수를 얻고 있는데, 이는 다른 A, B, D, E사람들과는 상당히 다른 행동을 보이기 때문이다.
- 특수성(Distinctiveness)은 직무에 있어서 그 사람의 다른 과업에서의 행동과 비교를 통해 결정된다. 높은 특수성은 직무에 있어 다른 과업과는 상당히 다르게 수행하는 것을 의미한다. 낮은 특수성은 직무에 있어서 다른 과업들과 비슷한 성과와 질을 의미한다. 그림 4-2에서 볼 수 있는 것처럼, 직무4의 높은 특수성은 직무 1, 2, 3, 5와 매우 다르게 수행되기 때문이다.
- 일관성(Consistency)은 시간의 흐름에도 주어진 직무에 얼마나 일관성이 있는지를 판단함으로써 결정된다. 높은 일관성은 시간이 지나도 주어진 직무를 같게 수행하는 것을 의미한다. 시간이 지남에 따른 주어진 직무에 대한 불안정한 수행은 낮은 일관성을 의미한다. 그림 4-2

학습목표 3
켈리(Kelly)의 모델에서 외적 귀인과 내적 귀인이 어떻게 형성되는지 설명하라.

그림 4-2 합의성, 특수성, 일관성 정도의 높고 낮음에 따라 나타나는 성과 지표

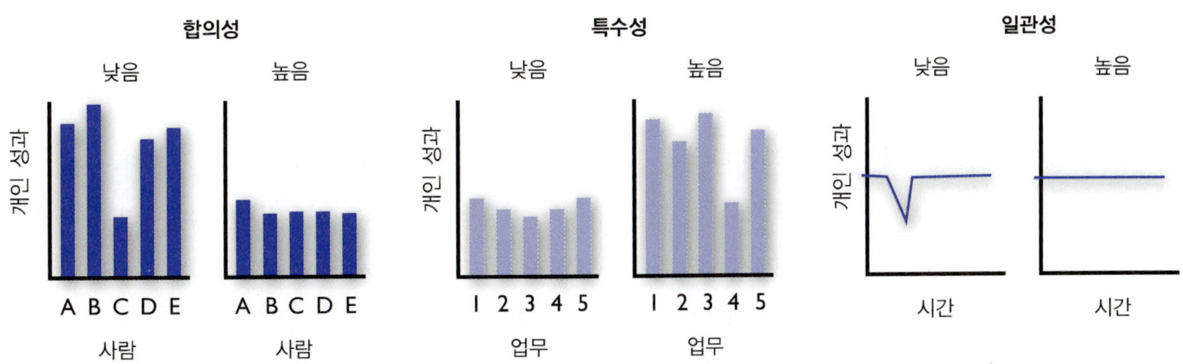

출처: K A Brown, "Explaining Group Poor Performance: An Attributional Analysis," *Academy of Management Review*, January 1984, p 56. Copyright © 2001 by Academy of Management. Reproduced with permission of Academy of Management via Copyright Clearance Center.

에서 성과의 하락은 낮은 일관성을 나타낸다. 이런 경우 시간에 따라 직무에 대한 성과는 변한다.

합의성은 사람과, 특수성은 직무와, 일관성은 시간과 관련되어 있다는 것을 기억하는 것이 중요하다. 문제는 행동을 야기하는 내부, 외부 요인에 대한 정보가 어떻게 작동하는가에 대한 것이다.

캘리는 높은 합의성, 높은 특수성, 낮은 일관성을 나타날 때 사람들의 행동은 외부요인에 귀인된다고 가정한다. 낮은 합의성, 낮은 특수성, 높은 일관성의 특징을 보이는 행동이 관찰 될 때는 내부 요인에 귀인하는 경향이 있다고 한다. 예를 들어 모든 근로자들이 실적이 저조하고(높은 합의성) 해당 종업원의 여러 가지 실적 중에 한 가지 일만 저조한 실적이 나타나고(높은 특수성) 저조한 실적이 한번만 발생할 때(낮은 일관성), 관리자는 종업원의 저조한 실적을 동료의 압력이나 전체적으로 어려운 일 같은 외부 요인의 탓으로 돌릴 것이다. 반대로 오직 한 사람만 낮은 성과를 보이고(낮은 합의성) 해당 종업원이 여러 가지 다른 과업에서 모두 낮은 성과가 나오고(낮은 특수성) 이런 저조한 실적이 오랜 기간 지속된다면(높은 일관성) 이것은 근로자의 개인적인 문제(내부 요인)라고 할 수 있다. 많은 연구들이 이러한 귀인 이론에서 예측한 귀인 패턴을 뒷받침하였다.

귀인 성향

연구자들은 관찰된 행동의 해석을 왜곡시키는 2가지 귀인 성향을 알아내었다. 근본적 귀인 오류와 자존적 편향이다.

근본적 귀인 오류(fundamental attributional bias)
행동을 유발시키는 환경적 요인을 무시하는 것

근본적 귀인 오류 근본적 귀인 오류(fundamental attributional bias)는 상황적 요인을 무시하고 행위자의 개인적 특성에 귀인하는 경향을 말한다. 이것은 행위자의 행동에 상당히 영향을 주는 중요한 환경적인 요인을 무시하게 만든다. 예를 들어 공공 회사에 일하는 1,420명의 근로자를 상대로 한 연구에서 관리자들은 근로자들보다 산업 현장의 사고에 대해 더 많은 내부 귀인을 하는 경향이 있다는 것을 보여준다. 흥미롭게도 서양문화권의 사람들이 동아시아의 사람들보다 이 오류를 더 범한다는 연구도 있다.

자존적 편향(self-serving bias)
실패보다 성공에 개인적 책임을 더 부여하는 것

자존적 편향 자존적 편향(self-serving bias)은 실패보다 성공에 있어서 개인의 책임으로 더 많이 귀인하는 경향을 말한다. 자존적 편향은 일하는 근로자들이 성공은 그들의 내부 요인 탓으로(개인의 능력, 열심히 일함) 돌리고 실패는 어찌할 수 없는 외부 요인(어려운 일, 불운, 비능률적인 동료들, 매정한 상사)의 탓으로 돌린다고 한다. 이런 경향은 지금까지 직원들이 회사를 상대로 차별에 대한 법적 고소를 했을 경우 많이 존재해 왔다. 예를 들어 회계 법인의 한 직원에 대해 "매우 유능한 프로젝트의 리더이고 마감일을 엄격히 지키는 사람이었다"라고 법원판사는 서술하였다. 그러나 그녀는 (회사로부터) 파트너십을 거절당하였다. 고소인은 그녀가 여자였기 때문에 회사로부터 차별을 받았다고 주장하였다. 하지만 회사는 반대로 그녀가 종종 매우 거칠고 참을성이 없으며 같이 일하기 힘들었다고 말했다. 또 다른 경우 학장으로 승진하지 못한 한 여성은 대학을 상대로 차별을 받았다고 고소한 반면 대학은 회계법인과 마찬가지로 이 여성이 다른 이들과 어울리지 못했다고 말했다. 두 경우에 법원은 모두 각자의 입장을 무조건 받아들이지 않고 회사가 남성 직원들을 어떻게 대우했는지와 객관적인 성과를 토대로 판단하였다.

경영상의 적용과 시사점 귀인 모델은 어떻게 관리자들이 실적이 나쁜 근로자들을 다루는지 설명해준다. 한 연구는 관리자들이 근로자들의 성과를 낮은 노력으로 탓할 때, 관리자들은 근로자들에게 좀 더 즉각적이고 빈번하고 부정적인 피드백을 준다는 사실을 밝혔다. 이 반응은 관리자의 성공이 근로자의 성과에 달려 있을 때 보다 현저하게 나타난다. 두 번째 연구에 따르면 관리자들은 낮은 성과가 근로자들의 능력 부족 때문이라고 생각했을 때에는 근로자들을 이직시키는 경향이 있음을 나타냈다. 또한 이 같은 관리자들은 개인 통제가 불가능한 외부 요인들이 저조한 실적을 야기했다고 귀인을 할 때는 어떠한 즉각적인 조치도 취하지 않았다.

앞의 예는 관리자들에게 여러 가지 중요한 시사점을 준다. 우선 관리자는 행동의 원인을 행위자 내부 원인의 탓으로 과도하게 돌리는 경향이 있다. 이것은 부정확한 성과 평가와 근로자의 동기를 감소시키는 결과를 초래한다. 누구도 자신이 통제할 수 없다고 인지하는 요인들 때문에 비난받고 싶어 하지 않는다. 게다가 종업원의 성과에 대한 귀인에 따라 경영자의 종업원에 대한 반응이 달라지기 때문에 귀인 오류는 승진, 이직, 해고와 부적절한 관리 조치를 야기할 지도 모른다. 이것은 동기부여와 행동을 약화시킬 수도 있다. 관리자를 위한 귀인 훈련 세션은 순서가 있다. 먼저 기본 귀인 과정이 설명 될 수 있으며, 관리자는 귀인 오류를 파악하고 이를 피하기 위한 교육을 받을 수도 있다. 마지막으로 종업원 자신의 성과에 대한 귀인을 통하여 동기부여, 성과 또는 자존심 같은 개인의 태도가 극적으로 바뀔 수 있다. 예를 들어 사람들은 실패를 능력 부족의 탓으로 귀인할 때, 포기하거나 미래의 성공에 대한 기대를 낮추거나 자존심의 저하를 경험하는 경향이 있다. 반대로 근로자들은 자신의 능력과 노력 같은 내부적 요인으로 성공했다고 귀인할 때 높은 실적과 직무만족을 내세우기 좋아한다. 다행스럽게도 귀인을 조정하는 것은 동기와 행동 모두를 향상할 수 있다. 귀인의 재조정은 귀인을 능력탓으로 돌리기보다는 노력의 부족 또는 자원의 부족 같은 외부적 요인의 탓으로 돌리는 것이다.

다양성의 정의와 관리

다양성(diversity)
다른 이들과 비슷하거나 다르게 만드는 개인적 차이

다양성(diversity)은 사람들 사이에 존재하는 개인적 차이점과 유사성의 여러 측면을 나타낸다. 이러한 정의는 다양성을 관리함에 있어 주요 이슈를 강조한다.

다양성에는 여러 가지 요소와 측면이 있다. 이것은 다양성이 모두에게 해당된다는 것을 보여준다. 그것은 나이, 인종, 성의 문제가 아니다. 또한 이성, 게이 혹은 레즈비언, 카톨릭, 유대교, 기독교, 이슬람의 문제 또한 아니다. 유사성은 다른 인종에게 적대적인 백인들의 문제도 아니다. 다양성은 다른 이들로부터 우리 모두를 독특하고 다르게 만드는 개인적 차이의 모든 것을 포함한다.

자기 평가 연습
다양성을 인식하고 평가하기

이 부분에서는 다양성의 주요 요소를 복습하는 것부터 시작할 것이다. 왜냐하면 다수의 사람들이 차별철폐조치(affirmative action)와 다양성을 관련짓고, 우리는 다양성을 관리할 때 이러한 차별철폐조치와 비교한다. 또한 우리는 점점 종업원을 다양하게 만드는 인구학적 경향을 살핀다. 다음에서는 효율적으로 다양성을 관리하기 위한 조직 활동을 살펴보자.

다양성의 계층들

바닷가의 조개껍질 같이 사람들은 다양한 모양, 크기, 색깔을 가지고 있다. 이 모든 것들은 다양성의 본질을 의미한다. 다양성 전문가인 리 가르텐슈바르츠(Lee Gardenswartz)와 아니타 로웨(Anita Rowe)는 사람들 간의 차이를 구분하는 것을 돕기 위해서 다양성의 4가지 단계를 정의했다(그림 4-3 참조). 모두 종합해보면, 이 층들은 우리가 세상을 어떻게 보는가에 영향을 미치고 개인의 정체를 규정한다.

그림 4-3을 보면 성격이 다양성 바퀴의 중심에 있다. 성격은 개인의 정체성을 반영하는 특징의 안정적인 집합이기 때문에 중앙에 위치한다. 성격에 대해서는 추후에 5장에서 의논하도록 한다. 다양성의 다음 층은 다양성의 중요한 요소로 언급되는 내부 요인의 집합으로 이루어져 있다. 이 요소의 대부분은 우리의 통제 밖에 있지만, 다른 이에 대한 우리의 태도와 기대, 가설, 행동에 큰 영향을 미친다. 리조트에서 휴가를 보내는 흑인 중간관리자 여성이 경험한 것을 살펴보자.

> 그녀가 수영장 근처에 앉아있는데 50쯤 되 보이는 백인 남자들이 내가 다가왔고 내가 가지고 있던 여분의 수건을 요구했다. 나는 "네?" 하고 말했고 그는 "아 종업원이 아니군요." 라고 말했다. 그의 목소리에서는 어떤 당황하거나 미안해하는 기색을 엿볼 수가 없었다.

다양성의 한 가지 또는 그 이상의 주요 요소를 살펴볼 때, 스테레오타입은 여성을 향한 이 남성의 행동에 영향을 주었을 만하다.

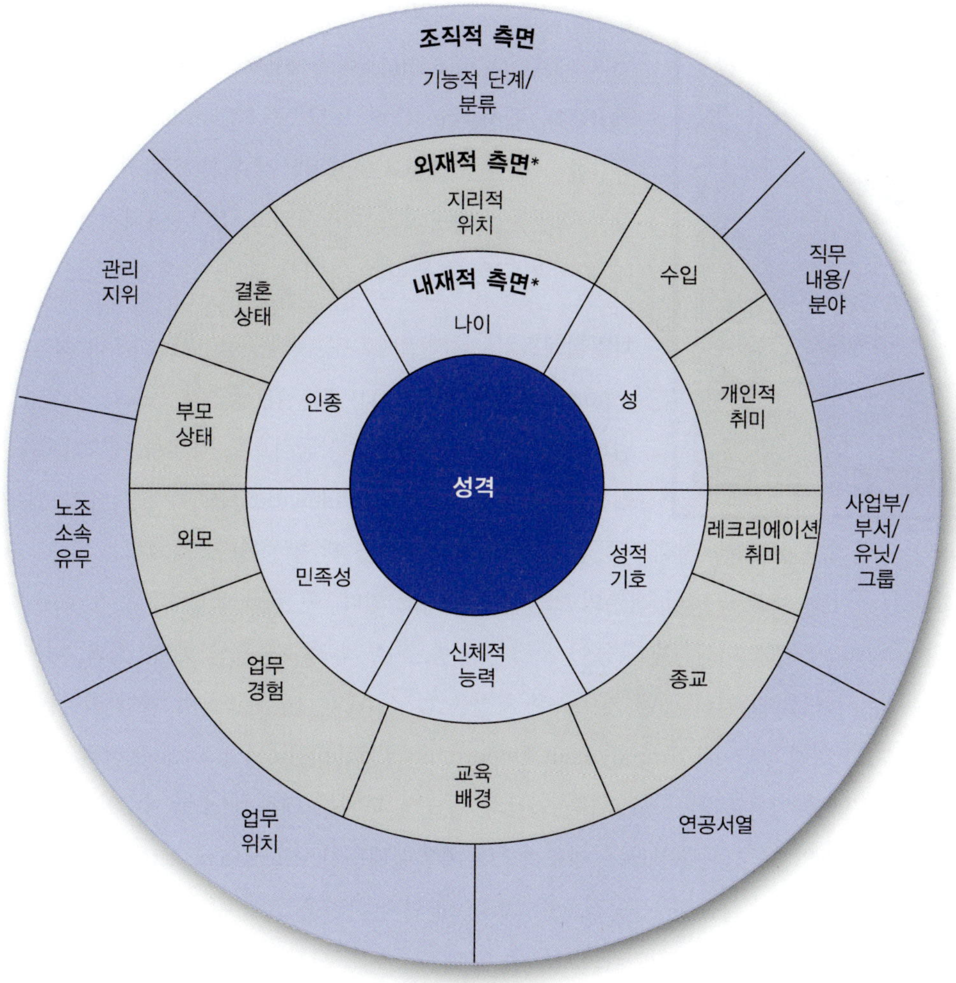

그림 4-3
다양성의 네 가지 단계

*Internal Dimensions and External Dimensions are adapted from Loden and Rosener, *Workforce America!* (Homewood, IL: Business One Irwin, 1991).

출처: From L Gardenswartz and A Rowe, *Diverse Teams at Work: Capitalizing on the Power of Diversity,* 1994, 2003, p 33. Published by the Society for Human Resource Management. Reprinted with permission.

그림 4-3에서 다양성의 다음 층이 외부적 영향들로 구성되고, 그것은 다양성 제 2의 측면으로 언급된다. 그것들은 우리가 영향을 미칠 수 있고 통제 할 수 있는 개인적 차이점들을 나타낸다. 예를 들어 당신이 자란 곳과 지금 사는 곳, 종교, 결혼과 자식의 유무, 직무 경험이 이에 속한다. 물론 이러한 요소들은 당신의 지각, 행동, 태도에 상당한 영향을 미친다. 다양성의 마지막 층은 연공, 직위, 직무, 근무처와 같은 조직적 측면이다.

차별 철폐 조치와 다양성 관리

효율적인 다양성 관리에는 사람들의 차이점에 대한 조직의 새로운 사고방식이 필요하다. 다르다는 것으로 인해 서로 상대 집단에 흠집을 내는 것이 아니라, 다양성 관리는 모든 근로자가

다양성을 제공하는 것은 많은 조직단체들에게 도전 과제로 남아있다. 뉴욕시의 소방부서는 더 많은 흑인, 히스패닉계, 아시안, 미국인, 여성들을 모집하려고 노력했지만 백인 남자보다 더 적은 수의 여성과 소수민족들이 응모했을 뿐이며, 그 보다 더 적은 소수만이 최종고용단계에 이르기 까지 필요한 5단계를 마쳤다. 브루클린의 한 여성 평의원은 그 부서의 다양한 모집 노력에 대해선 칭찬을 아끼지 않았지만, 다음과 같은 언급을 했다. "여성들은 배짱과 용기가 있음에도 불구하고, 부득이하게 채용이 되지 않아왔다."

할 수 있는 나름대로의 기여에 대한 인식을 수반한다. 예를 들어 에트나(Aetna Inc), 이엠씨(EMC Corporation), 아이비엠(IBM), 펩시(PepsiCo), 노드스트롬(Nordstrom)은 더 넓고 다양한 고객층을 만들고 마케팅하기 위한 전략적 측면에서 다양한 직원들을 채용하고 승진시키고 있다. 여기서는 차별 철폐 조치와 다양성 관리의 차이에 대해 살펴보자.

차별철폐조치 차별철폐조치는 평등고용기회(equal employment opportunity) 법안의 결과이다. 이 법안의 목표는 차별을 불법화하고 조직으로 하여금 적극적으로 차별을 예방하도록 장려하는 데 있다. **차별(discrimination)**은 어떤 사람이 업무나 성과와 관련 없는 요소에 의해 고용절차에 영향을 받았을 때 발생한다. 표 4-2는 평등 고용기회와 관련 있는 주요한 연방 정부의 법들을 소개하고 있다. 이 표를 통해 볼 수 있듯이 차별의 많은 형태들은 불법이다. 예를 들어 조직은 인종, 피부색, 종교, 출신 국가, 성별, 나이, 신체적 특징, 지적 장애, 임신 등에 기초하여 차별을 할 수 없다. 대부분의 이 연방 법안들은 평등 고용 기회 위원회(Equal Employment Opportunity Commission)에 의해 관리되고 있으며 개인은 자신이 차별을 받았을 때 체불 임금과 형벌적 피해에 대해 고소할 수 있다.

EEO 법안의 적극적 측면과는 대조적으로 **차별철폐조치(affirmative action)**는 기업들로 하여금 과거에 있었던 불균형, 불공정, 실수 또는 불법적 차별을 고칠 수 있는 기회를 주는 것에 목표를 맞춘 인위적인 개입이라고 볼 수 있다.

차별철폐조치는 쿼터제를 정당화하지는 않는다. 쿼터제는 불법이다. 이는 회사가 차별적 조치를 해왔다고 판단한 판사만이 명령을 내릴 수 있다. 또한 어떠한 조건에서도 차별철폐조치가 적합하지 않은 사람을 고용해야 한다고 요구하지 않는다는 것에 주목해야 한다.

차별(discrimination)
채용 결정이 업무와 상관없는 요인에 의해 결정될 때 발생

차별철폐 조치(affirmative action)
조직 내에서 기회의 균등 실현에 초점을 맞춤

비록 차별철폐조치가 여성과 소수자에게 무한한 기회를 제공하고 있지만 다양성을 효과적으로 관리하기 위해 필요한 사고를 키우지는 못 한다. 예를 들어 29,000명을 대상으로 한 지난 35 년간의 연구를 종합한 최근의 메타 분석은 다음과 같은 결과를 발견했다: (1)백인 남성이 여성과 소수자들보다 차별철폐조치에 대해 더 부정적으로 인식하고 있다. 왜냐면 그들이 이런 조치가 자신들의 이익에 반한다고 생각하기 때문이다. (2)진보적이고 민주당을 선호하는 사람들이 보수적이면서 공화당 지지자들보다 차별철폐조치에 대해 더 긍정적으로 생각한다. (3)차별철폐조치는 인종차별이나 성적 농담을 하는 사람들에게 지지를 받지 못 한다.

차별철폐조치는 또한 이 혜택을 받는 여성과 소수자들에게 부정적인 영향을 주는 것으로

표 4-2 봉급자들을 보호하기 위한 중요한 미국 연방 법규 및 규제들

연도	법규 또는 규제	조항(Provisions)
노동관련		
1974	Privacy Act	자신에 관한 평가내용을 볼 수 있는 법적 권한 부여
1986	Immigration Reform & Control Act	새로운 채용에 관해 적합성을 증명하도록 회사에게 요구(미국 시민 포함)
1988	Polygraph Protection Act	고용주의 거짓말 탐지기 사용 제한
1988	Worker Adjustment & Retraining Notification Act	100명 이상 조직에 한해 대량 해고 및 공장 폐쇄에 관한 60일 공지 의무화
2003	Sarbanes-Oxley Act	연방정부에 고소한 직원에 대한 고용 해고 및 직위 강등 금지
보상과 혜택 관련		
1974	Employee Retirement Imcome Security Act(ERISA)	연금계획 관리에 관한 규칙 재정; 은행파산 보호를 위한 연방 보험 제공
1993	Family & Medical Leave Act	출산, 입양 또는 가족 비상과 관련한 12주간 무급휴가 제공 의무화
1996	Health Insurance Portability & Accountability Act(HIPPA)	이직을 할 때 직원들이 의료 보험을 바꿀 수 있는 권한 인정; 아픈 직원을 해고시키는 일 금지
건강과 안전 관련		
1970	Occupational Safety & Health Act(OSHA)	회사에서 건강과 안전에 관한 최고 기준 제공
1985	Consolidated Omnibus Budget Reconciliation Act(COBRA)	퇴직 후 의료 혜택 연장 의무화
평등 고용 기회 관련		
1963	Equal Pay Act	동일한 직무에 따른 남녀 급여 차별 금지
1964, 1972에 개정	Civil Rights Act, Title VII	인종, 피부색, 종교, 국적, 성에 따른 차별 금지
1967, 1978, 1986에 개정	Age Discrimination in Employment Act(ADEA)	40세 이상 직원 차별 금지; 퇴직 의무화 금지
1978	Pregnancy Discrimination Act	임신, 출생, 관련 의료 혜택을 제공하기 위한 차별 금지. 출산휴가 기간 해고 금지
1990	Americans With Disabilities(ADA)	충분히 능력을 갖춘 장애인 차별 금지; 장애인을 위한 충분한 편의시설 제공
1991	Civil Rights Act	Title VII, ADA 그리고 다른 법률 개정 및 명료화; 의도적 차별에 따른 피해 보상을 위한 고용주를 상대로 한 고발 허용

출처: A Kinicki and B Williams, *Management: A Practical Introduction*, 3rd ed. (New York: McGraw-Hill, 2008), p 293. Reprinted by permission of McGraw-Hill Companies, Inc.

밝혀졌다. 연구에 따르면 이 조치에 따른 혜택으로 고용된 여성과 소수자들은 부적격하거나 능력이 없는 것으로 낙인찍혔다고 생각한다. 그들은 또한 낮은 직무 만족도를 보이며 일반 직원들보다 더 많은 스트레스를 받고 있었다. 하지만 다른 조사에서는 능력 기준이 채용 결정에 포함되었을 때 여성 직원들 사이에서 이런 부정적 결과가 많이 개선되는 것으로 나타났다. 다시 말해서 차별철폐조치 프로그램으로 고용된 여성들은 그들이 여자가 아니라 능력과 경쟁력 덕분에 고용되었다고 믿을 때 더 높은 직무 성과를 올리고 그들 스스로에게 자신감을 갖게 된다고 할 수 있다.

당신의 지식을 시험하라

차별철폐조치, 다양성에 대한 존중과 다양성 관리를 서로 비교하라.

다양성 관리(managing diversity)
구성원 모두가 그들 최대의 잠재력을 실현할 수 있도록 조직 변화를 만드는 것

다양성 관리 다양성 관리(managing diversity)는 사람의 잠재능력을 최대로 발휘하게 한다. 이는 조직 문화와 산업 기반을 바꿔 개개인의 능력을 최대한 발현 가능토록 하는데 집중한다. 예를 들면 여직원들은 성희롱이 없는 환경에서 가장 만족하며 생산력이 가장 높다. 하지만 1,700명의 대학 교직원들을 대상으로 한 최근의 조사에서 남녀 직원들 모두 여성에 대한 적대감을 느끼고 조직이 그러한 행동에 대해 관대하다는 것을 느꼈을 시 직원들은 불편해하고 지칠 뿐만 아니라 그들의 업무에 덜 만족하고 업무 충성도가 떨어진다는 연구 결과가 나왔다.

다양성에 관한 전문가인 앤 모리슨(Ann Morrison)은 다양성을 성공적으로 관리하는 16개 조직을 연구하였다. 그녀의 연구 결과는 성공에 관한 세 가지 전략을 찾아냈다. 교육(education), 집행(enforcement), 노출(exposure)이다. 그녀는 이를 다음과 같이 설명하였다.

> 전략의 교육 요인은 두 가지 동력을 갖고 있다. 하나는 책임이 증가하는 것에 대비하며 여성과 소수 인종 출신 관리자를 훈련시키는 것이다. 그리고 다른 하나는 다른 성별이나 민족에 관한 생각과 행동에서의 편견을 기존 관리자들이 극복할 수 있도록 도와주는 것이다. 전략의 두 번째 요인(집행)은 다양성 목표를 실행하고 행동적 변화를 장려시키는 것이다. 세 번째 요인은 사람들에게 다른 배경과 성격을 접할 수 있게 하는 것이고 관리자들이 그들과 다른 사람들을 알고 존중하도록 도와줌으로써 다양성에 더 많은 개인적 접근을 요구하는 것이다.

정리하자면 컨설턴트와 학자들은 모두 조직이 오직 다양성을 존중하거나 단지 차별철폐조치를 취하는 것이 아니라 다양성을 관리하도록 노력해야만 한다고 믿는다.

노동력의 다양성 증가

4 학습목표
노동자 다양성의 증가를 일으키는 인구통계학적 경향에 대해서 본인이 아는 바를 설명하라.

이 절에서는 노동력의 다양성을 증대시키는 인구통계적인 추세에 대해 조사한다: (1)계속적인 여성 노동인구의 증가 (2) 유색 인종의 노동 인구비율 증가 (3)노동자의 교육적인 성취도와 직업이 요구하는 사항의 불일치 존재 (4)노동력의 노화

유리 천장(glass ceiling)
여성과 소수자들이 높은 관리 지위로 승진하는 것을 막는 보이지 않는 장벽

여성은 유리 천장에 직면한다 전체 노동인력의 46%를 여성이 차지하고 있음에도 불구하고, 그들은 여전히 유리 천장에 직면하고 있다. 유리 천장(glass ceiling)은 여성과 소수자들이 최고 경영진으로 승진하는데 보이지 않는 차별이 존재함을 나타낸다. 그러므로 여성들은 더 낮은 직급의 직무를 구할 수 밖에 없고, 손익에 대한 책임감도 없어지며, 눈에 두드러지지 않고 영향력이 적은 일을 하게 된다. 일반적으로, 이들의 지위는 다른 사람이나 지원, 기술을 통제할 수 없기 때문에 별다른 권력을 가지지 못한다. 그 결과 여성들은 그들이 기업 내에서 승진하려 노력하는 동안 합법적인 권력의 부족에 시달린다.

유리천장의 존재를 뒷받침하는 다양한 통계자료가 있다. 2006년까지 여성은 남성들에 비

해 상대적으로 적은 보수를 받았다: 여성은 남자임금의 80% 수준이었다. 여성이 남성과 동등한 임금을 받게 되었을 때, 그들은 더 적은 고용기회를 받게 될 것이다. 그 예로 거대 다국적 재무서비스 업체의 69명의 남성과 여성 임원들을 대상으로 한 연구에서 봉급 및 보너스에서 차이가 없음이 드러났다. 그러나 이 샘플에 해당되는 여성들은 교육, 수행능력, 직무 수준을 동등하게 조절한 상태에서조차도 남성임원들보다 더 적은 스톡옵션을 받았으며, 향후 경력에 대한 더 적은 만족도를 나타냈다. 동일 기관에서 실시한 13,503명의 여성 관리자들과 17,493명의 남성 관리자들의 연구에 따르면 높은 계급에 있는 여성들은, 경쟁할만한 위치에 있는 남성들보다 승진이 더디었다. 당신이 만약 여성이라면, 이런 조직에서 일하고 싶은가?

왼쪽부터 안드레아 정(Andrea Jung), 에이븐(Avon Products)의 CEO이자 에이븐 글로벌 홍보대사 및 배우를 겸하고 있는 리즈 위더스푼(Resse Witherspoon), 유엔 여성개발기금(UNIFEM)의 최고 관리자 조안 샌들러(Joanne Sandler), TV 진행자 수지 오먼(Suze Orman)은 UNIFEM과 에이븐회의에서 포즈를 취하고 있다. 그들은 더 나은 미래를 위한 프로그램 취지에 따라 여성 차별 보호에 대해 노력하고 있다. 그 결과 백만 달러의 기금을 마련하였다. 이런 노력들이 어떻게 여성에게 있는 장애물 제거에 도움을 줄 수 있을까?

여성은 아직 미국기업들의 최고위층에 진입하지 못하였다. 예를 들면, 2007년 웰포인트(WellPoint)의 CEO인 안젤라 브랠리(Angela Braly)가 포춘 50 기업의 유일한 여성 경영자였다. 범위를 넓혀 포춘 500에서는 오직 2.4%의 여성 CEO가 있었고 심지어 이는 역대 최고 비율이었다. 또한 오직 14.8%정도가 이사회 내에서 여성의 비율이다. 게다가 높은 자리에 있는 대다수의 여성들이 주요 라인 업무보다 스태프 업무를 맡아 일을 했었다. 일반적으로 라인 직무(Line Job)는 스탭(staff) 직무보다 권한과 영향력이 더 있는 것으로 알려져 있다.

어떻게 여성들이 유리천장을 극복할 수 있을 것인가? 조사팀들은 이 답을 얻기 위해 포춘 1000대 기업의 상위직위의 여성들과 461명의 부사장 직위의 여성들에게 물었다. 조사는 응답자들이 유리 천장을 극복하기 위해 그들이 13가지 전략들을 사용한 정도를 측정하도록 하였다. 13가지 전략들은 110쪽의 〈실전 연습〉에 나와 있다. 이 연구 결과를 논의하기에 앞서 우리는 당신이 먼저 이것을 완성할 것을 권한다.

연구를 통해 발견된 사실들은 이들 여성 전문가들의 승진에 아홉 가지 전략들이 중요한 역할을 했다고 밝힌다. 하지만 이 안에서 네 개의 전략들이 유리 천장을 극복하는데 핵심이다 ; 기대하는 성과보다 더 탁월한 성과를 지속적으로 낼 것, 남성 경영자들이 편안해 할 수 있는 스타일, 어렵거나 힘든 업무를 추구, 영향력 있는 멘토를 갖는 것. 이 중에서 두 번째 전략이 특히 여성들에게 어렵다. 왜냐하면 리더의 전형적인 형태들은 (예를 들어 단호하고 결과에 충실한) 여성들에게 있어 호감가지 않는 성격이기 때문이다.

소수 인종 집단들은 유리 천장을 만나고 차별을 인지하게 된다. 역사적으로, 미국은 흑인과 백인국가였다. 오늘날 하지만 미국 거주민의 세 명당 한 명은 소수민족들이며 히스패닉은 이들 중 가장 빠르게 증가하고 있다. 흑인과 비 히스패닉 백인들에 비해 히스패닉과 아시아인들의

실전 연습

유리 천장을 극복하기 위한 전략은 무엇인가?

지시: 아래의 13개의 유리천장을 극복할 수 있을 전략을 읽고, 여성이 상위 직위로 진출하는데 기여할 수 있는 중요도의 순서대로 순위를 매겨라. 전략을 1(가장중요)부터 13(가장 중요하지 않음)까지 매겨라. 이것이 끝나면 당신의 순위들과 이 조사에 참가한 여성관리자와의 차이를 계산할 것이다. 그들의 순위들은 이 책의 뒷부분에 있는 Endnote49에 제시되어 있다. 차이를 계산하는데 있어 차이에 절대 값을 사용한다(절대값은 항상 양수이며 당신의 부호는 무시될 것이다). 끝으로 당신의 총 차이 점수를 계산한다. 당신이 추천한 전략에 의해 당신의 총 점수 차이가 나타내는 바는 무엇인가?

전 략	나의순위	조사순위	차이 (당신순위-조사순위)
1. 회사 밖에서 리더십 개발	______	______	______
2. 타인 직무의 경영관리 경험 쌓기	______	______	______
3. 영향력있는 동료와 네트워크 구성	______	______	______
4. 회사를 바꾸기	______	______	______
5. 타업무를 할 수 있는 능력	______	______	______
6. 어렵거나 눈에 띄는 업무를 맡으려고 함	______	______	______
7. 교육수준을 높인다.	______	______	______
8. 기대 이상의 성과를 계속해서 달성	______	______	______
9. 한 직무에서 다른 직무로 옮긴다.	______	______	______
10. 경력에 대한 열망에 대해 토론을 시작	______	______	______
11. 영향력 있는 조언자를 만난다.	______	______	______
12. 남성들과 편하게 지낼 수 있는 스타일개발	______	______	______
13. 국제적인 경험을 쌓는다.	______	______	______

출처: Strategies and data were taken from B R Ragins, B Townsend, and M Mattis, "Gender Gap in the Executive Suite: CEOs and Female Executives Report on Breaking the Glass Ceiling," *The Academy of Management Executive*, February 1998, pp 28–42.

인구가 빠르게 증가하면서 미국 문화는 급속도로 다양해져 가고 있다. 통계청은 2015년에 미국 총 인구의 17%는 히스패닉, 13%는 흑인 그리고 5%는 아시아인으로 추정했다. 하와이, 뉴멕시코, 캘리포니아, 텍사스와 같은 몇몇 주들과 워싱턴 DC는 전체 주민에서 소수인종들이 다수를 차지한다.

하지만 불행하게도 현재 미국 내 소수 집단들은 세 가지 추가적인 보이지 않는 장애물을 경험하고 있다. 첫째로, 소수인종들은 여성들보다도 경영이나 전문적인 분야에서 성공하는 비율이 낮다. 예를 들어, 2007년 흑인과 히스패닉들은 경영과 전문적인 직업 분야에서 각각 8.4%와 7.0%를 차지하고 있다. 반면 여성들의 비율은 50.5%이다. 둘째로 미국 평등고용기회위원회(Equal Employment Opportunity Commission)에 의해 합리적인 원인이라고 여겨지는 인종차별 고발 건수는 1997년 918건에서 2001년 2,397건으로 증가하였다. 하지만 2007년에 998건으로 감소했다. 세 번째로 소수인종들은 백인들보다 소득이 낮을 가능성이 더 크다. 2007년 일주일 평균 소득은 흑인, 히스패닉, 백인이 각각 $569, $503, $716이었다. 흥미롭게도 아시아인들이 일주일에 $830로 가장 높게 나왔다. 결론적으로 연구에 따르면 소수 인종들이 백인들에 비해 차별을 더 많이 받고 있는 것으로 나타났다.

교육적 재능과 직업적 요구 조건의 불일치 대략 28%의 노동자들이 대학 학위증이 있고 전반적으로 대학 졸업자들이 그보다 낮은 학력의 노동자들보다 소득이 좀 더 높은 편이다. 하지만 이와 동시에 학교에서 교육 받은 지식과 실제 고용주들이 원하는 실무적 기술 사이에는 세 가지 주요한 불일치가 존재하고 있다. 첫째로, 최근 대졸자들은 기술적으로나 능력적으로나 뛰어남에도 불구하고 팀워크 기술, 논리적 사고, 분석적 기술이 부족하다는 연구 결과가 있다. 둘째 과학, 수학, 공학과 같은 기술적 분야에 관련된 졸업자들이 부족한 실정이다. 셋째, 입사 초기 단계에서 업무를 맡고 있는 고졸자들이 효과적으로 일하는 데 필요한 기술이 부족하다는 점이다. 마지막 현상은 전국적 고등학교 중퇴율이 9%라는 점과 글 읽기와 같은 기본적인 능력이 없는 성인이 3천만 명이라는 사실과 관련 있다. 심지어 이보다 더 많은 사람들은 장부 작성과 같은 숫자와 관련된 기본 지식도 없는 상태다. 이들 통계치는 직원들의 문맹률의 심각성을 시사한다. 읽기 능력(literacy)은 읽고, 쓰고, 말하고, 계산하는 능력과 문제해결능력을 말하는데 사회와 직무에서 맡은 일을 할 수 있고 목표를 성취하고 지식을 쌓고 자기 개발을 할 수 있는 수준을 말한다. 문맹률에 따른 비용은 생산성 손실이라는 형태로 매년 미국 기업들에 60억 달러 손실을 발생하게 한다. 이러한 통계들은 기업 경영자들과 정부 관료들에게 큰 근심을 주고 있다.

미국과 글로벌 경제 환경에서 경쟁을 하고자 하는 국가들의 기업들이 직면한 중요한 이슈는 그 국가의 국민들이 경제 성장을 이루기 위해 필요한 기술과 능력을 갖고 있는지 여부이다. 불행하게도 교육 경제 국제 센터(National Center on Education and the Economy)에 의해 실시된 한 연구의 결과에 의하면 미국은 현재 이러한 이슈에 관해 그 입지가 줄어들고 있는 상태다. 결과는 〈"힘든 시기 힘든 선택 : 미국 노동력 기술에 관한 보고서" *Tough Choice or Tough Times: The Report of the New Commission on the Skills of the American Workforce*〉라는 제목의 책에 일목요연하게 제시되었다. 저자들은 그들의 분석에 기초해 다음과 같은 결론을 도출하였다.

> 지난 20세기 동안 미국은 세계에서 가장 교육 수준이 높은 노동력을 자랑하였으나 이제 이는 사실이 아니다. 지난 30년 동안 미국은 고등학교 수준의 노동력 비율 측면에서 순위가 점점 떨어졌으며 현재 많은 수의 국가들이 미국을 앞질렀다. 30년 전 미국은 전 세계 대졸자의 30%를 차지했다. 오늘날 이 비율은 14%까지 떨어졌고 앞으로도 계속 감소하는 추세이다.
>
> 또한 우리(미국)의 경쟁국들이 더 많은 고학력 노동자들을 배출할 뿐만 아니라 그들의 교육적 질 또한 향상되고 있다. 미국 학생들과 젊은 성인들은 선진 산업 국가들에서 수학, 과학, 일반적인 독해능

그림 4-4

은퇴하는 직원들의 지식을 보유하기 위해 기업에서 하는 일들

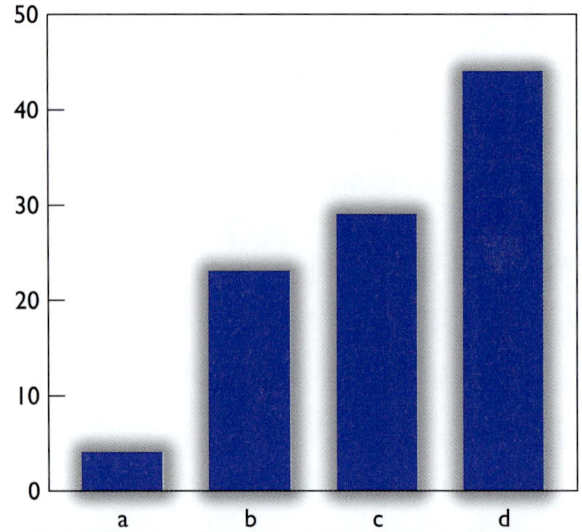

a. 은퇴자에서 다른 직원들에게 지식을 이전하는 형식적 과정
b. 은퇴자에서 다른 직원들에게 지식을 이전하는 비형식적 과정
c. 지식 이전 과정은 없지만 그 중 한가지를 시행하려는 계획은 있음
d. 지식 이전 과정도 없고 계획도 없음

Percent of organizations that report taking the specified steps

출처: "What Is the Baby Boomers' Workforce Impact?" *HR Magazine*, January 2008, p 24.

력이라는 세 가지 비교 가능한 연구를 통해 중간과 밑 부분 사이에 위치한다는 결과가 나왔다.

비록 세계적인 교육경쟁에서 우리의 입지가 줄어드는 반면 글로벌 경제의 구조는 지속적으로 진화하고 있다. 사람들이 작업하는 많은 일상적 일들이 점점 더 디지털화 되고 있다. 의료 진찰을 목적으로 한 x-ray에서부터 노래, 음악, 건축 그림, 보고서와 소설에까지 이러한 것들은 하드 디스크에 저장되고 그 즉시 인터넷을 통해 누군가에게 다양한 목적에 사용되기 위해 전송된다. 이러한 추세로 인해 오늘날의 고용자들은 프로젝트를 위해 이동할 필요없이 전세계 사람들과 서로 연결되고 있다. 이 때문에 다양한 능력 수준에서 점점 더 많은 미국인 노동자들이 세계 구석구석에 있는 다른 사람들과 직접적인 경쟁 관계 속에 있다.

이러한 결론들은 교육적 성취와 직업적 요구사항 사이의 불일치가 조직과 국가들 모두에 있어 장, 단기적으로 시사하는 바가 있다는 것을 강조한다. 미국 기업들은 인도와 중국과 같은 국가들에 기계적 일을 더 많이 맡기고, 단순 노동에 더 많은 이민자들을 고용할 것이며, 직원 교육에 더 많은 액수를 지출할 것이다.

관리자가 꼭 해야할 것들

사무실 로맨스: 정답에 대한 모색

다양성: 도덕성의 중재

개인적 폭로: 고백의 우연의 일치

선발에서의 다양성: 후원자 난제

노동인구의 노령화 미국의 인구와 노동력은 노령화되고 있다. 2010년과 2050년 사이 65세 이상 인구는 두 배 이상 증가하는 반면 18세에서 24세 사이는 21% 감소할 것이라고 추정된다. 2025년까지 25세 이하 노동인구는 8.9% 감소할 것이다. 하지만 현재까지 그림 4-4에서 보듯이 고용인들은 회사 내의 은퇴자들이 다른 사람들과 정보를 공유하도록 하는 것 외에는 또 다른 추가적인 조치를 취하고 있지는 않다.

기대 수명 또한 증가하고 있다. 80세 이상 사는 사람들의 수는 빠르게 증가하고 있으며

이들은 불균형적으로 만성 질병을 앓고 있다. 예를 들어 일본, 동유럽, 옛 구소련 국가들은 인구 노령화로 인한 심각한 경제, 정치적 문제에 직면하고 있다.

인구 다양화에 따른 경영학적 시사점 성별, 인종 또는 나이에 상관없이 모든 조직들은 업무를 성공적으로 수행하는데 필요한 기술과 능력을 갖고 있는 직원들을 필요로 한다. 다양한 노동층을 고용, 유지, 개발하는 것은 조직에 더 재능 있는 인력을 발굴할 수 있게 하고 다양한 고객의 요구를 파악하고 이를 충족시키는데 도움을 줄 수 있다는 관점을 제시해 준다. 최고의 직원을 불러들이기 위해서 회사는 모든 직원의 필요를 충족시켜 줄 수 있는 정책과 절차를 수립해야 한다. 아동, 노인 보살핌, 유연 근무제, 남성의 출산 휴가, 유연한 직무 이동 정책, 관리인 서비스, 멘토링과 같은 혜택들은 갈수록 보편화되고 있다. 예를 들어 화이자(Pfizer)는 네 곳에서 아동 보육과 노인 부양 서비스를 제공하고 있다.

기술과 모범사례

나이 많은 직원 고용과 유지

회사들이 나이 많은 직원들을 채용하고 보유하며 그들의 정보로부터 혜택을 입을 수 있는 방법들이 있다.

- 홈디포(Home Depot)는 "열정은 죽지 않는다."라는 슬로건과 함께 나이 많은 직원들의 사진을 볼 수 있는 웹사이트를 만들었다. 구직자들을 위한 스크린 절차는 모든 연령대에게 동등한 기회를 주기 위해 시행되고 있다.
- 위스콘신 주의 보험회사인 어퀴티(Acuity)에서는 오랫동안 근무한 직원들이 회사 전략수립에 참여한다.
- 뉴욕에 소재한 IT회사인 씨엑스테크(CXtec)는 다른 직원 부재 시 바로 그 업무에 투입할 수 있도록 다른 분야도 교육시킴으로써 직원들이 장기간 회사에 흥미를 갖을 수 있도록 하고 있다. 직원들이 은퇴나 일 외적인 것들을 생각하면 회사는 직원들이 유연한 근무를 할수 있도록 도와줌으로써 그들을 붙잡아 둔다.
- 건축회사인 캘러슬래터(Kahler Slater)는 경험이 많은 직원들이 새로운 직원들과 프로젝트를 함께 함으로써 새 직원들의 멘토 역할을 하게끔 한다. 회사는 또한 매우 까다로운 프로젝트를 경험이 많은 직원들에게 맡김으로써 그들이 끊임없이 배울 수 있는 기회를 준다.

출처: Based on D Cadrain, "Employers Prepare to Keep, Not Lose, Baby Boomers," 2008 HR Trendbook, pp23–24;and K Tyler, "Leveraging Long Tenure," HR Magazine, May 2007, pp55–60.

앞으로 20년 동안 히스패닉의 노동력 유입 증가폭을 고려할 때 관리자들은 고용 및 유지와 이들을 조직에 통합시킬 수 있는 혁신적인 방법을 고려해야만 한다. 애리조나 피닉스에 위치한 마리코파 의료센터(Maricopa Medical Center)는 의료 용어뿐 아니라 제2외국어까지 번역할 수 있는 통역사들을 적극적으로 고용해야만 했다. 병원 통역사들의 책임자인 마사 마르티네즈(Martha Martinez)는 15년 전 가정주부였다. 다른 직원들이 그녀에게 스페인어를 쓰는 환자들과 의사소통을 하는데 도움을 수차례 요청하자 이를 기회로 인식하였다. 그 후 그녀는 영어 교육과 의료 용어를 학습하였다. 병원은 그녀에게 통역을 맡겼으며 총 책임자까지 승진시켰다. 이러한 성공적인 일화에도 불구하고 마리코파 의료센터는 여전히 빠르게 증가하는 통역사의 수요를 충족시키는데 어려움을 겪고 있다. 부서장인 루이스 겐드로(Luis Gendreau)가 말하길 어떤 곳에서는 오직 한 명이 전체 병원 내의 스페인어 통역을 맡고 있다고 한다.

현재 직무수행에서 필요한 교육의 정도와 실제와의 불일치는 갈수록 커져만 가고 있다. 이런 현상은 조직에게 두 가지 잠재적인 문제점을 줄 수 있다. 첫째, 전문적인 분야에서 실력을 갖춘 우수한 인력이 부족할 수 있다. 이 문제를 해결하기 위해 록히드(Lockheed Rock)사와 아질런트(Agilent Technologies)는 과학에 관심 있는 고등학생을 끌어들이기 위한 인턴십이나 유급 실습 훈련 등을 제공하고 있다. 둘째로 자신의 능력 이하의 일을 하는 대졸자의 불완전 고용은 직무 만족도와 업무 동기를 떨어뜨릴 수 있다. 고학력 노동자들이 자신의 자격과 기대에 걸맞는 직장을 찾기 시작하면서 결근과 이직 또한 증가하고 있다. 이런 문제들은 직무 재설계가 필요함을 역설하고 있다(6장 참조). 또한 조직들은 결근과 이직을 줄이기 위해 실제 업무 사전체험이나 정적 강화 프로그램(positive reinforcement programs)과 같은 조치들을 고려해 볼 필요가 있다. 증가하는 학교 중퇴자와 문맹자들이 업무가 요구하는 기술에 대처하기 위해서는 직업 현장교육 및 문맹 퇴치 교육들이 필요하다.

조직들이 노동 인구의 노령화에 효과적으로 적응할 수 있는 두 가지 일반적인 방법이 있다. 첫 번째는 양로와 관련된 문제를 직원들이 해결하도록 도와주는 것이다. 양로는 나이 많은 부모가 있는 직원들에게 중요한 이슈이며 이를 충분히 해결하지 못하면 고용주의 비용 상승을 초래시킨다. 예를 들어, 메트라이프(Metlife)는 조직들의 불충분한 양로지원으로 인해 매년 십억 달러의 비용이 생산성 감소와 늘어난 결근, 업무 방해, 이직의 형태로 생긴다고 추정했다. 둘째로 고용주들은 나이 많은 직원들이 일에 참여하고 헌신하면서 기술을 유지할 수 있도록 일관적인 노력이 필요하다(113쪽의 〈기술과 모범사례〉를 보라). 다음에 나오는 7가지 방안은 이런 목표를 달성하는 데 도움을 줄 수 있다.

1. 회사에 변화를 줄 수 있는 도전할 만한 가치가 있는 업무 과제를 주어라.
2. 직원들에게 업무를 수행하는 데 있어서 충분한 자율과 권한을 주어라.
3. 새로운 기술에 있어서 동등한 훈련과 학습 기회를 주어라.
4. 몇 년에 걸쳐 얻은 기술들, 경험 그리고 지혜를 자주 인정해 주어라.
5. 멘토링 기회를 주어라. 그럼으로써 나이가 많은 직원들이 젊은 직원들에게 그동안 쌓아온 지식을 전달할 수 있다.
6. 나이 많은 직원들이 세밀하고 충분한 관리 감독을 받을 수 있도록 하여라.
7. 동기를 부여함과 동시에 즐거운 업무 환경을 조성하여라.

물론 이러한 시도들의 상당수는 젊은 직원들에게도 역시 좋은 환경을 만들어 줄 것이다. 다양성을 중요하게 생각하는 많은 조직들은 개개의 직원들 세대에 적합한 경영 정책과 관리법들을 찾고 있다.

효과적으로 다양성을 다루는데 이용된 조직적인 실무 관행

미국 전역의 많은 조직들은 다양성을 효과적으로 관리하기 위해 어떤 조치를 취해야 하는지에 대해 명확하게 알고 있지 않다. 뿐만 아니라, 민감하고 논란이 발생할 가능성이 있는 다양성 관리는 조직이 이에 관해서 논의를 할 때 중요한 장애 요소가 되고 있다. 이 섹션은 다양성을 관리함에 있어서 어려움을 알아보고 조직의 다양성 문제 해결을 위한 방법을 종류별로 나누고 그 체계를 논의할 것이다.

다양성 관리의 장애물과 도전

학습목표 5
조직 안에서의 다양성을 관리함에 있어서 장애물과 애로사항을 설명하라.

조직은 다양성에 관한 해결책을 시도할 때 여러 가지 장애물에 직면한다. 그러므로 다양성 프로그램을 펴기 전에 이 장애물들을 고려하는 것이 현재와 미래의 관리자들에게 중요한 것이다. 다음은 성공적인 다양성 프로그램을 실행함에 있어서 가장 일반적인 장애물 목록이다.

1. 부정확한 고정관념과 편견. 이것은 차이점을 약점으로 믿고 공공연히 떠든다. 또한 이것은 다양한 사람을 채용하는 것이 능력과 노동의 질을 희생하는 것을 의미한다는 관점을 조성한다.
2. 자문화 중심주의. 자문화 중심주의 장애물은 자기문화의 규칙과 규범이 다른 나라의 것보다 더 우수하고, 더 유용하다는 의식을 나타낸다.
3. 열악한 경력개발계획. 이 장애물은 다양성을 가진 직원들이 고위 관리직으로 승진하기 위한 자격요건을 갖추기 위해 거쳐야 할 직무를 얻는 기회가 부족한 것과 연관되어 있다.
4. 소수 집단에 속하는 직원들에 대한 비호의적이고 적대적인 작업 환경. 소수 집단에 속하는 종업원들은 대부분의 사무실에서 일어나는 사회 활동에서 빈번히 제외되고 동지애를 쌓지 못한다.
5. 소수 집단에 속하는 직원에 대한 정책적 이해 부족. 소수 집단에 속하는 종업원들은 조직에서 앞서나가거나 다른 동료들과 함께 일하는 "게임을 하는" 방법을 모르기 때문에 승진하기 어려울 수 있다. 연구는 여성과 유색인종이 조직적 네트워크에서 제외되었다는 것을 보여주고 있다.
6. 직장과 가족문제에 있어서 균형을 유지하는 것에 대한 어려움. 여성들은 아직도 육아와 관련된 대부분의 책임을 떠맡는다. 이것은 여성들이 평일 저녁과 주말에 일하는 것을 더 힘들게 만들고 일단 아이를 가지면 자주 출장가는 것을 힘들게 한다. 심지어 아이가 없어도 집안일을 남자가 하는 시간보다 여자가 하는 시간이 더 많다.
7. 역차별의 두려움. 어떤 직원들은 다양성의 관리가 역차별을 위한 연막이라고 믿고 있다. 이 믿음은 매우 강한 저항을 초래한다. 왜냐하면 사람들은 한 사람이 이득이면 다른 사람이 손실이라고 생각하기 때문이다.
8. 다양성을 조직의 우선권으로 보지 않는다. 이것은 불평과 부정적 태도의 형태로 보이는 교묘한 저항을 만들어낸다. 종업원들은 현장의 실질적 업무에 사용되어야 하는 시간과 에너지, 자원들이 다양성을 위해 사용되는 것에 대해 불평할지도 모른다.

9. **조직의 성과 평가와 보상 시스템의 개편 필요성.** 성과 평가와 보상 시스템은 다양성의 효과적 관리 필요성을 강화해야 한다. 이것은 성공이 새로운 평가기준에 기초되어야 한다는 것을 의미한다. 직원들은 승진과 금전적 보상에 불리한 영향을 미치는 변화에 저항할 확률이 높다.
10. **변화에 저항.** 효과적으로 다양성을 다루는 것은 조직과 개인의 중요한 변화를 수반한다. 16장에서 논의하겠지만 사람들은 여러 가지 많은 이유로 변화에 저항한다.

최근의 연구에 따르면 이러한 어려움을 극복하는 첫 번째 단계는 조직이 왜 다양성을 가치 있게 평가하는가에 대하여 리더가 직원들에게 설명하는 것이다. 184개 대학의 학생들을 대상으로 한 실험에서 집단 성과에 있어서 다양성을 존중한다는 정보를 받았을 때 학생들의 성과가 훨씬 좋았다는 결과가 나왔다.

6 학습목표

다양성을 관리하기 위한 조직의 관행들에는 어떤 것들이 있는지 토의 해보라.

루즈벨트 토마스의 포괄적 행동방안

그럼 조직이 다양성을 효과적으로 관리하기 위해서 무엇을 해야 하는가? 이런 질문에 대답하기 위해서는 조직의 여러 노력을 범주화하고 체계를 제공해야 한다. 연구자들과 전문가들은 적절한 체계를 개발하였다. 이 중 하나는 다양성 전문가인 루즈벨트 토마스(R Roosevelt Thomas Jr.)에 의해 개발되었다. 그는 많은 종류의 다양성 문제를 해결하는데 사용될 수 있는 여덟 가지의 일반적인 행동 방안을 만들었다. 각각의 방안들을 살펴본 후 이들 사이의 연관성에 대해 알아보자.

옵션 1: 포함/배제 이 방안은 차별 철폐 프로그램의 자연스런 결과이다. 이의 주요한 목표는 조직 내의 모든 단계에서 다양한 직원들의 수를 늘리거나 줄이는 것에 있다. 쇼니스(Shoney's)의 레스토랑은 차별에 따른 소송 이후 직원의 다양성을 높이는데 노력을 하고 있는 회사들의 가장 좋은 예가 될 것이다. 소송 이후 이 회사는 흑인들을 레스토랑 지배인과 부사장 같은 높은 직급에 많이 승진시켰으며 흑인이 운영하는 프렌차이즈들을 더 많이 편입하였다. 또한 소수 인종이 운영하는 회사로부터도 더 많은 제품과 서비스를 구입하였다.

옵션 2: 부인 이 방안을 사용하는 사람들은 차이가 존재한다는 사실을 부인한다. 성공은 오직 성과와 능력에 의해 결정되는 것이지 성별, 인종, 나이와는 무관하다고 주장한다. 예를 들어 스테이트 팜 보험회사(State Farm Insurance)를 생각해보자. 비록 남성 에이전트와 지역 관리자들이 남성 친척들을 고용하는 것이 관행적이기는 하지만 회사는 변화를 거부했고 9년 동안의 성차별 소송에서 결국 졌다.

옵션 3: 동화 이 방안의 전제는 모든 다양한 소수인종 사람들이 주류 사회 사람들과 비슷해지거나 이에 맞추어 진다는 것이다. 따라서 사람들이 적응하는 데에는 오직 시간과 강화훈련만

이 있을 뿐이다. 조직은 초기에 채용 절차나 회사 오리엔테이션 프로그램 등을 통해 직원들을 동화시키고자 한다. 신입 직원들은 일반적으로 조직이 선호하는 가치와 규범적인 업무 수칙들을 제공하는 데에 목적이 있는 오리엔테이션 프로그램을 받는다. 그 후 직원들은 특정한 상황에서 어떻게 대처해야 할 지 확신이 들지 않을 때 회사의 정책과 절차들을 따르도록 장려된다. 이는 직원들끼리의 동질성을 발생시킨다.

옵션 4: 억압 이 방안을 쓰게 되면 차이는 묵살되고 인정받지 못한다. 이는 다른 이들에게 문제에 관하여 푸념하거나, 불평을 그만하라고 말하거나, 강요함으로써 일어날 수 있다. "네 할 일을 해라?"와 같은 오랜 문구는 종종 이런 현상을 유지시키는데 자주 사용되는 방법이다.

옵션 5: 격리 이 방안은 다양한 사람들을 옆으로 제쳐둠으로써 현재 일의 방식을 유지하는 것이다. 이렇게 함으로써 개인은 조직의 변화에 영향을 주기 힘들어 진다. 관리자들은 특수한 프로젝트에 그들을 배치시킴으로써 사람들을 격리시킬 수 있다. 전체 조직이나 부서들은 종종 사일로(Silos)라고 불리어지는 기능적으로 독립적인 실체를 만듦으로써 격리될 수 있다. 쇼니스의 직원들은 월스트릿트저널(Wall Street Journal)과의 인터뷰에서 회사가 사용한 격리 방안들에 대해 이야기 하였다.

> 백인 관리자들은 전 회사 사장인 대너(Mr. Danner)가 백인 거주 지역의 레스토랑에서 흑인이 너무 많아질 경우 그들을 해고하라고 말한 사실을 고백했다. 만약 그들이 거부한다면 그들 역시 해고될 수 있었다. 또한 어떤 이들은 대너가 자신의 레스토랑을 방문할 때 그날 쉬도록 흑인 직원들의 스케줄을 만들거나 또는 화장실에 숨기기도 했다고 하였다. 다른 이들은 흑인 직원들의 입사 지원서를 암호화하여 떨어뜨리기도 했다고 말하였다.

옵션 6: 인내 인내는 차이에 대한 인정을 수반하지만 이를 받아들이거나 가치 있게 보지는 않는다. 이는 단지 피상적으로 기업이 다양성을 관리하는 문제에 대하여 립 서비스를 하는 서로 자기방식대로 살아가는(live-and-let-live) 방법을 나타낸다. 인내는 다양한 사람들을 포함시킨다는 점에서 격리와 차이가 있다. 하지만 조직이 이 방안을 사용할 때는 다양성이 진정으로 가치있게 받아들여지지 못한다.

옵션 7: 관계 정립 이 방안은 좋은 관계가 차이를 극복할 수 있다는 전제에 바탕을 두고 있다. 이 방안은 다양한 집단 안에서 수용과 이해로 특징되는 좋은 관계(quality relationship)를 권장함으로써 다양성 문제를 해결한다. 아이오와 씨더 래피즈에 소재한 항공 기계 제조업체인 락웰 칼린스(Rockwell Collins Inc.)는 이런 방안을 사용하는 회사의 좋은 예가 될 수 있다. 락웰은 2005년과 2010년 사이 그들의 수익 목표를 맞추기 위해 7000명의 직원을 고용해야 했기 때문에 이 방안을 사용하기로 하였다. 채용과정에서의 문제점은 아이오와 주에서 소수인종이 6%

기술과 모범사례

상호적응이 여성직원들을 프린시플 금융그룹으로 이끈다.

프린시플 금융그룹(Principal Financial Group)의 CEO인 배리 그리스웰 (Barry Griswell)은 어린 시절 경험이 평등한 기회를 위한 그의 헌신을 형성하는데 도움을 주었다고 말한다: "나의 어머니는 나와 동생을 키우면서 두 개의 직업을 갖고 있었던 편부모였다. 나에게는 여성이 남성들이 누리는 모든 것들에서 평등한 급료와 기회를 갖는 것이 중요하다." 그의 회사는 여성과 남성 직원이 가치를 느낄 수 있는 환경을 만들기 위해 평등 수준을 높였다.

1970년 많은 회사들은 여전히 유연근무제를 값비싼 양보라고 인식한 반면 프린시플은 유능한 직원을 보유하기 위한 방법으로 이미 이 제도를 시행하고 있었다. 노력은 3년 후 성과를 보이기 시작했는데 HR 컨설턴트는 3년 이상 근무한 직원들이 회사에 가장 헌신적인 직원으로 바뀌었다는 사실을 발견했다. 그리스웰은 회사가 출산 후 복직하는 것과 같은 유연한 스케줄을 조정하는 것에 회사가 도움을 준다면 여성들은 경험 많고 충성스런 직원으로 거듭나서 회사에 보상할 것이라고 결론 내렸다.

프린시플의 핵심 임원은 파트-타임으로 일하거나 출산휴가 중에 자신의 승진 소식을 듣곤 했다. 그들은 스케줄이 아닌 그들의 능력을 바탕으로 평가되었다고 믿기 시작한다. 그리고 회사는 큰 피해를 보지 않는다. 개선된 생산성, 매출 그리고 이윤을 경험할 것이다.

출처: Based on J Hempel, "In the Land of Women," *Fortune*, January 22, 2008, http://money.cnn.com.

에 불과하다는 것이었다. 소수 인종을 채용하기 위해서 회사는 어느 정도의 소수 인종 사람들이 있을 뿐 아니라 훌륭한 공학 프로그램을 갖고 있는 학교와 밀접한 관계를 맺었다. 회사는 또한 소수 인종 중심의 전문직 협회와도 밀접하게 일을 제휴하였다. 씨더 래피즈사는 또한 더 많은 문화적 활동들과 소수 인종을 위한 토속적 음식을 만듦으로써 이러한 노력에 힘을 보탰다.

옵션 8: 상호적응을 권장 이 방안에서 사람들은 다른 이들과 좋은 관계 형성을 위해 기꺼이 자신의 시각을 바꾸거나 적응시킨다. 이는 직원들과 경영진 모두 차이를 인정해야할 뿐만 아니라 모든 사람과 모든 것들이 변화에 열려 있다는 자세를 가져야 한다는 점을 시사한다. 기업들은 복지뿐만아니라 채용과 유지(retention) 전략에서도 상호 적응을 권장시킬 수 있다(〈기술과 모범사례〉를 보라). 동성애(성적 선호)에 관하여 발생하고 있는 상호적응을 생각해보라. 예를 들어 1990년 크래커 베럴(Craker Barrel)은 11명의 게이 직원들을 해고시켰는데 그 이유는 정상적인 이성간 사랑을 하지 않는 직원들을 채용하는 것을 원치 않았기 때문이다. 참고로 34개 주에서는 단순히 게이라는 이유만으로 해고를 하는 것이 합법으로 간주하고 있다. 이와 대조적으로 2006년에는 포춘 500개 기업 중 263개 기업들이 동거 배우자에게 복지혜택을 제공하고 있는데 이는 1996년에 오직 28개 기업이 복지혜택을 준 것과 비교된다. 레이데온(Raytheon)의 다양성 담당 이사(chief diversity officer)인 헤이워드 벨 (Hayward Bell)은 왜 기업들이 상호적응을 권장해야 하는지에 대해 날카로운 통찰을 준다. "앞으로 10년 동안 우리는 3~4만 명 정도의 새 직원이 필요합니다. 그리고 우리는 재능만 있다면 차별적으로 사람을 뽑을 이유가 없다."

실천 방안에 관한 결론 비록 실천 방안들을 개별적으로 혹은 함께 묶어서 사용할 수 있지만 몇 개는 분명히 다른 것들보다 더 효과적이다. 배척, 부인, 동화, 억압, 격리, 인내는 추천할 만한 방안들이 아니다. 포함, 관계 형성, 상호적응이 선호될 수 있는 전략들이다. 이는 곧 상호적응이 의심할 여지없이 다양성 관리의 철학에 부합하는 유일한 방법이라는 점을 우리에게 상기시켜 준다. 이 장을 마치면서 다양성을 관리하는 가장 효과적인 방법을 선택하는 것은 그 상황적 맥락에 의해 결정되는 역동적인 절차라는 것을 알아야 한다. 예를 들면 어떤 조직들은 아직 상호 적응에 준비가 되어 있지 않다. 이런 상황에서 가장 좋은 방법은 다양한 사람들을 조직에 포함시키는 것이다.

핵심 용어

귀인(casual attributions) 100
근본적 귀인 오류(fundamental attributional bias) 102
내부 요인(internal factors) 101
다양성(diversity) 104
다양성 관리(managing diversity) 108
스키마, 도식(schema) 94
스테레오타입(stereotype) 95
외부 요인(external factors) 101
유리 천장(glass ceiling) 108
인지적 범주화(cognitive category) 94
자존적 편향(self-serving bias) 102
주의(attention) 93
지각(perception) 92
차별(discrimination) 106
차별철폐 조치(affirmative action) 106

단원 요약

- **사회적 정보 처리 모델 측면에서 지각을 설명하라.** 지각은 우리가 주위를 해석하고 이해할 수 있도록 해주는 정신적 인식적 과정이다. 사회적 인식, 사회적 정보 처리로 알려진 사회적 지각은 네 단계 과정이다. 네 단계는 선택적 주의/ 이해, 암호화와 단순화, 저장과 보유, 검색과 반응으로 구성된다. 사회적 인식 과정에서 두드러진 자극은 스키마와 결합하고 인식적 범주에 할당되며 사건, 의미론적 물질 또는 범주로 장기 기억에 저장된다.
- **사회적 지각의 경영학적 시사점 여섯 개를 정의하고 간략히 설명하라.** 사회적 지각은 채용 결정, 성과 평가, 리더십 인지, 의사소통, 사람 간 영향, 신체적, 심리적 안녕, 웹 페이지의 디자인에 영향을 준다. 부정확한 스키마 또는 인종적, 성적 스키마는 지원자들의 평가에 사용될 수 있다. 이와 비슷하게 좋은 성과와 나쁜 성과를 구성하는 것에 대한 잘못된 스키마는 정확하지 않은 업무 평가를 초래하기도 한다. 박약한 스키마는 지도와 훈련을 통해 적절한 스키마로 교체될 필요가 있다. 또한 관리자들은 업무 평가에 있어 주관적인 측정보다 객관적인 측정을 사용해야 한다. 리더십과 관련해서는 직원들이 생각하는 안 좋은 리더의 모습을 보일 때 리더가 직원들에게 영향을 행사하는 것이 어렵다. 사람들은 경험을 통해 형성된 스키마를 토대로 구두 및 문서로 의사소통을 해석하기 때문에 다른 이들에게 영향을 줄 수 있는 능력은 나이, 성, 민족, 외모, 말투, 매너, 성격과 다른 개인적 특징에 관한 스키마에 드러난 정보에 영향을 받는다.

  연구는 또한 부정적 사고와 한 사람의 육체적, 심리적 건강 간의 연관성을 보여준다. 우리는 부정적 사고에 지나친 관심을 가지는 경향을 지양하도록 노력해야만 한다. 끝으로 웹 페이지가 관심을 끌고 매출을 증대시키는 정도는 부분적으로 지각적 작용이다. 회사는 효과적인 웹 페이지 디자인의 특징을 생각해봐야 할 필요가 있다.
- **켈리의 모델에 따라 어떻게 외부적 귀인과 내부적 귀인이 형성되는지 설명하라.** 귀인 이론은 사람들이 관측된 행동을 추론하는 방법에 대해 설명한다. 켈리의 인과 귀인 모델에 따르면 내부적 귀인은 합의성과 특수성은 낮고 일관성은 높을 때 형성되기 싶다. 외부적 귀인은 합의성과 특수성은 높고 일관성은 낮을 때 형성된다.
- **점차 다양한 노동인구를 형성하는 인구학적 추세를 설명하여라.** 네 가지 중요한 인구학적 추세가 있다: (a) 여성들은 보이지 않은 장벽에 직면하고 있다. (b) 소수 인종 집단들은 보이지 않은 장벽과 인지할 수 있는 차별을 경험한다. (c) 근로자의 교육수준과 직업적 요구 사항에는 격차가 존재한다. (d) 노동 인구는 노령화 되어가고 있다.
- **다양성을 관리하는데 있어서 장애물과 어려움을 설명하라.** 성공적으로 다양성을 수용하고 관리하는데 10가지 장애물이 존재한다. (a) 부정확한 고정관념과 편견들, (b) 자문화 중심주의(Ethnocentrism), (c) 열악한 경력관리 계획, (d) 다양한 직원들에 대한 비호의적이고 적대적인 업무 환경, (e) 다양한 직원에 관한 정치적 이해 부재, (f) 직장과 가족 문제간의 균형 맞추기에 대한 어려움 (g) 역차별에 대한 두려움, (h) 다양

성을 조직의 최우선으로 여기지 않음, (i) 조직의 성과 평가와 보상 시스템을 개혁할 필요성 (j) 변화에 대한 저항

- **다양성을 관리하는데 사용되는 조직적 실천들을 설명하여라.** 조직들은 다양성 문제를 해결하는데 사용할 수 있는 여덟 가지 방안들이 있다. (a) 조직의 모든 계층에서 다양한 사람들을 포함하거나 배제하는 것, (b) 그러한 차이가 존재한다는 것을 부인하는 것, (c) 다양한 사람들을 지배적인 주류 그룹에 동화시키는 것, (d) 차이를 억압하는 것, (e) 다양한 구성원들을 지배적인 그룹으로부터 격리시키는 것, (f) 직원간의 차이성을 인내하는 것, (g) 다양한 직원들 간의 관계를 형성하는 것, (h) 긍정적인 관계를 만들기 위해 상호 적응을 장려하는 것.

토의 문제

1. 이번 장 처음의 사례로 돌아가 딜로이트와 록히드 마틴은 어느 정도 다양성을 효과적으로 관리했는가? 설명하여라.
2. 왜 관리자들이 인지와 귀인에 관한 실무 지식을 갖고 있는 것이 중요한가?
3. 켈리 모델에 따라 교수에 대해 불평을 하는 당신 친구의 행동을 어떻게 볼 것인가?
4. "상대가 당신에게 무엇을 하기를 바라는 대로 당신이 상대방에게 그렇게 행동하라." 다양성은 앞에서 나온 규칙대로 관리자들이 따라야 한다고 말하는가?
5. 다양성 추구시도가 어떻게 다양성을 관리함에 있어서 장애물과 도전들을 극복하는데 도움이 되는가?

윤리적 딜레마

뇌 관찰 장치는 광고를 정교하게 만들기 위해 사용되어야 하는가?

비즈니스 위크

MRI 기계를 "마케팅 조사 이미징" 장치로 재정의해야 할 시간이 올지도 모르겠다. 하버드 맥린 병원(Havard McLean Hospital)에서 최근 위스키에 취한 25에서 34살 사이의 여섯 명의 뇌를 아놀드 월드와이드(Arnold Worldwide)의 주관하에 관찰하였다. 보스톤에 있는 이 광고 회사는 fMRI(functional magnetic resonance imaging)를 다양한 이미지에 관한 감정을 측정하기 위해 사용했다. 다양한 이미지들 가운데는 봄방학 때 칵테일을 마시는 대학교 새내기, 캠프파이어 근처에 놓인 스무개 정도의 화약통, 술집의 늙은 남자 등이 포함되어 있다. 아놀드(Arnold)의 새로운 인간 본성 부서의 베이시 와이트(Baysie Wight)는 다음과 같이 말했다. "관찰은 의사결정에서의 감정에 관한 실증적 증거를 제시하는데 도움을 주었습니다." 연구 결과는 잭 다니엘(술)의 광고주 브라운 포어맨(Brown-Forman)의 2007년 광고 캠페인을 만드는 데 사용될 것이다.

소비자에 대한 통찰을 위해 뇌를 엿보는 것은 새로운 생각이 아니다. 12개 이상의 대학교가 사람들이 상품에 반응하는 방법을 연구하기 위해 fMRI를 사용해 오고 있었다. 랄프 네이더(Ralph Nader)의 커머셜 얼러트(Commericial Alert) 그룹은 의료 기술을 치료가 아닌 마케팅을 위해 사용하는 것은 잘못된 것이라고 말했다. 하지만 현재 맥도날드와 피델리티(Fidelity)를 고객으로 유치한 아놀드와 보스턴에 위치한 또 다른 기업인 디지타스(Digitas)는 LA에 위치한 에프케이에프 응용 리서치 회사(FKF Applied Research)처럼 신경마케팅(Neuro marketing)을 통하여 값비싼 MRZ 장비를 활용하려는 병원과 기업을 연결시켜주고 있다.

우리는 기업들이 광고 캠페인을 검증하기 위해 뇌 검사를 사용하는 것을 허용해야 하는가?

1. 절대로 안 된다! 랄프 네이더는 옳다; 의료 장비를 마케팅 용도로 사용하는 것은 잘못되었다.

2. 왜 안 될까? 사람들은 이 실험에 자발적으로 참여했고 이를 통해 돈을 받았다.
3. 광고 캠페인은 돈이 많이 들어간다. 그리고 이것의 효과성을 검사하기 위해 뇌 측정을 하는 것은 좋은 사업적 마인드이다.
4. 의료 장비를 이와 같이 사용하는 것은 비싼 MRI의 비용을 절감하는 좋은 방법이다. 궁극적으로 의료 장비 비용의 절감은 사회 전체적으로 좋은 현상이다.
5. 다른 방안을 생각해 보아라.

Chapter 05

개인차의 인정 : 자아개념, 성격, 태도와 감정

학습목표

이 단원을 학습한 후, 다음의 질문에 답할 수 있어야 한다.

1. 자존감과 자기효능감을 구분하라.
2. 자아통제력이 높은 개인과 낮은 개인 간의 차이점을 논하고, 그로 인한 문제점을 각각 설명하라.
3. 'Big Five' 성격 모델에 대해서 설명하고 직무성과와 가장 연관성이 높은 성격차원이 무엇인지 알아보라. 그리고 진취적 성격에 대해 설명하라.
4. 통제 내재론자와 통제 외재론자의 차이점을 설명하라.
5. 태도에 관한 세 가지 요소를 설명하고 인지부조화에 대해 논의하라.
6. 가드너의 여덟 가지 다중 지능에 대해 최소 다섯 가지를 정의하고 "실용 지능"에 대해 설명하라.
7. 감정전이와 감정노동, 감성지능에 대해 설명하라.

당신의 자의식(self-awareness)은 당신의 경력에 도움을 준다.

르네 트리비아노(Reneé Trubiano)와 캘리 로이(Kelly Roy)는 커리어 향상을 위해 자신의 성격에 대한 스스로의 이해(self- knowledge)를 사용할 줄 아는 유능한 여성들이다.

르네(31)는 스코츠데일의 마라카이홈즈의 마케팅 관리자이다.

약 2년 전, 마라카이 홈즈(Maracay Homes)에 다니기 시작한 르네는 그녀 자신을 쾌활하고 외향적이라고 묘사한다. "저는 항상 모든 것을 시도해 보길 원했어요. 먼저 경험을 쌓고, 더 많은 사람들과 장소에 대해 알고 싶어 했죠." 라고 그녀는 말한다. "저는 회사가 더 나아지려면 내가 무엇을 해야 하고 다음 단계로 무엇을 끌어올려야 하는지 찾아내기를 원했죠"

르네는 자선기금을 위한 휴가 프로젝트에서 직원들을 이끌거나, 직원 칭찬 프로그램을 기획하는 등의 그녀의 창의성이 업무에서 중요한 강점을 가진다고 말한다.

놀랄 것 없이, 르네는 겉으로 보기에도 그녀의 직업과 회사에 대해 열정을 가지고 있다. 그녀는 이것이 동기부여 하는데 중요한 특성 이라고 믿는다.

"저는 제가 하는 일이 좋아요, 특히 같이 일하는 직원들이 있을 때는 더욱 이것이 중요한 것 같아요. 당신이 함께 일하는 모든 사람들을 통해 이것이 밖으로 보여지기 때문이죠" 라고 그녀는 말한다.

직장에서 르네가 바꾼 자신의 성격 중 한 가지는 엄청난 속도로 업무를 처리하는 경향이었다. "저는 좀 느긋이 앉아서 '사무실에 있는 다른 사람들이 내가 너무 바쁜 사람이라고 생각하지 않게 천천히 일 할 필요가 있어요"라고 그녀는 말한다.

그렇게 행동함으로써, 그녀는 다른 사람의 생각과 창의성, 에너지를 받아들이는 "개방성"이라는 또 다른 성격상의 특징을 갖고 있다는 것을 알게 되었다고 말한다.

2년 전 인퓨션(Infusion)사로 이직을 한 로이는 고객의 경험을 처음부터 끝까지 감독하는 서비스업무를 시작하였다. 그녀는 각기 다른 직무에서 인성검사를 했다. 가장 최근의 검사에서는 그녀의 성격이 그녀의 업무와 딱 들어맞는 외향적인 성격이라는 결론을 내렸다. 외향성과 그녀가 천성적으로 타고 났다고 주장하는 창의성은 그녀의 업무상 가장 중요한 요소이다. 그녀는 스스로를 "구조자"라고 묘사하면서 자신의 성격이 고객서비스를 관리 감독하는 자신의 직무와 잘 맞는다고 생각한다. 로이는 이 성격적 특성이 항상 고객과 대면하고 공감을 이끌어내며 회사가 고객을 둘러싼 서비스 절차를 어떻게 계획할 지에 대한 도움을 준다고 말한다.

로이가 자신의 팀에 새로운 사람을 충원할 때, 그녀는 성공하기 위해 요구되는 능력과 팀이 가지지 못한 성격적 특성을 고려한다. 그러한 방식으로 팀원들을 계발하고 경쟁시킨다. 로이는 그녀의 업무 스타일에서 주목 할 만한 몇 가지 변화를 일으켜 왔다. 한 번에 여러 일을 동시 다발적으로 처리하던 그녀의 성향은 일련의 순서대로 일을 처리하는 남자 직원들과 충돌이 있어왔다. 그래서 지금은 동료의 사무실에 불쑥 나타나는 대신, 해야 할 일의 리스트를 만들어 시간을 조정하고 의논한다.

로이는 열정을 숨기지 않는다. 그녀가 상대하는 사람이 그러한 열정을 가지지 않는 것이 꼭 나쁜 것은 아니다. 그러한 경우에 그녀는 열정을 끌어낸다.

자신을 자각하는 것은 쉬운 일이 아니다. 로이는 그녀가 뒤로 물러나 자신을 성찰하는데 멘토를 활용한다. 그녀는 몇 년마다 한번씩 실시하는 성격 테스트를 믿는 사람이다. 그 결과에 대한 그녀의 충고는 다음과 같다. 집착하지 말아라, 매사를 대상과 떨어뜨려 생각하라.

|토의하기|

어떤 성격 특성과 재능이 르네와 로이를 비즈니스 세계에서 성공하게 만들었는가? 설명해 보아라.

이번 장 앞에서 본 사례는 두 명의 성공한 여자들의 성격차이를 보여준다. 이런 비교는 세상엔 다양한 성공 유형이 있다는 점을 알려준다. 크나큰 개인차이의 광범위한 유형 덕분에, 현대조직은 풍부하고 흥미로운 인간특성을 갖는다. 반면에 개인차로 인해 관리자의 업무는 끝이 없다. 연구에 따르면 근로자들 간의 다양성은 모든 계층에 걸쳐 존재하지만, 직무의 복잡성에 따라 급진적으로 증가한다. 예를 들어 생명보험 세일즈맨의 경우 성과 변동성은 일상적인 사무직 보다 6배 이상이다.

4장에서 설명한 노동력 다양성의 증대 때문에 관리자들은 개인 간 차이를 새로운 관점으로 보게 됐다. 과거처럼 다양성을 제한하기 보다는 오늘날의 관리자들은 종업원들의 다양성과 개인적인 차이를 더 이해하고 융통성 있게 대처할 필요가 있다.

본 장에서는 다음과 같은 중요한 개인 차이에 대해 알아본다. (1) 자아 개념 (2) 성격 특성 (3) 태도 (4) 정신능력 (5) 감성. 그림 5-1은 자아 개념(자기 스스로를 어떻게 보는 지)과 개성(다른 사람들에게 당신을 어떻게 드러내는지), 자기표현의 주요 형태간의 관계를 보여주는 개념적 모델이다. 이러한 요소들은 통합적인 형태로 간주되어 자신과 다른 이를 독자적이고 특정적인 개인으로 보게 하는데 도움을 준다.

"자아"란 무엇인가

자아(self)는 개인의 존재에 대한 인식의 핵심이다. 자신에 대한 깨달음은 자아 개념으로 간주되어 진다. 개인주의적인 북미의 문화는 자기중심적이라고 생각되어 왔다. 놀랍지 않게도, 16세에서 60세에 이르는 사람들에게 실시한 '다시금 삶을 살게 된다면 다르게 행동할 것인가'라는 최근 설문결과에 따르면 48%가 "현재의 자아를 유지하겠다"고 답했다. 자아 개념에 대하여 더 깊이 아는 것은 일반적으로 삶에 관하여 더 깊게 이해하는 것을 뜻한다. 사회학자 빅터 자카스(Viktor Gecas)는 **자아 개념(self-concept)**을 "개인 스스로가 가지고 있는 육체적, 사회적, 정신적 또는 도덕적인 본질"이라고 정의했다. 즉, 자아 개념을 가지고 있기 때문에 자기 스스로를 구별되는 인간으로 인식한다. 자아 개념

자아 개념(self-concept)
개인의 육체적, 사회적, 정신적 본질의 자가인식

그림 5-1
개인차 학습을 위한 조직행동 모델

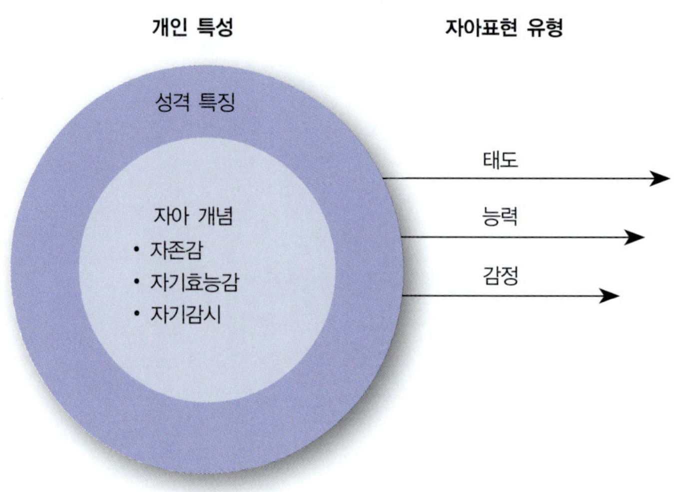

은 사고력 없이는 불가능할 것이다. 이 때문에 인지역할에 대해서 생각하게 된다. 인지(cognition)는 "주변 환경과 자신과 타인의 행동에 관한 지식, 의식, 신념"이라고 말할 수 있다. 상이한 유형의 인지 중 예측, 계획, 목표설정, 평가, 개인적 기준의 설정에 대한 일련의 과정과 연관된 것들은 조직행동론과 특히 밀접한 관계가 있다. 본서에서 다루고 있는 인지관련 주제는 사회 지각(social perception), 변화 관리, 동기부여이론과 의사결정방법들이다.

인지(cognition)
개인의 지식, 의식, 신념

고어사의 CEO인 테리 켈리는 경영자에게 있어서 자아인식의 중요성을 이해한다. 직급의 위계가 없기로 소문난 회사에서 그녀는 자신의 역할을 분명히 인식한다. '회사를 경영한다는 CEO로서의 저를 인식한다면 그것은 잘못되었다'고 그녀는 말한다. "내 목표는 전체적인 방향을 제시하는 것이다. 우리는 적절한 곳에 적합한 사람이 있는지에 대해 매우 신중히 생각한다."

자아와 자아 개념에 관한 아이디어들은 한 시대로부터 다른 시대에 이르기까지, 사회경제적인 집단에서 다른 집단에 이르기까지, 문화에서 다른 문화에 이르기까지 다양하다. 자아에 대한 다른 문화적 관념을 어떻게 발견하고 조절하는가 하는 것은 국제적인 거래에 있어서 성공과 실패를 가늠하는 요소가 될 수 있다. 예를 들면, 현저히 차이가 나는 자아노출(self-disclosure)의 정도 때문에 일본인과 미국인 간의 의사소통과 이해는 종종 달라진다. 상대적으로 큰 대중적 자아 때문에 미국인들은 열려있고, 정직하고 솔직하며 요점에 바로 접근한다. 한편, 문화적으로 자기노출을 꺼리는 일본인들은 미국인들을 퉁명스럽고, 캐묻기 좋아하고, 격식을 무시하는 사람들이라고 생각한다. 하지만, 미국인들은 일본인들을 상대방과 거리를 두며, 차갑고 수줍은 사람들로 보는 경향이 있다. 어느 한 문화가 틀렸거나 옳지 않다는 것은 아니다. 두 문화는 그저 다를 뿐이고 그 차이의 핵심에는 문화적으로 뿌리박힌 자아의 자기노출 개념이 있다.

이러한 문화적인 제한을 염두에 두고 행동주의 학자들이 자아개념에 대해 논의할 때 항상 거론되는 자존감(self-esteem), 자기효능감(self-efficacy), 자기감시(self-monotoring)와 같은 세 가지 주제에 대해 살펴보자. 이 영역의 부분들은 직장에서 사람들을 보다 잘 이해하고 관리하기를 원하는 사람들이 구체적으로 살펴볼 필요가 있다. 야외 레저 활동을 즐기는 사람들에게 유명한 고어텍스 직물 메이커인 고어(W. L. Gore & Associates)사의 최고경영자인 테리 캘리(Terri Kelly)는 최근에 패스트 컴퍼니(Fast Company) 잡지에 "지도자는 자신에 대해 매우 잘 알아야 한다. 그들은 자신의 결점과 행동, 다른 사람들에게 미치는 영향에 대해 이해해야 한다."고 말했다.

자존감

자존감(self-esteem)
전반적인 자기평가

자존감(self-esteem)이란 전반적인 자기평가에 기초한 자아가치에 관한 신념이다. 자존감은 긍정적이거나 부정적인 진술 모두에 관한 응답자의 동의 혹은 반대를 요구하는 설문조사를 통해 측정된다. 일반적인 자존감 조사에서의 긍정적인 진술은 다음과 같다. '나는 내가 가치 있는 사람이고 다른 사람과 동등하다고 느낀다'. 부정적인 진술은 '나는 내가 자랑스럽다고 여겨지지 않는다' 라는 것이다. 이러한 긍정적인 예문에 동의하고 부정적인 예문에 반대하는 사람들은 높은 자존감을 갖는다. 높은 자존감의 개인들은 스스로가 가치 있고 유능하며 만족 할 만하다고 생각한다. 낮은 자존감을 가진 사람들은 그들 스스로를 부정적으로 본다. 이들은 스스로에 관하여 좋게 느끼지 못하고 자기불신에 빠져있다.

1 학습목표
자존감과 자기 효능감의 차이를 구분하라.

비교문화 관점 서양적이라고 여겨지는 개념인 자존감에 대한 비교 문화적 시사점은 무엇인가? 전 세계 31개국의 13,118명의 학생을 대상으로 한 조사에서, 자존감과 삶의 만족감 사이에 다소 강한 상관관계가 있는 것으로 나타났다. 하지만 자존감과 삶의 만족감의 연관성은 개인주의적 국가(예: 미국, 캐나다, 뉴질랜드, 네덜란드)에서 집단주의 문화의 국가들(예: 한국, 케냐, 일본)보다 그 연관성이 컸다. 연구자들은 개인주의적 문화가 사람들을 보다 자신들 스스로에 초점을 맞추도록 사회화시키는 반면 집단주의 문화의 사람들은 공동체에 맞추고 의무를 다하도록 사회화된다고 결론지었다. 이 때문에 집단주의 문화에서 사람들이 스스로에 대해 어떻게 느끼느냐 하는 것은 삶의 만족과 관련이 적다. 글로벌 경영인은 집단주의 문화권에서 사업을 할 때 개인주의 문화권에서 강조하는 자존감을 덜 강조해야 한다는 점을 상기해야 한다.

일반적인 자존감은 높아질 수 있는가? 대답은 '예'이다(〈기술과 모범사례〉 참고). 더 구체적인 대답은 관련연구에서부터 얻을 수 있다. 한 연구결과, 교수지원법(supportive teaching techniques)을 익힌 청소년 야구팀 코치들은 어린 소년들의 자존감에 긍정적인 영향을 미치는 것으로 나타났다. 반면, 교수지원법을 익히지 않은 코치들의 경우는 그런 긍정적인 영향을 주지 못했다. 또 다른 연구에서는 다음과 같은 결론을 이끌어 냈다. "자존감은 사람으로 하여금 바람직하지 못한 특징들로부터 자유롭다는 사실보다는 이미 소유하고 있는 바람직한 특성들에 대해 생각하게 할수록 자존감은 더 높아진다."

그러나 다른 포괄적인 연구결과에서는 높은 자존감이 더 나은 성과를 이끌어내는 요소라는 일반적인 관점과 상반되는 의견을 보여준다. 이 연구에 따르면,

> ... 자존감과 학교 혹은 직장에서의 성과들은 연관되어 있다. 그러나 오랜 기간 진행되었던 과학적 조사는 사람들 스스로 자존감은 성공의 원인이 될 수 있다고 가정하는 어리석음을 지적한다. 오히려, 높은 자존감은 좋은 성과의 결과이다.

이 부분은 자기효능감(self-efficacy)과 관련이 더 있다.

자기효능감

자신의 능력에 확신이 찬 사람들은 성공하는 경향을 보이는 것과 미리 실패할 것이라고 생각하는 사람들은 실패한다는 것을 알고 있는가? 이와 같은 것을 잘 보여주는 것은 본서의 저자들의 골프실력이다. 한 명은 꾸준히 페어웨이에서 벗어나지 않으며 그린으로 공을 올린다. 다른 저자는 숲풀 사이를 헤치고 나가거나, 해저드 위를 걸어가거나 벙커에서 빠져 나오는 데 하루를 보내는 것이다. 이렇게 골프실력이 다르게 나타나는 것의 근저에는 **자기효능감(self-efficacy)**이라고 하는 자존감의 구체적인 차원이 있다.

자기효능감(self-efficacy)
어떤 일을 수행하는 능력에 대한 믿음

자기효능감은 개인이 어떤 특정한 과업을 성공적으로 완수할 수 있다고 믿는 것이다. 조직행동론 연구자에 따르면, '자기 효능감은 경험을 통해 점진적으로 습득한 복잡한 인지적, 사회적, 언어적, 육체적 기술로부터 생겨난다'. 높은 자기효능감(high self-efficacy)을 계발하는 데 있어 핵심은 부모, 역할 모델, 멘토로부터 올바른 충고가 필요하다. 예를 들어, 전 미국 군인인 얼 우즈(Earl Woods)가 그의 아들 타이거 우즈(Tiger Woods)의 골프에 대한 자기효능감을 키우기 위해 어떻게 엄한 태도를 취했는가를 살펴보자.

> 타이거 우즈가 골프에서 은퇴한 후에 사람들은 우즈에 대해 연구할 것이다. 그들은 그가 어떻게 이 시대의 가장 인기 있는 운동선수를 키웠는가에 대한 명확한 이야기를 듣기를 원할 것이다.
>
> "나는 단지 그의 다운스윙 전에 '왼쪽은 물이고, 오른쪽은 필드 밖이야'라고 말함으로써 타이거 우즈를 정신적으로 압도하고, 말로 겁주기 위해 노력했다." 얼 우즈는 AP통신사에게 말했다. "타이거 우즈는 나를 가장 나쁜 인상으로 쳐다보았지만, 그가 어떠한 말을 하는 것도 허락하지 않았다. 어느 날 나의 모든 수법을 사용하게 되었고 그는 나를 보고 웃었다. 라운드의 종반에서 나는 그에게 이렇게 말했다. '타이거야 너는 훈련을 마쳤구나.' 그리고 나는 그에게 약속했다. '너만큼 정신력이 강한 사람과 경기를 가질 일이 없을 거야.' 그는 그랬고, 앞으로도 그럴 것이다."

골프 선수인 타이거우즈는 그의 학습 센터에서 그와 그의 아버지 동상을 소개하고 있다. 여기서 그는 "First Pump Challange"라는 전국 유소년 프로그램을 설명했다. 당신은 그가 아버지인 얼 우즈에게 어떠한 영향을 받았다고 생각하는가?

자기효능감과 성과의 연관성은 순환적이다. '자기효능감 → 성과'의 사이클은 성공을 향해 상향적으로 갈 수도 있고, 실패로 이어지는 하향성을 띨 수도 있다. 연구자들은 높은 자기효능감의 기대가 불안조절, 탐닉절제, 고통에 대한 인내, 질병 회복 같이 광범위한 육체적, 정신적 과업에서의 성공과 강한 연관성이 있다는 사실을 입증하였다. 이와 반대로 낮은 자기효능감 기대를 갖는 사람들은 낮은 성공률을 보이는 경향이 있다. 만성적인 낮은 자기효능감은 **학습된 무기력감(learned helplessness)**, (주변 환경을

학습된 무기력감(learned helplessness)
상황을 통제하는 능력에 있어서 신념 부족

통제하지 못한다는 약한 믿음) 이라 불리는 상황과 연관되어져 있다. 자기효능감이 정신적인 마술의 일종으로 보이지만, 자기효능감은 그림 5-2의 모델에서처럼 직접적으로 작동한다.

자기효능감의 작동원리 그림 5-2는 자기 효능감의 기본모델을 보여 준다. 그림 5-2는 스탠포드 대학의 심리학자 앨버트 밴두러(Albert Bandura)의 연구를 도식화 한 것이다. 간단한 실례와 함께 그림 5-2의 모델을 살펴보자. 50명이 수강하는 조직행동 강의에서 그림 5-2의 자기효능감 모델에 대해서 10분간 설명한다고 상상해보라. 이 경우 당신의 자기효능감은 지각된 자신의 역량과 상황적 기회 및 위협 간의 상호작용에 대해서 인지적으로 평가하고 계산하게 될 것이다.

조직행동 수업의 발표 준비를 시작함에 따라, 자기효능감의 네 가지 요소가 작동한다. 반두라에 의하면, 이전경험(prior experience)이 가장 강력한 요소로서 첫 번째로 자기 효능감과

그림 5-2 자기효능감에 따른 성공과 실패

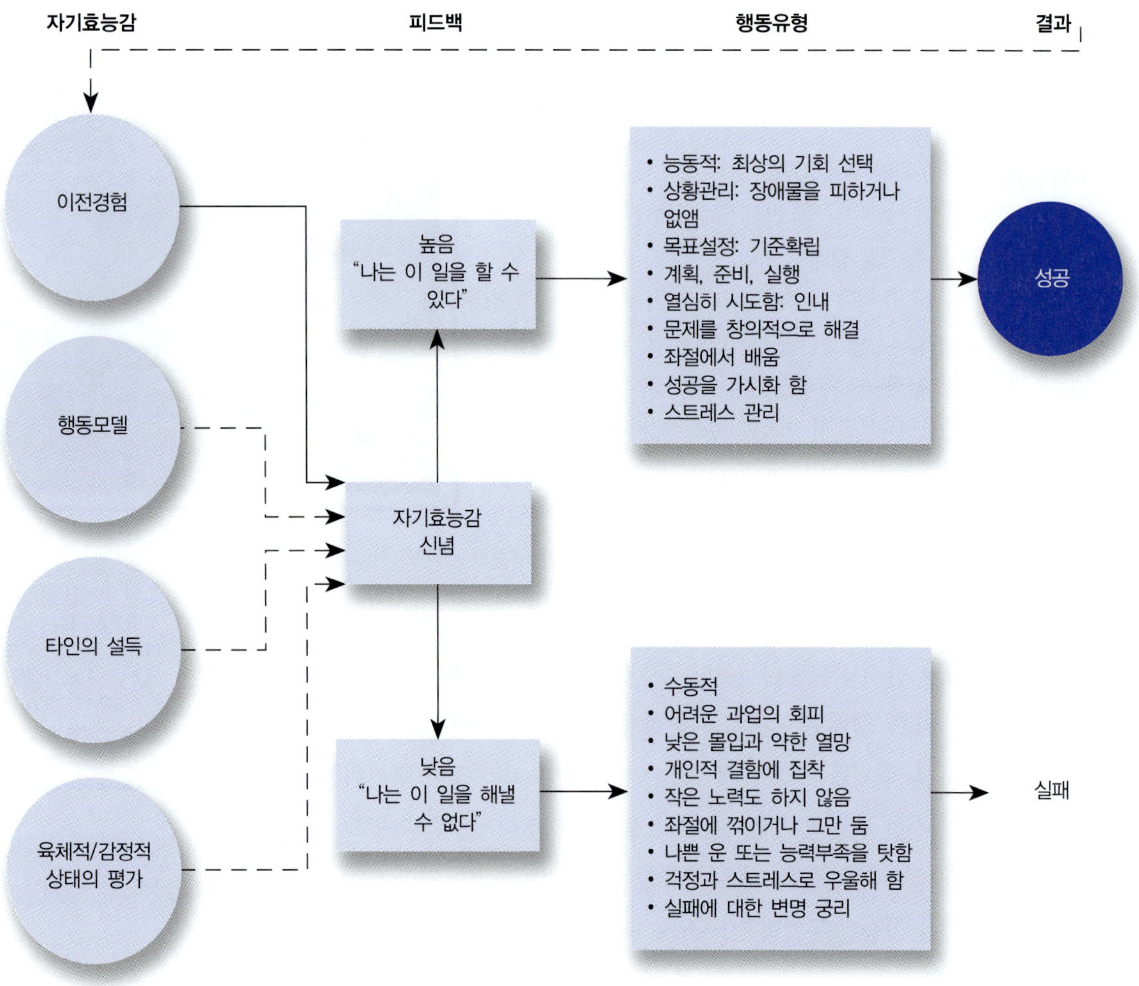

연관된다. 여러 사람 앞에서 성공적으로 발표했던 경험은 자기 효능감을 높여 준다. 그러나 이전의 나쁜 경험은 낮은 자기효능감으로 이어 질 것이다. 행동모델을 자기효능감의 요소로 생각할 때 학급 친구의 성공/실패도 당신의 자기 효능감에 영향을 미친다. 친구의 성공은 당신을 고양시킬 것이다. 또는 당신이 매우 경쟁적이거나 높은 자존감을 갖는다면 친구의 실패도 당신을 고양시킬 것이다. 또 친구들의 잘할 수 있을 것이라는 격려도 자기효능감을 높여 줄 것이다. 그리고 물리적, 감정적인 요인도 당신의 자기효능감에 영향을 끼칠 수 있다. 갑자기 후두염이 걸리거나 일시적으로 무대공포를 느끼는 경우에는 자신감이 갑자기 떨어지기도 한다. 상황에 관한 인지적 평가도 자기효능감 수준에 영향을 미칠 수 있다. 요컨대 자기효능감은 단지 허세에 기초한 자랑만 늘어놓는 것이 아니라, 경험에서 우러나오는 깊은 확신이다.

그림 5-2의 행동유형을 보면, 자기효능감이 실제 어떻게 발현되는지 알 수 있다. 주어진 10분간의 발표에 관하여 높은 자신감을 가지고 있다면, 당신은 보다 열심히 창의적으로 오랫동안 이에 대해 준비를 할 것이다. 그 결과는 그림 5-2에서 보는 바와 같다. 사람들은 자기효능감의 기대치를 만들어 냄으로써 성공 또는 실패를 위한 프로그램을 스스로 짠다. 긍정적 또는 부정적 결과는 피드백되어 다시 개인경험의 기초가 된다. 소프트웨어 사업가인 밥 슈몬시스(Bob Schmonsees)는 그림 5-2에서 성공의 경로를 보여주는 전향적인 예이다.

> 복식 테니스 선수이며 전직 축구스타였던 슈몬시스가 리프트 옆에 서있을 때 중심을 잃은 스키어와 충돌하였다. 이 사고로 인해 그는 다리에 장애를 입어 나머지 인생을 휠체어에서 보내야만 했다.
>
> 다행히도 그는 새로운 세상에서의 해결책을 찾아냈다. 어떠한 행동에 적용될 수 있는 새로운 규칙이 무엇인지를 알고 그 규칙을 숙달하기 위해서 차근차근 필요한 조치를 취했다. 휠체어에서 하는 테니스 스윙의 물리적 현상과 두 번째 바운드의 기하학적 움직임(장애인 테니스의 규칙)을 습득한 후, 40세가 넘어서 세계 최고의 장애인 테니스선수가 되었다.

경영학적 시사점 실무에 근거한 연구결과에 의하면, 관리자들은 자신과 타인들의 자기효능감을 키울 필요가 있다. 실제로 21,616명을 대상으로 한 메타분석 결과, 자기효능감과 직무 성과(job performance) 사이에 매우 강한 연관성이 있음이 밝혀졌다. 다음과 같은 경영분야에서 자기효능감이 증대될 여지가 있다.

1. **모집/선발/직무할당.** 인터뷰 질문은 오리엔테이션과 훈련에 필요한 것을 결정하기 위한 기준으로서 지원자의 일반적인 자기효능감을 측정하도록 설계되어야 한다. 자기효능감을 알아보기 위한 필기시험은 아직 개발 중이고 타당성이 떨어진다. 오직 자기효능감 하나에 기초해서 채용하지 않도록 주의해야 한다. 왜냐하면 그간의 연구에서 여성들과 보호받는 소수자들은 평균 이하의 자기효능감을 지니고 있다는 것을 밝혀냈기 때문이다.
2. **직무설계.** 복잡하고, 도전적이고, 자율적인 직무에 의해서 자기효능감을 강화시킬 수

있다. 반면 따분하고, 지루한 직무는 일반적으로 자기효능감을 저해한다.

3. **훈련/개발.** 핵심과업에 대한 종업원의 자기효능감 수준은 역할모델, 멘토링, 유도된 경험을 통해 증진될 수 있다.
4. **자율경영.** 체계적인 자율경영 훈련에는 자기효능감에 대한 기대의 향상을 포함한다.
5. **목표설정과 품질 향상.** 목표 난이도는 개인의 지각된 자기효능감을 고려하여 설정하여야 한다. 자기효능감과 성과가 향상됨에 따라 목표와 품질의 기준이 보다 나아질 수 있다.
6. **창의성.** 관리자의 지원행동은 자기효능감에 대한 믿음과 직장에서의 창의성 사이의 관계를 더욱 증진시킨다.
7. **자문.** 학습된 무기력감에 빠진 종업원과 낮은 자기효능감의 개인들에게는 긍정적인 피드백과 건설적인 충고가 필요하다.
8. **리더십.** 최고경영진이 높은 자기효능감을 가진 관리자들에게 중압감 속에서 스스로를 입증할 기회를 주게 될 때 관리자는 필요한 리더십 소질이 발현된다.
9. **보상.** 보다 강한 자아상(self-image)과 나은 성취에 필요한 디딤돌로써 작은 성공에도 보상이 이뤄져야한다.

자기감시

2 학습목표
자기감시가 높은 개인과 낮은 개인 간의 차이점을 논하고, 그로 인한 문제점을 각각 설명하라.

다음의 상반되는 두 가지 시나리오를 읽어보라.

1. 중요한 회의에 서둘러 뛰어가고 있는데, 동료가 개인문제를 의논하기 위하여 당신을 자기 옆으로 붙잡아 둔다. 당신은 대화를 끝마치기 원해서 손목시계를 힐끔 쳐다본다. 그 동료는 계속해서 이야기한다. '나 지금 중요한 회의에 늦었어'라고 말한다. 동료는 계속 해서 이야기한다. 당신이 뒤돌아 걸어가기 시작하였음에도 동료는 대화를 끝내려는 당신의 어떠한 말이나 몸짓을 결코 깨닫지 못한 것처럼 계속해서 이야기 한다.
2. 위와 동일한 상황이다. 단지 이번에는 당신이 손목시계를 힐끗 쳐다보았을 때, 동료가 즉시 '알아 자네가 지금 가야만 한다는 걸. 미안하네. 우리 다음에 이야기 하세'라고 말한다.

자기감시(self-monitoring)
자기 스스로의 행동을 관찰하여 상황에 맞춰 행동하는 것

이 비슷한 두 상황 중 전자는 '낮은 자기감시(low self-monitoring)'에 관한 것이고, 후자는 '높은 자기감시(high self-monitoring)'의 예이다. 하지만 두 시나리오에는 이러한 짜증나는 상황 이상의 것을 보여준다. **자기감시(self-monitoring)**라고도 불리는 자아표현 행동에 있어서 사람들 간의 차이는 상당하며 이는 주목할만하다. 자기감시는 개인이 자아표현 행동을 관찰하고 상황에 맞게 반응하는 것을 말한다. 자기감시의 전문가들은 다음과 같이 설명한다.

자기감시가 높은 개인은 바람직한 대중 인상을 위해 자아표현(self-presentation)을 통제하며 이를 위해 상황에 적합한 행동과 관련된 사회적, 대인적 단서들에 대해서 즉각 반응한다. 자기감시가 낮은 개인은 자아표현을 규제하려는 동기나 능력이 부족하다. 대신 이들의 자기현시적인 행동은 태도, 특질, 감정 등과 같은 일시적/항구적인 개인의 내재상황을 기능적으로 반영하는 것으로 여겨진다.

실제 조직생활에서는 자기감시가 높거나 낮은 개인들은 비난받기 쉽다. 자기감시가 높은 개인은 종종 쉽게 자기를 둘러싼 환경에 맞춰 행동한다고 '카멜레온'이라고 불려진다. 한편 자기감시가 낮은 개인들은 혼자만의 세계에 산다거나 타인에 대해 둔감하다고 욕을 먹는다. 조직행동 관점에서 자기감시는 여타의 개인적인 차이와 마찬가지이다. 이는 옳거나 틀리거나, 좋고 나쁨의 문제라기보다 현재 및 미래의 관리자들이 적절히 이해해야 할 다양성의 하나이다.

정도의 문제 자기감시는 양자택일의 문제가 아니다. 자기감시는 자기표현의 패턴이라는 점에서 상대적으로 높고 낮음의 문제이다. 〈실전 연습〉은 자기감시경향의 자기평가이다. 이를 통해 스스로에 대해 더 잘 이해할 수 있도록 도와 줄 것이다. 잠깐 쉬면서 10개의 설문문항을 읽어보도록 하자. 당신의 점수에 놀랐는가? 타인에게 자신을 표현하는 방법이 못마땅한가? 당신이 받은 점수에서 윤리적인 시사점은 무엇인가?(특히 9번과 10번 항목을 고려하라)

연구의 시사점과 실무차원의 권고 관련연구에 의하면 높은 자기감시와 성공적인 경력 사이에는 명확한 관계가 있는 것으로 나타난다. 5년간 139명의 MBA수료자들을 추적한 결과, 높은 자기감시자들이 낮은 자기감시자들 보다 내·외부적으로 승진이 많았다. 그리고 147명의 관리자와 전문가들을 대상으로 한 연구는 높은 자기감시자들이 훌륭한 멘토(개인경력의 지도와 전문적인 후원자로서 활동하는 사람)획득에 있어 좀 더 좋은 기록을 가지고 있는 것을 알아냈다. 이러한 결과들은 정치능력(어떻게 사회화하고, 정보를 주고받으며, 조직 내에서 관여할 것인지에 대한 지식)과 조직 내 성공(승진속도)의 연관성을 발견한 이전 연구와 일맥상통한다.

전술한 연구결과와 실무적인 경험을 바탕으로 다음과 같은 실무상의 권고를 할 수 있다.

높은, 중간, 낮은 자기감시자: 보다 의식적으로 자신의 자아상에 대해 인식하려하고, 타인에게 어떻게 영향을 미치는가 생각해 볼 것(〈실전 연습〉에서 시작할 것)

높은 자기감시자: 성공적인 '카멜레온'에서 불성실하고 정직하지 못하고 가식적이며 신뢰할 수 없는 인물로 되지 않도록 도를 넘지 말 것. 모든 사람들을 위해 모든 것을 할 수는 없다(즉, 모든 사람의 비위를 맞출 수는 없다)

낮은 자기감시자: 자신의 기본적인 신념에 충실하지만 동시에 조금은 융통성을 갖도록 하라. 타인과 의사소통 시 호응하는 것을 멈추지 말라. 다양한 공공상황에서 부딪히는 비언어적 단서들을 알아내고 해석하는 연습을 하라. 이에 대해서는 12장에서 보다 자세히 다룰 것이다. 대화상대가 산만해지거나 지루해하면 대화를 멈춰라. 그들은 경청하고 있는 것이 아니다.

실전 연습

자기감시(self-monitoring)에 얼마나 능숙한가?

지시사항: 솔직하게 스스로를 평가하고 각 문장에 대해 사실이면 T 거짓이면 F로 표기하라. 그 후 점수에 대해 생각해 보아라.

______ 1. 나는 다른 사람들에게 좋은 인상을 심어주거나 즐겁게 해주기 위해서 과장된 행동을 취한다고 생각한다.
______ 2. 사람들의 모임에서 나는 거의 관심의 대상이 되지 못한다.
______ 3. 다른 상황이나 다른 사람들 사이에서 나는 종종 완전히 다른 사람처럼 행동한다.
______ 4. 나는 누군가를 기쁘게 하거나 타인의 호의를 얻기 위해서 나의 견해 (혹은 내 행동의 방법)를 바꾸지 않을 것이다.
______ 5. 나는 엔터테이너(entertainer)가 되는 것을 고려해 왔다.
______ 6. 나의 행동을 색다른 사람과 환경에 적응시키기 위해 바꾸는데 어려움이 있다.
______ 7. 모임에서 나는 다른 사람이 계속해서 농담과 이야기를 하도록 한다.
______ 8. 나는 대중 앞에서 어색한 기분을 느껴서 내가 의도한 만큼 나서지는 못 한다.
______ 9. 나는 누군가의 눈을 쳐다보고 정색을 하며 거짓말을 할 수 있다(올바른 결과를 위해서 라면).
______ 10. 나는 내가 정말로 사람을 싫어할 때 일부러 친한 척 하며 그를 속일 것 이다

점수계산 다음의 각각의 답에 대해 일점씩 계산하라

1 .T; 2. F; 3. T; 4. F; 5. T; 6. F; 7. F; 8. F; 9. T; 10. T

점수 : ______

1-3 = 낮은 자기감시

4-5 = 조금 낮은 자기감시

6-7 = 조금 높은 자기감시

8-10 = 높은 자기감시

출처: Excerpted and adapted from M Snyder and S Gangestad, "On the Nature of Self-Monitoring: Matters of Assessment, Matters of Validity," *Journal of Personality and Social Psychology*, July 1986, p 137.

성격 역학

성격(personality)
개인의 정체성을 형성하는 지속적인 신체적 정신적 특징

개개인은 그들만의 독특한 유형의 사고방식과 행동방식을 갖으며 고유한 스타일 혹은 성격을 갖고 있다. 개인 정체성을 형성하는 지속적인 신체적, 정신적 특징들의 조합을 **성격(personality)**이라고 한다. 어떤 방식으로 보고, 생각하고, 행동하고, 느끼는지를 포함하는 이러한 특징들은 유전적 환경적 영향의 상호작용으로 형성된다. 여기서 Big Five 성격차원을 소개하고, 통제위치(locus of control), 태도(attitudes), 지능(intelligence), 사고능력(mental abilities)을 포함한 성격요인에 대해 논의할 것이다.

Big Five 성격 차원

복잡하고 이해하기 어려운 성격차원들은 최근 수년 동안 'Big Five 모델'로 집약되었다. Big Five 모델은 외향성(extraversion), 포용성(agreeableness), 신중성(conscientiousness), 안정성

(emotional stability), 혁신성(openess to experience)이다(표 5-1 참고). 표준화된 성격검사를 통해 Big Five 모델의 각 차원에서 긍정적, 부정적 점수를 매긴다. 예를 들어, 외향성에서 부정적인 점수를 얻은 사람은 부끄러움을 타는 경향이 있으며 수줍은 행동을 하는 내성적인 사람일 것이다. 안정성(emotional stability)에서 부정적인 점수를 얻은 사람은 신경질적이고, 날카롭고, 화를 잘 내며 근심이 가득한 사람일 것이다. Big Five 모델에서 얻은 점수는 그 사람의 지문만큼이나 독특한 성격측면을 나타낸다.

그러나 한 가지 중요한 문제가 남아 있다. 성격 모델들은 자문화 중심적이고 그것이 만들어진 문화에만 특별하지 않을까? 적어도 Big Five 모델에서 비교 문화적 연구의 결과는 이와 같은 질문에 대해 '아니오'라고 답한다. 특히, Big Five 모델 체계는 러시아, 캐나다, 홍콩, 폴란드, 독일, 핀란드 국민들의 연구에서 잘 나타나고 있다. 최근의 Big Five에 관한 체계적인 연구는 다음과 같은 사실을 말해준다. "지금까지 문화가 개인 성격에 영향을 준다는 강력한 증거는 없었다."

학습목표 3

Big Five 성격 모델에 대해서 설명하고 직무 성과와 가장 연관성이 높은 성격 차원이 무엇인지 알아보라. 그리고 진취적 성격에 대해 설명하라.

자기 평가 연습

성격유형이 당신의 목표설정능력에 어떻게 영향을 주는지 평가하라.

성격과 직무성과 조직행동론 연구자들은 Big Five 모델과 직무성과 사이의 연관성에 대해 알기 원했다. 이상적으로 Big Five 성격차원이 직무성과에 긍정적이고 강하게 관련이 있다는 결론은 직원들의 선발, 훈련, 평가에 도움을 줄 것이다. 다양한 직군을 대상으로 한 117개 연구들의 메타분석 결과는 유의미하다. Big Five 모델 성격차원 중 신중성은 직무성과와 훈련성과에 가장 높은 긍정적인 연관이 있다. 연구자들에 따르면 '목적, 의무, 끈기와 관련된 특징을 보이는 개인들은 일반적으로 그렇지 않은 사람들 보다 좋은 성과를 보인다.'라고 한다. 성실함 또는 여섯 번째 메타분석 측정치인 정직-겸손 또한 높은 성실성 시험 성적과 낮은 비생산적 업무 행동에 연관이 있는 것으로 나타났다. 따라서 영국의 연구자들이 최근에 성실성에서 낮은 점수를 기록한 사람들이 직무와 직무 외적으로 모두 두드러지게 사고를 많이 치는 경향이 있음을 발견한 것은 놀랍지 않다. 또한 메타분석에서 성실성이 낮은 사람이 일을 미루는 경향이 많았다(〈기술과 모범사례〉 참조).

한편 예측했던 대로 외향성(외향적인 성격)은 경영자와 세일즈맨으로 성공하는 것과 연관

표 5-1
Big Five 성격 차원

성격 차원	해당 차원의 긍정적인 특성들
1. 외향성(extraversion)	외향적인, 활달한, 사회적인, 자신감 있는
2. 포용성(agreeableness)	사람을 잘 믿는, 마음씨가 좋은, 협력적인, 인정 많은
3. 신중성(conscientiousness)	믿음직스러운, 책임감 있는, 성취지향적인, 끈기있는
4. 안정성(emotional stability)	편안한, 안정적인, 근심없는
5. 혁신성(openess to experience)	지적인, 상상력이 풍부한, 호기심이 많은, 마음이 넓은

출처: Adapted from M R Barrick and M K Mount, "Autonomy as a Moderator of the Relationships between the Big Five Personality Dimensions and Job Performance," *Journal of Applied Psychology*, February 1993, pp 111–18.

기술과 모범사례

일을 미루는 이유 및 바빠지는 방법

캘거리(Calgary) 대학의 피어스 스틸(Piers Steel)은 메타 분석을 통해 미루는 것에 관한 몇 가지 성질을 발견했다. 그중에 하나는 성실함에 관한 성격 특징이다. 성실함에 관해 낮은 점수가 나온 사람들이 미루기를 할 경우가 높다. 이런 성격을 고치는 것은 불가능할 수 있지만 그는 다른 요인의 결과를 최소화할 수 있는 방법을 찾았다.

- **낮은 자신감:** 큰 프로젝트를 완수하지 못할 것 같은 걱정이 든다면 자신감 있는 작은 일을 찾아보라. 작은 일을 함으로써 필요한 기술을 배워라; 지도, 멘토 또는 코치해줄 수 있는 사람을 구해라.
- **업무 혐오감:** 일이 지루하다면 재미있는 일과 결부시켜 봐라. 예를 들어 좋아하는 사람들과 함께 일을 한다든지 보상을 주는 것과 같이 말이다. 당신의 열정이 낮다면 활력(stamina)에 관한 〈기술과 모범사례〉를 보라.
- **충동성과 통제의 부족:** 이런 성격의 특징들은 직접적으로 고칠 수는 없지만 주변에 상기시킬 수 있는 것들의 도움을 통해 욕구를 절제하도록 하여야 한다. 그리고 특정한 일에 대해 시간을 설정하는 것과 같이 일과 관련된 습관을 만들어라.
- **업무 지체:** 마감일이 멀수록 일에 대해 늑장 부리기 쉽다. 중간 목표와 함께 스케줄을 만들어라.

출처: Based on P Steel, "The Nature of Procrastination: A Meta-Analytic and Theoretical Review of Quintessential Self-Regulatory Failure," *Psychological Bulletin*, January 2007, pp 65–94.

되어 있다. 또한 모든 직업에 있어서 외향성은 포용성(agreeableness)보다 높은 직무성과와 강한 연관성이 있다. 또 직무성과에 있어서 예의바르고, 믿음직하고, 솔직하며 인정 많은 성격은 수다스럽고, 활동적이고 자신감 있는 성격보다 더 작은 효과를 갖는 것으로 나타났다. 최근 연구에서 성실성과 직무성과 사이의 강한 연관성이 특히 세련된 사교술을 가진 사람들 사이에서 발견됐다. 최근에는 긍정 심리 연구에서 이러한 결론을 이끌어냈다. '당신이 외향적으로 행동한다면, 당신은 행복을 얻을 수 있다.' 앞으로 당신이 직장에서 누군가에게 먼저 대화를 이끌어 나가면 더 생산적이고 더 행복해질 수 있다.

이러한 발견에도 불구하고 과거 성격 테스트를 검토한 심리학자들은 개인 스스로가 자기 성격에 대해 평가를 하도록 하는 전형적인 성격 테스트들은 업무 성과를 예측하는데 타당하지 않다고 결론 내린다. 한 가지 이유는 직원들이 정확하게 그들 자신을 묘사하는 대신 고용주가 원하는 대답이 무엇일까를 생각하면서 시험에 응한다는 점이다. 이런 경우 성격은 실질적으로 성과에 연관이 있을 수 있지만 만약 직원을 개인 성격에 기초해서 채용을 하고자 한다면 더 나은 측정 방법이 필요할 것이다.

능동적 성격 앞서 언급한대로 Big Five의 성실성 차원에서 높은 점수를 받은 사람은 아마도 좋은 종업원일 것이다. 토마스 베이트먼(Thomas S Bateman)과 마이클 크랜트(J Michael Crant)는 능동적 성격의 개념을 형성하는 데 있어 성실성과 성과 간의 연관성을 중요한 단계로 생각하였다. 두 학자는 **능동적 성격(proactive personality)**을 다음과 같이 정의내리고 특징지었다. "능동적 성격의 소유자는 상황적인 영향력에서 상대적으로 자유롭거나 환경변화에 영향을 미치는 사람이다." 능동적인 개인들은 기회를 포착하여 행동에 옮기며 독창적으로 활동하고, 행동을 취하고, 의미 있는 변화가 일어날 때까지 끊임없이 노력하고 인내한다. 즉, 능동적인 성격의 사람들은 현재 상태를 변화시키려는 성향이 '내재되어 있다'. 관련연구에 대한 고찰에서 크랜트는 능동적인 성격은 개인, 팀, 조직의 성공과 긍정적으로 연관된다는 것을 확인하였다.

능동적 성격(proactive personality)
주도적으로 활동하고, 변화하는 것을 위해 끊임없이 노력하는 활동 지향적인 개인

성공적인 기업인들은 능동적인 성격의 좋은 예가 된다. 매년 1천 3백만 달러의 수입을 올리는 갈립소 인터내셔널(Galypso International)의 창업자인 호아킨 갈란(Joaquin Galan)을 보자. 15살 때 아버지를 잃은 그는 가족을 부양하기 위해 열심히 일했다. 경영학 석사 학위를

위한 수업료를 마련하기 위해 세일즈 업무를 하였으며 가구 사업을 차렸으나 실패하여 엄청난 빚이 생기고 말았다. 낙담하지 않고 갈란은 마지막 남은 $1,000와 약간의 빚을 얻어서 갈립소를 설립하였다. 이와 비슷하게 레이첼 콜맨(Rachel Colman)은 어린이들에게 미국 수화를 가르치는 DVD를 생산하는 투 리틀 핸즈 프로덕션(Two Little Hands Productions)을 설립하였다. 왜냐면 그녀의 딸이 청각에 문제가 있었기 때문이다. 그녀는 자신의 딸이 청각에 문제가 있다는 것을 알게된 후 싱어송 라이터 및 가수로서의 그녀의 직업을 그만두고 스스로 수화를 배우고 지역 유치원에서 어린이들을 가르쳤다. 그녀와 여동생은 다른 이들을 교육시키기 위해 비디오를 찍었고 '투데이쇼'에서 요청이 온 후 그녀는 기회를 포착하고 사업을 시작하기로 결심했다.

수십억 달러짜리 회사들을 창업하고 경영하고 그 중 몇 개는 팔아치운 후에 로버트 루이스 존슨(Robert Louis Johnson)은 은행을 열었다. 어반 트러스트 은행(Urban Trust Bank)은 흑인과 다른 소수민족을 대상으로 한 주택담보대출, 투자기회, 학생대출을 제공할 것이다. 존슨은 능동적인 성격의 좋은 예이며, 거의 존재하지 않던 첫 번째 흑인 억만장자가 될 것으로 보이며, 뉴욕증권거래소에 상장된 첫 번째 흑인 소유 기업의 소유주이다. 프로스포츠팀의 단독 소유주가 된 첫 번째 흑인이기도 하다.

1장에서 논의한 것처럼 능동적인 성격의 소유자는 확실히 가치 있는 인적 자본이다. 성공하기를 원하는 사람들은 능동적인 성격을 가진 사람의 인내력, 추진력, 자발성을 잘 발현시키면 좋을 것이다.

'이상적인 직원' 이라는 성격은 없다 한 가지 주의해야 할 점이 있다. 즉, 성실성, 외향성과 같은 Big Five 성격차원과 능동적 성격은 일반적으로 직장에서 바람직하게 여기지만 만병통치약은 아니다. 오늘날 복잡한 작업환경, 다양한 노동력과 최근의 연구결과를 고려하면 이상적인 종업원의 성격 프로필을 찾으려고 하는 것은 정말 어리석은 일이다. 누군가의 신발이 모든 사람에게 맞는 것은 아닌 것처럼, 한 가지 성격 프로필이 모든 직무환경에 적합한 것이 아니다. 훌륭한 경영관리는 각각의 직원들의 성격특질, 능력, 잠재력의 조합에 대해 파악한 후 생산적이고 만족할 만한 개인-직무 '적합성(fit)'을 찾아내야 하는 것이다.

통제위치: 자아 또는 환경

학습목표 4
통제 내재론자와 통제 외재론자의 차이점을 설명하라.

개인들마다 행동과 결과에 대해 책임을 지는 정도의 차이가 있다. 성격연구가인 줄리안 로터(Julian Rotter)는 개인들이 책임을 지는 정도 차이들을 설명하기 위해 통제위치(Locus of Control)라는 성격차원을 규명하였다. 그에 의하면 사람들은 우선적으로 행동의 원인을 스스로에게서나 환경요소에서 찾으려 한다. 이에 의해서 다른 행동양식이 뚜렷이 만들어진다.

통제 내재론(internal locus of control)
결과물을 자신의 행동의 탓으로 돌리는 것

자신들의 삶에 영향을 미치는 사건과 결과를 통제할 수 있다고 믿는 사람들을 **통제 내재론자(internal locus of control)라**고 한다. 예를 들면, 통제 내재론자는 시험에 합격한 것과 같은 긍정적 결과를 자신의 능력에 귀인한다. 또 통제 내재론자는 불합격과 같은 부정적 사건에 대해 시험 준비를 열심히 하지 않았다라고 귀인하기 보다 개인적인 결점(능력)에 귀인하려 한다. 많은 기업인들의 경우 내적 통제위치가 실패와 좌절을 극복하는 것을 도왔기 때문에 결국 성공하였다. 성공한 기업가들은 자신이 운명의 주인이라고 여기고 단지 운이 좋았기 때문에 성공했다고 생각하지 않는다(〈기술과 모범사례〉 참고). 이처럼 통제 내재론자는 무거운 과업을 짊어져야 할 때 해결책을 찾으려 노력한다.

통제 외재론(external locus of control)
결과물을 통제를 넘어선 주위상황의 탓으로 돌리는 것

통제 위치에 관한 다른 일면에는 본인의 성과는 자신의 즉각적인 통제를 넘어서 있는 환경의 결과라고 믿는다. 이러한 개인들을 **통제 외재론자(external locus of control)** 라고 한다. 통제 외재론자들은 운이나 운명 같은 환경적 요소에 귀인하는 경향이 있다. 통제 내재론자들과 다르게, 통제 외재론자들은 시험에 통과한 것을 어떤 외적인 요인(시험이 쉬웠다거나 좋은 날이었다거나 하는)에 귀인하려 하고 시험에 낙제한 것은 시험의 불공정성 또는 집안에 일이 생겼었던 것에 귀인하려 한다.

연구가 주는 교훈 연구자들은 통제 내재론자와 통제 외재론자들 간에 중요한 행동차이를 찾아냈다.

기술과 모범사례

활력을 찾고 더 많은 일을 하도록 하자.

오늘날 일터에서 지치고 낙담한 직원들이 "하루의 시간이 일을 끝내기에 충분치 않아요"라고 말한다. 하지만 어떤 사람들은 통제할 수 없는 시간에 집중하는 대신 통제할 수 있는 그들의 에너지에 집중한다. 여기 뉴욕시 연구소(New-York City Research Group)의 에너지 프로젝트에서 활력을 불어 넣어줄 몇 가지 방안들이 있다.

- 몸 관리를 하라. 당신은 이미 영양가 있는 음식을 섭취하고 운동하며 규칙적인 시간에 잠을 자야 한다는 것을 알고 있다. 이런 행동들이 당신을 건강하게 할 뿐만 아니라 꾸준한 활력의 공급원이 될 것이다.
- 휴식을 가져라. 당신이 피곤하고 집중하기 힘들 때 몇 분간 걷곤 해라. 음악을 들으면서 마음을 정리하고 몇 번씩 계단을 오르내리면서 혈액이 원활히 순환되도록 해줘라.
- 기분을 상하게 할 수 있는 요인이 무엇인지 알아보라. 기분이 안 좋을 때 깊은 심호흡을 해라.
- 남을 칭찬함으로써 긍정적인 마음이 생기게 해라. 큰 그림을 보면서 부정적인 상황에 대해 긍정적으로 보도록 하라.; 다른 이들의 관점은 어떨까?, 상황이 일 년 후에도 여전히 중요할까? 나는 이를 통해 무엇을 배울 수 있을까?
- 가능하다면 한 번에 한 가지 일을 해라. 회의 중에는 휴대폰 메시지를 확인하지 마라. 이메일을 올 때마다 확인하지 말고 특정시간에 한꺼번에 확인해라.
- 당신에게 진정으로 중요하고 가치 있는 것 순으로 우선순위를 정해라.

출처: Based on T Schwartz, "Manage Your Energy, Not Your Time," *Harvard Business Review*, October 2007, pp 63–73.

- 통제 내재론자들이 보다 높은 직무 동기를 보인다.
- 통제 내재론자들은 노력이 성과로 이어진다는 더 강한 기대를 가지고 있다.
- 통제 내재론자들은 성과가 가치 있는 보상으로 연결될 때 학습과 문제해결을 포함하는 과업에서 높은 성과를 보인다.
- 통제 외재론자들 보다 통제 내재론자들에게서 직무만족과 성과 사이에는 더 강한 연관성이 나타난다.
- 통제 내재론자들이 통제 외재론자들 보다 높은 임금과 임금인상을 얻는다.
- 통제 내재론자들 보다 통제 외재론자들이 더 불안감을 느낀다.

겸손으로 내재적 통제를 담금질하기 당신은 통제 내재론자인가? 전형적인 조직행동론 학생을 대상으로 한 우리의 수년간 연구에 따르면 당신은 당신이 생각하는 것보다 통제 내재론자일 확률이 더 높다. 이는 긍정적인 결과로 당신이 직무 상에서 승진, 임금인상, 기회를 더 가지게 될 것이기 때문이다. 그러나 당신 스스로 경영능력을 A라고 점수내리기 전에, 당신의 능력 카테고리에 넣어야 할 것이 하나 더 있다. 겸손으로의 접근이다. **겸손(humility)** 은 "성공을 가능하게 만드는 행운과 더불어 자신의 공헌에 대한 실제적인 평가와 다른 사람의 공헌에 대한 인정"을 말한다. 겸손은 소리 없는 미덕이라 불려 왔다. 얼마나 많은 진실로 겸손한 사람들이 스스로 겸손하다고 자랑을 하는가? 두 명의 조직행동론 전문가들은 최근에 다음과 같은 교훈적인 시사점을 제공했다.

겸손(humility)
성공을 평가할 때 다른 사람의 공헌이나 행운에 대해 고려하는 것

> 겸손한 사람들은 자신과 자신의 삶에서의 사건과 인간 관계에 대한 매우 현실적인 견해를 가진다. 겸손은 과장 없이 성공, 실패, 직무, 삶을 평가하는 능력을 포함한다. 더하여, 겸손은 지도자로 하여금 건강한 자신감, 자존감, 자아평가와 지나친 자신감, 자기중심주의, 완고함 사이를 섬세하게 구별할 수 있게 해준다. 겸손은 거만과 자존감 부족이라는 두개의 부정적인 극단 사이에서 중간점에 해당한다. 이러한 표현은 겸손하면서도 동시에 경쟁적이거나 겸손하면서 동시에 야망을 가진 사람이 존재할 수 있음을 보여준다.

쿠바 출신이자 미국 상무장관이며 켈로그(Kellogg)의 전 CEO인 카를로스 구티에레즈(Carlos Gutierrez)는 그의 아버지로부터 겸손에 대해 배웠다.

> 그는 자신의 관점을 지키고 겸손함을 가져야한다고 가르쳤다. 그는 "나에게 너의 자랑거리에 대해 말하면, 나는 너의 부족한 점을 말해줄 것이다."라고 말하곤 하였다.

자기 평가 연습
당신의 공감능력을 평가하라.

학습목표 5
태도에 관한 세 가지 요소를 설명하고 인지 부조화에 대해 논의하라.

태도

우리는 여러 가지 태도조사의 결과를 내보내는 대중매체와 매일 마주친다. 이것은 대중의 의견을 알아보는 것이다. 후보자 X에 대해서, 마약과 전쟁, 총기통제, 낙태에 대해 어떻게 생각하는가? 한편, 조직에서 관리자는 직무와 임금만족 같은 것을 점검하기 위해 태도조사를 실시한다. 이처럼 태도에 주목하는 이유는 태도는 어떻게든 간에 행동에 영향을 준다는 가정 때문이다. 예를 들어, 노화에 대한 긍정적인 생각을 갖고 있는 노인들일수록 그렇지 않은 사람보다 청각과 기억력이 더 좋았으며 결과적으로 더 오래 산다는 연구 결과가 있다. 50,000명의 근로자를 대상으로 한 최근의 메타 분석에 의하면 근무 태도는 성과에 긍정적으로 연관이 있는 반면 지각과 결석과 이직을 줄이는 데에 연관이 있는 것으로 나타났다. 이번 장에서 태도의 구성요소에 대해 알아보고 태도와 행동 간의 관계에 대해 살펴볼 것이다.

태도의 성질 태도(attitudes)는 "특정한 사물에 대해 지속적인 호불호의 방법으로 반응하는 학습된 성향"이라고 정의된다. 초콜릿 아이스크림을 생각해보자. 만약 초콜릿 아이스크림을 좋아한다면 이를 구매할 확률이 더 높다. 반면, 바닐라 맛에 관하여 긍정적인 태도를 갖고 있는 동시에 초콜릿 맛에 대해서는 중립적 혹은 부정적 태도를 갖고 있다면 바닐라 아이스크림을 살 것이다.

태도(attitudes)
특정 대상에 대해 가지는 학습된 성향

위의 예를 통해 태도는 우리가 특정 상황에 특정한 행동을 하게 만든다. 이는 태도가 가

치와 다른 수준에서 행동에 영향을 준다고 할 수 있다. 가치가 여러 상황에서 개인의 행동에 영향을 준다면 태도는 특정한 사물, 인간 또는 상황에 국한된다. 가치와 행동은 일반적으로 일치하곤 하지만 때론 상충되기도 한다. 이타적인 행동을 가치있게 생각하는 경영자가 비윤리적인 동료를 도와주는 것에는 부정적인 태도를 갖고 있는 것처럼 말이다.

태도와 가치간의 차이점을 이해하기 위해 태도의 세 가지 요소를 보도록 하자.

감정적 요인(affective component)
상황이나 사물에 대해 개인이 가지는 감정

- 감정적 요인 **감정적 요인(affective component)**은 특정 상황이나 사물에 대해 개인이 가지는 감정을 의미한다. 예를 들어 식당에서 전화 통화하는 사람을 어떻게 생각하는가? 이런 사람에 대해 짜증이나 화가 나면 당신은 부정적인 감정을 표현하는 것이다. 반면, 아무런 감정이 없다면 당신은 식당에서 통화하는 행동에 대해 중립적인 상태인 것이다.

인지적 요인(cognitive component)
상황이나 사물에 대해 개인이 가지는 믿음이나 이념

- 인지적 요인 식당에서 통화하는 상황에 대해 어떻게 생각하는가? 이런 행동이 남에게 방해되지 않고 생산적이며 충분히 용납할 수 있다고 보는가 아니면 무례하다고 보는가? 당신의 대답은 이런 행동에 대해 당신의 인지적 요인을 나타내 준다. 태도에 관한 **인지적 요인(cognitive component)은 사물이나 상황에 따른 개인의 믿음이나 이념을 의미한다.**

행동적 요인(behavioral component)
상황이나 사물에 대해 개인이 대처하는 방식

- 행동적 요인 **행동적 요인(behavioral component)**은 개인이 어떤 사람이나 사물에 어떻게 행동하는지를 나타낸다. 예를 들면 당신 옆에서 저녁 식사 시간에 식당에서 통화를 하는 사람에 대해 당신은 어떻게 반응을 할 것인가? 행동이론은 이런 상황에서 당신의 궁극적 행동은 세 가지 태도 요인들 간의 작용으로 나타난다고 설명한다. 만약 당신이 이런 행동이 짜증나지 않거나(감정적) 휴대폰 사용이 그들의 업무에 중요하다고 믿거나(인지적) 또는 그 사람을 제지할 의도가 없으면(행동적) 당신은 가만히 식사를 할 것이다.

사람이나 사물에 대한 당신의 전체적인 태도는 위의 세 가지 요인들의 상호 작용의 결합이라고 볼 수 있다. 예를 들어 컨설팅 회사인 타워스 패린(Towers Perrin)은 "종업원 몰입(employement engagement)"이라는 태도를 측정하였는데 이는 세 가지 요인을 통해 직원들이 일에 전념하는 태도를 나타낸다. 세 가지 요인은 그들의 직무와 회사에 감정적으로 연결되어 있는 지(감정적), 무엇을 해야 하는지를 숙지하고 있는 지(인지적) 그리고 직무 요건을 실제로 수행하는 지(행동적)이다. 패린은 오직 5명 중 한 명만이 완전히 몰입하고 있다는 것을 찾아냈다. 대부분은 감정적 요인이 부족하다고 나왔는데 이는 경영자가 직원의 경력 발전을 위한 기회를 제공한다거나 직원들이 하는 일이 회사에 실질적 변화를 가져올 수 있다는 비전을 얘기함으로써 감정적 요인을 제공할 수 있다.

태도와 현실의 충돌: 인지 부조화 강하게 자리 잡은 태도와 현실 사이에서 모순이 생기면 어떻게 될까? 회의는 시간 낭비라는 생각이 널리 알려져 있다. 사람들은 회의를 하지 않으면 일을 더 많이 할 수 있을 거라고 불평한다. 하지만 최근 조사에서 사람들은 회의를 즐기고 이를 자신의 이상적인 업무의 한 부분으로 생각한다고 한다. 사회 심리학자인 레온 페스팅거(Leon Festinger)는 회의에 관한 사람들의 부정적인 생각과 그들이 회의를 하는 것 간의 불일치를 보이는 이런 상황이 인지 부조화를 생기게 한다고 말한다.

인지 부조화(cognitive dissonance)
태도와 행동이 일치하지 않을 때 경험하는 심리적 불안감

인지 부조화(cognitive dissonance)는 사람들의 태도 또는 믿음이 행동과 일치하지 않을 때의 심리적 불안감이다. 페스팅거는 사람들이 자신의 태도와 믿음, 행동 사이의 일관성을 유지시키기 위해 동기부여 된다는 사실을 제기했다. 그는 따라서 사람들이 다음 셋 중 하나의 방법을 통해 "불일치"나 심리적 긴장을 줄이고자 노력한다고 했다.

1. **태도 또는 행동을 바꾸거나 아예 둘 다 바꿔라.** 이는 인지 부조화를 해결하기 위한 가장 단순한 방법이다. 기계 공학자인 존 맥케이(John McKay)는 행동의 변화는 회의에 관한 태도의 변화를 가져왔다고 했다. 그는 회의가 매우 많은 회사에서 그렇지 않은 회사로 이직을 했다. 그는 "인간적 접촉"을 잃어버린 느낌을 받았고 이제는 회의를 적극적으로 하고자 한다고 시인했다.
2. **일관성 없는 행동의 중요성을 낮추어라.** 이는 매번 일어나곤 한다. 회의의 경우에 보험 설계사인 조 아담스(Joe Adams)는 빈정거리며 말하길 "내가 훌륭해 질 거라는 생각은 오래 전에 버렸어." 비록 회의가 그에게는 중요하지 않지만 그는 매번 참석하고 있고 그는 나중에 해야 할 목록을 만드는 데에 이 시간을 사용하고 있다.
3. **불일치 보다 더 중요한 일치점을 찾아라.** 이런 접근법은 불일치를 정당화시켜서 없애는 것을 포함 한다. 레스토랑을 운영하는 사장인 톰 랜디스(Tom Landis)는 회의를 갖는 것처럼 명백히 논리적이지 않은 결정에 논리적 정당성을 찾았다. "비록 사람들이 회의하는 것을 싫어하지만 그들은 실제로 일을 하는 것을 더 싫어합니다."

태도는 얼마나 지속적/안정적인가? 한 역사적인 연구에서 연구자들은 5000명의 중년 남성 종업원들의 직무태도(job attitudes)가 5년 이상 매우 일정한 것을 발견했다. 긍정적인 직무태도는 긍정적으로 남고 부정적인 직무태도는 부정적인 태도로 남았다. 직업을 바꾼 사람들에게도 이전의 직무태도가 유지되는 경향을 보였다. 최근 연구결과에 의하면 위와 같은 선행연구의 연구대상이 중년남성들로 제한되었던 탓에 태도의 안정성이 과장되었다고 볼 수 있다. 최근의 태도에 관한 연구주제는 전체 성인기 동안에 태도에 어떤 변화가 생기는 것일까에 관한 것이다. 일반적 태도(general attitudes)는 중기 성인기 보다 초기와 후기 성인기동안 변화가 일어

몇몇 증거들은 직무에 대한 태도들이 세대 간에 다양할 수 있다고 주장한다. 위 사진에 남편 마크(Mark)와 그들의 개와 함께 나온 캐시 스와타웃(Kathy Swartout)의 경우와 같이 은퇴세대이거나 은퇴에 가까운 많은 사람들은 직업이 가져다주는 보이지 않는 이점인 새로운 것을 배우는 기회와 다른 사람들과의 사회화, 인정받는 느낌을 원한다. 스와타웃은 퇴직이후에 항해하고 정원을 가꾸고 요가를 하며 8개월을 보냈다. 그리고 나서 그녀는 정규직 직업으로 돌아왔고 곧 일주일에 세 번 정도로 회사에 출근할 계획이다. "파트타임으로 일하는 것은 재정안정과 가족, 하고 싶은 다른 재미있는 것들을 조화시킨다."라고 그녀는 말한다.

날 여지가 많은 것을 발견했다. 다음의 세 가지 요인이 중년의 태도안정성의 요인으로 설명된다. (1) 개인적인 확신, (2) 지각된 지식의 풍부함, (3) 강한 태도의 필요성이다. 이에 따르면 사람이 나이가 들어가면서 일반적 태도가 덜 바뀌게 된다는 종전의 견해는 잘못된 것이다. 초기와 후기 성인기의 개인들이 더 개방적이고 자기 확신(self-assured)이 낮기 때문에 이들은 자신들의 일반적 태도를 바꿀 수 있다.

문화적 배경과 경험이 변하기 때문에 우리의 태도와 행동도 역시 변한다. 태도는 행동 의지를 통해 행동으로 표현된다. 이런 중요한 과정에 관해 만들어진 모델을 살펴보자.

태도는 의도에 따라 행동에 영향을 준다. 페스팅거의 업무상 인지부조화를 토대로 아이젝 아젠(Icek Ajzen)과 마틴 피시바인(Martin Fishbein)은 개인의 태도와 행동 간의 차이에 관한 이유를 더 깊게 연구하였다. 아젠은 마침내 태도와 계획된 행동의 연결고리에 핵심적인 역할로써 의도를 강조한 모델을 개발하였다. 그림 5-3에 나타났듯이 그의 계획된 행동에 관한 이론은 특정한 행동을 하게 하는데 있어서 개인의 의도(특정 행동을 수행하는 데 있어서 준비된 정도)를 구성하는 세 개의 요인을 보여주며, 이들 요인은 서로 떨어져 있지만 상호작용을 한다.

중요하게도 이 모델은 개인의 통제 하에서의 행동만을 예측한다. 따라서 본인의 의지 밖의 외부상황에 의한 행동은 예측하지 못한다. 예를 들어 이 모델은 만약 어떤 사람이 내일 아침에 침대에서 빈둥거리고자 한다면 그 사람이 일을 건너 뛸 확률은 예측할 수 있다. 하지만 정시에 출근할 확률을 구하기에는 무리가 있다. 왜냐면 교통 체증이나 사고와 같은 통제할 수 없는 상황이 개입될 수 있기 때문이다.

의도의 결정 요인 아젠은 의도에 영향을 미치는 세 가지 요인의 본질과 역할을 다음과 같이 설명했다.

> 첫 번째는 행동에 관한 태도이다. 그리고 이는 어떤 행동에 관하여 개인이 갖고 있는 긍정적 또는 부정적인 평가의 정도를 나타낸다. 두 번째는 주관적 규범(subjective norm)이라 명칭 되는 사회적 요인의 예측치이다. 이는 행동을 하게 하거나 못 하게 하는 사회적 압력의 인지(perceived)를 의미한다. 의도에 대한 세 번째 가정은 어떤 행동을 수행하는데 있어 느끼는 편안함 또는 어려움을 의미하는 인지된 행동 통제의 정도를 나타낸다. 그리고 이는 예상된 방해물은 물론 지나간 경험까지 반영한다.

의도의 세 가지 요인을 생활에 응용하기 위해 일을 하는 대신 잠을 자기로 결심한 게으름뱅이의 경우로 돌아가 보자. 그는 일을 너무 많이 하고 적게 월급을 받는 다고 느끼기 때문에

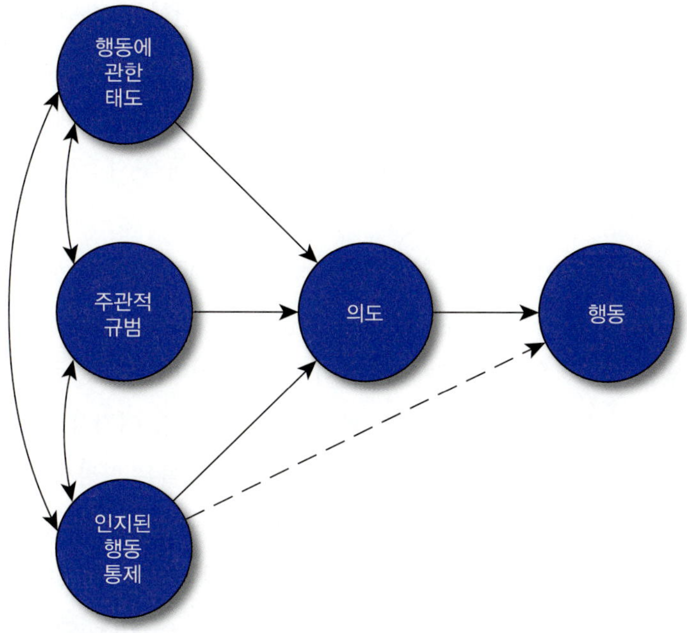

그림 5-3
계획된 행동(planned behavior)에 대한 아젠의 이론

출처: Reprinted from I Ajzen, "The Theory of Planned Behavior," *Organizational Behavior and Human Decision Processes*, Figure 1, p 182. Copyright 1991, with permission from Elsevier Science.

자주 결근하는 것에 대해 긍정적인 태도를 갖고 있다. 그의 인지된 주관적 규범은 긍정적인데 그 이유는 동료들이 몸이 아프지 않아도 결근하기 때문이다(사실 그들은 결근수당을 쓰고 있다). 인지된 행동 통제 측면에서 그가 오늘 결근하는 것은 완전히 그의 의도에서 나온 행위이다. 따라서 그는 자명종을 끄고 머리 위에 이불을 뒤집어쓴다. 단잠을 자기 위해서!

의도와 행동에 관한 연구 교훈과 시사점 계획된 행동에 관한 모델에 따르면 어떤 행동을 하는 데 있어서 개인이 갖는 의도는 행동에 관한 강력한 예측치가 된다. 예를 들어 누가 일을 그만둘 지를 파악하는 가장 빠르고 정확한 방법은 제 3자가 당사자에게 일을 그만둘 의지가 있는지를 물어보는 것이다. 83,000명이 넘는 직원 이직을 대상으로 한 34개의 메타 분석 연구에 의하면 이런 직접적 관점이 유효하다고 밝힌다. 연구는 언급된 행동 의도는 직업 만족도, 업무 만족도 또는 조직적 헌신보다도 직원 이직에 훨씬 좋은 예측치라는 것을 보여준다. 최근의 한 연구는 직원이 고용되기 전에 갖고 있었던 퇴직에 대한 생각이 고용된 후 6개월 안에 발생하는 자발적 이직을 예측하는데 효과가 있는지를 고려함으로써 이러한 발견에 한 걸음 더 나아갔다. 연구 결과는 그만둘 의도가 직원 이직을 예측하는 데 상당한 도움이 되었다고 밝힌다.

"오늘 누가 나를 거만하고, 돈만 축내고, 할 줄 아는게 하나도 없는 바보라고 놀렸어. 내가 의도한 데로 되고 있는 것 같아"

HARVARD BUSINESS REVIEW

연구는 아젠의 모델이 온라인에서 물건을 구입하거나, 헌혈을 하거나, 디지털 제품을 무단으로 사용하거나, 운동에 대해 집착하거나, 특정 정치 후보자에 지지를 보이거나, 살을 빼거나, 결근하는 것과 같은 것을 포함해서 사용자의 의도와 행동을 정확히 예측한다고 말한다. 또한 계획된 행동에 관한 이론은 터키와 네덜란드 사람들의 행동을 예측하는 데에도 같은 결과가 나타났다.

실생활적인 관점에서 이 계획된 행동 이론(theory of planned behavior)은 중요한 경영학적 내용을 내포하고 있다. 경영자들은 직원들의 행동을 변화시키기 위해 어떤 조치를 취할 때 이 모델로부터 얻은 처방전을 사용하는 것이 좋다. 이 모델에 따르면 행동이 변화하는 것은 의도가 행동을 변화시킨다는 생각에 대한 인식에서부터 출발한다. 여기서 의도는 앞서 배운 세 가지 결정 요인에 의해 영향을 받는다.(그림 5-3 참조) 경영자들은 따라서 직원들의 의도에 중요한 역할을 하는 세 가지 요소(행동, 주관적 규범, 인지된 행동 통제에 관한 태도)에 영향을 줄 수 있는 말을 함으로써 특정 행동을 하도록 행동 변화에 영향을 줄 수 있다. 이는 이들 요인들 각각을 형성시키는 특정한 생각을 수정함으로써 달성할 수 있다. 예를 들어 행동에 대한 믿음, 규범적 생각과 행동 통제에 대한 생각은 직접적으로 행동, 주관적 규범, 인지된 행동 통제에 각각 영향을 줄 수 있다. 예를 들자면, 직원들은 임시직이 자신의 직업을 위험하게 만든다는 행동적 믿음을 갖고 있을 때 임시직에 더 많은 부정적 생각을 갖게 되고 직업 안정성에 대해 낮은 인지력을 보인다고 한다. 궁극적으로 경영자들은 직원들의 생각을 변화시킴으로써 태도와 행동을 바꿀 수 있다.

직원들의 생각은 경영자가 매일 매일 제공하는 정보라든지 조직 문화 가치, 역할 모델, 특정한 생각을 강화시키기 위해 맞추어진 보상에 의해 영향을 받을 수 있다. 예를 들어 경영자는 개인 목표가 아닌 팀 단위 목표를 설정하고 보상함으로써 팀워크가 중요하다는 생각을 직원들에게 심어줄 수 있다. 생각은 또한 교육과 훈련을 통해서 바뀔 수도 있다.

지능과 인지능력

지능(intelligence)
건설적 사고, 추론, 문제해결 능력

비록 전문가들은 이 정의에 동의하지 않겠지만, **지능(intelligence)**은 건설적인 생각, 추론, 문제해결에 대한 개인능력이다. 역사적으로 지능은 타고난 능력(innate capacity)으로 한 세대에서 다음 세대로 유전적으로 전해지는 것으로 여겨졌다. 하지만 그 후 시행된 조사에서 성격과 마찬가지로 지능 또한 환경적 영향과 상관관계가 있다는 주장이 제기되었다. 최근에는 술과 약물을 남용한 임산부들과 그 자녀들의 지능발달상의 문제점 사이에 연관성을 토대로 생물적 요인이 주목을 받고 있다.

최근의 연구자들은 능력(ability)과 지능(intelligence)에 대한 흥미로운 연구결과를 발표하였다. 놀랄만한 5년간의 연구결과로 사람들이 자신들의 능력에 상응하는 직업을 가지게 되는 경향을 입증하였다. 이는 근로자들을 다양한 능력의 상자 안으로 튕겨 넣어 버리는 거대한 분류기계와 같은 노동시장의 모습을 보여주는 것이다. 그런데 한편으로 선진국에서는 주목할 만한 평균 지능의 향상이 최근 70년 동안 꾸준히 관찰되어 왔다. 왜일까? 미국 심리학회는 '더 나은 교육, 발전된 사회경제상태, 건강한 영양상태, 기술적으로 복잡한 사회의 작용으로 지능이 향상되었을 것으로 결론지었다. 따라서 만약 여러분이 부모나 선생님보다 더 똑똑하다고 생각한다면 아마도 당신이 맞을 것이다. 또한 사람이 나이가 들어감에 따라 인식 능력을 유지할 수 있다는 연구 결과가 최근에 나오기도 하였다(〈기술과 모범사례〉 참조).

기술과 모범사례

운동은 더 이상 너의 몸에만 관련 있는 것이 아니다.

지난 십년동안 사람들은 뇌 기능이 노화에 따라 떨어진다고 믿었다. 하지만 이후 뇌 연구는 어떻게 뇌를 쓰는지가 뇌 기능에 중요하다고 한다. 사고력을 키우기 위해 우리가 할 수 있는 몇 가지를 알아보자.

- **중요한 경험을 해봐라.** 전문가들의 행동을 목격하라. 당신이 직원이나 고객을 찾아가 그들의 의견을 들어보라.
- **놀아라.** 게임, 스포츠 그리고 상상은 복잡한 문제를 해결하기 위해 중요한 뇌를 사용하고 개선시켜 준다. 심지어 놀이를 통한 기쁨은 인지 발달에 매우 중요하다.
- **배우고 분석하라.** 상황을 파악하고 패턴을 읽는 뇌의 능력은 강력한 정보 처리 능력이다. 이를 키우기 위해 듣고 읽고 보는 것에 있어서 항상 다른 관점을 생각해보라. 다른 관점을 가진 이들의 의견을 존중하라.
- **새로운 것을 시도해라.** 배우기에 늦지 않았다. 또한 바로 이런 배움의 과정이 뇌의 기능을 향상시킨다. 다른 사람들과 너의 배움에 대해 이야기해라.
- **운동해라.** 말 그대로 운동을 통한 생화학적인 변화는 몸 전체뿐만 아니라 뇌에까지 흘러 들어간다.

출처: Based on R Gilkey and C Kilts, "Cognitive Fitness," Harvard Business Review, November 2007, pp53-66;and B Azar, "The Expert's Advantage," *Monitor on Psychology*, September 2007, pp 26-27

두 가지 유형의 능력 인간지능에 관한 연구는 주로 실증적으로 진행되었다. 정신능력(mental ability)과 행동과의 연관성을 확인함으로써 연구자들은 통계적으로 지능의 주요 요소들을 구분하였다. 이 실험적인 진행을 이용하여 선도적인 심리학자 찰스 스피어먼(Charles Spearman)은 1927년에 모든 인지적인 수행은 두 가지 형태의 능력에 의해서 결정된다고 주장했다. 첫 번째는 모든 인지적 업무에 필요한 일반적인 정신능력으로 특징지어지고, 두 번째 유형의 능력은 당면한 일을 처리하는 구체적 능력이다. 예를 들어, 낱말 맞추기 퍼즐을 완성하는 개인적인 능력은 부분적으로 완전한 단어의 패턴을 인지하는 구체적인 능력과 그 사람의 폭넓은 일반적 정신능력과 관계가 있다.

7가지 주요한 정신적 능력들 많은 연구들은 스피어먼의 인지능력과 지능과의 관계에 대한 생각을 발전시키고 확장시켜 나가는데 공헌했다. 한 심리학자는 120가지의 독특한 정신능력에 대해 일람했다. 표 5-2는 가장 빈번히 인용되는 7가지 정신 능력의 정의를 보여준다. 7가지 능력 중 인력선발 연구자들은 언어능력, 수리능력, 공간능력, 귀납적 논리력과 직무성과 간의 유효한 상관관계를 발견하였다. 또한 최근의 포괄적인 재조사에 따르면 표준지능테스트(IQ)는 학문적 성취와 직무성과의 예측에 좋은 역할을 한다. 이것은 학교와 직장에서 상이한 인지능력이 필요하다는 일반적인 개념과 상반되는 결과이다. 즉, 똑똑한 사람은 어쨌거나 똑똑한 것이다.

학습목표 6

가드너의 여덟 가지 다중 지능에 대해 최소 다섯 가지를 정의하고 "실용 지능"에 대해 설명하라.

우리는 다중 지능을 갖고 있는가? 하버드의 교육대학원 교수인 하워드 가드너(Howard Gardner)는 1983년 그의 저서 「생각의 틀: 다중 지능 이론(*Frames of Mind: The Theory of Multiple Intelligences*)」에서 인간 지능에 관한 새로운 패러다임을 만들었다. 그는 지능에 대해

표 5-2
지적 능력(mental abilities)

능력	내용
언어 이해력	단어의 의미를 이해하고 읽은 것을 즉시 이해할 수 있는 능력
언어의 유창함	상징적이거나 구조적 요건을 만족시키는 독립된 단어(b로 시작하면서 2개의 모음으로 된 단어와 같은)를 만들어내는 능력
계산 능력	빠르고 정확하게 덧셈과 뺄셈 같은 수학적 계산을 할 수 있는 능력
공간성	공간적 모양과 위치를 변화시켰을 때 기하학적으로 어떻게 보일 것인가를 시각화 할 수 있는 능력
기억력	짝단어, 상징, 숫자표 또는 다른 연관된 항목들에 대한 암기사항
인지 속도	모양 인지, 유사성/상이성 파악 그리고 시각적 지각을 포함한 업무의 수행에 대한 능력
귀납추론	특정한 것에서 일반적 결론을 유추해내는 능력

출처: Adapted from M D Dunnette, "Aptitudes, Abilities, and Skills," in *Handbook of Industrial and Organizational Psychology*, ed M D Dunnette (Skokie, IL: Rand McNally, 1976), pp 478–83.

서 오랜 시간동안 유지되어 온 개념을 광범위하게 넓혀줄 수 있는 여덟 가지 다른 지능을 분석했다. 그의 다중 지능 개념은 인식 능력 뿐만 아니라 사회적, 육체적 능력과 기술까지 포함한다.

- 언어적 지능(Linguistic intelligence): 말과 글을 배우고 사용할 줄 아는 잠재력
- 논리-수학적 지능(Logical-mathematical intelligence): 연역적 사고, 문제 분석, 수학적 계산
- 음악적 지능(Musical intelligence): 감상하고 작곡하며 음악을 연주할 수 있는 잠재력
- 운동 감각 지능(Bodily-kinesthetic intelligence): 동작을 취할 때 마음과 신체를 사용할 수 있는 잠재력
- 공간 지능(Spatial intelligence): 패턴을 인식하고 사용할 잠재력
- 대인 지능(Interpersonal intelligence): 다른 이를 이해하고 교감하며 효과적으로 같이 일할 수 있는 잠재력
- 내면성찰 지능(Intrapersonal intelligence): 자신을 이해하고 통제하는 능력
- 자연적 지능(Naturalistic intelligence): 주위 환경과 조화롭게 살아가는 잠재력

많은 교육자들과 부모들은 이런 다중 지능 개념을 인정한다. 왜냐면 이 개념은 어떻게 한 학생이 일반적인 IQ 테스트에서는 낮은 점수를 받았지만 다른 재능(음악, 스포츠, 인간 관계)에는 뛰어난 현상을 설명할 수 있기 때문이다. 더욱이 그들은 다중지능의 개념이 각각의 학생들이 자신에게 적합한 방법과 속도로 자신의 능력을 계발시켜야 할 필요성을 강조한다고 믿는다. 그들은 일반적인 IQ 테스트는 가드너의 목록에 있는 언어적 지능(linguistic intelligence)과 논리-수학적 지능(logical-mathematical intelligence)만을 강조한다고 주장한다. 하지만 다수의 심리학자와 지능 전문가들은 가드너의 모델이 너무 주관적이며 엉성하게 통합되어 있다고 계속적으로 비판해 오고 있다. 그들은 하나의 시험으로 평가되는 단일화된 변수로서 전통적인 지

능 모델을 선호한다.

비록 학계에서는 논쟁이 오가고 있지만 가드너의 다중지능에 관한 생각으로부터 실제적인 유용성을 이끌어 올 수 있다. 이 장의 마지막 부분에서 감성 지능(emotional intelligence)이라는 개념을 접할 것이다. 예일대학교의 로버트 스턴버그(Robert J Sternberg)는 최근 가드너의 자연적 지능(naturalistic intelligence)을 실용적 지능(practical intelligence)이라는 이름하에 리더십 영역에 적용시켰다. 그는 설명하길,

> 실용적 지능(practical intelligence)은 과거의 경험을 통해 얻은 지식을 이용함으로써 환경에 적응하고 환경을 바꾸고 또한 환경을 선택하기 위해 일상의 문제들을 해결하는 능력이다. 따라서 이는 환경에 맞게 자신을 변화시키는 것(적응), 자신에 맞도록 환경을 변화시키는 것(구상) 또는 자신에게 맞는 새로운 환경을 찾는 것(선택)을 포함시킨다. 개인은 (a)스스로를 관리하거나 (b)다른 이들을 관리하거나 (c)업무를 관리하기 위해 이 기술들을 사용한다.

다른 이들은 다중지능이 직원 선택과 훈련에 있어서 중요한 점을 시사하고 있다고 말한다. 하나의 단일화된 훈련 프로그램은 다중지능의 다양성을 고려할 때 효과가 떨어진다. 다중지능 모델이 인사조직 연구자들과 경영자들의 관심을 끌고 있을 때 우리는 이 분야에 대한 획기적인 돌파구를 찾아야 할 필요가 있다.

조직행동에서의 감정

이상적인 경영이론의 세계에서 종업원들은 논리적이고 합리적인 방법으로 조직목표를 추구한다. 이와 같은 과정에 감정행위(emotional behaviors)는 거의 고려되지 않는다. 하지만 일상적인 조직 생활에 있어서 우리는 얼마나 감정적 사고가 널리 퍼져있고 강력한지 확인할 수 있다. 주요 감정인 분노, 질투는 논리 및 합리성에 앞선다. 관리자들은 불안 등과 같은 감정을 이용하여 동기부여시키고 협박한다. 예를 들어 2008년 섹스 파문으로 인해 사임한 전 뉴욕 주지사인 앨리엇 슈피처(Eliot Spitzer)는 감정폭발로 유명한 인물이다. 여기 포춘(Fortune)지 리포터와의 대화에서 GE의 전 CEO인 잭 웰치가 켄 라곤(Ken Lagone)에 관하여 슈피처와 나눈 대화에서 어떤 생각을 느꼈는지 보자. 라곤은 GE와 뉴욕 증권 시장의 임원을 했던 사람이다.

> "우리는 상냥한 대화를 하고 있었다" 웰치는 회상했다. "그때 - 쾅 - 그는 화가 엄청 났고 뚜껑이 열렸다. 손가락으로 나의 가슴을 찌르면서 말했다. '당신의 친구인 라곤에게 내가 그의 심장에 말뚝을 박을 것이라고 말하시오!"

호기심과 두려움의 조합은 미디어 산업의 가장 전설적인 거래 메이커인 베리 딜러(Barry Diller)를 표현하기 위한 단어이다. 딜러는 '나와 내 친구들은 성공했다. 왜냐하면 우리는 실패를 몹시 두려워했기 때문이다'라고 말한다. 이러한 존경받는 경영인들이 달성한 성공은 합리적이고 논리적인 의사결정과 감정적인 능력 없이는 불가능했을 것이다. 그렇다 하더라도 너무 지나친 감정은 경력과 조직 모두에 재앙을 초래할 수 있다. 이와 대조적으로 알카텔 루센트(Alcatel-Lucent)의 CEO인 패트리시아 루소(Patricia Russo)는 일을 하는데 있어 감정을 평온하게 유지하는 어려움을 이야기 했다. 통신 회사의 회생 계획에 따른 비판에 대해서 그녀는 "일을 하면서 압박이 들어온다. 다른 누군가가 여기에 와서 무엇을 해야 하는지에 관해 다른 시각을 갖고 있어도 나는 이 길이 우리가 해야만 하는 것이라고 생각한다. 이제 우리의 임무는 실행하는 것이다."라고 반응했다.

7 학습목표
감정전이와 감정노동 감성지능에 대해 설명하라.

마지막으로 개인 차이중에서 감성을 정의하고, 10개의 긍정적, 부정적인 감성의 유형에 대해 고찰하고, 감정전이(emotional contagion), 감정노동, 감성지능(EQ)에 대해 검토할 것이다.

긍정적, 부정적 감정

감정(emotion)
개인 느끼고/표출하는 성취감 내지는 좌절에 대한 복잡한 반응

감정관련 주제의 권위자인 리차드 라자루스(Richard Lazarus)는 **감정**(emotion)을 '삶에서 생존하고 번성하며 우리가 스스로에게 바라는 것을 성취하기 위해 노력하는 것에 대해 어떻게 생각하는지에 대한 복잡하고 패턴화된 유기적인 반응'이라고 하였다. 유기적(organistic)이란 말은 매우 적합한 말이다. 왜냐하면, 감정은 모든 인간의 생체적, 심리적, 사회적인 것들을 의미하는 것이기 때문이다. 특히 심리학자들은 느끼는 감정(felt emotion)과 보여지는 감정(displayed emotion)으로 감정을 구분한다. 예를 들어서 상관이 계속적으로 불가능한 요구를 할 때 당신은 화가 나거나 두려워할 것이다(느낀 감정); 당신은 스스로 감정을 추스르거나 울기 시작할 수 있다(두 반응 모두 감정을 표현하는 것이다). 상관은 당신의 눈물에 놀랄 수 있지만(느낀 감정) 당신의 마음이 편해질 때의 상황에 대해 이야기할 수 있는지를 물어봄으로써 건설적으로 반응(표출된 감정)을 할 수 있다. 감정은 스트레스를 일으키거나 이에 적응할 때 또는 연관된 생물학적 심리학적 문제들에 있어서 중요한 역할을 한다. 사회적 관계에서 감정적 행동의 악영향은 일상생활에서 매우 명확하다.

라자루스가 말하는 감정에 관한 정의는 사람의 목표에 중심을 둔다. 따라서 그의 긍정적 감정과 부정적인 감정 사이의 구별은 목표지향성이다. 일부 감정들은 목표를 추구하는 데서 비롯되는 실패와 좌절에 의해 유발되기도 한다. 라자루스는 이러한 감정을 부정적 감정이라 한다. 부정적 감정은 목표불일치이다. 예를 들어 당신이 만약 필수과목의 기말시험에서 낙제를 경험했을 때 그림 5-4의 여섯 가지 부정적 감정들 중 어떤 감정을 경험하는가? 기말시험에서 낙제한다는 것은 제 때에 졸업하는 당신의 목표에 부합되지 않을 것이다. 다른 한편 그림 5-4

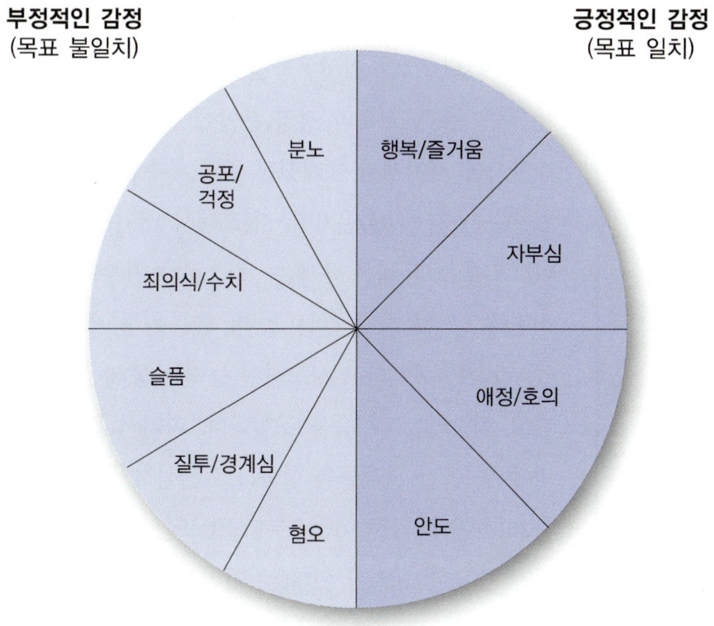

그림 5-4
긍정적/부정적 감정

의 네 가지 긍정적 감정 중 어떤 감정이 우수한 성적으로 제 때 졸업을 할 때 느낄 수 있는 감정들인가? 이러한 상황에서 경험하게 될 감정은 긍정적인 것이다. 왜냐하면 이러한 감정들은 중요한 인생시기의 목표와 일치하는 것이기 때문이다. 주목할 것은 개인목표가 사회적으로 수용가능하거나 혹은 수용가능하지 않을 수 있다. 즉, 사랑/애정과 같은 긍정적 감정도 성적 희롱과 연관되면 바람직하지 않은 것이다. 반대로 약간의 죄책감, 걱정, 질투는 추가적인 노력에 대한 동기부여가 될 수 있다. 결국은 특정 감정들이 건설적인가 파괴적인가의 여부는 반드시 감정의 강도와 개인의 목표와 관련지어 평가되어야만 한다.

감성지능 키우기

사람들은 다양한 방법으로 감정에 대처한다. 예를 들어 타린 로즈(Taryn Rose)의 사례를 보자. 그녀는 내과 의사인 아버지의 영향으로 의대에 진학했다. 하지만 레지던트 기간이 끝나갈 무렵 여성의 발톱에 고통을 안주는 신발을 개발하여 판매하고자 하는 사업적 욕구가 그녀에게 생기기 시작했다. 하지만 가족들에게 실망을 주기는 싫었다. "나는 실패를 두려워하는 것보다 후회하는 것을 훨씬 두려워했습니다." 패스트 컴퍼니(Fast Company) 잡지와의 인터뷰에서 그녀는 이렇게 말했다. 따라서 그녀는 자신의 꿈을 따랐고 이제는 매년 2천만 달러 매출을 올리는 기업의 CEO가 되었다고 가족들도 그녀를 이해한다. 타린 로즈의 좋은 아이디어와 결심이 그녀의 불안감을 극복할 수 있게 하였다. 두려움과 다른 감정들을 효과적으로 관리할 수 있는 또 다른 방법은 감성지능을 키움으로써 감정적으로 더욱 성숙해지는 것이다.

기술과 모범사례

감성지능(EI: emotional intelligence) 개발

개인 역량(personal competence): 사람들 스스로를 관리하는 능력

자기인식(Self-awareness)
- 감정적 자기인식(emotional self-awareness): 자신의 감정들을 살피고 이들의 영향에 대해 아는 것. 의사결정을 하기 위해 직감(gut sense)를 사용함
- 정확한 자기평가(accurate self-assessment): 스스로의 강점/약점을 아는 것
- 자기확신(self-confidence): 스스로의 가치와 능력에 대한 건전한 자각

자기관리(self-management)
- 감정 자기통제(emotional self-control): 긍정적인 감정을 유지하며 일시적인 감정/욕구를 통제하는 것
- 투명성(transparency): 정직하고 성실함을 보이는 것, 신뢰성
- 적응성(adaptability): 장애를 극복하거나 상황 변화에 대한 적응의 유연성
- 성취감(achievement): 우수한 내적 기준을 만족시키기 위해 성과를 개선시키고자 하는 욕구
- 주도성(initiative): 기회를 포착하여 행동으로 옮길 수 있는 준비성
- 낙천주의(optimism): 사물/사건의 긍정적인 측면을 보는 것

사회적 능력(social competence): 사람들 간의 관계를 관리하는 능력

사회인식(social awareness)
- 공감(empathy): 타인의 감정을 알고 다른 관점을 이해하는 것. 타인의 관심사에 대해 적극적인 흥미를 보이는 것
- 조직인식(organizational awareness): 조직에서 일어나는 정책, 의사결정 네트워크, 사건들에 대해 알아차리는 것
- 서비스(service): 부하, 고객 등의 욕구를 인지하여 만족시키는 것

관계관리(relationship management)
- 진취적 리더십(inspirational leadership): 비전을 갖고 동기부여 시키는 것
- 영향력(influence): 타인을 설득하기 위해 어느 정도의 전술을 행사하는 것
- 타인개발(developing others): 피드백과 충고를 통해 타인의 능력을 향상시키는 것
- 변화촉진자(change catalyst): 새로운 방향을 만들고 관리하고 이끌어 나가는 것
- 갈등관리(conflict management): 의견불일치의 해소
- 결속력의 구축(building bonds): 관계의 네트워크를 만들어내고 유지하는 것
- 팀워과 협동(teamwork and collaboration): 협동과 팀구축

출처: Reprinted by permission of Harvard Business School Press. D Goleman, R Boyatzis, and A McKee, *Primal Leadership: Realizing the Power of Emotional Intelligence* (Boston: Harvard Business School Press, 2002), p 39.

심리학자에서 기고가로 전환한 다니엘 골만(Daniel Goleman)은 1995년 그의 저서인 「감성지능(Emotional Intelligence)」이라는 책을 통해 교육과 경영 분야에 큰 파장을 일으켰다. 이로써 심리학자들 사이에서 애매했던 주제는 주류가 되었다. 골만에 따르면 전통적인 지능(IQ)은 너무 협소해서 대인 능력을 파악하기 힘들었다. 그의 보다 넓은 주제는 "스스로 동기부여를 할 수 있고 좌절에 직면해도 굴복하지 않는 능력; 충동을 통제하고 욕구를 절제하는 것; 감정을 통제하고 사고하는 능력을 통해 걱정을 없애는 것; 강조하고 희망하는 것"등을 포함한다. 따라서 감성지능은 본인 스스로와 주위 인간 관계들을 성숙하고 건설적인 방법으로 유지하는 능력을 의미한다. 다른 이들로부터 EI 또는 EQ로 불리는 감성지능은 네 가지 중요한 요소가 있다: 자기인식(self-awareness), 자기관리(self management), 사회인식(social awareness), 관계관리(relationship management). 앞의 두 요소는 개인 역량(personal competence)을 나타낸다. 뒤의 나머지는 사회적 능력(social competence)을 의미한다(〈기술과 모범사례〉를 보라).

통합된 형태로서 앞서 논의된 능동적 성격(proactive personality)과 감성 지능의 구성요소들은 자기 계발을 위한 흥미로운 주제(agenda)를 구성한다. 실제로 골만과 그의 추종자들은 감성지능이 개인과 팀 그리고 조직의 효율성을 올려준다고 믿는다.

감정노동과 감정전이에 대한 실질적 연구 시사점

감정에 대한 조직행동 연구의 두 개의 흐름은 흥미롭고 건설적인 통찰을 제공한다.

- **감정전이(emotional contagion).** 다른 사람의 안 좋은 감정이 당신에게 영향을 미친 적이 있는가? 예를 들어 환자, 상급자, 동료, 친구 또는 가계나 식당에서 서빙을 보는 사람들로부터 말이다. 연구자들은 이런 현상을 감정전이(emotional contagion)라 한다. 우리는 말 그대로 다른 이의 안 좋은 감정을 눈치 채거나 볼 수 있다. 이런 효과는 131명의 은행 창구직원(92% 여성)과 220명의 고객을 대상으로 한 출구 인터뷰를 통해 나타난다. 긍정적 감정

을 표출하는 창구 직원은 더 많은 고객들에게 만족감을 주었다. 간호사와 회계사를 대상으로 한 두 개의 현지조사는 전체 조직의 감성 분위기와 개인의 기분 간에 강한 연관성이 있다는 것을 발견하였다. 안 좋은 감정과 좋은 감정은 모두 전염성이 높았다. 경영학 교수인 시걸 바세이드(Sigal Barsade)는 동료의 안 좋은 감정을 변화시킬 필요는 없지만 그들의 그런 감정으로부터 자신의 감정을 방어할 수는 있다고 말했다. 예를 들어 당신은 기분이 안 좋은 사람이 당신을 피곤하게 하지 못하도록 미리 조치를 취할 수 있다. 매일 아침 투덜거리는 직원의 책상을 지나가는 경영자는 자신의 사무실 자리까지 가는 다른 길을 찾고 그렇게 함으로써 안 좋은 감정으로 하루를 시작하는 것을 막을 수 있다.

감성지능(emotional intelligence)
스스로를 통제하고 성숙하고 건설적인 방법으로 다른 사람들과 교류하는 능력

자기 평가 연습
당신의 감성지능을 평가하기

- **감정노동(emotional labor).** 눈에 띄는 명성이나 섬세한 연구 토대가 없어도 경영자들은 수세대를 걸쳐 직장에서의 감정전이의 영향력을 알고 있었다. "웃고 고객들에게 행복한 얼굴을 하세요." 직원들은 이런 말을 무수히 많이 들었다. 하지만 만약 직원이 하루 종일 기분이 안 좋으면 어떨까? 그들이 단지 진짜 감정과 기분을 숨기고 있다면? 또 그들이 그렇게 속여야만 한다면? 연구자들은 그들이 부르는 감정노동(emotional labor)의 역학에 대해 연구하기 시작했다. 호주와 미국 출신의 두 명의 연구자들은 최근의 연구 결과를 이렇게 정리하였다.

> 감정노동은 일을 하는 직원들에게 특히나 위험할 수 있으며 심리적 육체적으로 문제를 유발시킬 수 있다. 직원들은 좌절, 분개, 분노와 같은 표현하기에 적절하지 않은 감정을 느낄 수 있다. 이런 감정들은 부분적으로 항상 안 좋은 감정은 참고 좋은 감정만 표현해야만 하는 직업적 요구사항 때문에 발생한다. 만약 감정을 배출할 수 있는 방법이 주어지지 않는다면 이런 감정적 억압은 정서적 피로와 탈진 증상을 초래할 수 있다.

문헌 자료를 통해서 직원들이 자신이 느끼는 대로 표현하면서 일을 할 경우 감정노동에 따른 스트레스와 정신적 탈진 현상이 많이 줄어든다는 것을 알 수 있다. 예를 들어 까다로운 고객이 왜 그렇게 행동을 하는지에 대해 감정이입을 해보고 그의 곤경에 공감을 표현하는 것처럼 말이다. 흥미롭게도 미국 대학생들을 대상으로 한 두 개의 실험 연구 결과, 감정을 느끼는 것에 대해서는 남성과 여성 간에 차이가 없다고 나왔다. 하지만 여자가 남자보다 더 감정을 표출하는 것으로 나왔다. 이 감정노동에 대한 일련의 연구 결과들은 직장 내에서의 화, 공격성, 폭력뿐만이 아니라 생산성과 직무 만족도를 위해 중요하고 실질적 시사점을 갖고 있다. 분명히 경영자들은 직원들의 감정 상태와 필요에 반응하고 이에 맞추어야할 필요가 있다. 이를 위해선 감성 지능이 필요하다.

핵심 용어

감성지능(emotional intelligence) 149
감정(emotion) 146
감정적 요인(affective component) 138
겸손(humility) 137
능동적 성격(proactive personality) 134
성격(personality) 132
인지(cognition) 125
인지 부조화(cognitive dissonance) 139
인지적 요인(cognitive component) 138
자기감시(self-monitoring) 130
자기효능감(self-efficacy) 127
자아 개념(self-concept) 124
자존감(self-esteem) 126
지능(intelligence) 142
태도(attitudes) 137
통제 내재론(internal locus of control) 135
통제 외재론(external locus of control) 136
학습된 무기력감(learned helplessness) 127
행동적 요인(behavioral component) 138

단원 요약

- **자존감과 자기효능감을 구별하라.** 자존감(self-esteem)은 자기자신과 지각된 자기가치에 대한 전반적인 평가이다. 자기효능감(self-efficacy)은 특정 과업을 성공적으로 수행할 수 있는 능력에 대한 믿음이다.
- **자기감시가 높은 개인과 낮은 개인을 비교하여 각각의 문제점에 대해 생각해보자.** 자기감시가 높은 개인은 자신의 행동에 대해 탐색하고 주어진 상황에 맞춰 행동하여 타인에게 좋은 인상을 심어주려 노력한다. 너무 높은 수준의 자기감시는 불성실하고 정직하지 못하게 보이는 '카멜레온' 같은 사람을 만들 수도 있다. 낮은 수준의 자기감시는 높은 자기감시의 개인과 반대되게 행동하는데 이들은 주위 환경은 무시한 채 순간적인 느낌으로 행동한다. 너무 낮은 수준의 자기감시를 가진 개인은 타인의 언어적 비언어적인 신호나 단서를 무시하는 일방적인 의사소통을 하는 사람이 될 수 있다
- **'Big Five' 성격모델에 대해 설명하시오. 그리고 'Big Five' 성격유형 중 어느 것이 직무성과에 가장 강한 연관성을 가지는가? 능동적 성격을 설명하시오.** 'Big Five' 성격모델은 사교적이고 활달한 외향성(extraversion), 진실하고 협조적인 포용성(agreeableness), 책임감 있고 철저한 신중성(conscientiousness), 침착하고 자제력 있는 안정성(emotional stability), 창조적이고 호기심 많은 혁신성(openess to experience)으로 구성된다. 직무성과 가장 연관성이 높은 것은 신중성이다. 능동적 성격인 사람은 독창적 진취적이며 동시에 추구하는 변화가 일어날 때까지 인내심을 갖는다.
- **통제 내재론자와 통제 외재론자의 차이점에 대해 설명하시오.** 기업가와 같은 통제 내재론자들은 스스로 자신의 운명을 개척할 수 있다고 믿는다. 반면, 통제 외재론자들은 자신의 행동과 그에 따른 결과를 상황요인에 기인한다.
- **태도의 세 가지 구성 요소를 알아보고 인지 부조화에 대해 의논하라.** 태도의 세 가지 요소는 감정적(affective), 인지적(cognitive), 행동적(behavioral)이다. 감정적 요소는 개인이 특정 상황이나 사물에 관하여 갖는 느낌이나 정서이다. 인지적 요소는 개인이 특정 상황이나 사물에 관하여 갖는 생각이나 이념이다. 행동적 요소는 개인이 누군가와 무언가에 대해 어떻게 행동하려고 하는 의지 또는 기대치이다. 인지 부조화는 그 사람의 태도나 생각이 행동과 일치하지 않을 때 경험하는 심리적 불안정을 의미한다. 인지 부조화를 줄이기 위한 세 가지 방법이 있다. 태도 또는 행동을 바꿔라. 일관되지 않은 행동의 중요성을 경감시켜라. 불일치 하는 것보다 일치하는 점을 더 부각시켜라.
- **Gardner의 여덟 가지 지능 중에서 최소 다섯 가지를 정의하고 "실용 지능"에 대해 설명하라.** 하버드의 하워드 가드너는 사회적 육체적 능력을 포함시킴으로써 지능의 전통적 인식 능력 모델을 넓혀 놓았다. 그의 여덟 가지 능력에는 언어, 논리-수학, 음악, 운동감각, 공간, 상호관계, 개인내부 그리고

자연적 지능이 있다. 스턴버그에 따르면 실용 지능을 갖고 있는 누군가는 일상생활에서 일어나는 문제를 해결하는데 매우 능숙하며 환경에 적응하거나, 환경을 바꾸거나 또는 적합한 환경을 선택하고 경험을 통해 배운다.

- **감정전이와 감정노동의 개념을 설명하고 감성지능의 4가지 구성요소를 밝혀라.** 실제로 감정(emotion)은 전이되어 다른 사람들의 좋은/나쁜 기분에 영향 받는다. 감정노동(emotional labor)은 종업원들이 고객과 접촉할 때 발생하는 감정반응들을 억제할 필요가 있을 때 일어난다. 불쾌감, 좌절감, 분노감은 (직장에서) 고객이나 동료들에게 행복한 표정을 가장하고 있을 때 일어날 수 있다. 감성지능의 4가지 주요 구성요소는 자기인식(self-awareness), 자기관리(self-management)의 개인역량(personal competence)에 관한 것과 사회인식(social awareness)과 관계관리(relationship management)와 같은 사회적 능력(social competence)이다.

토의 문제

1. 이 장의 앞부분 에피소드의 상황에서 기업에서 고위 중역이 되기 위한 조건이 무엇인가? 이에 대해 설명하라.
2. 특정 과업에 대해 자기효능감(self-efficacy)이 낮은 사람이 갖는 실패에 이르는 방법은 무엇인가? 이러한 사람의 자기효능감을 향상시키기 위해서 어떻게 해야 하는가?
3. 1~10점 척도를 기준으로 당신 스스로의 점수는 Big Five 성격모델에서 얼마인가? 당신의 성격이 현재(또는 선택한) 직업과 적합한가? 이에 대해 설명하라.
4. 태도의 세 가지 구성요소를 바탕으로 미국 대통령에 대한 당신의 태도는 어떠한가?
5. 감성지능의 4가지 구성요소 중 어떤 것이(혹은 어떤 것들이) 당신에게 가장 잘 맞는가? 어떤 것(혹은 어떤 것들)이 가장 약한가? 당신의 감성지능 점수가 일상생활에 갖는 의미에 대해서 설명하라.

윤리적 딜레마

당신의 바디 아트에 대하여

문신과 피어싱이 젊은 직원들 사이에서 인기를 얻으면서 면접관들과 관리자들은 새로운 복장 지침 기준을 마련했다.

비록 이런 신체 예술을 허용하는 산업과 기업들이 있지만 아직까지는 직장에서 이를 금지하는 데가 더 많다. 특히 고객들과 흔한 접촉이 있는 직업에서는 더욱 규제가 심하다.

예를 들어, 아리조나 주 스캇스데일에 있는 페어몬트 스캇스데일 프린세스(Fairmont Scottsdale Priness)의 채용 전문가인 멜리사 레저런스(Melisa Leserance)는 회사는 엄격한 복장 규정이 있으며 채용철차에서 지원자들에게 적합한 의상에 대하여 언급한다고 말하였다.

그녀는 손목에 문신이 있었던 직원 한 명을 떠올렸다. "그는 자켓을 입었지만 여전히 문신은 보였습니다. 그리고 여기서 일하는 동안 그는 손에 붕대를 감아야만 했습니다."

[채용 전문변호사가 말하길] "만약 회사에 명시된 복장규정이 있다면... 회사가 직원 이미지 또는 겉모습을 결정하게 된다."

고용주는 바디 아트를 통한 직원들의 자아-표현에 대해 어떻게 대처해야만 하는가?

1. 많은 기업들이 지켜야 하는 그들 자신의 이미지를 신중하게 만들고 있다. 따라서 회사 주주들을 위해 직원들의 겉모습을 관리해야만 하는 도덕적 책임감이 있다. 설명하라.
2. 회사는 직원들이 특정한 차림으로 옷을 입도록 강요할 법적 권리가 있다. 하지만 회사는 그들의 자아표현을 억누를 도덕

적 권리는 없다. 설명하라.

3. 새로운 세대의 스타일에 맞춰서 이에 적합한 새로운 직원 규칙이 필요하다. 직원들의 외모에 어떤 부분이 바뀔 필요가 있다고 생각하는가?
4. 다양한 비즈니스 사례에 따라 조직의 직원들은 그들의 고객을 중심으로 가장 적합해야 한다. 만약 고객들이 점점 더 많이 신체 예술을 하는 사람들이라면 직원들이라고 하지 못할 이유가 있는가? 이는 산업 또는 사업 형태에 따라 달라져야만 하는가? 설명하라.
5. 신체 예술에 대한 오늘날의 차별은 과거 불법인 인종 또는 성차별과 같다고 할 수 있다. 당신은 이에 동의하는가? 설명하라.
6. 다른 생각을 이야기해 보라.

Chapter 06

동기부여 I : 욕구, 직무설계, 내재적 동기부여와 만족

학습목표

이 단원을 학습한 후, 다음의 질문에 답할 수 있어야 한다.

1. 동기부여의 직무성과 모델에 대해 논의하라.
2. 매슬로우와 맥클랜드의 욕구이론을 비교하라.
3. 직무설계에 대한 기계적, 동기부여적, 생물학적, 지각적 접근법에 대해 설명하라.
4. 내재적 동기부여의 근간이 되는 네 가지 내재적 보상에 대해 알아보고 관리자들이 어떻게 다른 이들의 내재적 동기 부여를 촉진 시킬 수 있는가에 대해 논의하라.
5. 직무만족의 원인과 결과에 대해 논의하라.
6. 비생산적 업무 행동의 원인을 밝히고 이를 예방하기 위한 방법을 확인하라.
7. 일-가정 갈등의 가치기반 모델을 설명하라.

당신이 꿈꾸는 직업은 무엇인가?

아무 직업이나 가질 수 있다는 가정 하에 무슨 직업을 고를 것이냐는 질문을 받은 사람들은 멋진 직장과 힘 있는 지위 혹은 술과 월급이 동시에 포함된 일을 상상하고 꿈꾼다. 당신도 그렇게 꿈꿔왔는지 모른다. 교정 작업과 철자를 확인하고 서식을 설정하는 일 등 그렇게 꿈 같지 않은 일을 해야 하는 리드 워드 프로세서 로리 모일러 (Lori Moiller)에게 그러한 것들은 별 의미가 없다. 그녀는 자신의 일을 좋아한다.

"나는 거의 모든 동료들을 좋아하고 존경합니다. 그리고 대부분 그들도 저처럼 생각합니다"라고 그녀는 말한다. "통근 거리가 짧아진다든지 함께 일했던 훌륭한 임직원들이 복귀한다든지와 같은 사소한 일들이 꿈의 직장을 만듭니다."라고 그녀는 말한다. 그리고 한 가지 더 있다. 만약 모든 사람들이 사내에서 사용한 접시를 바로 공용 식기세척기에 넣어준다면 더 이상 바랄게 없을 것이다. '너무 많이 바라지 말라.'라는 말이 있듯이, 의외로 많은 사람들이 자신의 꿈의 직장을 생각할 때 많은 걸 바라지 않는다. 어떤 사람은 이를 보고 상상력이 부족하거나, 기준을 너무 낮게 잡거나, 시작한 곳에서 움직이지 않고 '정착'하려고 한다고 생각할지 모른다. 또 다른 사람은 당신이 당신의 처지를 합리화했기 때문이라고 말할수도 있다.

어떤 사람의 꿈의 직장은 동료들이 그들의 접시를 식기세척기에 넣는 것처럼 소박한 장소일 것이다. 당신의 Rnac의 직장은 무엇인가?

그러나 사람들은 단순히 그들이 하는 일을 좋아하며, 많은 것을 바라지 않는다. 다른 관리자들처럼 사무실에서의 작지만 나쁜 영향을 끼치는 지각없는 행동들이 없어지길 바랄 뿐이다.

그것이 미국인의 3분의 2가 똑같은 직업을 "망설임 없이" 다시 가지는 이유이며, 갤럽(Gallup) 여론조사에 의하면 90%의 미국인들이 적어도 그들의 직업에 어느 정도 만족하는 이유이다.

그래서 엘리자베스 그레이(Elizabeth Gray)에게 돈은 공평한 경쟁의 장 만큼 흥미를 일으키지 못한다. "저는 제가 하는 일이 좋아요" "올해의 계약"이라는 타이틀로 하청업자가 일을 완성하지 않았음에도 예전 동료가 상을 주는 것을 보고는 도시 프로젝트 관리자는 그렇게 말했다.

그러므로: "내 꿈의 직업은 정치로부터 벗어나는 것이에요"라고 그녀는 말한다. "모든 승진은 인사고과에 바탕을 둔다. 실제로 일을 한 사람들이야 말로 그 보상을 받는다고 할 수 있다."

프랭크 개스트너(Frank Gastner)는 비슷한 이념을 갖고 있다. 부회장은 잘못된 정책을 바로잡아야 할 책임이 있다. 몇 년 동안, 그는 그들에게 깊숙이 자리잡은 관료주의가 아니라면 고치는데 궁극적으로 비용이 들지 않는 디자인 상의 결함을 단순화시키는 문제와 씨름해야 했다. 그래서, 퇴직한 제조업체의 대표는 그가 제품과 프로세스의 문제를 이러한 태도로 보완할 것이라고 말한다. "이것은 옳지 않다. 위원회 회의 없이 지금 바로 문제를 해결하자." 모니크 휴스턴(Monique Huston)은 실제로 꿈의 직업을 가지고 있다. 그리고 많은 이들이 그녀에게 그것은 그들의 것이라고 말한다. 그녀는 오마하에 있는 650개의 싱글 몰트 스카치를 메뉴로 하는 던디 델(Dundee Dell)이라는 한 술집의 관리자로 일해 왔다. 그녀는 위스키 맛을 보기 위해 바와 컨츄리 클럽, 사람들의 집, 스코틀랜드를 방문한다. "나는 내 생애의 열정을 발견 했어요"라고 그녀는 말한다.

그러나, 어떤 밤에는 그녀는 술을 마시거나 웃을 기분이 나지 않는다. "당신의 얼굴은 나를 아프게 한다."라고 그녀는 불평한다. 그리고 당신이 꿈의 직업을 가질 때 그 다음은 도대체 무엇을 해야할지 궁금해 할 것이다.

| 토의하기 |

당신의 꿈의 직업은 무엇인가?

효과적으로 종업원을 동기부여 시키는 것은 경영 관리 측면에서 오랫동안 가장 중요하고 어려운 과업 중 하나였다. 보다 다양한 종업원들을 관리해야 한다는 점과 리엔지니어링 및 다운사이징과 같은 조직 트렌드로 인해 성공적으로 종업원을 동기부여 시키는 것은 보다 어려워지고 있는 실정이다. 앞의 사례에서 보는 바와 같이, 삭스 피프스 에비뉴(Saks Fifth Avenue)와 로슈 디아그노스틱스(Roche Diagnostics) 같은 기업들은 종업원들의 만족도와 동기부여를 조직성공의 기준으로 간주하고 있다.

본 장과 다음 장의 학습목표는 종업원을 동기부여 시키는 복잡한 과정에 대한 이해를 높이는 것이다. 우선, (1)동기부여에 대한 기초적인 사안을 토의한 후, (2)종업원 동기부여를 위한 직무설계, (3)내재적 동기부여를 개선시키는 과정, (4)직무만족과 일과 가족 사이의 관계(Work-Family Relationship)에 초점을 맞추고 있다. 동기부여에 대한 보다 상세한 부분은 7장에서 다루고 있다.

종업원 동기부여의 기초

동기부여(motivation)
목표지향 행동을 일으키고 통제하는 심리적 과정

동기부여(motivation)란 단어는 라틴어 "movere"에서 유래한 것으로 의미는 "움직이게 하는 것(to move)"이란 뜻이다. 조직행동론에서 "**동기부여(motivation)**"의 의미는 "목표지향적인 자발적 행동의 지속성, 방향성, 고무(자극)를 일으키는 심리적 과정"을 의미한다. 관리자는 종업원들을 성공적으로 인도하여 조직목표를 달성하기 위해 이러한 "심리적 과정"에 대한 이해가 필요하다. 그러므로 본 장에서는 동기부여에 대한 개념적 틀을 제시하고, 동기부여 이론 중 욕구이론에 대해 알아본다.

1 학습목표
동기 부여의 직무 성과 모델에 대해 논의하라.

동기부여의 직무 성과 모델

유명한 조직행동론 학자인 미첼(T. Mitchell)은 동기부여가 어떻게 업무행동과 성과에 영향을 미치는지를 설명하는 개념적 모델을 제시하였다. 그림 6-1에서 보는 바와 같이, 이 모델은 본서에서 다루고 있는 다양한 이론들을 구성요소로 하고 있다. 그림 6-1은 동기부여의 원인변수와 결과변수를 보여주고 있다.

조별 활동
무엇이 당신을 동기부여 시키는가?

그림 6-1에서 보는 바와 같이 개인적 투입변수와 업무환경은 동기부여에 영향을 미치는 2가지 주요한 범주이다. 5장에서 살펴본 바와 같이, 종업원은 능력, 업무지식, 성격특성, 감정, 분위기, 신념, 일에 대한 가치를 갖는다. 그리고 업무환경은 물리적 환경, 작업할당량, 보수와 평가에 대한 조직적 접근, 상급자의 지원과 코칭의 적합성, 조직문화(2장에서의 논의를 상기할 것)를 포함한다. 이러한 두 가지 범주의 변수들은 각성, 방향성, 지속성과 같은 동기부여의 과정에 영향을 미치고 서로 상호작용한다. 하인펠드(Heinfield)와 미치 앤 컴퍼니(Meech & Company)가 개인의 투입과 업무 환경 간의 상호작용을 어떻게 관리하는지 살펴보자. 애리조나에 있는 회계법인인 하인펠드는 "긍정적인 태도와 일에 대한 강한 흥미와 일을 잘 수행할 수 있는 에너지"를 지니고 있는 직원들을 채용한다. 목표는 행복한 직원들을 보유하는 것인데 그

직무성과 모델 **그림 6-1**

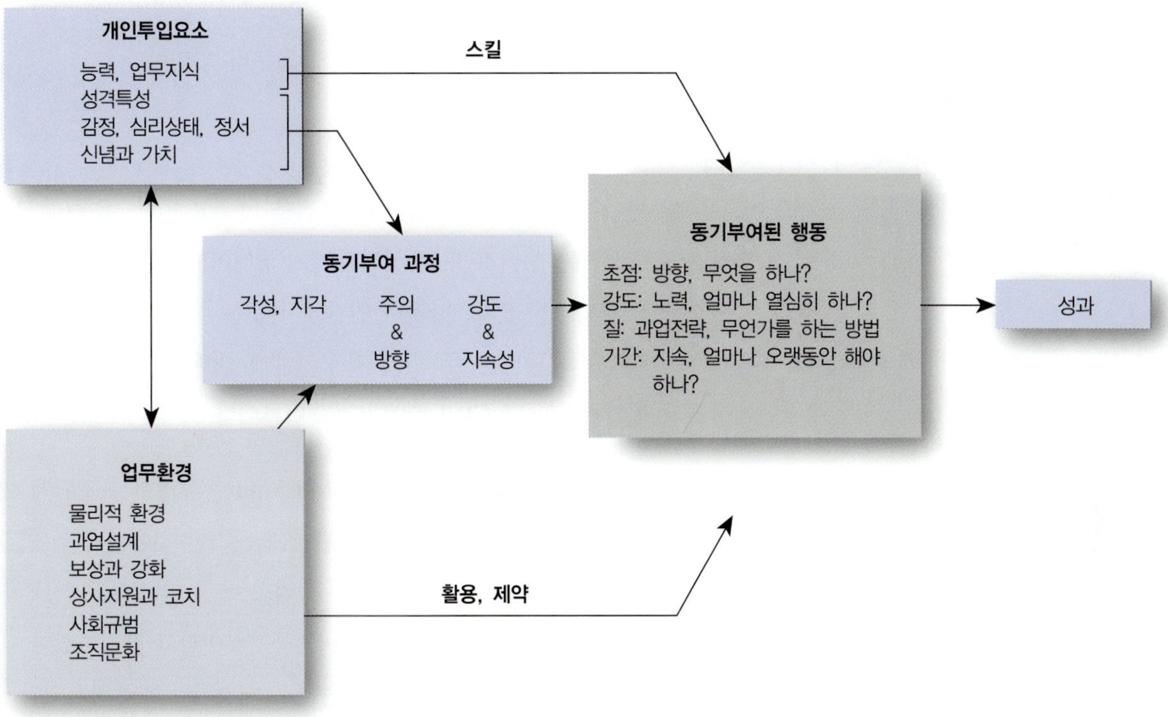

이유는 회사의 설립자인 그레이 하인펠드(Gray Heinfeld)의 말에 따르면 "행복한 직원은 행복한 고객"이기 때문이다. 직원들의 긍정적인 태도를 강화시킬 수 있는 업무 환경 요인들로는 친목성과 팀워크에 대한 강조, 승진과 계발에 대한 기회, 유연한 근무 시간들이 있다. 직원들은 회사가 자신들을 챙긴다고 생각하고 그에 보답하여 열심히 일하게 된다.

직무환경이 종업원의 동기부여와 성과에 영향을 미친다는 것은 경제학자인 블랙(S.Black)과 린치(L.Lynch)의 연구를 통해 알 수 있다. 이들의 연구에서는 1990년대 생산성 증대의 89%는 혁신적인 작업환경의 개선에서 기인한 점을 밝히고 있다. 이러한 예로는 8장에서 논의될 직무순환, 성과와 보상의 연계, 종업원 권한이양(13장 참조)이 있다.

또, 그림 6-1에서 '동기부여된 행동'은 개인능력과 업무지식 및 기술, 동기부여, 직무환경 요소들에 영향을 받는다. 예를 들어 결함이 있는 원자재나 고장 난 장비를 가지고 정상적으로 프로젝트를 진행시켜나가기는 어려울 것이다. 한편, 동기부여된 행동은 관리자가 업무를 위한 적절한 자원을 획득하는데 도움을 주거나 적절한 조언을 해줄 때 개선된다. 이러한 관리자들의 조언활동은 종업원에게 훌륭한 역할모델이 되어주거나 복잡한 과업을 어떻게 다룰 것인지를 보여주는 행동, 종업원들이 스스로 자기 효능감(self-efficacy)과 자존감(self-esteem)을 유지하도록 도와주는 행동들을 포함한다(5장에서 논의한 내용을 상기시켜보라). 마찬가지로, 연구자들은 전문가들이 복잡한 업무를 더 잘 처리하지만 초보자들이 단순한 업무에서는 전문가들을 능가한다는 사실을 발견했다. 그 이유는 초보자들은 지루함을 덜 느끼고 직업의 중요한 측면에 더 많이 집중하기 때문이다. 결국 성과는 동기부여 된 행동으로부터 기인한다.

동기부여의 욕구 이론

욕구(needs)
특정행동을 유발시키는 생리적/심리적 결핍

욕구이론은 행동을 유발하는 내적 요인들에 초점을 맞추고 있다. **욕구(needs)**는 특정 행동을 유발시키는 생리적 또는 심리적 결핍상태이다. 욕구는 환경요인에 따라 욕구강도가 달라질 수 있다. 따라서 인간의 욕구는 시간과 장소에 따라 다양하게 표출된다. 다음에서 가장 주목을 받는 두 가지 욕구이론에 대해 살펴보자. 매슬로우(Maslow)의 욕구단계이론과 맥클러랜드(McClelland)의 욕구이론이다.

2 학습목표
매슬로우와 맥클러랜드의 욕구이론을 비교하라.

매슬로우의 욕구단계이론 1943년에 심리학자 매슬로우(A.Maslow)는 유명한 욕구단계 이론을 발표하였다. 비록 이 이론은 신경증 환자들에 관한 임상관찰에 근거한 것이었지만, 인간행동에 대한 전반적인 설명을 위해 사용되어 왔다. 매슬로우는 생리적 욕구, 안전욕구, 친교욕구, 존중욕구, 자아실현욕구와 같은 5가지 기초적인 욕구의 작용을 동기부여라고 생각하였다.

매슬로우는 이러한 다섯 가지 욕구들이 강력한 위계 형태로 배열된다고 주장하였다. 즉, 인간욕구가 일반적으로 예측 가능한 수순에 의해 나타난다고 생각하였다. 생리적 욕구가 어느 정도 충족되었을 때 안전에 대한 욕구가 나타나고 이어서 욕구 단계구조에 따라 한 번에 한 단계씩 나타나게 된다. 하위욕구가 충족되어지면 차례로 상위욕구가 나타난다는 것이다. 이러한 하위욕구의 충족에 따른 상위욕구의 출현은 욕구 단계구조의 최상위 욕구인 자아실현욕구가 나타날 때까지 계속된다.

비록 매슬로우의 욕구이론은 후속연구에 의해 충분히 지지받지 못했으나, 매슬로우의 욕구이론이 주는 시사점은 매우 크다. 즉, 이미 실현되거나 충족된 욕구는 더 이상 사람들을 동기부여 시키지 못한다는 점이다. 그러므로 관리자가 종업원들을 동기부여 시키고자 할 때 이미 출현한 욕구 또는 출현하지 않은 욕구를 충족시킬 수 있는 프로그램 등을 고안하여야 한다. 많은 기업들에서 이러한 점을 감안하여 종업원들이 원하는 구체적인 욕구를 충족시킬 수 있는 맞춤식 혜택을 제공하고 있다. 캘리포니아만 부근에 있는 체인호텔 '조아 드 비브르(Joie de Vivre)'의 예를 보자. 경영진들은 직원들이 만족감과 충성심을 쌓고 있다는 사실을 확인하기 위해 매슬로우 이론을 사용한다. 예를 들어, 이 호텔의 경영진들은 직원이 우수한 일을 할 경우 그에 대한 칭찬을 함과 동시에 공식적인 절차를 통해 표창장을 수여한다. 그들은 호텔 객실 청소부들에게 만약 그들이 임무에 충실히 하지 않을 경우 투숙객들이 어떻게 느낄까에 대한 이야기를 서로 나누게 함으로써 스스로의 일에 의미를 찾을 수 있도록 도와준다. 경영진들은 또한 직원들의 욕구를 알기 위해 개개인에 맞추어진 설문 조사를 하기도 한다. 결론적으로 관리자는 종업원들이 원하는 욕구에 대해 보상해주거나 복리후생을 제공함으로써 종업원들을 동기부여 시킬 수 있는 것이다.

맥클러랜드의 성취동기이론 유명한 심리학자인 맥클러랜드는 1940년대 말부터 욕구와 행동의 연관성에 대해 연구해왔다. 가장 널리 알려진 연구는 성취 욕구에 대한 연구이지만, 맥클러랜드는 권력(power)과 친교(affiliation)에 대한 욕구도 연구해왔다. 각각의 욕구에 대해 살펴보기로 하자.

페이팔(Paypal)의 창업자 중 한명인 엘론 머스크 (Elon Musk)는 Inc.라는 잡지의 2007년 올해의 경영인으로 선정되었다. 기업가들은 더 높은 성취 욕구가 있다고 밝혀졌다. 당신은 이에 동의하는가?

- **성취욕구(need for achievement)**: 성취욕구는 '어려운 것을 성취하고자 하는 것', '목표, 사람, 아이디어를 조직화하는 것', '어떤 것을 가능한 빨리 하고자 하는 것', '장애를 극복하거나 목표를 달성하는 것', '다른 사람과 경쟁하고 추월하고자 하는 것', '재능을 살려 자존심을 높이는 것'과 같은 열망(desire)이라고 할 수 있다. 성취지향적인 사람들은 다음과 같은 세 가지 특성을 나타낸다. 첫째, 중간난이도의 과업의 선호, 둘째, 운과 같은 다른 요인에 의하지 않고 자신들의 노력에 의해 성과가 나는 상황에 대한 선호, 마지막으로 성취지향이 낮은 사람들에 비해 성취욕구가 높은 사람들은 자신들의 성공과 실패에 대해 보다 많은 피드백을 받기를 원한다. 창업자 성격 특성에 관한 연구들에 따르면 창업자들은 높은 성취 욕구를 갖는다고 한다.

성취욕구(need for achievement)
어려운 것을 달성하고자 하는 욕구

- **친교욕구(need for affiliation)**: 친교욕구가 높은 사람들은 사회관계를 유지하고, 단체에 가입하거나 타인에게 사랑받기 위해 보다 많은 시간을 할애한다. 또 친교욕구가 높은 사람들은 타인들에게 비호감을 사는 것에 대한 걱정으로 의사결정을 쉽게 하지 못하기 때문에 훌륭한 리더나 관리자에 부적합하다.

친교 욕구(need for affiliation)
사회적 관계와 활동에 시간을 할애하고자 하는 욕구

- **권력욕구(need for power)**: 권력 욕구는 다른 사람들에게 영향력을 행사하거나 조언을 주거나 가르치는 등에 대한 개인욕구이다. 권력욕구가 높은 사람들은 자아존중과 규율에 대해 신경을 많이 쓴다. 이런 욕구에는 긍정적인 측면과 부정적인 측면이 존재한다. 권력욕구의 부정적인 측면은 '내가 이기는 것은 곧 상대의 패배'라는 식의 사고이다. 이에 반해 권력에 대해 긍정적인 지향성을 갖는 사람들은 그룹목표의 달성에 초점을 맞추거나 종업원들이 자신감을 갖도록 돕는 데 주안점을 둔다. 이와 같은 권력의 두 가지 속성에 대해서는 13장에서 보다 상세하게 다루고 있다. 종업원들에게 긍정적인 영향을 미치는 것이 효과적인 관리자이기 때문에 최고관리자는 낮은 친교욕구(low need for affiliation)와 높은 권력 욕구(high need for power)를 겸비해야 한다. 높은 성취욕구

권력 욕구(need for power)
다른 이들이 어떤 임무를 달성할 수 있도록 가르치고 격려하며 영향을 주고자 하는 욕구

직무특성 이론을 발전시키는데 중요한 역할을 하였다. 두 연구자는 종업원들을 내적으로나 내재적으로 동기 부여시키기 위해서 업무를 어떻게 설계해야하는가에 대해 연구하였다. **내재적 동기부여(intrinsic motivation)**는 개인을 '상사의 칭찬 또는 인센티브제와 같은 외부적 요인으로 동기부여 시키기보다 일 자체를 잘할 때 느낄 수 있는 긍정적인 내적 감정에 의해 생기는 동기부여'라고 할 수 있다. 이러한 긍정적인 감정들에 의해 동기부여는 자기영속적(self-perpetuating)인 사이클을 갖게 된다.

내재적 동기부여(intrinsic motivation)
긍정적인 내적 감정에 의한 동기부여

그림 6-3에 나와 있듯이 내적 업무 동기부여는 세 가지 심리적 상태에 의해 결정된다. 이 세 가지 심리적 상태들은 다섯 개의 중요한 업무 특성에 의해 나타난다. 그림 6-3에서 보듯이 직무특성 모델은 5가지 핵심 직무특성을 갖도록 직무를 설계하며 내재적 동기부여를 높이는 것이 목적이다. 다음에서는 **핵심 직무특성(core job characteristics)에 대해 알아보기로 한다.**

핵심 직무특성(core job characteristics)
정도의 차이는 있으나 모든 직무에서 발견되는 직무특성

정도의 차이는 있으나 모든 직무에서 발견되는 공통적인 특성을 일반적으로 핵심 직무특성이라고 한다. 그림 6-3에서 3가지 핵심 직무특성은 직무에서 경험하는 의미성을 결정한다.

- **기술 다양성** (skill variety): 개인이 여러 일련의 직무를 수행하는 데 있어 요구되는 다양한 기술과 능력의 정도를 의미한다.
- **과업 정체성** (task identity): 개인이 수행하는 과업과 전체 일과의 연계성에 대해 아는 정도이다. 즉, 과업정체성이 높다는 것은 개인이 프로젝트 또는 제품 생산의 시작에서 끝까지의 과

그림 6-3
직무특성 모델
(job characteristics model)

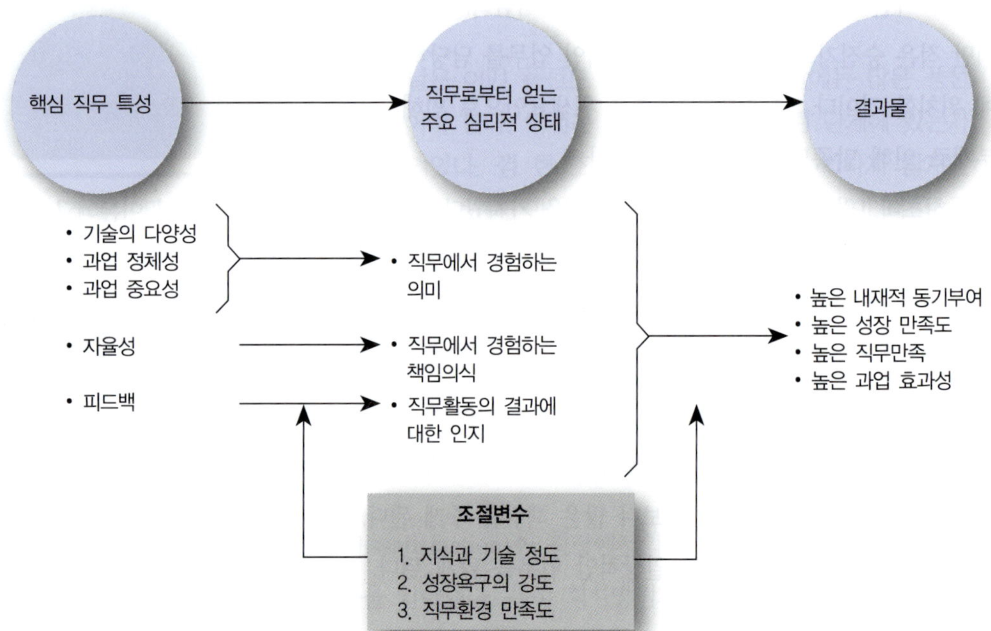

정에 참여하며 구체적인 작업결과를 볼 수 있다는 것이다.

- **과업 중요성**(task significance): 직무가 조직내외의 다른 개인의 작업이나 행동에 영향을 미치는 정도를 의미한다.

개인이 경험하게 되는 책임감은 다음에 정의되는 직무특성의 자율성에 의해 유발된다.

- **자율성** (autonomy): 직무를 수행하는 데 필요한 절차의 결정과 일정에 있어서 개인의 독립성, 자유성, 자유재량을 갖는 정도를 의미한다. 직무특성 중 자율성(autonomy)은 개인이 느끼는 책임감과 연결된다.

마지막으로 과업의 결과에 대한 지식은 다음에 정의되는 피드백에 의해 생긴다.

- **피드백** (feedback): 얼마나 효율적으로 직무 수행을 하고 있는지에 대해 개인이 받는 직접적이고 정확한 정보이다.

해크만과 올드햄에 따르면, 모든 사람들이 앞에서 설명한 다섯 가지 핵심 직무특성이 높은 것을 원하는 것은 아니다. 그들은 개인들이 어떻게 직무충실화에 반응하는지에 영향을 미치는 세 가지 특징을 규명함으로써 직무특성 모델을 구체화시켰다. 이 세 가지 특징은 개인의 지식, 기술, 성장욕구 강도, 직무환경 만족(context satisfaction)에 관한 것이다.(그림 6-3의 조절변수 참고) 직무환경 만족(context satisfaction)은 보수, 동료, 상사에 대한 만족과 같은 직무의 다양한 면에 대해 종업원이 느끼는 만족의 정도라고 할 수 있다. 종업원의 내재적 동기부여를 개선시키기 위해 직무특성 모델을 사용하는 데에 실무적인 시사점들이 있다. 다음의 〈기술과 모범사례〉는 직무특성 모델을 실무에 적용하기 위한 단계를 설명하고 있다. 직무특성 모델을 이용하여 관리자들은 종업원의 내재적 동기부여를 증가시키길 원한다. 직무특성과 만족도 간에는 상대적으로 강한 관련성이 있음이 입증되었다. 이러한 견해에 따라, 재택근무의 실태를 조사한 연구자들은 재택근무가 직원들의 자율성을 높였으며 그로 인해 업무 만족도와 능력을 한 층 끌어올렸다는 사실을 발견했다.

게다가 연구결과는 경영자가 직원들의 핵심 직무특성을 증가시킴으로써 내재적 동기, 독창력, 창의성, 혁신, 수행 목표에 대한 참여를 향상시킬 수 있다고 말한다. 또 다른 두 개의 메타분석 결과에 따르면, 직무특성모델을 도입함으로써 결근율과 이직율을 낮출 수 있다고 한다. 하지만, 직무재설계는 긍정적인 효과와 함께 때론 생산량을 감소시키기도 하므로 상황에 따라 신중하게 적용해야

기술과 모범사례

직무특성 모델의 응용을 위한 단계들

1. 우선 종업원의 동기부여와 직무만족의 수준을 결정하기 위한 작업환경에 대해 진단한다. 이러한 진단은 종업원에 대한 설문조사를 통해 얻을 수 있다. 직무설계(job design)는 종업원의 동기부여 수준이 낮거나 보통수준일 때 사용되어야 한다.
2. 그리고 특정 종업원들을 위해 직무재설계(job redesign)가 필요한지 결정한다. 직무재설계는 참여적 분위기에서 가장 잘 운영될 수 있다. 참여적 분위기란, 종업원들이 확장된 직무를 수행하는 데 필요한 기술과 지식을 갖고 있고 종업원들의 직무만족이 평균 이상인 것을 말한다.
3. 마지막으로 최적 직무재설계를 결정한다. 직무재설계의 핵심은 낮은 수준의 핵심 직무특성들을 증가시키는 것이다. 그리고 직무재설계의 세세한 부분을 결정하는 데 종업원의 참여는 필수적이다.

한다. 예를 들어, 직무재설계는 소규모 공장/기업과 같이 복잡성이 높지 않은 조직에서 보다 효과적이라는 연구결과가 있다. 그럼에도 불구하고 종종 관리자들은 직무재설계를 도입한 후 엄청난 성과향상을 기대하는 경향이 있다. 21개의 실험 결과에 따르면, 직무재설계에 의한 평균적인 성과향상은 28% 정도인 것으로 나타났다.

이와 함께, 직무특성에 관한 연구는 리엔지니어링(혹은 조직재충전)을 실행중이거나 고려하고 있는 기업에 추가적인 시사점을 준다. 리엔지니어링은 합리적 수준 이상으로 직무특성에 변화를 가져오기 때문에 잠재적으로 부정적 결과를 가져올 수도 있다. 이러한 부정적 결과를 가져오는 두 가지 이유는 다음과 같다. 먼저, 리엔지니어링은 종업원들이 업무를 수행하는 데 보다 다양한 기술을 필요로 하게 된다. 또 일반적으로 리엔지니어링은 인원삭감으로 이어지고 이는 단기적으로 인원부족을 촉발한다. 이러한 인원부족은 낮은 그룹 성과로 이어지며, 직무특성이 너무 높거나 낮은 업무는 과다한 스트레스로 이어진다. 그러므로 리엔지니어링을 실행하고자 할 경우에는 직무특성의 수준을 주의 깊게 고려해야 한다.

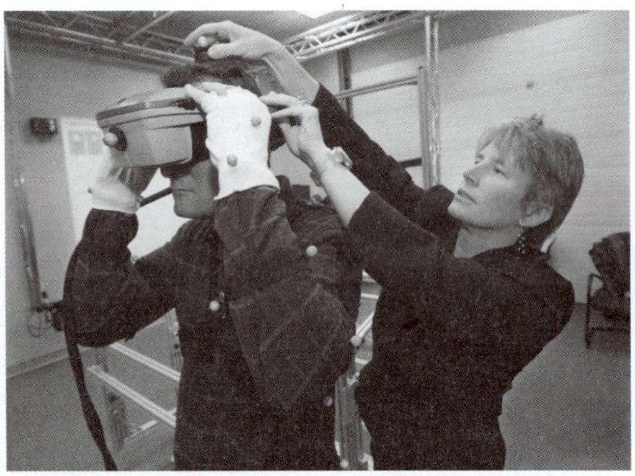

포드 자동차의 인간 공학 전문가들은 직원들에게 가상 현실 안경을 쓰게 한다. 이런 방법이 어떻게 비용을 줄이고 자동차 품질을 올릴 수 있을까?

생물학적 접근과 지각 접근법

직무설계의 생물학적 접근(biological approach)은 생물역학, 직업생리학, 인간공학에 근거한다. 또, 생물학적 접근은 과로, 피로, 건강에 관한 종업원의 불만을 줄이도록 작업환경(work environment)을 설계하는데 초점을 둔다. 업무의 재설계를 통해 종업원의 작업에서 반복동작의 정도를 가능한 줄이거나 제거하는 것이다. 포드(Ford) 자동차는 업무설계에 관한 생물학적 접근 방법의 일환으로 가상현실 기법을 이용한다. 미시간 주 디어본의 연구소에서는 기술자들이 새롭게 디자인된 차량을 조립하기 위해 필요한 동작들을 센서와 가상 현실 안경을 통해 경험한다. 카메라와 동작을 감지할 수 있는 소프트웨어는 센서를 통해 데이터를 수집하고 조립 과정이 담긴 애니메이션을 만들어 낸다. 그러면 인간 공학 전문가들은 각각의 동작들의 분석을 통해 불편이나 부상을 초래할 수 있는 위험하고 반복적인 잠재 동작들을 찾아낸다. 업무 혹은 차량 그 자체는 조립이 시작되기 전에 이러한 문제들을 해결하기 위해 재설계되어 진다. 게다가 조립라인은 불편하지 않게 만들어졌기 때문에 이 접근법은 비용도 낮추고 품질도 높인다.

지각동인(perceptual-motor)접근은 인체공학, 지각 및 인지 기술, 정보처리 과정에 관한 연구에서 비롯되었다. 직무설계에 대한 지각동인 접근은 설비와 장비에 대한 불량률, 사고, 종업원의 피드백을 측정함으로써 작업 결과의 신뢰성을 강조한다.

도요타 자동차는 이러한 방식을 표준적인 절차를 만들거나 전 세계 생산 라인에 있는 사람들을 훈련시키는 데에 적용시키고 있다. 중국에 있는 직원들을 숙달시키기 위해 3000개의 자세한 조립 절차 업무를 비디오를 통해 가르쳤다. 비디오는 직원들에게 어떻게 가장 효율적이면서 균일한 품질을 생산하고 가장 덜 피곤한 방법으로 나사나 공기총을 잡는지와 같은 단순한 업무를 알려준다. 기업들은 중국 노동자들과 같은 미숙련 직원들에게 적합하도록 일을 단순화하면서 세계 어디서나 적용시킬 수 있는 실효성 있는 해결책을 발견하였다. 예를 들어, 직원들이 부품을 찾기 위해 창고에 가는 대신에 도요타는 조립실이나 자동차 차체 밑에서 작업하는 직원들에게 모든 필요한 부품들을 제공하기 시작하였다. 이는 매우 효과적이었기 때문에 도요타는 미시시피 공장에까지 이 방식을 채택하였다.

생물학적 또는 지각동인 접근에 의한 직무설계가 증가하는 추세이다. 이는 과로 및 반복동작에 의한 상해를 경험하는 종업원의 증가와 관련 있다. **반복행동장애(repetitive motion disorders, RMDs)**는 '정상적인 업무와 일상생활 과정에서 이루어진 반복적인 행동으로 인한 근육 불안정 상태'를 말한다. 반복행동장애는 손목골증후군, 윤활낭염, 건염, 상완골 외상과염, 결절종, 건초염, 방아쇠 수지 같은 장애를 유발한. 이것은 행동을 지속적으로 수없이 반복하는 것과 팔과 손목을 비틀고, 무리한 행동과 부정확한 자세를 취하며, 근육피로와 같은 부자연스러운 행동에 의해 유발된다. 미국 노동통계청 자료에 따르면 손목골증후군과 같은 몇 가지 반복행동장애의 발생률은 줄었지만 부상을 초래하는 원인들 중에서 반복적 행동으로 인한 부상이 가장 오랜 시간(평균 19일 정도) 치료가 필요한 것으로 밝혀졌다. 반복적 행동으로 인한 부상은 가축 도살, 배관, 용접과 같은 생산적인 업무에서 매우 빈번히 발생한다. 이런 문제를 해결하기 위해 OSHA(Occupational Safety and Health Administration, 작업 안전 및 보건 협회)은 작업장 내의 인간공학 표준에 관한 지침을 마련하였다.

반복행동장애(repetitive motion disorders, RMDs)
반복적인 행동으로 인한 근육 불안정 상태

최근의 조사에 따르면 생물학적 접근은 반드시 다른 직무 설계 방안들과 함께 고려되어야 한다고 제시하고 있다. 왜냐하면 육체적 질병은 언제나 육체적 긴장 때문에 생기는 것은 아니기 때문이다. 이 실험에서 영국의 연구자들은 900명의 콜 센터 직원들을 조사한 결과 그들이 근심과 우울증과 같은 형태의 심리적 스트레스를 겪을 시 상체와 허리 아랫부분의 통증을 더 많이 경험한다고 말했다. 많은 업무량은 신체적 장애를 일으키고, 정신적 압박은 이러한 장애를 악화시킨다.

내재적 동기부여의 고양

갤럽(Gallup Organization)은 수년 동안 세계적으로 종업원 몰입에 대해 조사해오고 있다. 갤럽은 최근에 미국과 10개국의 종업원 몰입에 관해 연구하였다. 이 결과, 미국 노동인구의 31%는 적극적으로 직장에 몰입하고 있으며, 52%는 몰입하지 않고 있다. 나머지 17%는 자신의 직장에 대해 흥미를 잃어버린 것과 같이 적극적으로 몰입하지 않는 것으로 나타났다. 갤럽은 적극적으로 몰입하지 않는 종업원의 행동과 낮은 생산성이 매년 미국 경제에 3,700억 달러의 비용을 가져온다고 평가하고 있다. 이와 같은 종업원 몰입은 다른 10개국과 비교할 때 매우 낮은 편에 속한다. 조사 대상이었던 다른 국가는 캐나다, 독일, 일본, 영국, 프랑스, 이스라엘, 호주, 뉴질랜드, 싱가포르였다. 예를 들어, 싱가포르는 종업원 몰입도 측면에서 가장 낮은 국가였다. 이로 인해 연간 60억 달러 규모의 생산성 손실이 나타났다.

조별 활동

어떤 보상이 학생성취를 동기부여시키는가?

직장에 대한 종업원의 몰입 정도를 결정하는 데 관리자의 역할은 매우 중요하다. 간단히 말해, 종업원들은 내재적으로 동기부여 되어 있을 때 직장에 몰입한다. 그러므로 관리자는 어떻게 종업원의 내재적 동기를 증가시킬 수 있는지 숙지하여야 한다.

내재적 동기부여와 외재적 동기부여의 차이점을 논의해보고 내재적 동기 모델을 제시하는 것으로 내재적 동기부여에 대해 알아보고자 한다. 그리고 내재적 동기 모델과 연관된 실무 및 이론적 시사점에 대해 고찰하고자 한다.

내재적 동기 개요

앞에서 내재적 동기부여란 과업/직무를 잘 수행하는 것에서 비롯되는 긍정적 감정이라 정의하였다. 내재적으로 동기부여 된 사람들은 외적 보상, 강압, 요청 때문이 아니라, 직무에서 재미와 도전과 같은 요소를 추구한다. 동기부여는 개인이 즐기는 과업을 잘 하는 것에 대한 심리적 보상에서 기인한다(〈기술과 모범사례〉를 참조). 내재적 동기에 관하여 개인적 차이가 있다는 것을 전제하는 것은 중요하다. 어떤 활동에 대해 내재적으로 동기 부여되는 사람과 그렇지 않은 사람이 있다. 즉 동일한 과업에 대해 모든 사람들이 내재적으로 동기부여되는 것은 아니다. 예를 들어, 본서의 저자들은 글을 쓰는 것에 대해 내재적으로 동기화 되어 있다고 말할 수 있지만, 수 백 페이지에 달하는 본 교과서를 교정을 위해 읽는다면 내재적으로 동기화되기 어려울 것이다. 반대로 어떤 사람들은 글 쓰는 것을 싫어하지만 문서의 교정 작업을 좋아할 수 있다.

외재적 동기부여(extrinsic motivation)
구체적인 성과물을 달성하고자 하는 욕구에 의한 동기부여

즐거움 때문에 과업을 하는 것에 비해, **외재적 동기부여(extrinsic motivation)**는 특정 결과물을 얻기 위해 사람들이 특정 행위를 하는 것이다. 즉, 외재적 동기부여는 행위에 의한 특정 유형의 결과를 획득하거나 회피하고자 하

는 열망에서 기인하는 것이다. 예를 들어, 정답을 모를 경우 학급에서 이름이 불리어지는 것과 같은 창피를 당하지 않기 위해 숙제를 하는 학생은 외재적으로 동기부여된 것이다. 즉, 이 학생은 창피를 당하는 것과 같은 부정적인 결과를 회피하기 위해 숙제를 하는 것이다. 또 숙제를 하는 것이 취업에 도움이 될 것이라고 믿고 숙제를 한 학생도 외재적으로 동기부여 되었다고 할 수 있다. 왜냐하면, 이 학생은 순수한 흥미에서 숙제를 하기 보다는 숙제를 한다는 것의 수단적 가치(instrumental value)를 위해 숙제를 하였기 때문이다. 이처럼 외재적 동기는 외재적 보상(extrinsic rewards)의 획득과 연관되어 있다. 외재적 보상은 일 자체에서 얻어지는 것이 아니라 선생님, 관리자, 부모, 친구, 고객 등과 같이 제 3자에 의해 주어지는 것이다. 직장에서 외재적 보상은 급여, 보너스, 승진, 편익, 상벌, 직급과 같은 것들이다.

내재적 동기부여에 대한 연구들은 활발히 진행되어 오고 있으나, 이러한 연구들의 대다수는 학생들을 대상으로 하여 외재적 보상에 의해 내재적 동기부여가 저해 받는지를 알아보기 위한 실험에 의존한 것이다. 이러한 실험결과는 학자들 사이에 논쟁을 가져왔다. 하지만, 직장에서 내재적 동기부여의 긍정적인 적용에 초점을 두는 것에는 영향을 미치지 못했다.

기술과 모범사례

메사추세츠 의료협회에서의 동기부여

메사추세츠 의료협회는 의료 지식을 발전시키고 수준 높은 건강관리를 유지하는 것이 의무이자 목표인 외과의사들의 모임이다. 400명 회원들은 「New England Journal of Medicine」의 출판과 같은 협회의 일상 업무를 돕고 있다.

전체적으로 이들 직원들은 그들의 업무에 높은 만족도를 갖고 있다. 왜 그럴까? 당신은 직장 내 다양한 편의시설과 사내 보육시설 때문이라고 생각할 수 있다. 또는 주변의 첨단기술회사의 수준은 아니더라도, 납득이 갈만한 임금 수준을 이유로 들 수도 있다.

하지만 직원들이 가장 많이 언급하는 것은 의미 있고 질 높은 업무에 관한 내재적 혜택이다. 그들은 "임무에 대한 조직적 인식"과 "훌륭한 문화"를 말한다. 뉴스 편집자인 캐서린 라이언(Catherine Ryan)은 조직 내 모든 사람과 그들의 업무까지도 존중받고 있다고 말한다. 그리고 성공과 실패를 떠나서 그들이 우리 삶에 꼭 필요한 의료 지식 발전에 기여하고 있다는 점에서 기뻐하고 있다. 협회 인사과의 부회장인 테레사 시아라파(Theresa Sciarappa)는 한 때 협회 회장이었던 사람이 직원들에게 이렇게 언급했다고 말했다. "당신 인생에 있어서 어느 순간 당신 혹은 당신이 사랑하는 사람이 아플 것입니다. 그리고 당신은 지금 당신이 하는 일의 가치를 깨닫게 될 것입니다."

출처: Based on L Rubis, "Compassion, Commitment Fuel Society on a Mission," *HR Magazine*, July 2007, p 57; and Massachusetts Medical Society, "About: Mission & Goals," May 22, 2007, www.massmed.org.

내재적 동기부여 모델

학습목표 4
내재적 동기부여의 근간이 되는 네 가지 내재적 보상에 대해 알아보고 관리자들이 어떻게 다른 이들의 내재적 동기부여를 촉진시킬 수 있는가에 대해 논의하라.

가장 최근의 내재적 동기부여 모델을 제시한 연구자는 케니스 토마스(Kenneth Thomas)이다. 토마스는 내재적 동기부여에 관한 두 가지 선행 연구를 토대로 13장에서 논의할 권한위양(empowerment)에 관한 연구들을 종합하여 자신의 모델을 개발하였다. 토마스는 앞서 논의한 직무특성 모델과 에드워드 드사이(Edward Deci)와 리처드 라이언(Richard Ryan)의 인지평가이론을 구체적으로 연관 지었다. 드사이와 라이언은 내재적으로 동기 부여되어 과업을 수행하기 위해서는 자율성과 역량의 욕구가 충족되어야 한다고 주장한다. 그림 6-4는 토마스의 내재적 동기부여 모델이다.

그림 6-4는 개인수준의 내재적 동기부여에 근거한 네 가지 내재적 보상(intrinsic rewards)을 보여준다. 가로축을 보면, 먼저 다양한 과업들을 완수하는 목적에서 중요한 일을 했다는 느낌과 발전한다는 느낌 같은 보상이 나타난다. 반면 개인이 수행하는 특정 과업에서는 스스로 선택했다는 느낌과 자신의 능력에 대한 지각과 같은 보상이 나타나게 된다. 세로축을 보면, 가

그림 6-4
키니스 토마스(Kenneth Thomas)의 내재적 동기부여 모델

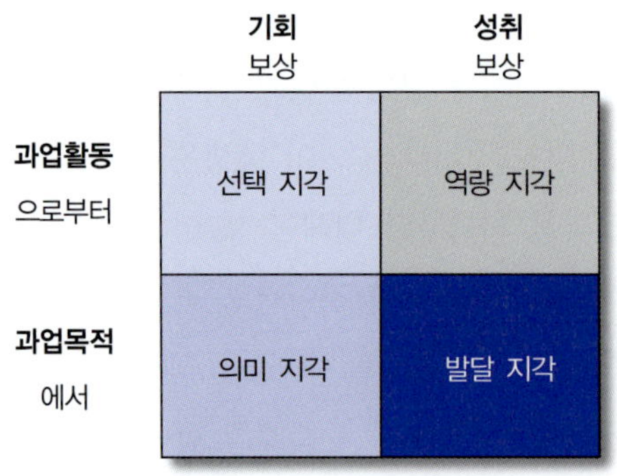

출처: Reprinted with permission of the publisher. From *Intrinsic Motivation at Work: Building Energy and Commitment.* Copyright © 2000 by K Thomas. Berrett-Koehler Publishers, Inc., San Francisco, CA. All rights reserved, www.bkconnection.com.

치 있는 목표를 추구하고 개인의 의사결정 판단을 사용할 수 있는 기회에서는 선택감과 의미감과 같은 기회 보상이 나타난다. 이에 반해, 본래 과업 목표를 성공적으로 달성하거나 과업을 완수 할 때 개인이 느끼는 역량의 정도로부터는 성취보상인 역량지각과 발달지각이 연유된다. 토마스는 내재적 동기부여가 개인이 일하면서 느끼는 네 가지 내재적 보상 수준의 직접적인 결과물이라 믿었다. 다음에서 네 가지 내재적 보상에 대해 보다 구체적으로 살펴보자.

의미감(sense of meaningfulness)
해당 과업목적이 중요하고 의미있음

의미감 **의미감(sense of meaningfulness)은** 개인이 가치 있는 과업목표를 추구하고 있다고 느끼는 기회이다. 의미지각을 느끼는 것은 개인의 시간과 노력이 가치 있게 사용된다고 느끼는 것이다. 다시 말해, 개인이 가치 있는 임무를 수행하고 있으며, 개인의 목적은 보다 큰 틀에서 중요한 의미를 갖는다고 느끼는 것이다.

위와 같은 설명은 내재적 동기부여가 과업 자체에 의해 발현하는 것이 아니라, 오히려 수행하는 과업의 전반적 목적에 의한 것임을 보여준다. 사람들은 남들과 다른 의미 있는 일을 하고자 하는 욕구를 갖는다. 특히 오늘날과 같이 사람들이 명확하지 않은 목표를 갖고 있고 그에 따른 삶의 변화를 쉽게 파악하기 힘든 정보화 사회에서는 이러한 욕구를 달성하기가 쉽지 않다. 데이비드팔(David Fahl)은 에너지 생산업체와 소비자 사이의 중개 업체에서 일을 했었다. 그는 아무것도 새롭게 창출하지 않는 것 같은 그의 일에 만족하지 못했다. "심지어 회사 마케팅 부서에서 일하는 직원들조차도 회사의 존재 이유에 대해 구체적인 설명을 하지 못했습니다." 존 윌리엄(Jon Williams)은 그가 보험회사 자동 응답 부서에서 일할 당시 그의 업무 성과를 하루 총 통화 건수에 바탕을 두었지만 정작 본인은 흥분한 고객들을 진정시키는데 더 큰 만족감을 얻었다고 회상했다.

선택감(sense of choice)
과업 수행 시 자유롭게 판단할 수 있는 역량

선택감 **선택감(sense of choice)은** 개인이 납득할 수 있는 과업을 선택하고 선택한 과업을 적정한 방법으로 수행할 수 있는 기회이다. 선택에 대한 감정은 과

업 선택 시 스스로 판단하고, 생각하는 데로 수행할 수 있는 자율성을 뜻한다.

예를 들어, 노드스트롬(Nordstrom)은 고객에게 어떻게 최상의 서비스를 제공할 것인가를 결정하는 데 있어 종업원들의 재량을 보장해준다. 노드스트롬은 종업원들이 본인의 사업을 운영하는 것과 같이 의사결정을 하며 업무에 임한다고 말한다.

역량감(sense of competence)
높은 수준의 일을 하는 것으로부터 느끼는 성취감

역량감 역량감(sense of competence)은 선택한 과업들을 수행하면서 느끼는 성취감이다. 역량감정은 높은 수준의 과업을 성공적으로 하고 있다는 느낌을 말한다. 또 역량지각은 수행 과업의 도전 수준과도 연관된다. 일반적으로 사람들은 도전적인 과업을 수행하는 것에서 보다 큰 역량감을 느낀다.

발달감(sense of progress)
중요한 것을 수행 시 느끼는 성취감

발달감 발달감(sense of progress)은 선택한 과업 목표를 달성하는데서 개인이 느끼는 성취감이다. 발달감정은 개인이 선택한 과업이 진척되고 있는 느낌과 개인의 과업 활동이 무엇인가를 이루고 있다는 느낌이다. 그리고 발달감은 개인이 시간을 유용하게 사용하고 있다는 느낌을 강화시켜줌으로써 내재적 동기부여를 고취시킨다. 발달감이 낮으면 개인은 실망감을 갖게 된다. 이와 같은 실망감이 지속되게 되면, 업무에 대한 열정이 낮아지고 나아가 정체감이나 고독감을 경험하게 된다. 유형의 결과물 보다는 무형의 결과물을 창출하는 정보 산업에서는 이러한 발달감을 종종 찾아보기 어렵다. 경영 컨설턴트인 제인 보우터(Jane Vawter)는 그녀의 고객들의 반응보다는 차라리 그녀가 만든 프리젠테이션의 질로부터 만족감을 찾기로 결심했다. 그녀는 또한 구체적인 시작과 끝이 있는 명확한 프로젝트를 성공시킴으로써 일 외적으로 성취감을 찾고자 한다.

이론 및 실무적 시사점

내재적 동기부여 이론 및 실무적 시사점에 관해 토의하기 전에 〈실전 연습〉의 표제인 "당신은 직무에서 내재적으로 동기화되는가?"에 답하여주기 바란다. 본 설문은 현재 또는 과거의 당신의 직업에 대한 내재적 동기부여 수준을 측정하는 것이다. 당신의 점수는 몇 점인가? 당신의 일은 내재적 보상을 필요로 하는가? 만일, 내재적 보상이 필요한 경우라면, 다음의 토의에서 본인 또는 당신의 상사가 어떻게 내재적 동기부여를 증가시킬 수 있는지 알 수 있을 것이다.

토마스의 내재적 동기부여 모델은 아직까지 그렇게 많은 연구에서 다뤄지고 있지 않다. 조직행동 분야에서 아직까지 생소하다는 점과, 토마스 모델이 과거 연구들에 의해 지지되어 온 직무특성 모델과 인지평가 이론의 통합이론이기 때문이기도 하다. 이는, 토마스 모델의 이론적 근거가 확실한 것을 보여주는 것이면서, 향후에 보다 구체적인 연구의 진행이 필요함을 보여준다. 한편 관리자들은 각각의 네 가지 내재적 보상을 증가시키기 위해 각기 다른 관리활동을 이행해야 한다. 이러한 관리활동에 대해 생각해보라.

실전 연습

당신은 직장에서 내재적으로 동기부여 되어 있는가?

설명: 본 설문은 당신의 업무에 대해 갖는 내재적 보상의 정도를 측정하는 것입니다. 만일, 현재 직업을 갖고 있지 않다면, 과거 직장경험이나 학생으로서의 직무를 가정하여 설문문항에 답하시기 바랍니다. 설문에 옳고 그른 답이 있지 않습니다. 당신의 점수에 해당하는 번호에 체크하여 주시기 바랍니다. 각각의 질문에 모두 답한 후에는 점수를 합산하여 주시기 바랍니다.

	전혀 동의하지 않음	동의하지 않음	보통이다	동의함	매우 동의함
1. 나의 일에 대해 열정적이다	1	2	3	4	5
2. 나의 과업이 얼마나 조직 사명/목표에 기여하는지 알 수 있다	1	2	3	4	5
3. 나의 과업을 어떻게 할 것인가 결정하는 데 매우 높은 자율성을 갖는다	1	2	3	4	5
4. 나의 상사는 부서의 전체 성공에 영향을 미칠 수 있는 중요한 프로젝트나 과업을 나에게 맡긴다	1	2	3	4	5
5. 나의 업무에 필요한 기술을 완전히 숙지하고 있다	1	2	3	4	5
6. 나의 상사는 내가 과업을 능숙하게 수행하는 것을 알고 있다	1	2	3	4	5
7. 내가 속한 부서에서는 부서 목표달성에 대한 피드백이 있다	1	2	3	4	5
8. 나는 정기적으로 개인목표에 대한 성과달성에 대해 피드백(정보/증거)을 받는다	1	2	3	4	5

개별 점수

의미지각(sense of meaningfulness) (1~2번) : ________

선택지각(sense of choice) (3~4번) : ________

역량지각(sense of competence) (5~6번) : ________

발달지각(sense of progress) (7~8번) : ________

총점 : ________

해석

(개별적 점수)

2-4점 : 낮은 내재적 동기부여

5-7점 : 중간 내재적 동기부여

8-10점 : 높은 내재적 동기부여

(전체 점수)

8-19점 : 낮은 내재적 동기부여

20-30점 : 중간 내재적 동기부여

31-40점 : 높은 내재적 동기부여

경영자는 직원들을 격려하고 바람직한 행동을 제시함으로써 의미감(sense of meaningfulness)을 일깨워줄 수 있다. 또 의미감은 종업원들에게 직장에 대한 열정을 확인시켜주거나, 종업원이 추구할 수 있는 조직사명을 창안하는 것을 통해서도 가능하다. 최근 스타벅스가 다시 브랜드에 생기를 불어넣고자 직원들을 한데 불러 모아 "과거의 정신"을 교육시키고 임무를 부여했다. 그들은 회사 창립자의 인터뷰가 담긴 비디오를 보았는데 그는 "이 정신은 고객들을 위해 우리가 가져야 할 사랑, 동정 그리고 헌신입니다"라고 말했다. 관리자는 종업원에게 권한 이양과 의미 있는 과업을 책임지게 하는 것으로 선택감을 고취시킬 수 있다. 관리자는 종업원 지원행위나 조언에 의해 역량감이 개선될 수 있다. 스타벅스의 직원 재교육 과정에서, 회사는 커피를 만드는 데에 있어서 바리스타의 역할을 강조함으로써 선택과 역량을 강화하였다. 예를 들어, 단순히 커피가 알맞은지 확인하기 위해 자동 기계를 사용하는 대신 바리스타가 직접 색 검사를 위해 에스프레소를 조금 섞는 것과 같이 말이다. 직원들은 기술을 연습하고 자신이 만든 커피의 질을 높일 수 있는 방법에 대해 논의를 하기도 한다. 마지막으로 경영자들은 직원들의 발달감을 관찰과 보상을 통해 증가시킬 수 있다. 예를 들어 현장 인센티브(on-the-spot incentive)는 광범위한 종업원 집단에게 널리 사용되는 보상방법이다. 결근동료의 업무를 대신 처리하거나 야근 또는 주말근무, 비용발생을 혁신적으로 줄이는 등과 같은 예외적인 성과를 보인 종업원에게 회사는 즉시 50달러, 100달러, 500달러를 보너스로 지급할 수 있다.

직무만족

한 개인의 업무에 대한 동기는 직무 만족과 연관이 있는데 이는 결국 업무 성과 및 궁극적인 고객 만족도에 영향을 준다.

직무만족(job satisfaction)
개인 직무에 대한 정서적, 감정적 반응

직무 만족도(job satisfaction)는 개인이 맡은 다양한 업무에 대한 감정적인 반응이다. 이는 직무 만족이 단지 하나의 개념이 아님을 의미한다. 오히려 개인은 상대적으로 어떤 업무에서는 만족감을 가지는 반면 그 외의 업무에 대해서는 만족하지 못할 수 있다. 다음의 〈실전 연습〉은 평가, 보상, 상사에 관한 당신의 만족을 측정하기 위한 것이다. 현재 또는 가장 최근 직업에 대해 얼마나 만족하고 있는가를 측정해본 후, 당신의 점수를 제시된 기준 점수와 비교하여 보자. 당신의 직업에 대해 어떻게 생각하는가?

학습목표 5
직무 만족의 원인과 결과에 대해 논의하라.

연구에 따르면 직무만족은 국가별로 매우 다양하게 나타난다. 39개 국가의 9300명의 근로자를 대상으로 '당신의 직업에 매우 만족 하는가'라는 질문에 대해 조사하였다. 상위 5개 국가는 덴마크(61%), 인도(도시 중상, 상위 계층, 55%), 노르웨이(54%), 미국(50%), 아일랜드(49%)였다. 덴마크의 직무만족이 매우 높게 나타난 것은 노사관계가 매우 긴밀한데서 기인한 것으로 보고있다. 하위 5개 국가는 에스토니아(11%), 중국(11%), 체첸공화국(10%), 우크라이나(10%), 헝가리(9%) 순이었다. 왜 헝가리 근로자들의 직무만족이 가장 낮게 나타난 것일까? 아마 302달러 정도로 낮은 월 평균 급여와 원만하지 못한 노사관계 때문일 것이다. 조직행동 연구자들은 직무만족과 불만족의 다른 원인을 규명해오고 있다.

직무만족의 원인들

직무만족에 관한 다섯 개의 주요 모델들이 그 원인들을 규명하고 있다. 이 모델들은 욕구충족, 불일치, 가치 달성, 공정성 그리고 특성/유전성 요소이다. 이들 모델에 관한 간단한 학습은 단순하게 보이는 직무만족이라는 개념의 복잡성을 알게 해줄 것이다.

실전 연습

현재 당신의 직무에 얼마나 만족하는가?

	매우 불만족				매우 만족
1. 일을 잘 했을 때 잘했다고 알려주는 방법	1	2	3	4	5
2. 내가 하는 일에 대해 얻는 인지도	1	2	3	4	5
3. 일을 잘 했을 때 칭찬받는 정도	1	2	3	4	5
4. 타사에서 나와 비슷한 직무의 임금 수준 비교	1	2	3	4	5
5. 내 임금과 내가 일하는 양 비교	1	2	3	4	5
6. 다른 직원들과 비교했을 때 내 임금 수준	1	2	3	4	5
7. 내 상사가 부하직원들을 다루는 방법	1	2	3	4	5
8. 직원들이 불만을 표현할 경우 상사가 그것을 다루는 방법	1	2	3	4	5
9. 내 상사와 직원들 사이의 사적 관계	1	2	3	4	5

인지에 대한 만족 점수는 1번부터 3번 합산, 보상 만족은 4번부터 6번 합산, 감독은 7번부터 9번 합산.
직무 만족의 각각의 측면에 대한 상대적 기준들은 총 3~6점은 낮은 직무 만족, 7~11점은 보통 직무 만족, 12점 이상은 높은 직무 만족.

출처: Adapted from D J Weiss, R V Dawis, G W England, and L H Lofquist, Manual for the *Minnesota Satisfaction Questionnaire* (Minneapolis: Industrial Relations Center, University of Minnesota, 1967). Used with permission of Vocational Psychology Research, University of Minnesota.

욕구충족 욕구충족 모델에서 만족은 직무특성이 개인욕구를 어느 정도 충족시켜주는가에 따라 결정된다. 예를 들어, 인적자원 관리협회(Society for Human Resource Management)는 최근 한 조사에서 직원들에게 그들의 직무 만족도에 있어서 매우 중요한 업무 요인을 말하라고 하였다. 그들에게 있어서 네 가지 중요한 요인들은 보상, 혜택, 직업 안정성, 일과 여가의 균형이었다. 이는 모두 직원들의 기본적인 욕구를 충족시키는 것과 관련이 있다. 비록 이 모델에 관하여 어느 정도 논란의 여지는 있지만 일반적으로 욕구충족은 직무만족도와 연관이 있다고 여겨진다.

기대실현(met expectation)
개인이 직무에서 기대하는 것을 받는 정도

불일치 불일치모델에서 만족은 **기대실현**(met expectation)에 의한 것이다. 기대실현은 높은 보수, 승진기회와 같이 개인이 직무에서 기대하는 것과 실제로 개인이 받는 것 간의 차이이다. 실제 직무에서 얻는 것 보다 개인의 기대가 클 때, 개인은 불만족하게 된다. 반대로, 개인이 직무에 대해 갖는 기대보다 실제 직무에서의 결과가 클 때, 개인은 만족하게 된다고 이 모델은 설명한다. 17,241명을 대상으로 한 31개의 메타 분석 연구에서 실현된 기대는 직무 만족과 상당히 연관이 있는 것으로 나타났다. 많은 기업들이 직원들의 태도 혹은 의견 조사를 직원들의 기대와 걱정을 측정하기 위한 도구로 사용하고 있다. 리더십에 대한 강연을 제공하는 키그룹(KEYGroup)의 창업자인 조안 수잔스키(Joanne G Sujansky)는 '잠재적 직원들에게 그들이 일할 조직의 모습을 사실적으로 알려주는 것이 중요하다'라고 말했다. 그가 조언하길 "현재 당신의 조직 문화가 당신이 원하고자 하는 것과 다르다면, 새 직원들에게 당신이 만들고자 하는 회사의 형태를 얘기하라. 그리고 당신이 이를 실천하는데 그들은 어떤 도움을 줄 수 있는지 알려줘라"

메서디스트 호스피탈 시스템(Methodist Hospital Systems)은 직원이 환자들과 함께 할 수 있는 시간을 자발적으로 가질 수 있는 프로그램을 만들었다. 이 방법이 어떻게 가치 달성을 하도록 도와줄 수 있을까?

가치 달성 **가치달성(value attainment) 모델**에서 만족은 직무를 통해 개인이 중요시 여기는 직무가치를 실현시켜주는 것에 대한 지각으로부터 얻어진다. 일련의 연구에 따르면 가치충족은 직무만족에 긍정적으로 연관되어 있다. 그러므로 관리자는 종업원의 가치를 강화시켜 주는 보상과 인정, 과업 환경을 구조화시킴으로써 종업원들의 직무만족을 향상시킬 수 있다.

공정성 공정성 모델에서 만족은 직장에서 개인이 얼마나 공정하게 대우받느냐에 따라 결정된다. 만족은 개인의 직무에 있어서 노력에 대한 결과와 다른 사람의 노력대비 결과와 비교했을 때 개인의 것이 적절한 지에 대한 지각에서 비롯된다. 64,757명을 대상으로 한 190개 연구의 메타분석 결과는 공정성 모델의 내용과 일치한다. 직장에서 공정히 대우받는다는 종업원의 지각은 직무만족과 높은 연관성을 보인다. 그러므로 관리자는 종업원들의 공정성 지각에 항상 신경을 쓰며, 종업원들이 공정하게 대우받고 있다고 느낄 수 있도록 종업원들과 교류하여야 한다. 이와 관련된 문제는 7장에서 보다 구체적으로 다루고 있다.

가치달성(value attainment)
개인 직무 가치의 수행을 허용하는 정도

특성/유전적 요소 다양한 직무환경에 있어서 어떤 동료/친구는 만족을 하는 반면 다른 동료들은 항상 불만족하는 것을 본 적이 있을 것이다. 이 모델에서는 만족에 대한 이런 개인 경향에 대해 설명한다. 직무만족이 개인 성격이나 유전적 요소에 의해 부분적으로 영향을 받는다는 것에 근거한다. 따라서 이 모델은 직무만족 설명에 있어 개인 차이는 과업 환경 특성만큼 중요하다. 이와 같은 명제에 대한 연구는 많지 않지만, 2년에서 50년에 걸친 연구 결과는 직무만족과 개인특성 간에 강한 연관성이 있다는 것을 보여준다. 또한 유전적 요소는 개인의 삶에 대한 만족, 행복과 직무만족 등에 강력한 영향력을 갖는 것으로 밝혀졌다. 결과적으로 개인의 직무만족에 있어 30% 정도는 이러한 개인특성 및 유전적 요소와 연관되어 있다고 추정한다.

직무만족의 주요 상관관계와 결과

직무만족의 결과는 경영학적(실무적)으로 중요한 시사점을 갖는다. 그 이유는 셀 수 없이 많은 연구들이 직무만족과 조직 내부 변수들 간의 관계를 정립해왔기 때문이다. 관련 연구들을 모두 살펴보는 것은 불가능하기 때문에 경영학적 관점에서 보다 중요한 변수들에 대해 고려하고자 한다.

표 6-1은 이러한 결과의 유형을 잘 보여준다. 직무만족과 연관된 변수들의 관계는 긍정적이거나 부정적인 상관관계이며, 상관정도는 매우 약한 관계에서 강한 관계를 갖는다. 강한 상관관계는 경영자들이 직무만족을 증가시킴으로써 관련 변수들에 영향을 미칠 수 있다는 것이다. 주요 변수들과 직무만족 간의 상관관계에 대해 살펴보자.

동기부여 아홉 개의 관련 연구에 대한 1739명을 대상으로 한 최근의 메타분석에 의하면, 동기부여와 직무만족 간에는 매우 강한 정의 관계가 있다는 것으로 나타났다. 상사에 대한 만족은 종업원의 동기부여에 강한 상관관계를 갖고 있기 때문에 관리자의 행위가 종업원 만족에 어떠한 영향을 미치는가에 대해 고려해야 한다. 관리자는 여러 방법을 통해 직무만족을 높여 종업원 동기부여를 향상시킬 수 있다.

직무몰입 직무몰입은 종업원이 개인적으로 자신의 업무 역할에 대해 갖는 애착정도를 말한다. 87개 연구의 메타분석 결과, 직무몰입과 직무만족 간에는 약한 연관성이 있다. 따라서 관리자는 과업환경에 대한 만족을 높임으로써 종업원의 직무몰입을 높일 수 있다.

조직몰입 조직몰입은 개인이 자신을 조직에 동일시하는 정도를 의미하며, 동시에 조직목표에 몰입하는 정도를 의미한다. 490,624명을 대상으로 한 879개 연구의 메타분석 결과, 조직몰입과 조직만족 간에는 강한 상관관계가 있다는 것으로 나타났다. 관리자는 조직몰입을 증가시키기 위해 직무만족을 높이고, 이어서 높은 조직몰입은 높은 생산성으로 이어진다.

표 6-1
직무만족의 상관관계

만족과 관련된 변수	상관관계의 방향성	상관관계 강도
동기부여	정의 관계	보통
직무몰입	정의 관계	보통
조직시민행동(OCB)	정의 관계	보통
결근	부의 관계	강함
지각	부의 관계	약함
이직	부의 관계	약함
심장질환	부의 관계	보통
스트레스 지각	부의 관계	보통
노조활동	부의 관계	강함
업무성과	정의 관계	보통
삶의 만족	정의 관계	보통
정신건강	정의 관계	보통

조직시민행동(organizational citizenship behaviors, OCB)
작업역할에서 요구되는 것을 초월한 종업원 행동

조직시민행동 조직시민행동(organizational citizenship behaviors, OCB)은 종업원에게 의무로서 요구되는 행위를 넘어서는－부서에 대한 건설적인 의견제시, 동료에 대한 친절함, 개선안 제시, 신입사원에 대한 훈련, 존경심, 회사자산을 소중히 다루는 것, 지각하지 않기 등과 같은－행위들을 말한다. 관리자는 종업원들이 이러한 행동들을 보여주기를 바란다. 7100명을 대상으로 한 21개 연구의 메타분석 결과, 조직시민행동과 직무만족 간에는 다소 강한 연관성이 있는 것으로 나타났다. 그리고 종업원의 조직시민행동은 종업원의 성격 특성에 의한 것 보다 작업환경이나 리더십에 의해 결정된다는 연구결과가 있다. 결국, 종업원의 조직시민행동에 대한 의지는 관리자의 관리행위에 의해 크게 영향을 받는다고 할 수 있다.

종업원의 조직시민행동은 직장에서의 성실성, 조직몰입, 성과정도와 긍정적인 상관관계를 갖기 때문에 이러한 조직시민행동과 직무만족 간의 연관관계를 아는 것은 중요하다. 또 조직유효성에 조직시민행동이 광범위한 영향을 미친다는 것이 밝혀졌다. 28개 지역의 레스토랑을 대상으로 한 연구결과, 종업원들의 조직시민행동 정도는 개별 레스토랑의 연간 이익과 강한 연관성이 있음이 확인되었다. 종업원들이 직장에서 공정하게 대접받고 있다는 인식이 조직시민행동에 참여하려는 의지와 연관되기 때문에, 관리자들은 종업원과 관련된 의사결정을 공정한 방식으로 하도록 격려된다. 7장에서 공정성과 관련되어 더 자세히 소개하겠다. 경영자들은 또한 조직시민행동에 대하여 충분한 보상을 해야만 한다. 예를 들어, 다른 동료들을 도와주거나 개선 방안을 내는데 사용된 시간은 업무 시간에 해당되지 않는다. 만약 회사가 오직 성공적인 업무 성과만을 대상으로 직원을 보상한다면 이는 실질적으로 직원들의 조직시민행동을 줄이는 결과를 초래한다.

결근율 결근이 항상 일어나는 것은 아니지만 비용을 수반 할 수 있다. 예를 들어, 미국 305명의 인사부장을 대상으로 한 연구에서 결근의 35%가 질병 때문으로 드러났다. 나머지 65%는 가족사(21%), 개인적 용무(18%), 특권 의식(14%), 스트레스(12%)로 나타났다. 결근 비용을 정확히 추정하는 것은 어렵지만, 연구 결과는 대략 한 종업원당 660달러의 비용이 소요된다고 말하고 있다. 이것은 300명의 종업원을 가진 회사의 경우 198,000달러의 비용이 소요됨을 말해준다. 그렇다면 100,000명의 종업원을 가진 회사의 경우를 상상해보아라. 이러한 비용 때문에 관리자들은 결근을 줄이기 위한 방법을 찾는데 항상 애쓰고 있다. 한 가지 방법은 직무만족을 증가시키는 것이다. 직무만족을 높임으로써 종업원의 결근율이 낮춰진다는 것은 직무만족과 결근율 간에는 강한 음의 상관관계가 있다고 볼 수 있다. 즉, 직무만족이 올라가면 결근율이 낮아지는 것이다. 74개의 연구를 종합한 메타분석 결과, 직무만족과 결근율 간에는 약한 음의 관계가 있었다. 즉, 직무만족이 증가함에 따라 결근율이 급격하게 낮아지는 것은 아니다.

퇴직 인식(withdrawal cognitions)
직무를 그만두려는 전반적인 생각과 감정

퇴직 인식 비록 몇몇 사람들은 충동적으로 직무를 그만둔다고 할 수 있지만, 대부분의 경우에는 그만둘 것인지에 대해 많은 생각을 한다. **퇴직 인식(withdrawal cognitions)** 이란 퇴직에 대한 개인의 전반적인 생각과 감정을 나타내는 것으로써 이러한 사고과정을 요약한다. 무엇이 사람들로 하여금 그들의 직업을 그만두도록 만드는 것일까? 가장 중요한 요인 중 하나는 직무만족이다. 예를 들어, 전국적인 자동차 소매지점의 관리자, 판매원, 자동차 정비사에 대한 연구는 직무불만족으로 인해 종업원들이 퇴직에 대해 생각하도록 만든다고 나타났다. 이 실험에서는 퇴직 인식이 직무 만족보다 직원들의 이직에 더 많은 영향을 주었다. 이 연구는 관리자들이 종업원들의 직무만족을 향상시킴으로써 이직을 줄이는데 간접적으로 도움을 줄 수 있다고 시사하고 있다.

이직 최근 통계 자료에 의하면 경영자, 판매원, 제조업 노동자, 최고재무책임자들의 이직률이 상승하고 있다고 한다. 종업원 이직은 조직연속성을 해치고 비용을 발생시킨다. 이직에 따른 비용은 두 개의 분류로 나뉠 수 있다: 퇴직비용과 대체비용

> 퇴직비용은 퇴직금, 퇴직자 면접비용, 새 직장 알선비용, 소송비용, 특히 본의 아닌 퇴직에서의 비용들을 포함한다. 대체비용은 자원비용, 후보자를 심사하고 평가하는 이사과정비용, 후보자를 면접하는 관리자를 고용함으로써 발생하는 시간비용, 이동과 재배치비용, 상황에 따라 지급하게 되는 보너스, 오리엔테이션과 훈련비용을 포함한 고용비용을 말한다.

전문가들은 시급 종업원들의 이직비용이 연간 봉급의 30%정도이지만, 전문직의 경우 연간 봉급의 150%까지 치솟을 수 있다고 평가한다.

관리자들이 종업원들의 이직을 줄일 수 있는 다양한 방법이 존재하지만, 대부분은 종업원들의 직무만족을 증가시키기 위한 시도이다. 이러한 경향은 24,566명을 다룬 67개의 메타분석 연구를 통해 뒷받침된다. 직무만족은 종업원들의 이직과 음의 상관관계를 가진다. 이 관계의 강화와 함께 관리자들은 종업원들의 직무만족을 증가시킴으로써 이직을 줄이기 위해 노력해야 한다.

스트레스 지각 스트레스는 조직행동과 개인 건강에 매우 부정적인 영향을 미칠 수 있다. 스트레스는 결근율, 이직, 심장질환, 바이러스 감염 등에 높은 정의 관계를 갖는다. 7개 연구의 메타분석 결과, 표 6-1에서 보는 바와 같이 스트레스 지각은 직무만족과 강한 음의 관계를 갖는다. 이는 관리자가 직무만족을 개선함으로써 스트레스의 부정적인 영향을 감소시켜야 한다.

직무성과 조직행동 분야에서 가장 논란이 많은 이슈 중 한 가지는 직무만족과 직무성과 간의 관계이다. 비록 연구자들은 이 변수들 간에 일곱 가지 서로 다른 관계를 규명하였으나 가장 지배적인 생각은 만족도가 성과에 영향을 준다거나 아니면 성과가 만족도에 영향을 준다는 것이

다. 따라서 일련의 연구자들로 구성된 팀은 최근 이러한 논쟁을 해결하고자 54,417명을 대상으로 한 312개의 메타 분석을 실시하였고 그 결과 두 가지 주요한 사실이 밝혀졌다. 첫째, 직무만족과 성과 간에는 어느 정도 연관성이 있었다. 이러한 연구결과는 종업원의 직무만족이 성과를 증가시키고자 할 때 관리자가 고려해야 할 주요한 업무태도라는 믿음을 지지하는 것이다. 둘째, 직무만족과 성과는 생각한 것 보다 복잡한 연관성을 갖는다는 것이다. 이는 만족도가 성과에 영향을 준다거나 성과가 만족도에 영향을 준다는 것과 같이 단순한 개념이 아니다. 오히려 개인차나 작업환경의 특성에 따라 직무만족과 성과는 간접적으로 서로 영향을 미친다고 볼 수 있다. 또한 직무 만족도와 직무 성과를 생각할 때 추가적으로 고려해야 할 것이 있다.

연구자들은 만족도와 성과의 관계가 불완전한 개인 성과 측정 방식으로 인해 많이 논의되어지지 못하고 있다고 생각한다. 예를 들어, 과거의 연구에서 사용한 성과 측정 방식이 회사 내에서의 실제적인 상호작용과 상호연관성을 반영하지 못한다면 정확하지 않은 성과 측정 때문에 만족도와 성과 사이에는 낮은 상관관계가 나타난다. 따라서 업무 만족도에 관한 총체적인 측정값과 조직의 성과 사이의 관계를 계산하는 것은 위의 문제를 해결할 수 있는 방법 중 하나이다. 이러한 생각을 바탕으로, 일련의 연구자들은 36개의 회사로부터 총 7,939개의 사업 부서를 대상으로 최근 메타 분석을 실시하였다. 그 결과 부서 단위 직원의 만족도는 부서 단위 고객 만족도, 생산성, 이익, 직원 이직률, 사고와 상당한 정의 관계가 있는 것으로 나타났다. 따라서 경영자들은 고객들의 직무 만족도를 높여줌으로써 성과를 포함한 다양한 조직의 결과에 영향을 미칠 수 있다.

동기부여에서의 문제점들

조직이 직무 만족도를 올리고 목표를 이루기 위해 직원들을 동기 부여시키는 일에 노력하고자 할 때 이들은 두 가지 동기 부여와 관련된 문제에 직면한다. 이는 비생산적 업무 행동과 일과 가정 사이의 갈등이다.

학습목표 6
비생산적 업무 행동의 원인을 밝히고 이를 예방하기 위한 방법을 확인하라.

비생산적 업무 행동

직무 만족도에 관한 논의에서 직원들이 만족을 못하는 이유는 결근이나 직원 이직과 같은 바람직하지 못한 행동과 어느 정도 연관이 있다는 것을 알았다. 조직에 비용을 초래하거나 혹은 더 나쁜 결과를 가져올 수 있는 이러한 행동들을 **비생산적 업무 행동(counter-productive work behavior, CWBs)**이라고 한다. 이는 직원들뿐만 아니라 조직 전체에까지 피해를 주기도 한다. 절도, 화이트 칼라 범죄, 결근, 태업, 약물과 술의

비생산적 업무 행동(counter-productive work behavior, CWBs)
직원과 조직 전체에 피해를 주는 행동 양식

오용, 훈련 문제, 사고, 생산시설 파괴, 성희롱 그리고 폭력 등이 이에 포함될 수 있다. 잘 알려진 예는 바로 경쟁자인 펩시 회사에게 돈을 요구하고 코카콜라의 비밀 자료를 넘기려고 시도한 임원 비서의 경우이다. 펩시는 이 비서를 코카콜라와 정부에 고발하였고 그녀는 해고되었다. 게다가 연방법원은 그녀에게 8년 실형을 선고했다.

잘못된 대우 비생산적 업무 행동의 하나는 직장 동료, 부하 직원 심지어 고객에 대한 잘못된 대우이다. 예를 들면 직원들은 학대, 위협 또는 눈에 보이는 부당한 대접을 겪을 수 있다. 불행히도 미국 직원들을 대상으로 한 최근 여론 조사에서 응답자의 45%는(권위적이면서 부정한 상관을 경험했다고) 응답했다. 상관으로부터의 부당한 대우는 특히 조직에 있어서 위험한데, 이유는 상관의 권력 남용 때문에 위협을 느끼거나 자신들의 명예가 훼손됐다고 느꼈을 때 직원들은 상관 또는 동료들에게 복수를 하는 것으로 비생산적 업무 행동을 하기 때문이다. 이러한 행동들은 특히 조직에서 직원들이 불만을 제기하고 문제를 해결할 수 있는 방법을 만들지 않은 경우 더 자주 벌어지곤 한다.

직장 폭력 버지니아 테크(Virginia Tech)와 노던 일리노이(Northern Illinois) 대학에서의 끔찍했던 총기 사고는 조직 내부자 및 외부자로부터 구성원들을 보호해야 할 필요성을 증대시켰다. 종종 직원들은 어느 동료 직원이 화가 치밀어 올랐다거나 당황한 상황에 처해 있다는 것을 제일 먼저 눈치채곤 한다. 아동정신과 의사이자 컨설턴트인 로저 브런즈윅(Roger Brunswick)은 “폭력은 누군가 들어와서 총을 쏘는 것같이 갑작스럽게 발생하지 않아요. 폭력은 차츰 쌓이면서 강압, 위협, 협박으로부터 발생합니다.” 기업에서 이를 예방하기 위한 첫 번째 조치는 직원들이 그들의 심각한 행동들을 상사나 인사 부서에 보고하는 절차를 규정하고 이를 공표하는 일이다. 피트니 보우스(Pitney Bowes)는 직원들이 익명으로 그들의 걱정을 얘기할 수 있는 핫라인을 만들었으며 이를 통해 경영자들이 직원들에게 어떠한 문제가 있는지를 알 수 있도록 하였다.

비신사적 업무 행동의 원인과 예방책 고용주들은 이러한 비생산적 업무 행동을 예방하기를 원한다. 따라서 이 행동들이 일어나는 원인들을 살펴볼 필요가 있다. 23년 동안 총 900명의 젊은 성인들의 업무 행동을 조사한 연구에 따르면 사춘기 때의 행동장애는 비생산적 업무 행동과 상관이 있는 반면 유년 시절의 범죄와는 상관이 없는 것으로 나타났다. 개인 성격 특징과 직업 유형 또한 비생산적 업무 행동 발생과 높은 상관성이 있는 것으로 나왔다. 예를 들어, 규범을 지키는데 강박관념이 심한 젊은 성인은 충동을 절제하고 비생산적 업무 행동을 하지 않도록 적대감을 최대한 줄인다. 그들은 또한 자율성이 높을수록 비생산적 업무 행동 비율이 낮았고, 반면 승인을 받아야 하는 상관의 수가 늘어날수록 비생산적 업무 행동 비율이 올라갔다.

지능 수준 역시 상관이 있는 것으로 나타났다. 법 집행 관련 직업의 지원자들을 대상으로 한 연구에서 높은 인지능력 수준을 보인 사람들은 그들이 고용된 후에 폭력과 같은 비생산적 업무 행동 비율이 상대적으로 낮았다.

이러한 결과들은 다음과 같은 경영에 관한 몇 가지 사항을 내포한다.

- 조직은 비생산적 업무 행동 가능성이 적은 사람을 고용함으로써 이 문제를 부분적으로나마 해결할 수 있다. 지능 수준은 성공의 여러 부분과 연관이 있다. 따라서 채용 결정에 있어서 사고력이 기준이 되어야 한다. 성격 테스트 또한 고려할 필요가 있다.
- 조직은 비생산적 업무 행동이 아닌 바람직한 행동을 하도록 직원들에게 동기부여를 한다는 점을 분명히 해야 한다. 예를 들어, 만족감은 높이고 지위 남용을 예방하는 직무를 고안함으로써 말이다. 265개의 레스토랑을 대상으로 한 연구에서 상관의 지위 남용이 빈번하거나 상관이 감독해야 할 직원이 더 많은 레스토랑에서 직원들의 비생산적 업무 행동이 상대적으로 많았다. 이들 레스토랑에서의 비생산적 업무 행동은 낮은 수익과 낮은 고객 만족도에 연관이 있었으며 따라서 적절한 직원 채용과 경영 개발은 직원들의 행복감을 높여줄 뿐만 아니라 근본적인 원인을 해결할 것이다.
- 만약 직원이 비생산적 업무 행동을 하고 있다면 조직은 즉각적이면서 적절하게 용납할 수 없는 행동을 구체적으로 규명하고 고치기 위한 기준을 제시해야 한다. 8장에서는 이러한 효과적인 피드백을 위한 지침에 대해 다룰 것이다.

직장-가정 갈등

학습목표 7
직장-가정 갈등의 가치기반 모델을 설명하라.

동기부여는 직원의 근무 환경이나 개인의 삶에 독립적인 요소가 아니다. 예를 들어, 다음 인사조직 시험을 위해 공부하고자 하는 욕구는 당신의 수업 선호 정도와 공부를 하는 도중의 건강 상태에 영향을 받는다. 심한 감기나 몸살에 걸린 상태에서는 공부를 하기가 쉽지 않다. 동기부여와 직장-가정 관계는 강한 연관성을 띄고 있다. 그러므로 직장-가정 간의 관계를 이해함으로써 우리는 자기자신 뿐만 아니라 다른 이들까지 동기부여시킬 수 있는 방법에 대한 이해를 증진시켜야 한다.

인구학적 요인과 경제적 요인의 복합적인 결합은 우리 모두에게 직장과 가정 사이에서 균형잡기 어렵도록 만든다. 인구학적으로 노동 인구에는 여성 인구, 맞벌이 가족, 직장에 나가는 편부모, 중년 노동자들의 자녀를 돌보는 고령 세대가 늘고 있다. 경제적인 관점에서는 인원감축과 회사비용 절감이 종업원들에게 업무의 부담을 늘리고 있다. 한편, 지난 25년간 미국의 가치를 주제로 한 독특한 연구에서 최근 중요한 경향이 발표되었다. "근로자들은 직업이 인생의 가장 중요한 부분이라든지, 이상적인 사람은 열심히 일하는 사람이라는 것 등등에 대해 동의하지 않는다." 점점 더 많은 남성과 여성들은 출장 횟수 감소와 가족과의 시간 보장과 같은 업무적인 측면에서의 양보가 있어야 한다고 주장한다. 에릭 손탁(Eric Sonntag)은 일 년 반 동안 담당해온 경영관리이사직을 그만두었다. 힘든 구직활동을 한 끝에 그는 20% 낮은 급료의 직업을 구했는데 이 결정이 그의 경력을 5년 전으로 되돌렸다. 심리학자 에일린 케네디 무어(Eileen Kennedy Moore)는 성공적이고 빠른 학문적 커리어를 포기하는 대신 책을 쓰고 작은 병원을 운영하기로 했다. 그 결과 네 명의 아이들과 더 많은 시간을 보낼 수 있기 때문이다. 비록 그녀가 앞으로 커리어에 있어서 예전만큼 명성을 높이진 못하겠지만 책을 출판하고 그녀의 환자들을 치료하는 일을 통해 그녀만의 성공을 찾은 것이다.

여기서는 가치 기반 모델을 소개하고 직장-가정 갈등에 관한 조직의 반응에 대해 의논함으로써 직장과 가정 사이의 갈등을 더욱 깊이 이해해 보도록 하자.

직장-가정 갈등의 가치기반모델 파멜라 페레베(Pamela L Perrewé)와 웨인 호크와터(Wayne A Hochwarter)는 그림 6-5의 모델을 만들었다. 왼쪽에는 한 사람의 가족 가치와 직장 가치로 이어지는 일반적인 삶의 가치가 있다. 가족 가치는 가족의 중요성과 가족 내에서 중요한 역할(예를 들어, 자식 양육, 집안일, 돈을 벌어오는 것)에 관한 영구적인 믿음을 포함한다. 직장의 가치는 상대적으로 한 개인의 일생에서 일과 직업적 목표의 중앙에 위치하고 있다. 가치유사성은 가족 가치에 관한 가족 구성원 간의 일치 정도와 관련되어 있다. 만약 가정주부가 남편의 반대에도 불구하고 사업을 하려고 한다면(남편은 그녀가 가사에 전념했으면 한다), 가족 가치 유사성의 부족으로 인해 일과 가족 간의 충돌이 발생하게 된다. 반면에 가치 일치성은 고용주와 고용자간의 가치 협약의 정도를 포함하고 있다. 예를 들어, 집에서의 아이의 생일파티를 위해 사업과 관련된 출장을 거부하는 것은 회사에 대한 불충으로 여겨져, 가치 일치성의 부족으로 인한 직장과 가정 간의 충돌이 발생할 수 있다.

"직장-가정 갈등은 두개의 다른 형식으로 분리될 수 있다: 가족과 관련된 직장간섭과 직장과 관련된 가족간섭" 예를 들어, 같은 부서에 있는 두 관리자가 같은 축구팀에서 운동하는 딸들이 있다고 가정하자. 한 관리자는 마지막 회의에 참석하기 위해 큰 축구게임을 놓쳤다; 다른 관리자는 게임에 참석하기 위해 회의를 빠진다. 두 관리자는 서로 다른 이유에서 직장-가정의 갈등을 겪는다.

모델의 마지막 두 상자-가치 달성과 일과 삶의 만족-는 함께 다루어진다. 만족은 자신의 가치에 따라 사는 사람들에게 더 높

기술과 모범사례

직원들이 그들의 가치에 따라 생활하도록 돕기.

오늘날 사람들이 가족과 친구들 그리고 다양한 이해관계로 어려움을 겪을 때, 많은 이들은 그들의 능력과 필요에 따라 변하는 '만화경' 같은 직업을 선택한다. 이와 동시에 진정한 직장(그들의 가치관과 능력에 부합), 갈등의 균형을 잡아줄 수 있는 직장, 도전 정신을 자극하는 직장을 찾으려 한다. 기업들은 이런 생각을 지지하고 직원들을 회사에 머물도록 할 수 있다. 진정성, 균형, 도전에 목표를 맞춘 직장-가정 프로그램을 통해서 말이다.

진정성을 추구하는 방법으로 휴가를 들 수 있는데 이를 통해 직원들은 목표, 삶의 질, 경력 자문, 사회적 책임이 있는 활동에 대한 참여와 협상과 같은 삶의 기술에 대한 훈련 등을 추구할 수 있다.

균형을 추구하는 방법으로는 정시근무, 점진적 퇴직제도, 육아 지원, 육아 및 가정사를 위한 휴가 부여, 회사를 잠시 떠났던 직원의 직장 복귀 프로그램 등이 있다.

도전을 추구하는 방법으로 직원들의 권한 강화, 멘토링, 경력 개발, 기술 적용에 대한 훈련, 근속 기간이 아닌 성과에 따른 보상 등이 있다.

출처: S E Sulivan and L A Mainiero, "Benchmarking Ideas for Fostering Family-Friendly Workplaces," *Organizational Dynamics*, 2007, pp45-62

고, 그렇지 않은 사람들에게는 낮은 경향이 있다. 직원의 행복을 위해 조직은 무엇을 할 수 있는지 〈기술과 모범사례〉에서 확인하라. 전반적으로, 이 모델은 너무 당연한 것지도 모른다. 어떻게 이 모델을 당신의 삶에 적용할 수 있을까? 슬프게도, 오늘날 이것은 많은 이들에게 고통스러운 여행과도 같다.

직장-가정문제에 대한 조직대응 전화 콜 센터 상담원들의 경험을 조사한 한 연구에 따르면 직장-가정에 대한 만족도는 예상한대로 더 오랜 시간 일을 할수록 떨어지는 것으로 나타났다. 하지만 자신의 업무시간에 대해 조정 권한이 있으며 업무가 더 복잡할 경우 일과 생활을 균형있게 함으로써 만족감을 얻을 수 있었다. 이러한 관계들은 가치 기반 모델뿐만 아니라 만족에 있어서 자율권의 영향을 따르고 있다. 유사하게 여성 최고 경영자들은 항상 연락이 가능한 통신 기술을 사용하는 것이 어떻게 생활의 유연성을 높여줄 수도 있고, 반대로 추가적인 일-생활에 대한 부담을 줄 수도 있는지에 대해 말한다. 이는 직원들이 가장 편한 시간에 메시지를 보내고 답하는 것에 대해 편안함을 느끼느냐 아니냐에 크게 좌우된다. 아직까지 대부분의 조직들은 일-생활에 관련된 문제들을 탄력 근무제를 운영하거나 편한 근무 환경을 조성하는 것으로 대처해왔다. 특히 편한 근무 환경에서는 육아 위탁 서비스, 세탁 서비스, 경비 서비스, 회사 내의 ATM기 설치, 스트레스 경감 프로그램 등과 같은 것들을 통해 가능하게 했다. 게다가 기업들은 직원들이 출산 휴가, 병가 또는 아픈 친척 등을 돌보는데 필요한 유급 휴가를 요구할 때 일-생활 균형을 이루도록 도와주고 있다. (이러한 유급 휴가는 대부분의 국가에서 법으로 의무화되어 있으며 미국에서는 자율적으로 시행된다.)

비록 이러한 프로그램들은 직원들에게 긍정적인 효과를 주고는 있지만 전문가들은 이런 노력들이 일과 가족을 통합하는 것이 아닌 이 둘의 균형을 잡는 것에 초점을 맞춤으로써 부분적으로나마 잘못 이해될 수 있다고 말한다. 서로 상반되는 것들에는 균형을 맞출 필요가 있지만 일과 가족은 상반되는 개념이라고 볼 수 없기 때문이다. 오히려, 우리 일과 개인 삶은 전체적으로 조화롭게 통합되어야만 한다.

그렇다면 실제적으로 통합된 삶은 어떠한 모습일까? 프록터 앤 갬블(Procter & Gamble)의 국제 여성 건강관리(Global Feminine and Health Care) 부서의 회장인 멜라니 힐리(Melanie Healey)는 이에 관한 하나의 답을 제시한다. 브라질의 리오 데 자네이루에서 태어난 그녀는 멕시코, 베네수엘라, 미국뿐만이 아니라 그녀의 조국인 브라질에서 국제 사무에 관한 책임을 맡고 있다. 이러한 도전적인 업무는 그녀 자신의 목표를 달성하게 해주었을 뿐만 아니라

그림 6-5
일-가족 갈등의 가치 모델

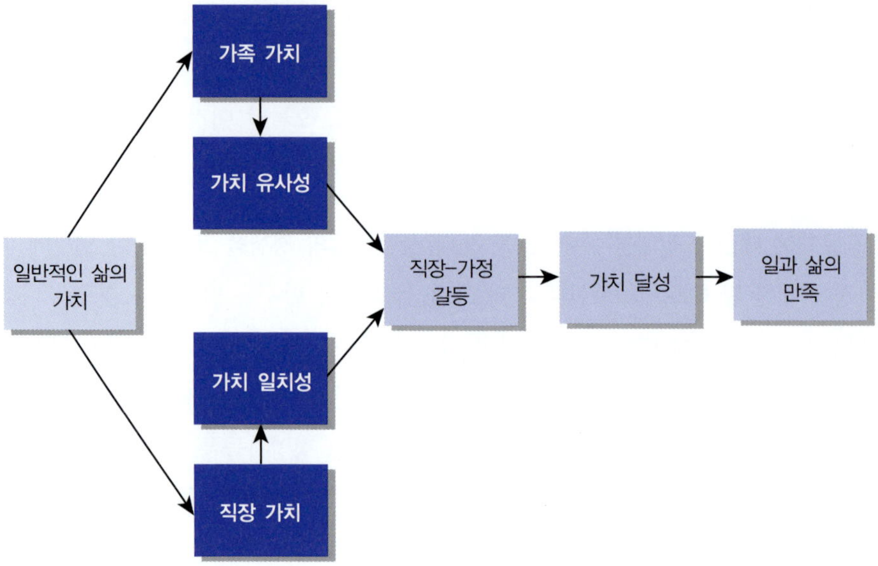

출처: From Pamela L Perrewe and Wayne A Hochwarter, "Can We Really Have It All? The Attainment of Work and Family Value," *Current Directions in Psychological Science*, February 2001 Copyright © Association for Psychological Science. Reprinted with permission of Blackwell Publishing. © American Psychological Society.

그녀의 자녀들이 다양한 문화를 경험할 수 있도록 해주는 그녀의 꿈을 실현시켜 주었다.

핵심 용어

가치달성(value attainment) 175
권력 욕구(need for power) 159
기대실현(met expectation) 174
내재적 동기부여(intrinsic motivation) 164
동기부여(motivation) 156
동기요인(motivator) 162
반복행동장애(repetitive motion disorders, RMDs) 167
발달감(sense of progress) 171
비생산적 업무 행동(counterproductive work behavior, CWBs) 180
선택감(sense of choice) 170
성취욕구(need for achievement) 159
역량감(sense of competence) 171
외재적 동기부여(extrinsic motivation) 168
욕구(needs) 158
위생요인(hygiene factors) 163
의미감(sense of meaningfulness) 170
조직시민행동(organizational citizenship behaviors, OCB) 177
직무만족(job satisfaction) 173
직무설계(job design) 160
직무순환(job rotation) 161
직무충실화(job enrichment) 163
직무확대(job enlargement) 161
친교 요구(need for affiliation) 159
퇴직 인식(withdrawal cognitions) 178
핵심 직무특성(core job characteristics) 164

단원 요약

- **'동기부여 직무성과모델'(Job performance model of motivation)에 대해 토의하라.** 개인특성과 직무환경은 동기부여에 영향을 미치는 주요한 2가지 변수이다. 즉, 동기부여는 성과에 영향을 미치는 동기부여 된 행동을 유발한다.
- **매슬로우(Maslow)의 욕구이론과 맥클러랜드(McClelland)의 욕구이론을 비교하라.** 동기부여의 욕구이론 중 가장 잘 알려진 것은 매슬로우의 욕구계층이론과 맥클러랜드의 욕구이론이다. 매슬로우의 5가지 욕구들 간의 계층이론은 후속연구에 의해 지지받지 못하고 있다. 맥클러랜드는 동기부여와 성과는 개인의 성취욕구의 정도에 따라 달라진다고 주장하였다. 높은 성취욕구의 개인은 스스로가 운명을 통제하고 조절할 수 있는 중간 정도의 위험과 상황을 선호한다. 최고경영자는 높은 권력욕구와 낮은 친교욕구를 겸비해야 한다.
- **직무설계에 있어 기계적(mechanistic), 동기부여적(motivational), 생물학적(biological), 지각동인(perceptual-motor) 접근에 대해 설명하라.** 기계적 접근은 산업공학과 과학적 관리법에 근거하며, 효율성, 유연성, 종업원 생산성의 증대에 초점을 맞추고 있다. 동기부여적 접근은 종업원의 정서 및 태도 반응과 행동결과의 개선에 초점을 맞추고 있다. 직무확대(job enlargement), 직무충실화(job enrichment), 상황적 접근은 직무설계에 있어 동기부여적 접근이다. 생리적 접근은 종업원의 육체피로, 노력, 피로, 건강상의 불만을 감소시킬 수 있는 과업환경의 디자인에 초점을 맞추고 있다. 지각동인 접근은 과업결과물의 신뢰도를 강조한다.
- **내재적 동기부여의 근간인 4가지 내재적 보상에 대해 토의하고 관리자가 어떻게 내재적 동기부여를 촉진시킬 수 있는가에 대해 토의하라.** 내재적 동기부여는 의미감과 선택감에 대한 보상 기회, 역량감과 발달감에 대한 성취 보상에 의해 발생한다. 의미감과 발달감은 과업 완수 목적에 의해 고취되는 반면, 선택감과 역량감은 직장에서 수행하는 과업과 관련하여 생겨난다. 경영자들은 격려, 모델링, 권한 위임 및 대표자 임명, 협조, 지도, 감시, 보상 등을 통해 의미감, 선택감, 역량감, 발달감을 이끌어 내야 한다.
- **직무만족의 원인과 결과에 대해 토의하라.** 직무만족은 개인 직무의 다양한 요소들에 대해 갖는 감정적이거나 정서적 반응이다. 직무만족 5가지 모델을 통해 직무만족은 원인을 확인할 수 있다. 5가지 직무만족 모델은 욕구충족(need fulfillment), 모순(discrepance), 가치달성(value attainment), 공정성(equity), 성격/유전 특성(trait/genetic components)이다. 직무만족은 많은 결과변수들과 연관성을 갖는다. 표 6-1은 이러한 조직에서의 변수들 간의 결과를 요약한 것이다.
- **비생산적 업무 행동(CWB)의 원인과 예방책을 알아보라.** 비생산적 업무는 자율권의 부재와 업무 불만족에 영향을 받는 개인 성격의 특성으로부터 기인된다. 비생산적 업무는 상관이 권력 남용적이면서 많은 직원들을 관리하는 상황에서 더 잘 발생한다. 조직은 적합한 인식 능력과 성격을 갖고 있는 직원을 채용함으로써 이 문제를 부분적으로 해결할 수 있다. 그들은 경영자들이 부정적인 남용 없이 효과적으로 조직을 통솔할 수 있도록 도와준다. 게다가 누군가가 비생산적 업무 행동을 할 경우 즉각적인 피드백과 지침을 줄 수 있다.
- **직장-가정 갈등의 가치모델에 대해 설명하라.** 일반적인 삶의 가치는 한 사람의 가족과 직장에 대한 가치를 결정한다. 직장-가정 갈등은 가족 구성원간의 가치 유사성이 부족할 때 발생할 수 있다. 마찬가지로, 직장-가정 갈등은 직장 가치가 회사의 가치와 일치되지 않을 때 발생한다. 직장-가정 가치 때문에 자신의 가치를 받아들이지 못할 때, 직무 또는 삶의 만족, 또는 둘 모두 고통을 받을 수 있다.

Chapter 07

동기부여 II
공정성, 기대 그리고 목표설정

학습목표

이 단원을 학습한 후, 다음의 질문에 답할 수 있어야 한다.

1. 종업원 동기부여에 있어 지각된 불공정성의 역할에 대해 논의하라.
2. 공정성 이론으로부터 얻을 수 있는 실무적 시사점을 설명하라.
3. 브룸의 기대이론에 대해 설명하라.
4. 기대이론의 실무적 시사점에 대해 설명하라.
5. 목표 설정 이론으로부터 학습할 수 있는 다섯 가지 실무적 시사점에 대해 설명하라.
6. 동기부여 프로그램을 실무에 적용하기 전에 논의되어야 하는 구체적인 문제들에 대해 논의하라.

많은 CEO들이 기대이론의 원리에 따라 보상을 받지는 않는다.

당신은 스타들의 연봉이 새로운 형태의 CEO 연봉과 거의 정확하게 일치한다고 생각할 지도 모른다. 컨트리와이드 파이낸셜(Counytrywide Financial)의 안젤로 모질로(Angelo Mozilo), 씨티그룹(Citi Group)의 청크 프린스(Chunk Prince), 메릴린치(Merrill Lynch)의 스탠 오닐(Stan O'Neal)의 높은 연봉에 비해 절망적인 성과는 일반 대중을 분노하게 만들기 충분했다. 각 CEO들은 서브프라임 모기지 사태 이후 십억 달러에 달하는 보너스와 이별해야 했다.

옥시덴탈 석유(Occidental Petroleum)의 최고 경영자 레이 아이라니(Ray Irani)는 지속적인 낮은 성과에도 불구하고 수백만 달러를 받아왔다. 이는 기대 이론의 원리와 부합하지 않는다.

현재의 경제 불황 속에서 고위직 관료는 한 밑천을 잡지 못할 뿐이지만 평범한 미국 시민은 하루하루 먹고 사는 일을 걱정하고 있다. 그리고 한 요소가 더 있다. – 대통령 선거. 이 모든 것을 종합하면 어떻게 변화가 급박하지 않을 수 있겠는가?

그 해답은 개혁가들이 어떻게 법을 제정하든 이사회는 언제든 그들이 원하는 데로 보스에게 연봉을 주는 방법을 찾아낼 수 있다는 것이다. 지난 25년간 CEO의 연봉은 정치적 혹은 경제적 상황과는 무관하게 상승해왔다. 회사의 이익과 경제성장, 혹은 평균 노동자의 임금보다 빠르게 상승한 것이다. 임금 컨설팅 회사인 달멧 코넬(Dolmat Connel & Partners)의 최근 연구에서 다우존스(Dow Jones)에 상장된 회사들의 CEO 연봉이 지난 십년간 무려 매년 평균 15.1% 상승했다고 밝혔다.

현재의 임금 시스템에 대한 더욱 알맞은 대안은 CEO가 회사의 주식을 많이 소유하도록 하는 것이다. 만일 주식이 CEO에게 지급된다면, 그의 봉급과 보너스는 주식 가치를 반영하여 결정될 것이다. 보너스를 얻기 위해 그들은 주당 이익과 같이 조작하기 쉬운 수치들이 아닌 자본비용과 관련된 회사의 현금유입을 개선시켜야 한다. CEO들의 단기성과 위주의 경영을 막기 위해서는 보너스의 상한선을 두는 것 보다는 일정기간 동안 CEO가 손을 댈 수 없도록 보너스를 적립하여야 한다.

왜 이런 일이 일어날 가능성이 없는지를 알기 위해 올 봄의 주주 위임장의 내용을 살펴보자. 올해에 많은 회사들이 사업계획에 CEO 연봉산정의 기초가 되는 구체적인 성과지표를(이익 잉여금을 포함해서) 보고하는데 여기에는 꼭 달성해야 할 구체적 금액이 보고되고 있음을 목격할 수 있다. 회사들이 그렇게 하는 이유는 미국 증권거래위원회가 그렇게 만들기 때문이다. 그러나 다양한 방법으로 임금 공식을 조작하여 여전히 그들은 CEO들에게 원하는 만큼의 연봉을 줄 수 있다. 미국의 전설적인 임금 과용회사 중 하나인 옥시덴탈 석유를 예로 들어보자. 이 회사의 최근 위임장에는 인상적으로 보이는 목표와 공식들로 가득 차 있다. 그러나 사실 회사의 속내를 알고 보면 CEO 레이 아이라니에게 최악의 경영성과와 무관하게 17년 동안 엄청난 금액(2007년에는 1억천만달러)을 꾸준히 지급해 온 것을 알 수 있다.

| 토의하기 |

많은 CEO들의 임금이 기업성과와 연계되어야 한다고 생각하는가?

앞으로 이 단원에서 학습할, 기대 이론은 개인의 보상이 그 당사자의 성과와 연관되어야 한다는 원칙을 기본으로 한다. 이 이론의 기본개념은 종업원 동기부여는 그들이 가치 있게 여기는 것으로 보상을 받았을 때 더욱 높아진다는 것이다. 이것과는 대조적으로, 이 장의 도입부에 있던 사례에서는 많은 CEO들이 조직의 이익이나 성장을 이끄는데 실패하더라도 지나치게 높은 연봉을 받고 있음을 설명하고 있다.

이 단원에서는 업무 동기부여의 세 가지 인지 이론들 공정성(equity), 기대(expectancy), 목표 설정(goal setting)에 대해 다룰 것이다. 각각의 이론들은 직원들의 인식이 그들의 동기부여를 이해하는데 핵심이 된다는 전제를 기초로 하고 있다. 당신이 종업원 동기부여에 대해 배운 것을 적용할 수 있도록 돕기 위해, 우리는 성공적인 동기부여 프로그램의 필수조건들을 제시하면서 이 장을 마무리할 것이다.

아담스의 공정성 이론

공정성 이론(equity theory)
동기부여는 사회적 교환에 있어 공정성 기능으로 파악하는 것

일반적으로 정의된 공정성 이론(equity theory)은 사회적 교환이나 거래 관계에서 공정성과 정의를 위해 사람들이 어떻게 노력하느냐를 설명하는 동기부여 이론이다. 공정성 이론은 1950년대 사회심리학자 페스팅거(Leon Festinger)에 의해 발전된 인지부조화 이론에 바탕을 둔다.

페스팅거의 인지부조화 이론에 의하면, 사람들은 인지적 신념과 자신의 행동 간의 일치를 유지하기 위해 동기부여 된다. 인지된 불일치는 인지부조화(또는 심리적 불편함)를 만들어 내고 이를 수정하려는 행동을 낳게 한다. 예를 들면 심하게 담배를 피우던 친척이 폐암으로 죽는 것을 본 흡연자는 죽음을 흡연 탓으로 생각하게 되고 이는 금연이라는 동기부여를 받게 될 것이다. 따라서 불공정한 사회교환으로 우리가 피해를 보게 될 때 우리는 인지부조화의 작용으로 그 상황을 바로 잡고자 한다. 교정행동(corrective action)의 범위는 태도나 행동을 다소 바꾸는 것에서부터 절도행위와 타인에게 해를 끼치는 행위까지 매우 다양하다. 연구에 따르면, 사람들은 인지된 불공정성에 대해 이전의 단원에서 다뤘던 것처럼 직접적(절도, 방해, 폭력, 결근) 혹은 간접적(의도적인 근무태만, 낮은 동기부여, 비협조적, 반조직적 행동)인 업무저하 행동(counter productive work behavior CWB)으로 "되갚아 주려는" 시도를 한다.

심리학자 아담스(J. Stacy Adams)는 처음으로 실제 업무환경에 공정성이론을 적용시켰다. 아담스의 공정성이론은 개인과 조직간 상호교환관계에서 중요 구성요소에 대해 이해해야 한다. 개인-조직의 교환관계는 종업원의 공정, 불공정 인식을 형성하는데 중요한 요소 중에 하나이다.

개인-조직간의 교환관계

아담스는 고용인과 고용주의 교환관계에 있어 중요한 두 가지 요소로 투입(Input)과 산출

(Outcome)을 강조했다. 적정한 보상을 기대하는 종업원들의 투입에는 교육/훈련, 기술, 창의성, 근속연수, 나이, 성격특성, 투여한 노력, 개인의 외모 등을 포함한다. 이에 대한 산출로서 조직은 급료/보너스, 복리후생, 도전적 과업, 고용안정, 승진, 직위, 인정 및 중요 의사결정에의 참여 등을 제공한다. 이런 결과물들은 조직과 직위에 따라 매우 그 범위와 종류가 다양하다.

부정적 / 긍정적 불공정성

학습목표 1
종업원 동기부여에서 지각된 불공정성의 역할에 대해 논의하라.

직장에서의 불공정성에 대한 느낌은 개인의 공정한 투입량에 대해 적절한 보상이 이뤄졌는가에 대한 개인평가에 달려있다. 사람들은 자신의 고용관계에서의 교환과 관련있는 타인과의 비교를 통해 지각된 공정성을 평가한다. 공정한 규범에 근거하는 이런 비교 과정은 여러 국가들에서 보편적으로 관찰되는 과정이다. 사람들은 유사성이 없는 사람들보다 그들 자신과 밀접한 대인관계를 맺고 있는 친구나 유사한 타인, 같은 일을 수행하는 사람, 동성 또는 동일한 교육 수준을 가진 사람들과 비교하려는 경향이 있다. 예를 들어, 휴스턴의 소방관인 앨리슨 스타인(Alison Stein)과 미첼 맥리오드(Michelle McLeod)가 직면한 상황을 고려해 보자. 몇 년 전에, 그들은 방화 조사관이 되기 위한 시험에서 가장 높은 점수를 획득했고 휴스턴 화재 부서에서 여성 고위직으로 승진되었다. 그러나 나중에 막상 그들이 구역장으로 지원하려고 했을 때, 시험 점수보다는 근속 년수에 더 가중치를 두도록 인사규정이 바뀌었다. 스타인과 맥리오드는 20년 동안 여성을 고용하지 않았던 그 부서에 그런 규칙의 변화가 여성에게 불공평하다고 항의했다. 당신은 성과를 강조하는 자격 기준에 동의하는가 아니면 노동조합의 입장처럼 근무한 연수에 동의하는가?

그림 7-1은 공정성(Equity), 부정적 불공정성(Negative Inequity), 긍정적 불공정성(Positive Inequity)의 3가지의 다른 공정성들의 관계를 보여준다. 그림 7-1의 공정성관계에 있는 두 사람은 교육, 경력 등에서 동일한 조건을 가지고 같은 업무를 수행한다. 단지, 그들의 시간당 급여 비율만 다를 뿐이다. 공정성은 개인의 인지된 투입물 대비 산출물이 동료의 투입 대비 산출비율과 동일할 경우에 존재한다(그림 7-1의 A). 왜냐하면 공정성은 투입 대비 산출의 비율을 비교하는 것에 기초하고, 불공정성은 단지 다른 사람이 나보다 더 많은 보상을 받는다고 해서 인지되지는 않기 때문이다. 만약 다른 사람의 추가적인 산출물이 그 사람보다 많은 투입량 때문이라면, 공정하다고 느낄 것이다. 그러나 만약 비교대상이 되는 다른 사람이 비슷한 투입물로 자신보다 더 큰 산출물을 얻는다면 **부정적인 불공정성**(negative inequity)을 느낄 것이다(그림 7-1의 B). 반면에 자신의 투입 대비 산출비율이 다른 동료들보다 클 때 **긍정적인 불공정성**(positive inequity)을 경험할 것이다(그림 7-1의 C).

부정적 불공정성(negative inequity)
타인이 유사한 투입에 대해 보다 많은 산출물을 받는 지에 대한 비교

긍정적 불공정성(positive inequity)
타인이 유사한 투입에 대해 보다 적은 산출물을 받는지에 대한 비교

그림 7-1 부정적 불공정성과 긍정적 불공정성

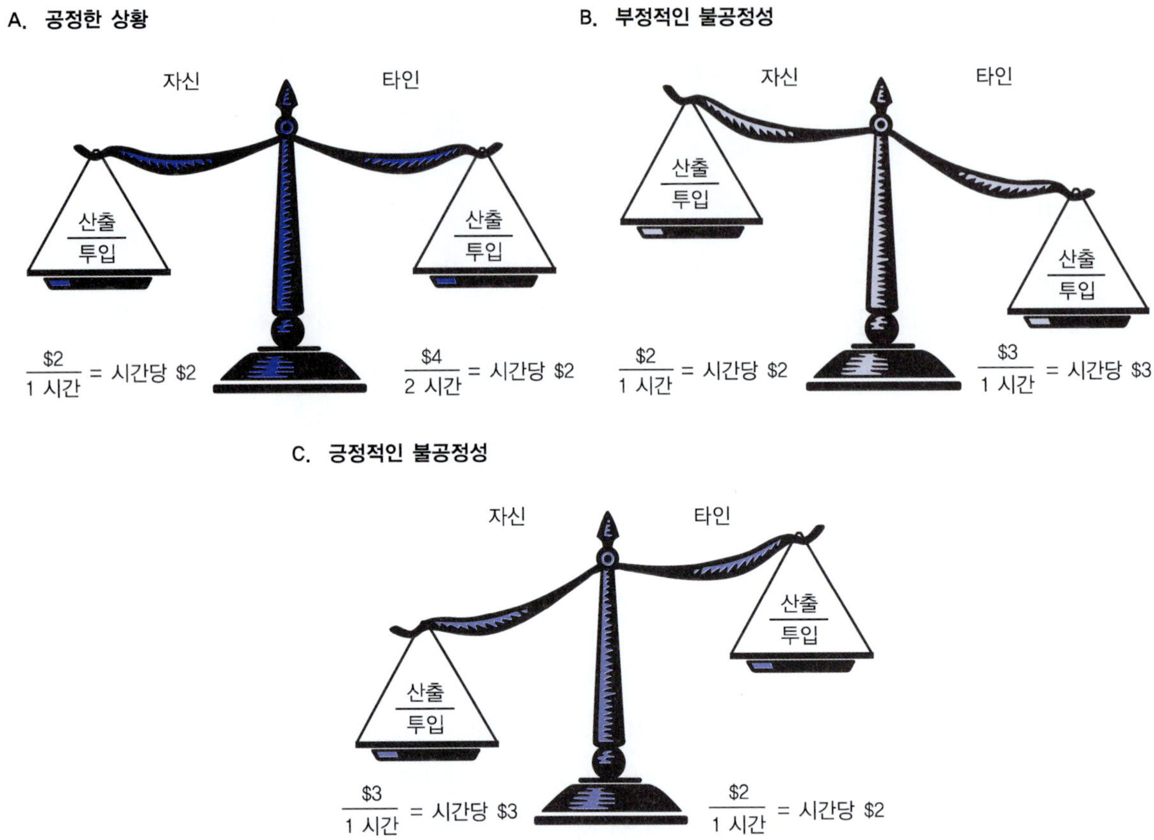

지각된 불공정성의 역동성

관리자들은 아담스의 공정성이론으로부터 다음과 같은 실무적 시사점을 얻을 수 있다.

(1) 공정성/불공정성을 지각하는 민감도는 사람에 따라 다양하다

(2) 다양한 방법을 통해 불공정성을 감소시킬 수 있다.

공정성과 불공정성의 한계 어떤 사람은 사소한 불공정성 때문에 매우 화를 내는 반면 다른 사람은 전혀 개의치 않는 것을 본 적이 있는가? 연구자들에 의하면 개인마다 공정성 민감도의 차이 때문에 같은 수준의 불공정성에 대한 반응이 달라질 수 있다. **공정성 민감도(equity sensitivity)**는 "주어진 어떤 상황에서 발생하는 형평성에 대해 개인마다 서로 다른 반응, 인내, 선호"를 보이는 것을 말한다. 공정성 민감도는 베푸는 사람(benevolent), 민감한 사람(sensitive), 권리를 주장하는(entitled) 사람의 순으로 연속해 있다.

공정성 민감도(equity sensitivity)
부정적/ 긍정적 공정성에 대한 개인의 수용도

베푸는 사람(benevolent) 사람들은 부정적인 불공정성에 대해 보다 높은 수용도를 가진 사람이다. 그들은 비교대상 타인의 비율보다 더 낮은 자신들의 산출/투입 비율을 원한다는 점

에서 이타주의적인 성향을 갖는다. 공정성에 민감한 사람(*sensitives*)들은 호혜성의 원칙에 엄격한 기준을 고수하는 사람들이며, 부정적/긍정적 불공정성을 해소하기 위해 즉각적인 동기부여가 발생한다. 마지막으로, 권리자(*entitleds*)들은 부정적 불공정성에 대한 수용도가 낮다. 이런 개인들은 비교대상자들 보다 큰 투입대비 산출 비율을 기대하며, 그렇지 못한 경우에는 화를 낸다.

불공정성 줄이기 공정성 비율은 산출량을 바꾸거나 투입량을 조절해줌으로써 변화될 수 있다. 예를 들어, 부정적 불공정성은 승진이나 봉급인상(산출물의 증대)을 통해서나, 투입물(노동시간, 노력)을 감소시킴으로써 해결될 수 있다. 공정성은 공정성 비율을 행동이나, 인지적으로 바꿈으로써 회복될 수 있다는 것이 중요하다. 인지전략은 자기자신 또는 비교대상자의 산출물과 투입물에 대한 지각을 심리적으로 왜곡시키는 것으로 예를 들면, 비교대상이 보다 경험이 많거나 더 열심히 일했다고 결론을 내리는 것을 말한다.

예를 들어, 피터 브록만(Peter Brockman)은 첨단 기술 회사에서 불공정성을 지각했을 때 그의 생각과 행동을 바꾸었던 사례를 살펴보자.

> 동료의 승진을 목격했을 때 브록만씨가 생각하기에 그것은 동료가 받기에는 과분한 것이었다. '뭐야 이건!! 어떻게 저런 일이 생긴거야?' 라고 그는 생각했다.
>
> 처음에 이 사건은 그의 자신감을 날려버렸다고 그가 말했다. "하지만 그 사건으로 인해서 나는 대담해졌다." 동료의 성공은 그를 고무시켜서 상사와 협상을 하기 시작했고 3개월 후에 30% 임금 인상과 옵션이 추가된 승진으로 이어졌다.

초반에 브록만은 불공정성을 느꼈지만, 회사에서 그가 기대한 것보다 승진을 손쉽게 할 수 있다는 것을 깨달음으로써 그는 공정성을 회복했다.

공정성 개념의 확장: 조직 공정성

1970년대 후반 무렵, 연구자들은 종업원 행동과 태도를 설명하는 데 공정성 이론의 역할을 확장하기 시작했다. 이런 활동은 조직 공정성(Organizational Justice)이라 불리어진 연구로 영역을 구축하였다. 조직 공정성은 사람들이 직장에서 공평하게 대우 받는다고 느끼는 정도를 말한다. 조직 공정성은 분배적(distributive), 절차적(procedural), 상호적(interactional) 공정성, 세 가지 개념으로 규정되어 있다. **분배 공정성(distributive justice)**은 자원과 보상이 어떻게 분배되고 할당되는지에 대해 인지된 공정성을 의미한다. 최근의 경제 둔화 속에서 몇몇 최고 경영자들은 이사회의가 제시한 보너스를 사양했지만, 몇몇은 그들의 보너스를 직원들에게 나누어줌으로써 호의를 베풀고 동기를 부여했다. 예를 들어, 퍼스트 아메리칸 회사(First American Corporation)가 최근 한 해 동안 손실을 입은 후에,

분배 공정성(distributive justice)
자원과 보상이 어떻게 분배되는 가에 대한 공정성 지각

기대이론은 쾌락주의 이론을 포함한다. 쾌락을 추구하는 사람들은 자신의 즐거움을 최대화시키고 고통을 최소화시키려 노력한다. 일반적으로, 기대이론은 둘 또는 그 이상의 대안 사이에서 선택을 해야하는 어떤 상황에서 행동을 예측하는 데 사용된다. 예를 들면, 기대이론은 일을 그만둘지 계속할지, 업무에 상당한 노력을 할 것인지 최소한의 노력을 발휘할 것인지, 전공을 선택할 때 경영, 컴퓨터공학, 회계, 마케팅, 심리학 또는 커뮤니케이션을 전공할 것인지 아닌지 예측하는 데 사용될 수 있다.

본 절에서는 빅터 브룸(Victor Vroom)의 기대이론에 대해 살펴본다. 기대이론의 기저에 있는 인지과정을 이해함으로써 관리자들이 종업원들의 동기를 향상시킬 수 있는 정책과 제도를 개발하는데 도움을 받을 수 있다.

3 학습목표

브룸의 기대이론에 대해 설명하라.

브룸의 기대이론

브룸(Broom)은 그의 1964년에 출판된 그의 저서인 '일과 동기부여(Work and Motivation)'에서 기대이론의 수학적 모델을 만들었다. 브룸의 기대이론은 다음과 같이 요약할 수 있다:

> 특정 방식으로 행동하려는 경향의 정도는 그 행동으로 인해서 생길 수 있는 결과에 대한 기대의 강도와 그 결과물이 행위자에게 주는 가치 또는 매력에 의해 좌우된다.

브룸에 따르면, 동기부여는 결국 특정 직무상황에서 얼마나 많은 노력을 할지에 관한 의사결정이라고 할 수 있다. 이러한 선택은 기대의 두 가지 경로에 근거한다(노력 → 성과 , 성과 → 결과). 우선 동기부여정도는 노력을 특정수준으로 할 때 의도된 성과목표를 가져올 것이라는 개인의 기대에 따라 달라진다. 예를 들어 공부하는 시간의 양이 증가될수록 시험성적이 향상될 것이라고 믿지 않는다면, 당신은 아마도 평소보다 더 열심히 공부하지 않을 것 이다. 동기부여정도는 목표성과를 달성함에 따라 수반될 수 있는 다양한 결과물의 획득 가능성에 대한 종업원의 인식에 따라 달라진다. 마지막으로, 얻게 되는 결과에 대해 개인이 부여하는 가치정도에 따라 동기부여가 달라진다.

브룸은 위와 같은 개념들을 동기부여 강도의 예측모델로 통합하기 위해 수학적 방정식을 이용하였다. 그러나 브룸의 동기부여 기대모델을 이해하고 설명하기 위해선 기대(expectancy), 수단성(instrumentality), 유의성(valence)의 세 가지 핵심개념을 파악해야 한다.

기대(expectancy)

노력이 특정 성과수준에 연동되는 것에 대한 믿음

기대 브룸의 정의에 따르면, 기대(expectancy)는 특정수준의 노력이 일정한 성과로 이어질 것이라는 개인의 믿음을 나타낸다. 즉, 노력이 성과로 이어지는 기대를 말한다. 기대는 주관적 확률을 의미한다. 통계적 범위는 0에서 1까지다. 기대가 '0'이라는 것은 노력이 특정 수준의 성과에 미치는 기대되는 영향력이 없다는 것이다.

예를 들어, 당신이 키보드로 타이핑하는 방법을 전혀 모른다고 가정하자. 아무리 노력을 한다고 해도 1분당 실수 없이 30개의 단어를 오타 없이 타이핑할 가능성에 대해 인지된 확률은 '0'일 것이다. 기대가 '1'이라는 것은 성과가 전적으로 노력에 따라 달라진다는 것을 의미한다. 만약 당신이 타이핑 수업을 수강하는 것 뿐만 아니라 몇 주간 하루에 일정시간씩 연습을 하기로 결정했다면(높은 노력) 당신은 실수 없이 1분당 30단어를 타이핑 할 수 있을 것이다. 반대로, 만약 타이핑 코스를 수강하지 않고, 단지 매주 1시간 또는 2시간만 연습한다면(낮은 노력), 실수 없이 1분당 30단어를 타이핑할 수 있는 가능성은 매우 낮다.

다음 요소들은 종업원의 기대 지각(expectancy preception)에 영향을 주는 요소들이다.

- 자존감
- 자기 효능감
- 과업에 대한 이전의 성공 경험
- 다른 사람들로부터 도움을 받는 것
- 과제를 끝내기 위해 필요한 정보
- 일 하기 좋은 자료와 설비

수단성(instrumentality)
성과 → 결과에 대한 지각

수단성 수단(instrumentality)은 성과 → 결과에 대한 지각이다. 이는 특정수준의 성과를 달성하는 것이 특정 결과에 연동될 것이라는 개인적 믿음을 의미한다. 성과가 어떤 결과를 가져오므로, 수단적 성격이 된다. 예를 들면, 시험에 통과하는 것은 대학에서 졸업하기 위한 수단이 된다.

수단성의 범위는 '−1'에서 '1'이다. 1의 수단성은 특정 결과의 달성이 전적으로 과업성과에 달려있음을 나타낸다. 0의 수단은 성과와 받게 되는 결과 사이에 아무런 관계가 없다는 것을 나타낸다. 예를 들면, 대부분의 회사들은 성과가 아닌 연공서열에 휴가일수를 달리한다. 마지막으로 −1의 수단성은 높은 성과는 결과를 얻을 수 있는 기회를 감소시키는 반면, 낮은 성과는 결과를 얻을 수 있는 기회를 증가시킨다는 것이다. 예를 들면, 당신이 시험에서 A를 얻기 위해(높은 성과) 공부하는 것에 더 많은 시간을 소비할수록, 당신이 즐기는 여가활동 시간은 더 적어질 것이다. 마찬가지로, 당신이 공부하는 데 더 적은 시간을 소비한다면, 당신은 여가활동을 할 수 있는 시간이 증가할 것이다.

수단성의 개념은 왜 몇몇 직원들이 다른 직원들보다 개선을 위한 제안을 많이 하기를 원하는지를 설명해준다. 일반적으로, 만약 종업원들이 어떤 일을 완성하는데 있어서 더 좋은 방법이 있다고 말하면, 일반적으로는 그 제안들을 무시하겠지만 몇몇 관리자들은 그 의견들을 받아들일 것이다. 관리자들이 그런 타당한 생각들을 시도하려는 습관을 만들면, 그들의 행동은 긍정적인 수단성을 만들게 된다. 레스토랑의 직원들을 대상으로 한 연구에서 종업원들은 이런

"내 컴퓨터가 이상한 바이러스에 걸렸어요. 당신이 얼마나 멋지고 승진할 자격이 있는지에 대한 메시지가 쏟아지고 있어요."

유형의 리더를 만나면, 더 많은 제안을 하는 것으로 밝혀졌다.

유의성(valence)
성과와 보상의 가치

유의성 브룸은 **유의성(valence)**을 사람들의 결과에 대해 가지는 긍정적 혹은 부정적 가치라고 정의하였다. 유의성은 사람들의 개인적인 선호도를 반영한다. 예를 들면, 대부분의 종업원들은 추가적인 금전적 수당 또는 인정받는 것에 대해 긍정적인 유의성을 갖는다. 반대로 해고나 제안한 의견에 대해 조롱당하는 것은 대부분 개인들에게 부정적 유의성일 것이다. 브룸의 기대이론에서 결과물은 보수, 승진, 인정과 같이 성과에 따른 상이한 결과를 의미한다. 결과의 유의성은 개인의 욕구에 따라 달라지며 연구목적을 위해 부정적 가치에서 긍정적 가치까지 측정될 수 있다. 예를 들면 보다 인정받기위한 개인의 유의성은 −2(매우 바람직하지 못한)에서 0(중립적인)에서 2(매우 바람직한)에 이르는 척도범위로 평가될 수 있다.

브룸의 기대이론의 실제적용 브룸의 기대이론은 실생활에서 동기 프로그램을 분석하는 데 사용될 수 있다. 페덱스(Federal Express)의 설립자이자 CEO인 프레드릭 스미스(Frederick W Smith)가 제시한 다음의 성과문제에 대해 생각해보자.

> 우리는 제시간에 해결해야 할 산더미같이 많은 과제를 가지고 있다. 화물기가 밀려 들어올 것이고, 모든 것들은 준비가 되어야 한다. 우리는 당신이 생각할 수 있는 모든 종류의 통제기제를 시도했고, 그것들 중 어떤 것도 작동하지 않았다. 주된 문제는 화물 터미널에서 일을 지체시키는 종업원들—대부분은 대학생들—의 이해와 관련이 있음이 밝혀졌는데 그들은 오래 일할수록 돈을 더 받았기 때문이다. 그래서 우리는 그들에게 최소 임금만을 보장해주고 이렇게 얘기했다. "당신이 시간 내에 일을 처리한다면 일찍 집에 가도 좋다. 일찍 갈 수 있도록 해 봐라." 45일 동안 기적처럼 주어진 스케줄보다 훨씬 빨리 일을 처리하는 것을 목격했다. 그리고 나는 이것이 그들에게 의식적으로 일어났다고 생각하지 않았다.

어떻게 페덱스가 대학생 화물 취급자들의 작은 노력수준을 많은 노력수준으로 전환시킬 수 있었을까? 브룸의 이론에 따르면 성과가 아닌 시간에 따라 보수를 받았기 때문에 작은 노력을 했던 것이다. 대학생 종업원들에게 있어 최대관심사는 천천히 작업함으로써 가능한 많은 시간을 보내는 데 있다. 그래서 대학생 종업원들이 할당된 작업을 완수하면 일찍 귀가할 수 있도록 함으로써 페덱스는 노력의 강도를 높이는 효과를 거두었다. 이와 같은 페덱스사의 정책은 '확정적인 보수'와 '일찍 귀가할 수 있는 기회'라는 두 가지 가치 있는 결과를 낳았다. 즉 많은 노력을 이행하려는 동기부여는 작은 노력을 하려는 동기부여보다 더 크게 작용했다.

표 7-1
기대이론의 경영학 및 조직적 시사점

경영실무자 차원 시사점	조직 차원 시사점
종업원들이 가치를 두는 결과를 결정한다.	목표성과에 대해 사람들을 보상하고 임금의사결정을 비공개로 하지 않는다.
적절한 행동이 보상받을 수 있도록 좋은 성과가 무엇인지 확인한다.	도전적인 직무를 설계한다.
종업원들이 목표성과수준을 달성할 수 있는지를 확인하라.	집단 성과에 대한 보상은 팀워크와 협동심을 기를 수 있도록 연계시켜라.
목표성과수준과 바라는 결과를 연동시켜라.	높은 노력과 목표달성으로 이어지는 기대, 수단성, 결과물을 만들고 이를 관찰 유지하는 관리자를 보상하라.
결과의 변화가 높은 수준의 노력을 유발할 수 있을 만큼 충분히 큰지를 확인하라.	인터뷰, 무기명 설문지를 통해 종업원의 동기화 정도를 살펴라.
보상시스템의 불공정성을 경계하라.	개개인의 다양성 수용을 위해 동기부여프로그램이 유연성 있게 만들어져야 한다.

기대이론 연구와 경영학적 시사점

학습목표 4
기대이론의 실무적 시사점에 대해 설명하라.

기대이론은 많은 경영학자들에 의해 입증됐다. 77개 연구의 메타분석결과, 기대이론은 성과, 노력, 의도, 선호 그리고 선택을 정확하게 예측하는 것으로 나타났다. 다른 16개의 연구들에 따르면, 기대이론은 정확하게 직업상이나 혹은 조직적인 선택의 63.4%를 예견한다. 이것은 단순한 추측보다 훨씬 높은 확률이다.

그럼에도 불구하고, 기대이론은 몇 가지 이유에 의해 비판받고 있다. 예를 들어, 기대이론은 테스트하기가 힘들고, 기대, 수단, 유의성을 평가하는 데 사용되는 측정도구의 타당성에도 의문이 있다. 그러나 개별 관리자 또는 전체조직에 있어 중요한 실무적 시사점을 제공한다(표 7-1참조).

성과와 보수를 연결 짓는 방법 중 하나가 직원이 판매한 물건에 중개수수료를 지급하는 것이다. 시어스(Sears)사는 가전제품과 용구같은 특화된 분야뿐만 아니라 매장의 모든 부서에서 중개수수료를 얻을 수 있도록, 그 정책을 확장시켰다.

관리자들은 종업원들이 목표성과를 달성하는 것을 도와줌으로써 노력 → 성과기대를 향상시킬 수 있도록 노력해야 한다. 관리자는 종업원들의 자기효율성을 고취시키고, 지원을 함으로써 노력 → 성과기대를 향상시킬 수 있도록 도울 수 있다. 직원들을 동기부여 시키기 위해 부동산 개발 회사가 어떻게 이런 원칙들을 적용했는지를 알고 싶다면, 202쪽에 있는 〈기술과 모범사례〉를 보라.

또한 관리자들이 종업원들의 수단성에 영향을 미치고 다양한 보상에 관한 유의성을 주의깊게 살펴보는 것은 중요하다. 이런 맥락에서 조직이 성과에 대한 강화를 제공하는 방식으로 금전적 보상을 사용해야 할지의 문제가 크게 부각되고 있다. 돈이 대부분의 사람들에게 명백한 보상이지만, 금전적-비금전적 보상 간의 상대적 균형을 결정할 때에는 다음의 세 가지 사항을

기술과 모범사례

맥휘니에서의 적재적소에 사람 배치하기

맥휘니 부동산 서비스(McWhinney Real Estate Service)는 콜로라도주 러브랜드 덴버의 북쪽에 위치해 있고, 빠르게 성장하고 있는 부동산 개발 회사이다. 어떻게 회사가 성장하면서 매끄럽게 운영되는지를 설명해달라고 했을 때, 설립자인 채드와 트로이(Chad, Troy McWhinney) 형제는 컨설턴트에서 회사의 직원 서비스 부분 부회장이 된 조나 바보소(Johnna Bavoso)에게 많은 공로를 돌렸다.

바보소 밑에서, 맥휘니는 종업원들이 무엇에 관심이 있는지와 어떤 일을 잘하는지를 발견하고, 그들을 적절한 곳에 배치하여 새로운 역할에 잘 적응할 수 있도록 돕는 것에 초점을 두었다. 채드는 이 정책을 "버스에 적절한 사람을 적절한 자리에 배치하기"라고 묘사했다. 새로운 "자리"로 이동한 한 사람은 예전에 시설 유지 기술자였는데 이 직원은 만약 회사 프로젝트의 설계 부문에 자리가 있다면 "그가 나중에 고쳐야 할 여러 문제들을 예방할 수 있겠다"는 것을 깨달았다. 그래서 회사는 그가 그런 일을 할 수 있는 자리를 만들어 주었다. 바보소는 또한 "품성과 경쟁력"에서 뛰어난 직원 두 명을 데려와서 맥휘니의 미래에 가장 많은 기여를 할 수 있는 직무를 찾을 수 있도록 지도하기 시작했다.

직원들에게 "버스에서 자리를 찾는" 방법을 지도해 주는 것은 흔치 않은 전략이지만 이것은 분명 효과가 있다. 왜냐하면 이는 직원들이 스스로 관심있는 목표를 찾고 준비하여 그것을 성취할 수 있도록 도와주기 때문이다. 문제 해결에 주안점을 둔 긍정적 환경에서, 맥휘니의 직원들은 그들이 성취할 수 있다고 믿는다 – 또한 그들은 그것을 이루어낸다.

출처: Based on A Fox, "Open, Honest Communication Sustains McWhinney," *HR Magazine*, July 2007, p46.

고려해야 한다.

첫째, 연구에 따르면 어떤 종업원들은 흥미 있는 일이나 인정 받는 것을 금전보다 중요시 여긴다. 둘째, 외재적 보상은 시간에 따라 동기화정도가 감소될 수 있으며 또한 내재적 동기를 훼손시킬 수 있다. 하지만 이와 같은 결론은 성과는 금전적 인센티브와 연동된다는 점과 균형을 맞춰야 한다. 2,773명을 대상으로 한 39개 연구들의 메타분석에 따르면, 금전적 인센티브는 성과의 질이 아니라, 성과의 양과 긍정적인 상관관계가 존재한다는 것을 알 수 있다. 셋째, 금전적인 보상은 동기부여를 일으키기에 충분한 크기여야 한다. 예를 들면, 오하이오 주립대학의 경영학교수인 로버트 헤네만(Robert Heneman)은 금전적 보상으로 사람들을 동기부여 시키기 위해서는 종업원의 기본급에서 최소 7%는 되어야 한다고 평가했다. 비록 이 비율이 대부분의 직원들이 받은 전형적인 임금 인상보다 꽤 높지만, 일부 기업들은 이 평가를 고려하여 인센티브 제도를 만들었다. 아놀드와 포터(Arnold & Porter)의 법무 회사는 직원들에게 그들의 봉급의 7.5%에 맞먹는 이익 분배금을 지급했고, 아멕스(American Express)는 만약 회사가 빡빡한 성과 요구를 충족할 경우 최고 경영자인 키네스 체놀트(Kenneth Chenault)는 수억 달러 상당의 스톡 옵션을 포함해서 넉넉한 보상을 받게 될 것이라고 최근에 발표했다.

요약하자면, 가장 좋은 보상의 유형은 없다. 개인적인 차이와 욕구이론은 사람들은 각기 다른 보상에 의해 동기부여 된다고 말한다. 관리자들은 따라서 동기부여를 높이기 위한 보상의 유형과 관계없이 종업원들의 성과와 가치 있는 보상을 연결시키는데 초점을 맞춰야 할 것이다. 다음은 효과적인 성과와 보상의 연동에 있어서 필수적인 네 가지 요인이다.

1. 관리자는 종업원들과 성과기준에 대해 논의하고 이를 개발시켜야 한다. 밥티스트 헬스 케어(Baptist Health Care)는 "모든 종업원들이 구체적으로 어떤 행동이 수용가능한지를 알 수 있도록 개발된", 성과에 대해 도전적이고 구체적인 표준을 갖고 있는 곳으로 유명하다. 예를 들어, 전 직원들은 "고객의 상태를 즉각적으로 알아차려야 하고 웃으며 자신을 즉시 소개"할 것을 요구한다. 전원이 환자의 호출 등에 3분 안에 응답할 의무가 있다. 심지어 엘리베이터 에티켓까지 표준으로 다루어지는데 가령 "다른 사람들을 위해 열림 버튼을 누르고

있을 것"과 "휠체어로 환자를 이송하고 있을 때, 항상 문을 바라보는 쪽으로 둘 것"이 있다. 밥티스트 헬스 케어는 이런 높은 기준들을 설정하고 소통하기 때문에 환자 만족도가 뛰어난 것으로 알려져 있다.

2. 종업원들을 비교하는 데에는 타당하고 정확한 성과제도가 필요하다. 부정확한 지표는 불공정한 인식을 주고 이로 인해 동기부여를 감소시키기 때문이다.
3. 관리자들은 성과에 대한 개개인의 공헌과 팀의 공헌에 대한 상대적인 조합을 결정하고, 이에 따라 각각 보상할 필요가 있다. 예를 들어 제약업계의 거인인 파마시아(Pharmacia) 제약회사는 협력을 강화하고, 고객지향, 속도를 강조하는 조직문화를 만들 수 있도록 보상시스템을 설계했다. 보상과 집단의 활동을 명시적으로 연동한 회사의 보상체계가 협력체계를 강화시킨다. 시장에 약을 가져오는 시간, 수익의 최고점에 이르는 판매시간, 판매량에 근거한 개별사원의 보상이 이루어졌다. 이런 제도는 종업원들이 자유롭게 정보를 공유하도록 인센티브를 주었다.
4. 경영자는 종업원들 간에 보상이 다르게 분배되도록 성과평가를 해야 한다. 즉 다양한 성과수준에 대해 상이한 보상금액을 할당하는 것이 중요하다.

목표 설정을 통한 동기부여

업적의 구체적인 내용은 모두 다르지만 성공한 사람들은 공통점이 하나씩 있다. 성공한 사람들의 인생은 목표 지향적 이라는 것이다. 이는 선거에 이기고자 하는 정치가에서부터 세계적인 운동선수까지도 해당하는 말이다. 종업원의 동기부여 과정이론 중에서, 본 절에서는 목표 설정 이론과 연구 및 실제에 대해 살펴본다.

목표: 정의와 배경

목표 설정의 최고 권위자인 에드윈 로크(Edwin Locke)와 그의 동료들은 **목표(goal)**를 "개인이 달성하려고 하는 것; 부여 행동의 목표 혹은 목적"으로 정의했다. 성과목표와 목표에 기초한 보상계획의 동기화효과는 오랫동안 인정되어왔다. 20세기 초 프레드릭 테일러(Frederick Taylor)는 개인에게 일정수준의 품질을 유지하면서 할당되어야 하는 작업량을 과학적으로 설명하고자 했다. 그는 생산량 기준을 초과하는 것에 대해 보너스를 지급할 것을 제안했다. 최근에는 목표관리(MBO: Management By Objectives)라고 불리는, 경영기법이 보편화 되면서 목표 설정 이론이 보급되었다.

> **목표(goal)**
> 개인이 달성하고자 하는 것

목표관리(Management by Objectives)는 기업의 의사결정, 목표 설정, 목표

> **목표관리(Management by Objectives)**
> 의사결정, 목표 설정, 피드백 과정에 종업원들을 참여시키는 경영관리제도

피드백 과정에 종업원을 참여시키는 경영관리 시스템이다. MBO프로그램에 관한 메타분석결과 연구대상 조직 70개 중 68개 조직에서 생산량이 향상되었다. 특히 최고 경영자의 높은 관심이 있을 때 평균 56%의 생산량이 향상됨을 보였다. 반면, 최고경영자의 관심이 낮은 경우에는 평균 6%의 생산량 향상만을 보였다. 그리고 18개 조직에 대한 두 번째 메타분석 연구결과에 따르면 최고 경영자들의 목표관리 프로그램에 대한 몰입도가 종업원의 직무만족과 높은 상관관계가 있는 것으로 나타났다. 이러한 인상적인 결과는 목표관리 프로그램과 목표 설정의 긍정적 측면을 보여준다. 더 나아가 MBO프로그램이 어떻게 생산성과 만족도를 향상시키고, 목표 설정 이론이 활용되는 과정에 대해 살펴보고자 한다.

목표 설정은 어떻게 작동하는가?

많은 목표 설정에 대한 연구와 제도들이 있었지만 목표 설정 이론은 의외로 부족하다. 하나의 실용적 모델이 로크와 그의 동료들에 의해 고안되었다. 로크의 목표 설정 모델에 따르면 목표 설정은 네 가지 동기부여 메커니즘이 있다.

목표는 주의를 집중 시킨다 목표를 가짐으로써 사람들은 목표와 관련되지 않은 것에서 멀어지고 목표와 관련된 활동에만 주의를 기울이게 된다. 예를 들면, 당신이 며칠 내에 제출해야 할 과제가 있다면, 당신의 관심과 행동은 온통 그 과제를 완성하는 데에만 집중하게 될 것이다. 목표의 힘은 와이어스 제약회사(Wyeth Pharmaceutical)에서 직원들의 관심을 집중시켰다. CEO인 로버트 루폴로(Robert Ruffolo)는 1년 동안 각각의 연구원들이 얼마나 많은 약품을 생산해야 하는지 목표를 설정함으로써 연구 개발 부서에 대대적인 개혁을 실시했다. 그런 목표를 설정하고 나서, 1년에 생산된 약품의 수가 비용의 증가 없이 세 배나 뛰어올랐다. 영업사원의 주요 목표는 "업계에서 최고가 되는 것"이었는데, 이는 고객 만족도의 측면에서 구체적인 점수로 측정되었다. 회사는 영업사원에게 고객 만족도와 연관된 행동에 대해 훈련시켰고, 1년 후에 그들의 점수는 20% 상승했다.

목표는 노력을 조절한다 목표는 사람들이 선택적 주의를 갖게 할 뿐만 아니라 목표와 관련한 행동을 하도록 동기부여 시킨다. 교수가 제시한 기말과제를 기간 내에 제출해야 하기 때문에 당신은 친구들과 만나거나, TV를 보거나, 다른 분야 공부를 하는 것보다 신속히 과제를 완성하려 할 것이다. 일반적으로 목표의 난이도에 따라 노력을 하는 정도가 달라진다.

목표는 인내력을 증진 시킨다 목표 설정상황에서 인내력은 특정시간 동안 과업을 수행하는데 걸리는 노력을 의미한다. 이는 100미터 달리는 데 드는 노력과 26마일의 마라톤을 달리는 데 필요한 인내력을 예로 들 수 있다. 인내력이 있는 사람들은 장애요소와 마주하였을 때 실패에 대한 핑계가 아니라 극복해야 할 과정으로 여기는 경향이 있다. 누군가에게 중요한 어려운 목표는 그 개인에게 올바른 방향으로 지속적으로 노력을 기울일 수 있도록 상기시켜준다. 이것은 투자자들이 왜 주식이나 보너스처럼 인센티브를 받기 위해 경영진들이 달성해야 할 목표에 예민하게 관심을 갖고 있는지에 대한 근본적인 이유를 제공해 준다. 오늘날과 같이 경쟁이 심한 시장 상황에서, 기업은 경영진들의 임금 상승분을 순이익이나 주식 가격과 연동시킨다. 경영진들은 투자자들이 회사가 목표를 달성하고 있는지 지켜보고 있고, 목표 달성에 실패할 경우 그들을 퇴출시키는 것을 주저하지 않을 것임을 알고 있다. 왓슨 와이얏(Watson Wyatt)의 컨설팅 관리자인 아이라 케이(Ira Kay)가 말하기를, "충분히 도전적인 성과 목표 및 적절한 기업 성과 지표를 설정하는 것은 관리자 임금 프로세스의 가장 중요한 부분이다." 유사하게, 스포츠의 세계에서 아일랜드 골프 선수인 패드렉 해링턴(Padraig Harrington)이 브리티시 오픈에서 우승한 후 말하기를 그의 목표는 메이저 대회에서 더 많이 우승하는 것이라고 했다. "당신이 앞으로 더 성장하고 싶다면 목표를 세워야 한다. 만약 당신의 목표가 메이저 대회에서 한 번 우승하는 것이라면, 나는 분명히 한 번 이상의 우승에 초점을 두고 있다."

아일랜드 골프 선수이자 2007년 브리티시 오픈을 포함해서 세계 대회에서 19번 우승했던 패드렉 해링턴(Padraig Harrington)은 그의 목표를 높게 잡았다. 그는 프로로 전향한 1995년 이후로 1,200만 달러를 벌었다. 그의 현재 목표는 메이저 대회에서 더 우승하고 자선 단체에 기부금을 더 내는 것이다. 매해의 시작점에서 패드렉의 능력은 어떤 종류의 목표를 설정할까?

목표는 과업전략과 행동계획의 개발과 적용을 촉진한다 만약 당신은 여기에 있는데 당신의 목표는 다른 어딘가 있다면 당신은 여기에서 저기로 어떻게 가야하는지 문제에 직면하게 된다. 예를 들어, 사업을 처음 시작할 때의 어려움에 대해 생각해보자. 당신은 이익을 취하고, 더욱 크게 성장하며, 혹은 세상을 좀 더 나은 곳으로 만들고 싶은가? 그 지향점에 도달하려면, 당신은 엄청나게 많은 의사결정을 해야 하고 무수히 많은 업무들을 수행해야 한다. 목표는 이럴 때 도움이 될 수 있다. 왜냐하면 목표를 달성하기 위해 전략과 행동 계획을 개발하도록 직원들을 북돋아주기 때문이다. 남아프리카, 짐바브웨, 나미비아에서 했던 일련의 연구들에 따르면 소규모의 회사에서 그 회사 소유주가 정교하고 능동적인 계획을 갖고 있을수록 성공할 확률이 더 높다는 것을 밝혀냈다.

목표 설정 연구들로부터 얻을 수 있는 시사점

학습목표 5
목표 설정 연구로부터 배울 수 있는 다섯 가지 실무적 시사점들에 대해 알아보자.

동기부여 기술으로서 목표 설정에 관한 연구는 지속적으로 연구되어 왔다. 성과목표를 세움으로써 개인, 집단, 조직의 성과를 향상시킬 수 있다. 그리고 목표 설정의 긍정적인 효과는 호주, 캐나다, 캐리비안, 영국, 서독, 그리고 일본 등의 다른 6개 지역 혹은 국가들에 관한 연구들에서도 찾아볼 수 있다. 목표 설정은 상이한 문화에서도 효과가 있다는 것을 알 수 있다. 수년간 이뤄진 목표 설정과 관련된 연구의 결과는 다음의 다섯 가지 실무적 차원의 시사점을 제공한다.

그림 7-2
목표난이도와 성과간의 연관성

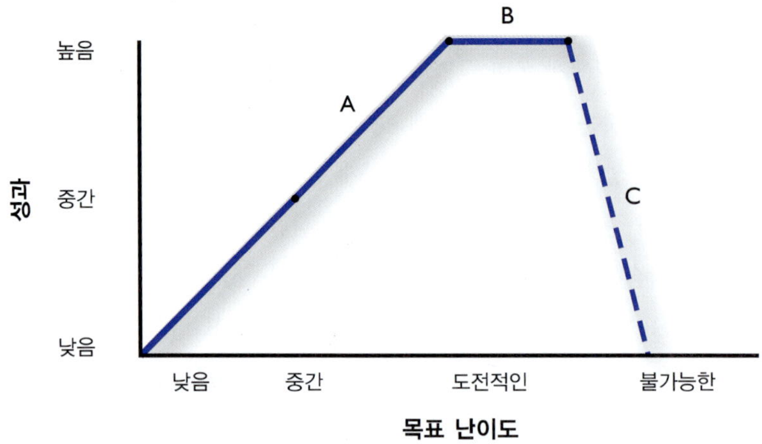

A 적절한 능력을 가진 몰입된 개인들의 성과
B 최고 능력을 가진 몰입된 개인들의 성과
C 높은 목표에 대한 몰입을 상실한 개인들의 성과

목표 난이도(goal difficulty)
목표의 계량화 정도

1. 어려운 목표는 높은 성과로 이어진다. **목표 난이도(goal difficulty)**는 목표를 달성하는 데 필요한 노력의 정도를 말한다. 한 달에 9대의 차를 판매하는 것이 3대의 차를 판매하는 것보다 훨씬 어렵다. 4000여명을 대상으로 하는 65개 연구들의 메타분석 결과, 목표난이도가 성과에 긍정적인 영향을 미친다는 것을 밝혀냈다. 그러나 그림 7-2에서 보듯이 목표를 달성하기 불가능하다고 여겨질 때 목표난이도－성과간의 정의 상관관계가 무너진다. 그리고 종업원에게 쉽거나 중간정도의 목표가 주어졌을 때보다, 어려운 목표가 주어졌을 때 더 높은 성과가 나온다는 것을 보여준다(A부분). 목표 난이도가 '도전적'인 것에서 '불가능한 것'으로 변하게 될 때 성과는 정체되거나(B부분), 떨어지게 된다(C부분).

목표 구체성(goal specificity)
목표의 수치화 가능성

2. 구체적이고, 어려운 목표가 복잡한 과업보다 단순한 과업에서 더 높은 성과를 낳는다. **목표 구체성(goal specificity)**은 목표의 수량화와 관계가 있다. 예를 들어 자동차 판매 사원에게 최선을 다하라고 얘기하는 것 보다 월 9대를 판매하라는 목표가 훨씬 구체적이다. 목표 설정과 관련된 초기의 연구들을 살펴보면 110개의 연구들 중 99개의 연구에서 구체적이고 어려운 목표가 쉽거나, 어중간한 목표 또는 최선을 다하라 식의 목표부여보다 더 높은 성과로 이어졌다. 이와 같은 결과는 7,407명을 대상으로 1966년부터 1984년 사이에 이뤄진 70개의 메타분석을 통해 입증되었다.

이와 같은 목표 구체성과 성과간의 긍정적인 효과와 대조적으로 몇몇 최근 연구에 의하면 특정 상황 아래에서는 구체적이고 어려운 목표를 세우는 것이 낮은 성과를 가져온다고 한다. 예를 들어, 125개의 연구에 대한 메타분석 결과, 목표 설정 효과는 쉬운 업무에서 가장 높았고, 복잡한 업무에서 가장 낮게 나타났다. 이와 같은 연구결과는 두 가지로 설명될 수 있다. 우선, 종업원들은 자신들이 회사의 "목표를 수용하거나" 설정된 목표를 지지하지 않는 한 복잡한 목표를 달성하기 위한 노력을 하지 않는 경향이 있다. 그러므로, 관리자들은 목표 설정 과정에 종업원들의 동의를 얻는 것이 중요하다. 둘째, 종업원들은 새롭고 복잡한 과업에 대해 불안감을 가질 수 있으며 이 때문에 체계적이지 못한 전략을 개발하게 되고, 어떤 전략과 행동이 효과적인지 깨닫는데 실패하게 된다. 이로 인해 종업원들은 성과에 대한 압력을 받고 불안감을 갖게 된다. 로크와 그의 동료들에 따르면, 이런 문제에 대한 해결책은 과업목표를 달성하기 위한 가장 효과적인 방법을 찾기 위해, 구체적이고 도전적인 학습목표를 설정해야 한다. 그러므로 구체적이면서 어려운 목표를 해결하기 위해 명확한 전략을 갖고 있지 않을 경우, 새롭고 복잡한 과업은 성과를 악화시킬 수 있다. 그러나 긍정적인 측면에서는 종업원들이 명시적으로 당면한 문제를 해결하도록 격려를 받으면 목표 설정이 복잡한 과업에서도 성과에 점진적인 향상을 이끌어 내는 것으로 연구결과 나타났다.

3. **피드백은 구체적이고 어려운 목표의 효과를 향상시킨다.** 피드백은 우리의 삶 전반에 걸쳐 중요한 역할을 한다. 볼링에서 피드백의 역할을 생각해보자. 볼링 핀 앞의 천정에 점수표를 달아놓고 볼링을 치고 있는 사람을 가정하자. 당신이 목표로 하고 있는 점수 또는 평균 점수에 도달할 가능성은 얼마나 되는가? 당신의 핀을 보는 실력이 떨어진다면 원하는 첫 번째 공에서 스트라이크를 치지 못했다면, 점수를 얻을 생각을 하지 않고 두 번째 공을 어디로 던질지 고민해야 할 것이다. 현장에서도 이와 같은 원리가 적용된다.

   피드백은 사람들이 자신의 목표를 향해 나가고 있는지, 진로에서 벗어나지는 않았는지, 그리고 노력의 방향을 다시 설정할 필요가 있는지를 알게 해준다. 목표와 피드백을 함께 사용하는 것은 추천할 만한 접근법이다. 목표는 사람들이 그들의 열정을 적합한 방향으로 집중할 수 있도록 성과의 기준과 기대에 대한 정보를 알려준다. 결국 피드백은 목표를 달성하기 위한 방향, 노력, 전략을 조정할 수 있도록 필요한 정보를 제공해 준다.

4. **참여적인 목표, 할당된 목표, 자기설정목표는 똑같이 효과적이다.** 관리자와 연구자들 모두 목표를 설정하는 가장 좋은 방법을 알아내는 데 관심이 있다. 가장 효과적인 목표는 참여적인 목표, 할당된 목표, 종업원 스스로 설정하는 자기설정 목표중 어느 것인가? 목표 설정에 대한 연구결과에 따르면, 성과를 향상시키는 데 효과적인 단 한 가지 방법은 없다.

관리자들은 개인이나 상황에 따라 적합해 보이는 방법을 선택하는 상황적 접근을 사용해야 한다. 예를 들어, 참여에 대한 종업원들의 선호를 고려할 필요가 있다. 일부 종업원들은 목표 설정을 하는 과정에 참여하기를 열망하는 반면 다른 종업원들은 그렇지 않다. 종업원들은 과업에 대한 정보를 많이 가지고 있을 때나, 많은 경험과 훈련의 정도가 높을 때, 과업 몰입정도가 높을 때 목표 설정에 참여할 수 있는 기회에 대해 더욱 긍정적으로 응할 것이다. 마지막으로, 참여적인 방법은 더 효과적인 과업전략의 개발과 더 높은 자기효율성을 가져올 수 있는 교환을 촉진시킨다.

목표 몰입(goal commitment)
목표를 달성하고자 하는 몰입정도

5. **목표 몰입과 금전적인 보상은 목표 설정의 결과에 영향을 미친다.** **목표 몰입(goal commitment)은 개인이 목표를 성취하는 데 헌신하는 정도이다.** 일반적으로 개인은 목표에 전념하고 있을 때, 목표를 달성하기 위한 시도를 계속 할 것이다. 연구자들은 목표몰입이 목표의 난이도와 성과의 관계를 조절하는 것으로 여긴다. 즉, 종업원들이 목표에 몰입할 때 어려운 목표가 높은 성과로 이어진다는 것이다. 반대로, 사람들이 목표에 몰입하고 있지 않다면, 어려운 목표는 낮은 성과로 이어진다고 여겨진다. 2,360명을 대상으로 한 21개의 메타분석 연구 결과가 이러한 예상들을 지지한다. 종업원들이 목표를 성공적으로 달성하는 것에 대한 높은 자기 효능감을 가지고 있을 때, 어려운 목표에 더 몰입한다는 사실은 매우 중요하다. 그러므로 관리자들은 목표 설정을 할 때 종업원들의 자기 효능감 수준을 고려해야 한다.

   목표 설정과 마찬가지로 종업원들을 동기유발하기 위한 금전적 인센티브의 사용에 관한 연구는 드물다. 불행하게도 목표성취가 개인의 인센티브와 연결될 때 나타나는 몇 가지 부정적인 결과들을 찾아냈다. 예를 들어 a) 성과 목표가 종업원 통제 하에 있지 않거나, b) 목표가 계량화될 수 없거나, c) 비교적 많은 보수가 성과달성에 대해서 지출되지 않는다면, 보수가 목표달성과 연관되어서는 안 된다고 사례연구에서 밝혀졌다. 만약 위의 세 가지 조건들이 충족되지 못한다면, 목표에 근거한 인센티브 제도는 바람직하지 못한 결과로 이어질 것이다.

자기 평가 연습

성격이 어떻게 당신의 목표 설정 기술에 영향을 끼치는지 평가해보시오.

게다가 실증연구에 의하면, 목표에 근거한 인센티브 제도는 쉬운 목표에 더 몰입하고, 어려운 목표엔 보다 덜 몰입하게 만든다고 밝혀졌다. 종업원들은 금전적인 인센티브와 연관된 어려운 목표를 맡는 것을 꺼려한다. 그리고 높은 목표몰입을 보이는 사람들은 고 난이도의 개별 목표를 달성하는 것에 대한 인센티브를 받게 되면, 자신들의 동료를 보다 덜 돕게 된다. 또한 개인들은 성과목표와 관련이 없는 직무에 대해서는 등한시한다.

이러한 연구결과들은 목표에 근거한 인센티브 사용이 특히, 협동이 요구되는 복잡하고 상호의존성이 강한 직무에 있는 종업원들에게 사용할 경우 위험하다는 것을 강조한다. 관리자들은 목표에 근거한 인센티브 제도의 실행에 앞서 이 제도가 안고 있는 장단점과 딜레마에 대해 심사숙고해야 한다.

목표 설정의 실무적 적용

기타 센터(Guitar Center)는 미국의 빠르게 성장하는 소매상인 중 하나이다. 165개의 가게에서, 핵심가치로서 서비스는 특정한 목표로 구체화되었다.— 판매원은 전화벨이 네 번 울리기 전에 전화를 받아야 한다. 회사의 이사는 목표가 충족되고 있는지 확인하기 위하여 주기적으로 전화를 건다. 당신은 종업원의 성과를 감시하는 이런 접근법을 좋아하는가?

목표 설정 프로그램을 실행할 때 일반적으로 3단계의 과정이 있다. 한 단계에서 심각한 문제가 생기면 다른 두 단계에서 아무리 잘해도 소용이 없다. 세 가지 단계는 조직적인 방법으로 수행되어야 할 필요가 있다.

1단계: 목표 설정 놀랍게도, 이 상식적인 첫 번째 단계를 항상 따르는 것은 아니다. 1,900명의 관리자들을 대상으로 한 최근 연구에 따르면 그들 프로젝트 팀 중 약 46%가 구체적이고 달성할 만한 목표를 하달받지 않은 것으로 드러났다. 따라서 겨우 33%의 관리자들만이 그들의 프로젝트를 정시에, 예산에 맞춰 끝낸다는 것은 놀라운 일이 아니다. 관리자들이 종업원이나 프로젝트 팀과 함께 목표를 어떻게 세울 수 있는지 생각해 보자.

많은 자원이 목표 설정 단계에서 투입으로 사용되어질 수 있다. '시간/동작에 관한 연구'가 그 중에 하나이다. 그리고 직무수행자의 평균적인 과거성과에 근거하여 목표가 설정될 수 있다. 세 번째로, 종업원과 관리자는 참여적인 상호협상을 통해 목표를 설정할 것이다. 네 번째로 목표는 외부적, 내부적 벤치마킹에 의해 설정될 수 있다. 벤치마킹은 회사가 그 성과 혹은 내부적 업무과정을 다른 조직의 성과/업무과정(외부벤치마킹) 또는 동일 조직 안의 사업부, 내

표 7-2 SMART 목표를 쓰기 위한 지침서

Specific (구체성)	목표는 막연한 표현보다는 정확한 표현으로 기술되어야 한다. 예를 들어 각각의 직원들을 위해 20시간 동안 기술적인 훈련을 제공한다는 목표는 되도록 많은 사람들이 수업을 받을 기회를 제공한다는 것보다 더 구체적인 목표이다. 목표는 가능한한 계량화해야 한다.
Measurable (측정 가능성)	어느 정도 목표가 달성 되었는가 측정하기 위한 측정도구가 필요하다. 그러므로 목표는 측정 가능한 것이어야 한다. 측정기준들을 확립할 때 목표의 질적 측면을 고려하는 것이 중요하다. 예를 들어, 목표가 생산성을 증가시키는 방법을 연구하는 것이면, 이 성과의 질을 측정하기 위한 방법들을 고려해야만 할 것이다. 목표 설정 시에는 결과의 양/질적 측면의 영향을 모두 고려해야 한다.
Attainable (달성 가능성)	목표는 현실적이고 도전적이고 달성 가능해야 한다. 불가능한 목표는 동기유발을 감소시킨다. 왜냐하면 사람은 실패를 좋아하지 않기 때문이다. 사람들은 각기 다른 수준의 능력과 기술을 가지고 있다는 것을 기억하라.
Results oriented (결과 지향성)	조직의 목표들은 조직의 비전에 도움이 되는 바람직한 최종결과에 맞춰져야 한다. 즉, 개인의 목표는 조직 목표의 달성에 직접적인 도움이 되어야 한다. 일련의 활동들은 목표 달성에 도움이 되어야 하며 일한 것들이 행동계획에 설명되어야 한다. 목표를 바람직한 최종 결과물에 초점을 맞추기 위해서 '완성하다', '획득하다', '생산하다', '증가시키다', '감소시키다'와 같은 동사로 목표를 기술하라. '개발', '수행', '실행', '감시' 등은 활동을 나타내는 말이고 목표 문구에 사용하지 마라.
Time bound (정해진 시간)	목표 완수를 위한 목표기일을 명확히 한다.

출처: A J Kinicki, *Performance Management Systems* (Superstition Mt., AZ: Kinicki and Associates, Inc., 1992), pp 2–9. Reprinted with permission; all rights reserved.

기술과 모범사례

목표 몰입을 높이는 관리 행동

1. 목표 달성을 위해 가치 있는 결과물을 제공한다.
2. 목표 달성을 위한 종업원들의 자기 효능감을 증진시켜라.
   (a) 적절한 훈련을 제공함으로써
   (b) 바람직한 행동과 조치에 대한 역할모델을 제공함으로써
   (c) 목표를 달성하는데 필요한 종업원의 능력에 대해 설득적으로 의사소통하여 자신감을 심어줌으로써
3. 종업원들에게 목표에 대한 몰입을 공개적으로 갖게 하라.
4. 종업원들에게 진취적인 비전을 알리고, 어떻게 조직 비전 달성에 개인목표가 연계되는가를 설명하라.
5. 종업원들이 목표 설정 단계에 참여하도록 하라.
6. 처벌하기보다 지원하라.
7. 연간 목표와 같은 장기목표를 나눠서 단기목표로 만들어라.
8. 목표 달성을 위해 필요한 자원을 종업원들이 이용할 수 있도록 보장하라.

출처: E A Locke and G P Latham, "Building a Practically Useful Theory of Goal Setting and Task Motivation," American Psychologist, September 2002, pp 705–17. Copyright 2002 by the American Psychological Association. Adapted with permission.

부 부서(내부벤치마킹)와 비교하고 싶을 때 사용될 수 있다. 예를 들어, 한 회사는 벤치마킹한 경쟁회사보다 더 높은 수준의 고객 서비스와 이익을 목표로 설정할 것이다. 마지막으로, 저원가 전략처럼 회사의 전반적인 전략은 조직의 다양한 관리계층에 있는 종업원들이 목표를 설정하는데 영향을 줄 것이다.

믿을만한 연구 결과에 따르면 목표는 "SMART" 원칙을 따라야 한다. SMART란 구체성(Specific), 측정 가능성(Measurable), 달성 가능성(Attainable), 결과 지향성(Result Oriented), 정해진 시간(Time bound)의 앞 글자를 딴 것이다. 〈표 7-2〉는 SMART의 구체적인 내용을 보여주고 있다. 목표를 설정할 시, 고려해야 할 추가적 2가지 사항이 있다. 첫째로, 복잡한 과업에 있어서, 관리자는 문제해결 기술을 종업원들에게 훈련시켜야 하며, 성과계획행동을 세우도록 북돋아줘야 한다. 행동계획들은 목표달성을 위해서 전략 혹은 전술들을 구체화 하는 것이다.

두 번째로, 개인적인 차이로 인해 (5장에서 논의한 것과 같이) 동일한 업무를 수행하는 데 있어서도 개개인이 다른 목표를 설정하는 것이 필요하다. 예를 들어, 103명의 대학생들을 대상으로 한 연구에서 성실성이 높은 학생들의 동기부여 수준이 높고, 성실성이 낮은 학생들 보다 높은 목표 몰입을 갖고 있기 때문에 높은 성적을 받는 것으로 나타났다. 목표 설정 시 고려해야 할 중요한 개인차는 개인들의 목표지향성이다. 목표 지향은 학습 목표 지향, 성과 입증 목표 지향, 성과 회피 목표 지향 등 세 가지로 나눌 수 있다. 일련의 연구자들은 다음과 같이 목표 설정의 차이점 및 시사점을 기술하였다.

> 학습 목표 지향이 높은 사람들은 기술을 가변적인 것으로 본다. 그들은 현재의 업무를 수행하는 것뿐만 아니라 미래의 업무를 성취하기 위한 능력을 개발하기 위해 노력한다. 높은 성과 입증 목표를 지향하는 사람들은 성과에 집중하는 경향이 있고, 다른 사람들보다 우월하게 보임으로써 자신의 능력을 증명하고자 한다. 높은 성과 회피를 지향하는 사람들 역시 성과에 집중하지만, 이러한 집중은 부정적인 결과물을 피하기 위한 노력이 바탕에 깔려 있다.

성과 입증 또는 성과 회피 목표 지향을 가질때보다 학습 목표 지향성을 가질 때 사람들은 더 높은 목표 설정을 하고 더 많이 노력하고 높은 성과를 보인다고 몇몇 연구에 보여주지만 다른 연구들은 더 복잡한 일련의 관계들을 나타낸다. 우리가 내릴 수 있는 최선의 결론은 개인의 목표 지향성은 특정한 상황에서 목표성취의 추구에 영향을 끼친다는 것이다. 결론적으로, 관리자는 목표를 설정할 때 개인의 차이를 고려해야 한다.

2단계: 목표 몰입 증진 종업원들은 그들이 합리적이고 획득할 만하고 올바르다고 생각한 목표를 추구하는데 보다 동기부여 되므로 목표 몰입을 유발하는 것은 매우 중요하다. 목표 몰입은 다양한 방법을 통해 증가될 수 있다. 〈기술과 모범사례〉는 종업원들의 목표 몰입을 증진시킬 수 있는 8가지 관리 행동을 기술했다.

3단계: 지원하고 피드백을 제공하라 3단계에서는 일을 수행하기 위해 필요한 자원을 종업원들에게 제공하는 것을 말한다. 이 단계에서는 개별 종업원들이 각자의 목표를 달성하기 위해 필요한 능력, 훈련; 정보를 갖추도록 해야 한다. 예를 들어, 버라이존(Verizon Wireless)에서는 모든 훈련이 명시적으로 사업 목표와 연관되어 있어야 한다. 이는 단지 종업원들에게 목표를 달성할 수 있도록 준비하게 하는 것뿐만 아니라, 훈련 자체가 목표를 충족시키고 있는지 측정할 수 있는 기초를 제공한다. 게다가 관리자는 노력 → 성과기대, 자기 효능감, 보상의 유의성에 대한 종업원 지각에 주의를 기울여야 한다. 마지막으로 8장에서 자세히 살펴보겠지만, 종업원들에게 그들이 수행하고 있는 업무에 대한 관한 적절하고 구체적인 피드백을 주어야 한다.

동기부여 이론을 실무에 적용하기

> **학습목표 6**
> 동기부여 프로그램을 실행하기 전에 언급 되어야만 하는 문제점들을 구체화시켜라.

성공적으로 동기부여 프로그램을 설계하고 수행하는 것은 쉽지 않다. 관리자들은 이 책에 쓰여 있는 이론들을 간단히 행하거나 말 그대로 적용할 수도 없다. 조직 내부의 역동성으로 인해 이론 그대로 동기부여 이론을 적용하는 데에는 문제가 있다. 테렌스 미첼(Terence Mitchell) 교수에 따르면,

> 동기부여 제도를 작동시키는 데 어렵게 하는 상황과 설정이 있다. 이러한 환경은 직무, 사람, 기술, 노조여부 등을 포함한다. 동기부여 이론의 적용을 방해하는 요소들에 대해 아직 체계적인 연구가 나와 있진 않다.

> **조별 활동**
> 무엇이 당신을 동기부여 시키는가?

미첼의 경고 문구를 마음에 새기고, 이 단락은 동기부여 프로그램을 수행하기 전에 확실히 해야 할 논제를 다루기 위해 6장의 157쪽에서 다뤄진 그림 6-1을 사용하기로 한다. 우리의 목적은 모든 관련항목을 논의하는 것이 아니라 몇 가지 중요한 항목에 집중하여 조명하고자 하는 데 있다.

동기부여 프로그램이 생산성, 품질, 고객만족을 증가시킨다고 가정할 때, 첫 번째 문제는 동기부여와 성과간 차이에 있다. 그림 6-1에서 보는 것과 같이 동기부여와 성과는 동일체도 아니고 같지도 않다. 동기부여는 성과에 영향을 미치는 몇몇 요소들 중 단지 하나일 뿐이다. 예를 들어, 저조한 성과는 비효율적이고 구식인 기계와 설비, 목표에 대한 주의력 부족, 단조로운 업무, 불공정성 지각, 갈등과 정치적 행위로 특징지어지는 부정적인 작업환경, 지원과 감독 소홀, 업무 흐름의 문제에 기인하는 바가 크다. 동기부여가 직무 환경의 문제점을 다 메꿀 수는 없다(그림 6-1참조). 그러므로 관리자는 부진한 성과와 종업원의 잘못된 행동의 원인에 대해

고려할 필요가 있다. 종업원 설문조사는 낮은 동기부여의 맥락적, 환경적 원인을 파악하는데 쓰일 수 있다.

중요하게도 관리자는 그림 6-1에 나타난 것처럼 개인의 투입물을 무시해서는 안 된다. 5, 6장에서 언급한 것처럼, 개인적인 차이는 동기부여와 동기화된 행동에 영향을 주는 매우 중요한 투입물이다. 관리자들은 종업원들이 업무를 효과적으로 수행하기 위해 업무지식과 능력을 가지도록 종업원들을 발전시켜야 한다. 그리고 종업원의 긍정적인 특성, 예를 들어 자기 효능감, 자기 존중, 긍정적 감정, 학습목표태도, 성취 욕구 등을 키울 수 있도록 노력을 기울여야 한다.

동기부여는 목표 지향적이기 때문에, 목표를 설정하고 개발하는 과정을 우리가 앞에서 논한 것과 방향성이 일치해야 한다. 더 나아가 성과를 평가하는 방법도 고려해야 한다. 타당한 성과 평가제도 없이는 정확하게 좋은 성과와 나쁜 성과를 구분하는 것이 어렵다. 관리자들은 공정성이론과 기대이론에서 제시하는 것처럼 종업원의 동기부여는 부정확한 성과 평가에 의해 억압된다는 것을 명심해야 한다. 제너럴 일렉트릭(General Electric)이 자사의 종업원들을 개발하고 평가하는 방법들에 대해 살펴보자.

> 회사는 매년 직원들 중 맨 아래의 10%를 퇴출하기 위해 많은 힘을 쏟았지만, 그것은 지속적인 평가 과정 중 마지막 하나일 뿐이다. 해고된 한 사람은 해고통지가 왔을 때 놀라지 않는다… 댄 머드(Dan Mudd)는 패니 메이(Fannie Mae)의 사장이자 CEO이다. 1999년부터 2005년까지 GE 캐피탈 일본 지부에 사장 겸 CEO로 있으면서 그는 이러한 역동적인 현장을 회사 내부에서 목격하였다. "다른 여느 조직처럼 GE도 정치적인 면과 개인적인 모든 문제를 안고 있다. 그러나 다른 조직과 비교해봤을 때, 나는 이것들이 최소화 된 것이란 걸 안다. 이것은 솔직한 얘기이다. 당신은 성공하기 위해 무엇을 해야 할지 알고 있을 것이다." 솔직하게 대부분의 회사들은 빈번하고 엄격한 평가를 하고 해고할 필요가 있는 사람들을 해고하는 배짱은 없다.

마지막으로 관리자들이 직원들을 올바르게 평가하도록 교육시키는 것이 중요하다. 기대이론에 따르면, 관리자들은 성과에 연동하여 외재적 보상을 해줄 필요가 있다. 그러나 성과와 연동하여 외재적 보상을 해줄 때, 다음의 세 가지 문제점들을 고려해야 한다. 첫째, 우선 경영자는 성과목표가 올바른 결과를 달성할 수 있도록 통제할 필요가 있다. 그 예로, 비용절감과 환자만족에 관련하여 애쓰는 보험회사와 의료기관을 들 수 있다. 오클랜드에 있는 카이저 퍼마넌트(Kaiser Permanente)의 사례를 살펴보자:

> 캘리포니아의 가장 큰 건강관리의료기관(HMO)의 전화 상담원들은 환자와의 상담전화를 간단하게 하고 회사에서 설정해 놓은 의사들의 방문 횟수를 지키게 하면 보너스를 받았다. 카이저에 등록된 간호사들을 대표하는 단체인 캘리포니아 간호사 연합회(California Nurses Association)는 환자들에게 심각한 의료사고를 일으킬 수 있는 기만적이고 해로운 이 프로그램에 대해 비웃었다.

"환자들은 아무런 의료지식이 없는 고등학교 졸업자들에게 상담을 받는다는 것을 알지 못해요."라고 짐 앤더슨(Jim Anderson)은 말했다.

보통 의료지식이 조금밖에 없거나 거의 없는 전화 상담원들은 진료예약을 하려는 사람과 간단한 의료 질문을 하는 환자들의 상담을 맡는다.

상담온 전화 중 35% 미만의 사람들에게만 진료예약을 허용하고 각 환자들과의 45초 정도 전화통화를 하고 통화시간이 평균 3분을 넘지 않는 전화 상담원들에게만 현금보너스가 지급된다. 또한 전화 상담원들은 보다 자세한 진료를 위해서 정식 간호사들에게 전체 통화의 50% 미만의 통화만을 교환할 수 있도록 요구받는다.

당신은 카이저의 계획에 대해 어떻게 느꼈는가? 양질의 의료서비스를 제공할 수 있도록 종업원들을 더욱 효과적으로 동기부여 시킬 수 있는 방법은 무엇인가?

둘째, 보상이 철저히 성과와 연결되어 있거나, 종업원들의 관심과 주의를 끌 만큼 크지 않다면, 보상을 더 주겠다는 약속은 더 많은 노력이나 더 높은 성과를 이끌어내지 못한다. 셋째, 보상은 종업원들이 다양한 목표에 어떻게 노력을 배분하는지에 따라 달라져야 할 것이다. 252명의 대학생을 대상으로 한 실험에서 그들에게 두 가지 목표를 주고 그 중에 하나에만 보상이 주어진다면, 그들은 보상이 있는 쪽으로 노력을 더 많이 기울인다는 사실이 밝혀졌다. 실무에서는 대부분의 종업원들은 하나 이상의 목표를 달성하도록 요구받는다. 만일 회사가 몇 가지 성과에만 보상을 부여한다면, 직원들은 중요하지만 구체적인 보상이 없는 업무에 주의를 기울이지 않게 될 것이다.

더욱이 공정성이론에 따르면 동기부여는 보상 배분이 공정하게 이뤄지는가에 대한 종업원의 지각에 따라 많은 영향을 받는다. 보상이 부적절하게 분배된다고 종업원들이 믿을 때 동기부여는 감소된다. 또한 보상은 평가 시스템과 적절히 통합될 필요가 있다. 만약 개인수준에서 성과가 평가된다면, 개인별 성취에 대해 보상되어야 한다. 이에 반해, 업무성과가 집단 수준에서 이루어졌다면, 보상 또한 집단에게 분배되어야 한다.

피드백 또한 성과에 연동되어야 한다. 피드백은 종업원들이 관련된 과업, 활동, 목표에 집중할 수 있도록 필요한 정보와 방향을 제공해준다. 관리자들은 종업원들에게 명확하고 시기적절하고, 정확한 피드백을 제공하려고 노력해야 한다.

마지막으로 조직 문화가 종업원들의 동기부여와 행동에 커다란 영향을 미친다는 사실을 강조하는 것으로 본장을 마무리하고자 한다. 긍정적인 자기개선(Self-enhancing)문화는 서로를 의심하고 과실을 찾고 남을 헐뜯는 문화보다 훨씬 높은 동기부여와 조직몰입을 가져온다는 것을 알아야 한다.

핵심 용어

공정성 민감도(equity sensitivity) 192
공정성 이론(equity theory) 190
긍정적 불공정성(positive inequity) 191
기대(expectancy) 198
기대이론(expectancy theory) 197
목표(goal) 203
목표 구체성(goal specificity) 206
목표관리(management by objectives) 203
목표 난이도(goal difficulty) 206
목표 몰입(goal commitment) 208
부정적 불공정성(negative inequity) 191
분배 공정성(distributive justice) 193
상호 공정성(interactional justice) 194
수단성(instrumentality) 199
유의성(valence) 200
절차 공정성(procedural justice) 194

단원 요약

- **종업원을 동기부여시키는 데 있어서 지각된 불공정성의 역할에 대해 토의하라.** 공정성 이론은 사람들이 사회적 교환에서 공평함을 위해 노력하는 방법을 설명하는 동기부여모델이다. 직장에서 종업원들은 자신이 헌신하는 노력에 대해 적절한 보상을 받는지에 대한 스스로의 평가에 따라서 불공정성을 느낀다. 종업원들은 비슷한 일에 종사하는 다른 사람들의 고용 교환 관계에서 지각된 공정성을 비교한다. 지각된 불공정성은 손상된 공정성을 회복하기 위해 동기부여 된다.
- **공정성 이론으로부터 얻어지는 실무적 교훈을 설명하라.** 공정성이론은 적어도 아홉 가지의 실용적인 시사점을 제공한다. 첫째, 사람들은 지각된 불공정성을 회복하기 위해 동기부여되므로, 관리자들은 종업원들을 동기부여 하고자 할 때 그들의 감정이나 지각을 고려해야 한다. 둘째, 관리자는 종업원들이 무엇이 공평하고 공정한가에 대해 지각하는 지에 대한 주의를 기울일 필요가 있다. 공정성 이론에 따르면, 누군가를 동기부여 시키고자 할 때, 고려해야 할 것은 현실에 대한 종업원의 관점이다. 셋째, 종업원들에게 영향을 미치는 의사결정에 대한 발언권(Voice)이 주어져야 한다. 넷째, 종업원들의 복지에 영향을 미치는 의사결정에 대해 이의를 말할 기회를 주어야 한다. 다섯째, 종업원들은 조직변화가 공정하게 수행되고 형평성에 맞는 결과를 도출할 때 조직변화를 보다 더 잘 수용하고 지지하게 될 것이다. 여섯째, 관리자는 직원들을 공정하게 대우함으로써, 구성원들 간의 협동과 협력을 증진시킬 수 있다. 일곱 번째, 종업원들을 불공정하게 대우하는 것은 법정 소송이나 비용이 많이 드는 법정 해결까지 갈 수 있다. 여덟째, 관리자들은 공정성에 대한 조직분위기에 주목할 필요가 있다. 왜냐하면 이는 종업원들의 태도와 행동에 영향을 미치기 때문이다. 마지막으로, 종업원들의 공정성에 대한 지각은 관리자들이 보여주는 리더십 행동에 의해 강한 영향을 받는다.
- **브룸의 기대이론에 대해 설명하라.** 기대이론은 동기부여가 가치 있는 결과를 달성할 가능성을 지각함으로써 결정된다는 것을 전제로 한다. 동기부여에 대한 브룸의 기대이론은 노력→성과 기대, 성과→결과 수단성이 바람직한 결과(긍정적인 유의성)를 성취하기 위한 노력의 정도에 어떻게 영향을 미치는 가를 보여준다.
- **기대 이론이 주는 실무적 시사점들에 대해 설명하라.** 관리자들은 직원들이 성과 목표를 달성하는 것을 도와줌으로써 노력→성과 기대를 향상시키기 위해 노력한다. 수단성과 유의성은 관리자들에게 직원의 성과와 가치있는 보상의 연계성에 대한 시사점을 제공한다. 성과와 보상의 성공적인 연결을 위해서 다음의 네 가지 전제조건이 충족되어야 한다. (a) 관리자는 성과 기준에 대해 직원과 의사소통하고 성과기준을 만들어 나가야 한다. (b) 관리자는 타당하고 정확한 성과 평가를 수행해야 한다. (c) 관리자는 성과에 대한 개인의 노력과 집단 노력의 비율을 적절하게 결정해야 하며 그에 따른 보상을 따르게 해야 한다. (d) 관리자는 직원의 업적에 등급을 매겨서 성과에 따른 차등적 보상을 지급해야 한다.
- **목표 설정에서 배운 다섯 가지 실무적 시사점들을 확인하라.**

어려운 목표는 쉬운 목표나 적당한 목표보다 더 높은 성과를 이끌어낸다. 목표는 달성 가능한 것이어야 한다. 구체적이고 어려운 목표는 복잡한 업무보다 단순한 업무에서 더 큰 성과를 이뤄낸다. 셋째, 피드백은 구체적이고 어려운 목표의 효과를 개선시킨다. 넷째, 참여적 목표, 할당된 목표, 자기설정 목표는 모두 효과적이다. 다섯째, 목표몰입과 금전적인 인센티브는 목표 설정 결과에 영향을 끼친다.

- **동기부여 프로그램을 실행하기 전에 처리해야 할 과제를 설명하라.** 관리자는 저조한 성과와 직원의 부적절한 행동에 대한 다양한 원인을 고려해야 한다. 직원의 바람직하지 않은 성과와 행동은 개인적인 요소(예를 들어 능력, 성질, 감정, 신념)나 작업환경 요소와 같은 것들(예를 들면 도구나 기계장치, 직무특성과 보상방법, 관리자의 지지와 지도, 사회적 규범)때문일 수도 있다. 성과와 보상의 연동과 성과평가에 사용되는 방법들은 반드시 검토되어야 한다. 성과는 정확히 평가되어야 하며, 보상도 공정하게 분배되어야 한다. 그리고 관리자는 종업원의 동기부여와 행동이 조직문화에 영향을 받는다는 것을 깨달아야 할 것이다.

토의 문제

1. 본 장의 도입부에 소개되었던 사례에서 묘사되었던 CEO 보상제도가 기대 이론과 상반되는 이유를 설명하라.
2. 직원들을 공정히 대우하려고 노력하는 관리자의 행동이 오히려 불공정지각으로 이어질 수 있는가? 이유를 설명하라.
3. 만약 직장에서 누군가 당신에게 성공적인 성과에 대해 낮은 기대를 갖고 있다면, 당신은 그 사람의 기대를 높이기 위해 무엇을 할 수 있는가?
4. 목표 설정에 관한 연구는 사람들에게 어려운 목표를 설정하라고 제안한다. 이것이 기대이론과 어떻게 맞물리는지 설명하라.
5. 교수가 학생들을 동기부여 시키기 위해서 공정성 이론, 기대이론, 목표 설정 이론을 어떻게 활용할 수 있겠는가?

윤리적 딜레마

고등학교 선생님은 숙제를 표절한 학생들을 처벌해야만 한다.

고등학교 선생인 크리스틴 펠턴(Christine Pelton)은 자신의 생물학 수업학생들의 약 5분의 1이 인터넷에서 학기 말 과제를 표절했다는 사실을 발견하고 나서부터는 시간낭비를 하지 않는다.

그녀는 학생들의 부정행위를 고발할 때 켄자스 지역의 지지를 받았다. 그리고 2학년 28명에게 낙제점수를 준 지금에도 그런 도움이 필요하다.

그녀와 교장은 숙제를 표절한 학생들은 숙제에서 0점을 받아야 한다는 생각에 동의했다.

그러나 부모님들의 불평이 계속되자, 파이퍼(Piper) 고등학교의 교육위원회는 학생들의 잘못을 조금 더 너그러이 봐 줄 것을 요청했다. 위원회는 그녀에게 F말고 조금이라도 학점을 학생들에게 주고, 기말과제의 비중을 과목 성적의 50%에서 30%로 낮추라고 명령했다.

불평이 많은 학부모 중의 한 명인 인 테레사 월리(theresa Wolley)는 켄자스 시티 스타(kansas City Star)에서 자신의 딸은 표절하지도 않았는데 과제를 얼마나 다시 고쳐 써야 하는지 모르겠다고 불평했다. 그러나 펠턴은 강의계획서에서 자신의 수업에서는 부정행위와 숙제표절에 대해 엄중히 경고한다고 학생들에게 알렸고 학생의 사인을 받았었다.

럿거스(Rutgers) 대학의 맥케비(Mc Cabe)교수는 부정행위에 대한 관용은 대학에 들어가기 위해 학생들이 부정행위자와 경쟁해야 한다는 사실에 낙담을 하게 된다고 말했다.

맥케비는 "만약 선생님들을 다른 시선으로 바라보기 시작한다면, 그들은 기분이 언짢더라도 그런 부정행위에 참여하라고 강요받는 느낌을 가질 것이다."라고 말했다.

만약 당신이 '크리스틴 펠턴'의 입장이라면 어떻게 하겠는가?

1. 학교위원회의 지원이 부족함에 대한 항의의 표시로 사임하라. 이에 대해 논리적 근거를 대라.
2. 학교위원회에서 요구한데로 해라. 이런 행위가 표절한 학생들과 표절하지 않은 학생들에게 미칠 영향에 대해 논의해 보아라.
3. 학교위원회의 명령을 무시하고 낙제점수를 주어라. 이 행동에 대한 논리적 근거를 대라.
4. 다른 방안을 생각하고 이에 대해 논의해보자.

Chapter 08

보상, 피드백, 정적 강화를 통한 성과 개선

학습목표

이 단원을 학습한 후, 다음의 질문에 답할 수 있어야 한다.

1. 피드백의 기본적인 두 가지 기능과 피드백의 세 가지 소스를 명시하라.
2. 상향 피드백과 360도 피드백을 정의하고, 좋은 피드백을 주기 위한 일반적인 팁을 요약하라.
3. 외적 보상과 내적 보상의 차이를 알고, 직무와 연관된 각각의 예를 들어보라.
4. 성과급에 대한 연구 내용을 요약하고, 보상제도를 통한 직원들의 동기부여가 실패하는 이유를 설명하라.
5. 손다이크의 "효과의 법칙"을 이해하고, 스키너의 반응행동과 조작행동의 차이를 설명하라.
6. 정적 강화와 부적 강화, 처벌, 소거에 대해 설명하고, 행동 형성에 대해 설명하라.

티-모바일(T-Mobile)의 수 녹스(Sue Nokes). 그녀에 관해 주어진 사례를 읽고 난 후 당신이라면 그녀를 위해 일하겠는가?

사진 속의 여성은 그저 정장을 잘 차려입은 직장 여성이 아니다. 그녀는 수 녹스이다. 그녀는 티-모바일의 영업 및 고객 센터를 관리하고 있는 화려하면서도 활기찬 여성이다. 티-모바일은 더치 텔레콤(Deutsche Telekom)의 자회사로 현재 170억 달러 규모로 빠르게 성장하고 있는 기업이다. 그녀는 미국 전역에 15,000명 이상의 직원들을 관리하고 있다.

현재 티-모바일은 미국 시장에서 11%의 점유율을 차지하고 있다. 비록 이 회사는 버라이즌(Verizon), AT&T, 스프린트 넥스텔(Sprint Nextel)에 이어 미국 시장 내 4위 기업이지만, 스탠포드 C. 번스틴(Stanford C. Bernstein)의 마크 카드웰(Mark Cardwell)에 따르면 2002년 말부터 점유율을 5% 이상 높여왔다. 더욱 놀라운 점은 이 회사가 2002년 녹스 부임 이후 2년 만에 J.D. 파워(J.D. Power)에서 주관하는 고객 관리 분야에서 무선통신 업계 내 '최고의 기업'으로 선정된 것이다. 그리고 현재 매년 두 번 실시되는 고객 관리 평가에서 6회 연속 대상을 수상하고 있다.

티-모바일이 한 내부 조사에서 최악의 기업으로 평가받은 후 이 기업은 2002년을 기점으로 전혀 다른 기업이 되었다. (J.D. 파워는 2003년부터 미국 전역을 대상으로 무선 통신 설문 조사를 시작했다.) 당시 CEO로 임명된 더스톤(Doston)은 월마트.com(Wal-Mart.com)에서 일하고 있던 녹스에게 티-모바일 고객지원부에 총체적인 점검이 필요하다며 도움을 청하였다. 녹스는 제안을 받아들이기 전에, 몇 군데의 콜 센터를 방문했다. 그리고 그녀는 그녀가 본 것에 대해 경악을 감출 수 없었다. 평균 결근율이 매일 12%였고, 이직율이 매년 100%를 넘어섰다. 당시 콜센터는 일반적으로 사용되던 "neighborhood seating" 시스템으로 운영되고 있었는데, 이 시스템은 직원들에게 개인 업무 공간을 배정하지 않고 직원들이 독서실처럼 칸막이가 있는 책상을 옮겨다니며 업무를 봐야한다. "매니저들에게 '훌륭한 직원들을 잃고 있지 않습니까?'라고 물었고 그들은 당연하다는 듯이 "예"라고 대답했습니다." 녹스가 말했다. "그래서 저는 다시 물었습니다. '이걸 심각하게 여기신 적은 있습니까?' "

녹스는 수다 떠는 것을 좋아하지만, 실제로는 하루 중 많은 시간을 듣는데 소비한다. 메놀 센터(Menaul center)의 포커스 그룹에서 하얀 소매가 보이는 단정한 블랙 재킷에 많은 금 장신구와 고풍스러운 블랙 앤 화이트 체크 모양의 안경을 착용한 52세의 녹스는 매번 회의 때마다 하는 질문을 그대로 물었다. "두 가지 질문을 드리겠습니다. 무엇이 잘 되고 있고, 무엇이 잘 안 되고 있습니까?"(질문의 답으로 그녀는 잘 되고 있는 것은 그녀의 몸무게와 나이이고, 잘 안 되고 있는 것은 그녀의 감퇴되어가는 지적능력이라고 농담 삼아 말한다.)

한 직원은 소비자들이 문자 수신 기능을 차단하게 하여 문자 수신에 대한 과금을 방지하는 방안을 제안했다(참고로 미국은 문자를 수신해도 돈을 내야 함). 이름이 세르히오 후아르도(Sergio Juardo)인, 또 다른 사원대표는 티-모바일.com(T-Mobile.com)에는 왜 스페인어로 된 웹 페이지가 없는지 의아해 했다. 녹스는 세르히오 후아르도의 말이 그녀를 사로잡았음에도 불구하고, 겉으로는 아닌척하며 그의 말을 유심히 들었다. 그녀는 대도시에서의 회의나 다른 포커스 그룹에서 노골적일 만큼 솔직하다. 예를 들어, 그녀는 'pay-as-you- go'라는 새로운 서비스를 지원하기에는 회사가 서비스 담당 직원을 충분히 늘리지 않았다고 직원에게 밝혔다. 또 다른 예로, 시스템에 접속하는데 너무 오래 걸린다는 직원들의 불평에 답하면서 그녀는 현재 기업이 다른 기술에 우선순위를 두고 있기 때문에 이 문제가 조속히 해결되기란 어렵다고 말했다. "우리에게 중요한 것은 기업의 문제점을 솔직하게 말할 수 있는 조직 환경입니다. 심지어 내 딸이 못생겼다고 말할 수 있는 그런 환경 말입니다." 그녀의 독특한 억양은 그녀가 미국 중서부 출신이라는 것을 짐작케 하며, 녹스는 말을 잇는다. "그리고 당신이 기업의 잘못을 물을 때엔, 그 잘못을 해결하기 위한 노력을 보여야 합니다."

녹스가 월마트.com에 입성하여, 당시 CEO인 잔느 잭슨(Jeanne Jackson)과 함께 고객 서비스 센터를 조직할 때, 특히 중요했던 것은 직원들간의 상호교류였다. "저에게 있어 수는 세계 최고의 경영 이사입니다." 현재 MSP 캐피탈(MSP Capital)에 있는 잭슨은 이렇게 말한다. "당신은 그녀의 결정이 옳고 그른지를 걱정하며 잠자리에 들 필요가 없습니다. 그녀는 아첨이 아닌 솔직한 피드백으로 당신이 유능한 상사인 것처럼 느끼게 해줍니다." 잭슨은 녹스가 자신을 호되게 꾸짖던 날을 회상했다. "당시 저는 대부분의 시간을 엔지니어링 직원들과 보내고 있었습니다. 그러던 어느 날 그녀는 나에게 지금 여기를 떠나 콜센터 직원들과 면담 좀 하라고 꾸짖었습니다. 그녀의 말이 전적으로 옳았습니다."

녹스는 하루 빨리 직원들에게 개인 업무 공간을 배정하고 봉급을 50%까지 인상하기 위해 1700만 달러를 기업에 요청하였다. 그녀는 또한 직원 교육과정을 검토하고 (이제 서비스 직원들은 매년 132시간의 교육과 팀 미팅을 갖는다.) 사원 채용에 있어 경력보다는 업무 태도에 중점을 두기 시작했다. 뿐만 아니라 사원들의 결근율, 상담통화 품질, 문제 해결 속도와 함께 상담시간의 일관성을 측정하기 위한 평가 기준도 만들었다. "고객이나 동료직원에게 중요하지 않은 문제에 대해서 당신에게 책임지우지 않을 것입니다" 그녀는 그녀가 추구하는 것이 무엇인지 – 아무도 따라 할 수 없는 그녀만의 방식으로– 설명하기 전에 앨버커키(미국 뉴 멕시코 중부의 도시)의 직원들에게 다음 두 가지를 강조한다. 첫째, 결근 하면 안 된다.(그녀는 이를 "동료를 하찮게 여기는 행위"라고 표현한다.) 둘째, 모든 문제를 단 한 통화로 해결하는 것(one call solution 또는 OCR)은 매우 중요하다. "우리는 고객의 시간을 쓸데없이 낭비하고 있었습니다. 우리의 고객들은 할 일이 많습니다. 하물며 화장실에 가서도 다른 일을 합니다."

녹스는 오래전부터 장래성이 없다고 여겨져 온 직무를 하는 기존 직원의 80%가 승진을 할 것이라고 약속을 했다. 2007년 8월까지 그녀의 약속은 80%를 초과한 82%를 기록했다. 그녀의 경영진은 또한 새로운 '보상과 인정 시스템'을 만들어 –새로운 측정 기준 적용 하에– 우수 직원에게는 라스베가스 또는 하와이 무료 여행이나 소정의 상품을 지급하였다. 오늘날 결근율은 연 3%이며 이직율은 42%이다. 직원들의 업무 만족도는 80%로 최고치를 달성하고 있다.

|토의하기|

당신은 수 녹스(Sue Nokes) 밑에서 일할 것 같은가?

파트 2의 마지막인 8장은 우리가 파트1과 2에서 배웠던 것들의 주춧돌 역할을 한다. 여기서 우리의 목표는 개인의 직무 성과를 개선하는 것이다. 우리는 예전에 배운 문화적, 개인적 차이, 인지, 그리고 동기부여를 활용해야 한다. 수 녹스(Sue Nokes)가 미국의 티-모바일(T-Mobile)에서 그랬던 것처럼, 몇몇 기업들은 이러한 원칙들을 효과적으로 응용한다. 불행히도, 500명이 넘는 관리자들에 대한 종단 연구에서 직원들에게 매일 요구되는 성과에 대한 정보나 측정 가능한 목표, 직무 성과에 대한 피드백, 성과에 대한 보상을 제공하는 사람이 거의 없는 것으로 나타났다.

올바른 방향으로 일을 하기 위해 요즘 들어 널리 사용되는 용어가 성과 관리이다. **성과 관리(performance management)**는 관리자들이 정기적으로 목표 설정, 감시와 평가, 피드백 제공과 조언, 직원들을 보상하는 모든 활동을 통합하는 전사적 시스템이다. 이는 연관된 사람들에게 대단히 불만족스러운 경험을 제공하는 주먹구구식의 전통적 성과 평가와는 대조된다. 조직행동론은 목표 설정(7장에서 다루었다), 피드백과 조언, 보상과 정적 강화와 같은 성과 관리에서의 주요측면에서 가치있는 해결책을 던져줄 수 있다.

성과 관리(performance management)
목표 설정, 피드백과 지도, 보상과 정적 강화를 통해 직무성과를 개선하는 연속적인 순환 체계

그림 8-1에 나타나듯이, 직무 성과는 그 성공을 위해서 지원시스템이 필요하다. 우주비행사가 우주복의 도움 없이 우주를 항해할 수 없는 것처럼, 직무 성과는 이런 지원 체계 없이는 번창할 수 없다. 첫째로, 필요한 능력과 기술, 지식을 가진 사람들을 고용해야 한다. 다음으로 부족한 직무 지식을 바로잡기 위해 훈련이 필요하다. 기업의 문화, 직무 설계, 감독 실습 또한 직무 성과를 향상시키거나 저해할 수 있다. 그림 8-1에서 모형의 핵심은 성과 개선 사이클의 주요 요소들이다. 우선, 7장에서 보았듯이, 효과적인 목표는 직원들로 하여금 어떤 방향으로 노력을 해야 하는지 알려준다. 다음으로, 우리가 이 장에서 보게 될 피드백은 직원들이 언제 성공하고 어디에서 개선을 해야하는지 보여주고, 보상과 정적 강화는 그 노력들을 계속해야 하는 이유를 제공한다.

효과적인 피드백 제공하기

많은 연구들은 종업원들이 피드백에 대한 열렬한 열망을 가지고 있다고 말한다. 성과지향적인 학생들도 또한 그렇다. 예를 들어, 어려운 시험에서 학생들은 다음의 두 가지에 대하여 알고자 한다. 자신이 어떻게 했고 동료가 어떻게 했는가에 대해서. 학생들의 행동이 어떻게 점수화되

그림 8-1
개인 직무성과의 개선기: 연속적인 과정

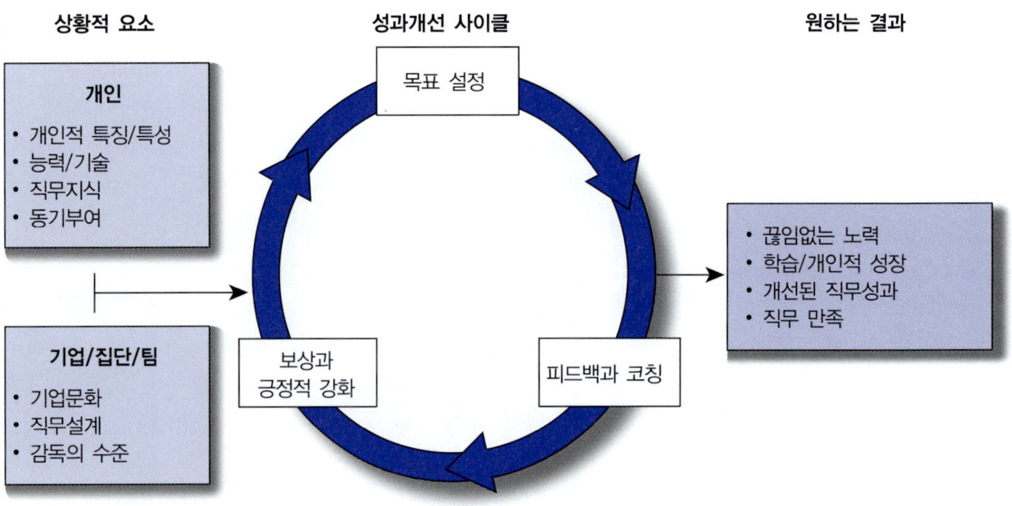

어 성적이 매겨지고 경쟁 기준이 무엇인지를 알게 함으로써, 교사의 피드백은 학생들로 하여금 그들의 공부습관을 바로잡아 목표에 도달할 수 있도록 한다. 이와 같이, 잘 운영되는 조직에서의 경영자는 조정과 향상을 위한 합리적인 기초를 제공하기 위해 피드백 프로그램을 가지고 목표를 설정하는 것을 추구한다. 예를 들어, 페데랄 익스프레스(Federal Express)의 설립자이자 대표인 프레드 스미스(Fred Smith)는 그의 리더십 철학을 말할 때 피드백에 중점을 둔다:

> 사람들은 방에 들어올 때, '나에게 무엇을 기대하는가? 이 거래에서 내가 얻을 것이 있는가? 나아가기 위해 무엇을 해야 하는가? 내가 적절하게 대우받지 못한다면 정당함을 얻기 위해 이 조직에서 어디로 가야하는가? 그들은 자신들이 어떻게 하고 있는가?' 등을 알기를 원한다. 그들은 피드백을 원한다. 그리고 그들이 하고 있는 것이 중요한지 알기를 원한다. 만약 당신이 리더십의 기본원리를 이해하고 그러한 질문들에 계속해서 대답한다면, 사람들을 관리하는데 성공할 수 있다.

"누군가 나의 어깨 너머로 쳐다보면서 내가 실수투성이라고 말할 때, 나는 최선을 다해 일한다."

SOURCE: *Harvard Business Review*, December 2005, p 97.

피드백은 너무 부족하다. 왓슨 와이어트 월드와이드(Watson Wyatt Worldwide)의 조사에 의하면 43%의 직원들이 말하기를 "그들이 성과를 개선하기에 충분히 도움을 받지 못하는 것처럼 느낀다"고 했다.

여기서 사용하는 용어로써 **피드백(feedback)**은 상황을 개선시키기 위해서 동일 집단 내에서 공유되는 개인 또는 집단의 성과에 대한 객관적인 정보이다. "당신은 게으르다"와 같은 주관적인 평가는 객관적인 피드백으로서 작용하지 못한다. 그러나 판매 실적, 일일 결석, 비용 감소, 완성된 프로젝트, 만족한 고객, 불합격된 품질과 같은 자료들은 모두 객관적인 피드백 프로그램을 위한 항목들이다. 성과대화 : 평가의 대안(「Performance Conversations」: an Alternative to Appraisals)의 저자인 크리스토퍼 리(Christopher D Lee)는 성과평가와 대비하여 피드백의 개념을 정의했다:

피드백(feedback)
성과에 대한 객관적인 정보

> 피드백은 업무결과의 질과 상태에 대한 정보의 교환이다. 이는 성공으로 향하는 가이드라인을 제시한다. 이것은 일에 대한 노력과 결과를 통제하고 수정, 지시, 지원, 동기부여하는데 사용되어 진다. 피드백은 관리자와 종업원 간에 수행해야 할 업무의 기준과 기대치에 대해 서로 알고 있고 합의한 것인지를 확인한다.
>
> 반면 전통적인 평가는 양방향 의사소통을 줄이고 직원 관여를 나쁜 것으로 취급한다. 직원들이 성과

리뷰에 참석하는 것을 꺼려하고, 만약 그런다고 하더라도, 그들의 발언은 빈번하게 "반박"으로 간주된다.

1 학습목표

피드백의 기본적인 두 가지 기능과 피드백 실행을 위한 세 가지 방법을 명시하라.

피드백의 두 가지 기능

전문가들은 피드백이 그것을 받는 사람들에게 두 가지 기능을 제공한다고 말한다: 하나는 교육적인(instructional) 것이고 다른 하나는 동기적인(motivational) 것이다. 피드백은 역할을 명확하게 해주고 새로운 행동들을 알려준다. 예를 들어, 신참 회계사는 어떤 항목을 기입할 때 비용보다는 자본금으로 다루어야한다고 충고 받을지도 모른다. 반면에 피드백은 보상을 제공하거나 보상을 약속할 때 동기부여된다. 상사에게 "하루 정도 집에서 쉬게"라는 말을 듣는 것 역시 노력에 대한 좋은 보상이 될 수 있겠지만, 많은 직원들은 그 내용이 어찌되었든 간에 피드백이라는 행위를 통해 제공되는 주의와 관심을 감사하게 여긴다(〈기술과 모범사례〉를 볼 것).

한 연구에서 입증된 것으로 「피드백의 동기부여기능은 결과에 대한 구체적인 피드백을 도전적이고 구체적 목표와 짝을 이룸으로써 크게 향상될 수 있다. 대학생을 상사와 부하의 역할로 나누고 진행한 최근 실험연구에서 성과에 도움이 되는 피드백의 긍정적인 영향뿐만 아니라, 조직 정치의 부정적 효과도 밝혔다. 13장에 논의하겠지만, 조직 정치는 종종 역기능적이다.

기술과 모범사례

피드백에 굶주린 젊은 직원들을 충족시키기

인사 전문가들은 현재 사회생활을 시작하는 청년층인 Y세대가 자신의 모든 성과를 통보받고 인정 받으리라는 기대를 가지고 자라났다고 결론지었다. 그들은 종종 잘 짜여진 프로그램에서 밀착 관리를 받고 자랐으며 그곳은 포상과 축하가 당연한 것이었다. 젊은 직원들을 동기부여시키기를 원하는 관리자는 피드백을 자주 줄 것을 조언받았다.

마케팅 부서의 젊은 직원인 매기 페리치(Maggie Perlich)는 동의할 것이다. 그녀가 말하기를 그녀의 몇몇 친구들은 좌절하고 직장을 떠났다고 했다. 그 직장은 "그들이 관리부로부터 자신을 계속 고용하고 성장시켜서 새로운 기회를 줄 어떠한 의향도 받지 못했다"고 말했다.

비록 피드백을 향한 이 열망이 정말 칭찬을 향한 열망이라도, 피드백은 정확하고, 반드시 부정적 행동의 억제와 긍정적 행동의 독려를 결합해야 한다. 뱅가드 그룹(Vanguard Group)의 관리자인 아론 몬테네그로(Aaron Montenegro)는 이러한 대안을 찾았다: 칭찬을 하는 것 뿐만 아니라, 직원들이 "만약 그들이 개선을 하면 그들에게 돌아갈 이득이 보이도록" 도와주었다.

출처: Based on C Graham, "Culture of Praise," Arizona Republic, June 5, 2007, pp D1, D2.

피드백의 세 가지 원천: 타인, 업무, 자신

종업원들이 동료, 상사, 부하직원, 외부인과 같은 다른 사람들로부터 객관적인 피드백을 받는다는 것은 말할 필요도 없다. 업무 자체가 이미 객관적인 피드백의 요소라는 사실은 좀 명백하지 않다. 누구든지 "빠른" 구글 검색에 시간을 보내는 사람이라면 업무 자체가 주는 피드백의 힘을 이해할 수 있다. 유사하게, 컴퓨터 프로그래밍이나 제트비행기를 착륙시키는 것과 같은 숙련도가 요구되는 일들은 일이 얼마나 잘 혹은 잘못 진행되고 있는지에 대한 피드백을 지속적으로 제공한다. 피드백의 세 번째 요소는 자신이다. 하지만 자기중심적인 오류와 다른 지각적 문제들은 이러한 요소를 망칠 수 있다. 자신감이 높은 사람들은 자신감이 낮은 사람들보다 개인적인 피드백에 의존하는 경향이 있다. 상황은 다양할지 모르지만, 세 가지 원천에서 동시에 피드백이 종업원들에게 와서 종업원은 피드백의 홍수를 경험할 수 있다. 지각과 인지적 평가의 문지기 기능은 이런 피드백의 홍수에서 정보를 선별하는 데 필요하다.

실전 연습

성과피드백에 대한 열망 측정

지시사항: 각각의 진술에 대한 당신의 동의 또는 불일치의 정도를 나타내는 숫자에 동그라미 하시오. 당신의 응답을 합계하고, 점수를 임의의 기준과 비교하시오.

	disagree = 부정				agree = 동의
1. 내가 무언가를 잘 했다고 생각할 때, 다른 사람들이 내가 한 것을 어떻게 생각하는지에 대하여 잘 알지 못한다.	5	4	3	2	1
2. 다른 사람들이 내 일을 어떻게 보는가 하는 것은 내가 내 일을 어떻게 바라보는가 하는 것만큼 중요하지 않다.	5	4	3	2	1
3. 다른 사람들이 당신의 일에 대해 말하는 것이 칭찬하는 것이거나 혹은 그렇지 않은 것이거나 관계없이 많은 신뢰를 두지 않는 것이 더 좋다.	5	4	3	2	1
4. 만약 내가 무언가를 잘 하고 있다면, 다른 사람들이 나에게 그렇다는 것을 말해주지 않아도 그것을 알 수 있다.	5	4	3	2	1
5. 내가 노력을 하고 있는 것과 목표를 향해 얼마나 잘 나아가고 있는 지에 대한 분명한 생각을 가지고 있다.	5	4	3	2	1
6. 보통 나의 성과에 대한 꽤 좋은 판단을 가지고 있다는 것을 안다.	5	4	3	2	1
7. 사람들이 내 직무에 대해 생각하는 것을 아는 것은 나에게 매우 중요하다.	1	2	3	4	5
8. 변화를 주기에 너무 늦기 전에 다른 누군가가 당신의 일을 점검하도록 하는 것은 좋은 생각이다.	1	2	3	4	5
9. 내가 잘 했다고 생각할지라도, 다른 누군가가 나에게 그렇다고 말한 후에 그것에 대해 더욱 확신할 수 있다.	1	2	3	4	5
10. 내 일에 대해서 객관적일 수 없기 때문에, 다른 사람들이 제공하는 피드백을 듣는 것이 최선이다.	1	2	3	4	5

총점 = ____________

임의의 기준 10–23 = 피드백에 대한 낮은 열망
24–36 = 피드백에 대한 적절한 열망
37–50 = 피드백에 대한 강한 열망

출처: Excerpted and adapted from D M Herold, C K Parsons, and R B Rensvold, "Individual Differences in the Generation and Processing of Performance Feedback," *Educational and Psychological Measurement*, February 1996, Table 1, p 9.

피드백을 받는 사람의 인식

피드백의 필요성은 개인적이고 상황적인 면 모두 포함하여 다양하다(〈실전 연습〉을 참조하시오). 피드백은 긍정적이거나 부정적일 수 있다. 일반적으로 사람들은 부정적인 피드백을 받는 것보다 긍정적인 피드백을 더 정확하게 지각하고 회상하는 경향이 있다. 그러나 부정적인 피드백(당신의 성과가 평균보다 낮다)은 긍정적인 동기효과를 가질 수 있다. 사실, 한 연구에서 자신이 창의력 시험에서 평균보다 낮다고 들은 사람들이 그 후에 평균보다 위라고 믿는 사람들보다 높은 성과를 이루었다. 사람들은 부정적인 피드백을 도전으로 받아들이고, 더 높은 목표를 설정하고 이를 추구하였다. 긍정적인 피드백을 받은 사람들은 더 잘해야겠다는 동기가 약했

자기 평가 연습

당신의 공감 기술을 측정하라

기술과 모범사례

직장에서 "얼간이" 바로잡기

불행히도, 규칙을 무시하고, 겁을 주고 모욕감을 준다거나, 부정적인 태도를 취했다고 동료들을 곤란하게 만드는 직원들은 자신의 행동이 도전을 받았을 때 쉽게 보복하려는 경향이 있다. 이 문제는 까다로운 직원이 불만을 제기할 때 특히 민감할 수 있는데, 가령 고용주의 불평들이 정말 차별 혹은 노조 계약을 위반하는 표현이 되는 경우이다. 만약 기업들이 행동하기를 여전히, 두려워한다면, 사기와 생산성에 대한 충격은 엄청날 수 있다. 여기에 직장에서 얼간이같은 직원들에게 피드백을 주는 몇 가지 가이드라인이 있다.

- 문제가 시작될 때 행동하라; 생산성에 반하는 행동에 관용을 베풀지 말아라. 기다림은 단지 당신을 일관성 없고 자의적인 것처럼 보이게 할 것이다.
- 직설적이고 구체적인 단어를 써라. 변해야 하는 태도와 행동을 구분하고, 어떤 태도와 행동이 장차 받아들일 수 있는 것인지 분명히 하라.
- 그들이 회사 정책과 다른 직원들을 대함에 있어서 일관성이 있는지 확인하기 위해 반응을 평가하라.
- 무슨 말을 했는지를 포함하여, 이 모든 피드백 과정을 문서로 작성하라.
- 직원이 이해했는지 확인하고, 문제를 수정할 수 있도록 시간을 주어라.

출처: Based on J Janove, "Jerks at Work," *HR Magazine*, May 2007, pp 111–17.

다. 그럼에도 불구하고 불안감과 방어를 만드는 것을 피하기 위해 부정적인 내용이나 위협적인 내용을 지닌 피드백은 조심스럽게 적용될 필요가 있다. 경영학과 학생을 대상으로 한 일련의 실험에서 발견된 것처럼 자기효능감(self-efficacy) 또한 부정적인 피드백으로 손해를 입을 수 있다. 연구자들은 "강한 효능감에 대한 믿음을 강화시키기 위하여 경영자들은 부정적인 피드백을 제공하는 것에 대해 주의해야 한다. 낮은 성과를 직원의 내적 요인들의 탓으로 돌리는 경영자들에 의한 부정적인 피드백은 피드백을 받는 사람들로 하여금 자기 효능감과 자신이 만든 목표에 대한 믿음을 약화시킨다"고 결론지었다.

피드백을 받을 때 사람들은 피드백의 정확함, 피드백 원천의 신뢰성, 시스템의 공정함(성과 평가 시스템), 성과—보상 기대, 기준의 합리성과 같은 요소들을 인식하여 평가한다. 이와 같은 인지적 장애물을 제거하는데 실패한 피드백은 무시되거나 거부된다. 개인적인 경험에 따라 이러한 요소들이 미치는 영향력은 달라진다. 예를 들어, 징계 처분에 대한 연구에 의하면 사람들은 징계를 하는 사람의 성(性), 관련된 사람들의 문화적 특징, 감독자의 사과 및 설명에 따라 징계를 다르게 받아들인다는 것으로 밝혀졌다. 지각에서의 이러한 차이점들을 고려하여, 감독자가 직원들에게 징계의 타당성을 이해시키고, 사과와 공감으로 직원의 분노를 감소시켜야 하며, 직원들을 장기적으로 도와주는 목표를 지향해야 한다. 피드백의 전달에 있어서 쌍방향 의사소통은 특히 여성 감독자들에게 중요한데, 왜냐하면 여성이 남성보다 더욱 성숙된 방법으로 피드백을 이끌 것이라는 기대를 갖기 때문이다.

피드백의 행동적인 결과물

7장에서 목표 설정이 어떻게 행동지침을 주고 노력을 증가시키며 끈기를 기르는지 토의하였다. 일반적으로 피드백은 목표설정과정(Goal-setting process)과 직접적인 관계가 있기 때문에, 목표설정과정과 동일한 행동적 결과물인 방향, 노력, 지속성을 가진다. 그러나 목표 설정의 네 번째 결과물이 목표달성전략인 반면, 피드백의 네 번째 가능한 결과물은 저항이다. 앞서 언급한 인지평가시험에 실패하거나 조작의 티를 풍기는 피드백 계획은 저항을 불러일으킨다. 비생산적인 업무 방해 행동과 저항을 피하면서 부정적인 피드백을 전달하는 방법에 대한 아이디어를 얻기 위해서 〈기술과 모범사례〉를 참조하시오. 전반적인 멘토링과 코칭 과정의 일부로서 피드백이 사용될 때 바람직한 업무 결과가 나올 수가 있다.

비전통적 상향 피드백과 360도 피드백

학습목표 2
상향 피드백과 360도 피드백을 정의하고, 좋은 피드백을 주기 위한 일반적인 팁을 요약하라.

전통적인 하향 피드백 프로그램은 최근에 흥미 있는 변화를 가져왔다. 이 부분에서 논의되는 새로운 두 가지 접근법은 상향 피드백과 360도 피드백이다. 강한 하향 피드백 고리에서 벗어난 이러한 새로운 접근법은 일반적으로 피드백의 복합적인 요인들을 포함하고 있기 때문에 전통적인 피드백 방법과는 다르다. 종종 연간 성과평가기간 동안에 한 명의 사장으로부터 피드백을 얻는 것 대신, 더 많은 경영자들이 상사들, 부하 직원, 동료, 심지어 고객과 같은 외부인으로부터 구조화된 피드백을 얻고 있다. 비전통적인 피드백은 적어도 6가지 이유에서 인기를 얻으며 성장하고 있다:

1. 전통적인 성과평가시스템에 대한 불만족이 높다. 96명의 인사담당자들에 대한 최근의 한 연구에서 이것은 명백히 증명되었다:

    61%는 경영자들이 어떻게 사람들에게 적절히 다가가야 하는지에 대해 훈련받지 않았다고 말한다; 40%는 경영자들이 그들 종업원에게 다가가기 위해 사용하는 능력이 직무를 정확히 반영하지 못한다고 말한다. 28%는 경영자들 자신들이 선호하는 것을 한다고 나타났다.

2. 팀 기반의 조직구조는 전통적인 위계들을 대체하고 있다. 이러한 경향은 경영자들로 하여금 팀 구성원들이 탁월한 대인관계 능력을 지닐 것을 요구한다.
3. 다중평가시스템은 단일 요소피드백보다 피드백을 더 유용하게 만든다.
4. 향상된 컴퓨터 네트워크 기술(인터넷과 기업의 인트라넷)은 다중 평가시스템을 훌륭하게 만든다.
5. 상향 피드백은 참여적인 경영과 종업원 권한위임을 향한 경향과 맞물린다.
6. 동료들과 부하직원들은 경영자의 강점과 한계에 대해 사장보다 많은 것을 알고 있다고 말한다.

이러한 요소들은 성과 피드백을 주고받는 더 나은 방법을 주목하도록 하는 강제적인 상태를 만든다.

상향 피드백(upward feedback)
종업원들이 자신의 상사를 평가한다.

상향 피드백 상향 피드백(upward feedback)은 부하직원들이 경영자의 스타일과 성과에 대한 피드백을 주도록 하는 전통적인 접근법에 근거한다. 이러한 피드백의 유형은 일반적으로 익명성을 지닌다. 대부분의 학생들은 익명의 교사 평가 설문을 채우는 여러 해를 거치면서 상향 피드백 프로그램과 친숙하다. 애틀랜타의 서비스 전문 기업인 매트릭스 리소스(MATRIX Resources)에서, CEO는 집단 단위의 직원들과의 분기별 회의에서 피드백을 요구한다. 이 과정은 기업의 직원 몰입 문화와 잘 맞으며 직원들은 이 과정에서 기업의 목표를 설정할 때 참여한다.

경영자들은 상향 피드백 프로그램이 상사의 권위를 침해할 것이라 믿기 때문에 종종 저항한다. 다른 비평가들은 익명의 상향 피드백이 성격 시합(누가 더 성미가 나쁜가)이 될 수 있고, 더 나쁘게는 보상을 약속하거나 협박을 함으로써 경영자들에 의해 조작될 수 있다고 말한다. 연구보고서들은 상향 피드백에 대해 무엇을 말해주는가? 다양한 사례의 연구들은 다음의 유용한 통찰을 주었다.

- 상향 피드백이 익명으로 이루어져야 하는지에 대한 물음에 대해서 미국 보험회사를 연구한 결과를 보면 183명의 종업원들은 38명의 관리자의 능력과 효율성을 평가하였다. 익명으로 상향 피드백을 받은 관리자들은 낮은 점수를 받았고, 평가자가 누구인지 알 수 있는 공개적인 피드백보다 이런 익명의 피드백을 관리자들은 선호하지 않았다. 이러한 발견은 직원들의 비밀이 보장되지 않을 때 자신의 상사에 대해 우호적인 평가를 하는 경향이 생길 것이라는 비판을 확인시켰다.
- 리더와 부하가 날마다 함께 생활하는 미국 해군 사관학교(US Naval Academy)의 생도들을 대상으로 한 연구에서, 상향 피드백이 리더의 행동에 긍정적인 영향이 있음을 발견하였다.
- 238개의 회사 경영자에 대한 연구에서 상향 피드백은 성과가 낮거나 중간정도의 관리자의 성과에 긍정적인 영향을 주었다.

360도 피드백(360-degree feedback)
상사, 부하직원, 동료로부터의 익명의 피드백과 자기 평가를 비교

360도 피드백 상사, 부하직원, 동료들로부터의 구체적인 행동과 성과 정보를 익명으로 받고 자신의 성과와 비교하는 것을 **360도 피드백(360-degree feedback)**이라 한다. 심지어 외부인도 평가자로 포함될 수 있는데, 이는 때때로 풀 서클(full-circle) 피드백이라 불린다. 이러한 생각은 개인들의 행동이 다른 사람들에게 어떻게 영향

P&G의 CEO인 래플리(Lafley)는 360도 피드백을 다룰 용기와 변화를 이루어낼 상식을 가지고 있다.

을 주는지 알게 하고 변화에 대한 동기부여를 제공한다. 예를 들어, 사이언티픽 애틀랜타(Scientific Atlanta), 시스코 컴퍼니(Cisco Company), 하노버 헬스 케어 플러스(Hanover Healthcare Plus)에서 직원들은 관리적 기술이나 대인관계 기술에 관하여 360도 피드백을 받고, 직원들이 개발 계획을 세울 수 있도록 외부 코치의 지도를 받으면서 결과를 리뷰한다.

피드백을 2~3회 받은 사람을 대상으로, 360도 피드백에 대해 24개의 메타분석을 진행한 결과 언제 피드백이 개선을 이끌어 내는가에 대해 도움이 될 만한 결론을 내렸다:

> 피드백을 통해서 변화가 필요함을 깨달을 때, 받는 사람은 긍정적 피드백 성향이 있고, 자신의 행동을 바꿔야 한다는 것을 인지하고 있으며, 피드백에 긍정적으로 반응하여 변화가 실현 가능하다고 믿고, 자신의 행동을 규율하기 위해 적절한 목표를 설정하고 기술 향상과 성과 개선을 실현할 행동을 취한다.

상위 관리층의 지원과 기업의 개방적인 분위기가 360도 피드백 프로그램을 성공으로 이끌 수 있다. 프록터 앤드 갬블(Procter & Gamble)이 좋은 사례를 보여준다.

> CEO인 래플리(A G Lafley)는 360도 피드백 평가의 결과를 받을 때 그의 직원들이 정말 그에 대해 무슨 생각을 하는지 알고자 한다.
>
> 강점과 약점을 평가하는 인적자원 도구는 무자비하게 정직할 수 있다. 왜냐하면 이것은 고위 간부 주변의 사람들이 익명으로 성과 리뷰를 줄 수 있기 때문이다. 결론적으로 P&G에서 다른 사람들은 래플 리가 참을성이 없다고 생각하는 것으로 나타났다. 이제 래플리는 다른 사람의 인내심도 확인해봐야 한다. 왜냐하면 그가 만성적으로 회의에 늦는다고 비난받았기 때문이다.

실무적 조언 상향 피드백과 360도 피드백에 대한 연구증거들은 우리가 피드백 상의 익명성을 선호하고, 피드백이 급여 지급과 승진결정에 사용하는 것을 억제하도록 이끈다. 만약 그렇게 하지 않으면, 경영적인 저항과 자기중심적인 조작이 만연할지도 모른다. 우리는 경영 개발과 훈련목적을 위해 상향 피드백과 360도 피드백 사용을 열정적으로 지지한다.

왜 피드백은 빈번하게 실패하는가

재취업 알선 및 임원 코칭 회사인 클리어록(ClearRock)의 경영 파트너인 애니 스티븐스(Annie Stevens)와 그렉 고스타니안(Greg Gostanian)에 따르면, 직원들에게 피드백을 주고, 받는 것이 가장 오해의 소지가 크고 실행이 잘 안되는 인적자원 프로세스라고 말한다. 전문가들은 조직적인 피드백 시스템 상에서 문제점의 징후를 다음의 여섯 가지 사항에서 알아볼 수 있다.

1. 피드백은 직원을 처벌하고 난처하게 하거나 억누를 때 사용된다.
2. 피드백을 받는 사람들이 피드백을 자신의 업무와 관련이 없는 것으로 본다.
3. 피드백 정보가 너무 늦게 제공되어 아무 쓸모가 없다.

4. 피드백을 받는 사람들은 이것이 자신의 통제 밖의 문제와 관련있다고 믿는다.
5. 종업원들은 피드백 데이터를 모으고 기록하는데 너무 많은 시간을 낭비한다고 불평한다.
6. 피드백을 받은 사람은 너무 복잡하거나 이해하기 어려운 피드백에 대해 불평한다.

경영자들은 이러한 위험을 의식적으로 피하고 상식적인 가이드 라인을 따름으로써 효과적인 피드백을 제공할 수 있다. 피드백을 목표와 주요 결과 영역에 관련시키고, 가능하면 빨리 전달되도록 하라. 구체적이고 확인이 가능한 행동들 혹은 측정 가능한 결과를 통해 직원들이 피드백을 이해할 수 있도록 도와주어라. 단지 결과만이 아닌 개선, 성격보다는 성과 위주로 직원들이 통제할 수 있는 피드백에 집중해라: 긍정적인 피드백을 주고, 직원들에게 던져놓는 대신에 1~2 가지 예시를 제시하고, 직원들의 반응에 시간을 들여 경청함으로써 공정하고 건설적인 분위기를 조성해라.

기업 보상 체계

보상은 항상 존재하고, 언제나 조직생활에 있어 논쟁적인 특징을 가진다. 몇몇 종업원들은 그들의 직무를 급여가 나오는 원천 외에는 다른 것으로 보지않는다. 다른 사람들은 자신의 직무와 동료와의 협력에서 큰 기쁨을 얻는다. 심지어 그들의 시간을 적십자처럼 자선단체에 바치는 자원봉사자들은 사회적인 인정과 자신의 시간을 이기적이지 않은 곳에 사용했다는 자부심의 형태로 보상받는다. 따라서 조직적인 보상들의 주제는 화폐적인 보상을 훨씬 넘어서 광범위하다. 여기서는 조직적인 보상 시스템의 핵심 구성요소들을 살펴본다.

보상시스템이 다양함에도 불구, 보상시스템들 간에 어떤 공통된 구성요소를 확인하고 상호관련을 짓는 것은 가능하다. 그림 8-2의 모델은 3개의 중요한 구성요소에 초점을 맞춘다: (1) 보상의 종류 (2) 분배 기준 (3) 기대되는 결과물. 이러한 구성요소들을 평가하고 성과급에 대해 토론해보자.

3 학습목표
외적 보상과 내적 보상의 차이를 알고, 직무와 연관된 각각의 예를 들어보라.

보상의 종류

일반적인 급여를 포함하여 조직이 제공하는 보상의 다양성과 정도는 — 탁아소 보조금부터 대학 학자금 보조, 주식부여와 옵션까지 — 상상할 수 없을 정도로 많다. 미국 노동 통계청의 경제학자는 종업원 보상에 대한 다음의 역사적인 관점을 제시했다.

> 지난 75년 동안 놀랄만한 발전을 거둔 것 중의 하나가 종업원 보상의 복잡성이다. 제1차 세계대전이 발발했을 당시 광범위하게 쓰이던 일한 시간에 따라 정률적으로 지급하는 시간급의 비중은 줄어들고 보상은 현재 건강보험, 실업급여, 유급휴가와 같이 고용주가 부담하는 다양한 재무적 혜택을 포함한다.

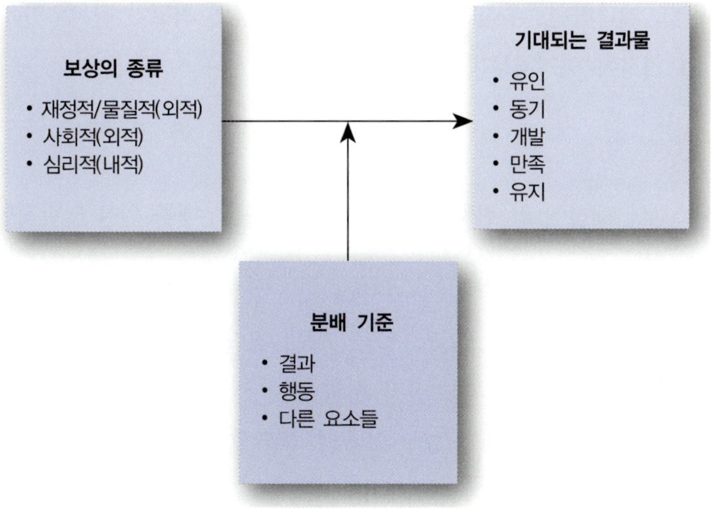

그림 8-2
기업 보상 시스템의 주요 요소

> 각각의 세부사항에서는 여러 가지 차이가 있지만 이러한 혜택은 오늘날 보상 패키지의 기준이 되는 구성요소이며, 직원들은 일반적으로 그것들을 기대하게 되었다.

오늘날 전체 보상의 50% 이상은 임금이 아닌 복리후생이다.

명백한 임금이나 혜택과는 달리, 이들 보다는 덜 분명한 사회적이고 심리적인 보상도 있다. 사회적인 보상은 조직 내·외부 다른 사람으로부터의 칭찬과 인정을 포함한다. 심리적인 보상은 자존감, 자기만족, 성취와 같은 개인감정으로부터 온다.

조직적인 보상의 또 다른 구분은 외적·내적보상 사이의 구분이다. 재정적, 물질적, 사회적 보상은 환경으로부터 오기 때문에 **외재적 보상**(extrinsic reward)으로 구분된다. 그러나 심리적 보상은 스스로 만들어지기 때문에 **내재적 보상**(intrinsic reward)이다. 돈이나 칭찬과 같은 외적보상을 얻기 위해 일하는 종업원들은 외적으로 동기부여 되었다고 말한다. 6장에서 토의한 것처럼, 업무 그 자체나 유능함에 대한 경험, 자부심, 자기결정에서 기쁨을 얻는 사람들은 내적으로 동기부여 되었다고 말한다. 외적·내적보상의 상대적 중요성은 문화, 개인적 취향, 주위 상황의 문제이다. 예를 들어, 메사추세츠에 있는 디지털 페데랄 크레디트 유니온(Digital Federal Credit Union)의 직원들은 의료보험과 같은 외재적 복리후생 혜택을 받고, 회사는 그들의 퇴직금을 적립해준다. 게다가, 회사는 자신의 업무가 다른 사람들에게 어떻게 영향을 주는지를, 회사의 인트라넷에 게시된 글과, 자신이 어떻게 도움을 받았는지 말하는 고객들의 이야기를 통해서 직원들에게 알게 해 준다. 많은 직원들에게 이런 내용들은 내재적 보상의 원천이 될 것이다. 그리고 비록 경기 침체기 동안 소매업을 하면서 이러한 내재적 보상을 찾기 힘들지라도, 더 홈 데포(The Home Depot)의 재무이사인 캐럴 토메(Carol Tome)는 그녀가 회사를 정상화시키는 일로부터 만족

외재적 보상(extrinsic reward)
금전적, 물질적, 혹은 주변 환경으로부터의 사회적 보상

내재적 보상(intrinsic reward)
스스로 인정하는, 심리적 보상

조별 활동
어떤 보상들이 학생들의 성취욕을 자극하는가?

당신의 지식을 시험하라

평가 방법

을 얻는다고 했다. 왜냐하면 "우리가 어디에서 어떻게 하면 최고가 될 수 있을 지를 찾는 것"에 그녀 자신이 열정이 있기때문이다.

분배기준

조직의 보상시스템에 대하여 한 전문가에 따르면, 보상의 분배를 위한 일반적인 3가지 기준은 다음과 같다.

첨단 유행을 걷는 의류 체인인 얼반 아웃피터즈(Urban Outfitters)는 모든 직원들이 유행을 따르는 것을 도우며, 그렇게 함으로써 보상을 받는다. 새로운 경향이나 스타일에 대한 뉴스를 구매자와 디자인 팀에게 상기시키는 직원은 경영자부터 인턴들까지 모두 무료 콘서트 표와 회사가 지불하는 저녁 식사 등 회사의 특별대우를 받는다. 이 회사는 정보를 염탐하는 사람이 누구인지에 대해 정확하게 알려주지 않으려고 한다.

- *성과 : 결과*: 개인, 집단, 조직성과처럼 가시적인 결과물; 양적, 질적 성과
- *성과 : 조치와 행동*: 팀워크, 협동, 위험관리, 창의성 등
- *비성과 고려사항* : 직무의 유형, 일의 성격, 공평함, 신분보장, 직위 등이 보상을 받는 관습적이거나 계약적인 것들

다음의 예에 나타나는 오늘날의 경향은 비성과 기준보다는 *성과* 기준을 더 많이 고려한다.

델 웰릭(Del Wallick)은 그의 소매 아래에 자부심을 차고 다닌다. 악수를 하면 팀켄 컴퍼니(Timken Co)에서 25주년 근속을 기념하기 위해 받은 자랑스런 손목시계가 드러난다. "나는 시계를 샤워하거나 잠잘 때만 벗는다."라며 그는 말한다.

오하이오 주에 있는 웰릭 집의 현관은 팀켄 스틸 밀 종업원으로 일 한 31년 경력의 증거품들로 가득 차있다. 그의 거실 텔레비전 위에는 그와 아내가 팀켄 선물 카탈로그에서 선택한 맨틀시계가 놓여 있다.

그러나 오늘날 팀켄과 같은 지주 회사들은 직원들의 근속년수에 따른 보상제도에 변화를 주고 있다. 많은 회사들이 이러한 보상제도를 줄이고 있으며 몇몇 회사들은 아예 없애버렸다. 비용 절감이라는 측면도 있지만, 이런 기업들은 근속년수 보다는 성과의 공을 좀 더 인정하려고 한다.

그림 8-2에 있는 보상시스템 모델을 마무리하고 성과급에 대해서 알아보겠다.

4 학습목표

성과급에 대한 연구 내용을 요약하고, 보상제도를 통한 직원들의 동기부여가 왜 실패하는 지 이유를 설명하라.

기대되는 결과

그림 8-2에서 보듯이, 좋은 보상시스템은 재능 있는 사람들을 끌어 모으고, 조직에 들어온 후에는 그들을 동기부여시키고 만족시켜야한다. 더 나아가, 좋은 보상시스템은 개인적인 성장과 개발을 촉진하며 재능 있는 사람들이 떠나는 것을 막아야한다.

성과급(pay for performance)

개인의 성과 혹은 업무 달성에 연관된 금전적 인센티브

성과급

성과급(pay for performance)이란 금전적 인센티브를 일컫는 용어로서, 적어도 일정 부분이 결과물이나 성과와 직접적으로 연관된 급여를 말한다. 많은 사람들

은 이것을 성과 장려금(incentive pay)이라 부르기도 하고, 다른 사람들은 변동급(variable pay)이라고도 부른다. 성과급 제도는 실적급, 보너스, 이익배분 등을 포함하되 여기에 머물지 않고 조직원들을 더 열심히 또는 스마트하게 일하도록 하는 인센티브의 총체를 의미한다. 성과급은 어떤 여분의 보상으로 기본적인 임금과 봉급외의 보상을 말한다. 인센티브 보상을 옹호하는 사람은 여분의 무언가가 필요하다고 말하는데, 이는 시간급과 고정급만으로는 사람들을 직장에 나오게끔 만들고 주어진 시간에 일하게끔 동기부여하는데 한계가 있기 때문이다. 성과급의 가장 기본적인 형태는 전통적인 단순 성과급제이며, 이것은 종업원들이 각각 생산한 단위에 대한 특정 금액을 지급받는 것이다. 예를 들어, 오하이오 프레이지버그(Frazeyburg)의 롱거버거(Longaberger)에서 2,500명의 장인들은 자신이 만든 수제 목조바구니마다 각각 일정한 금액을 받았다. 그리하여, 그들은 날마다 40,000개의 소중한 단풍나무 바구니를 생산했다. 판매원이 각 단위가 팔릴 때 받는 판매 수수료는 성과급의 오래된 다른 예이다. 오늘날의 서비스 경제는 제품과 서비스의 질, 상호의존성, 팀워크의 중요성을 점차 강조하는 현실을 수용할 수 있도록 정량적 성과급과 판매수수료 제도를 뛰어넘는 창의적 보상제도를 요구한다.

연구 결과는 성과급의 긍정적, 부정적 결과를 동시에 보여주었다. 대학생을 대상으로 한 최근의 실험에서, 업무 완성에 대해 고정된 금액을 주는 것보다 성과에 따라 보상을 주는 것이 생산성을 더 높이는 것으로 나타났다. 대상자들이 성과급 계획 하에 더 노력한 것도 있지만, 높은 성과를 내는 개인들 역시 성과급을 더 선호하는 경향이 있었다. 이러한 결과들은 기업들이 좋은 기술을 보유한 종업원을 끌어들일 수 있도록 도와주는 성과급을 제안함으로써 생산성을 개선할 수 있다는 것을 보여주었다. 그러나 다른 연구에서는 성과급이 재정난을 겪고 있는 500개 기업의 경영진 150,000명의 성과에 부정적인 영향을 미쳤다. 39개 연구의 메타분석에 따르면, 금전적 인센티브와 성과의 양 사이에는 양의 상관관계가 존재하지만 그 값이 높지 않으며 성과의 질에는 아무런 영향이 없는 것으로 나타났다. 다른 연구원들은 성과가 우수한 해에 지급된 경영자의 거액의 보너스와 그 다음 년도의 기업 이익 상승 사이에는 약한 통계적 관련이 있다는 것을 발견했다. 흥미로운 학교 개혁안이었던, 교사의 성과급과 학생의 성과를 연결시키는 방안은 큰 실망을 주었다: “결론적으로, 큰 기대에도 불구하고 연구대상 13개 학군 중 어느 것도 교사 급여 인센티브가 학생들의 성과를 꾸준하고 비약적으로 향상시킨다는 결과를 얻을 수 없었다.” 분명한 것은, 성과급 분야는 아직도 연구의 대상이라는 것이다.

왜 빈번히 보상이 동기부여에 실패하는가

조직의 보상 시스템을 위해 시간과 돈을 막대하게 투자함에도 불구하고, 기대되는 동기부여 효과는 종종 나타나지 않는다. 한 경영 컨설턴트 겸 작가는 최근에 다음과 같이 8가지 이유를 제시했다.

기술과 모범사례

인정과 보상에 대한 모범사례

월등한 재무적 성과를 내는 기업들은 직원 채용 면에서도 반드시 높은 성과를 보인다. 보상과 인정은 직원 채용의 중요한 요소이다. 보상과 인정에서 좋은 성적을 낸 기업에 의한 모범사례들은 아래의 5C로 요약된다.

1. 일관성(Consistency). 프로그램 목표들이 측정가능하고, 달성가능하고, 기업의 핵심 가치와 연결되어 있다. 성과를 인정받는 기회와 과정은 기업 내부에서 일관성 있고 공정해야 한다.
2. 통제(Control). 기업은 누가 왜 인정받았는지 알고 있고, 또한 그들이 얼마나 받았는지도 알고 있다. 성과에 대한 체계적인 추적과 보고 체계가 제자리를 잡고 있다.
3. 의사소통(Communication). 기대가 명확하고 직원들은 피드백과 강화를 시기적절하게 받는다. 관리자들은 왜 그리고 어떻게 부하를 인정해야 하는지 이해한다.
4. 선택(Choice). 직원들은 그들이 원하는 의미있는 인정과 상을 받는다. 게다가 단기적 소망을 만족시키거나 장기적 목표에 투자하는 것에 유연하다.
5. 몰입도(Commitment). 경영진은 직원들의 보상과 인정을 우선순위에 두고, 적절한 자금을 제공함으로써 "말한 것을 실천에 옮긴다."

출처: Excerpted from T Gentry and K Glotzbach, "Incentive without Borders," *HR Magazine*, 2007 Special Advertising Supplement, pp 77–82.

1. 금전적 보상을 너무 많이 강조한다.
2. 보상에서 "인정효과"가 부족하다.
3. 광범위한 복리혜택을 당연하게 여긴다.
4. 비생산적인 행동이 오히려 보상받는다. 예를 들어:

앨버커키(Albuquerque)의 시 공무원들은 쓰레기 수거원들에게 업무 처리에 얼마나 시간이 많이 걸리든지 무조건 8시간의 급여를 지급하기로 했다. 그들은 이를 통해 주거원이 일을 더 빨리 끝내도록 고무시키고, 결국 시의 초과 근무 비용을 줄이고자 했다.

하지만, 수거원들은 절차를 무시하기 시작했다. 쓰레기장 몇 곳을 건너뛰면서 시민들로부터 수많은 불만이 제기되었다. 몇몇은 트럭을 너무 빨리 몰아서 사고를 내기도 했다. 또한 과적차량 단속에 걸려서 벌금을 내기도 했다.

5. 성과와 보상 사이에 지연이 너무 길다.
6. 사안에 관계없이 천편일률적 보상이 너무 많다.
7. 일시적인 동기부여효과를 주는 일회성 보상을 사용한다.
8. 해고, 일괄 임금 인상 또는 삭감, 임원에 대한 과다한 보상과 같이 의욕을 잃게 하는 인사 관행을 계속적으로 사용한다.

이러한 다루기 힘든 문제들은 더욱 효과적인 보상과 보상관행에 대한 관심을 증가시킨다(〈기술과 모범사례〉를 참조하시오). 예를 들어, 기업들은 월급, 복리후생, 인센티브와 같은 직원들의 총체적 보상에 대해 좀더 긴 시간을 갖고 의사소통하기 위해 노력하고 있다. 보잉(Boeing)의 직원들은 온라인 상에서 월급, 보너스, 의료보험과 연금, 건강 프로그램과 탁아시설 추천 서비스 등 그들의 봉급과 복리혜택 상태를 볼 수 있다. "우리는 직원들이 잘 모르는 부분까지 포함하여 모든 종류의 복지후생 프로그램을 갖고 있다"라고 이 프로그램의 관리자인 톰 애이커(Tom Acker)는 말한다. 온라인 접속을 통하여 이런 정보들을 더 쉽게 배울 수 있게 되고, 또한 보상에 감사하게 된다. 다른 기업들은 유연한 복리후생 패키지를 제공함으로써 천편 일률적인 보상의 문제를 보완하고 있다. 해리스버그(Harrisburg) 과학기술대학교는 직원들에게 은퇴와 보험 보장같이 다양한 복리후생 가운데 한 가지 세트를 할당할 수 있게 했다. 이런 보상의 유연성은 다양한 집단의 능력있는 직원들 사이에서 해리스버그를 매력적인 고용주로 만들었다.

정적 강화

학습목표 5

손다이크의 "효과의 법칙"을 알고, 스키너의 반응 행동과 조작 행동의 차이를 설명하라.

피드백과 보상프로그램들은 주먹구구식으로 운영되기 때문에 매우 비효율적이다. 예를 들어, 다음의 시나리오를 고려해보자.

- 젊은 프로그래머는 사장이 절대 답장을 하지 않기 때문에 이메일로 창의적인 제안을 더 이상 보내지 않는다.
- 자신보다 더욱 실력이 뛰어난 동료가 곤혹스러워하고 불공평에 대한 험담을 할 때 조직 정치에 능한 사람은 커다란 승진을 한다.

첫 번째 예에서, 생산적인 행동은 격려의 부족으로 사라진다. 두 번째 상황에서는, 비생산적인 행동이 의도치 않게 보상받는다. 피드백과 보상은 조금 더 신중하게 다루어질 필요가 있다. 다행히도 행동심리학 분야가 이를 도와줄 수 있다. 에드워드 L 손다이크(Edward L Thorndike), B.F. 스키너(B F Skinner), 그리고 다른 많은 사람들의 선구적인 업적덕분에 정적강화(positive reinforcement)라 불리는 행동수정기술은 경영자들이 피드백을 주고 보상을 줄 때 필요한 훈련과 기대되는 효과를 얻을 수 있도록 돕는다.

효과의 법칙(law of effect)
선호하는 결과를 유발하는 행동은 반복된다; 선호하지 않는 결과를 유발하는 행동은 사라진다.

손다이크의 효과 법칙

1900년대 에드워드 L 손다이크는 문을 여는 비밀 지레가 설치된 작은 박스에 고양이를 놓고 고양이가 불규칙적이고 거칠게 행동할 것이라고 생각하고 관찰하였다. 그러나 일단 고양이가 우연히 지레를 풀어 도망친 후에는 다시 상자에 넣어 놓으면 곧장 지레로 갔다. 따라서 손다이크는 선호하는 결과를 유발하는 행동은 반복되고, 반면에 선호하지 않는 결과를 유발하는 행동은 사라지는 경향이 있다는 그의 유명한 **효과의 법칙(law of effect)**을 만들었다. 이것은 행동은 타고난 본능의 산출물이라는 한 세기 전의 일반적인 생각으로부터의 극적인 발전이었다.

유명한 행동심리학자인 B.F. 스키너(B F Skinner)와 공동저자인 밥 크레이트너(Bob Kreitner)는 보스톤의 경영학회에서 만나 스냅사진을 위한 자세를 취하고 있다. 행동주의자로서 스키너는 태도와 인식과정과 같은 내적 상태를 다루는 것보다 상황 속에서 관찰가능한 행동과 이것의 전제 조건과 결과를 다루는 것을 선호한다. 스키너 교수는 현대 심리학에 영구적인 업적을 남긴 매혹적인 사람이다.

스키너의 조작적 조건화 모형

스키너는 결과에 의해 행동이 통제된다는 손다이크의 결론을 정교화 하였다. 스키너의 이론은 순전히 관찰할 수 있는 행동만을 다루었기 때문에 행동주의로 알려졌다. 행동주의자로서,

스키너는 욕구, 동인, 태도, 사고 과정과 같이 관찰할 수 없는 내적 상태의 행동을 설명하는 것은 무의미하다고 믿었다. 그는 자기결정(self-determination)에 대해서는 거의 신뢰하지 않았다.

그의 대표적인 저서인 유기체의 행동(The Behavior of Organisms, 1938)에서 스키너는 반응적 행동과 조작적 행동이라는 두 가지 종류의 행동 사이의 중요한 차이점을 서술했다. 그는 학습되지 않은 반사적인 행동이나 자극－반응(S-R)관계를 **반응적 행동(respondent behavior)**이라 불렀다. 이 행동의 범주는 성인 행동의 매우 작은 부분을 설명한다고 말해진다. 반응적 행동의 예들은 양파를 벗길 때 눈물을 흘리고 뜨거운 난로에서 손을 떼는 반응을 포함한다. 스키너는 기대되는 결과를 만들기 위해 상황을 조작할 때 학습되는 행동을 **조작적 행동(operant behavior)**이라 명명하였다. 몇몇 사람들은 이것을 반응－자극(R-S)모델이라 부른다. 수년간 "스키너 상자들" 속의 비둘기를 이용해 통제된 환경하의 실험을 계속한 결과 스키너는 행동 통제, 또는 조작적 조건화의 정교한 기술을 개발할 수 있게 되었다. 예를 들어, 그는 8자는 걷는법과 공굴리는 법을 저체중인(따라서 배고픈) 새들에게 그들이 목표 행동에 더욱 가까이 근접할 때 먹이를 줌으로써 가르쳤다. 조직행동의 대부분이 조작적 분야에 해당되기 때문에 스키너의 업적은 조직행동에 있어 중요한 의미를 가진다.

반응적 행동(respondent behavior)
학습되지 않은 자극-반응 반사작용을 의미하는 Skinner의 용어

조작적 행동(operant behavior)
학습된 결과-형성된 행동을 의미하는 Skinner의 용어

6 학습목표
정적 강화와 부적 강화, 처벌, 소거에 대해 설명하고, 행동 형성에 대해 설명하라.

조건화된 결과

스키너의 조건화 이론에 따르면, 조건화된 결과는 4가지 방식(정적 강화, 부적 강화, 처벌, 소거)으로 행동을 통제한다. 조건화는 목표행동과 결과 사이에 규칙적인 조건결과(if-then) 관계가 있음을 의미한다. "만약 네가 저녁식사를 끝마치지 않는다면, 디저트를 먹지 못할 것이다(그림 8-3을 참조하시오)."라는 엄마의 말을 떠올려보자. 조건화된 결과에 대한 잘못된 인식을 방지

결과의 특징

행동 – 결과 관계	긍정적인 또는 유쾌한	부정적인 또는 불쾌한
조건적 제시	정적강화 행동결과: 목표행동이 더 자주 일어난다.	처벌 행동결과: 목표행동이 덜 자주 일어난다.
조건적 제거	처벌(반응대가) 행동결과: 목표행동이 덜 자주 일어난다.	부적강화 행동결과: 목표행동이 더 자주 일어난다.

(비조건적 결과)
소거
행동결과:
목표행동이 덜 자주 일어난다.

그림 8-3
조작적 조건에서의 상황적인 결과

하기 위해 지금부터 각 조건의 정의를 살펴보자.

정적 강화는 행동을 강화한다 **정적 강화(positive reinforcement)**는 상황에 따라 어떤 유쾌한 것을 제시함으로써 행동을 강화시키는 과정이다. (여기서 중요한 것은 행동이 자주 일어날 때 강화된다고 하고, 이것의 빈도가 줄어들 때 약해진다고 한다.) 정적 강화를 사용함에 적합한 말은 "어떤 옳은 것을 할 때 이들을 잡는 것"이다. 타겟(Target) 백화점의 관리자들이 보고 싶어하는 "어떤 옳은 것"은 매력적이고 호소력있고 알맞은 가격의 새로운 상품 아이디어다. 소매업자는 "당신의 식료품 저장고 안에 있는 상품이 당신을 가장 좌절하게 만든다"라는 주제를 가지고 혹은 에너지 소비를 감소시키는 아이디어와 같은 특정 주제에 대해 직원들이 새로운 아이디어를 내놓는 Big Idea 콘테스트를 개최하여 혁신을 위한 정적 강화를 한다. 우승자는 상장과 함께 상금이 수여된다.

당신의 지식을 시험하라
강화 이론

정적 강화(positive reinforcement)
조건적으로 어떤 긍정적인 것을 보여줌으로써 행동이 더 자주 일어나도록 만든다.

부적 강화(negative reinforcement)
조건적으로 어떤 부정적인 것을 없앰으로써 행동이 더 자주 일어나도록 만든다.

부적 강화 또한 행동을 강화한다 **부적 강화(negative reinforcement)**는 상황에 따라 어떤 불쾌한 것을 없앰으로써 행동을 강화시키는 과정이다. 예를 들어, 신병이 침대에서 일어날 때 군대 하사관이 고함을 멈추는 것은 특정한 행동을 부적 강화한 것이다. 유사하게, 점보제트기가 이륙하는 것을 볼 때 우리의 귀를 손으로 막는 행동은 소음을 줄이기 위한 것으로 부적 강화에 해당된다. 부적강화는 종종 처벌과 혼동된다. 그러나 두 가지 전략은 행동에 반대되는 영향을 가진다. 강화라는 말이 의미하듯이 부적강화는 행동을 함으로써 불쾌한 상황을 제거하기 때문에 행동을 강화시킨다.

캘리포니아 왓슨빌에 있는 그래니트 컨스트럭션(Granite Construction) 건설회사에서, 모든 관리자들의 보너스의 20%가 "사람을 대하는 기술"에 의존한다. 80년의 거의 대부분 동안, 사장실로부터의 호출은 나쁜 뉴스를 의미했다. "직원들은 오직 무언가가 잘못 되었을 때만 사장실에 갔다."라고 700명의 직원을 감독하는 20년 경력의 베테랑인 경영자 브루스 맥고완(Bruce McGowan)은 말했다. 현재는 정적강화가 강조되고 있다.

처벌은 행동을 약화시킨다 **처벌(punishment)**은 특정 상황에서 불쾌한 무언가를 제시하거나 또는 긍정적인 무언가를 없앰으로써 행동을 약화시키는 과정이다. 뒤처지는 직원에게 나쁜 업무를 부여하는 경영자는 처벌의 첫 번째 종류의 좋은 예가 된다. 타겟(Target)에서 당신의 새로운 아이디어가 시장에서 어필하지 못했을 때 보너스를 지급하지 않는 것이 두 번째 종류의 처벌의 예시이다. 왜냐하면 타겟은 혁신적 행동을 약화시키고 싶지 않고, 새로운 아이디어를 시도하는 것은 위험이 따른다고 인지하고 있기 때문이며, 또한 회장인 그래그 스테인하펠(Gregg Steinhafel)은 "우리는 이러한 계산된 위험을 감수하는 팀에 벌을 주지는 않는다"고 말했다. 긍정적인 무언가를 제거하는 다른 예로, 업무가 더딘 직원의 봉급을 삭감하거나 법을 위반한 대가로 벌금을 부과하는 것이 있다. 자신의 주머니를 털어 금전출납기의 현금 부족분을 메꾸는 판매사원은 비용처벌을 받게 된다. 이러한 종류의 직무상

처벌(punishment)
상황에 따라 부정적인 것을 제시하거나 긍정적인 무언가를 없앰으로써 행동을 약화

시키는 것

처벌들에 대해서는 윤리적 질문들이 제기될 수 있다.

소거(extinction)
무시하거나 또는 강화하지 않음으로써 행동이 덜 자주 일어나도록 만드는 것

소거 또한 행동을 약화시킨다 소거(extinction)는 무시하거나 또는 강화되지 않게함으로써 행동을 약화시킨다. 전화를 받지 않음으로써 전 남자친구나 여자친구로부터 벗어나는 것은 소거 전략이다. 소거의 좋은 비유는 만약 당신이 화초에 물을 주지 않는다면 무슨 일이 일어날지 상상하는 것이다. 물이 없는 식물처럼, 간헐적인 강화가 없는 행동은 마침내 사라진다. 비록 매우 다른 과정일지라도, 처벌과 소거 모두 행동을 약화시키는 동일한 효과를 가진다.

강화계획

위에서 토의한 것과 같이 조건화된 결과들은 미래 행동의 중요한 결정요소이다. 행동결과의 시간적 조절은 더욱 중요할 수 있다. 고도로 통제된 환경에서의 비둘기에 대한 수년간의 실험 경험에서, 스키너와 그의 동료들은 다양한 강화계획에 대한 반응패턴이 차이가 남을 발견했다. 부적강화, 처벌, 소거 등에서도 일반화시킬 수 있지만, 우선은 정적강화에 대해서 살펴보자.

계속적 강화 표 8-1에서 나타난 것으로써, 모든 경우의 목표행동은 계속적 강화(continuous

표 8-1
강화 계획

계획	설명	반응에 미치는 가능한 영향
계속적 (CRF)	모든 반응마다 강화를 한다.	모든 반응에 계속적으로 강화하는 한 한결같이 높은 성과비율을 보인다. 강화의 높은 빈도가 포만을 빨리 초래하여 강화가 작동되지 않을 수 있다. 강화를 하지 않을 때 행동은 급격히 약화된다.(소거가 진행된다.) 새롭게 나타나거나, 불안정하거나 발생 빈도가 낮은 반응에 적합하다.
간헐적	모든 반응마다 강화를 하지는 않는다.	높은 빈도의 반응을 만들 수 있다. 강화의 낮은 빈도가 초기 포만의 가능성을 없앤다. 안정되거나 자주 일어나는 반응에 적절하다.
고정비율 (FR)	강화가 일어나기 전에 고정된 수의 반응이 나타나야 한다.	1:1의 고정비율(강화는 모든 반응 뒤에 일어난다)은 계속적 강화와 동일하다. 강력하고 꾸준히 높은 빈도의 반응을 만드는 경향이 있다.
변동비율 (VR)	강화가 일어나기 전에 무작위적으로 불규칙적인 수의 반응들이 나타나야 한다.	강력하고 꾸준하며 쉽게 소거되지 않는 반응을 높은 빈도로 만들 수 있다.
고정간격 (FI)	일정한 시간이 경과한 후에 첫 번째 반응을 강화한다.	강화 직후에는 매우 느리고, 비효과적인 반응을 보이고 강화 직전에는 매우 빠르고 강력한 반응을 보임으로써 다양하고 고르지 않은 반응패턴을 만든다.
변동간격 (VI)	무작위적으로 불규칙한 시간이 경과한 후의 첫 번째 반응을 강화한다.	강력하고 꾸준하며 쉽게 소거되지 않는 반응을 높은 빈도로 만드는 경향이 있다.

출처: F Luthans and R Kreitner, *Organizational Behavior Modification and Beyond: An Operant and Social Learning Approach* (Glenview, IL: Scott, Foresman, 1985), p58. Used with permission of the authors.

reinforcement) 계획이 효과가 있을 때 강화된다. 예를 들어, 집에 있는 텔레비전이 적절하게 작동할 때, 당신은 텔레비전을 켤때마다(CRF 스케줄) 강화된다. 그러나 만약 고장이 난다면, 어느 계속적 강화 스케줄에서 보는 바와 같이 텔레비전을 켜는 행동은 빠르게 소거될 것이다.

계속적 강화(continuous reinforcement) 행동의 모든 경우를 강화하는 것

간헐적 강화 CRF계획과 달리, **간헐적 강화(intermittent reinforcement)**는 어떤 경우는 강화를 하지만 목표행동의 모든 경우를 강화하는 것은 아니다. 표 8-2에 있는 간헐적 계획의 4개 하위범주는 고정비율, 변동비율, 고정간격, 변동간격 계획이다. 비율계획의 강화는 반응의 빈도수에 따라 달라진다. 간격강화는 시간의 경과에 따라 시행된다. 4가지 간헐적 강화의 일반적인 예들은 다음과 같다.

간헐적 강화(intermittent reinforcement) 행동의 어떤 것은 강화하지만 행동이 나타날 때마다 강화하지는 않음.

- **고정비율** — 생산 개수에 따른 성과급 ; 일정한 판매량을 달성했을 때 받는 보너스
- **변동비율** — 일정한 횟수 없이 레버를 당길 때 무작위적으로 언제 돈이 나올지 모르는 슬롯머신 ; 티켓을 구매하다 보면 당첨되는 로또복권
- **고정간격** — 시급 ; 정기적으로 지급되는 연봉
- **변동간격** — 일을 잘해온 종업원에 대한 관리자의 우연한 격려와 칭찬

적절한 계획이 중요하다 강화계획은 강화의 형태보다 행동에 더욱 강력하게 영향을 줄 수 있다. 비록 이러한 가설이 비둘기 실험에서 도출되었지만, 직장에서의 후속 연구는 이런 가설을 입증했다. 예를 들어, 비버들이 새로 자라난 나무 묘목을 먹는 것을 막기 위해 목재회사가 고용한 12명의 비버 사냥꾼에 대한 연구를 살펴보자.

비버 사냥꾼들은 임의로 두 집단으로 나뉘었고, 각 집단은 주별로 교대로 달라지는 두 개의 다른 인센티브 계획이 적용되었다. 첫 번째 계획 하에서, 사냥꾼들은 시급인 7달러에 비버를 한 마리 잡을 때 마다 수당 1달러씩을 받았다. 사실상 이러한 보너스는 계속적 강화 계획에 해당된다. 두 번째 보너스 계획은 시간당 정해진 시급 7달러에 잡힌 비버 한 마리당 평균 네 번에 한 번 꼴로(이것은 주사위를 던져서 결정) 4달러 씩 받았다. 이러한 두 번째 보너스 계획은 변동비율(VR-4) 계획에 해당된다. 장기적으로, 모든 인센티브 계획은 평균적으로 비버 한 마리 당 1달러의 보너스를 받는 셈이 된다. 인센티브 계획상 두 집단에게 평균적으로 동일한 급료가 지급된다는 사실에도 불구하고, 12주동안 사냥꾼들은 변동비율 계획 하에 있을 때에 계속강화 계획 하에서보다 58% 더 생산적이었다.

기업들은 주로 가장 약한 계획에 의존한다 일반적으로, 변동비율과 변동간격 강화계획은 좀처럼 소거되지 않는 강한 행동을 만들어낸다. 노름꾼의 사례에서 보듯이, 변동계획은 다음 목표 반응에 대한 강화를 기약한다. 예를 들어, 네바다주의 러플린(Laughlin)에서의 도박 카지노가

기술과 모범사례

효과적으로 직무 행동을 형성하는 방법

1. **행동변화 과정을 받아들인다.** 행동들은 광범위하고 전면적으로 바뀌지 않고 점진적으로 변한다.
2. **새로운 행동패턴을 구체적으로 정의한다.** 당신이 달성하고자 하는 상태를 명백하고 쉽게 이해할 수 있는 작은 단위로 나타낸다.
3. **성과에 대한 개인적인 피드백을 주어라.** 1년에 한번 주어지는 성과평가는 충분하지 않다.
4. **가능한 한 빨리 행동을 강화해라.**
5. **강력한 강화를 사용해라.** 보상은 경영자가 아니라 종업원들에게 중요한 것이 되어야 효과적이다.
6. **계속적 강화계획을 사용해라.** 새로운 행동들은 매번 행동이 일어날 때 강화되어져야한다. 이러한 강화는 행동이 습관이 될 때까지 계속되어야 한다.
7. **유지를 위해 변동강화계획을 사용해라.** 행동이 습관이 된 후에도 매번은 아닐지라도 보상받는 것은 여전히 중요하다.
8. **경쟁이 아닌 팀워크에 보상하라.** 집단목표와 집단보상은 직무와 성과가 상호 의존적인 상황에서 협력을 격려하기 위한 한 가지 방법이다.
9. **성과에 따라 보상을 만들어라.**
10. **좋은 성과를 당연하게 받아들이지 말라.** 좋은 성과를 당연하게 받아들이지 말라. 만약 보상받지 않은 채로 남겨질 때, 나은 성과조차 결국 나빠진다.

출처: Adapted from A T Hollingsworth, and D Tanquay Hoyer, "How Supervisors Can Shape Behavior," *Personnel Journal*, May 1985, pp 86, 88.

변동비율 강화의 영향력을 잘 설명해주고 있다.

> 보행보조기를 착용한 나이든 여성이 슬롯머신의 손잡이를 놓치고 그만 바닥에 넘어졌다.
>
> "도와주세요." 그녀는 가냘프게 울었다.
>
> 그녀 옆의 기계에 있던 여성이 그녀를 돕기 위해 몇 초 동안 자기의 게임을 중단했다. 그러나 그녀 주위에서 슬롯머신을 하는 다른 사람들은 아랑곳하지 않고 기계에 동전 넣는 것을 계속했다.
>
> 안전요원이 그녀를 돕기 위해 도착했고, 그녀를 데려갔다.
>
> "고마워요." 그녀는 그에게 감사의 이야기를 했다.
>
> "하지만 내가 이긴 것을 잊지 마세요."

어떤 변동강화조차 없는 조직들은 위와 같이 일에 대한 헌신을 촉진하기 쉽지 않다. 엔지니어링 회사인 킴리 혼(Kimley Horn & Associates)의 강화 계획을 살펴보자. 직원들은 하루 9시간씩 일하면 매주 금요일 낮 12시 전에 퇴근할 수 있고(고정 간격), 동료 직원에게 "$50의 즉석 보너스"를 지급할 권한을 갖고 있다(변동 비율). 성과급으로의 전환에도 불구하고, 시급, 연봉과 같이 강화의 가장 약한 계획인 고정간격에 의존하는 강화가 오늘날의 직장에서 여전히 적용되고 있다.

정적 강화를 이용한 행동 형성

수족관 공원에서 조련사가 어떻게 청백돌고래를 뛰어 오르게 하며 범고래의 등에 사람들을 태우도록 하고, 바다표범이 공을 저글링할 수 있게 훈련시키는지에 대해 놀란 적이 있는가? 이런 결과는 겉으로 보기에 신기하다. 하지만 실제로는 행동형성이라 불리는 학습과정을 통해 동물의 재롱이 가능하다.

예를 들어, 2톤의 범고래는 남다른 식욕을 가지고 있으며, 매우 강력하게 먹이 상자를 찾는다. 따라서 만약 조련사가 범고래를 타기를 원한다면, 범고래가 조련사를 등에 태우도록 만드는 매우 기본적인 행동을 강화한다. 범고래는 각 단계별로 물고기(먹이)를 통해 계속적으로 강화된다. 조련사 근처로 오기, 만져도 가만히 있기, 조련사 등에 태우기 그리고 마지막이 조련사를 등에 태우고 수영하는 단계이다. 사실상, 조련사는 강화에 필요한 행동의 요구조건들을 계획적으로 만든다. 따라서 **행동형성(shaping)**은 목표행동에 더 가까이 근접하도록 강화하는 과정이다.

행동형성(shaping)
목표행동에 더 가까이 근접하도록 강화하는 것.

행동형성은 특히 계속적 향상을 포함하는 품질계획과 훈련에서 매우 잘 적용된다. 칭찬,

인정, 교육적이고, 신뢰할 수 있는 피드백은 경영자들의 시간을 거의 빼앗지 않는다. 그러나 행동형성 프로그램과 함께 사용될 때, 이러한 결과는 직무성과를 효율적으로 촉진시킬 수 있다. 행동형성의 성공적인 열쇠는 학습단계를 쉽게 하기 위해 복잡한 목표 행동을 줄이고 조금이라도 진전을 보이면 성실히(그리고 참을성을 가진) 강화하는 것에 달려있다. 예를 들어, 콘티넨탈 에어라인스(Continental Airlines)는 정시도착 부문에서 업계 최하위를 벗어나 최고가 되기 위해서 위해 현금 보너스계획을 사용했다. 종업원들은 처음에 정시도착부문에서 상위 5위안에 들면 매달 65달러의 보너스를 약속받았다. 지금은 2등 또는 3등에게 65달러를 지급하고, 1등에게는 100달러의 보너스가 기다리고 있다. 이 항공사는 2007년에 정시도착 보너스로 모두 3,300백만 달러를 나누어주었다. 〈기술과 모범사례〉에서는 행동형성에 대한 실제적인 팁을 열거하고 있다.

핵심 용어

간헐적 강화(intermittent reinforcement) 237
계속적 강화(continuous reinforcement) 236
내재적 보상(intrinsic reward) 229
반응적 행동(respondent behavior) 234
부적 강화(negative reinforcement) 235
상향 피드백(upward feedback) 225
성과 관리(performance management) 220
성과급(pay for performance) 230
소거(extinction) 236
외재적 보상(extrinsic reward) 229
정적 강화(positive reinforcement) 235
조작적 행동(operant behavior) 234
처벌(punishment) 235
피드백(feedback) 221
행동형성(shaping) 238
효과의 법칙(law of effect) 233
360도 피드백(360-degree feedback) 226

단원 요약

- **피드백의 두 가지 기본적인 기능과 세 가지 원천들을 열거하라.** 성과에 대한 객관적인 정보로써 피드백은 교육적이고 동기부여적이다. 개인들은 다른 사람, 업무, 그들 자신으로부터 피드백을 받는다.
- **상향피드백과 360도 피드백을 정의하고 좋은 피드백을 주기 위한 전반적인 팁을 요약하라.** 낮은 직급의 직원들은 자신의 경영자에게 상향피드백(보통 익명으로)을 제공한다. 피평가자는 부하직원, 경영자, 동료, 고객 또는 거래선과 같은 선택된 다른 사람으로부터 360도 피드백을 받는다. 좋은 피드백은 성과목표, 분명한 기대와 연계되어야 하고 구체적인 행동과 결과와 이어지고 핵심 성과분야들에 대해서 행해져야 한다. 그리고 가능한 한 빨리 피드백이 되어야 하고, 개인의 인성보다는 성과에 초점을 맞추고 정확하고 신뢰 가능한 정보에 기초하고 개선에 도움이 되어야 한다.
- **외적보상과 내적보상을 구별하고 각각의 직무관련 예를 보여주어라.** 다른 사람에 의해 만들어지는 외적보상은 급여와 복지, 인정과 칭찬, 선호하는 직무와 계획들을 포함한다. 내적보상은 내적으로 경험되거나 스스로 만들어진다. 공통적인 내적보상은 만족감, 자부심, 성취감 등이 있다.

- **성과급에 대한 연구에서 배운 바를 요약하고, 왜 보상이 종업원들을 동기화시키는데 종종 실패하는지 설명하여라.** 성과급에 대한 연구는 그 효과성에 대해서 엇갈리는 결과를 보여주고 있다. 보상시스템은 다음과 같은 이유로 종업원들을 동기화시키는데 실패할 수 있다: 돈에 대한 지나친 강조, 칭찬과 인정에 대한 인식 결여, 복지혜택을 당연하게 여기는 풍조, 잘못된 행동에 대한 보상, 보상이 너무 오래 지연됨, 천편일률적 보상 사용, 일시적인 효과만 주는 한 번의 보상, 해고와 같은 의욕상실의 경험.
- **손다이크의 "효과의 법칙"을 진술하고 스키너의 반응 행동과 조작적 행동의 차이를 설명하라.** 에드워드 L 손다이크(Edward L Thorndike)의 효과의 법칙에 따라, 선호하는 결과를 초래하는 행동은 반복되는 경향이 있으며, 반면 선호하지 않는 결과를 초래하는 행동은 사라지는 경향이 있다. B F 스키너(B F Skinner)는 학습되지 않은 자극-반응 반사작용을 반응적 행동이라 불렀다. 그는 환경적인 결과에 대한 경험을 통해 학습된 모든 행동을 조작적 행동이라 불렀다.
- **정적강화, 부적강화, 처벌, 소거에 대해 아는대로 설명하고 행동형성을 설명하라.** 처벌과 소거는 행동을 약화시키는 반면, 정적, 부적강화는 행동을 강화하는 성과관리전략이다. 이러한 전략들은 행동 빈도에 미치는 실제 영향력으로써 객관적으로 정의될 필요가 있다. 의도된 영향의 근간에 주관적으로 정의되는 것이 아니다. 행동형성은 목표행동에 더 유사하게 행동하여 강화를 받을 때 일어난다. 사실상, 강화의 기준은 개인의 학습이 진행될수록 더욱 복잡해진다. 행동이 고착화될 때까지는 계속적 강화를 주다가 목표 행동이 습관화되고 강해지면 간헐적 강화를 주는 프로세스로 진행된다.

토의 문제

1. 이 장의 도입부 사례로 돌아가서, 이 장에서 논의된 어떤 제안 혹은 원칙이 수 녹스(Sue Nokes)에 의해 사용되었는가?
2. 최근에 피드백을 통해 당신은 무엇을 배우고 동기부여 되었는가?
3. 360도 피드백의 실무적인 장단점을 어떻게 요약할 수 있는가?
4. "종업원들은 돈으로 동기부여될 수 없다."라고 말하는 경영자에 대한 당신의 생각은?
5. 당신이 최근 경험한 정적강화, 부적강화, 처벌과 소거의 예를 들어라. 이러한 전략들은 적절하게 사용되었는가?

윤리적 딜레마

당신은 Web.Go.를 인터넷에서 20분 동안 검색할 수 있다.

사장을 구슬려서 임금을 올리는 일이 더 어려워지고 있다. 따라서 올해의 성과 평가에서 당신은 더 많은 웹 브라우징 시간을 요구해야할 지도 모른다. 직원들의 개인적인 인터넷 사용 시간을 설정하는 샌디에이고에서는 웹센스의 소프트웨어 프로그램에 의지하고 있다. 힉스빌에서 인스턴트 푸딩을 제조하는 회사인 코지 샥 엔터프라이즈(Kozy Shack Enterprises)는 직원들에게 쇼핑하고 채팅하며 다른 웹서핑을 하도록 매일 한 시간 웹센스 엔터프라이즈(Websense Enterprise)에서 개발한 프로그램으로 "할당 시간"을 사용한다.

정보-기술 관리자는 그 시간에 이용 가능한 사이트를 선택하고 직위에 따라 인터넷 접속을 제한할 수 있다. "우리 회사의 세일즈맨은 여러 곳을 여행해야 하는데 그들에게 여행 사이트에 대한 더 많은 접속 권한을 주고 있다."라고 코지의 IT관리자인 리차드 레란(Richard Lelan)이 말한다. 베이츠 카운티 병원(Bates County Memorial hospital in Butler, Mo.,)에서 직원들은 매일 개인적인 인터넷 사용을 위해 20분을 제공받고 관리자들은 40분을 받는다.

몇몇 회사에서 인터넷 사용 시간 제한이 독재적인 경영처럼 보일 수 있다. 런던에 기반을 둔 고급 소매점인 하비 니콜스(Harvey Nichols)의 종업원들은 개인적인 인터넷 사용을 점심시간과 퇴근 후로 제한한다는 사칙에 서명한다. 체인점들은 도박과 포르노, 다른 부적절한 사이트를 막기 위해 웹센스(Websense)를 사용하지만, 시간을 제한하지는 않는다. "우리는 우리 회사 사람들에게 꽤 많은 신뢰를 가지고 있다."라고 기술사업 시스템 관리자인 리 스미스(Lee Smith)는 말한다. 그리고 대부분의 기술팀은 인터넷 사용은 제한하게 되면 웹상에서의 혁신을 도모 할 수 없다고 생각한다. 마이크로소프트(Microsoft)의 대표자인 루 겔로스(Lou Gellos)는 말했다: "우리는 모든 직원들이 상식을 사용하며 좋은 판단을 내리고 MSN shopping에서 쇼핑을 하기를 기대한다고, 나는 비꼬아서 말한다."

이 상황에서 당신의 윤리적인 판단은 무엇인가?

1. 직원들이 회사시간에 회사의 장비를 가지고 한 것은 회사의 업무이기 때문에 여기에는 실제 윤리적인 문제가 없다. 당신의 윤리적인 이유를 설명하여라.
2. 사장들은 자신의 직원을 신뢰하거나 또는 그렇지 않다. 직원의 인터넷 사용에 대한 어떤 종류의 감시라도 그것은 사장이 직원을 신뢰하지 않고 있다는 말이다. 독재자처럼 감시하는 것은 충성심과 동기부여를 약하게 만들 뿐이다. 당신의 윤리적인 판단에 따라, 고용에서의 시사점을 찾아보라.
3. 직원들이 인터넷을 남용하지 않도록 윤리규약에 사인하도록 하는 것은 괜찮지만 계량기로 시간을 재는 것은 너무 한 것 같다. 당신의 윤리적인 이유를 설명하고, 실무적 시사점을 말하라.
4. 사장은 직원들을 포르노, 도박, 다른 부적절한 웹사이트들로부터 인터넷 방화벽을 설치해서 보호해야하는 도덕적 의무를 가지고 있다. 설명하여라.
5. 다른 선택사항을 만들고, 토론해라.

사회적 프로세스와 의사결정

Part Three

Chapter 09

효과적인 집단과 팀워크

학습목표

이 단원을 학습한 후, 다음의 질문에 답할 수 있어야 한다.

1. 터크만(Tuckman)의 5단계 집단 발달 단계를 설명하라.
2. 규칙과 규범을 비교하고, 규범이 조직 안에서 강요되는 네 가지 이유를 설명하라.
3. 업무 집단이 어떻게 팀이 되는지 설명하고, 다섯 가지 팀워크 역량을 설명하라.
4. 경영자가 신뢰를 쌓기 위한 방법을 네 가지 이상 나열하라.
5. 자율경영 팀과 가상 팀을 설명하라.
6. 집단사고를 구체화하고, 그 특징을 최소한 네 가지로 구분하라.

미국 기업들은 팀워크를 중시한다. 하지만 그 중 ICU 메디컬(ICU Medical inc.) 만큼 열성적인 기업은 없을 것이다.

캘리포니아 샌 클레멘트에 있는 어느 한 의료기기 제조 회사에서는 직원들이 어떠한 프로젝트를 해결하기 위해 스스로 팀을 조직할 수 있다. 팀원들은 스스로 회의를 통해 각자 일을 할당하고 마감일을 정해 놓는다. 최고 경영자인 조지 로페즈(George Lopez)는 비록 팀의 결정이 자신의 생각과 일치하지 않을지라도 이를 거부한 적이 없다고 말한다. 이러한 팀들이 회사의 생산 방식을 변화시켰고, 401K 계획을 만들었다.

조지 로페즈는 팀활동을 지지하는 환경을 조성하는데 중요한 역할을 했다.

대부분의 대기업들은 각각의 팀들에게 프로젝트를 할당한다. 하지만 고용 규모가 1480명인 ICU는 직원들이 스스로 팀을 만들 수 있도록 한다는 점에서 일반적이지 않다.

내과전문의 로페즈는 1984년에 ICU를 설립하였다. 1990년대 초반 회사는 연 수입 천만 달러를 벌었으며 기업 공모를 준비하고 있었다. 당시 환자의 IV 시스템을 연결시키는데 사용되는 Clave사 제품에 대한 수요는 고공행진을 하고 있었다. 로페즈는 생산을 향상시킬 수 있는 방법에 대해 고민했다.

ICU는 당시 100명 미만의 직원들이 있었지만 그 규모는 빠른 속도로 성장했다. "한 명의 기업가가 엄청난 성장과 늘어나는 수요를 관리하는 것은 매우 힘든 일이었습니다." 올해 59세인 로페즈가 말했다. 그는 사무실에서 쪽잠을 청하며 여전히 대부분의 의사결정을 스스로 내리고 있었다.

그 당시 그는 아들의 하키경기를 볼 기회가 생겼다. 상대편에는 스타 선수가 있었지만 아들이 속한 팀이 단합하여 승리하였다. 로페즈는 "팀이 한 명의 선수보다 훨씬 낫다"라고 말하였다. 그는 직원들이 팀을 구성할 수 있는 권력을 위임했다. 이를 통해 그는 의사결정 권한을 분산시키고, 해당 문제에 가장 근접한 사람들의 투입이 촉진되길 희망했다.

몇몇 임원들은 이러한 생각에 반대했고, 최고재무책임자는 회사를 그만 두었다. 새로운 시스템 적용한 후, 그는 생산을 늘릴 수 있는 방법을 찾기 위해 직원들에게 스스로 팀을 만들어보라고 하였다. 하지만 효과는 없었다. 규칙과 리더가 없는 상태에서 직원들이 대부분의 시간을 토론에만 썼을 뿐 아무런 결과물이 없었다고 그는 말했다.

그로부터 1년 반이 지난 후 그는 팀 구성원들의 리더를 뽑도록 하였는데 이 방법은 매우 큰 개선을 보였다. 1995년 인사총괄 책임자인 짐 레이츠(Jim Reitz)는 관료체계를 최소화시키는 체계를 만들었다. 그들은 "위험을 떠안아라" 라는 핵심 가치와 "사람이 아닌 문제에 도전하라"라는 이행 규칙을 만들었다. 그와 동시에 팀 멤버들의 총 누적 매출에 비례해서 보상을 지급하기 시작하였다.

이 방법은 효과를 보였다. 직원들은 팀 체제를 긍정적으로 수용하기 시작했다. 현재 12~15개의 팀들이 매 분기마다 프로젝트를 수행하며 일주일에 한번 혹은 그 이상 회의를 하고 있다. 보편적으로 5명에서 7명이 한 팀을 구성하고 회사는 잘한 팀들을 보상하기 위해 매 분기마다 7만 5천달러의 예산을 책정해 놓는다.

팀들은 최고결정권자의 반대에도 불구하고, 조직변화를 가속화시키기도 한다. 비용적인 측면 때문에 401K 계획을 시행하는 것에 반대했던 로페즈는 팀의 추천 후 이에 대해 순순히 따랐다. 그는 현재 이 401K가 직원들을 회사 내에 붙잡아 두는 데 큰 도움을 준다고 고백했다.

로페즈는 팀의 결정을 거부할 수 있지만 지금까지 그러지 않았다고 했다. 그는 팀이 효과적이기 위해서 팀원들은 그들이 결정권을 가지고 있다고 느껴야 하고, 거부권은 그럴 만한 가치가 있을 때 실행해야 한다고 말했다. "팀은 회사를 몰락의 길로 이끌 수 있습니다." 그가 말했다.

아직까지, 그런 일은 발생하지 않았다. 비록 올해 회사는 수입이 줄어들 것이라고 예상하였지만 작년 한해 160만 달러로 수익이 28% 증가하였다. 회사의 매출 재고는 지난 십 년 동안 6배나 증가하였다.

ICU의 팀원들은 팀 활동 중에는 휴식을 갖지 않는다. 팀 활동에 참여하는 것은 자발적인 일이지만 때로, 특별한 전문능력을 가지고 있는 직원은 팀에 들어오라는 부탁을 받기도 한다. "이것은 당신의 직무 이상의 것입니다." 10년 동안 ICU에서 많은 팀들을 도운 사무응용 관리자인 콜린 윌더(Colleen Wilder)가 이렇게 말했다. "직원들은 여전히 (팀 활동 외에) 각자 일을 해야만 합니다."

보상은 긴장감을 조성한다. 한번은 윌더가 그녀가 생각하기에 단순히 돈을 위해서 팀 활동에 참여한 직원에게 보상을 분배하는 것에 반대한 적이 있었다. 그녀는 팀원들이 그가 해온 성과에 비례하여 보상을 분배해야 한다고 했다. "당신은 아무것도 한 게 없으므로 보상은 없어요"라고 말했고, 팀원들은 그녀의 말에 동의했다.

보상 체계는 프로젝트의 중요성에 따라 액수에 차이가 나도록 바뀌었다. "사람들은 –나는 회사를 위해서 완전히 새로운 제품을 개발했는데 식당 벽을 페인트 한 사람과 같은 액수의 보상을 받는다고?– 라고 생각하기 시작 했어요" 레이츠가 말했다. 그는 직원들이 그들이 정말로 목표를 달성하였는지, 혹은 그들의 프로젝트가 높은 수준의 보상을 받을 만한 가치가 있었는지에 대해 생각해보도록 격려했다.

지난 몇 년 동안, ICU는 팀 기능이 조금 더 원활하게 작동하도록 더 많은 규칙들을 만들었다. 직원들은 팀 기능을 구체적으로 명시한 25페이지 분량의 안내책자를 만들었다. 예를 들어 '첫 회의 때 해야 하는 8가지' 혹은 자주 질문되는 사항들이 명시되어 있다. 팀들은 반드시 회사 인트라넷에 매번 회의 기록을 올려야 하는데 이를 통해 어느 직원이든 이에 대한 피드백을 제공할 수 있다.

| 토의하기 |

팀 체계가 어떻게 ICU가 성장하는데 도움이 되었는가?

일상의 경험과 연구는 개인과 조직의 성공을 위한 사회적 기술의 중요성을 강조한다. 창의적 리더십(벨기에, 프랑스, 독일, 이탈리아, 스페인, 영국, 미국으로부터의 다양한 표본들을 포함하는)센터에 의해 진행 중인 연구는 경영자의 경력에 안 좋은 영향을 미치는 4가지 장애요인을 발견하였다. 연구 결과에 따르면 "일반적 경영자 수준에 도달하였지만 문제가 있는 경영자는 자신의 적성과 회사의 요구 수준 간의 차이 때문에 앞으로 승진 기회가 없다는 것을 발견한 사람들입니다" 연구된 모든 문화들에 있어 일관된 네 가지 장애 요인들은 다음과 같다.

1. 대인관계에 관한 문제
2. 사업 목표 달성 실패
3. 팀 조직 및 관리 실패
4. 과도기 동안 변화하거나 적응하지 못하는 무능력함

첫 번째와 세 번째 방해물이 대인관계 기술(다른 이들과 잘 지내고 효과적으로 일하는 능력)과 어떤 관계가 있는지 주목하라. 대인관계 기술에 문제가 있는 경영자는 전형적으로 교묘하거나 둔한 것으로 묘사되었다. 흥미롭게도 실패한 유럽 경영자 3분의 2가 대인관계 기술에 문제를 가지고 있었다. 미국의 실패한 경영자의 1/3도 같은 이유를 보이는 것으로 나타났다. 1단원에 정의된 경영은 다른 사람들과 함께 일하는 것을 포함한다. 경영은 혼자하기에는 너무 큰 일이기 때문이다.

이 단원의 목적은 개인적인 행동에서 집단적 행동으로 초점을 변경시키는 것이다. 본 장을 여는 사례에서도 설명되었듯이 팀에 의한 집단적 사고와 노력은 조직의 성공에 크게 기여한다. 따라서 팀워크의 역동성과 조지 로페즈와 같은 경영자가 팀워크를 돕는 분위기를 만드는데 했던 역할을 이해하는 것이 중요하다. 본 장은 당신이 이러한 주제들을 이해하도록 도와줄 것이다. 우리는 그룹과 팀, 현대 사회의 중요한 특징들을 살펴보고 일반적인 장애물들을 피하면서 그것들을 어떻게 효과적으로 만드는가에 대해 논의한다. 이 단원에서 다룰 흥미로운 주제들에는 집단 발달, 신뢰, 자율경영 팀, 가상 팀, 집단사고가 있다.

집단 행동의 기초

집단(group)
집단의 규범과 목표를 공유하고 공통의 정체성을 가진 두 명 혹은 그 이상의 자유롭게 상호 교류하는 개인들

사회학 분야에 의하면, 우리는 **그룹(group)**을 공통의 규범과 목표를 공유하고 공통의 정체성을 가지며 자유롭게 상호 교류하는 두 명 이상의 개인들이라 정의할 수 있다. 조직 심리학자 에드가 샤인(Edgar Schein)은 집단, 군중, 조직 사이의 명확한 구별을 함으로써 이 개념을 구체화시켰다:

> 집단의 크기는 상호적 교류와 상호적 자각의 가능성에 의해 제한된다. 단순히 모인 사람들은 이 정의에 적합하지 않다. 예를 들어 그들이 어떤 사건을 관찰하기 위해 길모퉁이에 서있는 관중들처럼, 서로를 인식한다 할지라도, 집단으로서 서로를 인식하지 않고 상호작용하지 않기 때문에 그룹이라고 정의 내리긴 힘들다. 부서, 조합, 혹은 전체 조직은 그들 자신을 "우리"라고 생각하지만 그룹이라고 할 수 없다. 왜냐하면 그들은 일반적으로 서로와 모두 상호작용하거나 지각하고 있지 않기 때문이다. 그러나 조직상의 업무 팀, 위원회, 부서의 하위부서, 파벌, 그리고 조직 내에서의 다양한 다른 비공식적 연합은 이러한 그룹의 정의에 포함될 수 있다.

이제 당신이 구성원으로 속해있는 다양한 집단들에 대해 생각해보자. 당신이 속한 각각의 "집

단"은 집단을 정의하는 4가지 기준을 만족시키는가?

공식 집단과 비공식 집단

개인은 다양한 목적을 달성하기 위해 집단에 참여하거나, 집단에 소속된다. 만일 집단이 조직의 목표달성을 돕기 위해 경영자에 의해 만들어졌다면, 그 집단은 공식 집단이다. **공식 집단(formal group)**은 전형적으로 업무 집단, 팀, 위원회 혹은 프로젝트 팀과 같은 이름을 갖게 된다. **비공식 집단(informal group)**은 멤버들이 함께하는 최우선 목적이 친목도모일 때 존재한다. 공식 집단과 비공식 집단은 기업 감사 팀이 업무 후 테니스장으로 향하는 예와 같이 종종 겹치곤 한다. 미국의 사무직 1,385명을 대상으로 한 최근의 조사는 직원들의 71%가 결혼식이나 장례식과 같은 직장동료의 중요한 행사에 참석한다고 밝혔다. 실제로 친목은 이직, 재조직, 대량해고가 일상화된 시대 속에서 그 직무 자체가 오래 살아 남을 수 있을 만큼 직무가 강해질 수 있도록 도와준다.

공식 집단(formal group)
조직에 의하여 형성됨
비공식 집단(informal group)
친구에 의하여 형성됨

많은 직원들은 그들의 고용주를 떠나는 것이 항상 작별을 의미하지 않는다는 것을 깨닫고 있다: 조직화된 기업의 퇴직자 집단의 모임은 매우 모호하다.

현재 휴렛 패커드(Hewlett-Packard), 언스트 앤 영(Ernst & Young), 텍사스 인스트러먼트(Texas Instrument)를 포함하여 수백 개의 회사들을 위한 퇴직자 그룹들이 있다. 야후는 500명이 넘는 퇴직원 그룹 명단을 보유하고 있다.

어떤 그룹은 이전 직원들에 의해 자발적으로 형성되지만, 다른 그룹은 고용주에 의해 연락을 유지하기 위한 방법으로 형성된다. 잠재적인 복직자 풀을 형성하여 자리가 빌 때 다시 채용할 수 있다.

모든 직원들이 팀에 속해 있는 홀 푸드 마켓(Whole Foods Market)에서 팀은 많은 목적들을 제공한다. 팀 구성원은 회사를 위해 그들이 성취한 어떠한 이익도 공유하며 새로운 사람이 영구적으로 고용될것인지 아닌지 투표한다. 당신은 이 환경이 좋은가?

공식 집단과 비공식 집단이 겹치는 상황은 문제가 있다. 어떤 경영자들은 개인적 친목이 직무상의 생산적인 팀워크를 촉진시킨다고 강하게 믿는 반면, 다른 이들은 직장 "간담회"를 생산성의 심각한 위협으로 본다. 두 가지 상황 모두 일반적으로 발생할 수 있는 상황들이다. 따라서 관리자는 집단에 속한 사람들의 목표와 성숙도에 따라서 두 집단간의 업무적 균형을 유지하는 역할을 해야 한다.

공식 집단의 기능

연구자들은 공식 집단이 조직적, 개인적이라는 두 가지 기본적인 기능을 수행한다고 강조했다: 공식 집단의 다양한 기능들은 표 9-1에 열거되어있다. 이러한 기능들의 복잡한 조합은 공식적 그룹에서 찾을 수 있다.

70명 규모의 보험회사인 인슈어 미(Insure Me)는 온라인 보험 상품을 제공하는 회사로

표 9-1
공식 집단의 조직적 기능과 개인적 기능

조직적 기능	개인적 기능
1. 개인의 능력을 능가하는 복잡하고 상호 의존적인 과업을 달성한다. 2. 새롭거나 창의적인 아이디어와 해답을 제공한다. 3. 각 부서 간의 노력들을 조정한다. 4. 다양한 정보와 평가를 요구하는 복잡한 문제를 위한 문제-해결 매커니즘을 제공한다. 5. 복잡한 의사결정을 실행한다. 6. 새로운 신입자들을 사회화하고 교육시킨다.	1. 개인의 관계적 욕구를 만족시킨다. 2. 개인의 자아존중감과 정체성을 개발하고 증진하며 확인한다. 3. 개인에게 사회적 현실에 대한 그들의 개념을 공유하고 테스트할 기회를 준다. 4. 불안정성과 무력함에 대한 개인의 불안함을 감소시킨다. 5. 개인적이고 상호적인 문제에 관한 문제-해결 매커니즘을 제공한다.

출처: *조직적 사회학* 3판, E H Schein에서 발췌함. pp. 149-51

이 회사에 있는 러브팀(Love Team)의 예를 살펴보자. 이 팀은 네 가지 가치를 기반으로 두는 문화로 구성된다; 사랑, 진실성, 리더십, 혁신, 러브팀이라는 팀의 이름은 첫 번째 가치를 대표하는 이름으로, 이 팀의 의무는 어려움을 겪고 있는 종업원들을 도와주거나 조직을 위해 자발적으로 봉사활동에 자원한 종업원들의 활동을 조직화 시키는 것이다. 러브팀은 인슈어미의 조직 문화를 관리하고 유지시키며, 종업원의 만족도를 높이는 조직의 목표를 지원하는 기능을 한다. 이와 동시에, 이 팀에 속한 구성원들은 종업원들 간의 강한 유대관계를 유지하고 그들의 네 가지 가치에 따르는 개인적인 기능들을 수행해야 한다.

집단발달의 단계

1 학습목표
터크만의 집단발달 5단계를 설명하라.

직장에 있는 집단과 팀들은 인간이나 조직, 제품 등의 생명 주기 상황에서 발견되는 것과 같이 성숙의 과정을 겪는다. 집단발달 과정은 식별가능한 단계에서 일어난다는 이론가들의 일반적인 동의가 있는 반면, 그들은 그 단계들의 정확한 수치, 연결성, 기간, 성질들에 대해서는 동의하지 않는다. 자주 인용되는 모델은 교육 심리학자인 브루스 터크만(Bruce W Tuckman)이 1965년에 제시한 모델이다. 그의 초기 모델은 네 단계만을 포함하였다(탐색기, 준비기, 형성기, 성숙기). 그림 9-1의 5단계 모델은 1977년 터크만과 그의 박사과정 학생이 "쇠퇴기"를 덧붙인 모델이다. 사실 '주의'라는 용어가 더 적합하다. 매슬로우의 욕구계층 이론과 유사한 터크만의 이론은 아주 오랫동안 종종 반복되어 가르쳐져 왔기 때문에 많은 이들이 그것을 단지 하나의 이론이 아닌 문서화된 사실로 간주해 왔다. 오늘날까지도, 터크만의 집단발달 모델은 자연-수명주기 발달집단 보다는 집단 치료과정에서 유래된 것으로 기억되고 있다. 있다. 여전히, 조직행동분야에서 일하는 많은 이들은 기억하기 쉬운 라벨들과 상식적인 매력 때문에 터크만의 5단계 집단발달 모델을 좋아한다.

터크만 모델의 다섯가지 각 단계들에 대해 살펴보자. 그림 9-1에서 개인들이 그룹에 참여할 때, 그들의 독립성 정도를 측정하는 것을 어떻게 포기하는지 주목하라. 또한 각 단계의 강도나 기간들이 반드시 같지 않다는 점도 확인하라. 예를 들어, 목표 명확성, 구성원들의 몰입도

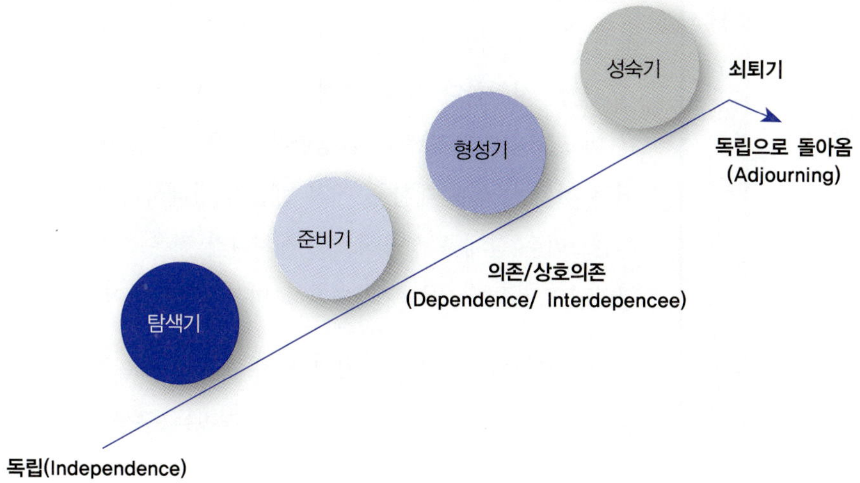

그림 9-1
터크만의 5단계 집단 개발 이론

개인적 문제	어떻게 내가 어울릴까?	여기서 내 역할은 무엇일까?	다른 이들은 내가 무엇을 하길 기대할까?	어떻게 하면 내 역할에서 최고의 성과를 낼 수 있을까?	다음은 무엇이지?
그룹 문제	우리가 왜 여기에 있을까?	왜 우리는 누구에게 책임이 있고 누가 무엇을 하느냐에 대해 싸울까?	팀으로서 역할과 업무에 우리는 동의할 수 있는가?	우리는 그 일을 적절히 할 수 있을까?	우리는 구성원들이 변화되도록 할 수 있을까?

와 성숙도에 따라 탐색기 단계는 실질적으로 존재하지 않거나 고통스러울 정도로 길수도 있다. 직무 그룹, 위원회, 운동 팀, 사회적 혹은 종교적 그룹, 수업의 프로젝트 팀 같이 당신만이 한 경험들을 이 다양한 단계들과 연관지음으로서 일상 생활로 끌어 들일 수 있다. 당신을 놀라게 하는 몇몇의 집단 사건이 자연스러운 발전 과정의 한 부분으로 불가피하다고 느껴지거나 당연한 것으로 느끼게 될 것이다.

1단계: 탐색기 이 "얼음을 깨는" 단계 동안에, 그룹 구성원들은 그들의 역할이 무엇인지, 누가 책임을 지며 집단의 목표는 무엇인지와 같은 것들에 대해 불확실하고 걱정스러워하는 경향을 보인다. 상호적 신뢰가 낮고, 누가 어떻게 책임을 지는지 알기 위해 많은 안간힘을 쓴다. 가끔 수술팀과 항공사의 조종사들이 직면하는 생사의 갈림길에서, 불확실한 이 기간은 위험할 수 있다. 국립 수송 안전 이사회에 따르면, 상업적 항공기 조종사의 심각한 실수들 중 73%가 근무 첫날에 발생한다고 한다. 만약, 공식적 리더(예, 관리·감독자)가 그의 권한을 확실하게 주장하지 못한다면, 결국 임시리더가 그 그룹이 요구하는 방향성을 제시하는 리더십을 발휘해야 할 것이다. 리더들은 보통 영구적인 통제에 대한 권한을 형성하는 이 임시기간 동안에 실수를 한다. 하지만 이 기간 이후에 발생하는 문제들에 대해선 리더의 교체를 강요받을 수 있다.

기술과 모범사례

빅 풋 뮤직(Big Foote Music), 폭풍을 헤쳐 나가다.

1990년에 레이(Ray)와 서먼 풋(Sherman Foote) 형제는 작곡가, 음악가, 프로듀서들이 상업 및 영화용 음악을 만들 수 있도록 그들을 연결시켜주는 '빅 풋 뮤직'이라는 회사를 설립하였다. 시간이 지나면서 점점 더 많은 고객들이 뉴욕 컴퍼니(New York company)와 계약을 하면서 일은 힘들어졌고 형제는 다투기 시작하였다.

이 시점에서 조직은 분열될 수 있었다. 하지만 형제는 의사소통을 전공한 루 콕스(Lou Cox)라는 치료 심리학자로부터 도움을 받았다. 네 번의 치료 과정에서 콕스는 형제가 함께 더 효율적으로 일하도록 가르쳤다. 레이 풋(Ray Foote)은 "가장 도움이 되었던 점은 일하는데 감정을 배제시켰다는 것입니다"라고 그는 회상했다.

그들의 의사소통이 얼마나 개선되었는지를 깨달은 풋 형제는 콕스가 회사 전체에 어떻게 의사소통을 해야 하는 지를 가르치도록 했다. 나쁜 감정들이 심해지도록 내버려두는 대신 직원들은 이제 그들을 괴롭히는 것이면 무엇이든 건설적으로 말을 하였다. 콕스는 불평들이 일하는 곳을 빙빙 도는 상황인 '회전목마'와 같이, 직원들에게 문제가 되는 행동들의 명칭을 가르쳐주었다. 직원들이 나쁜 행동들을 인식할 때 모든 사람들이 해결책에 초점을 맞출 수 있었다. 이것은 그들이 협력이라는 힘을 통해 고객들의 요구를 충족시킨다는 설립자의 목표를 실현시키는데 도움을 주었다.

출처: Based on S Garmhausen, "Music Maker Finds Inner Harmony," *Crain's New York Business*, February 18, 2008, downloaded from General Reference Center Gold, http://find.galegroup.com; and C Bunish, "A Big Foote in the Big Apple," *Post*, May 1, 2002, downloaded from FindArticles, http://findarticles.com.

2단계: 준비기 이 단계는 시험의 기간이다. 개인은 그들이 권력구조에 어떻게 적합하게 들어가야 하는지를 알기 위해 리더의 정책과 가정들을 시험한다. 하위 조직들의 모양이 잡히고, 의사 지연과 같은 미묘한 형태의 반란이 발생한다. 많은 조직들이 2단계에서 정체되는 것은 권력에 대한 공개적 반란이 방해하기 때문이다. 이러한 혼란스러운 단계를 성공적으로 헤쳐나간 작은 회사의 예를 보고자 한다면 250쪽에 있는 〈기술과 모범사례〉를 읽어보라.

3단계: 형성기 2단계를 잘 통과한 조직들은 일반적으로 잘 형성된다. 왜냐하면 리더가 아닌 다른 존경받는 구성원이 조직의 권력 투쟁을 해결하며 무언가를 성취하기 때문이다. 권력과 권위에 대한 문제들은 비감정적이고 사실적인 논의를 통해 해결된다. 구성원들은 그들의 적절한 역할을 찾았다고 믿기 때문에 팀 정신을 느낀다. 집단의 구성원들을 하나로 묶는 "우리 감정"이라고 정의되는 **집단 응집력(group cohesiveness)**은 3단계 부산물의 원칙이다.

집단 응집력(group cohesiveness)
"우리라고 느끼는 감정"은 집단 구성원들을 하나로 묶는다.

4단계: 성숙기 이 필수적 단계에서의 활동은 과업 문제들을 해결하는데 초점이 맞춰져 있다. 성숙한 집단의 구성원으로서, 공헌자들은 다른 이들을 방해하지 않고 그들의 일을 끝마친다. 이 단계에는 개방적인 의사소통, 강력한 협동, 그리고 서로를 도와주려는 분위기가 형성되어 있다. 갈등과 직무경계 논쟁은 건설적이고 효과적으로 다루어진다. 집단 응집력과 집단 목표에 대한 개인적 몰입은 어느 개인 한명이 혼자서 달성할 수 있는 것보다 더 많은 것을 집단이 달성할 수 있게 한다.

5단계: 쇠퇴기 일이 끝났다: 다른 것들로 옮겨가야 할 시기이다. 잘 지내고 무언가를 끝내기 위해 일을 열심히 해온 구성원들은 강력한 감정의 손실을 느낀다. 독립적으로 되돌아옴은 "끝"과 "새로운 시작"의 축하 의식으로 편안해질 수 있다. 파티, 보상의식, 졸업식이나 가장 고별식은 중요한 집단 프로젝트의 마지막에 필요한 구두점을 제공할 수 있다. 리더는 모든 이가 미래의 집단과 팀 노력을 위해 준비할 수 있도록 집단역학에서 배운 귀중한 교훈들을 강조할 필요가 있다.

집단 구성원의 역할

4세기 전 셰익스피어의 소설 「당신 좋으실 대로(As you like it)」 2막에서 쟈크(Jaques)는 다음과 같은 말을 하였다. "모든 세계는 무대이고 모든 남자와 여자는 단지 배우일 뿐이다: 모든 사람들은 시작과 끝이 있다. 그는 살아 생전 많은 일들을 한다..." 연극에서 모든 사람을 배우로 보는 이 흥미를 자아내는 개념은 인간 상호작용의 복잡한 이론을 개발한 20세기 사회학자들에게도 일맥상통하는 역할에 대한 개념이다. 한 조직행동론 학자에 의하면, "**역할(roles)**은 어떤 지위를 차지한 사람에게 기대하는 행동의 묶음이다." 예를 들어 종업원의 역할은 동료들을 돕고 개선점을 제안하는 것과 같은 직무 기술서에 있는 의무보다 더 많을 수 있다. 표 9-2에 묘사된 바처럼 과업과 유지 역할은 업무 집단이 어떤 것을 달성하고자 할 때 수행되어야 한다.

역할(roles)
주어진 지위에서 기대되는 행동

과업 vs 유지 역할 **과업 역할(task roles)**은 업무집단이 목적을 정의하고, 명확하게 하며, 설득하는 것을 가능하게 한다. 한편으로, **유지 역할(maintenance roles)**은 지원과 건설적인 대인관계를 촉진한다. 다시 말해, 유지 역할이 집단을 함께 묶는다면 과업업무는 집단이 일을 계속하게끔 한다. 프로젝트 팀원들은 다음과 같은 말을 하면서 과업기능을 수행한다. "진짜 문제는 무엇인가?, 우리는 아무것도 한 게 없어 보인다". 반면, "반대를 하는 사람의 의견을 들어 봅시다"라고 말하는 다른 사람은 유지 업무를 수행하고 있는 것이다. 중요한 점은 다양한 집단의 리더나 직원들의 조합에 의해 많은 과업과 유지 역할이 수행되고 있다는 사실이다.

과업 역할(task roles)
과업지향적 집단의 행동
유지 역할(maintenance roles)
관계-형성 집단의 행동

경영자를 위한 체크리스트 253쪽에 있는 표 9-2에 정리된 과업역할과 유지 역할들은 적절한 집단 발전을 하기 원하는 집단리더나 경영자들을 위한 간편한 체크리스트를 제공한다. 조정자, 평가자, 보안관의 역할과 같이 필요할 때 수행되지 않는 역할들은 공식적인 지도자나 임무를 할당받은 다른 조직원에 의해 적절한 방법으로 수행될 수 있다. 리더는 집단 내의 직원들로부터 무엇이 기대되는 지를 구체적으로 분류함으로써 역할들이 수행되고 있는지를 확인할 수 있다. 2만명 이상의 미국인 직장인을 대상으로 조사한 바에 따르면 자신의 업무가 구체적으로 명시가 되었을 때 그들의 역할에 대하여 동의할 확률이 높다고 한다. 자신의 역할이 일반적 책임으로 정의될 때 동의하는 정도가 낮았으며, 직원들이 지녀야 할 특질로 정의된 필수 요구사항에 대해서는 낮은 의견일치를 보였다.

유일한 여성 운전자인 데니카 패트릭(Danica Patrick)과 모든 다른 전문 운전자들은 레이스에서 승리하기 위한 전략을 개발시키기 위해 팀에 의존한다. 레이싱 팀에는 어떤 팀 발달 단계가 적용될 수 있을까?

창시자, 방향 제시자, 활력을 주는 자와 같은 과업 역할들은 특히 중요하다. 왜냐하면 목표 지향적인 역할이기 때문이다. 집단 목표 설정에 관한 연구들은 도전적인 목표의 동기적인 힘을 확인하였다. (7단원의) 개인 목표설정과 같이, 어렵지만 달성할만한 목표들은 더 나은 집단의 결과를 가져온다. 또한 개인 목표설정 이론 연구들과 같은 맥락으로, 집단 목표는 집단 구성원들이 그것들을 명백하게 이해하고 개인적으로나 집단적으로 그 목표들을 성취하는데 몰입되어 있다면 더 효과적이다. 창시자, 방향제시자, 활력을 주는 자의 과업 역할은 이러한 사항에서 매우 유용할 수 있다.

2 학습목표

규칙과 규범을 비교하고 규범이 조직 안에서 강요되는 네 가지 이유를 구체화하라.

글로벌 경영자들은 과업역할과 유지 역할과 관련되어 있는 문화적 차이에 민감할 필요가 있다. 예를 들어, 일본의 문화는 특히 조화자(harmonizer)와 타협자로서의 지속적 역할을 더 강조한다.

조별 활동

그룹 안에서 과업과 유지 역할을 규명하라.

구성원들이 회의나 교실에서 유별나거나 논쟁적이지 않도록 요구되는 것이 예절이다. 만일 두 명 혹은 그 이상의 구성원들이 그들의 관점이 다르다는 것을 발견했다면 – 유감스러운 것이 사실이지만 – 그들은 더 많은 정보를 찾고 모든 이가 받아드릴 수 있는 입장을 위해 회의를 중단해야 한다. 강력한 논쟁, 간결한 논리, 혹은 보상이나 위협을 통해 개인적 의견을 강요하지 않는다. 그리고 그렇게 하는 것이 만일 대인관계를 유지하는데 도움을 준다면 자신의 신념을 변화시키는 것을 주저치 않는다. (지는 것이 이기는 것이다.)

규범

규범은 역할보다 더 포괄적이다. 역할이 특정한 지위에 대한 행동적 기대들을 포함한다면, 규범은 조직 구성원이 옳고 그름 그리고 좋음과 나쁨을 결정할 수 있게 해준다. 한 훌륭한 경영 컨설턴트 팀에 의하면: "**규범(norm)**은 둘 혹은 더 많은 사람들에 의해 공유된 태도, 의견, 감정, 혹은 행동이며, 그들의 행동을 지도한다." 비록 규범은 명시되지 않고 공개적으로 잘 논의되지 않지만 규범은 집단과 조직 행동에 강력한 영향을 끼친다. 예를 들어, 구글의 규범 중 하나는 직원들이 신제품이나 더 나은 근무 방법을 위해 혁신적이고 끊임없이 탐색적이야 한다는 것이다. 이러한 규범은 직원들이 스스로 제시한 프로젝트에 자신의 시간 일부분을 헌신해야 하는 조직의 의무사항을 통해 알 수 있다. 혁신을 추구하는 그룹일수록 넓은 자유가 주어진다. 설립자 서지 브린(Sergey Brin)의 말에 따르면 "이곳에서 일하고 싶고 어떤 것을 창조하는 것을 사랑하며, 단지 돈을 위해 이곳에 있지 않은 사람을 고용하는데 회사는 집중한다"고 말했다.

규범(norm)

사회적 행동을 지도하는 공유된 태도, 의견, 감정, 행동들

구글이나 다른 직장에서, 집단 구성원들은 친근감과 순응으로 현재의 규범을 받아들이는 직원들에게 긍정적 강화를 준다. 반면, 불순응자는 비판과 **배척(sstracism)** 또는 거부를 집단 구성원들로부터 경험한다. 동료 집단으로부터 "암묵적 대우"를 받아본 경험이 있는 사람은 배척이 강력한 사회적 무기가 될 수 있는 것을 알고 있다. 어떻게 규범을 발전시키고 왜 강요되는지 이해함에 따라 규범은 적절한 관점을 제시한다.

배척(sstracism)

다른 그룹 구성원으로부터 거절

표 9-2
과업 역할과 지속적 역할

과업역할	설 명
창시자	새로운 목표나 아이디어를 제안한다.
정보 추구자/제공자	핵심 주제를 명확히 한다.
의견 추구자/제공자	적절한 가치들을 규명한다.
정교자	사례나 시사점들에 대한 설명을 통해 더 나은 이해를 증진시킨다.
협력자	아이디어와 제안을 함께 도출한다.
방향제시자	명시된 목표를 통해 그룹의 방향을 이끈다.
평가자	논리성과 실용성과 같은 다양한 기준을 가지고 그룹의 성과를 시험한다.
활력을 주는 자	집단을 움직이게 하고 더 성취하는 것을 자극한다.
절차 기술자	평범한 임무를 수행한다.(예.자재분배나 자리의 재배치)
기록자	토의와 결과를 문서화 함으로써 "그룹 기억" 기능을 수행한다.
지속적 역할	**설명**
격려자	다양한 관점을 칭찬하고 받아들여 그룹의 결속력을 촉진한다.
조화롭게 하는 자	화해와 유머를 통해 갈등을 중재한다.
타협자	"중간"에서 다른 이들을 만나 갈등을 해결하는 것을 돕는다.
문지기	모든 집단 구성원이 참여하도록 고무시킨다.
기준 설정자	집단 과정의 질을 평가한다.
논평자	집단과정/역할에 대해 기록하고 논평한다.
수행하는 자	수동적 관중의 역할을 수행한다.

Source "그룹 구성원의 기능적 역할" 사회적 주제에 관한 저널, 1948년 봄, pp41-49 K D Benne 과 P Sheats의 논의에서 발췌함

어떻게 규범이 발전되는가 전문가들은 규범의 효과성을 결정할 때 비공식적 방법 안에서 진화한다고 말한다. 일반적으로 말하면, 규범은 다음의 4가지의 다양한 조합 안에서 발전한다.

1. **감독자나 동료들에 의한 명백한 진술.** 예를 들어, 그룹 리더가 점심 시간에 술을 먹지 않는다는 규범을 명확하게 설정한다.
2. **집단의 역사에서 중요한 사건들.** 집단의 역사속에서 선례가 되는 중요한 사건들이 있다. 예를 들어 프랑스, 독일, 영국, 스페인에서 공동으로 설립한 에어버스라는 제트기 제조회사는 다른 국가로부터 종업원들이 독립적으로 일하는 규범을 만들었다. 하지만 이러한 접근은 비효율적이고 형편없는 의사소통을 초래하여 혁신적인 슈퍼점보 A380를 런칭할 회사의 능력을 심각하게 위협하였다. 배달 시기가 점점 더 뒤로 연기되면서 다급해진 경영진들은 독일 기술자들을 프랑스로 출장을 보냈는데 그곳에서 프랑스 동료들은 독일 기술자들에게 그들이 독일에서 사용한 것보다 새롭고 더욱 효율적인 소프트웨어를 제공하였다. 이러한 성과는 마침내 정보공유에 대한 새로운 규범을 강화시켰다.
3. **처음(primacy) 효과.** 집단에서 종종 나타나는 첫 번째 행동 패턴은 집단기대를 설정하는 것이다. 예를 들어, 사업부, 노동자, 소비자 집단으로 구성된 10명의 대표자들인 일반 건강보험 위원회(Common Health Insurance Connector)는 메사추세츠주의 광범위한

의료혜택을 시행할지를 결정할 때, 구성원들간의 입장 차이로 인해 격렬한 논쟁을 벌이게 되었다. 저소득 시민들에게 보험료를 받아야 할지 말지의 쉽지 않은 첫 번째 결정에서 서비스 직원 국제 연합(Service Employees International Union)의 조직자인 실리아 시슬로(Celia Wcislo)는 반대 입장에 있었으나 화합과 일보 전진을 위해 타협하기로 결정했다. 궁극적으로 집단 작업의 분석에 따르면 시슬로의 협조적인 행동은 다른 집단 구성원들이 다른 이슈에 대해 따를 수 있도록 규범을 만들었다.

4. **과거 상황으로부터 이월된 행동.** 과거상황으로부터 넘어온 개인의 행동들은 새로운 환경에서 집단 구성원의 행동예측가능성을 증가시키고 과업 성취도를 촉진시킨다. 예를들어 학생들과 교수들은 모든 수업에 대해 동일한 기대수준을 갖고 있다.

잠시 시간을 갖고, 최근에 수업에서 효과적이라고 느꼈던 규범에 대해 생각해 보기로 하자. 종이 한면에 그 규범들을 정리해 보아라. 이러한 규범들은 당신의 학습능력을 도와주는가 혹은 방해하는가? 규범은 성과에 긍정적이거나 혹은 부정적인 영향을 미칠 수 있다.

왔 규범이 강요되는가 규범은 집단 구성원들이 다음과 같은 상황에 처해 있을 때 강요된다.

- 집단 혹은 조직의 생존을 도울 때
- 행동에 대한 기대를 간단 명료히 할 때
- 개인이 당황스러운 상황을 피하도록 도움을 줄 때
- 집단이나 조직의 중심 가치들이나 독특한 정체성을 분명히 할 때

팀, 신뢰, 팀워크

조직을 경영하는 팀 접근은 조직과 개인에게 다양하고 중요한 영향을 미친다. 팀은 예측 가능한 미래를 위한 진보적인 경영의 주춧돌이 되는 것을 약속한다. 제너럴 일렉트릭(General Electric)의 CEO인 제프리 임멜트(Jeffery Immelt)는 다음의 날카로운 관점을 제안한다. “당신은 팀을 조직하고 직원들을 배치하는 것으로써 오늘날을 리드한다. 이것은 당신에 관한 것이 아니다.” 이것은 사실상 모든 직원들이 그들의 팀 기술을 갈고닦는 것이 필요할 것이라는 것을 의미한다. 다행히도, 팀에 대한 최근의 경향은 오늘날 수용되고 있다. 연구에 따르면, 젊은 여성과 남성 직원 모두 팀 지향적인 조직에서 발전하는 것으로 나타났다.

이러한 팀 중심의 환경에서 조직은 팀워크에 능숙하고, 건설적인 팀워크를 형성하는데 요구되는 신뢰의 수준을 만들 수 있는 리더가 필요하다. DDI(Development Dimensions International)라는 컨설팅 회사의 최근 조사에 따르면, 종업원들로부터 존경받는 지도자들의 세 가지 특징은

정직/진실성 그리고 훌륭한 팀-조직 기술이다. 이 단원에서 팀이라는 용어를 정의하고 팀워크 능력과 팀 조직화에 대해 알아보고 팀워크의 핵심인 신뢰에 대해 논의해볼 것이다. 또한 자기 통제 팀과 가상의 팀이라는 두 가지 발전된 형태의 팀에 대해서도 살펴보자.

팀은 단지 집단 그 이상이다.

학습목표 3

업무 집단이 어떻게 팀이 되는지 설명하고, 다섯 가지 팀워크 역량을 설명하라.

맥킨지의 경영 컨설턴트인 더글라스 스미스(Douglas K Smith)와 욘 카첸바흐(Jon R Katzenbach)는 집단과 팀의 용어를 혼용해서 쓰는 것은 실수라고 말한다. 운동에서 기업, 군대에 이르기까지 많은 종류에 대한 연구를 한 이후, 그들은 성공적인 팀은 스스로의 생명이 있다고 결론 내렸다. 카첸바흐와 스미스는 **팀(team)**을 "공통의 목적, 성과목표, 서로에 대해 상호책임을 질수 있는 방식 등에 대해 가치를 두는 상호보완적 기술을 가진 소수의 사람들"이라고 정의하였다.

팀(team)

공통의 목적, 목표, 접근에 상호적 책임을 지는 보완적 기술을 가진 소규모 집단

그러므로 집단은 다음의 기준을 만족시킬 때 팀이 될 수 있다.

1. 리더십이 공유된 활동이 된다.
2. 책임은 엄격하게 개인에서부터 개인과 집단으로 이전된다.
3. 그룹이 자체적으로 목적이나 미션을 개발한다.
4. 문제해결이 일시적 활동이 아닌 삶의 일부가 된다.
5. 효과성은 집단의 공동의 성과와 생산품에 의해 측정된다.

디어 앤 컴퍼니(Deere & Company)의 CEO인 밥 레인(Bob Lane)은 그의 회사를 가족이 아닌 팀이라고 부를 때 팀의 목적과 효율성을 강조한다. 리포터는 그의 말을 다음과 같이 정리했다. "비록 열심히 노력하지 않은 가족 구성원은 추수감사절에 환영을 못 받지만 여전히 가족이다. 하지만 팀에서 당신이 열심히 하지 않는다면 유감스럽게도 당신은 팀의 구성원이 아니다."

앞전에 다루어진 터크만의 집단 발달이론(탐색기, 준비기, 형성기, 성숙기, 쇠퇴기)과 관련하여 팀은 성숙기 단계에서 발전된 과업 집단이다. 힘과 권력, 불안정한 대인관계에 대한 갈등 때문에 많은 업무 집단이 진정한 팀으로서 자격을 인정받지 못한다. 카첸바흐와 스미스는 다음과 같은 방식으로 그 구별을 명확히 하였다: "팀의 본질은 공동의 몰입이다. 이것이 없으면 집단은 개인으로서 일을 수행한다. 공동의 몰입은 집단적 수행의 강력한 단위가 된다."

카첸바흐와 스미스가 그들의 정의에서 "적은 수의 사람들"을 언급할 때, 그 사람들은 2명에서 25명 사이의 팀 구성원을 의미한다. 그들은 효과적인 팀은 일반적으로 10명보다 작다는 것을 알아내었다. 이러한 결론은 미국과 캐나다의 팀 구성원 400명을 대상으로 한 조사에서도 반복되었다: "평균적으로 북미 기업의 팀은 10명으로 구성된다. 8명은 가장 일반적인 규모이다."

자기 평가 연습

팀
역할
선호 스케일

팀워크 역량의 계발

팀 빌딩(team building)
그룹의 내부적 기능 향상을 목표로 한 실험적 학습

직장 내에서 팀을 형성하고 직원들이 좋은 팀 구성원이 되도록 요구하는 것은 효과적인 팀을 위한 좋은 출발점이다. 그러나 오늘날 그것만으로는 충분하지 않다. 팀워크 기술과 역량들은 역할 모범이 되고 학습될 필요가 있다. 이러한 것들에는 집단 문제 해결, 멘토링, 갈등 관리 기술 그리고 감성 지능 등이 있다. 연구는 〈기술과 모범사례〉에 열거되어 있는 요인들을 통해서 조직이 팀워크 기술들을 계발하고 장려할 때 팀이 가장 효율적으로 협동한다는 것을 발견했다. 또한 팀워크 역량들은 분명히 보상받아야 한다. 예를 들어 인터넷 장비업체인 시스코 시스템(Cisco System)에서 무엇이 일어났는지 알아보라.

기술과 모범사례

성공적인 팀 협력을 만드는 여덟 가지 요인

다음을 실천하는 기업에서 팀들은 더욱 효율적으로 협력한다.

1. **대표적 관계 설정 장치에 투자하라.** 경영자들은 예를 들어 의사소통을 증진시키기 위해 열린 공간에 대한 투자를 함으로써 협동적인 행동을 촉진시킬 수 있다. 이러한 것들은 협동에 대한 경영자들의 헌신을 보여준다.
2. **협동적인 행동을 모델링해라.** 경영자 스스로가 매우 높은 협동 자세를 보이면 팀들은 더 잘 협력한다.
3. **재능기부 문화를 만들어라.** 특히 비공식적인 방법을 통한 멘토링과 코칭은 사람들이 기업의 활동범위 안에서 일하는데 필요한 네트워크를 형성할 수 있도록 도와준다.
4. **요구되는 기술을 반드시 습득해라.** 인적 자원 부서는 직원들에게 어떻게 관계를 만들고 의사소통을 잘하고 갈등을 잘 해결할 수 있는지를 교육함으로써 팀 협력에 중요한 역할을 할 수 있다.
5. **강한 집단 유대감을 지지해라.** 사람들은 집단 유대감을 느낄 때 다른 사람들에게 다가가는데 더 편안하고, 서로의 지식을 더 잘 공유한다.
6. **업무와 관계 둘다 능통한 팀 리더를 임명하라.** 논쟁은 전통적으로 업무와 관계 중에서 어느 것이 더 좋은 리더십을 형성하는지에 초점이 맞추어 있지만 실제로는 둘 다 성공적인 팀을 이끄는데 중요하다. 일반적으로, 프로젝트의 초기단계에서는 업무 중심의 리더십이 일이 완성단계로 갈수록 관계 중심의 리더십이 가장 효과가 좋다.
7. **관계가 끊어지지 않고 오래 유지되게 하라.** 너무 많은 팀원들이 서로 낯선 사람들일 때 사람들은 그들의 정보를 공유하지 않으려 한다. 가장 좋은 방법은 팀에서 적어도 서로 알고 있는 사람들을 몇 명 포함시키는 것이다.
8. **역할 명확성과 업무 추상성을 이해하라.** 협동은 팀원 개인들의 역할이 명확하게 정의되어짐과 동시에 팀에게는 그들의 업무를 어떻게 달성할 것인지에 대한 허용된 자유가 주어질 때 커진다.

출처: List reprinted from L Gratton and T J Erickson, "Eight Ways to Build Collaborative Teams," *Harvard Business Review*, November 2007, p 104.

[CEO 존] 회사내 비공식 조직체는 2002년 동안 시스코의 넓은 서구 문화를 통제하기 위해 조치를 취해왔다. 존은 팀워크가 고위 경영자들의 보너스 계획의 중요한 부분이 되게 만들었다. 그는 2003년 회계 년도에 받는 보너스의 30%가 그들이 다른 이들과 어떻게 잘 협동하는 지에 달려있을 것이라고 말했다. "내가 어떻게 당신을 돕고 당신이 어떻게 나를 도울 것인가 하는 논의를 형성한다." 라고 시스코의 인터넷 상담 그룹 팀장인 수 보스트롬(Sue Bostrom)이 말한다.

팀 빌딩(Team Building)

팀 빌딩(team building)은 업무집단의 내부작용을 향상시키는데 목적이 있는 기법을 포괄하는 용어이다. 회사의 트레이너이든 고용된 컨설턴트(직장에서 혹은 직장밖에서 수행하는)에 의해 수행되는 것이든 간에, 팀 빌딩 워크샵은 많은 협동과 더 나은 의사소통을 위해 노력하고 비기능적 갈등을 줄이기 위해 노력한다. 능동적인 학습을 선호하는 팀 빌더(builders)는 단순암기, 강의, 토론 같은 수동적 학습을 실시하지 않는다. 더 중요한 것은 업무 자체보다도 어떻게 업무집단이 업무를 완수하느냐에 있다. 대인적 신뢰 활동, 갈등 역할활동 수업, 경쟁적 게임들과 같은 경험적 학습기술들이 일반적이다. 어떤 사람들은 자신의 업무에서 벗어나 직장 밖에서 모이는 것을 선호한다. 다음에 기술된 시게이트 기술의 독특하지만 값비싼 사례를 한번 더 살펴보자.

수많은 회사들이 직원들을 동기부여 시키기 위해 노력하지만, 시게이트 기술사를 따라 오기엔 아직 많은 노력들이 필요하다. 2006년 2월, 980만

달러를 생산해 내는 컴퓨터 하드웨어 제조업체는 200명의 직원들을 6번째 에코 시게이트가 위치한 뉴질랜드로 보냈다. 6번째 에코 시게이트에서는 가장 강도가 높은 팀 빌딩 훈련의 마지막 일주일 일정이 진행되고 있었는데 시게이트 직원들은 카약(kayak), 바이크, 수영, 암벽 등반 등에 참여하고 있었다. 그 비용은 1인당 9000달러가 소요되었다.

이 행사는 CEO인 빌 왓킨스(Bill Watkins)의 장기 프로젝트였다. 그는 에코 시게이트 직원들이 장애물을 뛰어넘고, 자신감을 얻으며, 긍정적이고 더 나은 팀플레이어가 되길 원했다. "여러분 중 누군가는 훌륭한 팀워크를 가졌기 때문에 팀워크에 대해서 배울 수 있을 것입니다." 그의 격려 연설에서 이렇게 말했다. "또한 여러분 중 누군가는 최악의 팀을 만났지만 그 안에서도 팀워크에 대해서 배울 수 있을 것입니다."

시게이트의 최고재무책임자이며, 본래 그 프로그램의 가치에 의문을 가진 비참여자였던 찰스 포프(Charles Pope)는 에코 시게이트에 참여한 이래로 지금은 그것을 휴가가 아닌 투자로 본다.

시게이트의 CEO 빌 왓킨스(Bill Watkins)는 회사의 연례행사인 팀 빌딩에 기이한 활동을 열정적으로 참여하는 관리자 중에 한 명이다. "당신은 어떤 활동들은 매우 바보스럽다고 생각할 것이다." 그는 출석자들에게 말한다. "그냥 참여하라. 참여하는 것에 너무 냉담하지 마라" 당신은 이러한 "극단적인" 팀 빌딩을 어떻게 생각하는가?

하지만 팀 빌딩이 효과가 있을까? 종종, 이러한 활동들이 팀에 대하여 좋은 감정을 만들긴 하지만 향상된 생산성이나 신제품에 대한 높은 매출과 같은 비즈니스 목표를 달성하는 것으로 이어지지는 않는다. MIT 슬론 경영대학의 교수인 데보라 앤코나(Deborah Ancona)에 의하면, 어떻게 팀 구성원들이 서로 일할 수 있을까 같은 내부적인 역동성에만 팀 빌딩 노력의 초점이 맞추어져 있는 것이 문제이다. 앤코나는 연구와 실제 많은 경영자들의 경험들로 비추어 볼 때 팀이 내부적으로는 잘 작동하지만 여전히 원하는 결과를 얻지 못한다는 것을 증명하고 있다고 말했다. 그녀와 그녀의 동료인 헨릭 브레스만(Henrik Bresman)은 팀은 강한 내부적 역동성이 필요할 뿐만 아니라 외부적 접근과 함께 내부적 초점을 증강시킬 필요가 있다고 설명했는데 이 외부적 접근은 그들이 조직 계층상 위와 아래를 연결하는 리더십을 가지고, 혁신될 수 있는 것을 의미한다. 실제로, 이 외부적 초점은 새로운 아이디어를 찾고 경영에 대한 통찰력과 지지를 얻으며 조직 안 밖의 다른 집단으로부터 협동과 아이디어를 얻는 것을 포함한다. 팀은 또한 시간에 따라 그들의 초점을 외부적으로 탐색하는 것으로부터 그들이 배운 것을 이용하고 자신의 생각과 흥미를 조직과 고객들에게 전달하는 것으로 전환해야 한다.

신뢰: 팀워크의 중요한 요소

그 동안은 기업들이 신뢰를 쌓는데 좋지 않은 시간들이었다. 합병, 해고, 부풀려진 경영자의 보너스, 기업의 범죄 소송들은 우리가 경영자를 믿는 것에 대해 당연히 냉소적으로 만들었다. 예를 들어, 최근의 기사들을 살펴 보자.

- 내부 고발자 딘 스타인케(Dean Steinke)의 고발 후 머크(Merck)는 최근 정부에 회사의 가장 인기 있는 약품에 대해 소비자에게 과다청구한 것을 합의하기 위해 6억 5천만 달러 이상을 내기로 동의하였다. 스타인케는 판매관행에 대해 상사에게 질문을 하였을 때 그의 직속 상관이 '어떤 방식으로든 그 사업권을 따와'라고 말한 후에 정부로 가서 고발하기로 결심했다고 말했다.
- 아메리칸 에어라인은 보수가 필요한 수백대의 비행기를 보유하고 있다. 연방항공협회(FAA)가 품질검사를 통해 MD-80 항공기 바퀴에 있는 라인들이 안전하지 않다고 발견한 2006년 9월 이후 한번도 보수하지 않은 것을 알았다. 이후 회사는 승객들에게 어떠한 안내도 없이 스트랜딩(선보수)을 위해 이륙을 멈췄다. 비행 취소는 승객들을 화나게 하였고 그들 중 많은 이들은 회사가 적절한 보수를 하지 않았다고 비난했다. 반면, 조종사들은 FAA가 안전성이 아닌 정치적으로 행동을 하였다고 비난을 했다. 대중들은 이 상황에서 누구를 신뢰해야 할지 모르는 상황에 남겨졌다.

대중의 여론은 결론적으로 손실을 가져왔다: 해리스(Harris Interactive)의 2004년 기업 평판 조사에서 10명의 응답자 중 7명이 미국 기업의 평판이 "좋지 않다" 혹은 "나쁘다"라고 응답했다고 밝혔다.

하버드 비즈니스 리뷰의 구독자들이 사회적 자본에 더 나은 투자를 하도록 북돋우기 위해서 전문가들은 다음의 건설적인 충고를 제안하였다.

> 어느 누구도 신뢰를 만들거나 그것을 존재하도록 명령할 수 없다. 어떤 이가 "당신은 나를 믿어도 됩니다"라고 말할 때 우리는 보통 믿지 않는다. 그러나 리더는 신뢰에 대해 고의적인 투자를 만들 수 있다. 이 투자에 대한 대가로 사람들에게 불신 대신 신뢰를 줄 수 있다. 그들은 신뢰받지 못한 행동을 통해 얻은 성공에 대한 보상을 거절할 수 있다. 그리고 그들은 개인적으로나 회사를 대신하여 신뢰와 믿음성을 행동으로 보여줄 수 있다.

이러한 노력들은 윤리적인 환경을 만들기 위해 중요하다. 그리고 실제 환경에서 최근의 연구에 따르면 권력이 있는 사람을 신뢰할 수 있을 때, 사람들이 더 협조적이라고 밝혔다.

신뢰(trust)
다른 이들의 의도와 행동에 대한 호혜적인 믿음

신뢰의 세가지 차원 신뢰(trust)는 다른 사람들의 의도와 행동에 대한 호혜적인 믿음으로 정의된다. 전문가들은 신뢰의 호혜적 측면을 다음과 같이 설명한다.

> 다른 사람들이 우리를 믿는다고 암묵적인 행동을 보일 때 우리는 이 믿음에 대한 보답으로 상대방을 더 신뢰하게 되는 경향이 있다. 반대로, 누군가의 행동이 우리의 신뢰를 위협하거나 우리를 믿지 않는다고 느껴질 때 우리는 그들을 신뢰하지 않는다.

간단히 말해, 사람들은 받은 데로 되돌려 준다. 신뢰는 신뢰를 얻고, 불신은 불신을 얻는다.

신뢰는 다른 방식으로 표현된다. 신뢰의 세 가지 차원들은 종합적 신뢰(공정함에 대한 기대, 진실, 공감), 감정적 신뢰(누군가 당신을 다른 사람에게 거짓으로 보이게 하거나 신용을 배반하지 않을 것이라는 믿음을 가지는 것) 그리고 신뢰성(약속이 지속되고 공약이 충족될 것이라는 믿음)이다. 이러한 신뢰의 차원들은 매우 낮은 차원에서부터 매우 높은 차원까지의 넓고 복잡한 신뢰의 범위에 기여한다.

어떻게 신뢰를 쌓을 것인가 경영학과 교수이자 컨설턴트인 페르난도 바틀로메(Fernando Bartolome)는 신뢰를 유지하기 위해 다음의 여섯 가지 가이드 라인을 제안한다.

학습목표 4
관리자가 신뢰를 구축하기 위해 할 수 있는 일을 네 가지 이상 나열하라.

1. **의사소통.** 정책과 결정들을 설명하고 정확한 피드백을 제공함으로써 팀 구성원들과 직원들 간에 끊임없이 대화하라. 개인 자신의 문제와 한계들에 대해 솔직해지고 진실을 말하여라.
2. **지지.** 다른 사람이 당신 스스로를 이용가능하고 쉽게 접근할 수 있게 하라. 팀 구성원들의 아이디어에 도움, 조언, 코치, 지지를 제공하라.
3. **존경.** 실제 결정 권한 위임은 존중 경영의 가장 중요한 표현이다. 다른 이들의 아이디어를 경청하는 것은 두 번째로 중요하다. 이런 종류의 존경은 듀오라인 테크놀로지(Duoline Technology) 회사의 팀워크에 대한 신뢰를 구축한다. 듀오라인 테크놀로지 집단은 각 구성원들이 다른 누구보다 자신의 일에 대해 잘 안다는 가정하에 안전기준과 절대적인 안정 규칙을 만드는 여러 부서에서 온 직원들로 이루어져 있다. 직원들은 계속해서 회사의 안전 팀들에게 개선점을 제안한다. 그 중 하나는 초기 구급조치와 같은 기술에 대해 16명으로 구성된 팀원들을 훈련시키는 것이 포함되어 있다.
4. **공정성.** 그것을 받을만한 자격이 있는 사람들에게 공과 인정을 즉시 해 주어라. 모든 성과평가와 평판들이 객관적이고 공평하다는 것을 확실히 하라.
5. **예측가능성.** 당신의 일상을 일정하게 예측가능하게 하라. 공개적이든 암묵적이든 두 가지 약속을 모두 지켜라.
6. **능력.** 훌륭한 사업 감각, 기술적 능력, 전문성을 입증시켜 당신의 신뢰성을 높여라.

24일 째: 그들의 신뢰를 얻지 못했음
이전 비서를 아직까지 얻지 못함

신뢰는 요구하는 것이 아니라 자신이 얻어내는 것이다.

5 학습목표

자율경영 팀과 가상 팀을 설명하라.

자율경영 팀

당신은 상사보다 일을 더 잘할 수 있다고 생각해 본 적이 있는가? 만일 자율-경영 업무 팀에 대한 경향이 예상대로 지속된다면, 당신은 그 기회를 얻을 수 있을 지 모른다. 기업가와 장인들은 종종 감독자가 없는 것을 자랑한다. 일반적으로 사무실과 공장에서 일하는 직원들에게 자율경영 팀이 적용될 수는 없다. 그러나 모든 것은 변한다. 사실, 포춘에 등록된 500개의 회사들의 직원 절반이 팀에서 일하고 있다. 이들 중 자율경영 팀의 비율은 점점 증가하고 있다. 예를 들어, 구글의 팀들은 프로젝트를 평가하고 런칭하는 데에 있어 많은 재량을 가지고 있다. 회사 밖의 프로그래머들이 좀 더 열린 공유 소프트웨어를 개발하도록 촉진하는 것이 임무인 한 팀은 이러한 임무를 해결하기 위해 학생들을 채용하기로 결정하였다. 과도한 경영승인 절차 없이 그들은 프로그램을 런칭하였고 400명의 인턴에서 90여개 국에 걸쳐 900명의 인턴으로 그 규모를 빠르게 확장시켰다. 전형적으로, 트레이너 또는 조정자 역할을 해주는 관리인의 존재와 함께 자율경영 팀은 일의 스케줄을 정하고 의무를 할당한다. 자율경영 팀은 어떠한 형태로도 존재할 수 있으며, 어떤 팀은 다른 사람들보다 더 자발적이다.(〈실전 연습〉을 참조)

자율경영 팀(self-managed teams)
자신의 일에 대해 자율적 행정관리가 허락된 직원들의 그룹

자율경영 팀(self-managed teams)은 그들의 직무 범위에서 경영상의 관리권이 주어진 종업원들의 그룹으로 정의된다. 경영상의 관리권은 계획, 일정, 조율, 모니터링, 채용과 같은 활동들을 포함한다. 일반적으로 관리자들이 수행하는 업무이다. 간단히 말해, 이런 독특한 직무 집단에 있는 종업원들은 감독자처럼 행동한다. 책임감은 외부의 경영자와 리더에 의해 간접적으로 유지된다. 300여개의 자율경영 팀을 운영하는 기업에 대한 최근의 연구에 따르면, 66명의 "팀 조언자"들은 다음 네 가지 간접적인 기술에 의존하고 있다.

- **관련성**(조직의 권력구조를 이해하고, 신뢰를 쌓으며, 팀 구성원에 대한 개인적인 관심을 보여줌)
- **스카우팅**(외부 정보를 탐색하고, 팀워크 문제들을 진단하며, 집단문제 해결을 촉진함)
- **설득**(외부 지지와 자원을 수집하고, 팀이 좀 더 효과적이 되도록 영향을 끼치며 조직의 목표를 추구함)
- **권한위임**(의사결정 권한을 위임하고, 팀의 의사결정 과정을 촉진하며, 코칭을 제공함)

자기관리 팀은 반 자발적인 업무 집단, 자발적 업무 집단, 슈퍼 팀 등으로 다양하게 불린다.

관리상의 어려움 간단한 제목이 제시하는 것보다 더 복잡한 무엇인가가 포함되어 있다. 자율경영이라는 용어는 간단히 그들의 업무를 느슨하게 하는 것을 의미하진 않는다. 게다가, 자율경영 팀을 포용하는 조직은 경영 철학, 구조, 직원 고용, 훈련 제도, 보상 체계에서 급격한 변

실전 연습

당신의 과업 집단은 얼마나 자율적인가?

지시사항: 당신의 현재(혹은 과거)직무와 과업 집단을 생각해보아라. 각각의 진술에 대한 다음의 척도 위의 한 숫자를 선택하여 집단의 상황을 묘사하여라. 총점도 기입하라.

매우 불만족						매우 만족
1	2	3	4	5	6	7

과업 방법에 대한 자율성

1. 나의 과업 집단은 어떻게 일을 끝마칠 것인지 결정한다. ________
2. 나의 과업 집단은 어떤 절차를 사용할 것인지 결정한다. ________
3. 나의 과업 집단은 일을 수행할 방법을 자유롭게 결정한다. ________

과업 스케쥴링에 대한 자율성

4. 나의 과업 집단은 업무 일정을 스스로 조율한다. ________
5. 나의 과업 집단은 업무의 순서를 결정한다. ________
6. 나의 과업 집단은 특정한 활동을 언제 할 것인지 결정한다. ________

과업 기준 자율성

7. 나의 과업 집단은 일반적인 평가방식을 바꾸는 것이 허용되기 때문에, 우리 활동의 어떤 부분은 강조되고 어떤 부분은 덜 강조되어진다. ________
8. 나의 과업 집단은 목적(성취되어야 할 것)을 변경할 수 있다. ________
9. 나의 과업 집단은 달성해야 할 목표에 대한 통제력을 가지고 있다. ________

총 점수 =

규범 9–26 = 낮은 수준의 자율성
27–45 = 중간 수준의 자율성
46–63 = 높은 수준의 자율성

출처: Adapted from an individual autonomy scale in J A Breaugh, "The Work Autonomy Scales: Additional Validity Evidence," *Human Relations*, November 1989, pp 1033–56.

화를 겪는 것에 대해 준비해야 한다. 더욱이, 권한과 통제의 전통적인 개념은 바뀌어야 한다.

많은 경영자들은 부하 직원에 대한 권한과 통제권을 포기하는 것에 대해 강력히 저항한다. 그들은 자율경영 팀을 자신의 직업안정성에 대한 위협으로 바라본다.

교차기능주의(cross-functionalism)
서로 다른 분야의 기술 전문가들로 구성된 팀

교차기능주의 현장 근로자나 사무직 근로자의 바로 상위 수준의 자율경영팀은 일반적으로 **교차기능적(cross-functional)**인 특징을 갖고 있다. 다시 말해서 서로 다른 분야의 전문가들이 같은 팀으로 묶인다. 세계적으로 잘 알려진 캘리포니아에 있는 팔로알토 연구 센터(Palo Alto Research Center)의 경영자 마크 스테픽(Mark Stefik)은 교차기능주의 지혜에 대해 다음과 같이 말했다.

> 당신이 공통된 목적에 대해 다른 기준을 가진 집단의 사람들과 함께 일할 때 무언가 마법적인 사건이 일어난다. 이것은 중간지대이며 돌파구역이다. 사람들을 동기부여시키기 위한 어려운 문제는 팀으로부터 시작한다. 장애물이 있을 때, 그것을 얼버무리는 대신, 다른 시각에서 바로보자. 전기 기술자, 사용자 인터페이스 전문가, 사회학자, 시장이 요구하는 의견 등 사람들에게 생각을 교합할 수 있는 새로운 안경을 주어라.

더욱 효율적인 연구 개발과 빠르고 진일보한 혁신은 교차기능 팀들에게 집중적으로 의존하고 있다. '나이키 플러스 아이팟(Nike Plus iPod)', 나이키 플러스 운동화에 장착된 센서와 뛰는 사람의 속도, 거리, 칼로리 소모량을 측정하는 아이팟 나노를 개발하기 위해 나이키는 교차기능 팀을 구성하였다. 마케팅 책임자 트레버 에드워즈(Trevor Edwards)는 의상, 기술, 연구, 신발 디자인과 음악 파트에서 경영자들을 데려왔는데 그들 모두 기술적인 측면에서 애플(Apple)과 함께 일을 했다. 이후에 소비자들이 아이팟에서 단순히 확인하는 것에 그치지 않고 수집된 정보를 가지고 더 많은 것을 원한다는 것을 안 팀원들은 나이키 디지털 콘텐츠의 관리자인 스테판 올랜더(Stefan Olander)를 데려왔다. 그는 사람들이 자신의 성과를 올리고 이야기를 공유하며 관련된 정보를 볼 수 있는 nikeplus.com이라는 사이트를 개설할 수 있도록 팀을 도왔다.

자율경영 팀이 효과적인가에 대한 연구 증거 자율경영 팀을 가진 회사에서 가장 보편적으로 위임된 업무는 업무 스케줄을 조정하는 것과 외부 소비자들을 직접적으로 응대하는 것이다. 팀이 잘 하지 않는 업무는 고용과 해고이다. 오늘날의 자율경영 팀의 대부분은 공장, 작업현장에서 운영된다. 전문가들은 고급 관리자 계층과 서비스 운영에서도 자율경영 팀이 활발히 운용되리라 본다.

자율경영 팀에 대해 우리가 아는 많은 것은 사람들의 경험과 사례 연구로부터 나온다. 다행스럽게도, 더 높은 수준의 실증 연구가 진행되고 있다. 70명 개인의 연구를 다룬 세 가지 메타 분석 연구 결과는 자율경영 팀에 대해 다음과 같이 결론지었다.

- 생산성에 대한 긍정적 영향
- 자율경영 팀과 관련된 특정한 태도에 대한 긍정적 영향(예, 책임감과 통제)
- 일반적 태도에 대해서 별반 영향없음 (예, 직무 만족도와 조직 몰입도)
- 결근이나 이직에 대해 영향을 크게 미치지 않음.

최근의 28개 연구들에 대한 검토 결과, 네덜란드의 연구자들은 자율경영 팀워크와 직무만족도 사이의 긍정적인 상관관계를 발견하였다. 고무적이기는 하지만, 이러한 결과들이 자율경영팀에 대한 절대적인 지지를 보증하진 않는다. 그럼에도 불구하고, 전문가들은 자율경영 팀에 대한 경향이 직접 참여를 선호하는 강력한 문화적 편견 때문에 북미에서 지속적으로 상승기류를 탈 것이라 예측했다. 관리자들은 기업 경영에서 도래하게 될 변화에 대한 준비를 해야한다.

또한 경영자들은 자율경영팀이 어떠한 상황에서 그들의 잠재력을 잘 수행하는 지에 대한 정보가 필요하다. 모든 팀들은 똑같이 만들어지지 않는다. 예를 들어, 캐나다의 고객 서비스 기술 팀에 대한 연구에 따르면, 팀이 독립적이고 개방적 분위기에서 일을 할 때 성과가 향상되는 것으로 나타났다. 4개월 동안 팀에서 활동한 대학원생들을 대상으로 한 조사에 의하면 갈등이 발생하면 신뢰는 감소했다. 팀들은 개인 팀원의 자율권이 줄어들도록 그들의 업무를 재조정함으로써 업무를 분화시켜 개인의 책임을 감소시켰다. 이러한 변화들은 팀의 효율성을 떨어뜨렸다. 경영자는 갈등을 해결하고 팀들이 그들의 업무를 조정할 수 있는 재량권에 제한을 둠으로써 자율경영 팀들의 결과를 개선하는데 도움을 줄 수 있다. 선택의 결정권 역시도 팀의 효율성에 영향을 준다. 예를 들어, 89명 학생들을 대상으로 한 메타 분석 결과, 팀원들이 인지능력과 감성지능이 높을 때 팀 성과가 높은 것으로 나타났다. (감성지능은 친화성, 성실함, 개방성, 집단 주의와 팀워크를 포함한다.) 결국, 감정 상태가 중요한데 그 이유는 전체 팀의 분위기가 개별 팀원들의 기분에 영향을 미치기 때문이다.

가상팀

가상팀은 현시대가 낳은 생산물이다. 이 명칭은 "이것은 진짜와 거의 같다"라는 가상적 현실 컴퓨터 시뮬레이션을 통해 얻었다. 12장에서 다뤄질 인터넷, 이메일, 영상회의, 그룹웨어, 팩스 기계와 같은 진화하는 정보기술 덕분에, 당신이 그곳에 실제로 없어도 업무 팀의 멤버가 될 수 있다. 전통적인 팀 회의는 특정 장소에서 이뤄졌다. 팀 구성원들은 물리적으로 참석하거나 결석한다. 이와 대조적으로, 가상팀은 다른 지역, 다른 조직, 심지어 다른 시간대에 있는 구성원들을 전자적으로 만난다. 비즈니스 위크는 최근 이에 대한 관점을 다음과 같이 제시하였다.

나이키의 마케팅 책임자인 트레버 에드워즈는 나이키 플러스 아이팟 제품과 같은 새로운 제품 아이디어를 생각하고 개발하는 다기능 전문팀을 이끌고 있다. 만약 팀에 다른 회사의 직원이나 전문가들이 없다면 일의 진행에 어떤 점이 달라지겠는가?

> 창의적인 수업은 앞으로 더욱 더 탈지리적, 위치독립적, 교실이 사라지는 쪽으로 변화할 것이다. 인구통계학자들과 미래론자들은 이런 경향을 '분산된 노동력'의 증가라고 부른다. 분산된 근로자들은 고정된 사무실을 가지지 않고 오히려 집, 카페, 공항 라운지, 운동장 야외석 등을 선호하여 격식에 얽매이지 않는 자유로운 복장으로 일하는 노칼라(no-collar)라고 불린다. 그들은 웹상에서 팀 프로젝트를 수행하고, 수천 마일 떨어져 있는 상사에게 보고하는 사람들이다. 최근에, 미국 노동력의 12%가 분산된 근로자에 해당한다고 추정되었다... 한 전문가는 2012년에 노동력의 40%가 분산될 것이라고 예상했다. "우리는 정점에 도달해 있다"

가상팀(virtual team)
정보 기술을 이용해서 서로 다른 장소에서 일을 하는 구성원들로 이뤄진 그룹

가상팀은 매우 새로운 개념이기 때문에, 합의된 정의는 없다. 우리가 내리는 **가상팀(virtual team)**의 직무상 정의는 현대 정보기술을 이용해 비즈니스를 수행하고, 물리적으로 분리된 직무 그룹이라는 것이다. 옹호론자들은 가상팀이 매우 유연하고 효율적이라 말한다. 왜냐하면 그들은 시간과 장소가 아닌 정보와 기술이 바탕이 되기 때문이다. 요구되는 정보 혹은 기술을 가진 사람들은 언제, 어디서 자신의 업무를 실제로 하는지에 관계없이 팀 구성원이 될 수 있다. 예를 들어 볼보의 새로운 스테이션 왜건은 스웨덴, 스페인, 미국에 있는 디자이너들의 글로벌 협업으로 인해 성장하였다.

> 엘리아스(Alias)라 불리는 소프트웨어를 사용하여 차체의 곡면이나 전조등의 모양을 실시간으로 바꿀

수 있다. 그리고 그 차의 전체 이미지를 보고 싶다면, 특별한 상영관에서 3D-안경을 쓰고 동시에 다른 장소에서 전체 이미지를 볼 수 있다. 볼보의 유럽 디자이너들이 레이져펜을 내려놓았을 때, 캘리포니아 얼바인에 있는 디자이너들은 펜을 가지고 계속 작업했다. 거의 24시간 동안 디자인을 하고 있습니다" 라고 디자이너 팀장인 호베리(Horbury)가 말한다.

부정적인 측면으로는, 직접 얼굴을 맞대고 교류하는 것이 아니기 때문에 신뢰, 의사소통, 책임감을 약화시킬 수 있다.

이론적 시사점 아직 새롭고 불명확한 분야이기 때문에, 현재까지의 연구 증거들은 다소 오점이 있다. 다음은 최근의 컴퓨터 중재 집단의 연구를 통해 알게 된 것들이다.

- 인터넷을 통해 형성된 가상그룹은 일대일 집단과 비슷한 집단발달과정을 따른다.
- 인터넷 채팅룸은 일대일 대면 미팅이나 전화 회의보다 더 많은 업무를 만들고, 좋지 않은 결정을 낳는다.
- 그룹웨어 (가상집단 구성원간에 상호작용을 촉진시키는 소프트웨어)의 성공적인 사용은 훈련과 실전 경험을 요구한다.
- 영감을 주는 리더십은 전자 브레인 스토밍 집단속에서 창의성에 긍정적 영향을 준다.

실질적 고려 최근 가상팀이 유행하고 있지만 이것이 만병통치약은 아니다. 현대 정보기술과 집단 원동력에 조예가 깊지 않은 이들에게는 커다란 장애가 될 수 있다. 가상팀에 의존하는 경영자들은 집단발달 과정 초기에는 의미있는 대면접촉이 매우 필수적이라는 점에 동의한다. 전자 메시지와 이름을 함께 기억하기 위해서는 가상팀 구성원들이 "대면"하는 것이 중요하다. 부가적으로, 가상팀은 상위 경영자의 지지, 실제 훈련, 분명한 미션과 구체적인 목표들, 효과적인 리더십, 스케쥴과 데드라인과 같은 몇가지 전통적 요인들 없이는 성공할 수 없다.(〈기술과 모범사례〉를 참조)

기술과 모범사례

가상의 팀 내에서 정보 공유의 어려움 극복하기.

팀들이 흩어져 있을 때 정보를 공유하고 의사소통하는 능력을 강화시킬 효과적인 시스템이 필요하다. 여기에 문제들을 해결하는데 도움이 되는 몇 가지 팁이 있다.

- **리더들은 심리적으로 안정된 조직 문화를 형성한다.** 신뢰를 만들고 오해를 없애기 위해 최소한 한 달에 한 번 씩 대면하는 공유된 정보를 확인하기 위해 정기적인 전화회의를 계획하라. 팀 리더는 훌륭한 업무를 지적하고 모두가 문제에 대해 참여할 수 있는 기회를 갖게끔 해야 한다.
- **시간적 제약과 마감일에 대한 압박을 극복하라.** 분명한 목표를 설정해라. 팀원이 목표를 이루는 것에 관한 좋은 아이디어가 있으면 팀 리더는 전체 팀원들과 그것을 공유하도록 도와야 한다.
- **팀의 필요에 따라 기술을 적용시켜라.** 정보를 올리고 받기 위한 웹 사이트를 만들어라. 새로운 기술에 대한 훈련을 제공해라. 이메일 회의를 감독하고 문제가 복잡할 때 전화 회의나 미팅을 제안해라.
- **리더는 역할 모델로 행동하라.** 정보 공유를 포함하여 팀 참여에 대한 규칙에 동의하여라. 리더는 정보를 공유하고 자주 업데이트를 요청해라. 리더는 공유된 아이디어에 관한 대화를 장려시켜야 한다.
- **'거래 기억 시스템'을 만들어라.** 개인 팀원들의 전문 분야를 기록하는 문서를 만들어라. 팀 밖으로 나가기 전에 팀원들에게 해결책과 정보를 구하라.
- **정보 공유에 관한 문화적 장벽을 극복하라.** 팀원들에게 의사소통과 갈등 양상에 대한 잠재적 문화 차이를 가르쳐라. 은어 사용은 피하라. 문제에 대한 이해가 필요한 집단 구성원들에게는 개인적으로 이야기를 하라.

출처: Adapted from Table 2 in B Rosen, S Furst, and R Blackburn, "Overcoming Barriers to Knowledge Sharing in Virtual Teams," *Organizational Dynamics,* 2007, pp 259–73.

집단과 팀 효과성에 대한 위협

경영자들이 아무리 세심하게 직무 집단과 팀을 조직하고 인원을 배치하던지 간에, 집단 역학의 효율성에 대한 답은 여전히 오리무중이다. 집단 효과성에 대한 두 가지 주요한 위협인 집단 사고와 사회적 태만에 대한 지식은 경영자와 팀 구성원 모두에게 필수적인 예방책을 가지는데 도움을 줄 수 있다.

집단사고

학습목표 6
집단사고를 설명하고, 그것들의 현상을 적어도 네 가지 규명하라.

베트남 전쟁과 다른 외교 정책의 대실패의 저변에 깔린 의사결정 과정에 대한 체계적 분석은 예일대학의 어빙 재니스(Irving Janis)에 의해 집단사고라는 정의를 만들어 냈다. 현대 경영자들은 직업 정치인처럼 별 생각없이 그 위험을 무시한다면 쉽게 집단사고의 희생물이 될 수 있다.

재니스는 **집단사고(groupthink)**를 "사람들이 응집력 있는 집단 안에서 깊게 관여하거나, 구성원들의 만장일치에 대한 노력이 현실적인 대안을 찾으려는 동기부여를 넘어설 때 나타나는 사고방식"이라 정의한다. 그는 덧붙여서 "집단사고는 내집단 압력의 결과로 나타나는 정신적 효율성, 현실감각, 도덕적 판단의 악화를 의미한다."라고 말한다. 집단사고의 희생양이 된 집단의 구성원들은 친밀하며 단단히 결합되는 경향이 있다.

집단사고(groupthink)
현실적인 대안을 찾으려는 의지가 결여된 응집된 내집단에 대한 재니스(Janis)의 정의

재니스의 모델에 따르면, 집단사고에는 8가지 기본적인 증상들이 있다. 증상의 수가 늘어날수록, 집단사고의 가능성은 높아진다.

1. **반박불가성.** 과도한 낙관론을 낳고 위험을 기꺼이 감수하려함.
2. **내재된 도덕성.** 그룹이 도덕적 기준을 무시하도록 권장함.
3. **합리화.** 즐겨쓰는 가정에 대한 보호
4. **반대 의견에 대한 고정관념적 시각.** 집단으로 하여금 상대편을 과소평가하게 함.
5. **자체 검열제도.** 비판적 논쟁을 억제.
6. **만장일치에 대한 환상.** 침묵은 동의를 의미.
7. **동료 압력.** 의견에 반대하는 사람은 집단에 대한 충성심을 의심받음.
8. **심리적 방어.** 반대하는 입장의 부정적 정보에 스스로 방어막을 침.

이러한 상태는 듀크대 푸쿠아 경영대학원의 교수인 리차드 래릭(Richard Larrick)이 설명한 참가자들이 겁을 먹는 환경을 종종 만들곤 한다. 예를 들어, "상사가 이미 내린 결정을 위험을 초래하면서까지 왜 그것을 방해하는가"에 대한 공포를 가진다.

재니스는 집단사고를 처리하는데 있어서 예방이 치료보다 더 중요하다고 주장했다. (예방조치에 관한 〈기술과 모범사례〉 참조) 알케르메스(Alkermes)라는 제약회사의 최고 재무 책임자인 짐 프레이트(Jim Frate)는 이러한 원리들을 집단이 중요한 결정을 내리기 위해 모였을 때

기술과 모범사례

집단사고를 예방하는 방법

1. 각각의 팀원들은 중요한 평가자로서의 역할을 할당받아야 한다. 이 역할은 의견과 의구심을 활발하게 주장하는 것을 포함한다.
2. 최고 경영진은 이미 결정된 사안에 대한 검토없이 결재를 수행하는 정책위원회를 열어서는 안된다.
3. 다른 리더가 있는 또다른 팀들이 동등한 정책은 평가해봐야 한다.
4. 조직 내부의 논의나 외부 전문가의 영입은 새로운 관점제시를 위해 꼭 필요하다.
5. 중요한 대체 방안을 의논할 때 누군가는 고의적으로 반대의견을 내는 사람의 역할을 해야 한다. 이 사람은 모든 고려될 만한 부정적 요인들을 밝히기 위해 노력한다.
6. 의견일치를 보이면 모든 사람들은 각자의 위치에서 결점을 찾기 위해서 다시 생각하도록 장려되어야 한다.

출처: Adapted from discussion in I L Janis, *Groupthink*, 2nd ed. (Boston: Houghton Mifflin, 1982), ch 11.

적용하였다. 그는 다른 의견이 있는지 확인하기 위해 자신의 의견을 주장하고 질문하는 것을 피하며, 그가 주장을 할 때는 크게 주목을 받지 않도록 했다. 예를 들어, 프레이트와 다른 사람들이 고위 재무 직무를 수행할 후보인을 인터뷰할 때, 집단 구성원들은 특정한 명을 간절히 채용하고자 했다. 신중하게 모든 의견들이 고려되어지기 위해서 프레이트는 그들이 빨리 고용하고 싶은 후보인에 대해 긍정적인 면뿐만 아니라 부정적인 면도 언급하도록 요구했다. 곧바로 그들은 더 많은 경영 능력이 있는 사람을 원했다는 것을 알았고 이러한 중요한 자리에 적합한 사람을 찾을 때까지 채용을 계속 이어 나갔다.

사회적 태만

집단의 성과는 각 부분의 합보다 작은가, 같은가, 더 큰가? 예를 들어, 세 명의 사람들이 함께 일하는 것이 그들이 각자 일하는 것보다 성취도가 작을 것인가, 같을 것 인가, 더 많을 것인가? 농업 기술자 링겔만(Ringelmann)은 반세기 보다도 더 오래전인 옛날에 "더 작다"라는 대답을 알아내었다. 세 명이 함께 줄을 당기는 힘은 2와 ½의 개인이 줄을 당기는 힘과 같다는 것을 발견했다. 즉, 8명이서 줄을 당기는 힘이 개인이 네 번 줄을 당기는 힘보다 약하다는 것이다. 집단의 크기가 커질수록 개인의 노력이 줄어드는 이러한 경향을 사회적 태만(social loafing)이라 한다. 사회적 태만이 집단 효과성에 미치는 영향과 사회적 태만을 피함으로써 얻을 수 있는 시너지 효과에 대해 분석해 보자.

사회적 태만(social loafing)
그룹의 규모가 커짐에 따라 개인의 노력이 감소하는 현상

사회적 태만에 관한 이론과 연구 사회적 태만의 영향에 대한 이론적 근거들에는 (1)노력의 공정성 (모든 사람들이 빈둥거리고 있는데, 왜 나는 일해야 하지?) (2) 개인적 책임감의 손실 (나는 군중 속에서 길을 잃었어, 누가 나를 돌보아 주지?) (3) 보상을 공유하는 것에 기인하는 동기부여적인 손실(모든 사람이 같은 보상을 받는데 왜 내가 다른 사람보다 더 열심히 일해야 하지?) (4) 많은 사람들과 함께 직무를 수행할 때 협동의 손실(우리는 각자의 다른 길을 가고 있어)

실험실 연구를 통해 사회적 태만을 완화시키는 상황적인 요인들을 규명함으로써 이 이론들을 재정비하였다. 사회적 태만은 다음과 같을 때 발생한다.

- 직무가 중요하지 않고, 간단하며, 흥미롭지 않다고 인식될 때
- 집단 내에서 개인의 성과가 확인되지 않을 때
- 집단 구성원들은 그들의 동료들이 태만할 것이라고 기대할 때

그러나 다른 두 가지 실험연구에 따르면 사회적 태만은 집단 구성원들이 평가 될 것으로 예상되었을 때는 발생하지 않았다. 또한 연구는 독단적인 "개인주의자"가 집단지향적인 "집단주의자" 보다 사회적 태만의 경향을 더 많이 보인다고 밝혔다. 그러나 개인주의자들에게는 집단의 규모를 작게 유지하면서, 결과에 대해 각자의 구성원들이 개인적으로 책임지도록 한다면, 좀 더 협력적인 그룹을 만들 수 있을 것이다.

실무적 시사점 연구결과들은 사회적 태만이 집단 노력의 당연한 결과는 아니라는 것을 증명한다. 경영진은 직무를 도전적이고 중요하게 여겨지도록 만듦으로써 집단 효과성에 대한 위협을 완화시킬 수 있다. 부가적으로, 확인 가능한 집단 업무의 일정부분을 집단 구성원들이 지속적으로 책임지도록 하는 것도 좋은 방법이다. (7단원에서 목표설정의 힘에 관한 우리의 논의를 상기하라)

핵심 용어

가상팀(virtual team) 263
공식 집단(formal group) 247
과업 역할(task roles) 251
교차기능주의(cross-functionalism) 261
규범(norm) 252
배척(ostracism) 252
비공식 집단(Informal Group) 247
사회적 태만(social loafing) 266
신뢰(trust) 258
역할(roles) 251
자율 경영팀(self-managed teams) 260
지속적 역할(maintenance roles) 251
집단 응집력(group cohesiveness) 250
집단(group) 246
집단사고(groupthink) 265
팀(team) 255
팀 빌딩(team building) 256

단원 요약

- **터크만의 집단발달 과정이론의 5가지 단계를 설명하라.** 터크만의 이론의 다섯단계는 탐색기(집단이 모인다), 준비기(구성원들이 한계와 서로를 시험한다), 형성기(집단이 더 응집력이 있어짐에 따라 권력과 파워가 결정되는 것에 의문을 가진다), 성숙기(효과적인 의사소통과 협력이 집단이 일을 끝낼 수 있도록 돕는다), 쇠퇴기(집단 구성원들이 각자의 길을 간다)
- **역할과 규범을 대조하고 규범이 왜 조직 안에서 강요되는 지에 대한 4가지 이유를 구체화하라.** 역할은 개인의 지위에 한정되는 반면, 규범은 다양한 상황에서 적절한 행동과 부적절한 행동을 구분하는 태도를 공유한다. 규범은 강요된다. 왜냐하면 규범은 집단이나 조직이 생존하고, 행동 기대를 명확히 하며 사람들이 당혹스러운 상황을 피할 수 있도록 하고, 집단이나 조직의 중심 가치를 분명하게 해주기 때문이다.
- **직무 집단이 어떻게 팀이 되는지 설명하고 5가지 팀워크 역량들을 규명하라.** 팀은 리더십이 공유되고, 책임감이 개인과 집단 모두에게 부여되며, 구성원들이 그들만의 목적을 개발하고, 문제해결이 삶의 방식이며, 효과성이 집단적 결과물에 의해 측정되는 성숙한 집단이다. 다섯가지 팀워크 역량은 (1) 팀을 문제해결 상황에 적응시킨다.(2) 팀 수행을 조직하고 관리한다. (3)긍정적인 팀 환경을 촉진한다. (4) 직무 갈등을 촉진하고 관리한다. (5)적절하게 균형있는 시각을 증진시킨다.
- **경영자가 신뢰를 쌓기 위해 할 수 있는 것들을 적어도 4가지 열거하라.** 신뢰를 쌓기위한 6가지 추천되는 방법은 의사소통, 지지, 존경 (특히 위임), 공정성, 예측성, 능력을 통한 것이다.
- **자율경영 팀과 가상팀을 설명하여라.** 자율경영팀은 계획화, 스케쥴링, 모니터링, 채용과 같이 일반적으로 경영자에 의해 수행되는 다양한 업무에서 경영적 통찰력이 주어진 직원들의 집단이다. 그들은 다른 분야에서 온 전문가들의 조합과 인원이 조직되는 것을 의미하며 전형적으로 교차기능적이다. 자율경영팀은 자율성의 범위가 그들이 즐기는 자유에서 매우 광범위하다. 가상팀은 인터넷과 같은 현대 정보기술을 통해 비즈니스를 수행하는 물리적으로 분산된 직무 집단이다. 주기적이고 의미있는 대면 접촉은 특히 초기 그룹 개발단계에서 가상팀 구성원들에게 중요하다.
- **집단사고를 설명하고 그것의 증상을 적어도 4가지 규명하라.** 집단사고는 응집력이 강한 집단에게 만장일치를 강요하면서 집단의 도덕적 판단을 악화시킨다. 집단사고의 증상은 반박 불가성, 내재된 도덕성, 합리화, 반대편에 대한 고정관념, 자체 검열, 만장일치에 대한 환상, 동료의 압력, 심리적 방어를 포함한다. 비판적인 평가자, 외부의 전문가 그리고 선의의 비판자들은 집단사고라는 용어를 만든 어빙 재니스에 의해 추천되는 예방책들이다.

토의 문제

1. 이 장을 여는 케이스와 관련하여, 팀의 기능을 완화시키는데 신뢰의 역할이 얼마나 중요한가? 설명하라.
2. 경영자가 그들이 감독하는 사람들과 친구가 되는 것에 대한 당신의 의견은 어떠한가? (즉, 공식 집단과 비공식 집단이 겹치는 것)
3. 당신은 개인적인 인간관계에서 누구를 신뢰하는가? 신뢰는 얼마나 깨지기 쉬운가? 설명하라.
4. 가상팀은 지나가는 유행이 되기 쉬울 것인가? 왜 그런가 혹은 왜 그렇지 않은가?
5. 당신은 집단사고나 사회적 태만을 직접 목격한 적이 있는가? 이런 행동이 자주 관찰되는 환경에 대해 설명하라.

윤리적 딜레마

스트립 클럽에서 비즈니스 회의를 가져보자.

니콜렛 하트(Nicolette Hart)는 그녀가 어떻게 2,500달러로 하룻밤을 맨하탄의 스트립 클럽의 룸에서 투자은행가와 그들의 고객들과 보냈는지 설명했다. 한때 벤쳐 케피탈 회사에서 일을 했던 하트는 항상 남자들을 친해지게 하는 것이 무엇인지를 알고자 했다. 그들은 모임을 갖는다고 종종 말했다. "당신들은 스트립 클럽에서 회의를 갖는다구요? 라고 저는 말했어요" 하트는 여기 릭 캬바레(Rick's Cabaret)의 드레싱 룸에서 가진 인터뷰에서 이렇게 말했다.

단지 스트립퍼들만 궁금증이 있는 것은 아니다. 월가에 있는 몇몇 여자들은 어떻게 그들의 매니저와 남자 동료들이 자기들을 제외하고 스트립 클럽에서 서로 친목을 다지는 것이 공평한지 또는 합법적인 가를 알고 싶어한다. 스트립 클럽의 고객들은 단지 월가에만 국한된 것은 아니다. 성인 유흥물은 미국 내의 모든 산업에서 남자들이 주로 즐기며 IRS에 의해 승인된 세금공제 비즈니스 지출이다.

최고 경영자로써 이러한 관행에 대해 당신의 조직은 어떤 방침을 내려야 하는가?

1. 남자들은 언제까지나 남자일 것이다. 스트립 클럽에서 회의를 하는 것은 아무런 불법적인 요인이 없다. 아무런 제재 조치도 취하면 안 된다.
2. 비록 회사가 공식적으로 스트립 클럽에서 회의를 하는 것을 지지할 수는 없지만 이는 고객들이 긴장을 풀고 가까워지도록 할 수 있는 효과적인 마케팅 전략이다. 회사는 계속해서 모른 척 해야만 한다.
3. 이것은 없어져야만 하는 전형적인 낡은 백인 남자 문화이다. 왜냐면 여자들의 위신을 떨어트리고 성희롱을 없애기 위한 회사의 노력에 부정적 영향을 미치기 때문이다.
4. 스트립 클럽에서 회의를 하는 것은 합법적일지 모르나 옳지는 않다. 회사는 스트립 클럽에서 지출된 비용을 인정하지 않도록 윤리적 강령을 만들어야 한다.
5. 회사는 강력하게 그런 관행을 금지시키고 국회에 로비를 해서 그런 성인 유흥 지출이 불법이 되도록 만들어야 한다.
6. 다른 해석과 방안에 대해 토의해보자.

한 조사는 법 집행과 같은 남성 위주 분야에 종사하는 여성들이 간호사와 같은 여성 위주의 분야에 종사하는 남성들보다 더 많은 장벽에 맞닥트린다고 제시했다.

Chapter 10

의사결정

학습목표

이 단원을 학습한 후, 다음의 질문에 답할 수 있어야 한다.

1. 의사결정의 합리적 모델과 사이먼(H.Simon)의 규범적 모델, 쓰레기통 모델을 비교하고 차이점을 설명하라.
2. 일반적 의사결정의 편견들을 규명하라.
3. 지식공유를 높이기 위해 기업에서 시행되고 있는 지식경영과 그 기법에 대해 논의하라.
4. 의사결정의 유형별 모델과 의사결정에서 직관의 역할, 창의적 의사결정 과정을 단계적으로 설명하라.
5. 의사결정에 있어 그룹 참여의 장·단점을 요약하라.
6. 브레인스토밍, 명목집단기법, 델파이법, 컴퓨터 지원에 의한 의사결정을 비교하라.

사업 확장을 위한 노력으로 맥도날드는 바리스타를 직원으로 편입시켰다. 그들의 성공적인 커피 매출이 놀라운가?

올 가을 맥도날드(McDonald)는 바리스타를 정식으로 채용하였다.

맥도날드는 스타벅스를 이기기 위해 30년 만에 메뉴에 가장 큰 변화를 주었다. 올해를 시작으로 미국에 있는 대략 14,000개의 매장에서는 카푸치노, 라떼, 모카 그리고 스타벅스의 얼음과 곁들인 프라프치노와 유사한 프라페를 만드는 바리스타가 있는 커피 바를 설치할 예정이다.

스타벅스와 맥도날드의 대결은 한 때 생각조차 할 수 없는 일인 것처럼 보였다. 외식 산업의 매우 다른 분야에서 시작한 이 두 체인들은 점점 상대방의 영역으로 사업을 확장해왔다. 맥도날드는 커피의 수준을 향상시켰으며 스타벅스는 드라이브 스루와 아침 샌드위치를 제공하였다.

비슷해져가는 두 기업의 서비스 체인은 외식산업 형성에 있어 편리성이 얼마나 중요한 요소인지를 보여준다.

또한 이는 변화하는 시장에 적응하려는 기업들의 노력이 어떻게 그들의 핵심 역량에 막대한 결과를 가져다주는지를 보여준다. 스타벅스는 가파른 이익과 매출 성장 후에 조금 주춤거리기 시작한 반면 맥도날드는 6년째 성공적인 수익을 거두고 있다.

하지만 새로운 커피 사업은 아직도 맥도날드에게 위험한 도박이다. 일의 속도를 떨어뜨릴 수 있으며 화려한 것이 아닌 값 싸고 단순한 가격 때문에 찾는 고객들을 맥도날드로부터 멀어지게 할 수 있기 때문이다.

지난 십년간 스타벅스의 성장을 지켜본 맥도날드의 경영진들은 빠르게 성장하는 음료 산업을 인식하지 못했다는 것을 알았다. 맥도날드 밖에서 탄산음료의 매출은 정체되어 있는 반면 전문 커피와 스무디는 두자릿수 성장을 하였다. 고객들은 맥도날드에서 음식을 구입한 후에 편의점에서 스포츠음료나 차 또는 코카콜라 경쟁 기업의 탄산 음료를 구입했다. 일찍이 스타벅스는 맥도날드를 경쟁자로 여기지 않았다. "왜냐하면 맥도날드는 뜨거운 갈색 액체를 커피라고 팔고 있었기 때문이다." 2003년 스타벅스 마케팅 부서를 나오기 전까지 대략 10년을 일했던 존 무어(John Moore)는 이렇게 말했다.

맥도날드의 향상된 즉석 커피의 성공은 맥도날드 매장에 새로운 바람을 불어 넣어 주었다. 맥도날드는 2005년에 미시건에 있는 일부 프렌차이즈의 맥카페에서 판매되는 음료들을 대상으로 실험을 시작하였다. 드라이브 스루가 가능하도록 맥도날드는 외부와 연결된 가판대에서 라떼와 카푸치노를 팔았다.

맥도날드의 연구원들은 스타벅스와 다른 커피 전문점들의 고객들을 대상으로 3시간에 걸친 인터뷰에서 그들의 커피 구매 습관들을 비디오로 녹화하였다. 연구원들은 고객들이 즐겨 찾는 장소를 답사한 후 맥도날드로 돌아와 그들에게 에스프레소를 마셔보라고 시켰다.

"새로운 사실을 알게 되었습니다." 맥도날드에서 소비자와 기업 통찰 관리자인 패트릭 로니(Patrick Roney)가 말했다. "잠재고객들... 그들을 끌어 올 수 있는 방법이 있었습니다."

실험을 실시했던 매장에서는 무료 시음용 라떼와 카푸치노를 나누어주기 시작했다. "우리의 고객들 중 많은 이들이 라떼가 무엇인지 몰랐다" 켄자스 오버랜드 파크(Overland Park) 매장 주인 존 디베라(John DeVera)가 말했다.

어떻게 커피 판매를 시작할 것인가에 관한 2006년 내부 보고서에 의하면 경영자들은 점주들에게 친절하고 경쟁사의 제품을 배울 의지가 있는 바리스타를 고용하라고 조언했다. "예를 들어, 전형적인 스타벅스의 고객들이 큰 사이즈의 라떼를 요구한다면 우리의 바리스타들은 이것이 중간 사이즈 음료라는 것을 알고 있어야 한다."고 보고서는 말한다.

미국 내의 맥도날드 매장 중에서 오직 800곳만이 전문 커피 음료를 팔고 있고 일부는 2009년까지 완전한 커피 메뉴를 제공하지 못할 것이다. 그렇기 때문에 경영자들과 프렌차이즈 업자들은 얼마나 에스프레소 음료가 테스트 중에 잘 팔렸는지 정확한 정보를 제공해 주지 못할 것이다.

맥도날드는 이미 커피에 대한 믿음을 차근차근 얻기 시작했다. 컨슈머리포트(consumer report) 잡지 2월호에서는 즉석 커피 부문에서 맥도날드를 스타벅스보다 더 높게 평가됐다. 이에 대해서 스타벅스는 맛은 주관적이며 일주일에 수백만명 고객이 방문이 자신들의 커피의 인기를 보여준다고 대응하였다.

| 토의하기 |

당신은 맥도날드의 전문 커피 매출 성공에 놀라운가? 이에 대해 설명하라.

이유를 재현하려 할 때 우리는 이러한 편향을 갖는다.

7. **프레이밍**(framing bias). 이 편향은 질문이 제기되는 방식과 관련 있다. 다음과 같은 상황을 생각해보라. 600명이 사망할 것이라고 예상되는 아시아의 희귀한 질병의 발생에 관해 미국이 대처할 준비를 하고 있다고 생각해보자. 질병과 싸울 두 가지 대처 방안이 제시되었다. 결과에 대한 정확한 과학적 판단은 다음과 같다.

   프로그램 A: 만약 프로그램 A가 채택된다면 200명이 살아날 것이다.
   프로그램 B: 만약 프로그램 B가 채택된다면 삼분의 일의 확률로 600명이 살아날 것이고 삼분의 이의 확률로 모두 사망할 것이다. 둘 중에 어느 것을 당신은 추천하고 싶은가?

   비록 두 프로그램 모두 동일한 결과임에도 불구하고 대부분의 사람들은 프로그램 A를 선택한다고 연구는 밝혔다. 이는 프레이밍 때문이다. 프레이밍은 이익-생명을 구하는 것-에 관한 위험을 손실-생명이 죽는 것-과 관련된 위험과 다르게 생각하는 경향이다. 이런 편향을 없애기 위해 결정에 필요한 질문들을 다양한 방법으로 재구성해야 한다.

8. **몰입 상승 편향**(escalation of commitment bias). 몰입 상승 편향은 나쁜 상황이 뒤바뀔 가능성이 없는 상황에서 효과적이지 못한 일련의 행동에 집착하는 경향을 가리킨다. 개인적 경험들로는 낡고 고장 난 차에 더 많은 돈을 쓰거나, 당신이 쉽게 걸을 수 있는 상황에서 버스가 당신을 태울 때까지 매우 오랜 시간을 기다리는 경우가 있다. 또는 이미 10년 간 지속된 좋지 않은 인간관계를 다시 회복시키려는 노력 등이 있다. 사례 연구에 따르면 이런 편향은 조직에서 심각한 재정 손실을 야기하기도 한다. 연구자들은 몰입 상승 편향을 줄이기 위해 다음 몇몇 행동들을 권고한다.

   - 성과에 대한 최소한의 목표를 정해라. 그리고 의사결정자들이 자신의 성과를 이 목표와 비교하게 하라.
   - 프로젝트를 통해 관리자들을 주기적으로 중요한 요직에 순환 배치시켜라.
   - 의사결정자들이 프로젝트에 혼자만 빠져있게끔 하지 않도록 만들어라.
   - 지속성에 따른 비용을 의사결정자들이 인식하도록 하라.

의사결정 과정에서 이런 편견들을 피하기 위한 열망은 '합리적이고 비감정적 접근이 가장 좋은 결정을 만든다'는 결론을 도출한다. 반면에 강한 감정을 느끼는 사람들은 그들의 감정에 따라 결정을 내리는 경향이 있다.(예를 들어, 기분이 좋을 때는 과신경향이 있는 것) 그리고 이러한 감정들이 좋지 않을 때에는 자신의 상황을 빨리 변화시킬 수 있는 결정들을 찾곤 한다. 하지만 최근의 연구는 다음과 같은 놀라운 사실을 알려 준다: 101명의 주식 투자자들이 가상

시뮬레이션에 참가했을 때 상대적으로 강한 감정 변화를 경험한 사람들의 성과가 그렇지 않은 사람들보다 훨씬 높게 나타났다. 이 연구는 자신이 어떠한 감정을 느끼고 있는지 알수록 의사결정 편견에 더 많은 주의를 기울인다는 것을 보여준다. 사고 활동의 가설 중 하나는 5장에서 살펴봤던 감정적 지능이 의사결정의 합리적 사고에 보충적 역할을 한다는 것이다.

의사결정의 원동력

의사결정 과정은 과학적이면서도 예술적이다. 따라서, 이번 단락에서는 과학적 부문에 영향을 끼치는 의사결정의 4가지 원동력인 지식경영, 의사결정 스타일, 직관, 창의성에 대해 알아본다. 이의 이해는 경영자들이 더 나은 의사결정을 할 수 있도록 도와준다.

학습목표 3
지식 공유를 높이기 위해 기업에서 시행되고 있는 지식 경영과 그 기법에 대해 논의하라.

효과적인 지식경영을 통해서 개선되는 의사결정

당신은 완벽한 정보 없이 의사결정을 해야만 했던 적이 있는가? 만일 있다면, 당신은 의사결정을 하는데 사용되는 정보에 따라 의사결정의 질이 좌우된다는 것을 알 것이다. 경영의사결정도 마찬가지다. 관리자는 조직의 다른 부서에서 일하고 있는 사람들이 소유한 정보나 지식을 종종 필요로 한다. 이런 현실은 지식경영의 개념에 대한 관심을 크게 증가 시켜왔다. **지식경영(knowledge management, KM)**은 '의사결정에 필수적인 지식의 창조와 공유, 사용을 증진시키기 위한 도구, 과정, 체계, 구조와 문화의 개발'이다.

지식경영(knowledge management, KM)
조직 전체에 걸쳐 지식과 정보공유를 증가시키기 위한 체계와 업무를 수행하는 것

지식경영의 효과적인 사용은 조직이 의사결정의 질을 향상시키도록 도와주고 동시에 비용을 절감시켜 조직의 효율성을 증가시켜준다. 대조적으로 지식경영의 비효율적인 사용은 조직에 상당한 손실을 줄 수 있다. 이 단락은 당신의 의사결정의 질을 증진시키기 위해 지식경영을 이용할 수 있도록 지식경영의 기초를 살펴본다.

지식은 다른 형태로 다가 온다 의사결정 질에 영향을 주는 두 가지 지식요인에는 암묵지와 형식지가 있다. **암묵지(tacit knowledge)**는 개인에게는 습득되어 있지만, 표현하고 형식화하거나 공유하기는 힘든 정보를 말한다. 이는 주위의 정황에 몰두되어 있는 동안 갖게 되는 경험으로부터 무의식적으로 얻게 된다. 예를 들어 골프채를 휘두르거나 연설문을 쓰는 것과 같은 기술들은 암묵적인 지식을 포함하기 때문에 단어로 묘사하기 힘들다. 암묵지는 직관적이고, 일이나 직업에서 상당한 경험과 전문가적인 지식을 접함으로서 얻어지는 것이다.

암묵지(tacit knowledge)
경험에서 얻어지는, 표현하고 형식화하기 힘든 정보

형식지(explicit knowledge)
쉽게 언어로 바꿀 수 있고 다른 이들과 공유되어질 수 있는 정보

대조적으로, **형식지(explicit knowledge)**는 쉽게 언어로 바꿀 수 있고, 다른 것들로 설명할 수 있다. 이러한 지식의 형태는 구두나 서면으로 한 문서나 수치상의 보고서로 공유된다.

요약하자면, 암묵지는 공유하기 힘든 개인적인 정보를 나타내는 반면, 형식지는 대외적이거나 공적이며 더 쉽게 전달되어지는 정보를 뜻한다. 비록 지식의 두 가지 타입 모두 의사결정에 영향을 주지만, 전문가들은 암묵적인 지식이 직원들 사이에 공유되어질 때 경쟁우위가 만들어진다고 제안한다. 기업들이 이런 형식의 정보공유를 어떻게 촉진하는지 지금부터 알아보도록 하자.

지식공유 조직은 형식지를 공유하기 위해 점점 고급의 지식경영 소프트웨어에 의존하고 있다. 이 소프트웨어는 회사가 전 세계로부터 쉽게 접근할 수 있는 많은 양의 정보를 축적한다. 이러한 시스템은 또한 소비자나 다른 조직으로부터 정보를 얻거나, 피드백을 받는데 사용될 수 있다. 예를 들어, 타겟(Target)의 판매 관리자는 본사의 직원들에게 회사의 소프트웨어 제품에 관한 자세한 정보를 자주 묻곤 했다. 오늘날 직원들은 안전한 웹 사이트에서 효율적이고 효과적으로 서로를 돕고 있다. 모든 직원들은 웹 사이트 상에서 질문을 올리거나, 답을 달거나 이미 게재된 답을 참고할 수 있다. 또한 본사 직원들은 자주 찾는 정보에 링크도 걸어 놓았다. 이렇듯이 정보를 공유하는 네트워킹은 성공적인 조직에서는 널리 확산되어 있다. 사람들은 인터넷이 개인의 지식습득과 성장을 촉진시키는 정보 생태계라는 것을 알게 되었다. 암묵적인 지식은 관찰하고, 참여하고, 혹은 전문가들이나 코치들과 일하면서 가장 직접적으로 공유된다. 2장에서 살펴본 멘토링은 암묵적인 지식을 퍼뜨리기 위한 또 다른 방법이다. 결국 비공식 네트워킹, 정기적인 미팅, 사무실 공간의 디자인은 지식경영을 촉진할 수 있다. 예를 들어 알코아(Alcoa)는 임원들 사이에서 정보공유 증가 목적으로 그들의 본사를 디자인했다.

> 세계 일류의 알루미늄 생산자인 알코아는 고위 임원들 사이의 교류가 증대되기를 원했다. 그들은 본사를 디자인할 때 탁 트인 사무실, 각 층의 중앙에 가족방식의 부엌, 탁 트인 넓은 공간들에 초점을 맞추었다. 이전에, 고위 임원들은 엘리베이터에서 소수의 사람들과만 마주치고, 만나기로 예정된 이들과만 만나곤 했다. 지금 임원들은 서로 더 자주 만나고, 뜻밖의 대화로 더욱 가까워지게 되었다. 공간의 변화는 임원들과 직원들 사이가 가까워진 만큼 통상적인 접근(만남)도 증가시켜왔다.

아무리 잘 짜여진 지식경영 성장 프로그램도 그에 맞는 조직문화 없이는 성공할 수 없다. 효과적인 지식경영은 암묵적인 지식의 확대를 장려하고 보강하는 지식공유 문화를 필요로 한다. IBM의 국제 서비스 부서는 이러한 권고사항을 가슴에 새겨왔다.

> IBM의 국제 서비스 부서는 지식의 창출, 공유, 사용지수를 성과측정 기준에 포함시키고 있다. 특히 간부급 직원의 성과 측정과 장려금 지급에는 일상 업무 내에서의 간부 간 상호협력적 태도를 평가한다. 게다가 지식공유는 개인 업무 서약(Personal Business Commitments, PBC)에 포함되었고, 그것은 자격증을 취득하는데 요구되고 진급 결정에 영향을 준다. 이것은 모든 지위의 직원들이 서로에게 협력적이고 접근하기 쉽도록 장려한다.

일반적인 의사결정 스타일

학습목표 4

의사결정의 유형별 모델과 의사결정에서 직관의 역할, 창의적 의사결정 과정을 단계적으로 설명하라.

이 단락은 개인의 의사결정 스타일이 자신의 의사결정 접근방법에 어떻게 영향을 주는지에 중점을 둔다. **의사결정 스타일(decision-making style)**은 어떠한 정보에 반응함에 있어 일반적인 관습과 자극을 개인이 어떻게 받아들이는지에 대한 조합을 일컫는다. 조사팀은 스타일들이 "가치지향"(value orientation)과 "모호성에 대한 관용"(tolerance for ambiquity)이라는 두 가지 다른 범주에 따라 다양화된다는 생각에 기초해 의사결정방식 모델을 개발했다. 가치지향은 의사결정을 할 때 개인이 직무와 기술적인 부분에 중점을 두는지 혹은 사람과 사회적 관심사에 중점을 두는지의 정도를 나타낸다. 두 번째 범주는 사람들의 모호성에 대한 관용이다. 여기에서 개인차는 사람이 자신의 삶에서 구조나 통제에 대한 얼마나 높은 필요성을 가지는 정도를 보여준다. 가치지향과 모호성에 대한 관용의 요소가 결합될 때, 직접적, 분석적, 개념적, 행동적의 4가지 의사결정 스타일이 형성된다. (그림 10-1 참조)

의사결정 스타일(decision-making style)
어떻게 개인이 정보를 받아들이고 반응하는지에 대한 조합

자기 평가 연습

당신이 선호하는 의사결정 스타일 알기

직접적 방식 직접적인 방식의 사람들은 모호성에 대해 낮은 인내를 갖고 있고, 의사결정을 할 때, 직무와 기술적 관심사에 중점을 둔다. 문제해결에 있어 그들의 접근방식은 효율적이고, 논리적이고, 실용적이고 체계적이다. 이런 스타일의 사람들은 행동 지향적이고 단호하며, 사실에 초점을 맞추는 것을 좋아한다. 그러나 빠른 진행속도와 결과를 추구해서 몇몇 개인들은 독재적이고 권력을 행사하고 통제하며 빠른 운용에 초점을 맞춘다. 흥미롭게도, 직접적 방식은 항공교통 관제관에게 잘 맞다. 여기 포춘(Fortune)지로부터 폴 리날디(Paul Rinaldi)가 그의 의사결정 방식에 대해 말한 것이 있다.

> 신속하게 결정을 내리고 실행하는 것은 생각처럼 분석적이지 않다. 대신 당신의 결정이 잘못될 수 있다는 것을 알아야 하고 그 결정을 옳게 만들어야 한다. 결정을 되돌릴 수는 없다. 비행기의 속도, 특이사항, 고도, 관제탑 지시에 반응하는 속도 등 모든 사항을 끊임없이 고려하고 있어야 한다. 그리고 당

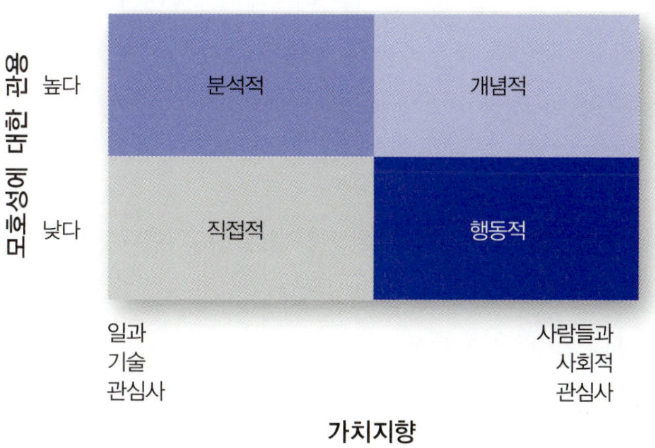

그림 10-1
의사결정 스타일

항공교통 관제관인 폴 리날디(Paul Rinaldi)는 델레스(Dulles) 국제공항에서 빠른 의사결정을 내리기 위해 직접적 방식을 사용한다.

신의 결정이 맞아 떨어지길 바라며, 단 시간 내에 모든 사항을 통합하고 계산해야 한다. 만약 잘못된 결정이었다면, 바로 다음 대안으로 넘어가야 한다. 우리가 무사고로 은퇴할 가능성은 그리 높지 않다. 이 사실은 당신에게 큰 타격을 줄 수도 있다. 따라서 당신은 실수를 해서는 안된다.

분석적 방식 이 방식은 모호성에 대해 훨씬 큰 인내를 가지고 있고, 상황을 확대 분석하려는 경향이 특징적이다. 이 방식의 사람들은 직접적 방식보다 더 많은 정보와 대체방안을 숙고하길 좋아한다. 분석적인 성향의 사람들은 의사결정을 하는데 더 많은 시간이 걸리지만 새롭거나 불확실한 상황에 더 잘 반응하는 조심스런 의사결정자들이다. 그들은 종종 독재적일 수 있다.

장 광밍(Zhang Guangming)은 분석적 의사결정 방식을 가진 사람의 좋은 예이다. 그는 자동차 구입 때문에 몇 달 동안 골머리를 앓았다. 중국 자동차 애호가 잡지를 보는데 시간을 보내고, 다양한 자동차 모델에 관한 정보를 웹사이트에서 찾아보고, 베이징에 있는 대리점 12곳을 방문했다. 마침내 장 광밍은 폭스바겐의 보라(Bora) 또는 현대의 소나타를 사기로 마음먹었다. 그러나 판매자들간의 치열한 경쟁 때문에 그는 차를 지금 살지 아니면 더 기다릴지 결정을 못하고 있다.

개념적 방식 개념적 방식의 사람들은 모호성에 대해 높은 인내를 가지고 있고 사람들이나 작업환경의 사회적 관점에 중점을 두는 경향이 있다.

그들은 넓은 시야를 갖고 문제를 해결하며, 많은 선택과 미래 가능성을 생각하길 좋아한다. 개념적 방식은 장기간적인 전망을 수용하고, 정보를 얻기 위해 다른 사람들과의 토론과 직감에 의존한다. 그들은 문제를 해결하기 위해서는 창조적인 방책을 마련하거나 위험에 처하는 것도 마다하지 않는다. 하지만 단점은 개념적 방식은 의사결정에 있어 이상적 접근과 우유부단한 접근 방식을 낳기도 한다는 것이다. 소니의 첫 번째 외국인 CEO인 하워드 스트링거(Howard Stringer)는 이러한 개념적 방식의 경영 스타일을 갖고 있다.

> 스트링거는 전자산업에서 정신없이 달려가는 변화에 뒤쳐지고 있다는 위험을 느꼈다고 말했다. 하지만 그는 동시에 너무 공격적으로 변화하는 것도 위험이 존재한다고 말하였다. "나는 창업자의 비전이 보이지 않을 정도로 소니 문화를 변화시키고 싶지 않다"....그는 부드럽게 매니저들이 서로 협동하도록 설득을 하였고 새로운 방식의 제품 생산 방법을 개발하도록 권고하였다.

행동적 방식 이 방식의 사람들은 남들과 일을 잘 하며, 의견이 개방적으로 교류되는 사회적 교류를 즐긴다. 행동적 타입은 지지적이고, 수용적이며, 온정적이다. 또한, 서면적 정보보다는 언어적 정보를 선호한다. 모임을 개최하는 것을 좋아함에도 불구하고 이런 스타일의 사람들은 남을 너무 의식하고 충돌하는 것을 피하는 경향이 있다. 행동적 방식은 의사결정이 우유부단하게 되거나 다른 사람에 반대하는데 어려움을 느끼고, 또한 어려운 결정을 쉽게 내리지 못하게 만든다.

연구와 실용적 적용 287쪽에 있는 〈실전 연습〉을 풀어보라. 이는 당신의 의사결정 스타일을 평가한다. 당신의 점수와 다음의 기준 점수 간의 차이가 있는가? 직접적 방식(75), 분석적 방식(90), 개념적 방식(80), 행동적 방식(55). 그 차이는 당신의 의사결정 방식에 어떠한 의미를 갖는가?

자기 평가 연습
당신의 윤리적인 의사결정기술을 평가해 보아라.

조사는 극소수의 사람들만이 단 하나의 지배적인 의사결정 방식을 갖는다고 말한다. 오히려, 다수의 경영자들은 2~3개의 방식을 동시에 갖는 특징이 있다. 의사결정 방식은 또한 직업과 직무수준, 국가에 따라 다양하다. 당신은 3가지 방법으로 의사결정 지식을 활용할 수 있다. 먼저, 의사결정 방식에 대한 지식은 스스로를 이해 할 수 있도록 도와준다. 자기 방식에 대한 인식은 의사결정자로서 스스로의 장단점을 확인하고 자기개발의 가능성을 열어주는데 도움을 준다. 두 번째로, 자신의 방식을 인식함으로써 다른 사람들에 대한 영향력을 증가시킬 수 있다. 예를 들어, 만일 당신이 분석적 사람을 상대한다면, 자신의 생각을 뒷받침할 최대한의 많은 정보를 제공해야한다. 하지만 이 같은 접근방법은 직접적인 방식을 가진 사람에게는 불만을 일으킬 것이다. 마지막으로 의사결정 방식에 대한 지식을 통해 당신은 어떻게 사람들이 다양한 의사결정 기술을 이용하여 같은 정보를 가지고도 다른 결론에 도달하는지 이해하게 될 것이다. 모든 상황에 적합한 최선의 의사결정 방식은 없다는 사실을 인식하는 것 또한 중요하다. 의사결정을 내릴 때 "명확한 상태"를 이루도록 시도하면서 다양한 의사결정 스타일의 장점을 극대화하도록 노력해야만 한다. 의사결정 전문가는 다음과 같이 말한다. "명확한 상태는 육체적,

정신적, 감정 시스템의 균형을 갖습니다. 이것은 실질적으로 편안하고 긍정적이며 집중되었을 때 확인할 수 있는 육체적, 정신적 상태입니다"

의사결정에 있어서의 직관

직관(intuition)
합리적인 생각이나 논리적인 추론없이 정보를 얻고 이해하는 능력

만약 어떠한 것에 대해 예감이나 직감을 갖고 있다면 당신은 직관의 효과를 경험해보았을 것이다. **직관(intuition)**이란 합리적인 생각과 논리적인 추론의 분명한 통찰 없이 직접적인 정보와 이해를 얻는 능력을 의미한다. 의사결정 과정에서 직관은 자동적이거나 비자발적이다. 많은 결정 상황 하에서 직관은 합리적 분석 못지 않게 중요하다. 예를 들어, 레이 크록(Ray Kroc)은 그의 직관이 맥도날드 브랜드를 사는데 도움을 주었다고 회상했다. "나는 도박꾼이 아니며 그만한 돈을 갖고 있지도 않았지만 흥미롭게도 직관이 나에게 그렇게 하라고 시켰습니다."

불행하게도, 직관은 레이 크록의 경우처럼 언제나 성공적인 결정으로 이끄는 것은 아니다. 의사 결정에 있어서 직관의 역할에 대한 이해를 높이기 위해서 이 부분에서는 직관 모델을 제시함과 동시에 이에 대한 찬반 입장을 논의해 볼 것이다.

직관의 모델 그림 10-2는 직관의 모델을 제시한다. 오른쪽에서 시작하여 이 모델은 두 가지 종류의 직관이 있다고 알려준다.

1. **총체적 예감**은 기억 속에 있는 정보의 무의식적인 결합에 바탕을 둔 판단력을 의미한다. 이런 종류의 직관을 갖고 있는 사람들은 그들의 선택이 옳다고 느끼는 것을 제외하면 왜 그런 선택을 하였는지 설명을 못 할 수도 있다.
2. **자동화된 경험**은 친숙한 상황과 그 상황에서 사전 학습된 정보의 부분적인 잠재 적용에 바탕을 둔다. 예를 들어, 당신이 몇 년 동안의 운전 경험이 있다면 당신은 다양한 상황에서 의식적인 분석 없이 대처할 수 있다.

그림 10-2
직관의 모델

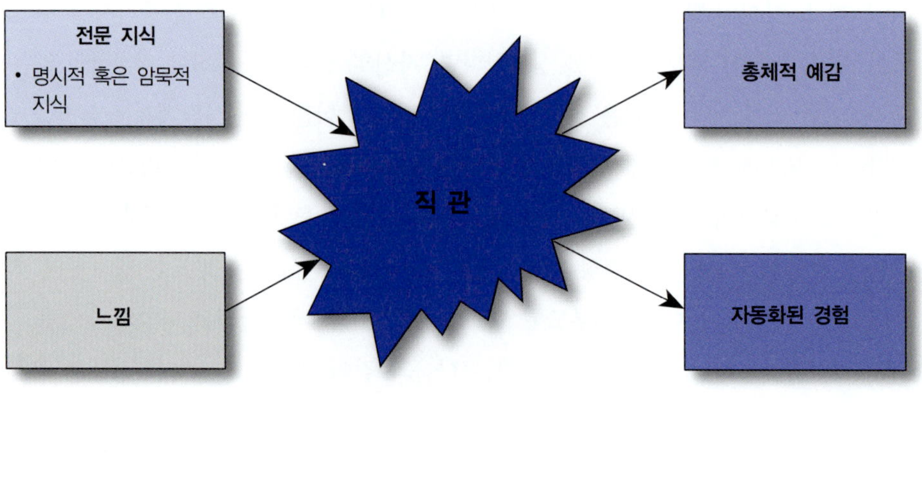

실전 연습

당신의 의사결정 방식은 어떠한가?

설명: 이 설문지에는 4개의 보기로 이루어진 20개의 문제가 있다. 각 보기를 잘 생각한 뒤 당신이 선호하는 만큼 등급을 매겨라. 많은 문제들이 직장인들을 대상으로 했기 때문에 학생인 당신의 입장을 유연하게 적용하여 문제에 답하라. 설문지 위에 있는 공간에 1, 2, 4, 8중 하나로 4개의 보기를 채워라. 당신이 가장 적합한 것에 8을 쓰고 그런대로 적합한 것은 4, 살짝 적합한 것은 2, 가장 부적합한 것에는 1을 써라. 예를 들어 한 문제는 8, 4, 2, 1로 대답되어질 수 있다. 질문에 답을 할 때, 어떠한 숫자를 반복하지 말고, 각 대답의 옆의 상자에 숫자를 넣어라. 일단 20개의 모든 질문이 평가되어지면, 4개의 칼럼에 있는 각각의 점수를 더하라. 첫 번째 칼럼의 합계는 직접적인 스타일, 두 번째 칼럼은 분석적 스타일, 세 번째 칼럼은 개념적 스타일, 마지막 칼럼은 행동적 스타일을 나타낸다.

문항	보기 1	□	보기 2	□	보기 3	□	보기 4	□
1. 인생에서 내 주요 목적은	신분있는 지위를 갖는 것이다	□	무엇을 하든지 최선을 다하는 것이다	□	내 일로 인정받는 것이다	□	내 직업에 안정감을 느끼는 것이다	□
2. 나는 ~한 일을 즐긴다.	명확하고 뚜렷하게 명시된	□	다양하고 도전적인	□	나를 독립적으로 활동하게 하는	□	사람들과 연관된	□
3. 나는 사람들이 ~하길 기대한다	생산적이길	□	유능하길	□	몰입하길	□	호응하기를	□
4. 내 일은 내가 ~하게 한다	성과를 얻게	□	실행할 수 있는 접근방법을 찾게	□	새로운 생각을 적용하게	□	진실로 만족하게	□
5. 나는 ~함으로써 가장 잘 의사소통한다	다른사람과 대화함으로써	□	필기를 함으로써	□	다른이들과 솔직히 터놓음으로써	□	회의를 함으로써	□
6. 나의 계획은 ~에 중점을 둔다	현재의 문제점	□	목적을 달성하기 위한 가장 좋은 방법	□	미래 기회(가능성)	□	조직에서 사람들의 욕구	□
7. 나는 ~에 의해 문제를 해결하는 것을 좋아한다	규칙을 적용함	□	신중한 분석결과를 이용함	□	창조적으로 함	□	자신의 느낌에 의존함	□
8. 나는 정보를 좋아한다	단순하고 직접적인	□	완벽한	□	광범위하고 유익한	□	쉽게 이해되는	□
9. 내가 무엇을 하는지 불확실할 때	나는 내 직감에 의존한다	□	나는 대체방안을 찾는다	□	나는 절충안을 찾으려 애쓴다	□	나는 의사결정 하는 것을 회피한다	□
10. 가능할때마다 나는 ~을 피한다	오랜 논쟁	□	불완전한 일	□	기술적인 문제들	□	다른사람들과의 충돌	□
11. 나는 정말 ~에 능통하다	세부사항을 기억하는 것	□	해답을 찾는 것	□	많은 대안을 보는 것	□	사람들과 작업하는 것	□
12. 시간이 중요할 때, 나는	빠르게 결정하고 실천한다	□	증명된 접근방법을 적용한다	□	무엇이 진행될지 찾는다	□	압박감으로 거절한다	□
13. 사회적 환경에서 나는	많은 사람들과 이야기한다	□	다른 사람들이 하고 있는 것을 관찰한다	□	교제에 기여한다	□	토론의 한 부분이 되기를 원한다	□
14. 나는 항상 ~을 기억한다	사람들의 이름	□	내가 있었던 장소	□	사람들의 얼굴	□	사람들의 성격	□
15. 나는 내가 ~하는 직업을 좋아한다	높은 보수를 받는	□	도전적인 일을 갖는	□	내 개인 목표에 도달할 수 있는	□	집단이 받아들이는	□
16. 나는 ~한 사람들과 가장 잘 일한다	에너지 넘치고 야심찬	□	매우 경쟁적인	□	매우 관대한	□	정중하고 이해심 많은	□
17. 나는 스트레스를 받을 때	빠르게 말한다	□	문제에 집중하려고 노력한다	□	좌절한다	□	내가 해야만 하는 것에 대해 걱정한다	□
18. 다른 사람들은 나를 ~로 여긴다	적극적(인 사람)	□	원칙적(인 사람)	□	상상력이 풍부한 (사람)	□	지원하는	□
19. 내 결정을 일반적으로 ~이다	현실적이고 직접적	□	체계적이고 논리적	□	관대하고 융통성 있는	□	다른 사람들의 필요에 민감	□
20. 나는 ~을 싫어한다	통제권을 잃는 것	□	지루한 일	□	규칙을 따르는 것	□	거절되는 것	□

총점 ____________

출처: Ⓒ Dr. Alan J Rowe, Distinguished Emeritus Professor. Revised 12/18/98. Reprinted with permission.

표 10-1
그룹을 이용한 의사결정의 장단점

장점	단점
1. **지식 공유의 극대화**: 집단은 개인일 때보다 훨씬 더 많은 정보와 경험을 결정사항이나 문제에 활용할 수 있다.	1. **사회적 압박**: 평지풍파를 일으키기를 꺼려하거나 순응에 대한 압박이 개인 구성원의 창의력을 억누를 수 있다.
2. **다양한 관점**: 다양한 지식과 경험을 갖춘 구성원은 다각적으로 상황과 문제를 바라보는데 도움을 줄 수 있다.	2. **소수의 지배**: 간혹 조직이 말 많고 목소리 큰 사람에 의해 좌지우지될 때 조직행동의 질이 떨어진다.
3. **이해의 극대화**: 해결 대안들에 대한 상호 타협적인 집단 토의를 경험한 사람은 최종적인 결정의 도출 근거를 이해하는 경향이 있다.	3. **상부상조**: 애착이 가는 프로젝트나 확실한 이득이 무산될 위기에 처할 경우, 정치적인 권모술수는 건전한 사고를 대체할 수 있다.
4. **수용성의 증가**: 조직의 의사결정과 문제해결에 있어서 활동적인 역할을 한 사람은 "그들"보다 "우리"라는 시각으로 결과를 바라본다.	4. **목표의 이동**: 때때로 논쟁에서 이기거나, 자신의 주장의 정당성을 알리거나, 라이벌에게 보복하는 등의 부차적인 사항들이 문제 해결이나 올바른 결정과 같은 주요 사안을 대체하는 경우가 있다.
5. **훈련소(Training ground)**: 조직 내 신입 구성원들은 직접적인 참여를 통해 조직의 움직임에 어떻게 대처해야하는지 배우게 된다.	5. **집단사고**: 간혹 단결된 조직 문화는 여러 대안적 행동들을 제시하고 평가할 때 올바른 판단력을 무시하고 만장일치만을 중시하는 경우가 있다.

출처: R Kreitner, *Management*, 10th ed(Boston: Houghton Mifflin, 2007), p.231. 허락 하에 사용함.

개개인의 평균실행보다 우수하다." 이러한 결론은 소집단의 의사결정에 관한 차후 연구를 통해 대략적인 지지를 받았으나, 추가적인 연구는 경영자들이 의사결정 과정에 있어서 다른 사람들을 포함시킬지 아니할지를 결정할 때, 대비적인 태도를 취해야 한다고 제안한다. 지금부터 대비적인 권고사항을 살펴보도록 하자.

조별 활동
사막에 갇힌다면 : 의사결정 하기

실무적 권고사항들 승진 여부나 융자 자격과 같이 빈번하게 발생하는 결정 사항의 경우 집단을 활용하는 것이 좋다. 왜냐하면 집단의 경우 개인보다 더 일관성 있는 결정을 내리는 경향이 있기 때문이다. 주어진 시간이 촉박할 경우에는 하나의 단체보다는 가장 유능한 개인으로 하여금 결정을 내리도록 하라. 집단은 결정의 잠재적 위험성이나 시간적 압박과 같은 환경적 위협을 직면했을 때 정보활용 능력이나 의사소통 능력이 저하되고 이는 결국 집단이 좋지 못한 결정을 내릴 가능성을 증가시킨다. 이러한 결론은 관리자들이 명심해야 할 일반적인 원칙을 강조한다; 의사소통의 질은 집단의 생산성에 강력한 영향을 미치므로 복잡한 업무에 있어서 필연적으로 의사소통의 효율성을 제고하기 위한 구조를 고안할 필요가 있다.

6 학습목표
브레인 스토밍, 명목 집단 기법, 델파이법 그리고 컴퓨터 지원에 의한 의사결정을 비교하라.

집단의 문제해결 기법

일치화(consensus)
결정을 지지하기 위해 의견을 제안하고 동의를 얻는 것

조직이 결정을 내리기 위해서는 일반적으로 각 구성원들 간의 일치화가 필요하다. 의사결정 전문가에 의하면, **일치화(consensus)**는 "모든 구성원이 결과에 동의를 하거나 변론할 기회를 가졌음에도 자신의 관점을 타인에게 납득시키지 못할 때 도달하게 된다. 결과적으로 모든 이들이 결정 결과를 지지하는 것이다." 이 정의를 살펴보면 일치화가 만장일치여야 할 필요는 없다는 걸 알 수 있다. 왜냐하면 집단 구성원은 최종 결정까지 동의하지 않을 수도 있지만 성공을 위해 기꺼이 함께 할 의지가 있기 때문이다.

조직은 하나의 결정을 도출하는 과정에서 여러 난관을 경험할 수 있다. 한 예로 한 명이 그룹 전체를 지배한다거나 위협했기 때문에 문제에 대한 조직 차원의 모든 대안들이 나오지 않았을 수 있다. 하지만 이 경우는 원인이 명백할 수도 또는 애매할 수도 있다. 예를 들면 CEO같은 힘과 권력을 가진 조직의 구성원은 대인 관계에 관계없이 단지 있다는 존재만으로 다른 직원들에게 위협감을 줄 수 있다. 더구나 수줍은 성격은 대안산출을 방해한다. 수줍어하거나 사회성이 부족한 개인은 쑥스러움이나 자신감 부족 때문에 의견 제시를 삼가할 수 있다. 효과적인 집단 결정을 하는 데 있어서 또 하나의 장애는 작은 성과에 만족하는 것이다. 앞서서 언급했듯이 집단은 시간적 제약, 정보, 많은 양의 정보를 다뤄야 할 능력 때문에 작은 성과를 취하고 만족해 버리곤 한다.

한 경영전문가는 성공적으로 일치화에 도달하기 위해서 다음과 같이 꼭 해야 할 일과 해서는 안 되는 일을 제안했다. "집단은 적극적인 청취기술을 활용하고 가능한 한 많은 구성원을 참여시켜야 한다. 또한 논쟁의 이유가 무엇인지 탐색하고 사실만을 캐내야 한다. 이와 동시에 집단은 현실적 타협(당신이 지난번에 나를 지지했기 때문에 이번 결정에는 내가 당신을 지지한다는 식의), 투표, 단지 평지풍파를 회피하기 위해서 동의하면 안 된다. 투표는 집단을 승자와 패자로 분열시킴으로써 의견일치를 어렵게 만들곤 하지만 어떠한 상황에서는 296쪽의 〈기술과 모범사례〉처럼 빠른 의사결정이라는 최고의 장점을 지니고 있다.

의사결정 전문가들은 앞서 언급한 일치화의 방해요소를 줄이기 위해 브레인스토밍, 명목집단기법, 델파이법(Delphi method)이라는 3가지 집단 문제해결법을 개발하였다. 이들 기법에 대한 지식은 현재와 미래 경영자에게 그룹을 이용한 의사결정을 좀 더 효과적으로 사용할 수 있도록 도와줄 것이다. 게다가, 컴퓨터를 활용한 의사결정 방식의 출현은 관리자들이 규모가 큰 집단들이 지닌 복잡한 문제를 해결하는데 3가지 기법을 활용할 수 있도록 해주었다.

> **브레인스토밍(brainstorming)**
> 다량의 아이디어들을 산출시키는 방법

브레인스토밍 브레인스토밍(brainstorming)은 창의성을 증가시키기 위해 광고업체의 임원이었던 오스본(A F Osborn)에 의해 개발되었다. 브레인스토밍은 그룹이 문제를 해결하기 위한 다양한 아이디어나 대안을 제시하는데 도움을 주기 위해 사용된다. 이 기법은 자신의 생각에 대한 다른 집단 구성원의 평가와 비난 등의 간섭으로부터 좀 더 자유로워질 수 있기 때문에 매우 효과적이다.

브레인스토밍을 할 때 집단은 모여서 주어진 문제를 함께 검토하게 된다. 그때 각각의 구성원들은 그 문제를 해결할 수 있는 아이디어나 대안들을 조용히 제시하도록 요청된다. 구성원

기술과 모범사례

HP의 결정 속도 올리기

휴렛 패커드(Hewlett-Packard; HP)는 결정에 있어 두 가지 큰 어려움을 인식하고 이를 해결하고자 하였다. (1) 복잡한 상황일 때 분석 단계에서 실행 단계로 전환하는데 어려움이 있다. (2) 빠른 변화가 불확실성을 높일 때 의사결정자들은 진정한 혁신보다 익숙한 관행에 더 편안함을 느낀다. HP는 직원들이 이런 문제들을 해결할 수 있도록 가속서비스(Acceleration Services)라는 사내 컨설팅 그룹을 만들었다.

컨설팅 그룹의 기능 중 하나인 결정 가속부(Decision-Accelerator)는 첫 번째 어려움을 해결하는 데 초점을 두고 있다. 최고 이사회가 계획을 발표했지만 경영자들이 어떻게 그 계획을 실행시켜야 하는지 어려움을 갖는다면 결정 가속부는 그들을 오직 몇 개의 의자와 책상만 있는 단순한 회의실로 모이도록 한다. 그리고 부서원들은 경영자들이 목표에 집중하게 업무 스케줄을 짜며 주제에 대한 대화를 유지할 수 있도록 돕는다. 비록 모든 회의는 만장일치를 지향하지만, 의견 불일치는 빠른 결정 도출을 위해 직접 투표로 해결된다. 결정 가속부는 HP의 콤팩(Compaq) 합병을 도왔다. HP와 콤팩의 합작투자회사가 인사제도나 e-mail과 같은 기업 프로세스의 통일을 결정하는데 있어, 결정 가속부는 HP와 콤팩의 시스템 혼합에 대한 일체의 논의없이 곧바로 HP 시스템을 따를지 콤팩의 시스템을 따를지 양자택일의 투표를 실시하였다. 이런 의사결정 방식은 경영자들의 신속한 업무 처리를 이끌어 냈다.

이 조직의 두 번째 기능인 차고업무(GarageWorks)는 혁신에 대한 저항을 해결하고자 한다. 창의적 사고가 필요한 그룹들은 차고업무에 집중하기 위한 밝은 분위기의 매력적인 회의 장소로 모일 수 있다. 그 곳에서 다양한 주제의 책, 의상, 게임을 통해서 재미를 느낄 수 있다. 회의 장소에는 시계가 없으며 회의 참가자들은 듣고 싶은 음악을 고를 수 있다. 차고업무의 도우미들은 그룹이 목적에 동의하고 팀 구축 활동에 매진할 수 있도록 돕는다. 회의 참석자들은 문제 상황에 대해 논의를 하는 동안 모든 가능성을 열어두고, 브레인스토밍과 명목집단기법을 통한 아이디어를 생각하게 된다. 차고업무는 빠른 업무 처리를 요구하지 않지만, 혁신을 위한 창조 과정을 제공함으로써 창의적 결정을 촉진시켰다.

출처: Based on D M Zell, A M Glassman, and S A Duron, "Strategic Management in Turbulent Times: The Short and Glorious History of Accelerated Decision Making at Hewlett-Packard," *Organizational Dynamics,* 2007, pp 93–104.

들이 자신의 아이디어를 무작위로 떠드는 것보다 조용하게 생각하고 제시하는 아이디어 방안이 훨씬 많은 독특한 아이디어를 만들어내기 때문에 후자의 방법이 더 추천된다. 다음으로, 칠판이나 플립차트(강연 등에서 사용하는 한 장씩 넘기게 된 도해용 카드)에 제시된 아이디어나 대안들을 쓴다. 최근의 한 연구는 관리자나 팀 내 리더들은 무기명으로 브레인스토밍 하기를 원한다고 밝혔다. 또한 연구는 기명보다는 무기명으로 브레인스토밍 하였을 때 보다 획기적이고 논쟁이 될 만한 아이디어가 나온다는 사실도 입증하였다. 마지막으로, 대안들을 분석하고 평가하기 위한 회의를 시작한다. 다음의 IDEO(미국 디자인 전문업체)의 브레인스토밍 일곱가지 수칙은 경영자들에게 좋은 지침이 된다.

1. **판단을 미뤄라.** 아이디어를 창출해내는 초기 단계에선 비판하지 마라. 예를 들어, "우리는 지금까지 이런 방식으로 해오지 않았다." "효과가 없을 거다." "이건 너무 비싸다" 혹은 "상사는 이를 동의하지 않을 것이다."는 말을 결코 사용해선 안 된다.
2. **다른 사람들의 아이디어를 토대로 하라.** "하지만"이라는 말 대신 "그리고"를 사용함으로서 브레인스토밍 참가자들이 다른 사람들의 아이디어를 확장시킬 수 있도록 격려하라.
3. **터무니 없는 생각들을 격려하라.** 틀에 박히지 않은 사고를 격려해줘라. 말도 안되는 엉뚱한 아이디어일수록, 더 좋다.
4. **질보다는 양적인 추구를 하라.** 브레인스토밍 참가자들은 가능한 한 많은 새 아이디어를 짜내어 글로 적을 수 있도록 해야 한다. 양적인 면에 초점을 맞추는 건 그들이 선호하는 아이디어들을 벗어나 다양한 사고를 할 수 있도록 도와준다.
5. **가시화 하라.** 빨간색, 보라색, 파랑색과 같은 다양한 색의 펜을 사용하여 커다란 플립차트 용지나 화이트보드, 혹은 벽 위의 포스터 보드위에 쓰도록 하라.
6. **주제에 초점을 맞춰라.** 회의진행자는 회의 내용이 주제를 벗어나지 않도록 유지해야 한다.
7. **한 번에 한 사람이 말하도록 하라.** 이 회의의 기본원칙은 어떤 누구도 다른 사람을 방해해서는 안 되고, 어떠한 아이디어도 기각시켜선 안 되며, 어떠한 실례되는 언행이나 무례함도 있어서는 안 되는 것에 있다.

브레인스토밍이란 새로운 생각이나 대안들을 제시하기 위한 효과적인 기법이다. 그러나 이것은 대안들을 평가하거나 해결책들을 선별하는 데는 적절치 못하다.

명목집단기법(nominal group technique)
아이디어를 도출하고 해결책을 평가하는 방법

명목집단기법 명목집단기법(nominal group technique)은 집단이 아이디어를 생각하고 해결책을 평가하거나 선별하는데 도움을 준다. 명목집단기법은 다음의 형식을 따르는 조직화된 집단모임이다. 먼저 특별한 문제나 현안을 토론하기 위해 회의가 소집된다. 문제점을 확인한 후 개인들은 그 문제에 대해 생각하는 바를 말없이 적어낸다. 그 후 각각의 구성원들은 라운드-로빈 방식(round-robin fashion, 동등한 가중치를 주는 방법)으로 자신의 목록에 있는 아이디어 하나를 발표한다. 아이디어들은 칠판이나 플립차트에 작성되며 이 절차를 진행하는 단계에서 각 아이디어에 대한 토의는 하지 않는다. 한번 모든 아이디어들이 도출된 후, 집단은 그것들에 대해 토론을 시작한다. 누구든지 그 아이디어에 대해 비판과 방어가 가능하다. 이 절차가 진행되는 동안, 그 아이디어에 대해 동의를 할 것인지 반대를 할 것인지 명확히 드러나게 된다. 이 때, 각각의 회의 참석자들에게 현재 고려중인 아이디어의 찬반에 대한 30초의 변론 시간을 주는 "30초 가두연설법(30-second soap box technique)"은 토론을 용이하게 해준다. 마지막으로, 각 참석자들은 제시된 아이디어에 대한 우선순위를 묻는 비밀투표를 가중 투표로(예를 들어 첫 번째 선택 안은 3점, 두 번째 선택 안은 2점, 세 번째 선택 안은 1점을 부여) 실시한다. 혹은 집단 구성원들에게 컬러 스티커를 가장 좋다고 여겨지는 대안 옆에 붙이는 식의 투표로 변형할 수 있다. 모든 구성원들의 투표가 끝난 후 집단의 리더는 선택 안을 채택하기 위해 최종적으로 투표에 나선다. 최종결정을 하기에 앞서서, 집단은 최고 순위에 오른 아이디어들에 대해 다시 한 번 논의를 해야 하며 이 아이디어에 대해 두 번째 투표를 실시해야 한다.

명목집단기법은 (1) 브레인스토밍과 평가를 분리하고, (2) 집단 구성원들 간 균형잡인 참여를 촉진하며, (3) 만장일치에 다다르기 위해 수학적인 투표방식을 도입하므로서, 집단 의사결정 시 방해요소를 감소시켜준다. 명목집단기법은 다양한 의사결정 상황에서 성공적으로 사용되고 있으며, 일반적인 브레인스토밍 회의보다 더 많은 아이디어를 도출해 내는 것으로 알려지고 있다.

델파이법(delphi technique)
여러 전문가들의 독립적인 의견으로부터 아이디어를 도출해내는 방법

델파이법 이 문제 해결 방법은 기술적 예측을 위하여 랜드사(Rand Corporation)에 의해 처음 개발되었다. 오늘날 이 방법은 다목적 계획 설정 도구로써 사용된다. **델파이법**(delphi technique)은 서로 멀리 떨어진 전문가들의 아이디어나 의견들을 익명으로 도출하는 집단방식이다. 명목집단기법처럼 얼굴을 맞대고 토론을 하는 것이 아니라, 질문지나 인터넷을 통해서 전문가들의 아이디어를 얻는다.

델파이법의 첫 단계는 조사하고자 하는 문제점을 설정하는 것이다. 예를 들어, 관리자는

브레인스토밍은 문제를 해결하기 위해 가능한 한 많은 수의 아이디어를 창출하는 데 사용되는 기법이다. 당신은 아마 여러 수업이나 직장 내 프로젝트에서 브레인스토밍을 해 보았을 것이다. 브레인스토밍을 위한 7가지 규칙 중 당신이 가장 중요하다고 여겨지는 항목은 무엇인가?

소비자 수요, 소비자의 향후 기호나 특정 지역에 공장이 위치함으로써 얻게 될 효과 등을 알아보고 싶어한다. 조사 대상이 설정되고 나면 회의 참가자들이 결정되고 질문지가 만들어진다. 질문지는 참가자들에게 발송되며 이는 관리자에게 회신된다. 컴퓨터 네트워크 환경이 잘 구축된 오늘날에는 참가자들에게 주로 이메일로 질문지가 전송된다. 관리자는 답변을 정리해서 다시 참가자들에게 회신한다. 이 단계에서 참가자들은 (1) 답변을 검토하고, (2) 제시된 의견들에 대해 우선순위를 매기며, (3) 명시된 기한 내에 설문지를 회신해야 한다. 이 사이클은 경영자가 필요한 정보를 얻을 때까지 반복적으로 이뤄지게 된다.

델파이법은 대면 회의가 불가능할 때, 갈등이나 의견 불일치로 토론 분위기를 해칠 때, 특정 개인이나 집단이 토론을 좌지우지할 때, 집단 사고의 위험성이 있을 때, 유용하다.

컴퓨터 지원에 의한 의사결정 컴퓨터지원 의사결정의 목적은 단기간 내에 더 많은 정보를 수집하여 일치화의 방해요소를 줄이는 데 있다. 컴퓨터지원 의사결정에는 전담운용(chauffeur-driven)과 집단운용(group-driven)의 두 가지 형태가 있다. 전담운용 시스템에서는 참가자가 미리 선별된 질문을 전자키나 다이얼을 통해서 답하도록 요구된다. 예를들어 '슈퍼스타 K'와 같은 생방송 프로그램들은 이 시스템을 통하여 여론조사를 실시한다. 컴퓨터 시스템은 초단위마다 참가자들의 응답을 도표화한다.

집단운용 전자회의에는 두 가지 방식이 있다. 첫째로, 필수 결정 사항에 대한 정보를 모으거나 브레인스토밍하기 위해 경영자는 이메일(12장에서 논의될 것)이나 인터넷을 이용할 수 있다. 예를 들어, 마이애미 어린이 병원은 트레이닝 프로그램의 디자인을 결정하기 위해 인터넷과 원격회의 소프트웨어 기술(conferencing software technology)을 접목시켜 사용하였다. 다음은 직원교육 담당자인 룹나 누레딘(Loubna Noureddin)이 조직의 컴퓨터 지원 의사결정에 대해 말한 내용이다.

> "이 시스템의 정말 좋은 점은 다른 병원과의 네트워크입니다." 누레딘이 말했다. "저는 다른 병원이 어떤 일을 하고 있는지 알 수 있습니다. 제가 질문을 하면, 사람들은 대답을 하고 저는 다시 거기에 응답할 수 있습니다." 그녀는 자신과 동료들이 중환자 간호와 같은 특정 분야의 직원들을 훈련시키는 최선의 방법에 대해 다른 병원의 교육담당자나 해당 분야 전문가로부터 조언을 받는다고 예를 들어 설명했다. "당신은 시스템에 접속해서 자신들의 방식을 공유하는 많은 병원들을 만날 수 있습니다." 그녀가 말했다.

누레딘은 이 시스템이 회사의 시간과 돈을 절약시킨다고 주장했다.

집단 운용 전자회의의 두 번째 방식은 개인용 단말기가 상호 연결되어 있는 특정 공간에서 진행된다. 참가자들은 아이디어나 비평, 의견, 조언, 평가들을 말하지 않고 키보드로 타이핑한다. 이러한 정보는 타이핑과 동시에 회의실 전면에 있는 커다란 프로젝터 화면에 나타나고, 참가자들 모두 입력된 정보를 확인할 수 있다. 이 컴퓨터 운용법은 입력사항이 익명으로 처리되고 모두가 참여할 수 있는 기회를 가지며, 누구도 이 과정을 지배할 수 없기 때문에 의견일치의 장애를 줄여준다. 연구조사는 컴퓨터 지원에 의한 의사결정이 그룹의 크기에 상관없이 전통적인 브레인스토밍이나 명목집단기법 보다도 질적, 양적인 면에서 더 높은 수준의 아이디어를 만들어 낸다는 사실을 증명해 보였다.

하지만 흥미롭게도, 또 다른 최근 연구는 어떤 형태의 컴퓨터 지원에 의한 의사결정을 사용해야 할지 결정 할 때 위험이 따른다고 경고하고 있다. 면대면 의사결정 그룹과 컴퓨터 채팅을 통한 의사결정 그룹의 효율성을 비교한 52개의 메타 분석(meta-analysis)으로 비교해 본 결과 채팅 집단의 효율성과 만족도가 상대적으로 떨어지고, 업무를 마치는데 더 많은 시간이 드는 것으로 나타났다. 이러한 연구결과는 주어진 상황에 가장 적합한 컴퓨터 지원에 의한 의사결정 방법을 선택하기 위해 상황적응적 접근법(contingency approach: 1장 참조)의 필요성을 강조하고 있다.

핵심 용어

단원 요약

- **합리적 의사결정 모델과 사이몬(H.Simon)의 규범적 모델을 비교, 대조하라.** 합리적 의사결정 모델은 문제 인식, 해결책 생성, 해결책 선택, 해결책의 수행과 평가로 구성되어 있다. 하지만 한 연구에 따르면 의사결정자는 합리적 모델의 의사결정 절차를 따르지 않는 것으로 나타났다.

  사이몬(H.Simon)의 규범적 모델은 의사결정자들의 제한된 합리성에 기인한다. 제한된 합리성이란 의사결정자들이 의사결정 시 여러 가지 제약에 의해 속박되거나 제한된 것을 의미한다. 규범적 모델은 의사결정이 (1) 제한된 정보처리 (2) 비판적 휴리스틱의 이용, (3) 만족화의 특성을 갖는다고 주장한다.

  쓰레기 통 모델(garbage can model)은 사람들이 실질적으로 의사결정을 할 때 엉성하고 계획이 없다고 여긴다. 대신 문제, 상황, 참가자 그리고 선택의 기회들 사이의 복잡한 상호작용을 통해 의사결정이 내려진다고 믿는다. 따라서 많은 결정들은 실수나 핵심적 기회의 결과, 또는 종종 정치적인 목적에 의해 내려진다. 문제들의 수가 증가할수록 개별적인 문제들의 해결될 가능성은 낮고 중요한 문제는 그렇지 않은 문제보다 해결될 가능성이 더 높다.

- **일반적인 의사결정 편향들을 설명하라.** 사람들은 판단적 휴리스틱(judgemental heuristics)을 사용할 때 시스템적 실수를 범하곤 한다. 가용성 휴리스틱(availability heuristic)은 이미 기억에 있는 정보들을 바탕으로 의사 결정을 내리는 것이다. 대표성 휴리스틱(representativeness heuristic)은 어떤 사건의 가능성을 그와 유사한 사건에 대한 감명을 바탕으로 평가하는 경향이다. 확증 편향(confirmation bias)은 (1)대체가치를 평가하기 전에 무의식적으로 무언가를 결정해버리는 편향과 (2)이미 결정된 의견에 유리한 정보만을 찾으려 애쓰는 반면 그렇지 않은 정보는 무시하는 편향으로 구성된다. 정착 편향(anchoring bias)은 결정에 관계가 있든 없든 간에 의사결정자가 처음 접한 정보에 영향을 받았을 때 발생한다. 과신편향은 관측이나 예측을 과신할 때 나타나는 편향이다. 후판단 편향(hindsight bias)은 결과에 대한 정보를 통해 의사결정자가 과거에 그 결과를 예측할 수 있었던 확률을 과대평가할 때 발생한다. 프레이밍(framing bias)은 이득에 관한 위험과 손실에 관한 위험을 다르게 인식하는 것이다. 그리고 몰입상승편향은 이미 결정이 실행에 옮겨졌다는 비논리적인 이유 때문에 비효과적인 일련의 행동에 집착하는 경향을 말한다.

- **지식 공유의 증가를 위해 기업에서 사용되는 지식경영과 기술들에 대해 설명하라.** 지식경영은 조직 전체에 지식과 정보의 공유를 증가시키는 일련의 활동과 시스템의 시행을 일컫는다. 의사결정의 질에 영향을 주는 지식의 형태로는 암묵지와 형식지가 있다. 조직은 형식지를 공유하기 위해 컴퓨터 시스템을 이용한다. 암묵지는 관찰, 참여활동 혹은 전문가나 코치와 함께 작업함으로 써 공유된다. 멘토링, 비공식적인 네트워킹, 회의, 그리고 사무실 공간의 디자인 또한 지식 공유에 영향을 준다.

- **의사결정 스타일의 모형과 의사결정에서 직관의 역할과 창의적 절차의 각 단계들을 설명하라.** 의사결정 스타일 모형은 스타일이 두 가지 다른 범위에 따라 달라진다는 생각에 기반을 두는 데 하나는 가치지향이며, 다른 하나는 모호성에 대한 관용이다. 이 두 가지 범위가 결합되었을 때, 이들은 직접적, 분석적, 개념적, 행동적의 네 가지 스타일의 의사결정 형태를 지니게 된다. 직접적 방식의 사람들은 모호성에 대한 관용도가 낮으며, 업무와 기술 지향적이다. 분석적 방식은 모호성에 대한 관용도는 더 높고, 상황을 지나치게 분석하는 경향이 있다. 개념적 방식의 사람들은 모호성에 대해 높은 인내를 가지고 있으며, 사람이나 작업 환경의 사회적 관점에 중점을 두는 경향이 있다. 행동적 방식은 네 가지 유형 중 가장 인간중심적이다.

  직관은 직접적인 지식을 얻거나 의식적인 논리 혹은 사고의 적용 없이 상황을 이해하는 것을 의미한다. 이는 전문 지식과 느낌의 결합으로부터 나타나고 총체적 예감 또는 자동화된 경험으로 표현된다. 직관은 의사결정 속도를 높여주지만 편향의 위험을 가지고 있다. 직관과 이성은 서로의 타당성을 평가함으로써 상호 보완적 기능을 가질 수 있다.

  창의력이란 새롭거나 참신한 제품, 사물, 공정과정 또는 생각을 만들 수 있는 기술력, 상상력, 지능을 사용하는 과정이다. 창의적 절차에는 준비, 집중, 배양, 깨달음, 확증의 다섯 단계가 있다.

- **의사결정 과정에서 집단 참여의 장단점을 요약하라.** 표 10-1

에서 볼 수 있듯이 의사결정 과정에 있어 집단참여는 장점과 단점을 지니고 있다. 비록 연구는 개인 보다는 집단이 일반적으로 더 높은 효율을 지닌다는 것을 보여주지만, 경영자는 그룹을 의사결정 과정에 포함시킬지 결정할 때 상황적응적 접근법을 고려해야 한다.

- **브레인스토밍, 명목집단기법, 델파이법(Delphi technique), 그리고 컴퓨터 지원에 의한 의사결정을 대조하라.** 집단의 문제해결 기법은 집단 내 더 나은 의사결정을 가능케 한다. 브레인스토밍은 집단이 문제 해결을 위해 다양한 아이디어와 대안을 생성하도록 도움을 준다. 명목집단기법은 집단이 아이디어를 생성하고 해결책을 평가하고 선택하는 데 도움을 준다. 델파이법은 멀리 떨어져 있는 전문가들로부터 익명의 아이디어와 평가를 받는 집단 활동이다. 컴퓨터 지원에 의한 의사결정의 목적은 최단 시간 내에 최다 정보를 모으는 동시에 의견일치의 방해요소를 줄이는 데 있다.

토의 문제

1. 단원 첫 부분에 나온 사례로 돌아가서, 전문 커피를 판매하고자 했던 맥도날드의 결정에는 직관이 어느 정도 반영되었다고 생각하는가?
2. 지식경영의 중요도가 시간이 지날수록 더 높아질거라 생각하는가? 근거를 들어 설명하라.
3. 왜 의사결정 스타일이 대인간 갈등의 원인이 될 수 있는가?
4. 몰입상승편향의 경험이 있다면 그 상황을 설명하여라. 당신이 손해 보는 상황을 고집한 이유는 무엇인가?
5. 의견일치를 얻기까지의 시간과 갈등의 잠재적 위험을 고려할 때, 그룹은 노력할 만한 가치가 있다고 생각하는가?

윤리적 딜레마

웨스트우드(Westwood) 고등학교의 교장은 전통적인 졸업식 복장이 아닌 다른 복장 착용을 허용해야 하는가?

이 딜레마는 애리조나주 메사(애리조나주 중남부에 있는 도시), 웨스트우드(Arizona's Westwood) 고등학교의 교장 헬렌 리들(Helen Riddle)의 상황이다. "웨스트우드 고등학교에는 112명의 피마-마리코파 부족(Salt River Pima-Maricopa Indian Community) 학생을 포함한 총 225명의 미국 원주민 학생이 있다. 이들은 대부분 메사 통합 학교 구역 내에 거주하고 있다." 구역 내에는 총 452명의 원주민 학생이 이쏘, 그 중 149명은 솔트 리버 보호구역(Salt River Reservation: 피마-마리코파 부족의 터전) 출신이다. 여기서 문제는 시작되었다.

미국 원주민 학생들은 교장에게 졸업식에서 독수리 깃털을 입는 것을 허락해 달라고 요청했다. 이것은 미국 원주민 학생들의 풍습에서 비롯된 합리적인 요구로 보이는 반면에, 웨스트우드 고등학교에는 "학생들은 졸업식에서 오직 전통적인 모자와 가운만 입도록 허용하며, 군대유니폼을 포함한 다른 장식품과 의상을 허용하지 않는다. 이 규칙은 학교의 과거 관례와 풍습에서 비롯한 것이며, 학교 이사회의 정책은 아니다."는 규칙이 있었다.

미국 원주민 학생 옹호측은 학생들 개인의 삶에 있어서 의미 있는 성취감을 표현하고자 하기 때문이니 학생들이 독수리 깃털을 입도록 허용해 달라고 주장했다. 반대로, 학교 이사회의 한 측근은 이번 허가가 제2, 제3의 다른 문화권 학생의 요구를 만들어낼 수 있기 때문에 규칙의 예외를 두는데에 반대했다.

당신이 웨스트우드 고등학교의 교장이라면 어떻게 하겠는가?

1. 미국 원주민 학생들이 올 해 뿐만 아니라 계속적으로 독수리 깃털을 입도록 허락한다. 이것은 다양성의 존중이다.

2. 미국 원주민 학생들이 독수리 깃털을 입는 것을 허락하지 않는다. 왜냐하면 그것은 규칙 위반이기 때문이다. 한 번 예외를 허락하면 졸업 복장에 대한 또 다른 요구를 불러일으킬 것이다. 한 번은 되고 두 번은 안된다라는 것은 있을 수 없다.
3. 올해 졸업식에서만 원주민 학생들이 독수리 깃털을 입을 수 있도록 허가한다. 그리고 학교 위원회를 소집하여 졸업 복장 기준을 재검토한다.
4. 다른 해결안을 생각한다. 토론해보라.

Chapter 11

갈등과 협상

학습목표

이 단원을 학습한 후, 다음의 질문에 답할 수 있어야 한다.

1. 갈등을 정의하고, 순기능적 갈등과 역기능적 갈등을 구분하라. 갈등의 기대되는 세 가지 결과를 파악하라.
2. 성격 갈등을 정의하고, 어떻게 관리되어야 하는지 설명하라.
3. 집단 간 갈등에서 배타적 사고의 역할에 대해 논의하고, 문화 간의 갈등을 방지하기 위한 방법으로 무엇이 있는지 설명하라.
4. 관리자가 어떻게 순기능적 갈등을 설정할 수 있는지 설명하고, 다섯 가지 분쟁 해결 방법을 파악하라.
5. 최소 네 가지 대안적 논쟁 해결 기술에 대해 알아보고 설명하라.
6. 분배적 협상과 통합적 협상의 차이점을 기술하고, 부가가치 협상의 개념에 대해 설명하라.

근무시간에 인터넷으로 쇼핑이나 다른 일을 하는 행위는 동료들의 인상을 찌푸리게 한다. 상급자로서, 만약 업무와 관련이 없는 일로 컴퓨터를 사용하는 직원을 목격했다면 어떻게 행동해야 할 것인가?

로리 비챔(Lowrie Beacham)은 두 직원이 새로운 헬스클럽 담당자 자리를 놓고 경합을 벌이는 상황과 같이, 직원들과 대립하거나 한 쪽 편을 들어야 하는 결정 상황을 좋아하지 않는다.

"한 번 얼굴 붉히고 그 자리에서 문제를 털어버리기 보다는, 속에 담아두고 계속 고민하는 편이었습니다."라고 그는 회상한다. "이는 문제를 깡통 차듯이 조금 더 멀리 차버리는 것과 같습니다. 결국에는 주워담아야 하는데 말입니다. — '이 문제에 대해서는 다음 달에 상의해 보도록 합시다'와 같은 — 이러한 행동은 문제를 직면하는 것을 피하는 것 밖에 되지 않습니다."

직원들이 그의 조심스러운 비판에 화를 낼 때면, 그는 주제를 바꾸기 일색이었다. "제 시간에 일을 하는 모습이 보기 좋습니다." "고객들이 당신과 일하기 힘들다는 말에 신경쓰지 마세요."

결과적으로 부서는 제 기능을 하기는커녕 엉망으로 변해버렸다. "규율과 자신의 일에 대한 확신은 사라지고, 중상 모략과 투정 만이 비일비재했다"고 그는 인정했다. 결국 그는 관리직을 그만 두었다. "나는 관리직에서 벗어나 매우 행복하다."라고 그는 말한다.

나쁜 관리자라 하면 화를 낼 때 핏대를 세우며 소리를 지르는 이미지가 떠오른다. 하지만 이런 타입의 경영자는 매우 드물다. 오히려 정작 비난이 필요한 직원에게 아무런 지적도 하지 않는 경영자들이 더 일반적이고 대중화되고 있다. 불쾌한 대화를 필요 이상으로 피하게 되면, 나중에 더 악화된 결과를 초래할 수도 있다. 직원들은 단기적으로 친절함을 느끼겠지만 장기적으로 봤을 때는 무정함을 느낄 것이고, 문제가 있는 직원은 전혀 발전하지 못하는 불행한 결말을 맞게 될 것이다. 당신이 지적하지 않고 넘어갔던 문제들이 쌓이다 보면 더 이상 고칠 수 없는 상황이 된다.

예전에 회계부서에 있었던 존 하드캐슬(John Hardcastle)은 자기 개발 열정으로 가득 찬 무수한 사람들 중 한 사람이었다. 하지만 그가 보고서를 제출하고 피드백을 요구할 때마다 그의 상사는 그에게 쓴 소리를 할 수가 없었다. 그가 말하기를, "제 상사는 보고서의 잘못된 부분에 대한 직접적인 언급을 억지로 피하는 것 같았습니다. 저는 일을 잘 하고 있는건지, 정확히 어떤 점이 더 필요한지 알 길이 없었습니다.

인적자원 컨설턴트인 로라 콜린스(Laura Collins)는 "갈등을 회피하는 상사들은 직원들이 실제로 자신의 요구 사항을 이해하지 못한다는 보편적인 생각을 가지고 있다"고 이야기한다. 그래서 그들은 어느 상황에서도 할 수 있는 일반적인 말들, 즉 "세부사항에 대해 조금 더 주의를 기울여라", "의사소통 방식을 개선해라" 또는 "조직에 더 잘 융화될 수 있도록 해라"와 같은 말들을 하려는 경향이 있다.

이러한 갈등 회피는 오히려 직원의 약점을 키우는 방안이다. 맥신 얼웨인(Maxine Erlwein)은 이런 부류의 상사 밑에서 일하는 동안 1/4분기와 2/4분기 인사평가에서 극찬을 받았고, 상사와 매일 아이디어 회의를 진행했다. 하지만 그녀는 상사가 연말평가에서는 자신을 "직급에 필요한 최소한의 능력도 갖추지 못했다"라고 평가했다고 말한다. 스트레스는 그녀의 식욕과 기억력을 떨어뜨리고 수면 장애를 불러왔다. "갈등을 회피하는 사람은 겉모습과는 달리 계속 원한을 품고 있는 겁니다."라고 그녀는 말한다.

아무도 기만적인 평화와 고요를 좋아하지 않는다. 프로그램 분석가인 로렌스 레빈(Lawrence Levine)은 동료가 이베이(eBay)에 많은 시간을 할애하는 것을 목격했다. 의심할 여지없이 관리자도 이를 목격했을 것이다. 이 사실은 로렌스뿐 만 아니라 전 직원들을 혼란스럽게 했다.

"우리는 왜 비슷한 임금을 받으면서 일을 하지 않은 직원에게 아무 조치도 하지 않는지 곰곰이 생각했습니다. 정말 우리를 화나게 만든 건 우리가 개인이 아닌 조직의 생산능력으로 평가받는다는 것입니다."

하지만 수석 엔지니어를 맡고 있는 존 트레일러(John Taylor)는 직무 태만 동료 때문에 비슷한 불만을 가진 경험이 있음에도 불구하고, 자신 역시 갈등을 회피하는 관리자라는 사실을 알게 되었다. 그는 직원을 질책하면서 정신적 스트레스를 주는 것을 싫어한다.

심지어 트레러는 다른 직원들의 불만에 못 이겨 조용히 한 직원을 이직시킨 적도 있다. "그 직원은 상부의 중요 프로젝트 요청 때문에 품위있게 떠날 수 있었습니다. 그랬다면 저도 실제 갈등 상황에 직면하지 않아도 됐었을 겁니다."라고 그는 말한다.

트레일러는 직원을 관리하는 자신의 방식이 직원들에게 전혀 도움이 안 된다는 것을 알고 있다. 덧붙여 회사에서 받는 관리자 교육훈련은 이러한 갈등을 관리하는 방법을 알려주지 않는다며 그는 "있었다면 분명 많은 도움이 됐을 겁니다"라고 이야기한다.

| 토의하기 |

직원은 자신의 관리자가 갈등을 피하려고 하면 이에 맞서야 하는가? 이유를 설명해 보시오.

이 장을 여는 사례는 갈등을 회피하는 것이 조직 유효성에 부정적 영향을 미친다는 것을 보여준다. 또한 현대 삶에서 갈등은 피할 수 없는 측면이라는 것을 보여준다. 이렇게 조직적 갈등을 피할 수 없게 만드는 주요 요인은 다섯 가지 정도가 있다.

- 끊임없는 변화
- 직원의 다양성
- 팀의 증가(가상팀과 자기관리팀)
- 면대면 의사소통의 감소(전자적 상호작용 증가)
- 세계경제 속 문화간 거래의 증가

갈등에 대한 조직행동 전문가인 폴 스펙터(Paul Spector)는 갈등을 "인간 조건의 한 부분이다. 결혼한 커플에서 국가까지, 단순한 논쟁에서 전세계의 전쟁까지 사회 상호작용의 모든 단계에서 일어난다. 기업에서 갈등은 직무집단 내부와 직무집단 사이의 모든 단계에서 일어난다. 관리부가 고려해야 할 노력은 갈등과 그에 따른 여파를 잘 다루는 것이다"라고 결론지었다.

연구자들과 실무자들은 갈등이 긍정적, 부정적 효과를 둘 다 갖고 있다고 생각한다. 예를 들어, 우리가 4장에서 배웠듯이 직무집단에서의 다양성은 갈등을 야기할 수 있지만, 훈련을 통해서 다양성을 가진 집단이 더 높은 수준의 성과를 내도록 할 수 있다. 이 장의 목표는 갈등의 부정적인 측면을 피하면서 긍정적인 효과를 얻어내는 방법을 이해하도록 돕는 것이다. 우리는 우선 갈등을 이해하는데 필요한 기초를 학습하고 갈등의 주요한 유형들에 대해 논의할 것이다. 그리고 갈등을 관리하는 방법과 도구에 대해 알아보고 협상의 기술을 탐색하는 것으로 마무리 할 것이다.

갈등의 현대적 시각

갈등(conflict)
한 집단이 이익으로 인지하는 것이 다른 집단의 이익에 반대되거나 방해되는 것

1 학습목표
갈등을 정의하고, 순기능적 갈등과 역기능적 갈등을 구분하라. 갈등의 기대되는 세 가지 결과를 파악하라.

갈등 학문에 대한 종합적인 개괄은 다음과 같은 결론을 이끌어낸다: "**갈등(conflict)**은 한 집단이 자신들의 이익이 다른 집단의 이익에 반하거나 그들로부터 부정적인 영향을 받았음을 인식하는 일련의 과정이다." 여기서 인식이라는 단어는 갈등의 원인과 상황들이 실제이거나 허구일 수 있다는 것을 상기시켜준다. 갈등 또한 마찬가지이다. 갈등은 시간이 흐름에 따라 확대되거나 축소될 수 있다. "갈등 진행과정은 상황에 따라 전개되고 갈등이 일어날 때에는 갈등의 깊이와 상관없이 논쟁자나 제 3집단이 어떤 식으로든 처리하려고 할 수 있다."

결과적으로, 현재와 미래의 관리자들은 갈등의 원인을 이해하고 어떻게 하면 효과적으로 갈등을 다룰 수 있는지를(논쟁자와 제3자 모두의 입장에서) 알아야 한다.

갈등의 연속

갈등 관리에 대한 생각은 20세기를 거치며 흥미로운 진화 과정을 겪었다. 초기에 프레드릭 테일러(Frederick Taylor)와 같은 과학적 관리 전문가는 모든 갈등은 경영권을 위협한다고 믿었으며, 따라서 피할 수 있으면 피하고 그렇지 않으면 빨리 해결해야 한다고 믿었다. 그 후에, 인

간 관계론자(human relationist)들은 갈등은 피할 수 없는 것이란 것을 깨닫고 관리자들에게 갈등을 피하려 하지 말고 갈등 속에서 살아가는 방식을 배우라고 했다. 그러나 되도록이면 갈등은 해결하는 것이 좋다고 강조하는 것도 잊지 않았다. 1970년대 초반, 조직행동 전문가들은 갈등의 강도와 특성에 따라 부정적인 결과가 나올 수도 있고, 긍정적인 결과가 나올 수도 있다는 것을 깨달았다. 이런 관점은 조직에 갈등이 너무 없는 것도 문제가 될 수 있다는 혁신적인 생각을 할 수 있게 해주었다.

갈등이 너무 적은 업무 집단, 부서 또는 조직들은 무관심, 창의력 부족, 마감일 미수 등의 경향을 보인다. 반면에, 과도한 갈등은 정치적 혼란, 불만족, 팀워크의 부재, 이직 등의 현상 때문에 조직의 성과를 감소시킬 수 있다. 직장 공격성과 폭력은 과도한 갈등의 징후일 수 있다. 적절한 유형과 적당한 수준의 갈등은 건설적인 방향으로 사람들에게 힘을 불어넣을 수 있다.

순기능과 역기능적 갈등

순기능적 갈등(functional conflict)
기업의 이익에 도움이 되는 것
역기능적 갈등(dysfunctional conflict)
기업의 이익에 해가 되는 것

순기능적 갈등(functional conflict)과 **역기능적 갈등**(dysfunctional conflict)의 차이는 조직에 이득이 제공되는지가 그 기준점이 된다. 한 갈등 전문가에 따르면,

> 어떤 갈등은 조직의 목표를 지향하고, 성과를 높여준다. 이를 순기능적, 창의적 갈등이라 한다. 반대로 조직의 성과를 방해하는 갈등 유형이 있다. 이 갈등은 역기능적이고 매우 유해하다. 이는 바람직하지 않은 갈등들이므로 관리자는 반드시 근절 방법을 찾아내야 한다.

순기능적 갈등은 일반적으로 기업의 경영활동 내에서 건설적 또는 협력적인 갈등으로 불린다.

당신의 지식을 시험하라
갈등을 다루는 유형

종종 끓어오르는 갈등은 어떻게 다뤄지느냐에 따라 그 결과가 순기능적인 결과로 완화되거나 역기능적인 결과로 이어질 수 있다. 에어버스(Airbus)와 스노키스트 그로워스(Snokist Growers)의 사례를 통해 표면화된 갈등이 전혀 다른 결과를 가져올 수도 있다는 것을 알아보자. 에어버스는 A380 항공기에 복잡한 배선을 설치하는데 있어서 큰 문제점이 발생했다. 새로운 고급 항공기에 비디오 콘솔, 위성전화 등을 포함한 표준 업무를 가동하기 위해서는 30,000개의 케이블이 필요한데 배선작업은 계획자가 생각했던 것보다 훨씬 더 어려웠다. 회사는 새로운 항공 상품의 출시 연기를 발표해야 했고, 관리자들은 서로에게 책임을 묻기 시작했다 — 갈등은 업무 수행 속도를 더욱 느리게 했다. 이에 대한 해결책은 강한 리더십으로 모든 이들이 공통의 목표에 집중할 수 있도록 하는 것 밖에 없다고 결론내린 에어버스의 임원들은 조립 공정 담당으로 루디거 후스(Rüdiger Fuchs)를 임명했다. 후스는 모든 관리자들로부터 정보를 모으고, 엔지니어들에게 작업 현장으로 올 것을 지시했다. 그리고 생산 관리자들과 엔지니어들이 일일 회의에 참석하여 문제를 찾고 해결하도록 했다. 이러한 변화는 투명성을 제고하여 집단

간의 비난 감소와 문제 해결에 집중할 수 있는 환경을 조성하였고, 그 결과 프로젝트는 다시 원활하게 진행될 수 있었다.

스노키스트에서 발생한 관리부와 통조림 작업 직원들 간 갈등을 고려해보자. 두 집단 모두에게 이득이 되는 해결책을 얻기 위해 해야 할 일은 무엇인가?

이와 대조적으로, 350명의 과수원 농부들이 공동 소유하고 있는 워싱턴 주의 과일 포장 및 통조림 회사인 스노키스트에서는 관리부와 통조림 작업 직원들과의 갈등이 지속되었다. 문제는 CEO인 발레리 워너(Valerie Woerner)가 수년 전 파산 직전의 회사를 살리기 위해 재고를 줄이고, 업무를 자동화하고, 직원을 감축하고 남아있는 직원들의 복리후생을 줄이면서 발생했다. 충격과 분노에 찬 직원들은 노동조합 대표를 선출하고 더 나은 임금과 복리후생을 요구했다. 스노키스트에서 텍사스 출신 노동 변호사를 고용했을 때, 노동조합은 협상을 거부하고, 그의 "거만한" 태도가 이런 적대적인 환경을 만들었다며 투표를 통하여 파업을 결의했다. 수확 시즌부터 시작된 8개월 간의 파업 때문에 양 측 모두 큰 대가를 치러야 했다. 그리고 직원들은 자신이 요구했던 것들을 대부분 얻지 못한 채로 결국 계약서에 동의해야 했다. 이 결과는 마치 스노키스트가 승리했다는 것을 의미하는 것처럼 보였지만, 계약서는 3년 동안 유효한 것이므로 사실상 경영진과 직원들이 다시 협상 테이블에 앉아야 한다는 것을 의미했다. 노동조합 대표인 셰리 스캇(Sherry Scott)은 "우리는 회사로부터 더 나은 대우를 받을 자격이 있다고 생각하며, 이에 대해 회사와 대화할 것을 기대하고 있다"고 말했다.

해고에서 살아남은 직원들은 일반적으로 너무 많은 일을 한다고 불평한다. 그래서 스트레스와 갈등으로 가득 차 있다. 관리자는 대형 구조조정에서의 생존과 관련한 스트레스를 직원들이 대처할 수 있도록 어떻게 도와줄 수 있을까?

갈등의 선례

어떤 상황에서는 다른 상황에서보다 더 많은 갈등이 일어난다. 경영자는 그 사례들을 살펴봄으로써 갈등을 예견할 수 있으며 그 갈등이 역기능적인 것이라면 해결의 발판을 마련할 수 있다. 순기능적, 역기능적 갈등이 나타날만한 경향을 보이는 상황들은 아래와 같다.

- 공존할 수 없는 성격 또는 가치 체계
- 겹치기나 불분명한 직무 간의 경계
- 제한된 자원을 둘러 싼 경쟁
- 부서 간/ 집단 간 경쟁
- 부적절한 의사소통
- 상호의존적인 업무(한 사람이 업무를 끝낼 때까지 다른 사람이 그의 업무를 끝낼 수 없는 경우)

- 조직의 복잡성(조직의 수직적 계급 계층수와 분화된 업무가 증가함에 따라 분쟁이 많아지는 경향이 있음)
- 비합리적이고 불명확한 정책, 기준, 규정
- 비합리적인 마감기준 또는 극단적인 시간 제약
- 집단적인 의사결정 과정(많은 사람들이 의사결정 과정에 참여할수록 갈등의 가능성이 더 높아짐)
- 다수결에 의한 합의(반대의사를 가진 사람은 강압적인 느낌을 받을 수 있음)
- 충족되지 못한 기대(업무, 임금, 승진에 대한 비현실적인 기대를 가지고 있는 직원은 더 많은 분쟁을 일으키는 경향을 보임)
- 미결상태이거나 억압된 분쟁

사전에 미리 행동하는 경영자는 이러한 경고들을 주의 깊게 읽고 그에 합당한 행동을 취한다 (310쪽에 있는 〈기술과 모범사례〉를 보라). 예를 들어, 어떤 경우에는 의견 일치를 고집하기보다는 다수결에 의한 의사결정이 집단 갈등을 감소시킬 수 있다.

왜 사람들은 갈등을 회피하는가

당신은 갈등 상황에서 불편함을 느끼는가? 갈등을 피하기 위해 당신의 진로를 바꾸기도 하는가? 만약 그렇다면, 당신 혼자만 그러는 것은 아니다. 많은 사람들이 좋은 이유에서건 나쁜 이유에서건 갈등을 회피하려 한다. 팀 어시니(Tim Ursiny)는 매우 유쾌하면서도 교훈적인 그의 저서 「겁쟁이를 위한 분쟁 해결 가이드」에서 인간은 "손해, 거절, 관계의 상실, 분노, 이기적으로 보이는 것, 엉뚱한 말 하기, 실패, 다른 사람에게 상처주기, 소원성취, 친밀감"과 같은 요소들의 복합체로 인해 두려움을 느끼기 때문에 갈등을 피한다고 밝혔다. 이 목록은 '소원성취'에 대한 두려움을 제외하고는 자명한 사실이다. 어시니는 '소원성취'에 대한 두려움을 통해 개인적으로 성공에 대한 자신의 자격을 의심하거나 성공 이후를 두려워하는 사람들을 설명했다(그렇기 때문에 이런 부류의 사람들은 자기 파괴적인 성향을 보인다). 갈등을 회피하는 것은 그 문제를 완전히 떠나보내는 것이 아니다; 같은 상황이 다시 생길 수 있고 심지어 더 심각해질 수 있다. 그렇다면 대안은 무엇인가? 현재 우리로서는 우리의 두려움을 의식적으로 인식하고 이것을 극복하는 방법을 아는 것 만으로도 충분하다. 이 장의 내용들을 읽고, 이해하고, 행동하는 것 자체가 긍정적인 방향으로의 첫걸음이 될 것이다.

갈등으로 인해 기대되는 결과

조직 내에서 갈등관리는 단순히 동의를 요구하는 것과 같이 간단하지가 않다. 상황이 진척되고

기술과 모범사례

스토바크사의 게임에는 건전한 갈등만이 허락된다

시카고에 위치한 스토바크(staubach)는 상업 부동산 거래에서 세입자를 대신해 거래를 성사시킨다 – 이 산업은 경쟁적이고 야망이 넘치는 사람들로 가득하다. 임대인과 협상하는 어려움을 포함해서, 당신은 스토바크가 많은 갈등을 경험할 수 있는 좋은 곳이라는 생각을 하게 될 것이다.

하지만 스토바크는 갈등에서 이기는 문화를 가지고 있다 – 다른 NFL 은퇴선수 뿐만 아니라 마라톤 선수나 트라이애슬론 선수를 직원으로 고용한 로저 스토바크(Roger Staubach)는 전직 NFL 쿼터백이었고, 그가 회사를 설립했다는 것이 전혀 놀라운 일이 아니다. 이 팀의 분위기는, 직원들은 열심히 일할 뿐만 아니라 회사 전체의 성공에 기여하고 있다는 점에 자부심을 느끼고 있다.

스토바크가 성사시키는 대부분의 거래는 두 명 이상의 중개인을 포함하고 있으며, 중개인들은 수백만 달러에 이르는 중개수수료를 나눠 갖는다. 수수료 배분에 있어서 중개인들끼리의 과잉 경쟁을 막기 위해 스토바크는 중개인들에게 근무 규정을 따를 것을 강조하고 있다. 만약 한 중개인이 다른 동업자에게 득이 될 정보를 가지고 있다면, 그것을 공유하도록 요구된다. 계약을 성사시키려는 중개인은 이메일을 통해 정보를 요청할 수 있고, 회사 데이터베이스를 통해 중개인과 고객의 과거 거래 내역을 확인할 수도 있다.

팀워크는 신입 중개인이 회사에 입사한 순간부터 시작된다. 멘토링 프로그램은 신입과 경력 사원을 짝지어 주고, 이를 통해 신입 중개인들은 협상 기술과 거래 성사 과정을 배우게 된다.

출처: Based on K McKeough, "Huddle Up: Staubach," *Crain's Chicago Business*, March 3, 2008, downloaded from General Reference Center Gold, http://find.galegroup.com

있고 역기능적 갈등이 최소화 되었다면 이제는 좀 더 넓은 시야를 가질 차례이다. 조스볼드(Tjosvold)의 협력적 갈등 모델은 갈등으로 인해 나타날 결과로 아래의 세 가지를 제시한다.

1. **동의.** 공정하고 정당한 동의야말로 최고의 동의라고 할 수 있다. 한 집단에게서 박탈감, 좌절감을 느끼게 하는 동의는 원한과 갈등을 야기할 수 있다.
2. **더욱 견실한 관계.** 좋은 동의는 갈등을 겪는 집단 사이에 호의와 신뢰의 다리를 놓아준다. 이는 추후에 큰 도움이 될 것이다. 더욱이, 서로에 대해 신뢰가 있는 집단 사이에 갈등이 있는 경우에는 서로의 관계를 끝내지 않고 계속 유지하려고 한다.
3. **학습.** 순기능적 갈등은 자기 인식과 창의적인 문제해결 능력을 더욱 높여준다. 성공적인 갈등관리는 경험으로써 익힐 수 있는 것이다. 이번 단원에서 얻은 개념 및 기술적 지식은 갈등 관리를 위한 필수 요소이지만 사실 직접 해보는 것보다 좋은 것은 없다. 논쟁이 많은 이 세계에는 갈등관리를 연습할만한 기회가 아주 많이 있을 것이다.

갈등의 주요 형태

2 학습목표
성격 갈등을 정의하고, 어떻게 관리되어야 할지 설명하라.

몇몇 갈등의 선례는 자세히 살펴볼 가치가 있다. 이 섹션에서는 갈등의 일반적인 세 가지 유형(성격 갈등, 집단 간 갈등, 문화 간 갈등)의 본질과 조직적 영향에 대해 알아볼 것이다. 갈등의 각 유형에 대한 논의에는 몇몇 실용적인 팁도 포함될 것이다.

성격 갈등

5장에서 논의했듯이, 당신의 성격은 당신만의 독특한 자아를 형성하는 안정된 특성이나 특질의 집합체이다. 그 주제에 관한 전문가의 말에 따르면:

> 우리들은 다른 사람들과 상호작용을 하는 데 있어서 각각의 독특한 방식을 갖고 있다. 우리가 매력적으로 보이는지, 초조해 보이는지, 매혹적으로 보이는지, 특별하게 보이는지, 다가가기 쉬워 보이는지,

또는 위협적으로 보이는지는 전부 우리의 성격이나 다른 사람들이 우리의 스타일을 어떻게 판단하느냐에 달려있다.

사진 속 주인공은 데이터 저장 회사의 선두주자인 EMC 사의 조셉 투시(Joseph Tussi)이다. 빠른 결정력과 실행력을 갖추면서도 그의 성격은 차분하고 기복이 없다. 회사의 CFO는 '그는 권위적인 CEO가 아니다'라고 직접적이고 쉽게 말했다. 이러한 자질은 사람들이 그를 믿고 따르도록 만들었고, 그는 쓰러져가는 회사를 일으켜세우는 것 이상의 성공을 이끌었다.

개인 특성의 수 많은 조합 가능성을 놓고 보면, 성격 갈등이 왜 불가피한지 알 수 있다. 우리는 **성격 갈등(personality conflict)**을 개인적 반감 혹은 의견 불일치에 근거한 개인 간의 대치로 정의하고 있다. 이는 최근 173명의 미국 관리자들을 대상으로 한 조사를 통해 증명된 매우 중요한 논제이다. 무엇이 관리자들을 괴롭게 하느냐는 질문에 73%가 넘는 사람이 "내가 싫어하는 사람과 관계 맺기"라고 대답하여, 25%로 2위를 차지한 "임금 인상에 대한 요구", 24%로 3위를 차지한 "큰소리로 말하기"의 응답을 압도했다.

성격 갈등(personality conflict)
개인적 반감 혹은 의견 불일치에 근거한 상호 간의 대립

직장에서의 무례함: 성격 갈등의 씨앗 신체적 고통이라고도 할 수 있는 만성적 성격갈등은 때때로 별것 아닌 자극으로부터 시작된다. 예를 들어, 까다로운 성격들을 가진 멘토들을 고려해보자.

> 아드리안 곤잘레스(Adrian Gonzalez)가 공장에서 일을 시작했을 때, 그는 멘토인 선배 직원과 작은 사무실을 같이 쓰도록 배정받았다. 그의 멘토는 자신이 동료들을 험담할 때 같은 편이 되줄 것을 강요했다.
>
> "만약 그가 중책을 맡고 있었다면 나는 생지옥을 경험했을 것이다"라고 곤잘레스는 말한다.
>
> 조 실버맨(Joe Silverman)에게 이 정도는 약과에 불과하다. 그는 전직 인사연구팀에서 멘토였던 그의 상사에게 완전 질려있다. 조는 그의 상사가 멍한 눈으로 아무런 대꾸도 없이 혼자 웅얼거리기만 하는, 혼자만의 세상에 갇힌 사람이었다고 말한다.

멘토링 제도가 긍정적일 것이라는 신입사원의 기대에 비추어 보았을 때 이러한 멘토들의 까다로운 성격은 절망적일 수 밖에 없다.

슬프게도 이런 암울한 이야기는 오늘날의 일상적인 이야기가 되었으며, 직장 내에서의 시민의식의 붕괴를 보여주고 있다. 연구가들은 비공식 행위의 증가, 성과에 대한 압박, 직원의 다양성 증가가 오늘날의 직장에 "될대로 되라"식의 분위기를 조성했다고 말한다. 그들은 무례함을 공격성의 지속적인 악순환으로 여기면서, 직장 스트레스는 물론 사내 폭력까지 야기할 수 있다고 말한다(312쪽에 있는 〈실전 연습〉을 보라). 500여명의 직원들을 대상으로 한 새로운 연구조사는 미국 내 직장에서의 무례함의 특성과 정도를 보여준다.

- 42%는 "성적 농담으로 불쾌감을 경험한 적이 있다."(전년도 대비 8% 상승).
- 35%는 "인종차별적인 모욕을 받은 적이 있다."

실전 연습

직장에서의 무례함: 당신도 이 문제와 연관성이 있는가?

작년 한해에 당신은 직장에서 아래와 같은 행동을 얼마나 자주 하였는가?

	Never　　　Often
1. 다른 사람의 발표에 주의를 기울이지 않거나, 그들의 의견에 거의 관심을 보이지 않는다.	1 – 2 – 3 – 4 – 5
2. 누군가를 비하하거나, 무례하게 행동하거나 혹은 폄하하는 발언을 한다.	1 – 2 – 3 – 4 – 5
3. 개인적 문제로 인한 논쟁에 의도치 않게 누군가를 끌어들인다.	1 – 2 – 3 – 4 – 5
4. 직장에서 누군가를 웃음거리로 만든다.	1 – 2 – 3 – 4 – 5
5. 직장에서 민족적, 종교적, 혹은 인종적 발언 혹은 농담을 한다.	1 – 2 – 3 – 4 – 5
6. 직장에서 누군가를 저주한다.	1 – 2 – 3 – 4 – 5
7. 공공연하게 직장에서 누군가를 당황스럽게 만든다.	1 – 2 – 3 – 4 – 5
8. 직장에서 누군가에게 짓궂은 농담을 한다.	1 – 2 – 3 – 4 – 5

'인과응보' 점수

8–16 훌륭한 조직 시민

17–23 약간의 가능성이 보이니 조심하시오.

32–40 조직에 해가 되는 사람?

출처: Eight survey items excerpted from G Blau and L Anderson, "Testing a Measure of Instigated Workplace Incivility," Journal of Occupational and Organizational Psychology, December 2005, Table 1, pp595–614.

- 33%는 "민족차별적인 모욕을 받은 적이 있다."
- 27%는 "나이 때문에 비웃음거리가 된 적이 있다."
- 23%는 "성적 취향(동성애) 때문에 비웃음거리가 된 적이 있다."
- 10%는 "장애 때문에 비웃음거리가 된 적이 있다."

의심할 여지없이, 다양성을 이해하는 훈련과 부도덕 행위에 대한 처벌의 필요성은 여전히 높다.

무례함의 악순환은 동료에 대한 존중을 높이 사는 조직 문화에서 기피(혹은 일찍이 제거)해야 할 대상이다. 이를 위해서는 경영자와 리더가 사려깊고 친절한 역할모델이 되어줘야 한다. 부정주의 혹은 공격성과 반대되는 협동심의 고양 또한 도움이 된다. 몇몇 회사는 이미 직장 내 에티켓 훈련을 시행해 오고 있다. 좀 더 구체적인 방법으로는 체계적인 피드백과 전문적인 정적 강화를 이용하여 자극적인 행동이 성격 갈등의 폭발로(혹은 더한 상황으로) 치닫는 것을 막을 수 있다.

성격 갈등 관리하기　경영자에게 있어 성격 갈등은 잠재적인 지뢰밭과 같다. 상황을 적용시켜 보자. 정의에 따르면 성격 특성은 정적이고 변화에 저항적이다. 게다가 미국의 정신병협회의 정신질환의 진단과 통계적 매뉴얼(Diagnostic and Statistical Manual of Mental Disorder)에 따르면, 일터에서 드러날 수 있는 심리적 불안에는 410가지가 있다. 이것은 법적문제를 야기한다. 미국의 근로자들 중 우울증과 같은 정신적 장애와 알코올 중독과 같은 감정기복이 심한 질병을 앓는 이들은 미국 장애인법에 의해 차별에 대한 보호를 받는다(다른 국가들도 유사한 법률을 가지고 있다). 성추행과 기타 다른 방식의 차별들 또한 표출된 성격 갈등이 원인일 수 있다. 결국, 성격 갈등은 직장 내에서 공격성과 폭력성을 낳을 수 있다.

전통적으로, 경영자들은 성격 갈등을 무시하거나 한 집단을 이동시킴으로써 문제를 해결해왔다. 하지만 법률적 시각에서는 차별 소송을 제기할 수 있다. 313쪽의 〈기술과 모범사례〉는 성격적 갈등 문제에 휘말려 있거나 이에 영향을 받고 있는 경영자 혹은 비경영자를 위한 실무적인 조언들을 담고 있으며, 후에 다루게 될 역기능적 갈등의 관리와 그 외의 분쟁 해결 방법들 또한 확인 가능하다.

집단 간의 갈등

팀, 집단, 그리고 부서 간의 갈등은 일반적으로 조직의 경쟁력에 위협요인이 될 수 있다. 예를 들어, 최근 델타(Delta)와 노스웨스트 에어라인(Northwest Airline)이 합병 협상을 시작했을 때, 연공서열 권리 보장에 대한 각 항공사 조종사들의 요구가 문제점으로 부각되었다. 노스웨스트 조종사들의 경우 평균적으로 근속년수가 높아 임금이나 업무 측면에서 우대를 받을 수 있었고, 델타 조종사들의 경우 근속년수가 더 짧아 합병으로 인한 정리해고가 진행된다면 회사에게는 델타 조종사들이 더 경제적일 수 있었다. 각 집단은 자신의 기득권을 지키려 했고, 갈등을 겪는 동안 자신의 이익만을 보았다. 집단 간 갈등의 원리를 이해하는 경영자는 이와 같은 난관에 직면했을 때 더 나은 대처를 할 수 있다.

학습목표 3
집단 간 갈등에서 배타적 사고의 역할에 대해 논의하고, 문화 간 갈등을 방지하기 위한 방법으로 무엇이 있는지 설명하라.

배타적 사고: 집단 간 갈등의 원인 9장에서 이야기 했듯이, 집단의 단결(구성원들 간의 구속력)은 좋은 현상일 수도 있고 나쁜 현상일 수도 있다. 어느 정도의 단결은 집단의 운영을 원활하게 해주지만, 너무 과한 단결은 비판적 사고를 배제한 목표의식 때문에 집단사고를 야기할 수 있다. 소수 연구자들의 배타적 집단에 대한 연구는 집단 단결의 증가와 관련된 전반적인 변화 과정을 보여준다. 구체적으로 보자면,

- 배타적 집단의 구성원들은 그들 스스로를 특별한 개개인의 집합으로 보는 반면에 다른 집단의 구성원들은 "모두 똑같은" 이들로 본다.
- 배타적 집단의 구성원들은 그들 스

기술과 모범사례

어떻게 성격 갈등을 다룰 것인가

성격 갈등을 겪는 근로자를 위한 팁.	성격 갈등을 지켜보는 제3자를 위한 팁.	성격 갈등을 겪는 근로자의 상사를 위한 팁.
모든 종업원은 다양성, 인종차별, 성범죄에 대한 회사 규정을 숙지하고 따라야 한다.		
• 갈등을 풀기 위해 다른 사람과 직접적으로 대화를 나눠라(성격이 아닌, 문제 해결과 평범한 목적을 강조하라). • 동료를 갈등 상황으로 끌어오지 마라. • 만일 역기능적 갈등이 존재한다면, 직장 관리자나 HR 전문가에게 도움을 요청하라.	• 다른 사람의 갈등을 그냥 지나치지 마라. • 건설적이고 긍정적인 방법으로 스스로 해결할 수 있도록 지원하라. • 만일 역기능적 갈등이 존재한다면, 직속상관에게 문제점을 알려라.	• 갈등을 조사하고 증명하라 • 만약 적절하다고 판단될 경우, 개선 조치(피드백이나 행동수정 등)를 취하라. • 필요에 따라 비공식적, 분쟁 해결방안을 시행하라. • 인적자원 전문가나 전문 상담가에게 까다로운 갈등 문제에 대한 공식적 해결 방안이나 중재를 구하라.

스로를 긍정적이고 도덕적으로 옳다고 생각하는 반면 다른 집단의 구성원들은 부정적이고 비도덕적이라고 생각한다.

- 배타적 집단은 집단 외의 사람들을 자기 집단에 대한 위협으로 간주한다.
- 배타적 집단의 구성원들은 자신들과 다른 집단과의 차이를 과장한다. 전형적으로 현실에 대한 왜곡을 반영한다.

상대팀 응원단을 용납하지 못하는 열성 스포츠팬들은 배타적 사고의 한 유형을 보여준다. 이러한 패턴의 행동은 3장에서 논의한 자민족 중심주의의 한 형식이다. 당신의 생활 속에서 배타적 행위에 대한 사례를 생각해보자. 당신의 친구들은 인종, 성별, 나이, 국적, 몸무게, 성적 호감 또는 대학전공 때문에 다른 사람들을 조롱하진 않는가?

배타적 사고는 실질적으로 갈등을 일으키는 조직 생활의 또 다른 원인이다. 경영자는 배타적 사고를 근절시킬 수는 없으나, 집단 간의 갈등을 다룰 때 배타적 사고를 무시해서는 안 된다(꼭 짚고 넘어가야 한다).

집단 간 갈등 해결에 대한 연구에서 얻은 교훈 사회학자들은 "집단 간 갈등 줄이기"에 대해 **접촉 가설**(contact theory)을 오랫동안 주장해왔다. 접촉 가설에 따르면, 다른 집단간의 상호 교류가 많이 일어날수록 그룹간의 갈등은 줄어든다. 인종적, 국제적, 통합관리적인 관계에 대한 관심은 그룹간의 교류를 촉진한다. 희망적인 부분이 있다면, 어떤 형식의 교류이건 간에 그것은 실제 갈등의 축소판으로써 고정관념을 감소시키고 배타적 사고에 맞선다는 것이다. 그러나 이런 접근법은 고지식하고 한계가 있는 방법이라는 것을 연구결과가 말해주고 있다. 예를 들어, 미국 중서부 대학의 건강센터에서 일하는 83명의 직원들(83%가 여성)에 대한 연구는 특정한 집단 간의 관계에 대한 특성을 증명하고 결론지었다.

> 부정적 관계들은 집단 간 갈등에 연관해 크게 작용하는 것으로 드러났다. 즉, 부정적 관계는 상대 집단과의 우정으로부터 생기는 긍정적 효과를 압도하는 특징을 가지고 있는 것으로 보인다.

많은 연구에서 보여주듯이, 집단 간의 우호적인 관계는 아직 가능성이 있지만 그 관계는 부정적인 배타적 관계에 의해 쉽게 무너지고 만다. 따라서, 경영자가 직면한 가장 우선적인 집단 간의 갈등문제는 집단 사이에 존재하는 부정적 연결고리를 색출해내고 근절시키는 것이다. 예를 들어, 하나의 성격 갈등은 집단 전체를 망가뜨릴 것이다. 악의에 찬 견해를 피력하거나 다른 집단에 대해 부정적인 소문을 퍼뜨리는 직원 역시 마찬가지다. 그림 11-1에 우리가 최근에 업데이트한 접촉 모델은 다른 집단에 대한 긍정적인 태도의 필요성과 같은 통찰력이 있는 최근 연구에 기초한 것이다. 또한, 집단 내부의 갈등과 제 3자 집단에서의 부정적인 이야기들이 배타적 갈등을 최소화하기 위해서 중화되어야 할 만한 위협적인 요소들인지 주목해야 한다.

그림 11-1
집단 간 갈등 최소화하기: 최신 접촉 모델

인지된 집단 간 갈등정도가 증가하려 하는 경우:

- 조직 내의 대립이 높다.
- 조직들(혹은 그 조직의 구성원들 사이에) 사이에 부정적인 상호작용이 있다.
- 다른 조직에 대해 영향력이 있는 제3자 가십(third-party gossip)이 부정적이다.

→

추천된 행동들:

- 조직들(그리고 구성원들) 사이에 특별히 부정적인 상호작용들을 제거하기 위한 업무.
- 조직 내의 대립을 감소시키기 위한 수행 팀을 만들고 일인다역의 팀워크를 위한 직원들을 준비.
- 개인적인 친밀을 장려하고 조직과 부서들을 망라하는 좋은 업무관계를 조장.
- 다른 조직의 구성원에 대해 긍정적인 태도를 가지게 함.(공감, 동정심, 호감)
- 조직과 부서들에 존재하는 부정적인 유언비어들을 방지 혹은 제거.

출처: Based on research evidence in G Labianca, D J Brass, and B Gray, "Social Networks and Perceptions of Intergroup Conflict: The Role of Negative Relationships and Third Parties," Academy of Management Journal, February 1998, pp 55–67; C D Batson et al., "Empathy and Attitudes: Can Feeling for a Member of a Stigmatized Group Improve Feelings toward the Group?" Journal of Personality and Social Psychology, January 1997, pp 105–18; and S C Wright et al., "The Extended Contact Effect: Knowledge of Cross-Group Friendship and Prejudice," Journal of Personality and Social Psychology, July 1997, pp 73–90.

문화 간의 갈등

합병, 협약, 아웃소싱(outsourcing), 동맹이 존재하는 세계경제에서 다른 문화에서 온 사람들과의 비즈니스는 일상적인 일이다. 어떻게 생각하고 행동하느냐에 대한 기대가 다르기 때문에 문화 간 갈등의 잠재력은 거대하고 매우 가까이에 있다. 흔히, 상이한 문화 간의 비즈니스에서 성공하느냐 실패하느냐는 지금 실제로 겪고 있거나 인지하고 있는 갈등을 회피하고 최소화할 수 있는지에 달려있다. 문화 간의 잘못된 결합에 대한 예를 들어보자면,

> 멕시코 지역은 체면을 지키는 것을 중요하게 여기기 때문에, 협상 시 발생하는 갈등을 그냥 넘어가거나 비밀로 부치길 원한다. 그러나 미국에서는 갈등이 개인적인 것에서 나쁜 감정으로 발전하는 것을 방지하기 위해 직접적, 공개적으로 다루어야 한다는 것이 일반적인 생각이다.

이것은 누가 옳고 그르고의 문제가 아니다. 이것은 성공적인 비즈니스를 위한 문화적 차이에 적응하느냐 못하느냐에 대한 문제이다. 3단원에서 논의했던 문화적 차이에 대한 인식은 이것의 중요한 첫걸음이라고 할 수 있다. 더 나아가 국제 컨설턴트를 활용하거나 문화적 관계를 쌓는 것으로써 문화적 갈등은 정상화 될 수 있다.

국제 컨설턴트 이용하기 서로 다른 문화 사이의 관계를 전문적으로 다루는 경영 컨설턴트 그룹이 그 폭넓은 수요에 의하여 점차 증가하고 있다. 물론 그 역량과 비용도 가지각색이다. 신중하게 컨설턴트를 선택하면 아래 글에서 볼 수 있듯이 큰 도움을 받을 수 있다.

> 지난 해, 전자제품 제조사 캐논(Canon)이 그들의 네덜란드 사업부를 통하여 두바이에 자회사를 설립

몇몇의 문화갈등은 미국보다 더 값싼 노동력을 가진 해외 지역의 외주제작으로 인해 발생한다. 이 인도에 있는 나인스타(Ninestar)에서는 850명의 직원들이 항시 가동 중이다. 외국 아웃소싱 또는 직업의 "해외 위탁"에 대한 당신의 의견은 무엇인가?

하기 위한 계획을 세웠을 때, 두 문화가 어떻게 공존할 수 있을지 알아보기 위해 두바이에 적을 둔 글로콤(Glocom)사의 컨설턴트, 사히드 미르자(Sahid Mirza)에게 컨설팅을 요청했다.

미르자는 설문지를 보냈고, 많은 대답을 얻었다. 그는 "그 결과들은 다소 놀라운 것이었다"며 그때를 상기했다. "우리는 기초단계에서는 상대적으로 작은 차이점들을 발견했다. 많은 아랍 사업자들은 이전의 영국 식민지 국가들로부터 왔었고, 사업을 하는데 있어 네덜란드인들과 많은 부분을 같은 관점으로 봤다."

그러나 실현 단계에서 실질적인 대립이 있었다. "네덜란드인들은 표현을 하는데 있어 무뚝뚝하며 정직했고, 이러한 표현들은 아랍인들의 정서에는 매우 불쾌한 것이었다." 미르자는 "우리는 마감일을 지킬 수 없다"와 같은 것을 이야기하는 네덜란드 중역의 예를 들었다. 그런 부정적인 표현은 그게 사실이던 아니던 간에 아랍인들에게 큰 불쾌감을 주게 될 것이다. 미르자의 연구에 대한 결과로, 캐논은 두바이에서 자회사를 만들었지만, 네덜란드와 아랍의 중역들 전부를 이러한 문화차이를 교육하는 것부터 시작했다.

기술과 모범사례

어떻게 문화 간 관계를 형성할 것인가

행동	순위
훌륭한 청취자가 되는 것	1
다른 사람들의 요구에 신경을 잘 쓰는 것	2
지나치게 경쟁적인 것보다 협동하는 것	2
포괄적인(협조적인) 리더십을 발휘하는 것	3
지배보다는 타협	4
대화를 통한 신뢰감을 형성	5
인정을 베풀고 이해하게 되는 것	6
조화를 강조함으로서 대립을 피하는 것	7
타인의 역량을 키워준다(발전과 후원자)	8

출처: Adapted form R L Tung, "American Expatriates Abroad: From Neophytes to Cosmopolitans," *Journal of World Business*, Summer 1998, Table 6, p 136.

컨설턴트는 또한 국가 문화의 차이로 인해 생기는 갈등으로부터 발생 가능한 성격, 가치, 집단 간 갈등을 푸는데 도움을 줄 수 있다. 주의: 비록 우리가 각각의 갈등 기본 유형에 대해 논의하기는 했지만, 사실 이러한 갈등은 일반적으로 더 복잡하고 어지럽게 엮여 있다.

문화 간 관계 형성하기 미국과 캐나다의 다국적 기업들의 해외주재원 409명에 대한 로살리 텅(Rosalie L. Tung)의 연구는 많은 교훈을 준다. 그녀는 이 연구를 통해서 전세계 51개의 다른 국가에서 일하고 있던 해외주재원들(여성 14%)의 성공요인을 정확히 짚어냈다. 〈기술과 모범사례〉에는 이 응답자들이 중요도에 따라 순위를 매긴 '현지에서 상호교류를 촉진하는 9가지 특별한 방법'이 열거되어 있다. 이 방법들 중 1위로 꼽힌 것은 훌륭한 청취자가 되는 것인데 이는 타인에 대한 세심함 그리고 경쟁보다는 협동에 의해 생겨난다. 재미있는 것은 미국의 경영자들이 보통 문화적으로 그 반대의 속성을 갖는다는 것이다. 남의 말을 잘 듣지 않고, 무신경한 것에 둔감하며 지나치게 경쟁적이다. 이러한 경영자들은 문화 간 대립을 최소화하기 위한 방법의 목록에 자율경영을 추가할 필요가 있다.

갈등 관리하기

학습목표 4
관리자가 어떻게 기능적 갈등을 설정할 수 있는지 설명하고, 다섯 가지 분쟁 해결 방법을 확인하라.

우리가 살펴보았듯이 갈등은 많은 얼굴을 갖고 있으며 조직의 목표를 성취하고자 하는 경영자들에게 있어서는 끊임없는 도전의 대상이다. 우리는 이제 '순기능적 갈등'과 '역기능적 갈등'을 실질적으로 관리하는 방법에 대해 알아볼 것이다. 순기능적 갈등을 자극하는 방법, 역기능적 갈등을 다루기 위한 방법, 그리고 제 3자들을 갈등상황에서 효과적으로 다루기 위한 방법들을 논의해보자.

순기능적 갈등의 설정

위원회와 의사결정 집단은 종종 현실적으로 이루어지는 것이 아무것도 없는 세부사항과 절차들로 인해 교착상태에 빠지게 된다. 순기능적 갈등을 신중히 관찰하는 것은 조직 내에 창조적인 에너지가 다시 한 번 유입될 수 있도록 하는데 도움이 될 수 있다. 경영자들은 기본적으로 두 가지의 선택을 할 수 있다. 비록 이러한 접근이 신뢰할 수 없고 더디게 진행될 진 몰라도 경영자들은 자연적으로 발생하는 갈등을 더욱 부추길 수 있다. 그게 아니라면, 경영자들은 설정된 갈등을 만들 수 있다. 이 분야의 전문가들은 **설정된 갈등(programmed conflict)**을 "관리자들의 개인적인 감정과 상관없이 서로 다른 의견들을 만들어내는 갈등"이라고 정의한다. 이 전략은 개인적인 선호도 또는 정치적에 기초하기 보다는 적절한 사실에 근거해서 의견을 고수하거나 다른 의견을 비판할 수 있는지를 찾기 위한 것이다. 이 전략에는 높은 역할 수행 능력과 효과적인 리더십이 필요하다. 효과가 입증된 두 가지의 설정된 갈등 기술은 '의도적 비판'과 '변증법'이다. 순기능적 갈등을 자극하는 이 두 가지 방법들에 대해 살펴보자.

설정된 갈등(programmed conflict)
관리자의 개인적 감정 방어를 배제한 상태에서 서로 다른 의견을 장려하는 것

의도적 비판 이 기술은 로마 가톨릭 교회의 전통적인 관행으로부터 그 이름을 따왔다. 카톨

릭 교회에서는 성인으로의 승격을 심사하기 위한 추기경 회의에 누군가의 이름이 거론되면 그 사람은 무조건 흠잡을 데 없는 기록을 가지고 있어야 한다. 이러한 이유로 한 사람이 후보자의 성인 승격과 관련하여 이의가 제기될 만한 모든 사항을 밝혀내고 주지시키기 위한 역할에 임명된다. 이러한 관행을 따라서 오늘날의 조직에서 **의도적 비판(devil's advocacy)**이란 누군가가 비판적인 역할을 하도록 하는 것과 연관이 있다. 9장에서 어빙 재니스(Irving Janis)가 집단적 사고를 방지하기 위해 의도적 비판을 추천했던 것을 상기해보자.

의도적 비판(devil's advocacy)
비판의 역할을 하는 누군가를 임명하는 것

그림 11-2의 왼쪽 중간에는 의도적 비평자가 2단계와 3단계에서 어떻게 일반적 의사결정 과정을 변화시키는지 나와있다. 설정된 갈등은 비판적인 사고를 창출하고 현실성을 시험하는 데 도움이 된다. 한 사람이나 한 집단에 부정적인 평판이 집중되는 것을 막기 위해서는 역할을 돌아가면서 시키는 것도 좋은 방법이다. 나아가 주기적으로 돌아가면서 역할을 하는 것은 분석적 능력, 의사소통 능력, 감성적 지능을 개발하기에 좋은 훈련이라고 할 수 있다.

그림 11-2
순기능적 갈등을 자극하기 위한 기술들:
의도적 비판과 변증법

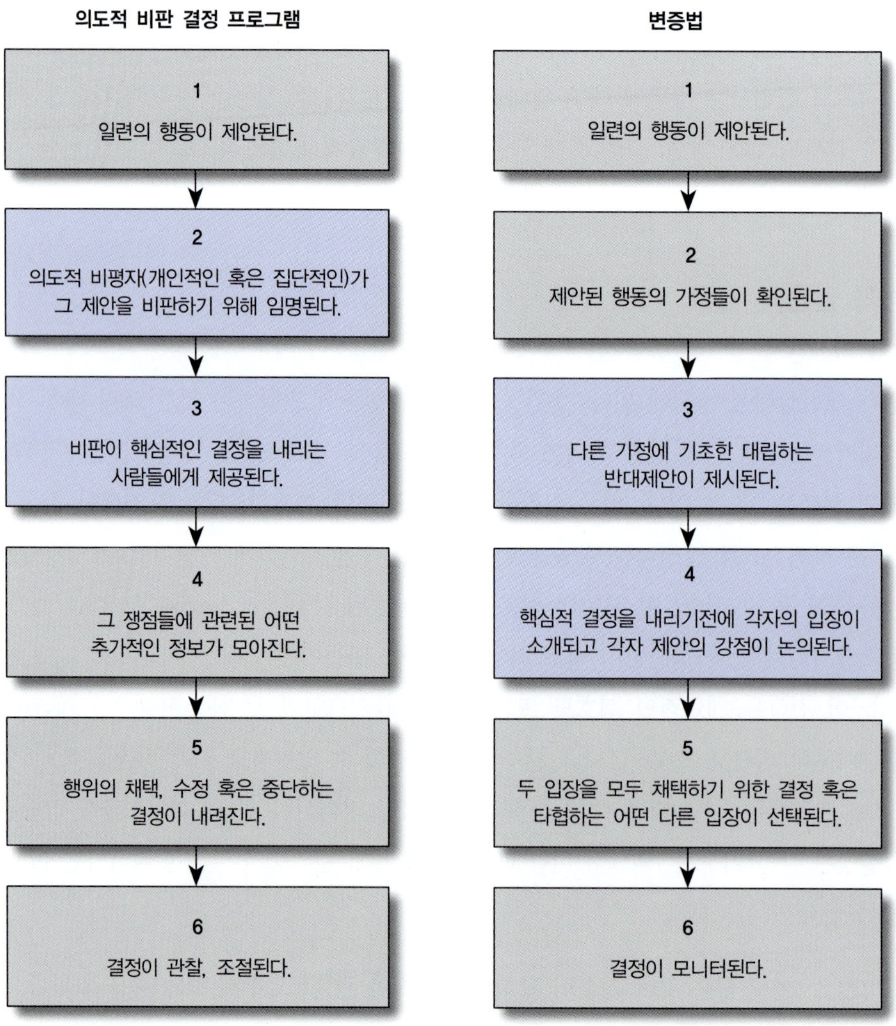

변증법 변증법 또한 의도적 비판처럼 그 유서가 깊은 관행이다. 설정된 갈등에 관한 이 특별한 접근법의 기원은 고대 그리스 철학의 변증법적 연구로 거슬러 올라간다. 플라톤과 그의 제자들은 반대의 입장을 경험해 보는 것을 통해 진리의 통합을 시도하였다. 이는 정립과 반정립으로 불렸다. 미국과 그 밖의 다른 국가의 법정 체계는 유죄 혹은 무죄를 인정하기 위해 그 정반대 입장에 의존한다. 그래서 오늘날의 **변증법(dialectic method)**은 관리자들이 의사결정을 하기 전에 반대 입장에 서서 구조화된 논의를 할 필요가 있음을 말해준다. 그림 11-2의 오른쪽에 가운데 있는 3단계와 4단계는 일반적 의사결정과정과는 다르게 변증법을 활용하고 있다. 아래는 앤호이저-부시(Anheuser-Busch)의 협동정책위원회가 변증법을 사용하는 방법이다.

변증법(dialectic method)
쟁점을 더욱 잘 이해하기 위해서 반대관점의 논쟁을 조장하는 것

> 정책위원회가 중대한 활동—사업의 시작과 철회, 혹은 거액의 자본 지출을 하는 것—을 결정할 때 문제의 각 반대면에 해당하는 사례를 팀들에게 할당한다. 그 팀은 두 팀에서 세 팀까지 있을 것이다. 각 팀들은 그 주제에 대해 정통하다; 각 팀은 똑같은 정보를 갖게 된다. 가끔씩은 그 프로젝트에 찬성하는 사람이 반대 입장에 서서 논쟁을 이끌게 되기도 할 것이다. 앤호이저 부시(Anheuser-Busch: 벨기에의 맥주 회사) 라는 거대 기업을 이끌고 있는 팻 스톡스(Pat Stokes)는 그 결과를 이렇게 기술했다: '우리는 이전에는 생각하지 못했던 결정과 대안을 이끌어냈다.' 그는 때때로 반대 관점을 통합해서 얘기하기도 했다. "당신은 이 과정을 통해 생각을 이끌어냈기 때문에 더더욱 예측을 잘 할 수 있고, 무슨 일이 일어날지 더욱 잘 알 수 있게 된다."

변증법의 주요한 문제점은 "토론에서 이기는 것"이 실제 논점을 가릴 수 있다는 것이다. 또한, 변증법은 의도적 비판보다 고난이도의 기술을 필요로 한다. 하지만, 순기능적 갈등을 자극하기 위한 이 두 가지 방법의 효과를 비교한 연구 결과는 동점으로 나왔다. 합의점을 찾기 위해 노력하는 조직들을 비교하여 볼 때, 의도적 비판과 변증법 둘 중 하나라도 사용하는 조직은 똑같이 양질의 결정을 이끌어낼 수 있었다. 그러나 최근의 연구에서는 의도적 비판을 사용하는 조직들이 변증법을 사용했던 조직보다 더 잠재적 가능성이 있는 해결책과 건의안들을 만들어냈다는 결과도 나오고 있다.

이 여러 가지 증거를 비추어 볼 때, 관리자들은 고착된 신중함의 늪에서 창조적인 활기를 이끌어내기 위한 방법으로 의도적 비판과 변증법 중에 한 가지를 고르는 데 있어 자유롭다. 개인적 선호도와 역할수행자들의 경험이 두 방법 중 하나를 고르는데 있어서 결정적인 요소가 될 것이다. 중요한 것은 맹종이나 집단적 사고의 위협이 높을 때와 같이 순기능적 자극들을 필요로 하는 시점에는 적극적으로 이를 자극해야 한다는 것이다. 정치 무대에서 순응이 야기할 수 있는 위험은 새로운 프로그램이 적절한 공공지원을 얻어내야 하는 상황에서 광범위한 호소가 부족할 수 있다는 점이다. 메사추세츠 입법부는 처음 시작부터 폭 넓은 사고를 할 수 있게 하기 위해서 새로운 건강보험법의 실행여부를 관찰하기 위한 위원회를 구성했을 때 일부러 갈

등을 일으킬만한 사람을 위원회에 추가시켰다. 위원회는 경영 그룹, 노동조합, 학술 협회, 주정부의 사람들을 한 자리에 불러 모았다. 예상한대로 멤버들끼리 충돌했지만, 그들이 스스로의 관점을 발표하자 그들은 서로를 가르쳐주었고 대안을 발견할 수 있었다. 같은 부류의 사람들이 모인 위원회에서는 이런 결과를 도모할 수 없었을 것이다. 위원회의 구성원들이 잘 경청하고 임무에 충실했기 때문에 갈등은 순기능적일 수 있었다.

이는 소수의 이견 제기 정도와 팀 혁신간의 긍정적인 관계를 발견한 연구결과와 조화를 이루지만 그건 참여적인 의사결정이 이루어졌을 때에만 적용된다.

역기능적 갈등을 다루기 위한 대안의 유형들

사람들은 유형이라 불리는 정형화된 틀 안에서 역기능적 갈등을 처리하려는 경향이 있다. 몇 가지의 갈등유형은 수년간 유형별로 분류되어왔다. 갈등 전문가인 아프자루 라힘(Afzalur Rahim)의 모형에서는 각각 다른 5개의 갈등처리 유형들이 격자모양으로 형상화되어 있다.

자신에 대한 관심은 높고 낮음으로 가로축으로 구분되어 있고, 타인에 대한 관심 또한 높고 낮음으로 세로축으로 구분되어 있다(그림 11-3을 보라). 이 변수들의 다양한 조합은 5가지의 서로 다른 갈등해결 유형을 만들어 낸다. 융합, 협조, 지배, 회피, 타협. 가장 좋은 유형은 없다; 각각의 유형은 강점과 한계점을 가지고 있으며 상황적 요인에 따라 제약을 받는다.

융합(문제 해결) 이 유형에서, 관련된 집단은 문제와 직면하고 협동적으로 문제점을 밝혀내고, 해결을 위한 대안을 만들어내고 평가해본 뒤 방안을 선택한다. 융합은 오해로 인해 유발된 복잡한 문제에 적합한 방법이다. 그러나, 상반된 가치 체계에 근간을 두는 갈등을 해결하기에는 부적합하다. 이 유형의 주요한 강점은 표면에 드러난 증상만을 다루기 보다는 근본적인 문제를 다루기 때문에 영향력이 오래 지속될 수 있다는 점이다. 반면 이 유형의 가장 큰 약점은 시간이 매우 많이 소비된다는 점이다.

그림 11-3
5가지 대립을 다루는 유형들

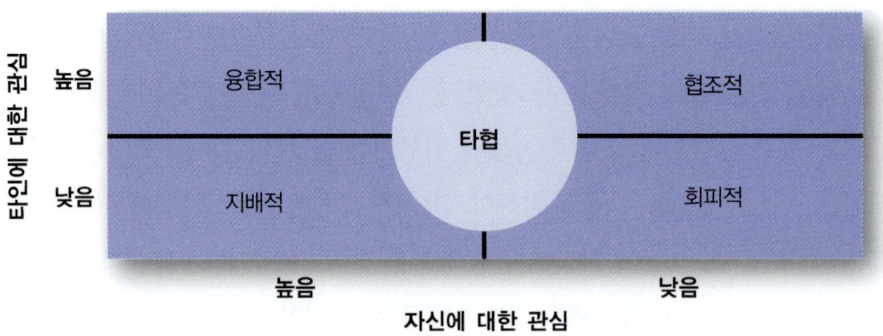

출처: Reprinted by permission of Sage Publications Ltd from M A Rahim, "A Strategy for Managing Conflict in Complex Organizations," *Human Relations*, January 1985, p 84. Copyright ⓒ 1985 The Tavistock Institute.

협조(온건) "협조적인 사람은 다른 집단의 이익을 만족시키기 위해 자신의 이익에는 소홀하다." 온건적이라 불리는 이 유형은, 공통점들을 강조하는 반면 차이점들을 경시한다. 이 방법은 갈등 상황에서 일단은 협조를 하고 나면 종국에는 이득을 볼 수 있는 경우에 적절한 방법이 될 수 있다. 그러나 그것은 복잡하거나 악화되고 있는 문제에는 적합하지 않다. 협조의 주된 강점은 협력을 증진시킬 수 있다는 점이고, 주된 약점은 이 방법이 근본적인 문제를 해결하지는 못하는 임시방편일 뿐이라는 점이다.

니나 올슨(Nina Olson)은 IRS의 국제 세금 전문 변호사이다. 이 직업은 때때로 그녀를 상사와 갈등에 휩싸이게 한다. 상사에게 기관 내부의 실수와 위법에 대해 얘기해야 하기 때문이다. 직속 상관의 잘못을 얘기할 때는 더욱 어렵다. "내 자리는 어찌보면 사람을 미치게 만든다,"라고 그녀는 말한다. "당신은 상사에게 '이것은 좋습니다. 하지만...'라고 말해야 한다." 올슨과 그녀의 상사는 한 달에 한 번 회의를 갖고 문제점에 대해 논의하고 해결한다.

지배(강압) 자신에 대한 높은 관심과 타인에 대한 낮은 관심은 "나는 승자고 너는 패자다"라는 의식을 낳게 한다. 다른 집단의 요구는 대부분 무시된다. 이러한 방식은 종종 강압이라고 불린다. 왜냐하면 이 방법은 상대방이 명령에 따르도록 하기 위해 공식적 권한을 이용하기 때문이다. 지배는 평이 좋지 못한 해결방안이 이행되어야만 할 때, 중요하지 않은 사건, 또는 마감기일이 가까워 졌을 때 활용 가능하다. 이 방법은 개방적이고 참여적인 분위기에서는 적합하지 않다. 문제를 신속하게 해결할 수 있다는 점이 이 방법의 주요 강점이다. 유형의 가장 큰 약점은 종종 원만하지 못한 관계를 야기할 수 있다는 점이다.

자기 평가 연습

당신이 선호하는 갈등해결 유형은 무엇인가?

조별 활동

각 갈등해결 유형의 효과성을 평가하라

회피 이 전략은 문제에 대해 수동적으로 대처하고 사건을 적극적으로 은닉하는 방식이다. 회피는 하찮은 문제를 해결할 때나 투입되는 많은 노력과 비용이 문제해결로부터 오는 수익을 초과하는 경우에 적합하다. 이 방법은 까다롭거나 심각한 문제의 해결에는 적합하지 않다. 이 방법의 주된 강점은 문제가 뚜렷이 드러나지 않았거나 애매한 상황에서 시간을 벌 수 있다는 것이다. 반면 주된 약점은 이 전략이 근본적인 문제해결을 회피하는 임시방편일 뿐이라는 점이다.

타협 이 방식은 자신과 타인에 대해 모두 중간 정도의 관심을 둔 주고 받기 식의 접근법이다. 타협은 집단이 서로 반대되는 목적을 가지고 있거나 동등한 권력을 소유하고 있을 때 적합한 방식이다. 그러나 이 방식의 지나친 남용으로 인해 결론이 나지 않는 상황에서는 적합하지 않다(제출 마감일을 넘기는 경우가 일례가 되겠다). 이 방법의 주요 강점은 모든 사람이 조금씩이라도 원하는 것을 얻을 수 있게 되는 것이다. 반면 창의적인 문제해결을 방해할 수 있다는 약점도 있다.

5 학습목표

최소 네 가지 대안적 논쟁 해결 기술에 대해 알아보고 설명하라.

제 3자의 중재: 대안적 논쟁해결

직원들 간의 논쟁과 고용주와 직원간의 논쟁, 회사 간의 논쟁, 그 회사의 종업원들과 논쟁은 오랜 기간과 비용이 소모되는 법적 분쟁으로 이어지게 마련이다. 한층 더 건설적이고, 더 적은 비용의 접근을 하는 논쟁해결법은 근래에 지속적으로 발전하고 있다. 사실, 정식의 법정구조 밖에서 행해지고 있는 "우리들의 법정" 스타일을 모방한 텔레비전 쇼는 작가들이 소위 말하는 "직접 심판하기" 풍토의 한 부분이다. **대안적 논쟁해결(alternative dispute resolution, ADR)**에 대해 캐나다의 노동 법률가는 "전통적, 반대자적 접근보다 더 빠른, 더 사용자 친화적인 논쟁해결법을 사용한다"고 말했다. 아래의 대안적 논쟁해결 기술들은 조직적 갈등을 겪는 제 3자 집단이 해결하는 단계를 보여준다. 가장 쉽고 비용이 덜 드는 것부터 가장 어렵고 돈이 많이 드는 것까지 순위별로 되어 있다. 많은 수의 조직들은 이 기술들을 다양하게 조합시켜 결과를 확립한 정식의 ADR 정책을 갖고 있다.

대안적 논쟁해결(alternative dispute resolution, ADR)
형식에 구애되지 않는 갈등 해결이나 조정이나 중재를 통해 비용이 드는 법률소송을 피하는 것

- **촉진** 보통은 관리자인 제 3자가 논쟁중인 집단에게 긍정적이고 건설적인 태도로 다른 이들과 협상하는 것을 촉구할 수 있다.
- **회유** 중립적인 제 3의 집단은 논쟁하는 집단 사이에 대화의 통로로써 비공식적으로 활동하게 된다. 이것은 충돌하는 두 집단이 서로 직접 만나는 것을 거부할 때 적합한 방법이다. 직접적인 목적은 공통적인 의견과 건설적인 해결책의 대화경로를 구축하는 것이다.
- **동료 평가** 신뢰할만한 동료 토론자는, 그들의 객관적인 면을 유지할 수 있는 능력에 의해 선별되어 격식이 없고 은밀한 자리에서 양 측의 주장과 논거를 모두 듣는다. 평가단에 의한 모든 결정은 회사의 대안적 논쟁 해결 정책에 따라 구속력이 있을 수도 없을 수도 있다. 동료 평가단의 멤버는 동료들 가운데서 교대로 선발된다.
- **고충 처리원** 남성 및 여성 동료들로부터 폭넓게 존경받고 신뢰받는 조직을 위해 일하는 누군가가 비밀 유지 규정에 따라 동료들의 불평을 듣고 해결책을 모색한다. 이러한 접근법은 북미보다는 유럽에서 더 많이 쓰이며, 구성원들로 하여금 일반적인 계급제도의 형태를 초월하여 도움을 받을 수 있는 기회를 제공한다.
- **조정** 조정자는 훈련된 제 3의 중립자로서 논쟁하는 그 집단의 현명한 갈등 해결지침 중 그들이 활용할 수 있는 것을 제공해 준다. 몇몇 회사들이 대안적 논쟁해결 훈련을 받은 사내 조정자를 갖추고 있긴 하지만 대부분은 회사에 속하지 않은 외부 조정자를 둔다. 중재인과는 달리 조정자는 특정한 해결책을 제시해주지 않는다. 상호간에 수용할 만한 협상에 이르는 것은 논쟁자들에게 달려 있다.
- **중재** 논쟁하는 집단은 증거와 증인을 갖춘 중립적 중재자의 결정에 의외로 순응한다.

진술은 기밀로 부쳐진다. 판단은 법적인 가치에 기반을 둔다. 훈련된 중재자들은 미국 중재자 협회 사람들처럼 외부 기관에서 오는 것이 전형적이며, 관련 법규와 그 상황에 대한 판례에 정통하다. 역사적으로, 직원이 중재에 참여하는 것은 자발적이었다. 2001년 미국 대법원의 결정이 많은 것들을 바꾸었다. 조합에 가입하지 않은 노동자들의 고용계약의 일환으로, 고용주들은 이제 미국에서 법적 투쟁의 장소에서 강제 중재권을 주장하기 위한 법적 권리를 갖는다. 이제는 강제중재의 공정함과 그 질에 대한 것으로 왕성한 논쟁의 시각이 옮겨졌다.

협상

정식으로 정의하면, **협상(negotiation)**은 서로 다른 선호를 가진 상호의존적인 집단 간에 행해지는 주고 받기 식의 의사결정 과정이다.

협상(negotiation)
서로 관련된 집단간의 갈등에 대해 공평한 조건에서의 거래

일반적인 예로, 임금, 시간, 근무환경 전반에 관한 노사 간의 협상, 가격 및 일정 조정과 신용상품에 대한 공급 사슬 전문가와 소매상인 간의 협상 등이 있다. 업무의 경계가 겹치는 자율경영팀 또한 협상에 의한 동의에 의존하게 된다. 오늘날 협상기법은 그 어떤 것보다도 중요하다고 할 수 있다.

협상의 두 가지 기본적 유형

학습목표 6
분배적 협상과 통합적 협상의 차이점을 기술하고, 부가가치 협상의 개념에 대해 설명하라.

협상 전문가는 협상을 2가지 형태, 분배적 협상과 통합적 협상으로 구분한다. 이 둘의 차이를 이해하려면 "일정한 크기의 파이"식의 전통적인 사고부터 변해야 한다.

> 분배적 협상은 주로 '일정한 크기의 파이'라는 하나의 문제를 내포한다. 한 사람은 다른 사람으로부터 이득을 얻는다. 예를 들어, 저잣거리에서 융단의 가격을 깎는 것이 분배적 협상이다. 그러나 대부분의 갈등에서는 이해관계가 하나 이상이고, 각 그룹은 그에 대해 서로 다른 방식으로 가치를 부여한다. 일정한 크기의 파이를 단순히 각 집단이 나누어 갖는 것만이 도출 가능한 결과는 아니다. 분배적 협상에서 찾아낸 것보다 양측에 더 큰 이익을 안길 수 있는 합의점을 찾아낼 수가 있다. 그것이 바로 통합적 협상이다.
>
> 그러나 협상을 하고 있는 집단은 종종 이같이 유익한 거래의 합의점을 찾아내지 못하는데 그 이유는 하나의 이익은 다른 집단의 이익과 정면으로 대치된다는 고정관념 때문이다. "다른 측에 이익이 되는 것은 우리에게 손해가 된다"는 개념은 대부분의 사람들이 지니는 일반적이고 한심한 사고방식다. 이것이 바로 그 전설적인 "일정한 크기의 파이"라는 사고방식이다.

분배적 협상은 전통적인 윈-루즈(win-lose) 방식을 가지고 있지만, 통합적 현상은 적극적인 윈-윈(win-win) 전략을 필요로 한다. 예를 들어, 환경보호재단(Environmental Defence)의

회장인 프레드 크럽(Fred Krupp)은 사업을 통해 윈윈 협상을 모색함으로써 목표를 성취할 수 있도록 비영리조직을 돕는다. 환경보호재단은 알칸자스 주의 벤턴빌에 있는 월마트(Wal-Mart) 본사 주변에 사무실을 열어서, 월마트가 에너지 효율과 포장재 감소의 목표를 이룰 수 있도록 도와주었다. 또한 다른 환경 재단들이 이산화황 배출을 규제함으로써 산성비를 퇴치하려는 반면에, 환경보호재단은 배출량을 줄이면서도 사업에 더 많은 유연성을 줄 수 있도록 총량거래제(cap-and-trade)를 실시하기 위해 전력회사들과 협력하였다. 한 때 환경보호협회(Environmental Protection Agency)의 수장이었던 윌리엄 라일리(William Reilly)는 이러한 노력을 회상하며, 기업에 친화적인 자세를 취해야 한다는 크럽의 의지가 새로운 법안이 제정될 수 있도록 "대중의 시선과 의회로부터 우리를 도왔다"고 말했다. 공통의 영역을 찾는 것은 어려울 수도 있다. 성공적인 협상가는 문제에 영향을 주는 다양한 안건들의 중요성을 파악하고, 어떤 안건들이 다른 자들에게 가장 중요하고 왜 그런지에 대한 정보를 모을 줄 안다.

부가가치 협상(added-value negotiation)
오랜 기간 관계를 세우며 협력을 증진시키는 복합적 거래 단위

기술과 모범사례

당신의 급여 협상하기

전문가들은 당신이 최상의 보상을 받기 위해서는 아래와 같이 해야한다고 조언한다.

- **시장의 시세를 파악할 것.** 같은 지역에서 유사한 직무의 직원들에게 월급을 주고 있는 기업을 조사해야 한다.
- **경제상황을 고려할 것.** 경제 성장이 더디거나 침체되고 있다면, 임금이 크게 인상될 것을 기대하지 말아야 한다. 예를 들어, 만약 당신이 최근에 졸업했다면, 급여가 이전 해보다 크진 않을 것이다. 어려운 시기일수록 당신이 사업의 어려움을 이해한다는 것을 보여주어야 한다.
- **당신의 가치를 알 것.** 당신은 시장 시세보다 더 많이 벌 수 있다는 것을 증명할 수 있겠는가? 당신의 경험과 성취의 구체적인 예시를 제공할 준비를 해라; 당신이 어떻게 과거와 현재의 고용주에게 이득을 주었는지 말해야 한다.
- **정직할 것.** 당신의 임금이나 성취도를 과장하지 말아라.
- **먼저 말하지 말 것.** 다른 사람이 숫자를 말할때까지 기다려라. 당신은 아마도 자질이 비슷한 누군가와 비슷한 임금을 지불할 것을 요구할 것이다. 굳이 답변을 해야한다면, 범위를 주되 구체적인 액수를 말해서는 안된다.
- **복리후생 또한 생각할 것.** 보상의 중요한 부분 중에 하나는 보험과 은퇴 연금일 것이다. 은퇴가 아주 먼 나라의 얘기처럼 들리겠지만, 고용주가 임금의 5%를 근로자 저축인 401(k) plan에 지불하는 것은 마치 임금이 5% 증가한 것과 같다 – 세금도 없다.
- **장기적으로 볼 것.** 만약 임금을 많이 받지 못한다면, 당신의 장기적인 경력에 도움이 될만한 다른 것을 요구하라 - 가령, 중요한 업무를 할 기회를 갖는 것 등이 해당된다.

출처: Based on B Brophy, "Bargaining for Bigger Bucks: A Step-by-Step Guide to Negotiating Your Salary," *Business 2.0*, May 2004, p 107; S Curran, "Compensation Advice for New Grads," BusinessWeek, April 30, 2007, www.businessweek.com; and F Di Meglio, "Job Researchers Face a New Reality," BusinessWeek, April 3, 2008, www.businessweek.com.

부가가치 협상

통합적 접근에 대한 실질적인 활용방법 중 하나가 바로 **부가가치 협상(added-value negotiation)**이다. 부가가치 협상을 하는 동안, 협상측은 생산적, 장기적 관계를 만들어 가면서 함께 복합적인 거래형태를 발전시킨다. 부가가치 협상은 아래의 다섯 가지 절차로 구성된다.

1. **이해 관계를 분명히 한다.** 각 집단의 유, 무형의 욕구를 확실히 하고, 두 집단이 각각 기대하는 욕구를 논의하고 협상에서의 일치된 타협점을 찾기 위해 만난다.
2. **추가 선택사항을 확인한다.** 협상 측이 가치의 필수 요소(예를 들면 재산, 돈, 행동, 권리, 위험 회피)에 대해 토의할 때 가치의 장이 만들어진다.
3. **선택적인 거래모형을 만든다.** 복합적 거래를 목적으로 하는 동안, 각 집단은 두 집단으로부터 조합 가능한 가치의 요소들을 혼합하고 결부시킨다.
4. **거래를 선택한다.** 각 집단은 다른 집단으로부터 제안받은 거래모형을 분석한다. 집단들은 창조적으로 협상을 타결하려는 정신

을 가지고 실행가능한 거래 모형에 대해 토의하고 선택한다.

5. **거래를 완료한다.** 각 집단은 미해결된 문제에 대해 함께 토의하고, 계약서를 갱신하며, 미래의 협상을 위해 양측의 관계를 유지시켜 나간다.

학습한 것을 적용해보자: 당신의 임금과 복리후생을 어떻게 협상할 것인가?

"절대 협상 중에 만족하는 듯한 태도를 보이지 마라, 얼간이!"

여성과 다른 소수 세력들은 공정한 보상에 대해 협상할 때가 되면 부족한 면을 보인다. 게다가 최고 경영자 위치에서 보면 과소평가 되기까지 한다. 하버드 비즈니스 리뷰(Harvard Business Review)는 최근 이러한 분석을 내놨다.

> 조사 결과는 의식적인 편견과 비의식적인 편견이 이러한 문제를 야기한다는 것을 보여준다. 그러나 우리는 또 다른 불평등의 미묘한 요소를 발견하게 되었다. 여성들은 그들이 요구를 하지 않기 때문에 그들이 원하고 받을 자격이 있는 것들을 얻을 수 없다. 세 가지의 서로 다른 연구에서 우리는 원하는 것을 얻어내는 것에 대한 남성의 협상력이 여성보다 더 높다는 것을 알아냈다.
>
> 여성들은 여러 가지 이유로 자신을 위한 협상에 남성보다 익숙하지 못하다.
>
> 첫째로, 그들은 종종 그들 자신의 특성과 흥미를 개발하지 않고 다른 사람들의 필요에 초점을 맞추기 위해 이른 나이에 사회에 진출하게 되는데, 여성은 열심히 일만 하면 그것을 인정받고 그 대가로 보수를 받을 수 있으며 또 좋은 직장을 구할 수 있다고 믿는 경향이 있다. 남성과 달리 그들은 자신들이 더 많은 것을 요구할 수 있다는 것을 배우지 못했다.
>
> 두 번째로, 많은 회사의 문화가 그들의 요구 행위에 대해, 일련 행동들에 대해 문제삼고 그들을 위축시키는 등의 불리한 처벌을 행한다.

결과적으로 급여와 승진의 기회가 적다고 느끼는 여성들과 그 밖의 같은 상황의 직원들은 통합적 협상 기술을 다듬을 필요가 있다(324쪽에 있는 〈기술과 모범사례〉를 볼 것). 반면에 고용주들은 가치 체계에 변화를 주고, 공정한 보상을 하며, 품위있고 공정한 경쟁분위기를 조성할 필요가 있다.

핵심 용어

갈등(conflict) 306
대안적 논쟁 해결(alternative dispute resolution, ADR) 322
변증법(dialectic method) 319
부가가치 협상(added-value negotiation) 324
설정된 갈등(programmed conflict) 317
성격 갈등(personality conflict) 310
순기능적 갈등(functional conflict) 307
역기능적 갈등(dysfunctional conflict) 307
의도적 비판(devil's advocacy) 318
변증법(dialectic method) 318
협상(negotiation) 323

단원 요약

- **갈등에 대해 정의하고 순기능적 갈등과 역기능적 갈등을 구분하고, 갈등의 결과로 산출되는 세 가지를 확인하라.** 갈등은 하나의 집단이 다른 집단에 의해서 그들의 가치가 거부되거나 부정적인 영향을 받을 수 있다고 인지하는 것이다. 그것은 피할 수는 없지만, 반드시 파괴적인 것만은 아니다. 너무 적은 갈등은 무관심이나 창조력 결핍과 같은 증세로서 너무 많은 갈등만큼이나 문제가 된다. 순기능적 갈등은 조직의 이익을 향상시키는 반면에 역기능적인 갈등은 비생산적이다. 갈등의 결과에는 동의, 강한 유대관계, 학습이 있다.
- **성격 갈등에 대해 정의 내리고 그것들이 어떻게 다루어져야 하는지 설명하라.** 성격 갈등은 인격적 결함이라던가 불화와(또는 직장 내의 무례함) 같은 사람사이의 대립을 말한다. 직장에서의 성격 갈등은 불평등, 인종차별, 성희롱 등의 법적 관계를 이유로 관리되야 할 필요가 있다. 경영자는 성격 갈등에 대해 조사를 하고 자료를 만들거나 피드백 또는 적절한 행동 교정 등의 올바른 행동을 취해 다양한 방법의 갈등해결을 위한 노력을 해야 한다. 까다롭거나 저항적인 성격 갈등은 인사관리 전문가나 상담가의 도움이 필요하다.
- **집단 간 갈등에서 내부집단사고의 역할을 논의하고 문화차이로 인한 갈등을 피하기 위해서는 어떻게 해야하는지 설명하라.** 집단 내의 구성원들은 그들이 생각하기에 위협적이고 진부한 소수자들보다 자신이 더 도덕적이고 특별한 개인이라고 보는 경향이 있다. 집단사고는 민족 중심주의적 태도와 연관이 있다. 국제 컨설턴트들은 다른 문화권의 사람들끼리 서로 효과적으로 일할 수 있도록 도울 수 있다. 다른 문화로 인한 갈등은 주최자들과 끈끈한 문화교류를 나눔으로써 최소화될 수 있다(더 좋은 청취자가 되어주고, 다른 이에게 세심하게 대하고, 경쟁보다는 협동을 강조함으로써)
- **관리자들이 순기능적 갈등을 어떻게 기획하는지 설명하고 다섯 가지의 갈등 관리 방법을 확인하라.** 순기능적 갈등은 앞서 일어난 갈등이 지속되게 허용하거나 의도적 비판 또는 변증법을 통해 갈등을 기획함으로써 자극받을 수 있다. 다섯 가지 갈등 처리 방법에는 융합(문제 해결), 협조(온건), 지배(강제), 회피, 타협이 있다. 최선의 방법은 없다.
- **최소 네 개의 대안적 논쟁해결 기법에 대해 알아보고 묘사하라.** 대안적 논쟁 해결법(ADR)은 촉진, 조정, 동료 평가, 고충처리원, 조정, 중재와 같이 보다 비형식적이고 친숙한 기술들을 통해 많은 비용과 시간이 소비되는 법적 분쟁을 피한다.
- **분배적 협상과 통합적 협상 간의 차이를 살펴보고, 부가가치 협상의 개념을 설명하라.** 분배적 협상은 '일정한 크기의 파이'와 윈-루즈(win-lose) 사고방식을 갖고 있다. 통합적 협상은 양측에 모두 좋은 결과를 가져오는 윈-윈(win-win) 접근방식이다. 부가가치협상의 다섯 개의 단계들은 다음과 같다.
  첫째, 이해관계를 분명히 한다.
  둘째, 추가 선택사항을 확인한다.
  셋째, 선택적인 거래 모형을 만든다.
  넷째, 거래를 선택한다.
  다섯째, 거래를 완료한다.

거래의 요소, 복합적 거래, 창조적 합의가 이 방식의 핵심이다.

토의 문제

1. 이 장의 내용을 기초로 했을 때, 존 하드캐슬(John Hardcastle)과 로렌스 레빈(Lawrence Levine)이 갈등 회피형 상사를 다루기 위해서는 어떻게 했어야 했는가? 설명하시오.
2. 최근 기업에서 당신이 관찰한 순기능적, 역기능적 갈등은 무엇인가? 결과는 어떠했는가? 무엇이 역기능적 갈등을 유발하는가?
3. 다섯 가지의 갈등을 다루는 방법 중 당신에게 있어서 가장 큰 강점은 무엇인가? 약점은 무엇인가? 당신은 갈등을 다루는 능력을 어떻게 기를 것인가?
4. 여섯 개의 대안적 논쟁 해결법 중에 당신이 가장 선호하는 방법은 무엇인가? 왜 그런가?
5. 부가가치 협상이 당신의 삶을 어떻게 좀 더 윤택하게 할 수 있는가? 특별한 문제나 갈등, 어려움이 있었던 경우를 예로 들어라.

윤리적 딜레마

프래글러가 부당하게 월마트를 이용하고 있는가?

30년 가까이, 월마트(Wal-Mart)는 고위 간부의 일상적 장면을 캡쳐하기 위해 비디오 생산 회사인 프래글러(Flagler Productions)를 고용했다. 2년 전에, 소매업계의 거인은 이 작은 회사와의 거래를 끝냈다.

최근 몇 달 동안, 프래글러는 판매를 목적으로 15,000개 정도의 월마트 비디오를 외부에 공개했다. 이 자료는 경영 역사가와 다큐멘터리 제작자, 소송 변호사, 노동조합 간부에 이르기까지 매력적인 자료였다.

진실이 밝혀지는 순간: 노조 설립 반대와 관련해서 전 부회장은 2004년에 매장 관리자들을 닦달했다. 이에 따라서 남성 관리자들은 수 천명의 직원들을 동원해서 동조했다. 다른 회의에서, 관리자들은 마트에서 팔리고 있는 물건의 바보스럽고 위험한 사용에 대해 조롱했다.

더 가관인 것은, 원고 측 변호사인 진 그래햄(Gene P. Graham)이 말한 것처럼, "월마트는 이런 문제들에 대해 컨트롤 할 수 있는 것이 아무것도 없었다."

월마트는 기뻐하지 않았다. "우리를 위해서 만들라고 돈을 지불한 비디오를 어떻게 제작사가 돈을 받고 제삼자에게 팔 수 있는지 이해하기 어렵다."고 대변인은 전했다. "말할 필요도 없지만, 우리는 프래글러에 제 2차 시장을 고려하여 내부 회의 자료를 녹화하라고 돈을 지불한 적이 없다."

회사의 창립자이자 예전 소유주인 마이크 프래글러(Mike Flagler)가 말하기를, 그는 1970년대에 고용되어 월마트가 관리자와 주주들을 위해 해마다 주관하는 행사를 도와주었고, 여기에는 연간 회의와 중요한 판매 회의의 엔터테인먼트 부분이 포함되었고 그것은 당연히 녹화되었다.

프래글러는 수 백만 달러에 그 비디오들을 팔려고 시도했었다. 월마트는 거절했고 다시 50만 달러를 제안했다. 프래글러의 새로운 소유주는 외부에 판매하는 것이 더 이득이라고 판단하여 이를 거절했다.

프래글러의 행동이 비윤리적인가?

1. 그렇다. 그 회사는 비디오를 제작하도록 고용된 것이고 다른 사람들이 월마트를 고소할 수 있도록 이 비디오들을 팔려고 시도한 것은 분명히 옳지 않은 일이다.
2. 아니다. 프래글러는 구체적으로 비디오가 월마트에 소유된다는 어떠한 계약에도 서명하지 않았다. 이는 단지 시장 기회일 뿐이고, 프래글러는 이를 사용할 수 있다.
3. 그렇다. 프래글러는 악수를 하면서 거래를 성사시켰고 이런 결과들에 대해 계약서에 서명하지 않았기 때문에, 다른 이들에게 치명적인 비디오를 판매하도록 허락하는 것은 비윤리적이다. 사업을 하면서 당신의 기준대로만 하면 어떤 결과가 초래되겠는가?

4. 아니다. 월마트는 그런 댓가를 받을 만 하다. 왜냐하면 그들은 프래글러와의 계약을 해지했기 때문이다. 월마트는 프래글러의 이익의 90%를 가져갔고 프래글러가 살기 위해서는 어떤 조치를 취해야 했다.
5. 다른 경우를 제안해보고 토론해 보자.

조직 프로세스 관리

Part Four

Chapter 12

디지털시대의 의사소통

학습목표

이 단원을 학습한 후, 다음의 질문에 답할 수 있어야 한다.

1. 의사소통의 지각과정 모형에 대해 설명하라.
2. 효과적인 의사소통에 대한 개인간의 장벽, 물리적 장벽, 의미적 장벽의 과정을 설명하라.
3. 단정적, 공격적, 비단정적 의사소통 스타일을 비교하라.
4. 비언어적 의사소통의 1차 자료에 대해 논의하라.
5. 다섯 가지 지배적인 경청 스타일과 효과적인 경청을 위한 열 가지 비결을 검토하라.
6. 인터넷, 인트라넷/엑스트라넷, 이메일, 메신저, 휴대용 기기, 블로그, 화상회의/전화회의, 그룹지원시스템을 설명하고, 재택근무와의 연관성에 대해 설명하라.

팻와이어(Fatwire)의 CEO인 요게시 굽타(Yogesh Gupta)를 집중조명해 봤다. 그는 어떻게 효과적으로 의사소통했으며, 그 결과는 무엇인가?

경영진은 위기에 봉착하기 전에 문제를 발견하고 해결하는 것에 사업의 성공여부가 달려있음을 안다. 이것은 경영에서 가장 기본적인 규칙이다. 서류에 있는 당신의 전략들이 얼마나 세련되었든 간에, 만약 그것들이 어떻게 실행되었는지 모르고 어떤 중요한 문제들이 있는지 모른다면, 당신은 성공할 수 없다.

높은 자리에 올라갈수록, 경영진들은 회사에서 무엇이 작동되고 안 되는지에 대해 더 알 수 없게 된다. 다수의 경영자들은 정보를 여과하여 무조건 '네'라고 말하는 사람들에게 둘러쌓여 있다. 그렇지 않은 경영자라도 그들은 나쁜 소식을 전달하는 사람을 무시하거나 묵살해 버린다.

"나는 상당수의 관리자들이 직원들에게 솔직해지라고 말하면서 그들이 문제를 제기하거나 비판적인 질문을 하려고 하면 아무 소리도 못하게 한다는 것을 들은 적이 있다."라고 팻와이어(웹 사이트를 관리하여 사업에 도움을 주는 소프트웨어 회사)의 회장이자 최고경영자인 요게시 굽타는 말했다.

굽타는 8월에 캘리포니아에서 팻와이어로 부임했을 당시, 자신은 그렇게 행동하지 않기로 결심했다. 그 이후로, 그는 200명의 종업원들과 대화하고 9명의 고위 간부들에게 조언을 얻는 데 시간을 투자했다. 그들 중에는 회사에 대해 잘 아는 베테랑도 있었다. 그는 각 팀의 구성원과도 사적인 만남을 자주 가짐으로써 임직원들이 그에게 솔직하게 말하는 것을 더욱 자유롭게 느끼도록 했다. 이 경우에, 그는 중요한 질문을 할 수 있다. 내가 무언가 잘못하고 있는가? 만약 당신이 회사를 운영한다면 이와 다르게 할 수 있는가? 당신이 업무를 잘 해내는 데 있어서 가장 큰 문제는 무엇인가?

그는 이러한 대화에서 팻와이어가 마케팅과 생산부서의 직원을 보강해야 한다는 것을 배웠다. 또한 그는 팻와이어의 고객지원 프로세스를 개선해야 한다는 것도 알게 되었다. 그는 개인적으로 좋은 조언을 얻었고, 공개적으로 관리자를 칭찬함으로써 다른 사람들이 그의 제안에 수긍할 수 있는 방법을 발견했다.

임원들과 직원들 사이에 많은 관리층이 존재하는 대기업의 운영진들은 회사의 전략이 제대로 작동하고 있는지를 확인하는데 아주 큰 어려움을 겪고 있다. 정확한 정보를 원하는 사람들은 현장에서 자주 시간을 보내야 하고 직원들이 문제점을 거리낌없이 말할 수 있도록 해야 한다.

연금보험에서 금융계획 서비스까지 다양한 상품을 판매하는 ING의 자산관리 부서의 CEO인 캐슬린 머피(Kathleen Murphy)는 3,000명의 직원들을 관리 · 감독한다. 그녀는 종업원들과 대규모 회의를 열었지만, "사람들이 대규모 회의에서 덜 솔직한 경향이 있기 때문에 내 의견만 듣기를 원했다"고 인정했다. 그래서 그녀는 정기적으로 부서의 모든 관리자 그룹과도 소규모 회의를 가졌다. 한 번은 운영 부서에서 난해한 작업 과정에 대해 불평한 적이 있었는데, 그녀는 그들이 제안한 방법을 수용했고 이는 더욱 효율적이었다.

하지만 그녀는 항상 들은 대로만 행동하는 것은 아니라 했고, 경영진들은 생산적이고 적합한 업무환경을 만들어내는데 중요한 정보와 아이디어로부터 오는 불가피한 불평은 걸러내야 한다고 믿는다.

낙관적 성격의 머피는 '팀워크'가 몸에 베어 있다. 그녀는 어려서부터 저녁 식사 테이블에서 더 많은 공간을 차지하기 위해 형제자매 와 협상해야 했고 많은 팀 스포츠를 하면서 자랐다. 그녀는 불만이 많은 사람에게는 낮은 관용을 갖고 있다고 말했다. "일을 더 잘하기 위해 필요한 솔직함과 독이 될 수 있는 부정적인 에너지를 바탕으로 한 솔직함 사이에는 큰 차이가 있다"라고 그녀는 말했다.

최근에 그녀는 부서를 재조직한 후 관리자들이 제안하고 그들의 관심사를 나타낸 몇몇 회의를 끝까지 앉아서 들었다. 그녀는 모든 사람들에게 자신의 목소리를 내어 반대할 수 있도록 격려했지만, 한편으로는 변화가 사업을 확장하고 고객들에게 더 좋은 서비스를 제공할 수 있을 것이라고 그녀의 주장을 펼쳤다.

그녀는 그들이 몇몇 어려운 회의를 가졌다는 사실을 인정했다. 하지만 결국 그들은 공통점을 발견했다. 그녀의 경청은 차이를 만들어냈다. 새로운 건물로 이동하는 지금, 그녀의 방은 고객 서비스 직원실 옆에 위치하게 될 것이다.

| 토의하기 |

이 사례가 효과적인 의사소통에 대해 당신에게 가르쳐준 것은 무엇인가?

몇 년 전에, 델(Dell)의 명성은 곤두박질쳤고 의사소통의 부재는 델의 문제를 지속시켰다. 회사는 저렴한 가격에 고객이 원하는 대로 만들어주는 맞춤형 PC의 성공을 크게 기대했지만, 비용을 낮추려는 노력은 상품과 서비스의 품질 저하로 이어졌다. 산업 블로그와 독자들은 델의 컴퓨터와 불친절한 고객 서비스 담당자에 대해 불만을 토로했다. 결국, 델의 관리자들은 직원들도 대화의 일부가 되어야 한다는 것을 깨달았다. 그들은 불만을 제기한 블로거들에게 도움을 주고, 회사의 자체 블로그인 Direct2Dell을 운영하여 블로거들 사이에 제기되는 문제들을 다루기 시작했다. 그리고 고객들의 아이디어를 받는 IdeaStorm.com이라는 웹사이트도 운영하기로 했다. 또한 델은 문제를 더욱 효과적으로 해결하고 고객의 목소리를 더욱 세심하게 경청하기 위해 기술자들을 훈련시켜 고객 서비스 응대의 개선을 시작했다. 그 결과 델에 대한 부정적인 블로그의 글들이 없어지기 시작했고 고객 만족도는 높아졌다. 마케팅 이사인 마크 자르비스(Mark Jarvis)는 "'고객의 목소리에 귀를 기울이라'는 말은 실제로 당신이 할 수 있는 가장 완벽한 형식의 마케팅이다."라고 말했다.

더욱이, 효과적인 의사소통은 직업적 성공과 직원 동기부여, 직무만족에 매우 중요하다. 예를 들면, 최근에 636명의 직원을 대상으로 한 조사에 의하면 사람 간의 의사소통이 출세를 하는데 있어서 가장 필요한 기술이라는 것이 밝혀졌다. 336개의 기업을 대상으로 한 투표에서는 응답자의 66%가 그들의 기업 미션과 경영전략에 대해 알지 못하거나 이해하지 못한 것으로 조사되었고, 이는 나중에 그들이 직장에 대한 소속감을 갖지 못하도록 했다. 기업 내 의사소통의 부재는 직원의 소속감 부재로 이어지고, 생산성과 상품의 품질을 낮추고 노동비와 이직률을 높이기 때문에 큰 문제를 야기한다.

게다가, 조직의 의사소통은 컴퓨터와 정보 기술의 도입과 그것들의 폭발적인 사용에 영향을 받고 있다. 회사가 블로그를 사용하여 고객과 의사소통하고 내부적 전략계획회의 때 조언을 얻게 되리라고 누가 상상이나 했겠는가? 오늘날의 직장에서 관리자들이 효과적으로 의사소통을 하기 위해서는 일을 잘 하는 것 이상의 대인관계 기술을 필요로 한다. 또한 그들은 여러 가지 의사소통 수단과 정보기술의 장단점을 이해할 필요가 있다.

이 장은 관리자들이 커뮤니케이션을 향상시키는 방법과 더 효과적인 의사소통 프로그램을 어떻게 설계하는지에 대한 당신의 이해를 도와줄 것이다. 다음은 (1) 의사소통 과정과 장애물 (2) 대인관계에서의 의사소통 (3) 컴퓨터화된 정보 시대의 의사소통 방법에 대해 논의한다.

의사소통 과정의 요소

의사소통(communication)
정보와 이해의 교환

의사소통(communication)은 "수신자와 발신자간의 정보교환, 또는 (대화에) 참여한 개인간의 의미의 추론(지각)"이라고 정의한다. 이 과정을 이해하는 관리자들은 조직의 필요에 맞게 의사소통을 설계할 뿐만 아니라 자신의 의사소통 패턴도 조사할 수 있다. 이 단락은 의사소통의 지각 과정 모델을 살펴보고 효과적인 의사소통을 막는 장애물에 대해 논의해본다.

1 학습목표
의사소통의 지각과정모형에 대해 설명하라.

의사소통의 지각과정모형

우리가 알다시피, 의사소통은 간단한 문제가 아니다. 의사소통은 잘못 전달될 수 있다. 이와 같은 사실을 인식한 연구자들은 의사소통을 수신자가 의식적으로 정보를 처리함으로써 메시지의 의미를 해석하는 일종의 사회적 정보교환과정(4장의 논의를 상기해 보자)의 한 형태로 바라보고 연구하기 시작했다. 이 관점은 수신자가 그들의 생각으로 의미를 해석하고 만들어내는 과정으로 커뮤니케이션을 묘사함으로써 의사소통의 지각모형의 개발을 이끌어냈다.

발신자, 메시지, 수신자 발신자란 정보 — 메시지 — 를 소통하기 원하는 사람을 말한다. 수신자는 메시지를 받는 개인, 단체, 혹은 조직이다.

암호화 의사소통은 발신자가 의견이나 생각을 암호화하는 것에서 시작한다. 암호화는 자신의 생각을 상대방이 이해할 수 있도록 기호체계나 언어로 바꾸는 것을 말한다. 이는 메시지의 기초를 형성한다. 예를 들어, 만약 교수가 과제와 관련해서 당신과 대화하고 싶어하면, 분명 그 교수는 어떤 정보를 교환하고 싶은지 생각하게 될 것이다. 일단 교수가 마음 속에서 이 문제를 해결하면(암호화) 그는 어떤 매체를 통해 대화를 할지 선택할 수 있다.

매체의 선택 관리자는 매우 다양한 매체를 통해 의사소통할 수 있다. 잠재적인 매체에는 면대면 대화, 전화, 이메일, 음성 메일, 비디오 컨퍼런스, 메모, 사진 혹은 그림, 회의, 게시판, 프린트물, 차트 혹은 그래프 등이 포함된다. 적절한 매체를 선택하는 것은 메시지의 성격, 의도된 목적, 청중의 종류, 청중과의 근접성, 메시지를 전파하는 기간, 개인적 선호도를 포함하여 여러 가지 요소들이 있다. 맥도날드(McDonald)의 운영 이사인 제니스 필드(Janice Fields)는 그녀의 시간의 85%를 점장들과의 면대면 회의에 직접적으로 얼굴을 마주보는 의사소통을 사용한다. 그녀는 개인적으로 얼굴을 마주보는 의사소통을 선호하여 이 방법을 많이 사용하기도 하지만, 이 방법은 가맹점들을 동기부여하고 문제와 기회를 명확히 하는 복잡한 업무에 적절하기도 하다.

비록 관리자들이 다양한 종류의 매체를 통해 의사소통할 수 있을지라도, 면대면 대화는 피드백이나 즉각적인 반응, 비언어적 어필 등이 요구되는 민감하고 중요한 이슈들을 전달하는 데 효과적이다. 당신은 이 회의 속 사람들이 즐거워 보인다고 생각하는가?

모든 매체는 장점과 단점이 있어 각각 다른 상황에 이용되어야 한다. 예를 들어 면대면 대화는 즉각적인 반응과 피드백이 필요한 중요하고 섬세한 이슈를 논의할 때 효과적이다. 대조적으로, 전화 통화는 편리하고 빠르고 개인적이지만 비언어적인 정보는 제공하지 않는다. 메모나 편지 같은 경우에는 시간이 소요되지만 다른 누군가를 만나기가 힘들거나, 형식과 쓰여진 기록이 중요한 경우나, 이해를 위해 굳이 대면할 필요가 없을 때에 아주 유용하다. 이 장의 후반에 다루어질 전자 의사소통은 멀리 있는 사람들과 의사소통할 때 매우 유용하며 그 메시지의 수신자가 규칙적으로 자신의 이메일을 확인할 때에 굉장히 빠른 의사소통 매체가 될 수 있다.

해독과 의미 형성 해독은 수신자가 메시지를 받을 때 발생한다. 이는 메시지를 해석하고 의미있게 만드는 과정이다. 교수가 과제에 대해 의사소통하는 예시에서 해독은 학생들이 교수로부터 메시지를 받을 때 발생하게 된다.

의미가 곧바로 발신자에서 수신자로 전달되는 전달자 모형의 가정과는 대조적으로, 지각 모형은 수신자가 그의 마음속에서 메시지의 의미를 만들어낸다는 믿음에 기초한다. 이것은 같은 메시지가 사람들마다 다르게 해석될 수 있다는 것을 의미한다. 월 스트릿 저널(Wall Street Journal)의 한 기자가 중국에 있을 때 발생한 다음 사례를 고려해보자.

> 나는 몇 주 전에 월 스트릿 저널의 아시아 본부에서 중국인 동료와 함께 엘리베이터를 타고 있었다. 나는 미소를 지으며 인사를 했다. 그녀는 "몸무게가 늘었네요."라고 응답했다. 나는 속으로 놀랐지만, 적어도 다른 세 명의 중국인 동료에게서 살이 쪘다는 소리를 들었던 터였다. 나는 돼지고기 만두를 끊어야 할 것 같았다. 중국에서 동료의 사적인 관찰은 모욕이 아니다. 이는 단지 친근감의 표시일 뿐이다.

이 사례는 메시지의 해독과 의미 형성이 문화적 형식과 가치에 영향을 받는다는 것을 강조한다.

피드백 당신은 통화 도중에 상대방과의 연결이 끊겼다고 생각해본 적이 있는가? 만약 그렇다면, 다음과 같은 현상이 일어날 것이다. "여보세요, 조이스 듣고 있니?" "조이스 내 말 들려?" 상대방은 아마도 다음과 같이 응답할 것이다, "네, 들려요. 근데 당신 목소리가 들렸다가 안 들렸다가 그래요." 이는 피드백의 예시이다 — 수신자가 발신자의 메시지에 반응을 나타내는 것이다.

관리자로부터의 피드백은 직장에서 의사소통의 본질을 바꿀 수 있다(335쪽에 있는 〈기술과 모범사례〉를 볼 것).

노이즈(noise)
메시지의 전달과 이해의 방해 요소

노이즈(noise)는 메시지의 전달과 이해에 방해가 되는 모든 것을 의미한다. 이것은 연결되어 있는 모든 의사소통 과정에 영향을 끼친다. 노이즈는 연설 장애, 부실한 전화 연결상태, 판독하기 어려운 글씨, 메모나 보고서의 부정확한 통계, 부실한 청력과 시력, 환경적 잡음, 사람들의 대화나 휘파람 소리, 발신자와 수신자 간의 물리적 거리와 같은 요소들을 포함한다. 현대의 블랙베리(Blackberry)나 트레오(Treo)와 같은 전자 기기들은 실제로

음향 시스템근처에서 잡음을 낸다. 연설을 들으면서 자신의 문자 메시지를 확인할 때도 노이즈가 생긴다. 이후에 논의하게 될 비언어적 의사소통 역시 발신자와 수신자의 문화가 다를 경우 노이즈의 근원이 된다(3장에서의 논의를 상기해보자).

노이즈와 의사소통 과정의 다른 요소들은 모두 그림 12-1처럼 각각 역할이 있다. 의사소통 과정은 순차적이라는 것을 염두에 두자.

> **기술과 모범사례**
>
> **소문과 루머 관리하기**
>
> 어느 기업에서나 포도넝쿨(grapevine)이라고 부르는 비형식적 네트워크가 소문과 루머들을 퍼트린다. 그러한 소문들이 관리자의 귀에 들어갔을 때, 관리자가 할 수 있는 일은 무엇일까?
>
> - 조직원에 대한 소문은 사실이든 아니든 사기를 저하시키고 팀을 분열시킨다. 관리자는 이러한 행동은 부적절하다는 것을 팀원들에게 알리고 팀의 응집력을 회복시키기 위해서 팀원들을 모두 불러서(소문을 퍼트린 직원도 포함해서), 루머를 받아들이기 어렵다는 것을 설명하고 팀을 대표해서 사과해야 한다. 이런 행동은 루머가 확산될 수 없도록 상황을 공개하게 한다.
> - 어떤 직원이 소문과 루머를 퍼트린다는 소식을 들었을 때, 관리자는 그 행동이 팀에 어떤 고통을 주는지 지적하고 루머를 받아들일 수 없다는 것을 명확히 해야 한다.
> - 관리자들은 직장에서 성희롱, 차별, 잠재적 폭력과 같은 심각한 위법행위가 일어날 수 있는 상황에 대해 명확하게 알려줄 필요가 있다.
>
> **출처:** Based on P Falcone, "Tattletales Spell Trouble," *HR Magazine*, November 2007, pp91–94.

효과적인 의사소통의 장벽

의사소통이 효과적이려면 발신자는 반드시 의도한 대로 메시지를 전달해야 하며, 수신자는 반드시 메시지를 정확하게 인지하고 해석해야 한다. 정확한 메시지의 전달과 수용에 방해가 되는 그 모든 것은 효과적인 의사소통에 장애가 된다. 당신은 이러한 장벽을 이해함으로써 그것들의 존재를 인지하고 그 영향을 줄일 수 있다.

몇몇 장벽들은 그 자체만으로도 의사소통의 일부분 일 수 있다(표 12-1을 볼 것). 의사소통 과정은 어느 한 부분만 막히더라도 실패하게 될 것이다. 하지만 실질적으로는 세 종류의 장벽들이 의사소통의 효과성에 가장 많은 영향을 주는 것으로 보인다. 세 종류의 장벽에는 (1)개인적 장벽, (2)물리적 장벽, (3)의미적 장벽이 있다.

> **학습목표 2**
>
> 효과적인 의사소통에 대한 개인 간의 장벽, 물리적 장벽, 의미적 장벽의 과정을 설명하라.

개인 간의 장벽 당신은 누군가와 대화한 후에 완전히 혼란에 빠진 적이 있는가? 이는 당신에게 의문점을 남길 것이다: 그들 때문인가 아니면 나 때문인가? 개인 간의 장벽은 누군가가 대화를 방해할 때 나타난다. 의미전달이 잘못되게 만드는 다음의 9가지 개인 간의 장벽들을 검토해보자.

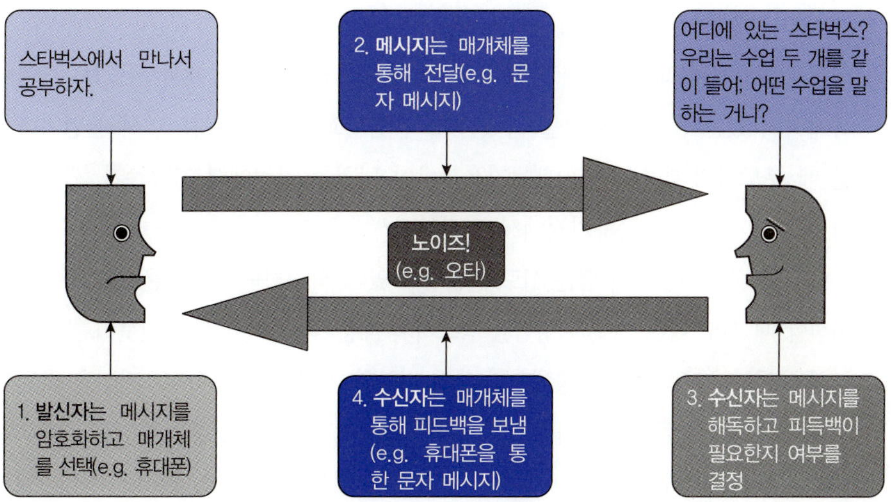

그림 12-1
행동으로 나타나는 의사소통 과정

표 12-1
의사소통 과정에서의 장벽들

- **발신자 장벽 – 어떠한 메시지도 보내지 않았다.** 당신은 아이디어가 있으나 비판이 두려워서 의사표현을 하지 못했던 적이 있는가? 그렇다면 분명히 어떠한 메시지도 전달되지 않는다.
  그러나 이 장벽이 심리적 이유로만 그런 것은 아니다. 당신이 새로운 관리자가 되었다. 부하직원들의 비용 계좌를 관리하는 것이 당신의 의무 중 하나였다는 것을 인식하지 못했다(아무도 알려주지 않았으므로)고 가정하자. 그 상황에서는 그들이 비용 보고서를 날조하는 것에 대해 당신이 그들을 부르지 않는 것이 당연하게 느껴진다 — 달리 말해서 어떠한 메시지도 전달되지 않았기 때문이다.
- **암호화 장벽 – 메시지가 정확히 표현되지 않았다.** 가끔 당신은 자신이 느끼는 것을 올바른 단어로 표현하기가 어려울 때가 있다. 만약 영어가 당신의 모국어가 아니라면, 아마도 당신은 관리자나 동료, 부하직원에게 당신이 의도한 대로 의미를 전달하기가 어려울 것이다.
- **매개체 장벽 – 의사소통 채널이 막혔다.** 상대방의 전화가 항상 통화 중이어서 대화를 하지 못하거나 컴퓨터 네트워크가 다운되어서 이메일이 제대로 전송되지 않을 때가 있다. 이러한 것들이 의사소통 매개체 장벽의 예시들이다.
- **해독 장벽 – 수신자가 메시지를 이해하지 못한다.** 보스가 당신에게 "lighten up"이라던가 "buckle down"이라고 해도, 당신의 모국어는 영어가 아니기 때문에 그 말이 무슨 뜻인지 이해하지 못할 것이다. 혹은 누군가가 당신에게 컴퓨터 용어를 제시했을 때 당신의 무식함을 드러내기 싫어서 자신의 컴퓨터 인터넷 연결에 문제가 있다고 말해버릴지도 모른다.
- **수신인 장벽 – 어떠한 메시지도 받지 못했다.** 당신은 동료와 대화를 하고 있었기 때문에 관리자가 오늘의 업무 내용을 얘기했을 때 듣지 않았고, 그에게 다시 물어볼 수밖에 없다.
- **피드백 장벽 – 받은 사람이 충분히 반응하지 않았다.** 어떤 사람에게 길을 가르쳐줄 때, 그가 단지 고개를 끄덕이기만 하고 가만히 있어서 당신은 그가 정말로 이해했는지 모르는 경우를 경험한 적이 있을 것이다. 이와 같은 일이 많은 직장에서 일어날 수 있다.

출처: A Kinicki and B Williams, *Management: A Practical Introduction*, 3rd ed. (Burr Ridge, IL: McGraw-Hill, 2008), p493.

1. **의사소통을 효과적으로 하는데 있어서 다양한 기술들.** 어떤 사람들은 단지 다른 사람들보다 더 나은 의사전달자일 뿐이다. 그들은 말하기와 듣기 기술을 갖고 있으며, 제스쳐를 이용하여 극적인 효과를 연출하고, 청중의 수준에 맞는 어휘를 사용하며, 간단하고 간결한 용어로써 의미를 전달하는 작문 기술과 다른 사람들을 편하게 만들어주는 사회적 기술을 갖고 있다. 대조적으로, 다른 이들은 이러한 기술들이 없다. 걱정하지 말라. 의사소통 기술은 훈련을 통해 개선될 수 있다.
2. **어떻게 정보가 처리되고 해석되는지에 대한 변화.** 당신은 시골에서 자랐는가, 아니면 도시에서 자랐는가? 사립학교를 다녔는가, 공립학교를 다녔는가? 당신이 일이나 운동을 할 때 부모님의 태도는 어떠했는가? 사랑이 넘치는 가정에서 자랐는가, 싸우고 소리치며 서로에게 상처 주는 가정에서 자랐는가?
   이러한 질문들에 대한 답은 서로 연관성이 있다. 왜냐하면 사람들은 주변에 있는 것들을 해석할 때 서로 다른 기준과 경험을 참고하기 때문이다. 4장에서 보았듯이, 사람들은 자신들의 독특한 기준의 참고사항에 기초하여 다양한 자극에 선택적으로 관심을 갖는다. 이것은 이러한 차이점들이 우리가 보고 듣는 것들을 해석하는데 영향을 준다는 것을 의미한다.
3. **대인관계 신뢰에서의 변화.** 9장에서는 신뢰가 대인관계에 미치는 영향에 대해 논의했

다. 의사소통은 서로 믿지 못할 때 더욱 왜곡되기 쉽다. 신뢰의 부재는 메시지에 중점을 두기 보다 사람들을 방어적으로 만들고 어떤 정보가 오고 갔는지에 대해 의문을 품게 한다. 예를 들어, 젊은 직원인 조지 프랭크(George Franks)는 상사에게 어떤 일을 도와주어야 할지 정기적으로 물어봄으로써 상사와 의사소통하려고 했다. 하지만 상사의 입장에서는 프랭크가 빈번하게 질문하는 이유가 자신의 능력을 믿지 못하는데 있다고 해석할 수도 있다.

4. **고정관념과 편견.** 4장에서 언급했듯이 고정관념은 특정 집단의 사람들에 대해 극단적으로 단순화된 믿음이다. 고정관념과 편견은 잠재적으로 의사소통을 왜곡한다. 왜냐하면 사람들은 고정관념과 편견으로 인해 진실을 오인하고 이러한 왜곡된 정보를 다시 상기하기 때문이다. 잠재적 고정관념을 염두에 두고 고정관념이 무의식적으로 메시지의 해석에 영향을 줄 수 있다는 사실을 인지하는 것은 우리 모두에게 중요하다. 이와 함께, 선의의 말들이 한 집단 혹은 다른 집단들의 구성원들에게 "정치적으로 부당한" 비방으로 해석될 여지가 있다고 사람들은 자주 걱정한다. 인간 다양성 센터(Center for Human Diversity)의 CEO인 발다 보이드 포드 (Valda Boyd Ford)는 우리 스스로의 고정관념을 알아가는 것으로 힘든 상황을 대비할 수 있다고 말했다. 또한 그녀는 이러한 상황들에 방어적인 태도를 취하기보다는 배움의 기회로 여기고 열린 마음으로 행동할 것을 조언했다.
5. **큰 자아.** 자존심, 자존감, 특수경력, 오만 등 어떤 것에 의한 자아든지, 우리의 자아는 의사소통에 장애가 된다. 자아는 정치적 분쟁, 전쟁, 힘과 돈과 같은 자원의 추구를 야기할 수 있다. 자아는 우리가 다른 사람들에게 받는 영향을 어느 정도 수용할지 결정할 뿐만 아니라 우리가 다른 사람들을 어떻게 다룰지에 영향을 미친다. 누군가가 당신에게 공개적으로 망신을 준 적이 있는가? 그렇다면 당신은 자아의 느낌이 어떻게 의사소통에 영향을 미치는지 알 것이다.
6. **형편없는 경청 기술.** 당신은 수업 시간에 한 학생이 몇 분전에 물었던 질문을 똑같이 반복하는 경험을 한 적이 있는가? 파티에 가서 자신에 대해서만 얘기하고 당신에게 어떠한 질문도 하지 않는 사람을 만난 적이 있는가? 이러한 경험을 겪으면 분명히 자신이 중요하거나 기억할만한 존재가 아니라고 느끼게 될 것이다. 상대방이 듣지 않을 때 효과적으로 의사소통하기는 어렵다. 우리는 후반부에 듣기 기술에 대해 논의할 것이다.
7. **다른 이들의 메시지를 평가하려는 자연스러운 경향.** 극장에서 최신 영화를 본 후 당신은 다른 사람에게 어떻게 얘기하는가? 당신은 영화에 대해 무엇을 생각했는가? 그는 분명 이렇게 말할 것이다. "정말 대단했고 올해 본 영화 중에서 최고였어." 그러면 당신은 "나도 그렇게 생각해"라거나 "아니야, 그 영화는 형편 없었어"라고 말할 것이다. 여기서 말하고자 하는 요점은, 저명한 심리학자 칼 로저스(Carl Rogers)에 의하면 우리 모

두는 우리만의 관점이나 기준틀에 근거하여 메시지를 평가하려는 자연스러운 경향이 있다는 것이다. 특히 우리가 그 문제에 강렬한 감정을 갖고 있다면 더하다.

8. **청취 이해력 부족.** 청취 이해력은 수신자가 "표현된 아이디어와 태도를 다른 사람의 관점에서 이해할 때, 그 사람이 어떤 느낌일지 알 때, 그가 말하는 측면에서 그의 기준을 이해할 때" 발휘된다. 이해하면서 들으려고 노력하라; 이는 당신을 덜 방어적으로 만들고 메시지를 인식하는데 있어서 정확도를 높일 것이다.
9. **비언어적 의사소통.** 의사소통 정확도는 한 사람의 얼굴 표정과 몸짓이 메시지의 의도와 일치할 때 증가한다. 흥미롭게도, 사람들은 이 문제에 대해 의식조차 못하고 있을 것이다. 이 단원의 뒷부분에서 이 중요한 의사소통의 측면에 대해 더 다루고 있다.

물리적 장벽: 소리, 시간, 공간 등등 당신은 교통소음과 잡담소리로 번잡한 도로에서 휴대폰으로 통화해본 적이 있는가? 그렇다면 물리적 장벽이 무엇인지 알 것이다. 시차, 전화상의 잡음, 타인과의 거리, 컴퓨터 고장 또한 물리적 장벽이 될 수 있다. 사무실 설계는 또 다른 물리적 장벽의 일종으로, 점점 더 많은 기업들은 직원들 간의 개방된 상호교류를 촉진하는 동시에, 사적교류를 위한 공간을 제공하기 위해 전문가를 고용해 사무실을 디자인 하고 있다.

몇몇 관리자들이 직원들과의 대화를 유도하기 위해 항상 개방된 문(open-door) 정책을 실행하고 있다고는 하지만, 실제로는 사무실 문을 닫음으로써 물리적 장벽을 세우고 있다. 물론 관리자들에게도 간섭받지 않을 시간이 필요하다. 넥스트 스텝 출판사(Next Step Publishing)의 CEO인 다비드 맘마노 (David Mammano)는 개방과 폐쇄가 모두 필요하다는 것을 알았다. 그와 직원들은 각자 발모양의 목욕용 수세미를 한 개씩 갖고 있고, 하루에 한 시간씩 사무실 문이나 밖에 걸어둘 수 있다. 이 수세미가 밖에 걸려 있을 때는 방으로 들어오지 말라는 뜻이다. 나머지 시간에는 대화를 위해 문이 활짝 열려있다.

의미론(semantic)
단어에 대한 연구

의미적 장벽: 단어가 문제가 될 때 당신의 상사가 "우리는 이 프로젝트를 당장 끝내야 한다."라고 말한다면, 이는 무슨 뜻일까? "우리"라는 단어가 단지 당신만을 의미하는 것일까? 당신과 당신의 동료? 혹은 당신, 동료, 그리고 상사까지? "당장"의 의미는 오늘일까, 내일일까, 아니면 다음 주일까? 이러한 것들이 의미적 장벽의 예시이다. **의미론(semantic)**이란 단어에 대한 연구이다.

의미적 장벽은 오늘날과 같은 다문화 직장에서 더 많이 생긴다. 그 빈도는 인도와 같이 해외에도 고객 서비스 센터를 아웃소싱하면서 더욱 증가하고 있다. 일부 미국인들은 콜센터에서 일하는 직원들과 대화를 하다가 언성을 높이기도 한다. 인도에 위치한 콜센터에서 근무하는 미툴 팬들리(Mitul Pandley)는 펜실베니아주 플레젠트 산에 사는 한 소비자로부터 다음과 같은 메시지를 받았다. "나는 인도나 다른 외국, 혹은 인도 발음이나 외국인 발음을 내는 직원이 내 문제를 해결해주기를 원치 않는다." 이러한 문제들은 미틀이 근무하는 와이프로(Wipro BPO)에서 의미적 장벽을 줄이기 위한 교육 프로그램을 구성하게끔 하였다.

특수 용어는 의미적 장벽의 다른 해결책이 될 수 있다. **특수 용어(jargon)**는 특정한 직업, 집단, 혹은 기업에서 사용하는 언어 혹은 전문 용어를 뜻한다. 특수 용어의 사용은 기술집약적으로 사회가 변할수록 더욱 많아지고 있다(예를 들어, "CIO는 RFP가 ASAP하게 제출되기를 원하고 있다"는 말은 "최고정보관리책임자(Chief Information Officer)는 제안서(Request For Proposal)가 가능하면 빨리(As Soon As Possible) 제출되기를 원하고 있다"는 뜻이다). 당신에게 일반적인 단어들이 외부인에게는 이상하게 들릴 수 있다는 것을 잊어서는 안 된다. 더욱 명확한 이해를 위해서는 신중하게 언어를 골라야 할 것이다.

특수 용어(jargon)
특정한 직업, 집단, 혹은 기업에서 사용하는 언어 혹은 전문용어

당신의 지식을 시험하라
효율성 장벽

대인관계 의사소통

조직에서 대인관계 의사소통의 특성은 굉장히 중요하다. 좋은 의사소통 능력이 있는 사람들은 조직이 더욱 혁신적인 결정을 내리는데 도움을 주고 의사소통 능력이 낮은 개인들보다 더 자주 승진을 하게 된다. **의사소통 능력(communication competence)**에 대한 정확한 정의는 없지만 이것은 주어진 환경에서 개인의 효율적인 의사소통 능력에 대한 지표이다. 예를 들어 비즈니스 에티켓은 의사소통 능력의 한 요소이다. 이 시점에서 우리는 당신이 〈실전 연습〉에 있는 업무 에티켓에 관련된 문제를 풀어주었으면 한다. 몇 점이 나왔는가?

의사소통 능력(communication competence)
주어진 상황에서 효과적으로 의사전달 행위를 하는 능력

스타벅스의 CEO 하워드 슐츠(Howard Shultz)는 대인관계 의사소통에 대해 몇 가지 확실한 생각을 갖고 있다. 그리고 그는 이를 항상 지키려고 한다. "아침이 되면 유럽시장에 집중한다. 집에서나, 출근길에 그리스, 스페인 등 유럽지사에 전화를 하는데 전화 상으로 사업 과제를 이야기 하거나 그들의 개인적인 일을 축하해 주기로 한다. 이러한 개인간 의사소통은 매우 중요하다. 나는 이메일 애용자가 아니다. 이러한 습관은 개인간 의사소통을 방해하는 요인이 된다."

의사소통 능력은 세 가지 구성요소에 의해 결정된다: 의사소통 능력과 특성, 상황적 요소, 그리고 개인 간의 상호작용(그림 12-2 참조). 예를 들어, 다문화 의식(Cross-cultural awareness)은 중요한 의사소통 능력/특성이다. 상호작용하는 개인들은 서로의 의사소통 능력에 영향을 받는다. 사람들은 일반적으로 좋아하지

자기 평가 연습
당신이 의사소통 시 겪는 스트레스는 무엇인가?

실전 연습

당신의 비즈니스 에티켓은 어느 정도인가?

설명: 비즈니스 에티켓은 커뮤니케이션 능력의 한 구성요소이다. 아래의 질문들에 답하면서 당신의 비즈니스 에티켓을 시험해보라. 각각의 항목에 대한 당신의 답에 동그라미를 한 후, 이 책 권말에 있는 14번 주석에 실린 정답을 살펴보면서 당신의 점수를 계산하라. 당신의 결과를 해석하는데 이 테스트의 끝에 있는 규범들을 참조하라.

1. 다음은 적절한 소개의 한 예이다: "사장님, 우리의 고객 스미스를 소개해드리겠습니다."
   맞음　　　　　　틀림
2. 만약 어떤 사람이 당신을 소개하는 것을 잊어버렸다면, 당신이 자신을 소개해서는 안 되고 그냥 대화가 계속되게 해야 한다.
   맞음　　　　　　틀림
3. 만약 당신이 누군가의 이름을 잊어버렸다면, 당신은 얘기를 계속하며 아무도 알아채지 못하길 바라야 한다. 이 방법은 당신이 말을 함으로써 당신과 그 사람을 난처하게 하지 않는다.
   맞음　　　　　　틀림
4. 악수를 할 때, 남자는 여자가 손을 뻗기를 기다려야 한다.
   맞음　　　　　　틀림
5. 누가 회전문을 먼저 지나가는가?
   a. 주인　　　　　　b. 방문객
6. 사무실 화장실, 엘리베이터, 그리고 다른 공공장소에서 개인적으로나 휴대전화로 사적인 대화를 가지는 것은 괜찮다.
   맞음　　　　　　틀림
7. 두 명의 미국 사업가가 서로 말을 하고 있을 때, 그들 사이의 공간은 대략 ____이어야 한다.
   a. 1.5 피트　　　　　　b. 3 피트　　　　　　c. 7 피트
8. 비즈니스 캐주얼 복장은 남자에게는 양말을 여자에게는 스타킹을 요구한다.
   맞음　　　　　　틀림
9. 당신이 와인을 원하지 않는다는 것을 알리기 위해서, 당신의 와인 잔을 뒤집어 놓아야 한다.
   맞음　　　　　　틀림
10. 만약 전화가 끊기면, 다시 전화하는 것은 거는 사람의 의무이다.
    맞음　　　　　　틀림
11. 스피커폰을 사용할 때에 다른 사람이 자신과 함께 있다면, 이 사실을 상대방에게 말해주어야 한다.
    맞음　　　　　　틀림
12. 당신이 사무실 밖으로 나갈 때 당신의 음성 사서함을 "부재중"으로 바꿔야 한다.
    맞음　　　　　　틀림

임의의 규범들

낮은 비즈니스 에티켓(0 - 4개 일치): 당신의 비즈니스 이미지를 높이기 위해 에티켓 책을 하나 사거나 혹은 코치를 한 명 고용하는 것을 고려해보라.

중간정도의 비즈니스 에티켓(5 - 8개 일치): 역할 모델이나 멘토를 찾아보고, 당신의 비즈니스 에티켓을 향상 시킬 수 있는 방법을 찾아보라.

높은 비즈니스 에티켓(9 - 12개 일치): 훌륭하다. 당신의 좋은 에티켓을 계속해서 연습해야 하고 당신의 비즈니스 이미지를 유지할 방법들을 찾아보아야 한다.

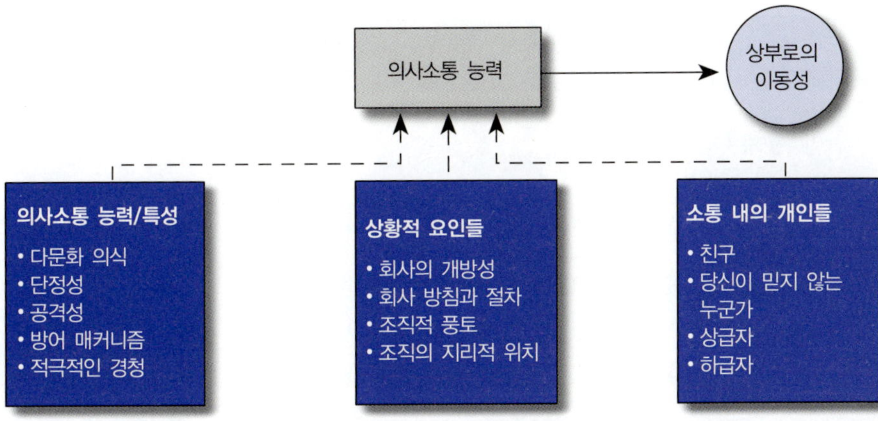

그림 12-2
의사소통 능력은 상부로의 유동성에 영향을 준다.

않거나 믿지 않는 누군가에겐 정보를 주지 않고 감정적이나 방어적으로 대한다. 당신은 다섯 종류의 의사소통 스타일(능력/특성)을 통해 의사소통 능력을 발전시킬 수 있다: 단정적, 공격적, 비단정적, 비언어적 의사소통, 경청. 또한 우리는 성별에 따른 의사소통의 차이도 살펴볼 것이다.

단정적, 공격적, 비단정적

학습목표 3
단정적, 공격적, 비단정적 의사소통 스타일을 비교하라.

"식초보다 꿀로 더 많은 파리를 잡을 수 있다"라는 옛말은 단정적인 의사소통 방식과 공격적인 의사소통 방식의 차이를 말해준다. 연구 조사 결과 단정적인 방법이 업무 관련 면에서나 소비자 대응면에서나 공격적인 방법보다 더욱 효과적이라고 나타났다. **단정적 스타일(assertive style)**은 주장이 강하고 자기 고양적이며, "자신이나 남의 기본 인권(자신의 주장을 펼칠 권리 혹은 존엄성과 존경심으로 대우받을 권리)을 침해하는 것은 바람직하지 않다는 윤리적인 개념"에 바탕을 두고 있다. 반대로 **공격적 스타일(aggressive style)**은 표현적이고 자기주장이 강하며 타인을 부당하게 이용하는 경향이 있다. **비단정적 스타일(nonassertive style)**은 소심하고 자신에게 솔직하지 못한 것으로 구분 지어진다. 비단정적인 방법은 타인에게 불공평한 이득을 주기 때문에 효과적이지 못하다.

단정적 스타일(assertive style)
표현을 잘하고 자기 향상감이 높으나 다른 사람으로부터 부당하게 이득을 취하지 않음

공격적 스타일(aggressive style)
표현을 잘하고 자기향상감이 높으나 다른 사람들로부터 불공정하게 이득을 취함.

비단정적 스타일(nonassertive style)
소극적이고 자기 부정적임

경영자들은 비교적 덜 공격적, 비단정적임과 동시에 더욱 단정적으로 되려고 노력함으로써 그들의 의사소통 능력을 향상시킬 수 있다. 이것은 표 12-2에 명시된 바와 같이 적절한 비언어적, 언어적 행동으로 얻어질 수 있다. 예를 들어 경영자는 좋은 눈 맞춤, 강하고 안정적이며 잘 들리는 목소리, 그리고 선택적인 중단 등의 비언어적 방법을 사용하도록 노력해야 한다. 그들은 노려보거나 힐끗 쳐다보는 것, 위협적인 손짓, 불안정한 자세, 그리고 힘 없고 약한 목소리와 같은 비언어적 방법은 피해야 한다. 적절한 언어적 행동은 직접적이고 명백한 단어

표 12-2
의사소통 스타일

의사소통 스타일	해설	비언어적 행동 양식	언어적 행동 양식
단정적	비난없이 강하게 밀어붙이는 것; 다른 사람들이 결과에 영향을 미치게 함; 다른 사람들에게 참견하지 않고 자신의 의사를 표현하고 스스로를 높이는 것.	좋은 눈 맞춤 편안하지만 견고한 자세 강하고, 흔들리지 않고, 잘 들리는 목소리 메시지와 어울리는 얼굴 표정 적당하게 진지한 톤 청중의 이해를 돕기 위한 선택적 중단	직접적이고 모호하지 않은 단어 다른 사람의 행동을 귀속하거나 평가하지 않음 "나"와 협동적 의미의 "우리"라는 표현 사용
공격적	다른 사람들을 이용하는 것; 다른 사람들을 희생시켜 의사를 표현하고 스스로를 높이는 것	눈 맞춤을 노려보며 하기 너무 가까이 움직이거나 혹은 기대는 것 위협하는 동작들 (손가락으로 가리키는 것, 주먹을 꽉 쥐는 것) 큰 목소리 빈번한 중단	악담과 욕설 다른 사람의 행동을 귀속하고 평가함 성차별주의나 인종차별 주의적 언행 명백한 위협 또는 강력한 반박
비단정적	우리를 이용하도록 다른 사람들을 권장하는 것; 억제된 표현; 자기부정적	눈 맞춤을 조금만 하는 것 아래를 쳐다보는 것 힘 빠진 자세 중심을 계속 이동시키는 것 손을 꽉 쥐는 것 약하거나 울먹이는 목소리	수식어("아마"; "거의") 여백을 매우는 것("어", "그러니까", "글쎄") 부정하는 것들("그렇게 중요하지는 않아";"확실하지 않아")

출처: Adapted in part from J A Waters, "Managerial Assertiveness," *Business Horizons*, September/October 1982, pp 24–29.

'너'라는 말보다 '나'라는 말을 많이 사용하는 것 등을 포함한다. 예를 들어 당신이 "마이크 나는 당신의 리포트에 많은 인쇄상의 오류가 있어서 실망했어요."라고 말하는 것이 "마이크, 당신의 리포트는 형편없군요."라고 말하는 것보다 상대의 방어적인 면을 감소시킬 수 있다. "나"라고 말하는 것은 타인을 비난하는 것보다는, 타인의 성과에 대한 당신의 감정을 묘사하는 것을 나타낸다.

4 학습목표
비언어적 의사소통의 근원에 대해 설명하라.

비언어적 의사소통의 근원

비언어적 의사소통(nonverbal communication)
글이나 말 이외의 수단으로 메시지를 전달하는 것

비언어적 의사소통(nonverbal communication)은 "쓰고 혹은 말하는 단어와 관계없이 보내거나 받는 모든 메시지이다.... 대화를 할 때 사람들 간의 시간과 공간, 거리, 색, 옷, 걷는 태도, 서 있는 모습, 위치, 좌석 배열, 사무실 위치 그리고 가구 등 모든 요소들을 포함한다."전문가들은 모든 의사소통이 비언어적인 의사소통을 통해 해석되는 것이 65%에서 90%라고 추정한다. 그러므로 당신의 비언어적 표시를 의도된 언어적 메시지와 일치시키는 것은 매우 중요하다. 비언어적 의사소통은 조직 내 다른 동료에 대한 판단, 고용, 결정, 직무태도, 이직, 회의에서 의견 교류 등과 같은 조직적 행동에 많은 영향을 미친다. 이러한 의사소통의 사용과 영향 때문에 경영자는 비언어적 의사소통의 근원을 의식적으로 파악할 수 있어야 한다.

몸의 움직임과 제스처 앞으로 혹은 뒤로 기대는 것과 같은 몸의 움직임, 그리고 가리키는 것과 같은 제스처들은 의사소통의 과정을 강화시키거나 혹은 주의를 딴 데로 돌리게 할 수 있는 부가적인 비언어적 정보를 제공한다. 뒤로 기대는 것과 같은 숨기지 않는 몸의 자세는 의사소통에 대한 개방성, 따뜻함, 가까움, 그리고 유효성을 의미하는 **직접성**을 나타낸다. **방어**는 팔을 접고, 손을 교차시키고, 그리고 다리를 교차시키는 것과 같은 제스처를 통해서 전달된다. 비록 몸의 움직임과 제스처를 해석하는 것이 쉽고 재미있을지라도, 신체언어 분석은 주관적이며, 오역이 될 수 있고, 그리고 상황과 문화에 따라 다르다는 것을 기억하는 것이 중요하다. 그러므로 관리자들은 몸의 움직임을 해석할 때 신중을 기할 필요가 있다. 부정확한 해석은 의사소통 과정에 부가적인 "노이즈"를 만들어 낼 수 있다.

접촉 접촉하는 것은 또 다른 강력한 비언어적인 신호이다. 사람들은 그들이 좋아하는 사람들에게 접촉하려는 경향이 있다. 성별에 따른 접촉 여부에 관한 메타 분석은 대화를 하는 동안 여성들이 남성들보다 접촉을 더 많이 한다는 것을 보여주었다. 접촉은 따뜻함과 관심의 이미지를 전달하고 사람들 간의 개인적인 유대를 만드는데 사용될 수 있다. 하지만, 접촉에 대한 규범은 전 세계적으로 매우 다양하기 때문에, 다양한 문화에서 온 사람들과 신체적 접촉을 할 때에는 조심해야 한다.

얼굴 표정 얼굴 표정은 수많은 정보를 전달한다. 예를 들어, 웃는 것은 전형적으로 따뜻함, 행복, 혹은 우정을 나타내는데 반해, 찡그리는 것은 불만과 화를 전달한다. 당신은 이러한 해석들이 다른 문화에도 적용된다고 생각하는가? 관련된 연구에 따르면 얼굴 표정과 감정 사이의 관련성이 문화를 가로질러 다양하다는 것을 알 수 있다. 예를 들어, 웃음은 다른 나라들에서 같은 감정을 전달하지 않는다. 그러므로 관리자들은 다양한 문화의 직원들 사이에서 얼굴 표정을 해석하는 것에 조심할 필요가 있다.

눈 맞춤 눈 맞춤은 문화를 가로질러 강력한 비언어적 신호이다. 서양인들은 어린이에게 그들의 부모를 쳐다보고 말하도록 가르쳤다. 반대로, 아시아인들은 복종과 섬기는 것을 보여주기 위해서 부모나 혹은 연장자와 시선을 맞추는 것을 피하도록 가르침을 받는다. 재차 강조하지만 관리자들은 다양한 직원들과의 시선을 유지하는 것에 신경써야 한다.

실용적인 조언들 비언어적 의사소통은 긍정적인 대인관계의 발달과 관계가 있기 때문에 좋은 비언어적 의사소통 기술들을 가지는

> **기술과 모범사례**
>
> **비언어적 의사소통 기술을 향상시키기 위한 조언**
>
> 긍정적인 비언어적 행동들은 아래와 같다.
>
> - 눈 맞춤을 유지하는 것.
> - 당신이 듣고 있다거나 혹은 당신이 동의한다는 것을 전달하기 위해서 고개를 끄덕이는 것.
> - 웃음을 짓고 관심을 보이는 것.
> - 말하는 사람에게 당신이 관심이 있다는 것을 보이기 위해서 앞으로 기울이는 것.
> - 당신의 메시지와 어울리는 톤의 목소리를 이용하는 것.
>
> 부정적인 비언어적 행동들은 아래와 같다.
>
> - 눈 맞춤을 피하고 말하는 사람에게서 눈길을 돌리는 것.
> - 눈을 감거나 혹은 얼굴 근육을 팽팽하게 하는 것.
> - 과도한 하품.
> - 우유부단함이나 자신감의 결여를 나타내는 신체언어를 사용하는 것.
> - 너무 빨리 혹은 너무 늦게 말하는 것.

것은 중요하다. 〈기술과 모범사례〉는 당신의 비언어적 커뮤니케이션 기술들을 향상시키는데 필요한 조언을 제공해준다. 이러한 조언들을 텔레비전을 보는 동안 소리를 끄고 감정들의 상호 작용을 해석하려고 노력하면서 연습해라. 친구로부터의 당신의 비언어적 커뮤니케이션 스타일에 관련된 솔직한 피드백을 얻는 것 또한 도움이 될 수 있다.

5 학습목표

다섯 가지 지배적인 경청 스타일과 효과적인 경청을 위한 열 가지 비결을 검토하라.

적극적으로 듣기

몇몇 커뮤니케이션 전문가들은 듣는 것이 판매, 고객 서비스, 혹은 관리와 연관이 있는 피고용인들을 위한 근본적인 의사소통 기술이라고 주장한다. 이 주장을 뒷받침하지만, 청취의 효과에는 고객 만족과 같은 긍정적인 연관성과 직원의 이직 의도와 같은 부정적인 연관성이 있다. 직원과 회사 간의 빈약한 의사소통은 직원의 불평과 이직의 중요한 원인으로 볼 수 있다. 청취 기술은 우리 모두에게 중요하다. 우리는 다른 사람의 말을 청취하는 것으로 많은 시간을 보내기 때문이다.

조별 활동

비언어적 의사소통: 제스처 놀이에 대한 왜곡

관리자가 꼭 해야할 것들

경청 기술: 네, 무엇이 되었든지 간에

경청은 메시지를 단순히 듣는 것보다 훨씬 더 많은 것을 포함한다. 듣는 것(hearing)은 듣는 것의 육체적인 요소들만 말한다. 귀 기울인 **경청(listening)**은 언어적 메시지를 적극적으로 해독하고 해석하는 과정이다. 경청하는 것은 인지적인 주의와 정보의 과정이 필요하지만 듣는 것은 그렇지 않다. 이러한 차이를 염두에 두고, 우리는 듣는 스타일을 시험해보고 더 효과적인 경청자가 되기 위한 몇몇 실용적인 조언을 제공하고자 한다.

경청(listening)

언어적인 메시지를 적극적으로 해독하고 해석하는 것

경청 스타일 의사소통 전문가들은 사람마다 각자 선호하는 경청 스타일이 있다고 믿는다. 사람들은 하나의 우세한 경청 스타일을 선호하는 경향이 있지만, 우리는 두 개나 혹은 세 개의 스타일을 사용하는 경향이 있다. 여기에는 다섯 개의 주요한 경청 스타일이 있다: 감상하는 것, 감정 이입하는 것, 이해력이 있는 것, 통찰력이 있는 것, 평가하는 것. 각각의 스타일을 살펴보자.

감상하는 청취자들은 즐거움, 오락, 혹은 고무에 귀를 기울이는 것을 좋아하며 편안한 태도로 듣는다. 이러한 사람들은 그들의 대화에서 즐거움이나 유머를 제공하지 않는 화자들을 무시하는 경향이 있다. **감정을 이입하는** 청취자들은 메시지들을 공연 매체뿐만 아니라 감정과 말하는 사람이 보여주는 신체언어에 집중하면서 해석한다. 또한 그들은 판단하는 것 없이 듣는 경향이 있다. **이해력이 있는** 청취자는 첫 번째로는 특정한 생각과 행동들을 조직화하고 생각들 사이의 관계에 집중하고 정보들을 통합하면서 메시지를 해석한다. 이러한 청취자들은 끊김이 없는 논리적인 프레젠테이션을 선호한다. **통찰력이 있는** 청취자들은 주요한 메시지를 이해하고 중요한 점을 결정하려고 한다. 그들은 필기하는 것을 좋아하고 논리적인 프레젠테이션을 선호한다. 마지막으로, **평가하는** 청취자들은 분석적으로 듣고 발표된 내용에 대해 지속적으로 논쟁을 이어가며 기존 주장을 반박한다. 또한 자신의 신념에 따라 메시지를 수용하거나 거부하고, 많은 질문을 하며 때론 대화 도중에 끼어들기도 한다.

당신은 우선 다양한 상황에서 사용되는 서로 다른 경청 스타일의 효과를 인지함으로써 경청 기술을 향상시킬 수 있다. 이러한 지식은 당신이 시기적절하게 경청 스타일을 사용하도록 돕는다. 예를 들어, 만약 당신이 대통령의 토론을 듣고 있다면, 아마 당신은 이해력 있고 통찰력 있는 스타일을 사용하는 것에 초점을 맞출 것이다. 반대로, 만약 당신이 상품 광고를 듣고 있다면 아마 평가하는 스타일이 더 적절할 것이다.

더욱 효과적인 청취자 되기 효과적인 경청은 노력과 동기부여를 요구하는 습득 가능한 기술이다. 진정으로 다른 사람들에게 귀를 기울이는 것은 에너지와 욕망을 필요로 한다. 불행히도, 듣는 것에 대한 보상이 없는 것처럼 보일 수도 있지만 우리가 듣기를 하지 않을 때는 부정적인 결과가 생긴다. 예를 들어, 누군가가 자신의 시계를 보거나 키보드 타이핑을 치는 것과 같은 어떤 다른 행동을 하면서 당신에게 주의를 기울이지 않을 때를 생각해 보라. 어떻겠는가? 당신은 비굴한 마음을 갖거나, 상대방이 자신을 중요하게 여기지 않는다고 느끼거나, 감정이 상할 수도 있다. 바꾸어서, 그러한 느낌들은 불만, 낮은 생산성, 수준 낮은 고객 서비스를 불러일으킬 수 있을 뿐만 아니라 대인관계도 손상시킬 수 있다. 듣는 것은 10개의 좋은 듣기 습관들은 연마하는 반면 좋지 않은 청취자들의 10가지 습관들은 피하면서 향상시킬 수 있는 중요한 기술이다(표 12-3을 보라).

자기 평가 연습
적극적 경청 기술 목록

게다가, 의사소통 전문가는 우리가 다음 3가지의 기본적인 충고를 충실히 따른다면 우리의 청취 기술을 모두 향상시킬 수 있다고 제안한다.

1. 무엇을 말하는지(무엇을 듣는지) 차근히 경청하라, 바로 당신이 원하는 것을 말하지 마라.
2. 다른 사람의 말이 끝난 후에 말을 시작하라.
3. 말한 사람에게 명확한 메시지를 전달받았다는 것을 알리기 위해 당신이 들었던 것에 대해 다시 한 번 말하라.

여자와 남자는 다르게 의사소통 한다

여자와 남자는 예전부터 다른 방식으로 의사소통을 해 왔다. 성에 기초한 의사소통에서의 차이들은 여성과 남성이 주로 사용하는 말의 스타일에 의해 어느 정도 나타난다. 의사소통 전문가인 데보라 태넌 (Deborah Tannen)은 **언어적 스타일(linguistic style)**을 아래와 같이 정의한다.

언어적 스타일(linguistic style)
한 사람의 전형적 말하기 유형

언어적 스타일은 한 사람이 말하는 특징적인 패턴을 말한다. 언어적 스타일은 직접적 표현이나 간접적

표 12-3
효과적인 경청의 비결

효과적인 듣기의 비결	좋지 않은 청취자들	좋은 청취자들
1. 생각하는 속도를 이용하라.	공상에 잠기는 경향이 있다.	화자의 말을 계속 들으며, 마음속으로 화자의 말을 요약하고, 증거를 중요시하고, 간접적으로 듣는다.
2. 아이디어에 귀 기울여라.	사실 여부에 집중한다.	중심적/전체적 생각에 귀 기울인다.
3. 흥미로운 부분을 찾아라.	무미건조 화자들이나 주제들은 무시한다.	유용한 정보는 무엇이든 귀 기울인다.
4. 말투가 아니라, 내용을 판단해라.	무미건조하거나 혹은 단조로운 화자들은 무시한다.	판단을 하기 전에 전체의 메시지를 들음으로써 내용을 평가한다.
5. 흥분을 참아라.	화자가 말하는 어떤 것에 의해서 너무 감정적으로 되거나 혹은 흥분하여 말다툼에 들어간다.	이해가 끝날 때까지 판단을 보류한다.
6. 듣는 것에 노력해라.	듣는 것에 힘을 쓰지 않는다.	말하는 사람에게 완전히 주의를 기울인다.
7. 주의가 산만해 지는 것을 주의하라.	주의가 쉽게 산만해 진다.	주의산만과 싸우며 화자에 집중한다.
8. 말하는 것을 들어라.	호의적이지 않은 정보를 배재하거나 부정한다.	호의적이든 호의적이지 않든 둘 다 듣는다.
9. 당신 스스로에게 도전하라.	어려운 주제의 발표를 듣는 것을 거부한다.	난해하고 어려운 발표들을 정신수양이라 생각하며 듣는다.
10. 유인물, 오버헤드 프로젝터 혹은 다른 시각교구들을 이용하라.	필기를 하거나 시각교구들에 주의를 기울이지 않는다.	필요에 따라 필기를 하고 프레젠테이션의 이해를 높이기 위해서 시각교구를 이용한다.

출처: Derived from N Skinner, "Communication Skills," *Selling Power*, July/August 1999, pp 32–34; and G Manning, K Curtis, and S McMillen, *Building the Human Side of Work Community* (Cincinnati, OH: Thomson Executive Press, 1996), pp 127–54.

표현, 말하기의 속도와 멈춤, 단어 선택, 유머나 비유적 표현, 질문, 사례, 양해 등을 사용하는 것과 같은 특징을 포함한다. 바꿔 말하면, 언어 스타일은 우리가 의미하는 것을 대화로써 의사소통하고, 상대의 의도를 해석하고 평가하는, 문화적으로 학습된 신호체계이다.

언어 스타일은 성별에 따른 의사소통의 차이를 설명하는데 도움을 줄 뿐만 아니라, 다른 사람의 신용, 능력, 역량 등을 판단하는 데에도 영향을 준다. 언어 스타일에 대한 지식은 의사소통의 정확도와 능력을 향상시킬 수 있다. 지금부터는 언어적 스타일의 차이, 이성간의 의사소통 차이, 이성간의 효율적인 의사소통 증진을 위한 방법들을 살펴보면서 대인관계 의사소통에 대한 이해를 높여보도록 한다.

왜 남녀 간의 언어적 스타일이 다른가? 비록 전문가들은 남녀간 의사소통 차이의 원인에 전적으로 동의하지 않지만, 여기에는 두 개의 대표적 가설이 있다. 어떤 연구자들은 남녀 사이의 차이는 선천적으로 타고난 생물학적 차이 때문이라고 믿는다. 좀 더 구체적으로 말하면, "다윈의 관점" 또는 "진화론의 관점"이라고도 불리는 관점은 의사소통에서의 성 차이를 남녀가 사용하는 재생산 전략과 관련된 추진력, 니즈, 갈등에서 찾는다. 예를 들면, 이 생각을 지지하는 사람들은 남성들은 배우자 선택시에 다른 남성과 경쟁하여 보다 매력적인 여성을 소유하려는 유전적 욕구가 있기 때문에, 여성보다 공격적으로 대화하고, 다른 이들의 말에 잘 끼어들며 자신의 감정을 숨기는 경향이 강하다고 말하곤 한다. 비록 남성은 업무 관련 모임에서는 배우자 선택을 위해 경쟁하지는 않지만, 진화론적인 심리학자들은 남자들이 생물학적으로 그들 행동의 기반이 되는 결정요소(유전자)들을 벗어날 수 없다고 말한다.

연구는 남녀가 다른 의사소통 스타일을 갖는다고 밝혔다. 예를 들면, 남자는 그들의 성취에 대한 자랑이 더 많은 반면에 여자들은 좀 더 겸손하다. 이성간 의사소통의 차이는 조직 문제 해결을 위한 회의에서 서로를 인식하는데 어떠한 영향을 미치겠는가?

반대로, 사회역할이론은 어린이들이 자라나면서 말하기 방법들을 배운다는 사실에 기반한다. 조사에서 소녀들은 친근한 관계와 감정적 유대에 집중하는 대화기술과 습관을 배우는 반면에 소년들은 지위와 서열에 집중하는 기술과 습관을 배운다고 나타난다. 따라서 여자들은 친근함을 위한 협상으로써 의사소통을 바라본다. 이러한 관점은 여성이 남성보다 상대방의 상태를 수시로 확인하고 배려하도록 만든다. 반면, 남자는 타인보다 우월한 위치를 얻고 이를 유지하기 위한 협상으로써 대화를 바라본다. 그러므로 남성은 자신을 억누르거나 괴롭히려는 외부의 시도들로부터 자신을 보호하는 것이 중요하다. 이런 인식은 독립심을 유지시키고 실패를 피하기 위한 남성의 필요성을 증가시킨다.

의사소통에서 성의 차이점 연구조사는 남녀가 수많은 다른 방법으로 다르게 대화한다고 설명한다. 예를 들면, 여자들은 좀 더 성공을 위한 명예를 나누고, 명확하게 하기 위한 질문을 하고, 칭찬 섞인 온화한 비판으로 재치 있는 반응을 보여주고, 무엇을 해야 하는지 다른 사람에게 간접적으로 말해주는 듯하다. 반대로, 남자들은 좀 더 스스로를 자랑하고, 무뚝뚝한(둔감한) 반응을 보이고, 칭찬을 자제하는 듯하다. 그리고 질문을 하고 잘못 또는 약점을 인정하려고 하지 않는다.

이성간 의사소통 차이에 있어 명심해야 할 두 가지가 있다. 첫째로, 이러한 특징은 모든 남성과 여성을 대변하지 않는다. 어떤 남자들은 그들의 성공을 자랑하는 경향이 적은 반면에 어떤 여자들은 인정받으려는 경향이 덜하다. 요지는 모든 규칙에는 예외가 항상 있다는 것이다. 둘째로, 당신의 언어 스타일은 당신의 신뢰, 능력, 그리고 권위에 대한 인식에 영향을 준다. 이러한 인식들은 당신의 미래 직무들과 그 이후의 승진 과정에 영향을 줄지도 모른다.

성별 간의 원활한 의사소통 만들기 데보라 태넌(Deborah Tannen)은 언어적 스타일이 어떻게 적용되고 우리의 지각과 판단에 어떤 영향을 미치는지 알 필요가 있다고 충고했다. 그녀는 언어적 스타일에 대한 지식이 통찰력과 기발한 아이디어를 겸비한 사람을 선별하는데 도움을 준다고 믿는다. 언어적 성차이와 회의에서 주목받는 사람사이에는 어떤 관계가 있는지 고려해 보자.

> 많은 사람들 앞에서 편안하게 말하는 사람, 바로 바로 대답하는 사람, 발언권을 받기 전에 쉽게 이야기 하는 사람은 회의에서 주목받기 쉽다. 이전 발표자가 끝내는 것이 확실해 질 때까지 말하는 것을 삼가는 사람과, 발언권이 인정될 때까지 기다리는 사람과, 다른 이들에게 그들의 의견을 묻는 경향이 있는 사람은 모든 사람이 같은 규칙을 따르는 곳에서는 좋은 모습을 보여주겠지만 첫 번째 패턴의 사람과 회의를 가지면 주목 받기 힘들 것이다. 소년과 소녀들을 대표하는 사회성이 주어지면, 남자들은 첫 번째 스타일을, 여자는 두 번째 스타일을 배우려 할 것이고, 여성보다는 남성에게 회의가 더 잘 맞을 것이다.

이런 언어적 차이점에 대한 지식은 관리자가 회의 중에 모든 사람의 아이디어를 듣고 공정한 평가를 내리는 방법을 고안하는데 도움을 줄 수 있다. 게다가, 당신의 언어스타일이 갖는 조직상의 강점과 약점을 고려하는데 유용하다. 당신은 아마도 당신의 신뢰, 능력, 권위에 악영향을 미치는 언어적 스타일을 바꿔볼까 생각할 것이다. 결론적으로, 이성 간 의사소통은 남녀가 같은 것을 서로 다른 방법으로 말하고 있다는 것을 기억함으로써 증진될 수 있다.

컴퓨터화된 정보시대에서의 의사소통

6 학습목표

인터넷, 인트라넷/익스트라넷, 이메일, 메신저, 휴대용 기기, 블로그, 화상회의/전화회의, 그룹 지원시스템을 설명하고, 재택근무와의 연관성에 대해 설명하라.

1단원에서 토의한 바와 같이, 컴퓨터와 정보기술의 사용은 조직행동의 많은 측면에 큰 영향을 주었다. 예를 들어, 인력관리 업체인 아데코(Adecco)는 300명의 공장 직원들을 즉시 충원해줄 것을 요청받았는데, 스티브 바룩(Steve Baruch) 부사장은 세 개의 주에 협업 중인 관리자들에게 온라인 쪽지를 보내서 몇 시간 만에 직원들을 찾아냈다. 다른 방식으로 했더라면 며칠은 소요되었을 업무였다. 그리고 화재감지 및 보안 서비스를 제공하는 타이코 인터내셔널(Tyco International)은 PDA를 이용하여 기술자들에 대한 정보를 얻고자 하였다. 기술자들은 200가지 이상의 장비에 대한 서비스를 책임지고 있는데, 그것들을 다루는 과정을 무작정 외우기보다는 PDA에 나오는 도식과 과정, 그리고 그림을 참고하여 업무를 수행한다. 무거운 설명서를 들고 다니면서 들춰보는 것보다는 훨씬 실용적인 방법이었다.

카이저 재단(Kaiser Family Foundation)은 2,032명의 젊은 사람들을 대상으로 수행한 최근의 연구에서 그들 역시 전자 제품을 이용해 동시에 여러 가지 일들을 하면서(multitasking) 많은 시간을 보낸다고 말했다. 연구 결과를 보면 그들은 하루에 한 시간 정도 컴퓨터를 사용하고 45분 정도 독서를 하는 것으로 나타났다. 그 시간의 절반 이상을 멀티태스킹 — 가령 음악을 듣거나 쪽지를 확인하거나 — 으로 하고 있었다. 어린 아이들 역시 하루에 네 시간 정도

TV를 보면서 그 시간의 45% 정도는 멀티태스킹을 하고 있었다. 이러한 10대들의 모습은 오늘날의 급변하는 업무 환경에 잘 적응할 것처럼 보인다. 또한 실제로 몇몇 관리자들은 멀티태스킹이 일을 더 많이 할 수 있는 방법이라고 여기고 있다. 하지만 연구 결과에 따르면 사람들은 동시에 두 가지 업무에 집중할 수 없으며, 직원들이 시간을 계획적으로 사용한다면 더욱 생산성이 높아지고 업무들 사이에서 우왕좌왕하지 않게 될 것이다.

멀티커뮤니케이팅은 현대 의사소통의 추세로 나타나고 있다. 기기가 얼마나 효과적으로 멀티커뮤니케이트할 수 있는 능력을 갖고 있는가?

멀티태스킹과 더불어 연구자들은 또 다른 현대의 의사소통 경향을 발견해냈다. **멀티커뮤니케이팅(multicommunicating)**은 "동시에 여러 개의 상호작용에 참여하기 위해 사용하는 기술"을 지칭한다. 강의를 하는 동안 이메일을 받거나, 친구와 저녁 식사를 하면서 인터넷으로 채팅을 한다거나, 화상 회의를 하는 동안 문자를 보내는 것들이 한 예가 될 수 있다. 당신도 알다시피 멀티커뮤니케이팅은 장단점이 있다. 적은 시간으로도 더 많은 일들을 해낼 수 있지만, 의사전달이 잘못되거나 이로 인해 여러 사람들이 상처를 받을 수도 있다. 멀티커뮤니케이션은 조심스럽게 해야 되며 때와 장소를 가릴 줄 알아야 된다는 것을 명심해야 한다.

멀티커뮤니케이팅(multicommunicating)
동시에 둘 혹은 그 이상의 사회적 상호작용에 참여하기 위해 사용하는 기술

정보시대는 우리의 개인생활과 업무 모두에서 의사소통 패턴을 급격하게 변화시키고 있다. 예를 들면, 최근 통계를 보면 북미에서 인구의 72%가 인터넷을 사용한다고 밝혔다. 다른 문화권과 비교해보면 이러한 비율은 아프리카 (5%), 아시아 (14%), 유럽(47%), 중동(17%), 라틴 아메리카/캐리비언(22%), 그리고 오세아니아/호주(56%)의 인터넷을 사용하는 퍼센트보다 높다. 여기서는 컴퓨터화된 업무환경(인터넷/인트라넷/엑스트라넷, 전자메일, 화상회의, 협동적 컴퓨팅과 텔레커뮤팅)에서 의사소통 패턴과 관리에 영향을 미치는 정보기술의 다섯 가지 주요 요소를 탐구한다.

"웹캠과 전자제품이요? 그건 단지 우리가 시험해보기 위한 것들이에요."

인터넷/인트라넷/익스트라넷

인터넷 혹은 좀 더 간단히 "넷(net)"은 컴퓨터 네트워크 그 이상의 것이다. 이것은 컴퓨터 네트워크의 네트워크이다. **인터넷(internet)**은 독립적으로 운용되면서도 상호 연결된 컴퓨터들의 범세계적 네트워크이다. 인터넷은 기업, 정부, 대학, 우리 집과 회사의 개인컴퓨터 모든 것을 연결하는 큰 본체, 슈퍼컴퓨터로부터 모든 것을 연결

인터넷(internet)
전 세계적인 컴퓨터 네트워크

인트라넷(intranet)
조직의 사설 인터넷
익스트라넷(extranet)
선택된 고객, 협력자, 전략 파트너들과 내부 직원들을 연결해주는 네트워크

한다. **인트라넷(intranet)**은 더 이상 조직의 사설 인터넷이 아니다. 인트라넷 또한 방화벽을 갖고 있는데 이것은 외부 인터넷 사용자들이 내부정보에 접속하는 것을 막는다. 이것은 사생활과 회사문서의 기밀성을 보호하기 위해 쓰인다. 내부에 초점을 둔 인트라넷과 반대로, **익스트라넷(extranet)**은 선택된 고객들, 협력자, 다른 전략 파트너들과 내부 직원을 연결한다는 점에서 확대된 인트라넷이다. 자동차 수리 중인 사람들을 대상으로 차를 빌려주는 엔터프라이즈 렌터카(Enterprise Rent-A-Car)는 보험회사와 자체 공장을 연결해주는 익스트라넷을 보유하고 있다. 이 기술은 고객 만족도를 높였다. 왜냐하면 평균보다 이틀이나 빨리 자신의 차를 돌려받을 수 있기 때문이다.

인터넷, 인트라넷, 익스트라넷의 주요 이점은 이러한 것들이 정보를 찾고, 만들고, 분배하는 직원들의 능력을 향상시킬 수 있다는 것이다. 그러나 이 시스템들의 효과성은 조직이 그들의 인터넷/익스트라넷을 어떻게 세우고 운영하는지와 직원들이 습득된 정보를 어떻게 사용하느냐에 달려있다(351쪽에 있는 〈기술과 모범사례〉를 참조하시오). 예를 들면, 기업의 인트라넷이 체계적이지 않은 정보의 쓰레기장이 된다면 의사소통 효과는 실질적으로 줄어들 수 있다. 이 경우 직원들은 불규칙적으로 나아가는 정보의 바다에서 그들 자신을 찾게 될 것이다. 그러나 오늘까지 인터넷, 인트라넷, 또는 익스트라넷 사용에 따른 생산성의 증가를 직접적으로 증명하는 연구는 없었다. 하지만 다른 부류의 조직적 이익들을 증명하는 사례는 존재한다. 예를 들어 2만명의 직원이 있는 오하이오의 전기설비회사 아메리칸 일렉트릭 파워(American Electric Power)는 모든 인사관리 정책, 과정, 형식을 인트라넷에 옮겨놓음으로써 엄청난 비용 절감을 경험했다. 유나이티드 파슬 서비스(United Parcel Service)는 무선인터넷 설치 이후 생산성이 35% 증가되었다고 평가하였다. 온라인 직원 훈련 프로그램은 회사에 백만달러 절약이라는 성과를 안겨주었다.

이러한 긍정적인 보고와 대조적으로 해리스 인터렉티브(Harris Interactive)에 의한 최근 연구에 의하면 51%는 개인적인 문제를 위해 직장에서 일주일에 한 시간에서 다섯 시간의 인터넷을 사용한다고 밝혔다. 인적 자원 전문가 474명의 또 다른 조사에서 43%는 일하는 도중에 음란물을 본 경험이 있는 것으로 조사됐다. 인터내셔널 데이터 International Data Corp는 작업시간 중 개인적인 인터넷 사용이 생산성의 30~40% 감소를 시킨다고 평가하였다. 기관들은 이러한 통계조사들을 수용하고 전자적 모니터링으로 직원의 행동을 추적함으로써 사이버 근무 태만자를 근절시키는 시도를 진행 중이다.

마지막으로, 인터넷의 유용함을 해치는 또 다른 행동은 사이버 범죄이다. 이것은 개인과 조직 양쪽 모두에게 피해를 준다. 예를 들어 그림 12-3은 세 유형의 불법 행위에 대한 범죄 수치를 나타내고 있다. 전체적으로 보아, 사이버범죄는 2005년도에 약 15억달러의 비용을 발생시켰다. 흥미롭게도, 이러한 범죄적 행동의 50%는 조직 안에서 발생한다. 이것은 직원의 부

주의 때문일수도 있다. 예를 들어, 노트북을 두고 자리를 비운다든지 또는 은밀한 문서를 보낸다든지, 인터넷에 정보를 암호화 하지 않고 올리는 경우가 있다. 또한 직원들은 거래 기밀을 훔치거나 고객에게 정보를 팔 수 있다. 회사는 보안교육, 서류 및 정보의 등급화, 기밀문서나 정보의 등급화, 기밀문서나 정보의 암호화, 직원감시, 보안유지에 실패한 직원을 처벌함으로써 사이버 범죄를 해결할 수 있다.

이메일과 메신저

이메일은 컴퓨터에서 작성된 글과 문서를 사람들 간에 전송하기 위해 인터넷 혹은 인트라넷을 사용한다. 전세계를 통틀어 이메일의 사용은 다음의 네 가지를 이유로 인해 폭발적으로 증가했다: (1) 정보 분배 비용의 절감, (2) 팀워크 증대, (3) 종이값 절약, (4) 유연성 증가. 반면 네 가지 단점도 있다: (1) 스팸이나 원하지 않는 메일로 인한 노력과 시간 낭비, (2) 정보 과다, (3) 사용법을 관리, 저장, 숙지하기 위한 비용의 증가, (4) 다른 매체에 대한 등한시(표 12-4를 볼 것). 사용자들은 또한 이메일이 실질적으로 보안에 취약하다는 것을 인지하고 있어야 한다.

이메일보다 더욱 즉각적인 반응이 가능하며, 최근까지 집에서 개인적인 의사소통 수단으로 널리 쓰이는 방법으로는 메신저(instant message)가 있다. 메신저의 용도는 직장에서 더욱 대중적으로 알려져있는데 그 이유는 사용자들이 수신인의 현재 상태를 알 수 있고, 여러 명과 동시에 실시간으로 채팅을 할 수 있기 때문이다. 최근의 조사에서,

기술과 모범사례

당신의 인트라넷은 무엇을 제공해야 하는가

최고의 인트라넷은 직원들이 원하는 정보를 효율적으로 찾을 수 있도록 도와준다. 직원 조사와 웹 추적 소프트웨어는 직원들이 무엇을 원하고 실제로 어떤 것들을 쓰는지 정확히 집어낼 수 있다. 일반적으로 다음의 방법들이 인트라넷을 개선시킨다.

- 단순한 디자인이 직원들로 하여금 중요한 내용을 찾기 쉽게 해준다. 홈페이지가 특정 부서의 요구나 연봉 수준, 개인의 관심사에 따라 맞춤형으로 제공될 수 있다.
- 이지투파인드(Easy-to-find)는 일반적으로 사용하던 형식으로 회사와 산업의 뉴스, 복리후생 및 훈련에 대한 정보에 쉽게 접근할 수 있도록 한다.
- 실용적인 도구모음, 휴가 계획표나 회사 식당의 주간메뉴 등이 있다.
- 모든 부서의 이야기가 대량으로 단 한 번에 올라오지 않도록 자주 업데이트하여 최신 정보를 유지하고 재원이 순환되도록 한다.
- 위키(Wiki)처럼 직원들이 아이디어를 공유사이트에 올릴 수 있는 기회를 제공하되, 직원들은 형편없고 장난스러운 것을 지양하기 위해 익명이 아닌 실명으로 글을 올려야 한다.
- 직원의 가짜 사진보다 실제 사진과 비디오를 올리면 더욱 동기부여가 될 수 있다.
- 전문 언어를 사용하는 효과적인 검색 엔진을 설치한다(예를 들어, 각 부서에서 사용되는 회사와 업계의 전문용어).

출처: Based on J Taylor Arnold, "Improving Intranet Usefulness," *HR Magazine*, April 2008, pp103–6; and V Vara, "The Winning Fomula," *The Wall Street Journal*, May 14, 2007, http://online,wsj.com.

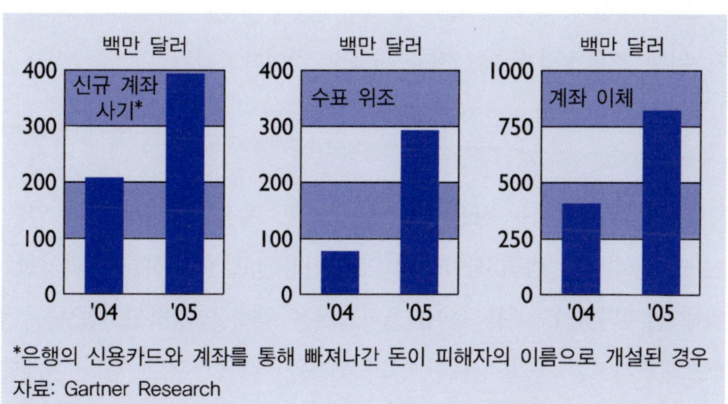

그림 12-3
사이버범죄로 인한 비용 발생

출처: S E Ante and B Grow, "Meet the Hackers," *BusinessWeek*, May 29, 2006, p.60

표 12-4
이메일: 장단점과 관리에 대한 조언

장점

- **정보 분배의 비용 절감.** 이메일은 전자적으로 정보를 보낼 수 있고, 그렇게 함으로써 직원들이나 고객들에게 정보를 전송하는 비용을 줄일 수 있다.
- **팀워크 증대.** 사용자들은 전세계에 있는 동료들에게 메시지를 전송할 수 있고, 즉각적인 피드백을 받을 수 있다.
- **종이값 절약.** 전문가의 측정에 의하면 직원 한 명당 $9,000가 절약된다.
- **유연성 증가.** 노트북, 휴대폰, 휴대기기를 사용하는 직원들은 어디서나 이메일을 열어볼 수 있다.

단점

- **노력과 시간의 낭비.** 이메일은 업무를 처리해야하는 책임으로부터 직원들의 집중을 분산시킬 수 있다. 직원들은 너무 많은 시간을 검색으로 소비한다.
- **정보 과다.** 평균적인 직원이 하루에 받는 메시지는 171개이고, 그 중 10~40%는 불필요한 메시지이다.
- **사용법을 관리, 저장, 숙지하기 위한 비용의 증가.** 시스템은 사생활을 보호해야 한다. 연방민사소송규칙(The Federal Rules of Civil Procedure)은 기업들에게 이메일을 꼼꼼히 확인하고 소송이 발생할 경우 그것들을 보여줄 것을 요구하고 있다.
- **다른 매체에 대한 등한시.** 사람들은 불행히도 이메일을 이용하여 복잡한 문제를 해결하려 한다. 이메일은 면대면 의사소통의 양을 줄인다.

이메일 관리하기

- **이메일이 안전하다는 가정을 버리기.** 고용주들은 점차적으로 이메일 감시를 늘리고 있다. 당신의 메시지를 다른 사람도 읽을 수 있다는 것을 염두해 두어야 한다.
- **프로답고 공손하게 하기.** 추천 사항: 메시지의 흔적을 지우기, 행운의 편지나 농담을 전송하지 않기, 캡스락 버튼을 누르고 모두 타이핑 하지 않기(이것은 소리치는 것과 동일), 형편없는 이메일에 즉각 응답하지 않기, 색이 들어간 글자나 배경화면을 쓰지 않기, 낯선 사람에게 전송 리스트를 노출시키지 않기, 답글을 수신할 때는 침착하게 행동하기
- **무성의함 버리기.** 전송하기 전에 오타 수정기를 사용하거나 다시 한 번 읽어봐야 한다.
- **변덕스럽거나 복잡한 문제로 이메일을 사용하지 않기.** 상황에 적합한 매체를 사용한다.
- **메시지는 간결하고 명확하게 하기.** 정확한 제목을 쓰고 독자로 하여금 당신이 무엇을 원하는지 솔직하게 말해야 한다.
- **사람들의 시간 절약하기.** 필요하다면 제목이나 메시지 맨 위에 "답장 불필요"라고 입력해야 한다.
- **첨부파일에 주의하기.** 용량이 큰 첨부파일은 다른 사람들의 시스템에 피해를 주고 다운로드하는 귀중한 시간을 빼앗는다. 꼭 필요한 것만 전송하고, 여러 개의 첨부파일을 보낼 때는 허가를 받아야 한다.

출처: C Graham, "In-Box Overload," *The Arizona Republic*, March 16, 2007, p A14; M Totty, "Rethinking the Inbox," *The Wall Street Journal*, March 26, 2007, p R8; A Smith, "Federal Rules Define Duty to Preserve Work E-Mails," *HR Magazine*, January 2007, pp27, 36; M Totty, "Letter of the Law," *The Wall Street Journal*, March 26, 2007, p R10; and "The Top 10 E-Mail Courtesy Suggestions," *Coachville Coach Training*, March 22, 2000, http://topten.org.content/tt.BN122.htm.

비록 이것이 항상 허가된 것은 아니지만, 1/3 정도의 미국 종업원들이 직장에서 메신저를 사용하고 있는 것으로 밝혀졌다. 현대 기술과 멀티태스킹에 숙련된 사람들은 회의 중에 다른 직원들을 코치하기 위해 조심스럽게 메신저를 사용할 것이다.

스마트폰

스마트폰으로 알려진 휴대기기는 사용자에게 어느 장소에서든지 간편하게 일을 처리할 수 있도록 해준다. 이들은 수백만 명의 사람들에 의해 사용되고, 어디서든지 다양한 일을 처리하는 사용자들을 위해 설계되었다. 예를 들어, 스마트폰은 약속을 정하고, 정보를 검색할 수 있고, 문서처리나 스프레드시트를 통해 방대한 양의 숫자를 계산할 수도 있고, 이메일 주고받기, 교육문서와 비디오를 볼 수 있으며 이외에도 기타 다양한 업무를 처리할 수 있다. 물론 업무와

상관없이 좋아하는 음악과 비디오를 다운받거나 게임 같은 것도 즐길 수 있다. 조직행동 관점에서 이러한 장치가 실제로 생산성을 높일 수 있는지는 아직 의문이다.

비록 많은 사람들이 그들의 소형장치에 중독되어 있는 것처럼 보이지만 몇몇 학문은 스마트폰의 가치에 대해 회의적이다. 비지니스위크 리포터가 몇몇 교수들이 언급한 내용을 바탕으로 작성한 다음의 글을 참고해보자.

> 정교한 장치가 항상 우리를 효율적으로 만들 것이라는 생각은, "사기이고 환상이다", 라고 인터넷 연구기관인 하트포드 센터(Hard ford Center)의 관리자 데이비드 그린필드(David Greenfield)가 말했다. 그것은 마음속으로 소형기기가 한꺼번에 많은 일을 할 수 있다고 믿기 때문이다. 하지만 멀티태스킹이 근무태만으로 변질되는 여러 사례를 우리는 확인할 수 있다. 또한 휴대기기는 실수 조장, 주의력 집중 시간을 방해하고, 항공교통관재관의 경우 스트레스를 높인다. 그리고 가장 기본적인 과업을 완성하는데 걸리는 시간이 50%에서 그 이상으로 길어진다고 미시간 대학의 심리학 교수 데이비드 메이어가 말했다.
>
> 휴대기기는 인식적 과부하의 방아쇠라며, 하버드 메디컬 스쿨(Harvard Medical School)의 정신의학 강사인 에드워드 할로웰(Edward M. Hallowell) 박사가 말했다. 할로웰은 이러한 것들이 "실행을 반감시키고 짜증을 증가시킨다."고 말했다, 이는 경영자로 하여금 점점 비조직적이고 자기지능지수 이하의 성과를 내도록 야기한다.

이러한 우려에도 불구하고, 우리는 왜 소형기기의 판매가 폭발적으로 계속되는지 의문을 갖게 된다. 마이어(Meyer) 박사는 이 현상을 다음과 같이 설명하였다. 그는 사용이 우리의 도파민 분비를 활발하게 한다고 주장하면서, 이는 인구의 대략 6%를 즐거운 상태로 만든다고 했다. 메이어박사는 이러한 현상은 임상적인 중독이라고 말한다. 다른 주장으로는 정보력이 중시되는 상황에서 사람들은 이러한 기기를 더 많은 성과를 내야한다는 압박을 대처하기 위한 방법으로 여긴다는 것이다. 마지막으로, 휴대기기의 진정한 가치를 알기 위해서는 더 많은 시간과 연구가 필요할 것이다.

블로그

> **블로그(blog)**
> 사람들이 어떠한 주제로도 의견을 제시할 수 있는 온라인 저널

블로그(blog)는 온라인 저널이다. 이곳에서 사람들은 어떠한 주제에 대해 그들이 원하는 것을 적는다. 블로깅(blogging)은 인터넷의 최신 유행 중에 하나이다. 전문가들은 약 1억개의 블로그가 존재하고 있다고 추정했다. 블로그의 이점은 사람들이 간단한 형식 안에서 문제에 대해 토론하는 기회를 갖는다는 것이다. 이러한 토론은 채팅 그룹을 형성하고 결과적으로 관리자에게 일반적인 자료 뿐만 아니라 직원과 고객의 기초를 넓게 세분함으로써 통찰력을 제공한다. 선 마이크로시스템(Sun Microsystem)과 폴 오텔리니(Paul Otellini)의 경영자이자 COO, 인텔(Intel)의 새로운 CEO인 조나단 스튜어트(Jonathan Schwartz)와 같은 임원은 직장에서 중요한 문제에 대해 토론하기 위해 블로그를 사용한다. 블

로그는 사람들에게 그들의 의견, 불평, 그리고 창의적인 생각을 말하는 기회를 준다. 또한 블로그는 피드백을 얻는데 사용할 수 있다. 예를 들어, IBM의 블로거인 크리스토퍼 바거(Christopher Barger)는 다른 사람들이 IBM의 상품에 대해 무엇을 말하는지 그들의 블로그를 통해 읽는다. 블로그를 가진 다른 회사로는 마이크로소프트(Microsoft), 휴렛 패커드(Hewlett-Packard), 선마이크로시스템, 제너럴 모터스(General Motors) 그리고 보잉(Boeing)이 있다.

하지만 또한 블로그는 위험성을 가지고 있다. 하나는 온라인에 무엇이 게시될 수 있는지와 관련된 법규와 조직적 지침의 부족이다. 예를 들어, 승무원인 엘렌 시모네티(Ellen Simonetti)와 구글(Google) 직원 마크 젠(Mark Jen)은 그들의 블로그에 올린 정보 때문에 해고당했다. 시모네티는 그녀 스스로 유니폼을 입은 선정적인 사진을 게재했다. 그리고 젠은 사장의 재정문제에 대해 폭로했다. 다른 위험성으로는 직원들이 그들의 상급자를 비난하거나 기밀을 유출하는 것이다. 마지막으로, 블로그에서 전혀 쓸모없는 글을 읽는 데 많은 시간을 허비 할 수 있다. 예를 들어, 최근의 연구에서 직원의 25%가 직장에서 블로그를 읽는다고 나타났으며, 주간 노동시간의 약 9%를 잃는다고 조사됐다.

우리는 블로그에 관한 일반적인 결론을 제시할 수는 없다. 왜냐하면 의사소통, 마케팅, 또는 경영적 도구로써의 블로그 효용성에 대한 연구가 이루어지지 않았기 때문이다. 다시 한 번 말하지만, 시간이 말해줄 것이다.

화상회의/텔레프레전스

원격회의라고도 알려진 화상회의(video conferencing)는 컴퓨터에 연결된 비디오와 오디오를 사용하여 다른 지역에 있는 사람들이 서로 보고, 듣고, 말하는 것을 가능케 한다. 이는 여러 지역에 있는 사람들로 하여금 출장의 필요없이 회의를 진행할 수 있도록 해준다.

텔레프레전스(telepresence)
가장 진보된 화상회의 시스템으로 의사소통 하는 것

텔레프레전스(telepresence)는 화상회의가 발전된 형태이다. 이는 가장 정교한 화상회의 시스템을 기초로 한 의사소통의 방법을 대표한다. 월 스트릿 저널에 나온 두 시스템에 대한 설명을 살펴보자.

> 전통적 화상회의의 구성은 기본적으로 회의실에 있는 모니터, 카메라, 마이크이다. 대조적으로 텔레프레전스 시스템은 여러 대의 카메라와 방음장비, 고화질 스크린이 설치된 특수한 공간을 필요로 한다. 그것들은 화면을 통해 각각의 공간에 있는 사람들이 동일한 책상에 앉아서 얼굴을 맞대고 있다는 느낌을 들게 한다.
>
> 참석자들은 TV에 나오는 작고 불규칙한 형태가 아닌 실물 크기로 나타나고 부드럽게 움직인다. 아주 작은 버퍼링이나 음성 왜곡만 있을 뿐 음질은 좋다. 이 시스템은 또한 여러 무리의 직원들로 하여금 설계도면이나 마케팅 계획같은 문서를 공유하고, 생산과정을 시연할 수도 있다. 그리고 두 곳 이상의 장소에 있는 사람들이 같은 회의에 참석할 수 있다.

텔레프레젠스 시스템은 2만 달러에서 5만 달러 사이의 비용을 지불해야 한다.

화상회의와 텔레프레젠스는 세 가지 주요 장점을 갖고 있다. 이 시스템들은 기업의 출장 비용을 줄일 수 있다. 게다가 기업이 더욱 혁신적일 수 있도록 도와주는데 그 이유는 이런 형태의 회의가 전세계의 직원들이 필요에 따라 혁신 프로젝트에 자유로이 참여할 수 있도록 만들기 때문이다. 결국 두 시스템은 직원들이 의사결정 과정의 속도를 높이도록 도와준다.

이 사진에서 볼 수 있듯이 HP의 할로 텔레프레젠스 솔루션(Halo Teleprosence Solutions)은 사람들이 다른 대륙에 있다 할 지라도 같은 장소에 있는 것과 같이 실감나는 회의장을 만들기 위해 고도의 하드웨어와 소프트웨어 기술을 사용한다. 당신은 이와 같은 비디오 타입의 회의가 갖는 장점이 무엇이라고 생각하는가?

그룹지원시스템

그룹지원시스템(group support system, GSSs)은 최신식 컴퓨터 소프트웨어와 하드웨어로 사람들이 함께 작업할 수 있도록 돕는다. 이 시스템은 사람들이 시간이나 공간의 제약 없이 정보를 공유하게 해준다. 이것은 방과 방, 세계를 가로질러 연결하는 컴퓨터 네트워크를 사용함으로써 이뤄진다. 통합 응용 프로그램은 통신과 이메일 체계, 전자수첩 관리, 화상회의 체계, 컴퓨터 원격지간 회의 체계, 전자 보드 체계, 그리고 10장에서 다룬 컴퓨터 이용 의사결정 체계 유형들을 포함한다.

그룹지원시스템(group support system, GSSs)
직원들이 공동작업을 가능케 하는 컴퓨터 소프트웨어 및 하드웨어

GSS 응용 프로그램은 생산성과 비용절감의 증가로 설명된다. 최근 48개의 실험에서 진행한 메타분석에서도 그룹이 브레인스토밍을 하는 동안 GSS를 사용하면 얼굴을 마주하고 하는 회의보다 구성원의 참여도와 회의의 질 향상, 아이디어 수의 증가, 그리고 개인에 의한 단독회의 진행을 줄여주는 것으로 나타났다.

제대로 된 GSS를 사용하는 조직들은 가상의 팀을 창조해내거나 가상의 조직을 운영하는 능력을 지닌다. 가상 조직은 15장에서 다뤄진다. 당신은 9장에서 가상 팀이 사업을 영위하는 실제 직무 부서들을 최신 정보기술을 이용하여 대신할 수 있음을 기억할 것이다. 특히 가상의 팀은 인터넷과 인트라넷, 통합 소프트웨어, 화상회의 시스템 등을 사용하는 경향이 있다. 이러한 실시간 업무 시스템은 사람들이 언제 어느 누구와도 의사소통 할 수 있게 해준다.

현대의 정보기술은 단지 사람들이 가상에서 상호작용 할 수 있게 할 뿐, 효과적인 의사소통을 보장하지는 않는다는 것을 명심해야 한다. 예를 들어, 어떤 조직에서는 달력을 공유하는데 이 달력은 사내 권력 행사의 수단으로 변질되어버렸다. 그 이유는 스케줄이 없음에도 불구하고 서로 앞다투어 바쁜 척하는 직원들에게 관리자가 억지로 회의 스케줄을 잡아버리기 때문이다. 흥미롭게도, 가상으로 운용되는 정보기술의 사용은 여러 가지 특수한 의사소통 문제를 일으킨다.

재택근무

재택근무(teleworking)
일반적으로 사무실에서 행해지는 업무를 외부에서 다른 정보기술을 이용하여 일 하는 것

재택근무(teleworking)는 사무실 외부(일반적으로 집)에서 다양한 정보기술을 이용하여 원격으로 업무의 일부분을 처리하는 것을 뜻한다. 달리 말하면, 노트북과 전화기를 가지고 있고, 인터넷 접속이 가능한 직원은 어디서든지 일할 수 있다. 전문가들은 2010년을 기점으로 미국에 있는 약 1억 명의 사람들이 한 달에 한 번은 재택근무를 할 것이라고 예측했다. 재택근무는 집중력과 최소한의 방해를 필요로 하는 컴퓨터 업무, 글쓰기, 전화 업무와 관련된 직업들에서 더욱 일반적이다.

최근 12,883명의 종업원들을 상대로 한 46개의 연구에서 나온 메타분석은 다음과 같은 재택근무의 장점들을 밝혀냈다: (1) 자율성, 직무 만족도 및 성과의 증진, (2) 직무 집단 갈등, 이직 의도, 역할 스트레스의 감소. 그 뿐만 아니라 연구결과에서 재택근무는 근무자와 상급자 사이의 관계를 긍정적으로 유지하는 것으로 나타났다. 이 결과는 재택근무자가 다른 직원들에 비해 대면 시간이 적다고 해서 직장생활에서 이탈한 것은 아님을 증명했다.

비록 재택근무가 직원들의 필요와 요구 등의 편의를 도모하는 시도라고 할지라도, 어느 정도의 조절이 필요하고, 모두에게 적용되어서는 안 된다. 많은 사람들은 사무실 안에 존재하는 사회적인 동지애를 상당히 즐긴다. 이런 사람들은 아마도 재택근무를 하려고 하지 않을 것이다. 자기 동기부여가 부족한 다른 이들은 집에서 일할 필요가 있다. 이러한 문제들을 극복하기 위해서, 휴렛 패커드(Hewlett-Packard)와 같은 기업은 5장에서 다루어진 성격 검사를 통해 재택근무에 적절한 직원들을 선별한다.

핵심 용어

경청(listening) 344
공격적 스타일(aggressive style) 341
그룹지원시스템(group support system, gsss) 355
노이즈(noise) 334
단정적 스타일(assertive style) 341
멀티커뮤니케이팅(multicommunicating) 349
블로그(blog) 353
비단정적 스타일(nonassertive style) 341
비언어적 의사소통 (nonverbal communication) 342
언어적 스타일(linguistic style) 345
의미론(semantic) 338
의사소통(communication) 332
의사소통 능력 (communication competence) 339
익스트라넷(extranet) 350
인터넷(internet) 349
인트라넷(intranet) 350
재택근무(teleworking) 356
텔레프레전스(telepresence) 354
특수 용어(jargon) 339

단원 요약

- **의사소통의 지각과정 모형을 묘사해보라.** 의사소통은 연속적으로 이어진 요소들의 절차이다. 이 의사소통 모형은, 메시지의 의미를 자신의 방식으로 재창조하는 정보처리자로서 수신자를 묘사하고 있다. 수신자의 메시지 해석은 종종 화자의 의도와는 다르기 때문에 잘못된 의사소통이 흔히 발생한다.
- **효과적인 의사소통에서 그 처리과정의, 개인적, 물리적, 그리고 이론상의 장애들을 설명하라.** 의사소통의 지각적 모델의 모든 구성요소는 잠재적인 처리의 장애물들이다. 일반적으로 영향을 미치는 8가지 개인적 장애가 있다. (a)효과적으로 전달하기 위한 능력, (b)사람들이 정보를 처리하고 해석하는 방법, (c)사람들 사이의 상호 신뢰수준, (d)고정관념과 편견의 존재, (e)의사소통하는 사람들의 자만, (f)청취 능력, (g)발신자의 말을 평가하거나 판단하는 자연스런 경향, 그리고 (h)이해하지 못한 무능력. 물리적 장애들은 거리, 물리적 사물, 시간, 그리고 작업과 사무실의 소음과 관계가 있다. 의미상의 장애들은 암호화와 해독하는 것의 실수로서 나타난다. 왜냐하면 의사소통의 이러한 면들은 말과 기호를 보내고 받는 것을 포함하기 때문이다. 문화의 다양성은 의미상의 장애에 큰 영향을 끼친다.
- **단정적이거나 공격적 혹은 비단정적인 의사소통 형태를 대조해보라.** 단정적 언어형태는 표출적이고 자기 강화적인 반면 타인의 기본적인 인권을 침해하지는 않는다. 이와는 대조적으로 공격적 언어형태는 표출적이고 자기 강화적이면서 타인으로부터 부당한 이익을 취한다. 비단정적인 언어형태는 소극적이고 자기부정적인 행동에 특화된다. 독단적인 의사소통은 공격적, 비단정적 언어형태보다 훨씬 효과적이다.
- **비언어적 의사소통의 근원들을 논하라.** 비언어적 의사소통의 효과성에 대한 몇 가지 증명이 가능한 특징들이 있다. 몸의 움직임과 제스쳐, 접촉, 얼굴 표정, 눈맞춤은 중요한 비언어적 단서들이다. 이러한 비언어적 단서들의 해석은 문화 간에 다양한 형태로 존재한다.
- **효과적인 듣기를 위한 비언어적인 의사소통과 10가지 요소의 원천에 대해 논의하라.** 비언어적인 의사소통의 효과를 증명하는 몇 가지 자료들이 있다. 몸동작과 몸짓, 접촉, 얼굴표정, 눈 마주침은 중요한 비언어적 신호다. 이러한 비언어적인 신호의 해석은 문화 간에 매우 다양하다. 좋은 청취자는 다음의 10가지 청취 습관을 따른다. (a) 화자의 말에 집중하고 그 속뜻을 파악하려고 노력함으로써 사고의 신속성을 활용하라. (b)사실보다는 의견을 들어라. (c)화자와 청취자 사이의 흥미분야를 확인하라. (d)취지를 생각하고, 말하지는 말아라. (e)화자가 전달하고자 하는 말을 끝낼 때까지 판단하지 말아라. (f)듣는 것에 힘과 노력을 집중해라. (g)주의가 산만함을 견뎌라. (h)동의하는 정보와 동의하지 않는 정보 모두 들어라. (i)사고를 연습하기 위해 복잡한 자료를 읽거나 들어라. (j)필요할 때 적어라, 그리고 이해를 높이기 위해 시각 보조물을 사용하라.
- **인터넷/인트라넷/익스트라넷, 이메일, 메신저, 휴대기기, 블로그, 화상회의/텔레프레젠스, 그룹지원시스템의 정보기술을 설명하고, 재택근무의 이용과 관련된 것을 설명하라.** 인터넷은 컴퓨터 네트워크의 세계적인 네트워크이다. 인트라넷은 기업의 사적인 인터넷이다. 그것은 외부의 인터넷사용자로부터 개인적인 내부정보에 접근하는 것을 막아내는 방화벽을 포함한다. 익스트라넷은 기업의 내부 직원과 선택된 고객과 공급업자, 그리고 전략파트너를 연결한다. 이러한 "네트워크"의 주요한 이점은 정보를 찾고, 만들어내고, 관리하고, 분류하는 능력을 향상시킬 수 있다는 것이다. 이메일은 컴퓨터에서 형성된 문서와 기록들을 사람들에게 보내기 위해 인터넷/인트라넷/익스트라넷을 이용한다. 스마트폰으로 알려진 휴대기기는 사용자들에게 어디서든지 일할 수 있는 휴대성을 제공한다. 그것들은 소형 컴퓨터와 의사소통 기기로서 제공된다. 블로그는 사람들이 무엇이든 원하는 주제로 글을 올릴 수 있는 온라인 저널이다. 블로깅은 가장 최근의 인터넷 추세이다. 화상회의는 다른 지역에 위치한 사람들이 서로 보고, 듣고, 말할 수 있는 컴퓨터에 연결된 비디오와 오디오를 이용한다. 그룹지원시스템은 사람들이 서로 더 잘 일하도록 돕기 위해서 최신의 소프트웨어와 하드웨어를 사용하는 것을 수반한다. 정보는 컴퓨터 네트워크로 사람들을 연결함으로써 시간과 공간을 가로질러 공유된다. 재택근무는 다른 정보기술들을 사용하여 사무실로부터 떨어진 곳에서 일반적인 업무를 하는 것을 말한다.

토론 문제

1. 이 장을 여는 사례로 돌아가서, 이 장에서 논의된 어떤 개념이 요게시 굽타와 캐슬린 머피에 의해 사용되었는가?
2. 수업 중 의사소통의 장애, 교수실에서 교수님과 직면했을 때, 그리고 영화관에서의 노이즈의 요소는 무엇인가?
3. 수업을 들을 때 효과적인 청취를 위한 요소들 중에 가장 이행하기 어려운 것은 무엇인가? 설명하라.
4. 효과적인 의사소통에 장벽이 되는 것들 중에 무엇이 가장 줄이기 어려운가? 설명하라.
5. 스마트폰 사용의 장단점은 무엇인가. 논해보라.

윤리적 딜레마

블로그에서 잘못된 말을 하는 사람들을 고소해야 할까?

오토어드밋(AutoAdmit) 사이트는 법학대학원 입학 정책, 대학원 소셜 네트워킹, 주요 로펌의 고용 정책을 거의 무시하면서 그들 스스로를 세계에서 "가장 명성있는 대학 토론회"라고 설명했다.

하지만 법학과 학생들이 학교와 회사 정보를 얻기 위해 널리 사용하는 이 사이트는 인종차별과 성차별 발언들, 경력손상 루머가 난무하는 장소로도 알려져 있다. 현재 이곳은 명예 훼손 소송의 중심이다. 법조인들의 발언이 인터넷의 익명성 논란을 시험하게 될 것이다.

게시자들에 의해 외설적인 언급과 위협에 직면한 후, 두 명의 예일 법대 여학생들이 6월 8일에 코네티컷주 뉴 헤이븐에 있는 지방법원에 소송 서류를 전달했다. 여기에는 2004년부터 7백만개의 글을 올린 익명의 사이트 사용자 28명의 소환장을 포함하고 있다. 법정 서류에 의하면, 2005년에 "STANFORDtrol"이라는 사용자가 소송한 여성 중 한명에 대해 예일 대학교의 학생들에게 "예일 대학교에 들어가기에는 멍청한 년"이라고 욕을 하며 혐오감을 준 것으로 알려졌다. 또한 다른 여성은 강간과 항문 성교의 위협을 받았다고 문서에 진술했다.

소송에서 자신을 "Doe I"라고 밝힌 훌륭한 스탠포드 대학교 대학원생인 고소인은 코네티컷에 있는 예일로 옮기기 전의 2005년 여름에 인터넷 공격에 대해 알게 되었다. 게시글들은 점차 위협적으로 변했다. 몇몇 글들은 그녀의 학적에 대해 잘못된 주장을 했고, 다른 사용자들을 설득하여 로펌에 경고하거나, 학교에 입학하기 위해 대학 기관에 뇌물을 주었고 대학 관리자와 동성애 관계를 맺었다고 그녀를 고소하기에 이르렀다고 법정 서류에 기록되어 있었다.

원고는 지난 2년 간의 고통스러운 말들 때문에 그녀가 중요한 하계 인턴십에서 고통을 받았다고 말했다. 16개의 회사와 인터뷰 후에, 그녀에게 전화를 건 회사는 4개 뿐이었고 그마저도 어떠한 제안도 하지 않았다 — 결과는 그녀의 자질이 비정상적이라고 판단했다.

자신을 Doe II라고 밝힌 다른 여성은 이와 비슷한 공격을 당했다. 그들이 상당한 "정신적, 경제적 고통"을 겪었다고 주장한 그 두 명 역시 사이트의 예전 관리자를 고소했다. 왜냐하면 그가 사람들을 폄하하는 글을 삭제하는 것을 거절했기 때문이다. 관리자는 언론의 자유에 대한 권리를 주장했다.

잘못되고 부정적인 블로그의 문제에 대한 당신의 의견은 무엇인가?

1. 미국의 헌법에는 언론의 자유를 허용하고 있고, 사람들은 그들이 원하는 무엇이든 말할 수 있다. 더욱이 사람들은 다른 이들에 대해 다른 생각을 갖고 있는 것이 일반적이다. 엄밀히 말해서 다른 사람에 대해 독특하고 부정적인 생각을 갖고 있는 누군가를 고소하는 것이 불공평해 보이기도 한다.
2. 이 두 여성의 명예는 사실이 아닌 악의적이고 부정적인 말들로 인해 손상되었다. 비록 개인들이 이러한 진술들을 올리는 것은 처벌해야 하지만, 오토어드밋 사이트는 그렇지 않았다. 이 사이트는 게시된 블로그의 정확도를 감시할 수 없다.
3. 악의적이고 부정적인 진술을 하는 개인들이나 오토어드밋 사

이트 모두 다 처벌되어야 한다. 오토어드밋은 책임을 져야 한다. 왜냐하면 그 여성들은 사이트 관리자에게 잘못된 글을 삭제해 달라고 요구했었기 때문이다.

4. 다른 대안이나 선택을 만들어보고 토론해보자.

Chapter 13

영향, 힘, 정치: 조직적 생존 도구

학습목표

이 단원을 학습한 후, 다음의 질문에 답할 수 있어야 한다.

1. 영향력을 행사할 수 있는 다섯 가지 "부드러운" 전략과 네 가지 "강한" 전략의 이름을 나열하고, 치알디니(Cialdini)의 영향력과 설득에 대한 원리를 요약하라.
2. 프렌치(French)와 레이븐(Raven)의 권력의 다섯 가지 기초를 이해하고 간략히 설명하라.
3. 권한위임을 설명하고, 성공적으로 수행하기 위한 방법을 설명하라.
4. 조직정치를 정의하고, 무엇이 그것을 촉발시키는지 설명하라. 그리고, 조직에서의 정치적 행동 3단계를 명시하라.
5. 호의적, 비호의적 인상관리 전략을 구분하라.
6. 조직정치의 관리방법을 설명하라.

샤이 아가시(Shai Agassi)는 전기 자동차 분야에서 일하고 있고, 전기 자동차를 현실화 할 수 있다고 믿는다. 그렇다면 당신은 베터 플레이스(Better Place)의 주식을 사겠는가?

몇 년 전인 2006년 12월 13일, 샤이 아가시(Shai Agassi)는 이스라엘의 수상을 만나기 위해 이후드 올메르트(Ehud Olmert)의 사무실을 찾아 갔다. 독일의 거대 소프트웨어 기업 SAP의 최고 경영자인 아가시는 그의 모국인 이스라엘에 가스를 원동력으로 하는 전기차로 대체함으로써 석유에 대한 의존도를 줄이는 아이디어를 제안했다. 올메르트는 그의 제안에 호의적이었지만 중대한 도전과제를 제시했다. 그는 아가시에게 지원을 약속하기 전에 수백만 달러 상당의 투자 자금과 자동차 산업의 CEO를 구해올 것을 주문했다. "당신이 돈과 이 일에 전념할 수 있는 메이저 자동차 회사를 구해오면, 원하는 정책적 지원을 해 드리겠습니다."

1년 만에 아가시는 올메르트가 주문한 모든 것들을 성사시켰다. 그는 2억 달러의 투자 자금을 모으고, 이스라엘 대통령 시몬 페레스(Shimon Peres)의 도움을 받아 르노(Renault)와 니산(Nissan)의 최고 경영자인 카를로스 곤(Carlos Ghosn)에게 이스라엘 시장에 새로운 전기차를 만들어 줄 것을 설득했다. 1월 21일에 아가시, 올메르트, 페레스와 곤은 새로운 프로젝트를 발표했다. 이 프로젝트는 실리콘 밸리에 위치한 아가시의 베터 플레이스 회사 체제 하에 전기차를 판매하고 운전자가 배터리를 충전 혹은 교체할 수 있는 지역망을 구축하는 것이었다. 이스라엘 수상 올메르트는 이 프로젝트를 정책적으로 지원했다. 이스라엘은 가솔린 자동차에 대한 판매세를 약 60%까지 높였고, 오래된 가스 자동차를 모두 사들여 도로에서 제거하겠다고 약속했다.

아가시는 이러한 이스라엘의 사례가 단순히 출발점에 불과하다고 주장한다. 그는 몇 년 안에 그의 회사가 중국, 프랑스, 영국과 같은 잠재 시장이 있는 다른 나라로 진출하기를 원한다. 궁극적으로 그의 회사와 다른 전기 자동차 회사들이 전세계 경제의 두 기둥인 연 1조5천억 달러 규모의 자동차 산업과 역시 1조5천억 달러 규모인 가솔린 시장을 뒤흔들거라는 것을 믿어 의심치 않는다. "만약 내가 말하는 것들이 현실화된다면, 이는 자본주의 역사상 경제적으로 가장 큰 지각변동이 될 것입니다."라고 아가시는 말했다.

아가시의 또 다른 아이디어는 베터 플레이스를 휴대폰 회사와 유사하게 운영하는 것이다. 그는 전기차를 소비자들에게 상대적으로 낮은 가격에 판매하고 매달 운영비를 부과하는 계획을 세우고 있다. 선불금과 지속적인 유지비를 포함하여 전기차를 소유하는 총 비용은 종전의 차를 소유하는 비용보다 적을 것으로 기대된다. 처음에는 소비자들이 베터 플레이스에서 직접 차를 구매할 것이지만, 나중에는 베터 플레이스 서비스 계획에 따라 자동차 중개업자에게서 차를 구매할 수 있을 것이다. 아가시는 이 시스템을 연말까지 시험적용하고, 2011년에는 이스라엘의 도로에 수 만대의 전기차로 가득 차기를 희망하고 있다.

의외의 곳에서도 아가시의 계획을 지원해 주고 있었다. 비록 아가시의 기술이 가솔린의 수요를 감소시키지만, 이스라엘에서 원유 정제의 선두주자인 이스라엘 그룹의 회장 아이단 오퍼(Idan Ofer)는 그의 든든한 후원자 중 한 사람이다. "만약 내가 안 했다면, 누군가는 했을 일입니다."라고 오퍼는 말했다. "불가피한 것을 논쟁해서 뭐하겠습니까?"

올메르트 정권 당시, 바람처럼 나타나 아가시 프로젝트의 대부 역할을 맡은 사람은 페레스였다. 그는 다보스에서 열린 국제 경제 포럼(World Economic Forum) 연간 회의에서 아가시가 자동차 회사들과 회의를 할 수 있도록 중개자 역할을 했다. 눈보라가 몰아친 지난 1월 26일, 페레스는 그의 호텔에서 자동차 회사 운영진과 회의를 할 수 있도록 스위트룸을 지원해주었다. 처음으로 만난 운영진은 한 일본 자동차 회사의 부회장이었다. 그는 프로젝트에 대한 발표를 듣더니 다소 냉담한 반응을 보였다. 하지만 그 다음으로 곤이 들어오더니 정반대의 반응을 보였다. 곧바로 곤은 아가시를 초대하여 르노의 운영 이사진과 사업 관련 이야기를 할 수 있도록 자리를 마련하였다.

곤의 이목을 끌었던 점은 바로 이스라엘 정부의 강력한 의지였다. 이스라엘 정부는 산업의 성공을 위하여 친환경 자동차에 대한 수입세 감면과 자국의 자동차 판매세 변동을 단행할 의향을 보였다. "이것은 매우 특수한 상황입니다."라며 곤은 말을 이어갔다. "이스라엘은 모든 산업관계자들이 수긍할 수 있는 조건을 가진 첫 번째 대규모 전기차 시장입니다." 이 사업에 참여한 결과, 니산-르노 연합은 누구보다 먼저 전기 자동차를 생산하는데 성공했다. 처음에 기업들은 기존 전기자동차 모델을 변형하여 이스라엘과 다른 나라에 판매하려 했으나, 결국 닛산의 자체 개발의 배터리를 활용한 새로운 모델을 출시하기로 했다.

다보스 회의 직후 페레스는 아가시에게 프로젝트 베터 플레이스의 책임자가 되어주기를 권유했다. 아가시는 SAP의 CEO로 곧 승진할 예정이었지만, 페레스는 계속 그에게 항로를 바꾸라고 부추겼다. "당신의 젊은 날에 이 보다 더 좋은 기회는 없을 겁니다." 며칠 뒤, SAP의 회장인 하소 플래트너(Hasso Plattner)는 아가시에게 당시 CEO인 헤닝 카거만(Henning Kagermann)이 2년 더 계약을 연장했다고 말했다. 이로 인해 아가시의 CEO 승진은 연기되었고, 아가시는 이를 SAP를 떠나고 다른 직장으로 갈 수 있는 신호라고 생각했다. 비록 그가 SAP를 완전히 떠나기까지는 2달이라는 시간이 더 걸렸지만, 결국 그는 직장을 그만두었다.

12월에 아가시는 그의 꿈이 현실로 한 걸음 더 다가왔음을 알았다. 회사의 출시 계획이 잡히고 후원자와 함께 한 자리에서, 그는 그의 직원들이 전기로 달릴 수 있도록 바꾼 르노 자동차를 시운전 했다. 개조된 르노 메간은 8초에 60km/h까지 가속이 가능하고 최고 속도 130km/h로 달릴 수 있었다. 아가시와 감격에 넘친 그의 아버지 루벤은 텔 아비브의 교외를 30분 정도 주행했다.

현재 베터 플레이스는 약 12개의 다른 나라와 프로젝트에 대해 논의 중이다. 아가시는 프로젝트를 올해에 추가적으로 몇몇 나라에 더 추진하고, 2011년에는 대량으로 추진할 수 있길 기대하고 있다. 그의 낙관적인 성격 탓에 그가 역경을 잘 견뎌 낼 거라 믿으면서도, 충분히 현실적이기에 그는 앞날에 수많은 난관이 있다는 것을 안다. 아가시는 말한다. "내가 땅을 치면 철퍼덕 하고 큰 소리가 나거나, 아니면 혁명이 일어날 것이다."

| 토의하기 |

아가시가 그의 벤처 사업에 투자를 받는데 성공적이었던 이유는 무엇인가? 설명해보라.

이 장을 여는 케이스는 당신이 다른 사람들에게 영향력을 행사하기 위해 대인관계 능력/기량을 개발하는 것이 얼마나 중요한지를 설명하고 있다. 샤이 아가시는 힘과 정치적 안건의 부재를 극복하는 동안 이후드 올메르트, 시몬 페레스, 카를로스 곤에게 영향력을 행사하기 위해 이러한 능력을 발휘했다. 아가시의 영향력 기술이 세상을 바꿔놓을지 누가 알았겠는가.

완벽한 세상 속에서는 개인과 집단의 관심은 매우 유사하며 모든 이들이 하나가 되어 나아갈 것이다. 그러나 우리는 전형적으로 사리사욕이 자주 집단의 임무를 방해하는 꽤나 지저분한 상황을 발견하게 된다. 개인적으로 숨은 의도를 추구하고, 정치적 연합들이 형성되며, 오해가 발생하고, 사람들은 결국 의도가 어긋난 채 일하는 상황에 처하게 된다. 관리자들은 종종 사리사욕 때문에 개인과 집단 간의 이해관계의 위태로운 줄다리기에 조직의 궁극적인 생존의 성패가 달려 있다고 해도 과언이 아니다.

이 장은 당신에게 조직 생활의 복잡한 측면에 대해 생존 방법을 알려주는 것을 목적으로 한다. 우리는 이 주제와 밀접하게 연관되어 있는 조직의 영향력과 설득, 사회적 세력, 권력하부이양, 조직 정치, 인상관리에 대해 알아볼 것이다.

영향력과 설득

당신이 원하는 것을 다른 이에게 실행하도록 하는 방법은 무엇인가? 단순히 무엇을 하라고 시키는가? 아니면 호의를 베풀 것을 약속하는 등의 조금은 덜 직접적인 방법을 선호하는가? 당신이 어떤 방법을 선택하든 가장 중요한 것은 **사회적 영향력**(social influence)이다. 부모님, 상사, 동료, 배우자, 선생님, 친구, 자녀 등의 다른 사람들에게 영향을 주려는 시도는 개인 간의 상호작용에 있어서 큰 부분을 차지하고 있다. 아래의 연구와 함께 당신의 영향력을 향상시켜 보자.

1 학습목표

영향력을 행사할 수 있는 다섯 가지 "부드러운" 전략과 네 가지 "강한" 전략의 이름을 나열하고, 치알디니의 영향과 설득의 원리를 요약하라.

9가지 영향력 행사 방법

데이비드 키프니스(David Kipnis)와 그의 동료들에 의해 1980년에 시작된 일련의 연구들은 조직 안에서 사람들이 어떻게 서로에게 영향을 미치는지를 보여준다. 키프니스의 방법론은 자신이 원하는 것을 그들의 상사, 동료, 부하직원으로부터 어떻게 얻는가에 대한 질문을 포함하고 있다. 다른 연구자들의 13년에 걸친 통계학적 데이터가 마침내 9가지 영향력 행사방법을 산출해냈다. 일터에서 자주 사용되는 빈도별로 정렬된 9가지 영향력 행사방법은 다음과 같다.

1. 합리적인 설득. 이유, 논리, 혹은 사실을 바탕으로 다른 이들을 확신시키려고 노력한다.
2. 고무적인 호소. 다른 사람의 감정, 이상 또는 가치에 호소하여 그들을 열정적으로 만들려고 노력한다.
3. 상담. 계획, 의사결정, 변화에 다른 사람들을 참여시킨다.
4. 환심. 부탁을 하기에 앞서 칭찬, 아첨, 유머를 통해 우호적인 분위기를 조성한다.
5. 개인적인 호소. 부탁을 할 때 친분이나 의리를 내세운다.

6. **교환**. 상호 도움을 줄 것을 명시적 또는 암묵적으로 약속한다.
7. **제휴**. 도움을 받고자 하는 사람을 설득하기 위해 다른 사람의 도움을 받는다.
8. **압력**. 강요, 협박, 또는 위협과 같은 방법을 사용한다.
9. **법적 조치**. 권위나 권리, 조직의 규칙이나 정책, 혹은 상사의 지지에 근거하여 도움을 얻는다.

이 방법들은 모든 방면에서 사회적 영향력을 나타내기 때문에, 일반적인 영향력 행사 방법으로 간주된다. 연구자들은 영향력이 행사되는 방향에 관계없이 상당히 일관성이 있다는 것을 발견했다.

1 ~ 5번(합리적인 설득, 고무적인 호소, 상담, 환심, 개인적 호소)까지는 '부드러운' 방법이라고 부른다. 이런 방법들은 친절한 방법들이고 "따라서 명시적인 압력이 포함된" 6 ~ 9번의 방법만큼 강압적이지는 않기 때문이다. 6 ~ 9번(교환, 제휴, 압력, 법적 조치)은 '강한' 방법이라고 부른다.

영향력의 세 가지 결과

연구자들에 의하면, 영향력의 행사는 다음 세 가지의 결과를 이끌어낸다.

1. **몰입**: 공통의 목표를 추구하는 과정에서 솔선수범과 끈기에 의해 생겨나는 실질적인 합의
2. **순응**: 최소한의 요구조건을 만족시키기 위해 잇따른 재촉을 해야하는 무성의한 동의
3. **저항**: 시간끌기, 비생산적인 논쟁, 또는 명백한 거절

몰입은 대상이 되는 사람의 내재적 동기를 통해 좋은 성과를 이끌어 낼 수 있다는 점에서 현장에서는 최고의 결과이다. 10만 명의 직원들로부터 크게 존경받는 P&G의 최고경영자 알렌 조지 래플리(A. G. Lafley)는 2000년 책임자가 된 후에 그의 성장 계획의 근본이 되는 발표를 했다:

P&G의 CEO인 알렌 조지 래플리는 회사 목표에 대한 몰입을 위해 설득적 힘을 이용한다.

> 나는 항상 몰입의 위계 계층에 대해 말한다. 그 제일 위에는 그들 자신과 그들이 하는 일에 대한 믿음이 있는 신봉자들이 있다. 그리고 제일 아래에는 업무를 방해하는 사람들이 있다. 그리고 중간에는 모든 것들이 다 있다. 따라서, 나는 이 업무를 방해하는 사람들의 그룹을 제거하고, 강력한 핵심그룹을 만들며, 태도가 애매한 사람들을 긍정적으로 돌려놔야만 했다.

기술과 모범사례

이기는 코치의 충성심 획득 방법

테네시 대학교의 여자 농구팀을 여덟 번이나 챔피언으로 만든 팻 서미트(Pat Summitt)는 어떻게 레이디 발룬티어(Lady Volunteers)를 우승으로 이끌었을까? 영향력을 미치는 그녀의 전략을 살펴보자:

> 선수선발에서 팻은 경쟁력과 발전에 대한 선수의 강한 의지를 본다... 이는 그녀와 선수들의 직무를 정의한 부분에서 그녀가 주도한 것이다. "그녀와 같은 방에 있으면 당신은 저절로 차렷자세를 취한다. 그녀가 굳이 말할 필요는 없다."라고 1986년과 1987년의 주장인 셸리 콜리어(Shelley Colier)는 말한다.
>
> 그래도 팻이 말할 때, 선수들은 경청한다. 토너먼트에서... 노스 캐롤라이나 대학교를 상대할 때, 레이디 발룬티어는 2회전까지 12점 뒤져있었고 8분 정도 남은 상황이었다. 서미트는 작전 타임을 외쳤다. 다른 코치들 같았으면 소리치며 명령하고 노트를 꺼내서 선을 그리고 난리를 쳤을 것이다. 하지만 그녀는 침착하게 말했다: "어떤 종류의 방어작전을 하고 싶은가?" 팀원들은 말했다. "우리가 공격을 한 번 막을 수 있을까요?" (그들이 과연 다음 회전까지 상대팀을 무득점으로 막을 수 있을까?) 포워드인 캔디스 파커(Candace Parker)가 갑자기 횟수를 올렸다. "우리가 상대의 공격을 다섯 번 연속으로 막을 수 있을까요?" 할 수 있을거라고 팀원들은 말했다. 그리고 그들은 20:2으로 종료하며 게임을 승리로 장식했다.
>
> 서미트가 55세였을 때는 분명 다르게 행동했던 적이 있었다. 그녀는 더 의사소통하고 덜 대립하는 것을 배웠다... "당신은 선수들이 당신에게 무엇을 원하는지 진지하게 생각해야만 한다."

출처: Excerpted from K Garber, "Showing How the Game Is Play," *U.S. News & World Report*, November 19, 2007, p60. Also see J Balloch, "Fans Celebrate 8th National Title with Lady Vols," *Knoxville News Sentinel govolsxtra*, April 10, 2008, www.govolsxtra.com.

바쁘게 진행된 전 세계 P&G 직원들과의 면담에서 "태도가 애매한 사람들"은 래플리의 최고의 영향력과 설득력을 필요로 했다. 래플리처럼 오늘날의 관리자들은 저항 또는 순응의 문제를 바쁜 일터에서 수시로 해결해야 한다.

연구의 실질적인 시사점

우리는 실험과 현장의 연구들을 통해 영향력 행사의 상대적 효과에 관한 유익한 가르침과 통찰력을 얻을 수 있었다.

- 몰입(commitment)은 사람들이 상담, 강한 합리적인 설득, 고무적인 호소에 의지할 때 그리고 압력, 연합에는 의지를 하지 않을 때 더 효과적이다. 어떤 한 연구에 따르면 흥미롭게도, 관리자들의 부하에 대한 영향력(downward influence)은 비효율적이었다. 그들이 가장 크게 의지한 방법은 호소(가장 효과적인 방법), 환심(적당히 효과적인 방법), 그리고 압력(비효과적인 방법)이었다.
- 몰입은 친밀한 관계를 기본으로 중요하고 재미있는 것을 포함한 영향력 행사 시에 더 효과적이다.
- 믿을 만한(믿음직스럽고 신뢰가 가는) 사람들은 설득력이 강한 편이다.
- 두 기업에서 101명의 직원들을 대상으로 한 조사에서, 종업원들은 관리자들이 합법적인 전략을 사용할 때 변화에 더욱 저항하고 협의에 의거한 전략을 구사할 때 변화를 받아들이는 경향이 있는 것으로 나타났다.

어떻게 설득하고 영향력을 행사할 것인가

이에 관해 애리조나 주립대학의 석학 로버트 치알디니는 연구를 바탕으로 한 실용적인 조언을 해주었다. 치알디니와 다른 연구자들의 수년간에 걸친 연구를 바탕으로, 치알디니는 영향력과 설득에 대한 다음의 6가지 원칙을 이끌어냈다.

1. 기호(Liking). 사람들은 공통적인 관심사를 가진 사람을 좋아하는 경향이 있다. 비공식적인 의사소통을 통해 다른 사람들이 무엇을 싫어하고 좋아하는가를 배우는 것은 우정을 쌓는 것으로 연결된다. 상대방에게 마음에서 우러나오는 적절한 칭찬이나 동정, 인정을 베풀어라.

2. **호혜주의**(Reciprocity). 주는 대로 받는다라는 말은 매우 보편적인 사실이다. 비윤리적이고 직원을 멸시하는 관리자는 마찬가지의 나쁜 결과를 얻을 수도 있다. 더 나아가 이런 관리자의 부하직원들은 서로에게 혹은 그들의 고객들에게까지 비윤리적이고 멸시적으로 행동할 것이다. 따라서 관리자들은 호혜의 법칙을 긍정적인 방향으로 활용하기 위해서 긍정적이고 건설적인 역할 모델이 되고 공정성을 갖출 필요가 있다.
3. **사회적 증명**(Social proof). 사람들은 그들과 가장 비슷한 리더를 따르는 경향이 있다. 역할 모델과 동료의 영향은 사회적인 상황에서 강한 문화적 요소이다. 동료들에게 영향을 미치는 비공식적 지도자의 지지를 얻어냄으로써 리더는 작업장에 변화를 가져 올 수 있다.
4. **일관성**(Consistency). 사람들은 개인적으로 몰입하는 일을 주로 하는 경향이 있다. 직원으로부터 구두의 약속을 이끌어 낼 수 있는 상사는 영향력 행사와 설득을 위한 중요한 한 걸음을 내딘 것이다.
5. **권위**(Authority). 사람들은 신뢰할만한 전문가를 존경하고 따르는 경향이 있다. 치알디니가 컨설팅을 한 병원의 사례에 따르면 많은 관리자와 전문가들은 자신의 전문성을 당연하게 여겼다.

> 물리치료사들은 그들의 뇌졸중 환자들 중 다수가 병원을 떠나자마자 재활운동을 하지 않았기에 불만스러웠다. 치료사들이 꾸준한 운동의 중요성에 대해 아무리 강조해도 환자들은 말을 듣지 않았다. – 사실, 꾸준한 운동은 혼자서 생활하기 위한 재활 활동의 과정으로 매우 중요하다 –
>
> 몇몇의 환자들과 함께 한 인터뷰가 문제를 정확하게 집어내는데 우리에게 도움을 주었다. 그들은 의사들의 배경과 경력은 잘 알고 있다. 하지만 그들에게 운동을 하라고 권하는 물리치료사들의 자격에 대해서는 전혀 모르고 있었다. 이러한 정보의 부족을 해결하는 것은 간단한 문제였다. 우리는 단지 치료실의 벽에 물리치료사들의 모든 수상경력과 학위증명서를 전시할 것을 요청했다. 결과는 놀라웠다: 운동 지시를 따르는 환자가 34%나 증가했고 그 이후로는 절대 그 밑으로 떨어지지 않았다.

6. **희소성**(Scarcity). 사람들은 희소한 물건, 정보, 기회를 원한다. 관리자에게 특별한 기회와 유용한 정보는 영향력을 행사 할 수 있는 좋은 수단이 될 수 있다.

중요한 것은, 치알디니는 이러한 6가지 원칙을 이용해 영향을 최대화하기 위해서는 이 6가지를 나누어서 사용하는 것이 아니라 결합해서 사용하라고 추천했다. 윤리적인 측면에서 6가지의 원칙을 사용할 때 목표는 가치있어야 하며 행동은 참되며 진실해야 한다.

사회적 영향에 대한 충분한 설명은 선행된 연구자료와 실질적 조언이 오늘날 관리자들이 개인과 조직의 이해관계를 어떻게 융화시킬 수 있는지에 대하여 우리의 학습에 대한 욕구를 자극한다.

사회적 권력과 권한위임

권력(Power)이라는 단어에 대해서는 엇갈리는 반응들이 나타난다. 회의론자들에게는, 액턴 경(Lord Acton)의 "권력은 부패하며 절대 권력은 절대적으로 부패한다."라는 문구가 더 진실로 작용한다. 그러나 조직행동론 전문가들은, 호불호에 관계없이, 권력이 현대의 조직 안에서 실재한다는 것을 우리에게 각인시킨다. 어떤 경영학 관련 저자는 이런 말을 했다.

> 권력은 사용되어야 한다. 상사는 그들에게 의지하는 사람들에게 영향을 미쳐야 하기 때문이다. 권력은 또한 부하직원을 도와주기 위해서 관리자 스스로의 자신감, 의지를 발전시키는 데에 중요하다. 이러한 관점으로부터, 권력은 어떤 조직에서도 자연스러운 한 부분으로 받아들여져야 한다. 관리자들은 그들 직원의 업무를 조율하고 도와주기 위해 그들 스스로의 권력을 인지하고 발전시켜야만 한다.

사회적 권력(social power)
어떤 것을 얻기 위해서 인적, 물적, 정보 자원을 정렬하는 능력

그러므로, 권력은 조직에 필요한 긍정적인 힘이다. 여기서 **사회적 권력(social power)**은 "어떤 일을 하기 위해서 인적, 물적, 정보 자원을 결집시키는 능력"으로 정의할 수 있다.

중요한 것은 조직 안에서 '사회적 권력'은 반드시 아래로 사용할 필요는 없다는 것이다. 종업원들은 위, 아래, 옆으로도 '사회적 권력'을 사용할 수 있다. 또한 그들의 권력은 다른 기업에 영향을 미칠 수 있다 — 이는 다양한 프로젝트를 수행하는 오늘날 기업들의 협업에서 매우 중요한 요소로 고려되고 있다. 예를 들어, 스티브 잡스(Steve Jobs)가 애플(Apple)의 개인 컴퓨터, 운영체제, 전자출판, 뮤직 플레이어, 휴대폰에서 혁신을 추구한 것처럼, 그는 몇몇 산업 분야에서 경쟁적 환경을 재조성했다. 그가 일궈낸 시장의 판도를 바꾸는 움직임(game-changing moves)의 역사는 다른 기업과 협상할 때 잡스에게 더 많은 힘을 실어 주었고, 그는 다른 이들이 모방하고 싶게 만드는 기술 마케팅의 최강자로서 광범위한 존경을 받았다.

> 어떠한 하이테크 기획자도 무시무시한 라이벌들의 연간 판매 회의에 들어가서 기립 박수를 받을 수는 없다. 그런 일이 2002년에 인텔의 CEO 앤디 그루브(Andy Grove)가 잡스를 초청해 혁신에 대해 논의할 때 일어났다. 이 일은 애플이 자사의 컴퓨터에 인텔의 마이크로 칩을 이용하기 시작한지 2년도 전의 일일 것이다. 그러나 인텔의 직원들은 어쩔 수가 없었다. 스타의 권력: 잡스는 그것을 갖고 있었다.

2 학습목표
프렌치와 레이븐의 권력의 다섯 가지 기반을 알고 간략히 설명하라.

권력의 다섯 가지 기반

사회적 권력에 대한 유명한 분류 방법은 존 프렌치(John French)와 베트램 레이븐(Bertram Raven)의 획기적인 연구로부터 기원하였다. 그들은 다섯 가지의 다른 기반으로부터 권력이 발생한다고 주장했다: 보상적 권력, 강압적 권력, 합법적 권력, 전문가 권력, 준거적 권력. 각각은

다른 사람에게 영향을 미치는 데 있어서 다른 접근 방식을 가지고 있다. 그리고 각각의 장점과 단점을 가지고 있다.

보상적 권력 관리자가 보상을 약속하거나 제공함으로써 타인을 순응하게 할 수 있다면, 그는 **보상적 권력(reward power)**을 가지고 있는 것이다. 성과에 근거한 임금제도나 긍정적 강화프로그램은 보상권력을 잘 활용하려는 시도이다.

보상적 권력(reward power)
보상에 대한 약속 또는 보상의 제공을 통해 순응하게 하는 것

강압적 권력(coercive power)
처벌 위협 또는 실제 처벌을 함으로서 순응하게 하는 것

강압적 권력 **강압적 권력(coercive power)**은 처벌에 대한 위협을 하거나 실제로 처벌을 함으로써 얻어진다. 예를 들어 폭스바겐(Volkswagon)의 최고경영자이자 "무자비한 비용절감자"로 알려져 있는 볼프강 버나드(Wolfgang Bernhard)가 선호하는 이 방법에 대해 알아보자. "그는 정기적으로 직원들을 회의실에 가두어 놓고 그들이 앞으로 내놓을 모델에서 $1,500의 비용절감 방안을 만들지 못하면 문을 열어주지 않는다." 화장실 가실 분?

본문은 폭스바겐의 CEO가 강압적 권력을 사용하는 사례를 제시하고 있다. 그의 전략이 효과적이라고 생각하는가?

합법적 권력 이 권력은 누군가의 공식적 지위나 권한에서 나오는 것이다. 의사결정시에 주로 공식적 권한을 이용하여 순응하게 하는 관리자들은 **합법적 권력(legitimate power)**을 가지고 있는 것이다. 합법적 권력은 긍정적으로 나타날 수도 부정적으로 나타날 수도 있다. 긍정적인 합법적 권력은 직무 성과에 구조적으로 초점을 맞춘다. 부정적인 합법적 권력은 영향받는 이들을 위협하고 이들의 위신을 떨어뜨린다. 이 경우의 목적은 단지 권력 행사자의 자존심을 세우기 위함이라고 볼 수 있다.

합법적 권력(legitimate power)
공식적 권위에 기반하여 힘을 얻는 것

전문가 권력(expert power)
지식이나 정보에 기반하여 힘을 얻는 것

전문가 권력 가치 있는 지식 또는 정보를 가지고 있는 사람들은 그러한 정보를 필요로 하는 사람에게 **전문가 권력(expert power)**을 갖는다. 감독관들은 직원들보다 먼저 과업할당 내용과 일정에 관해 알고 있다. 이 때문에 감독관들의 권력은 강해진다. 세 명의 의사로 이루어진 의학의 진단 팀의 연구에서 전문가 권력의 사용은 팀 리더의 효과성에 중요한 역할을 한다는 것을 밝혀냈다. 스타벅스(Starbucks)의 성장률이 감소했을 때, 회사에서는 예전의 CEO였던 하워드 슐츠(Howard Schultz)를 다시 고용했다. 그는 충분히 중대한 변화를 몰고 올 전문가 권력을 지닌 것처럼 보였기 때문이다. 한 기자는 슐츠를 "1990년대에 스타벅스의 성장률을 놀랄만큼 향상시키고 소매 부문의 강자로 떠오르게 할 만한 능력을 지닌" 사람으로 보도했다. 슐츠가 이러한 실적을 갖고 있기 때문에 종업원들은 슐츠가 성공을 위해 필요한 훌륭한 아이디어를 가지고 있다고 믿을 것이고, 그를 잘 따를 것이라고 이사진과 투자자들은 기대하고 있다. 오늘날 고도로 기술이 발달된 직장에서 지식은 권력이다. 컴퓨터에 능숙한 직

실전 연습

당신은 얼마나 많은 권력을 가지고 있는가?

설명서: 당신의 현재(또는 이전) 직무에서의 다양한 권력의 원천을 점수로 매기고, 다음의 척도를 사용하라.

1 = 강한 부정
2 = 부정
3 = 약간 긍정
4 = 긍정
5 = 강한 긍정

보상권력점수 = ________

1. 나는 하위 직급의 직원을 보상할 수 있다. ________
2. 나의 평가는 하위직의 보상에 영향을 미친다. ________
3. 나의 결정에 기초하여, 하위직의 직원은 보너스를 받을지도 모른다. ________

강압권력점수 = ________

1. 나는 하위 직급의 직원을 처벌할 수 있다. ________
2. 나의 일은 하위 직급의 직원을 체크하는 일이다. ________
3. 나의 부지런함은 실수를 줄인다. ________

합법권력점수 = ________

1. 나의 직위는 커다란 권위를 준다. ________
2. 나의 레벨에서 한 결정은 중요하다. ________
3. 직원들은 나의 지침을 기다린다. ________

전문가권력점수 = ________

1. 나는 이 직무에 전문가이다. ________
2. 이 직무에 있어서 나의 능력은 나에게 이점을 준다. ________
3. 약간의 시간이 주어진다면, 나는 이 직무에 사용가능한 방법을 향상시킬 수 있었다. ________

관계권력점수 = ________

1. 나는 다른 직원들을 위해 좋은 모범을 보이려 한다. ________
2. 나의 성격은 이 직무에서 더 잘 일할 수 있게 한다. ________
3. 나의 동료 직원은 자신의 비공식적인 지도자로 나를 바라본다. ________

다섯 가지 권력의 기준에 대한 각각의 임의적 기준은:
3–6 = 약한 권력 기준; 7–11 = 중간 권력 기준;
12-15 = 강한 권력 기준.

출처: Adapted and excerpted in part from D L Dieterly and B Schneider, "The Effect of Organizational Environment on Perceived Power and Climate: A Laboratory Study." *Organizational Behavior and Human Performance*, June 1974, pp316-37.

원들이 최신 인터넷 어플리케이션과 소프트웨어 업데이트를 다운로드하는 와중에도 사내 네트워크 통제를 유지하기 위해 고생하는 IT 관리자들에게 한 번 물어보라.

준거적 권력(referent power)
카리스마 혹은 개인적 매력에 기반하여 힘을 얻는 것

준거적 권력 카리스마라고도 알려져 있는 **준거적 권력(referent power)**은 한 사람의 성격이 순응의 이유가 될 때 작용하는 것이다. 사람들이 그들 스스로 역할 모델에 동질감을 느낄 때 역할모델들은 다른 사람들에 대해 준거적 권력을 갖는다.

당신의 지식을 시험하라
권력의 근원

이러한 다섯 가지 기본적 권력을 당신이 더 깊게 이해하기 위해서 잠시 〈실전 연습〉에 있는 설문지를 완성해 보라. 당신의 권력의 특성은 무엇인가? 어느 부분에서 당신은 발전이 필요한가?

연구를 통한 실질적 교훈

연구자들은 권력 원천과 과업결과(직무수행, 직무만족 그리고 이직률) 사이의 관계에 대해 다음과 같이 확인하였다:

- 전문가와 준거적 권력은 일반적으로 긍정적인 영향을 가졌다.
- 보상적, 합법적 권력은 약간의 긍정적인 영향을 가지고 있었다.
- 강압적 권력은 다소의 부정적인 영향을 가졌다.

251명의 비즈니스 스쿨의 학생들이 포함된 다음의 연구는 영향을 미치는 스타일과 권력의 원천에 대한 관계에 대해 조사하였다. 이것은 조직 하위층의 지각에 관한 연구였다. 즉, 직원들이 인지하는 경영상 영향력과 권력에 대한 지각이 조사되었다. 합리적 설득은 잘 받아들여지는 경영상의 방법이 된다는 것을 찾아냈다. 직원들은 그들이 긍정적으로 바라보는 세 개의 권력과 합리적 설득이 연관되어 있다고 인식했다: 합법적 권력, 전문적 권력, 준거적 권력.

요약하자면 전문적 권력과 준거적 권력은 성과와 하위 직원들의 호의적인 반응을 잘 이끌어 내었다. 새로운 관리자로서 이 교훈을 현실에 적용하는데 있어서 몇 가지 실질적 조언이 필요하다면, 〈기술과 모범사례〉를 보라. 좋은 사례로는 친환경 상품에 집중하고 기후 변화에 긍정적 영향을 주는 활동을 촉진하고 있는 GE의 에코매지네이션(Ecomagination) 프로그램을 책임지고 있는 부사장 로레인 볼싱어(Lorraine Bolsinger)를 들 수 있다. 이 지위는 볼싱어에게 미미한 수준의 합법적 권력을 부여할 뿐이었다. 왜냐하면 그녀가 영향을 주어야 하는 GE의 사업 부서의 책임자에 대한 권한이 없었기 때문이다. 볼싱어는 에코매지네이션 제품의 판매실적을 조사하고, 이 브랜드가 GE의 근본적인 성장에 기여한다고 설명함으로써 그녀의 전문가 권력을 키웠다. 그녀는 결과 지향적인 GE에서 세운 업적을 통해 회사에서 존경받는 리더가 될 수 있었다.

기술과 모범사례

팀 동료에서 관리자가 되기까지: 책임지기

만약 당신이 그룹의 책임자가 되었다면, 당신에게 갑자기 더 많은 합법적 권력이 생길 것이다. 하지만 효과적인 리더가 되기 위해서는, 직원들이 당신을 멀게 느끼지 않고 동기부여가 되도록 그 힘을 조심스럽게 행사해야 한다:

- **잘난 척 하지 말 것.** 당신이 공격적이고 지배적인 스타일이면서 모든 세세한 부분을 감독하여 리더십을 강화하고자 하는 유혹을 느낄것이지만 남들을 화나게 할지도 모른다.
- **책임감을 키워라.** 부서원의 친구로 있는 것은 업무를 처리하는 당신의 능력을 감소시키고 당신에 대한 존경심을 사라지게 만들 것이다. 목표를 달성하는데 필요하다면 협업을 하는 것은 좋지만, 우정을 지키기 위한 것이라면 좋지 않다.
- **당신의 숙제를 처리하라.** 스스로와 팀에 목표를 정의하기 위해 새로운 감독자와 함께 일하라. 당신의 관리 기술을 개선하기 위해 멘토 네트워크를 강화하라. 당신의 비전과 기대를 점검하기 위해 직원들을 만나라. 팀을 위한 방향설정은 당신의 신용도를 높여줄 것이다(전문적 권력).
- **팀원의 관심에 주의를 기울여라.** 집단의 목표를 충족시키는 것이 어떻게 개개인의 욕구를 만족시킬 수 있는지 보여주어라.

출처: Based on E Garone, "Managing Your Former Peers Takes Extra Effort," *The Wall Street Journal*, March10, 2008, http://online.wsj.com.

직원 권한위임

학습목표 3
권한위임을 설명하고, 성공적으로 수행하기 위한 방법을 설명하라.

오늘날 조직들은 직원들에게 보다 큰 결정권을 부여하는데 초점을 맞추고 있다. 이러한 경향은 "참여 경영", "열린 경영" 등의 다양한 이름을 가지고 있다. 이름에 상관없이 이것들은 모두 권한위임에 대한 것이다. 경영 컨설턴트이자 작가인 알란 루돌프(W. Alan Rudolph)는 **권한위임(empowerment)**을 이렇게 정의했다: "직원들이 이미 유용한 지식, 경험, 내부적 동기로써 보유하고 있는 힘을 인지하고 조직 안으로 투입

권한위임(empowerment)
권력의 다양한 측면을 하위 직원들과 공유함으로써 그들의 잠재력을 일깨우는 것

하는 것."

최근의 연구는 종업원의 시각에서 권한위임의 의미를 알아내기 위해 45개의 심도있는 인터뷰를 했다. 흥미롭게도, 종업원들은 그들의 업무에 개인적 책임과 통제가 얼마나 있는가의 측면에서 권한위임을 해석했다. 또한 결과는 종업원들이 요구하는 권한위임의 정도가 각기 다양하다는 것을 보여주었다. 어떤 종업원들은 책임과 자유를 얻길 바랐고, 어떤 이들은 그렇지 않았다. 이 결과는 6장에서 우리가 직무 설계의 직무 특성 모형에서 배웠던 것과 흡사하다.

권한위임의 개념은 전통적인 생각에서 약간의 수정이 필요하다. 첫 번째로 권력은 한 사람의 이득이 다른 사람에겐 손실이 되는 제로섬 게임이 아니다. 사회적 권력은 무제한이다. 이것은 Win-Win 정신이 필요하다. 미국의 걸 스카웃(Girl Scouts)을 근대화한 명성있는 여성인 프란시스 헤셀바인(Frances Hesselbein)은 이런 식으로 설명한다: "당신이 더 많은 권력을 넘겨줄수록 당신은 더 많은 것을 갖게 될 것이다." 권한위임을 개인적 권력에 대한 위협으로 보는 권위적인 상사는 중요한 것을 놓치고 있는 것이다. 이는 그들의 Win-lose 사고방식 때문이다.

조별 활동
권력 남용의 영향

전통적인 생각에 대한 두 번째 수정은 권한위임을 양자택일의 문제가 아닌 정도의 문제로 보는 것과 관련이 있다. 그림 13-1은 권력이 어떻게 비관리자의 손으로 넘어가는지를 단계별로 보여준다. 최우선시 되는 목표는 소규모 기업에서 생산성과 경쟁력을 증가시키는 것이다. 이 발전모형의 각 단계는 과거에는 무엇을, 언제, 어떻게 해야하는지 명령을 받았던 조직 참여자들의 권력을 증가시켜준다. 협의의 단계(영향력 공유)의 사례를 살펴보자. 노르만 리저널 헬스 시스템(Norman Regional Health System)은 매해 종업원들이 제안한 수백 가지의 제안들

그림 13-1 권력 혁명: 지배에서 위임까지

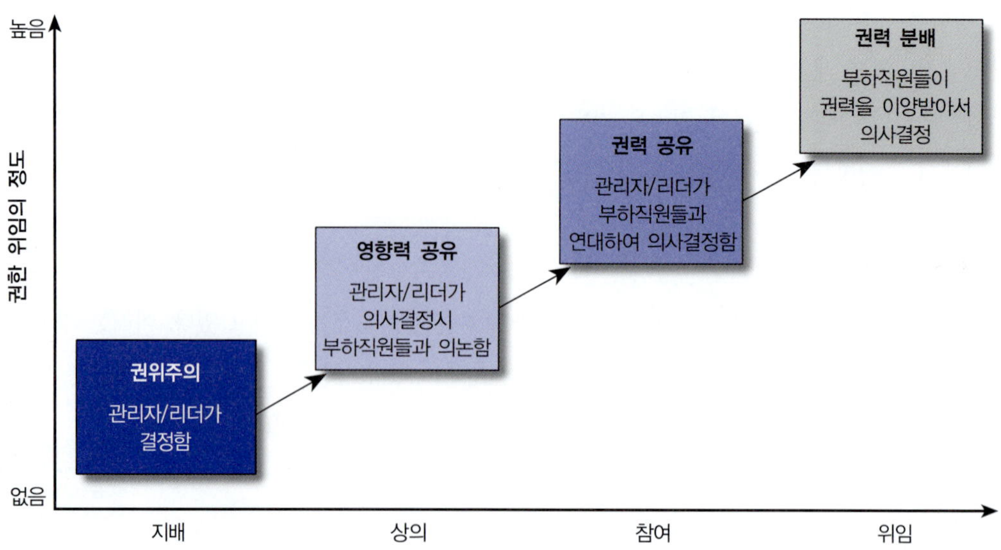

을 실행하고, 누구의 아이디어가 채택이 안됐는지 알려줌으로써 모든 이들이 경영진의 답변을 볼 수 있도록 했다. 위임 단계(권력 분배)의 예시로는 커피와 차를 취급하는 무역회사인 이퀄 익스체인지(Equal Exchange)가 민주주의 이념으로 회사를 정비함으로써 "공정 무역" 임무를 실천한 것을 들 수 있다: 무엇을 팔고 어디서 운영할지를 포함한 의사결정을 할 때 각 직원들은 각기 한 개씩 투표권을 갖고 있다.

참여적 경영

참여적 경영의 정확한 의미에 대한 혼란이 존재한다. 경영 전문가들은 참여적 경영(participative management)을 종업원들이 (1) 목표설정, (2) 의사결정, (3) 문제 해결, (4) 조직 내 변화 창출에 있어서 직접적 역할을 수행하는 과정으로 정의함으로써 이 상황을 명확히 했다. 참여적 경영은 물론 이를 넘어서는 개념이기는 하지만 단순하게는 직원들에게 아이디어나 의견을 묻는 것도 포함한다.

참여적 경영(participative management)
직원들을 의사결정에 다양한 형태로 참여시키는 것

참여적 경영의 지지자들은 종업원의 참여가 직원만족, 몰입, 성과를 증가시킨다고 주장한다(〈기술과 모범사례〉를 볼 것). 매슬로우의 욕구 이론과 직무 설계의 직무 특성 모형과도 일관성있게(6장 참조), 참여적 경영은 동기부여 정도를 증가시킨다. 왜냐하면 이는 종업원들의 세 가지 기본적 욕구를 만족시키기 때문이다: (1) 자율성, (2) 업무의 중요성, (3) 대인관계. 이러한 욕구들의 만족은 자신이 받아들여지고 있다는 느낌과 몰입도, 안전, 도전정신, 만족도를 높여준다. 즉, 이러한 긍정적 감정들은 아마도 혁신과 성과를 촉진시킬 수도 있다.

참여적 경영이 모든 상황에 적절한 것은 아니다. 업무의 설계, 경영진과 종업원간의 신뢰수준, 그리고 참여하려는 직원의 숙련도와 준비된 정도는 참여적 경영의 효과성에 영향을 미치는 세 가지 요소이다. 업무의 설계에 있어서 조립 라인처럼 직원들이 서로 높은 상호의존도를 나타내는 상황에서의 개인 참여는 역효과를 불러일으킬 수 있다. 이 경우 개인 참여가 문제되는 이유는 오히려 상호의존적 종업원들은 일반적으로 전체 생산 과정에 대한 광범위한 이해를 하지 못하기 때문이다. 참여적 경영은 또한 종업원들이 경영진을 믿지 못할 때 효과가 떨어지는 편이다. 마지막으로, 참여적 경영은 종업원들이 경쟁적이고, 준비되어 있고, 참여에 관심이 있을 때 더욱 효과적이다. 재능있는 직원과 더불어 혁신의 문화를 갖고 있는 3M의 경우, 회사의 3P(Pollution, Prevention, Pays)프로

기술과 모범사례

린든 랩(Linden Lab)에서의 참여적 경영

린든 랩은 온라인 가상 세계인 세컨 라이프(Second Life)로 유명하다. 250명의 임직원을 두고 있는 이 회사의 경영 스타일은 말 그대로 혁신적이다. 직원들은 경영진의 의사결정에 권한이 있고 다른 직원들의 성과를 평가하는 데 기여한다.

전통적인 기업에서 관리자들은 직원들이 해야 할 일을 결정했다; 린든 랩에서는 직원들이 스스로 결정한다. 회사는 어떻게 그 결정이 이롭다고 확신할 수 있을까? 모든 이들이 프로젝트가 무엇인지 알고 노력을 투입하여 최우선으로 하는 "투명성"이 이를 가능케 한다. 직원들은 프로젝트에 가장 이득이 된다고 생각하는 것과 이 프로젝트에 적합한 직원에 투자할 때 점수를 받는다. 프로젝트가 끝나면, 점수는 직원들의 기여 정도에 따라 나누어 받게 된다. 각 분기 말에, 직원들은 그들이 얻은 점수에 의거하여 분기마다 올린 실적에 따라 보너스를 받게 된다.

직원들은 러브 머신(Love Machine)이라는 프로그램을 통해 성과 피드백에 참여한다. 그들은 누군가 뛰어난 일을 하고 있거나 그 진가를 알아보게 되면, 러브 머신에 접속하여 그 사람의 이름을 선택한 다음에 짧은 감사의 메시지를 전달한다. 회사에 있는 모든 사람들이 그 메시지를 볼 수 있으며, 각 분기 말마다 메시지를 받은 직원은 개당 1달러를 지급받게 된다. 다시 말해, 투명성은 린든 랩에서 직원들이 그들의 권력을 남용하지 못하게 하는 방법이다.

출처: Based on M Wagner, "One-on-One with Second Life Creator Phillip Rosedale," *Information Week*, March 18, 2008, www.informationweek.com.

그램에 든든한 밑거름이 된다. 낭비되는 에너지와 자원들을 줄임으로써 환경 친화적인 기업으로 거듭날 수 있는 직원들의 수 천 가지 아이디어는 프로그램이 시행된 첫 해에만 3M이 10억 달러 이상을 절약할 수 있게 해주었다.

권한위임 하기

권한위임은 어느 정도의 비판을 받고 있으며 비현실적인 기대로부터 시달리고 있다. 지금까지의 연구결과는 엇갈리고 있지만, 요즘의 추세는 권한위임을 지지하는 추세이다. 우리는 관리자들이 이를 올바르게 수행하기만 한다면 권한위임은 큰 가능성을 가지고 있다고 생각한다. 권한위임을 활용하고자 하는 관리자는 이를 지속적으로 개선하고 그들의 성공과 실패를 경험삼아 배워나가야 한다. 컨설턴트인 앨런 랜돌프(W. Alan Randolph)는 권한위임을 활용하는 10개 기업에 대한 8년간의 연구를 통해 권한위임 방안을 도출해냈다. 이는 (1) 정보 공유를 통한 신뢰 형성, (2) 뚜렷한 비전을 향해 직원들이 의사결정 할 때 자율성을 갖고 있는 구조의 창조, (3) 효과적인 팀 구조의 개발을 결합한 것이다. 이 모델은 뚜렷한 목표와 연관된 훈련을 요하며, 이 과정을 실행하기 위해서는 몇 년이 걸릴 것이다.

조직정치와 인상관리

4 학습목표

조직정치를 정의하고, 무엇이 그것을 촉발시키는지 설명하라. 그리고 조직에서의 정치활동의 세 단계를 구체화하라.

조직행동을 공부하는 대부분의 학생들은 조직정치에 대한 연구가 매우 흥미롭다고 생각한다. 아마도 이러한 주제는 텔레비전 프로그램 오피스(The Office)나 어글리 베티(Ugly Betty)에 나오는 악역의 익살스러운 행동들 덕분에 더 매력있게 느껴질 것이다. 하지만 우리가 볼 것처럼 조직정치는 부당거래 이상의 것들을 포함한다. 조직정치는 예전부터 존재했고 때때로 현대 직장 생활의 짜증스러운 부분이기도 한다. 최근에 한 전문가가 관찰한 바에 따르면, "대부분의 '신(新)경제' 기업들은 사무실의 정치를 WOMBAT(waste of money brains and time: 돈과 머리와 시간의 낭비)라는 약어로 표현한다." 다른 한편으로는, 조직정치는 현대 직장에 긍정적 영향을 미치기도 한다. 시기 적절하게 정치를 잘 활용하면 당신의 의도를 잘 전달하고, 핵심 프로젝트에 대한 저항을 완화하고, 스트레스를 줄이고, 업무 분배를 하는데 있어서 도움이 될 수 있다.

우리는 이러한 중요하고 흥미로운 영역을 (1) 조직정치 용어의 정의, (2) 정치적인 행동의 세 단계 확인, (3) 8개의 정치적인 방법 토론, (4) 인상관리라고 불리는 관련 분야에 대한 학습, (5) 어떻게 조직정치를 억제하는지 토론함으로써 알아보도록 하자.

조직정치의 정의와 영역

조직정치(organizational politics)는 개인 또는 집단의 이기심을 강화시켜주고 보호하기 위해 의도적으로 영향력을 행사하는 것과 관련이 있다. 이기심의 강조는 사회적 영향의 형태와는 구별된다. 이 장의 도입부에서 말했던 것처럼 상사는 직원의 사리사욕과 조직의 이익 간의 균형을 유지하기 위해 끝없이 노력한다. 적절한 균형이 존재할 때 개인의 이익 추구는 조직의 이익에 도움이 될 수도 있다. 그러나 사리사욕이 조직의 이익에 앞서거나 해를 끼칠 때 정치적 행동은 부정적인 영향을 끼치게 된다. 연구자들은 이에 관한 예로 상관에게 가는 정보를 걸러 내거나 왜곡하는 정치적 진술을 이야기한다. 이런 자기 잇속만 챙기는 방법을 사용하면 보고자는 가장 잘 한 것처럼 보일 수 있다.

조직정치(organizational politics)
자기 이익의 의도적 증대

도날드 트럼프(Donald Trump)는 정치적이면서 영향력 있는 인물로 알려져 있다. 어프렌티스(The Apprentice)의 팬들은 트럼프와 참가자들이 쇼에 나오는 것을 보면서 이것이 사실이라는 것을 입증했다. 그는 유리한 고지를 얻기 위해 어떻게 그의 권력과 영향력을 사용했는가?

불확실성에 의해 시작된 정치적 행동 정치적인 책략은 불확실성에 의해 처음 시작된다. 대부분의 조직에서 불확실성을 야기하는 5가지 근원은 아래와 같다.

1. 불명확한 목표
2. 모호한 성과 판단 척도
3. 불명확한 의사결정 프로세스
4. 개인 또는 집단 간의 극심한 경쟁
5. 모든 유형의 변화

두 번째 요소와 유사한 — 모호한 성과 판단 척도 — 것은 불분명한 성과-보상 간 연계의 문제이다(7장에서 논의했던 동기부여 이론 중 기대이론을 떠올려보라). 최근 10,000명의 직원을 대상으로 한 연구에 따르면 이것은 중대한 문제이다. "일을 더 잘 하는 직원이 급여를 더 많이 받는다"고 관리자들의 48%가 동의한다고 응답했지만 직원들은 오직 31%만이 동의한다고 응답했다. 직원들은 그들이 출세하는 것에 대해서 불확실 할 때 정치적 게임에 힘쓰는 경향이 있다. 조직 개발 전문가인 앤소니 라이아(Anthony Raia)는 5번째 요소에 관해서 이렇게 이야기 했다. 우리가 무슨 변화를 시도하기만 하면 정치적 하부 시스템은 움직이기 시작했다. 기득권은 위협을 받고 권력의 분배를 위한 쟁탈이 벌어진다.

우리는 판매원들이 자신의 할당량을 채우기 위해 더 노력하는 동시에, 다양한 프로젝트를 수행하는 피교육자들보다는 덜 정치적이길 기대한다. 반면에 몇몇의 피교육자들은 그들의 경력의 성공을 어려운 작업, 경쟁, 그리고 약간의 운에 맡기지만 대부분은 그렇지 않다. 이러한 사람들은 아래에서 토론 되었던 정치적이며 약간은 복잡한 방법들을 통해 경쟁적인 우위를 얻기 위한 시도를 한다. 한편 판매원의 성과는 판매결과로 측정되어지지, 사장과 친분관계를 유지하거나 다른 사람의 신용을 얻는 것에서 측정되지는 않는다. 그러므로 관리 훈련자는 판매자들보다 더 정치적인 경향이 있다. 이유는 경영상 기대에 대한 큰 불확실성 때문이다. 이와 유사하게 잘 계획된 프로젝트의 책임을 지고 있는 관리자는 지속적으로 업무를 실행하도록 동기부여 된다. 반면 실패할 것으로 예상되는 프로젝트를 맡고 있는 관리자는 정치적 의문에 사로잡혀 있는 경우가 많다. 가령 자신이 왜 이 프로젝트를 맡게 되었는지, 경영진에서 내 자리를 바꾸어줄 것인지, 만약 이 프로젝트가 실패하게 된다면 어떻게 내 명성을 지킬 것인지에 대해 생각하게 될 것이다.

직원들은 그들의 경력 초기 단계 동안 큰 불확실성을 일반적으로 경험하기 때문에 하급의 직원이 상급의 직원보다 더 정치적이게 되는 것일까? 뉴욕주 북부지방의 243명의 종업원을 대상으로 하는 연구에 의하면 대답은 '그렇다'이다. 사실상 퇴직을 앞둔 한 상급의 직원은 연구자에게 말했다: "내가 젊었을 때는 정치적인 게임을 하곤 했다. 지금은 단지 나의 일을 하고 있을 뿐이다."

정치적 행동의 3단계 비록 대부분 정치적 행동이 개인수준에서 일어나지만 이는 또한 단체 또는 총체적인 행동을 포함할 수 있다. 그림 13-2는 정치적 행동의 3가지 다른 단계를 보여준다: 각 단계는 개인 단계, 연합 단계, 그리고 네트워크 단계이다. 각각의 단계는 구별되어지는 특징을 가지고 있다. 개인적인 단계에서는 개인의 이기심은 개인에 의해 추구된다. 그러나 연합 그리고 네트워크의 정치적 측면은 명확하지 않다.

연합(coalition)
활발하게 같은 생각을 추구하는 사람들의 일시적인 단체

공통된 이해관계를 가진 사람들이 다음의 정의에 부합할 때 이를 정치적 연합이라 부른다. 조직적인 맥락에서 **연합(coalition)**은 한 사안에 대해 적극적으로 행동하는 사람들도 이루어진 비공식 집단이다. 연합은 공식적인 집단의 구성원과 일치할 수도 아닐 수도 있다. 해당 문제가 해결되면(예를 들어 성희롱하는 상사가 해고

그림 13-2
조직내에서의 조직적인 행동의 단계

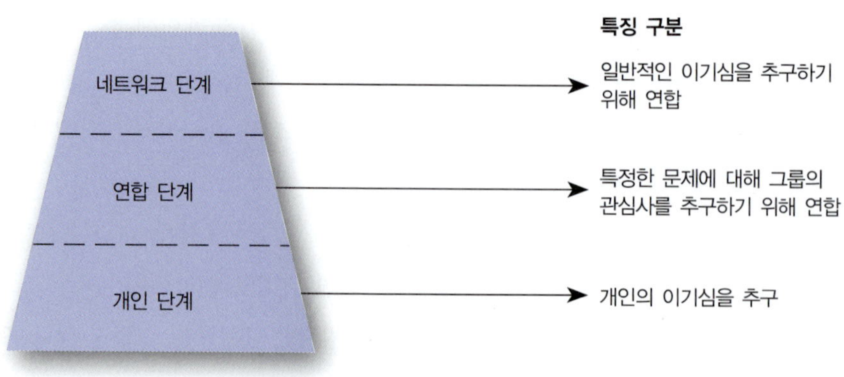

됨) 연합은 해산한다. 전문가는 정치적 연합은 "불명확한 경계"를 가지고 있다고 이야기한다. 이는 구성원들이 가변적이고 구조에 있어서 유연하며, 기간에 있어서 일시적이라는 것을 의미한다.

연합은 조직 안에서 강력한 정치적 요소이다. 최근 몇 년간 홈 디포(Home Depot), CA (Computer Associates), 휴렛 패커드(Hewlett-Packard) 이사진들의 연합은 자신의 회사에서 사장을 몰아냈다.

정치적 행동의 세 번째 단계는 네트워크를 포함한다. 연합과는 다르게, 특정한 문제에 중점을 두는 네트워크는 느슨한 개개인의 집단으로서 그들의 일반적 이익을 위한 사회적 지원을 찾는 것이 목표이다. 정치적으로 연합은 문제 중심인 반면에 네트워크는 사람 중심이다. 네트워크는 연합보다 더 넓고 긴 기간을 가지고 있다. 예를 들어 에이본(Avon)의 히스패닉(Hispanic)과 라틴 계열 사람들은 구성원의 경험 기회를 강화하기 위해 네트워크를 구축하였다.

자주 사용되는 정치적 전략 조직 내에서 일 해본 사람은 누구나 노골적인 정치적 행동에 대한 직접적인 경험을 가지고 있다. 자신의 실수이면서 남을 비난하는 것은 명백한 정치적 책략이다. 월 스트릿 저널(The Wall Street Journal)에 나온 회의의 부당 거래 또한 마찬가지이다.

> 스탠포드 경영 대학원의 부교수로서 호의 교환에 대해 연구 중이던 프랭크 플린(Frank Flynn)은 고객-서비스 대리인에 대한 연구를 통해서, 호의가 베풀어진 직후에 호의를 받은 사람은 이를 준 사람보다 더욱 가치있게 생각한다는 것을 밝혀냈다. 그러나 시간이 흐르면서 이는 바뀌었다: "호의를 받은 사람은 그것이 대수가 아니라고 생각하는 반면, 그것을 준 사람은 대단한 일이라고 생각했다."
>
> 호의의 유효기간을 아는 어떤 동료들은 즉시 보답을 받기를 원한다. 리차드 밴더그리프(Richard Vandagriff)는 가끔 자신이 준 호의를 꼼꼼히 따지는 업자와 일을 해 보았다. "그는 장부만 없었을 뿐, 전부 계산하고 있었다,"라고 그는 말했다. 한번은 그가(전혀 할 필요가 없었던 용광로 통제 시스템을 재설정하면서) 호의인 척 했던 적도 있었다 —
>
> "이제 내가 당신의 도움이 필요하다," 그는 밴더그리프에게 말했다.
>
> "이것은 그가 도움이 필요할 때 내가 직원들을 부를 수 있도록 한 시스템이었다."
>
> 이것은 효과가 있었다.

그러나 다른 정치적 방법은 더 미묘하다. 연구자는 정치적 행동의 범위를 확인했다.

비록 연구자들이 정치적 전략의 다른 부분들을 많이 제안했지만, 그들이 경험한 정치적 행동의 유형을 분류하기 위해 87명의 미국 관리자들과 250명의 영국 관리자들을 대상으로 한 설문을 통한 두 개의 연구가 이러한 생각들을 시험대에 올려놓고 있다. 지위의 고하를 막론한 관리자들이 이 샘플에 추가되었다. 다음의 전략들이 더욱 자주 일어나는 것으로 나타났다.

1. 유용한 인맥의 네트워크 구축
2. "주요 인물"들을 이용하여 계획을 지지

3. 강력한 브로커들과 친분 맺기
4. 상황에 맞추어서 규칙을 수정하기
5. 자신을 더욱 돋보이게 하기
6. 이미지 관리(인상 관리로도 알려져 있다)
7. 다른 사람 칭찬하기(환심 사기)
8. 다른 사람을 공격하거나 책임 전가
9. 정보를 정치적 의도로 사용

연구자들은 정치적 전술을 반응적인 것과 주도적인 것으로 구분하였다. 전가와 같은 방법은 반응적인 전술이다. 이의 의도가 자신의 이익을 방어하기 위한 것이기 때문이다. 유용한 인적 네트워크를 구축하는 전술은 주도적인 전술이다. 이는 개인의 이익을 증진시키기 위한 것이기 때문이다.

5 학습목표
호의적 그리고 비호의적 인상 관리 전략을 구분하라.

인상관리

인상관리(impression management)
다른 사람들이 자신을 볼 때 확신의 태도를 갖게 하는 것

"그래서, 몇 개의 선과 색만 추가하면 우리의 형편없는 판매실적은 멋진 산으로 돌변하지."

Mark Anderson, Andertoons.com. Reprinted with permission.

인상관리(impression management)란 "사람들이 자신이나 자신의 생각에 대한 다른 사람들의 반응을 통제 조종하려고 시도하는 과정"으로 정의할 수 있다. 이는 한 사람이 말하고 행동하고 보이는 방식을 모두 포함하는 것이다. 대부분의 인상관리 시도는 관련된 다른 사람들에게 좋은 인상을 보여주기 위한 것이다. 그러나 우리가 보게 되겠지만 몇몇 직원들은 나쁜 인상을 만들기 위해 노력한다. 개념을 명료하게 하기 위해, 우리는 상향적 인상관리에 논의의 초점을 맞출 것이다(직속상사에 영향을 주기 위한 노력). 이는 관리자들과 가장 많이 관련되어 있기 때문이다. 그렇지만, 그 누구도 인상관리의 표적이 될 수 있다는 점을 기억해야 한다. 다른 사람에 대한 인상 관리를 할 때 부모님, 선생님, 동료, 직원, 고객들은 모두 만만한 대상들이기 때문이다.

좋은 인상 만약 당신이 "성공을 위해 입고", 매 시간 낙천적인 태도를 취하고, 그리고 다른 사람에게 해를 입히기를 꺼린다면, 당신은 호의적인 인상관리를 시도하는 것이다 — 특히 당신의 동기가 삶에서 당신이 원하는 것을 얻을 기회를 향상시키기 위한 것이라면 더욱 그러하다. 좋은 인상을 만들기 위한 방법으로 다소 의구심이 드는 방법들도 있다. 이 사례는 펜실베니아 대학 리더십 프로그램의 책임자인 스튜어트 프리드만 (Stewart Friedman)이 제공한 이야기이다.

작년, 나는 큰 은행에서 일을 하고 있었다. 그곳에 있던 사람들은 나에게 몹시 놀라운 이야기를 해 주

었다: 오후 7시 이후 사람들은 그들의 사무실 문을 연다, 그리고 그들의 의자 뒤에 아껴둔 자켓을 장식해두고 책상에 약간의 서류 위에 유리잔을 올려 놓는다 — 그리고 밤 동안 집에 간다. 이런 정성들인 행동은 그들이 저녁을 먹기 위해 막 나갔고, 밤 늦게까지 일을 하기 위해 다시 돌아온다는 착각을 하게 만들기 위해서이다.

인상관리는 크레이그리스트의 CEO인 짐 버크마스터(Jim Buckmaster)에게는 덜 중요할 수 있다. 버크마스터는 캐쥬얼 차림으로 출근하고, 회사 설립자인 크레이그 뉴마크(Craig Newmark)와 사무실을 같이 쓴다. 그리고 대중교통을 이용해 그의 임대 아파트로 간다. 그의 부인은 그를 페리 선착장에서 픽업해간다.

인상관리는 종종 비윤리적인 영역으로 빠진다.

84명의 은행 직원 (74명은 여성)을 표본으로 한 통제 인자 분석을 통해서 적절한 상향 인상관리 기법의 세 범주를 구분했다. 적절한 상향 인상관리 기법은 직무 중심기법(직무 성과에 관련된 정보 조작), 관리자 중심기법(관리자에 대한 칭찬과 호의), 자기 중심 기법(자신을 공손하고 좋은 사람인 것처럼 표현)이 될 수 있다. 적당한 수준의 상향 인상관리는 오늘날의 보통 직원들을 위해 필요하다. 69개의 연구에 대한 고찰을 통해서 환심을 사는 행위가 약간은 당신의 성과평가 결과를 향상시키고 상사가 당신을 더욱 좋아하게 만들 수 있다는 것을 알 수 있었다.

인상관리를 너무 하지 않으면 바쁜 상사들은 그들이 업무 분배, 급여 그리고 승진 결정을 할 때 당신의 가치있는 공헌에 대해 간과하기 쉽다. 그렇다고 또 너무 많이 하면 당신은 동료들 사이에서 "수다쟁이", "사기꾼" 등으로 낙인찍힐 위험이 있다. 심한 아첨 그리고 비위맞추기는 상대방을 당황하게 하고 그 사람의 신용을 손상시킴으로써 반대의 결과를 낼 수 있다. 인상관리 방법이 성, 인종, 윤리 그리고 문화적 라인과 상충될 때 의도하지 않은 모욕이 될 가능성이 매우 높다. 국제경영 전문가는 이렇게 경고한다:

> 인상관리 방법은 행동방식과 이를 수용하는 규범이 상호연관이 있을 때만 효과적이다. 다른 말로, 훌륭한 일본 직원에게 등을 두드리면서 큰소리로 격려하는 "잘했어 히로"는 부하인 히로의 마음에 바람직한 인상을 만들지 않을 것이다. 사실 그 행동은 반대의 인상을 만든 것이다.

나쁜 인상 언뜻 보기에 작업장에서 의도적으로 나쁜 인상을 만들기 위해 노력하는 것은 말도 안되는 것처럼 보인다. 그러나 인상관리 연구의 흥미롭고 새로운 한 분야에서는 자기 자신을 나빠 보이게 하는 동기와 전술을 밝혀냈다. 북서부에 있는 미국 대학의 경영학과 학생들의 직업경험을 통한 연구에서 반 이상의 학생들이 직장 내에서 의도적으로 나쁘게 보이려고 하는 사람들을 목격했다고 보고했다. 이유는 무엇일까? 연구를 통해 4개의 동기를 밝혀냈다.

> (1) *회피*: 직원은 부가적인 일, 스트레스, 피로 또는 원하지 않는 이동이나 승진을 피하는 방법을 찾는다. (2) *구체적인 보상 획득*: 직원은 급여가 오르거나 바라던 이동, 승진, 또는 강등을 얻는 것을 찾는다. (3) *퇴출*: 직원은 강등, 해고 또는 대기발령을 바라며, 아마도 실업급여나 종업원 상해보험금을 모으고 있을 것이다. (4) *권력*: 직원은 통제, 조작 또는 다른 사람을 협박, 복수심 또는 누군가가 나쁘게 보이도록 만드는 것을 찾는다.

이러한 동기 요인들을 볼 때, 비호의적 상향적 인상관리는 설명이 가능하다.

연구자에 의해 확인된 5개의 비호의적인 상향적 인상관리 방법은:

- 성과 낮추기 — 생산성 제한, 보통보다 더 많은 실수 하기, 질 낮추기, 과업 방치
- 잠재 능력 활용하지 않기 — 모르는 척 하기, 능력이 있으나 사용하지 않음
- 뒤로 한 발 물러나기 — 잠재능력 활용하지 않기, 과도하게 휴식 취하기, 꾀병
- 나쁜 태도 보이기 — 불평하기, 화내기, 이상하게 행동하기, 동료들과 잘 어울리지 않기
- 한계 퍼뜨리기 — 동료들이 신체적인 문제나 실수에 대해 알도록 만들기(언어적 방법과 비언어적 방법 모두)

나쁜 인상을 만들기 위해 노력하는 직원을 관리하는 방법은 이 책을 통해 찾을 수 있다. 이는 더 도전적인 과업, 더 큰 익명성, 더 나은 피드백, 지지적인 리더십, 투명하고 합리적인 목표, 그리고 스트레스가 적은 과업 환경을 포함한다.

6 학습목표

조직정치의 관리 방법을 설명하라.

조직정치 억제하기

25,059명의 직원들과 관련된 최근 59개의 메타분석을 통해 조직 정치의 인식은 직무만족, 조직 몰입도와 음의 상관관계에 있고, 직무 스트레스, 이직 의사와는 양의 상관관계를 가지는 것을 알아냈다. 이러한 결과는 관리자들이 직원들의 정치적 행동을 그만두게 해야 한다고 시사하는가? 힘을 내라. 조직정치는 없어질 수 없다. 이러한 결과를 기대하는 관리자는 순진한 사람이다. 그러나 이러한 정치적 공작은 건설적이고 합당한 수준 내에서 유지될 수 있으며, 그렇게 되어야만 한다. 하버드의 아브라함 잘레즈닉(Abraham Zaleznik)은 이 문제에 대해 이렇게 말한다. "사람들은 많은 것에 주의를 둘 수 있다. 정치적인 것에 더 많이 초점을 맞출수록 더 적은 에너지 — 감정적 그리고 지능적 — 만이 실제 문제를 해결하는데 투입된다."

개인의 정치화 정도는 개인적 가치, 윤리, 그리고 기질의 문제이다. 엄격하게 비정치적이든 친정치적이든 사람들은 일반적으로 그들의 행동에 대한 비용을 지불한다. 전자는 느린 승진과 뒤쳐진 느낌이 들지 모른다. 반면에 후자는 이기심이라고 불리는 위험과 그들의 진실성을 잃게 될지도 모른다. 정치적 스펙트럼의 양 끝에 있는 사람들은 아마 좋지 않은 팀원으로 분류될 수도 있다. 적정선의 신중한 정치적 행동은 복잡한 조직에서 살아남기 위한 생존의 도구이다. 전문가가 우리에게 상기시키는 바는 다음과 같다:

기술과 모범사례

합리적인 경계선 안에서 어떻게 조직정치를 유지할 것인가.

- 지나치게 정치적인 개인은 채용 시 배제한다.
- 열려있는 경영 시스템을 창조한다.
- 모든 직원들이 어떻게 비즈니스가 전개되는지 알게하고 개인적인 책임을 위해 중요 결과와 상응하는 측정 가능한 목표에 대한 개인적인 입장을 가지게 하라.
- 모든 직원을 위해서 회계 대차표와 재무제표를 쉽게 해석해주라.
- 공식적인 갈등 해결과 불평처리 프로세스를 만들어라.
- 윤리적인 기준으로써, 전국의 텔레비전망에서 당신이 편안하게 느끼는 것만 하라.
- 정치적인 게임 없이 실제 결과를 만들어내는 사람들에게 보상하고 공공연하게 인정하라.

출처: Adapted in part from discussion in L B MacGregor Serven, *The End of Office Politics as Usual*(New York: American Management Association, 2002), pp 184–99.

> 정치적 행동의 평판이 좋지 않은 것은 오로지 정치인들과의 연관성 때문이다. 그 자체만으로 당신의 목적을 이루기 위해 권력과 다른 자원을 사용하는 것은 본래 비윤리적인 것은 아니다. 이것은 모두 선호하는 목표가 무엇이냐에 달려있다.

이러한 관점을 머리 속에 새겨두고 〈기술과 모범사례〉 안의 실질적인 조언들을 실행해보라. 분명한 성과-보상 간의 연결을 통해 불확실성을 줄이는 것의 중요성을 인식하라. 측정 가능한 목표는 조직정치의 부정적인 영향에 대처하기 위한 경영진의 첫 번째 방어선이다. 제너럴 일렉트릭(General Electric)은 신중하게 의도적으로 정치적 공작과 인상관리를 억압하는 문화를 만들어 낸다. 한 때 GE의 최고경영자였고 현재 생물공학의 거성인 암젠(Amgen)의 CEO 케빈 쉐어러(Kevin Sharer)는 말했다:

> 이것은 ... 정직의 기준을 설정했다. — 그것은 회사에서 의사소통하는데 있어서 진실성과 엄격함과 관련된 것이다. 모든 사람들은 정확하게 그들이 어디에 있는지 아는 실질적인 기회를 가진다. 과장된 찬사는 없다. 비즈니스 상황의 엄격한, 사실 중심의 정직한 평가에 의해 지지된다. 여기에는 사실에 대한 부정이 조금도 없다.

핵심 용어

연합(coalition) 374
강압적 권력(coercive power) 367
권한위임(empowerment) 369
전문가 권력(expert power) 367
인상 관리(impression management) 376
합법적 권력(legitimate power) 367
조직 정치(organizational politics) 373
참여적 경영(participative management) 371
준거적 권력(referent power) 368
보상적 권력(reward power) 367
사회적 권력(social power) 366

단원 요약

- **5개의 "부드러운" 그리고 4개의 "강한" 영향을 미치는 방법을 명명하고, 치알디니의 영향과 설득의 원리에 대해 요약하라.** 5개의 부드러운 영향을 미치는 방법은 합리적인 설득, 고무적인 호소, 상담, 비위맞추기, 그리고 개인적 호소이다. 그것들은 4개의 딱딱한 영향을 미치는 방법보다 더 친근하고 덜 강압적이다: 교환, 제휴 방법, 압력 그리고 합법적인 방법. 연구에 따르면 부드러운 방법은 몰두를 일으키기에 더 나은 방법이고 딱딱한 방법보다 더 공정하다고 인식된다. 치알디니의 영향과 설득의 6가지 원칙은 연결(친절한 친구), 상호이익(하나의 좋은 또는 나쁜 것은 그에 상응하게 되돌려 받는다는 믿음), 사회적 증거(비슷하게 따르는 것), 일관성(개인적 약속을 통해 따르는 것), 권위(믿을만하고 존경하는 전문가를 따르는 것), 그리고 희소성(제한된 유용성을 찾는 것)이다.
- **프렌치와 레이븐의 다섯가지 권력의 구성에 대해 확인하고 간단히 설명해보자.** 프렌치와 레이븐의 다섯 가지 권력의 구성은 보상권력(순응에 대한 보상), 강압권력(불순종을 처벌), 합법권력(공식적 권위에 의지), 전문가 권력(필요한 정보를 제공), 그리고 관계권력(개인적 매력에 의존)으로 되어있다.

- **권한위임의 용어에 대해 정의하고 어떻게 이를 성공시킬 수 있는지 설명해보자.** 권한위임은 고객에게 더 나은 서비스 제공을 위해 하위의 직원들에게 권력과 의사결정권한을 어느정도 나누어 주는 것이다. 랜돌프의 모델에 따르면, 권한위임은 중요 정보에 대한 활동적인 공유가 필요하고, 자율성과 통제의 중심이 상사에서 팀으로 이동되고 인내력이 구축되어야 한다. 믿음과 훈련은 또한 매우 중요하다.
- **조직정치를 정의하고, 이것의 시작은 무엇인지, 그리고 조직에서 정치적 행동의 3단계에 대해 분류해보자.** 조직정치는 개인 또는 단체의 이기심을 강화 시켜주고 보호해 주는데 영향을 주는 의도적인 행동으로 정의되어진다. 불확실성은 조직에서의 정치활동을 촉발시킨다. 정치적 행동은 개인, 연합, 그리고 네트워크 단계에서 일어난다. 연합은 비공식적, 일시적, 그리고 하나의 이슈에 대한 동맹이다.
- **호의적이고 비호의적인 인상관리 방법에 대해 정의해보자.** 호의적인 상향 인상관리는 직무 중심(직무성과에 대한 정보조작), 상사중심(상사에게 호의를 보이거나 칭찬하기), 또는 자신중심(예의바르고 좋은 성격)으로 나눌 수 있다. 비호의적인 상향 인상관리 방법은 성취감소, 몰래 일하지 않기, 물러나기, 나쁜 태도를 보이기, 그리고 누군가의 잘못을 알리기를 포함한다.
- **어떻게 조직정치를 관리할지 설명해보자.** 조직정치는 제거될 수 없지만 상사는 적당한 경계선을 유지할 수 있다. 개인의 책임을 위한 측정 가능한 목표는 중요하다. 참여적인 경영도 필요하다. 공식적인 갈등 해결과 고충처리 프로그램은 유용하다. 몹시 정치적인 사람들은 고용하면 안된다. 그리고 정치적인 게임 없이 성과를 내는 직원을 공식적으로 인정하고 보상을 해주어야한다. "TV에서 어떻게 보일까"라는 윤리 기준은 정치적 시도를 막을 수 있다.

토의 문제

1. 이 장 앞부분의 사례에서 샤이 아가시는 어떠한 영향력 그리고 정치적 전략을 사용하였는가? 설명하라.
2. 이 단원을 읽기 전에, 당신에게 권력이라는 용어는 나쁜 의미를 가지고 있었는가? 현재 당신은 다르게 보고 있는가?
3. 당신 생각에는 어느 정도의 권한 위임이 오늘날 작업장에서 적당한가?
4. 당신은 왜 조직정치가 불확실성에 의해서 처음 시작되었다고 생각하는가?
5. 오늘날 교실 또는 작업장에서 얼마나 많은 인상관리를 보았는가? 구체적인 예를 들어보라. 이러한 방법은 효과적이었는가?

윤리적 딜레마

직원들이 흡연에 대해 거짓말을 하는 것에 관하여 정직시켜야 하는가?

월풀(Whirlpool)은 한 해에 흡연자에게 비흡연자보다 $500 더 많은 보험 보장금을 내게 한다. 이 초과된 금액은 직원들로 하여금 불평등한 느낌을 받게 하고 보험 신청서를 작성할 때 흡연에 대해 거짓말을 하게 만든다. 최근에는 인디애나의 에반스빌에 있는 공장에서 39명의 직원들이 담배를 피우다가 정직 처분을 받았다. 무엇이 그들을 정직 처분에 이르게 했는지 고려해보자.

노동조합은 2006년에 주립법을 인용하여 흡연 요금에 대해 저항했고, 판사는 회사에게 2006년 6월까지 28개월 동안 초과로 징수된 보험료를 돌려주라고 판결했다. 돌려받기로 예상된 금액은 1인당 $1,000 정도였다...

지난 달에 월풀측은 판결을 기각해달라고 요청했지만

확정된 합의에서 이는 묵살되었고, 환불할 것을 명령했다.

정직된 직원들은 그들의 흡연 행위를 들키지 않으려 했고, 회사로 하여금 그들이 요금을 더 냈는지 안 냈는지를 확인하도록 만들었다. 듣자 하니 그들은 내지 않았다.

월풀은 회사 내규에 "회사 문서를 위조하는 행위는 심각한 죄"라고 명시되어 있고 이는 정직 혹은 해고의 방법으로 처벌할 수 있기 때문에 직원들을 정직시켰다.

이 사례에서 어떤 행동을 취해야 할지 고려하는 동안에, 컨설팅 기업인 머서(Mercer)의 연구에서 나타났듯이 500명 이상이 근무하는 기업 중에 단지 5% 정도가 비흡연자에 비해 흡연자에게 초과 보험료를 부과한다는 사실을 명심하자.

정직된 직원에 대한 당신의 태도는 어떠한가?

1. 직원들이 거짓말을 했으므로 기업의 규정을 위반한 것이다. 그들이 해고당하는 것은 당연한 것이다. 만약 회사가 이 규정을 강제하지 않는다면, 다른 기업 규정을 어떻게 강제할 것인가?
2. 회사는 초과 요금을 지불한 직원에게만 환불을 해야 한다. 더 나아가 보험 신청서에 거짓말을 한 흡연자들은 새로운 양식을 작성해야 하지만 정직이나 해고를 당해서는 안 된다. 그들은 단순히 나쁜 판단을 했지만 용서를 받을 만한 자격이 있다.
3. 회사는 보험 등록 양식에 건강과 관련된 습관을 기재하게 해서는 안 된다. 직원들이 거짓말을 한 것에 대해 그렇게 정직이나 해고를 시켜서는 안 된다. 거짓말을 한 직원들은 환불을 받을 수 없다.
4. 기업은 직원들이 금연할 수 있도록 돕기 위해 건강 프로그램을 제공하는 등 협조적으로 해야 할 필요가 있다. 이 프로그램은 복리후생의 일환으로 해야 한다. 거짓말을 한 직원들은 복직시키되, 어떠한 환불도 해줄 필요가 없다.

Chapter 14

리더십

학습목표

이 단원을 학습한 후, 다음의 질문에 답할 수 있어야 한다.

1. 특성이론의 연구를 살펴보고, 리더십의 특성 및 행동성향이론이 주는 교훈을 논의하라.
2. 피들러의 상황적합이론에 근거하여, 리더십 유형이 어떻게 상황적 통제와 상호작용하는지 설명하라.
3. 하우스의 개정된 경로-목표 이론과 허쉬와 블랜차드의 상황적 리더십 이론에 대해 논의하라.
4. 거래적 리더십과 변혁적 리더십의 차이를 설명하고, 변혁적 리더십이 어떻게 부하 직원과 작업 집단에 변화를 주는지 논의하라.
5. 리더십의 리더-구성원 교환 모형과 공유된 리더십의 개념을 설명하라.
6. 섬기는(서번트) 리더십 원리를 검토하고 5속성/단계 리더십에 대해 논의하라.

펩시(PepsiCo)의 CEO인 인드라 누이(Indra Nooyi)

인드라 누이는 일반 CEO와는 전적으로 다르다. 어떠한 상황에도 준비된 CEO인 그녀는 모국인 인도뿐만 아니라 펩시의 가족적 가치의 결과물이다. 그녀는 봉급에 지나치게 신경 쓰지 않고, 필요한 경우 도움을 요청하는 것에 대해 부끄러워하지 않는다. 그녀는 올해 52세로 이 직업이 그녀의 마지막일 거라고도 생각하지 않는다. 그녀의 친구 헨리 키신저(Henry Kissinger)는 누이가 워싱턴 근무처로 발령나는 것은 시간문제라고 말한다. 누이 역시 친구의 말에 일부 동의하면서 좋아했다. 그녀는 범 세계주의자이고, 철저히 교육을 받았으며, 전략적 사고를 갖고 있기에(그녀는 예전에 Boston Consulting Group에서 일한 적이 있다.) 요란하기만한 미국의 콜라 전쟁보다 러시아와 중국의 급성장하는 시장에 더욱 관심을 두고 있다.

CEO가 된 이후, 그녀는 미국에 집중되어 있던 펩시의 구조를 재조직하였고, 임원진을 기존의 두 배인 29개 팀으로 늘림으로써 기업의 지배구조를 분산시켰다. 그녀가 만든 "목적에 수반되는 성과"라는 모토는 그녀가 생각하는 펩시의 국내외 사업 방향을 성공적으로 보이게끔 한다.

더욱 건강한 간식거리 생산, 친환경 제로에너지 달성, 효율적인 직원 관리를 목적으로 기업 이익의 균형을 잡는 것이 그녀가 생각하는 사업 방향의 핵심이다. "만약 당신이 원하는 것이 이 회사를 단단히 조이고 두 자릿수 성장률을 보이는 것 뿐 이라면, 나는 적합하지 않은 사람이다."라고 그녀는 말한다. "오늘날의 기업들은 국가보다 더 큰 규모를 자랑한다. 우리는 작은 공화국과 같다. 우리는 효율성의 핵심이다. 만약 기업들이 책임을 다하지 않는다면, 누가 하겠는가? 이와 같은 이유로 본다면 지금 당장 변화하지 않을 이유가 없다."

인드라 누이는 믿기 힘들 정도로 흠 잡을 데 없는 삶을 살아왔다. 그녀는 인도의 남동쪽 해안가에 있는 첸나이(예전에 마드라였던)에서 회계사 아버지와 가정주부인 어머니 밑에서 자랐다. 그녀의 부모님은 "우리를 격려하면서도 때론 다그치셨다. 항상 우리에게 가화만사성이 중요하다."라고 언제나 말씀하셨다. 판사직에서 은퇴한 그녀의 할아버지는 그녀의 성적표를 면밀히 살펴보고, 숙제를 검사했다. 혹 그녀의 학업이 끝나기 전에 그가 죽더라도 그녀가 기하학에 뛰어날 수 있도록 기하학 책에 있는 공식들을 정리하며 노년기를 보냈다. 매일 저녁 식사시간에 그녀의 어머니는 누이와 여동생에게 세계의 문제들을 제시하고, 만약 자신이 대통령이나 수상이라면 이 문제를 어떻게 해결할 것인지에 대해 둘이 경쟁하도록 했다. 비록 그녀의 가족은 힌두교였지만, 누이는 카톨릭 학교에 입학했다. 그녀는 열정적인 토론자였고, 크리켓을 했으며, 기타를 배울 수 있게 해달라고 그녀의 부모님과 수녀들을 졸라서 결국 홀리 엔젤스 수녀원에서 최초로 전원이 여성인 락 그룹을 결성했다.

누이의 가장 멋진 재능은 설득의 기술이었다. 그녀는 청중들로 하여금 열의를 갖게 하고, 회사 전반에 걸친 새로운 소프트웨어 설치와 같은 너무나 지루한 것들에 그들을 결집시켰다. 그녀의 새로운 모토인 "목적을 수반하는 성과"는 조직을 움직이고 펩시를 국제적으로 알리는 수단이다. 왜냐하면 오늘날에는 신흥시장마저도 대수롭지 않게 여길 수 없음을 그녀는 알기 때문이다.

누이는 유명세로 그녀의 아이디어를 판다. 그녀의 동료들이 말하기를 그녀는 사무실에 그녀를 통째로 가져온다고 한다. 그녀는 모든 사람들의 생일은 케익과 함께 축하해줘야 한다고 주장한다. 그리고 모든 사람들은 영원히 35세이다. 그녀의 노래방 기계는 모든 펩시 모임에 빠지지 않고 등장한다. 그녀는 어머니가 되는 것에 대해 이야기한다. 12월에 한 간부는 누이가 그녀의 팀원들에게 일주일 내내 아이를 데리고 다니는 것이 전부인 사커맘(soccer mom)이 되면 어떤 기분일지를 설명했던 것을 회상한다. 당신은 매우 구체적인 목록을 얻게 된다. 당신은 견과류를 먹을 수 없다. 또한 밀도 먹을 수 없다. 그녀가 고백하기를 CEO 엄마들을 어리둥절하게 만드는 이 상황은 그들에게 "내가 생각할 필요가 없도록 쉽게 만들라. 우리는 이것을 할 수 있다. 우리는 이미 상품들을 갖고 있다."고 생각하도록 강력하게 권고한다.

그녀가 어린시절부터 매우 높은 기준을 고수하고 있었기 때문에, 주변에 있는 모든 사람들이 그녀의 기대에 부합하기를 기대한다. 그녀는 빨간색, 초록색, 그리고 보라색 펜들을 자유롭게 사용하여 그녀의 책상 위에 있는 모든 것들을 체크한다. "내가 휘갈겨 쓴 글씨들은 아주 유명하다."라고 그녀는 눈을 끔뻑이며 말한다. 가령 "이런 엄청난 무능을 본 적이 없다"라던가 "'이건 받아들일 수 없다', 그리고 나는 받아들일 수 없다는 말에 세 번이나 밑줄을 그었다."라고 그녀는 말한다. 물론 농담이지만, 그녀의 말에는 요점이 있다. 그녀가 소위 말하는 러브레터 중의 하나가 한 번은 몇몇 비서들을 매우 두려움에 떨게 만들었고, 그녀는 그들에게 그들의 상사가 직장을 잃지 않으리라는 것을 확신시켜 주어야 했다.

"그녀는 당신의 도전의식을 일깨운다."라고 아시아 태평양 지역의 회장인 팀 밍게스(Tim Minges)는 말한다. 그의 팀이 작년에 태국에서 제품에 들어가야 하는 야자수 기름보다 더 저렴한 대안을 발견하지 못했을 때, 그녀는 계속 재촉하며 이렇게 말했다. "무슨 말 하는지는 알겠다. 그래서 올바른 대안이라는 게 무엇인가?" 그들이 쌀의 겨를 이용한 기름을 대안으로 내놓기 전까지 이러한 독촉은 계속되었다. "하지만 위쪽으로 업무를 위임하려는 시도를 하지 말아야 한다. 왜냐하면 그녀가 당신의 면전에 다시 돌려보낼 것이기 때문이다." 그는 말했다.

그녀의 팀에서 누이에 대해 멀게 느끼는 것은 없다. 그녀는 때로는 엄격한 여교사이고, 사람들을 보살피기 좋아하는 여자이다. 그녀는 언젠가 한 번 기업 전략 부문에서 그녀를 위해 일했던 휴 존스톤(Hugh Johnston)에게 말하기를, 그가 부랑자처럼 입었다고 말했다. 그 당시 그는 회사의 IT 프로그램 신상품 발표를 돕고 있었는데, 그는 이렇게 답했다. "인드라, 이 사람들은 IT 쪽에서 일하는 사람들이다. 이것이 우리가 하는 일이다. 우리는 사무실 밖을 벗어나질 않는다." 그가 본부로 자리를 옮겼을 때, 그녀는 그에게 어디서 쇼핑을 해야할지 알려주었고, 그는 새로운 옷을 얻었다. 그녀는 스스로 요구가 많다는 걸 알고 있고, 그것을 걱정하고 있었다. 그녀는 그녀의 팀 멤버와 배우자들에게 저녁을 대접한다. 여기에는 질의응답 시간이 포함되어 있는데 배우자들에게 질문받기를 고집하고 그것이 끝날 때까지 절대 자리에 앉지 않는다.

그녀는 가족들에게 도움을 받는 것을 감사하게 생각한다고 말했다. 왜냐하면 그녀의 직업이 가족들을 힘들게 하기 때문이다.

| 토의하기 |

당신은 인드라 누이를 위해 일할 생각이 있는가? 왜 그런지 설명해보라.

누군가 말하기를 리더는 "나를 따르라"라고 외치며 조직이 나아갈 방향을 알아내는 사람이라고 했다. 명백한 사실은 리더십의 이러한 접근은 오늘날의 급변하는 세상 속에서 거의 해당사항이 없다는 것이다. 이 단원의 처음 사례에서 설명된 것처럼, 리더십은 단순히 책임을 맡는 것, 그 이상의 것을 포함한다. 인드라 누이는 펩시의 이익을 넘어서 더 많은 것에 중점을 두었다. 그녀는 회사가 고객의 건강에 이로움을 주고, 환경에 미치는 영향을 줄이고, 직원들에게 만족할 만한 일거리를 제공하기를 원했다. 요약하면, 성공적인 리더는 어려운 상황에 들어가 주목할 만한 차별성을 만들 수 있는 사람이다. 그러나 현대 조직에서 리더가 얼마나 많은 차별성을 만들 수 있는가?

조직행동론 연구자들은 리더가 차이를 만들 수 있다는 사실을 발견하였다. 예를 들어, 한 연구에서 20년 이상된 167개 회사들로부터 리더십과 순이익이 명백하게 관련성이 있다고 드러났다. 연구는 또한 코치들의 리더십 기술이 그들의 팀의 성공에 영향을 끼친다는 것을 보여주었다. 특히, 메이저 리그 야구와 대학 농구팀 모두 선수들이 코치가 효과적인 리더라고 인식했을 때 더 많은 게임을 이겼다. 안심하라, 리더십은 차별성을 만든다.

공식적으로 리더십을 정의 내린 후, 이 단원은 다음 영역에 초점을 맞춘다.(1) 리더십의 특징과 행동적 접근 (2) 리더십의 대안적 상황 이론 (3) 리더십의 전방위 모형 (4) 리더십의 추가적인 관점. 각각의 영역에서 수많은 리더십 이론들이 있기 때문에, 그것들을 모두 논의하는 것은 불가능하다. 이 단원은 대다수의 연구가 지지하는 이론들을 살펴볼 것이다.

리더십은 무엇을 포함하는가?

리더십의 정의에 대한 논쟁은 리더십과 리더, 추종자, 상황 사이에 복잡한 연관성을 가진다는 사실로부터 기인한다. 예를 들어, 어떤 연구자들은 리더십을 성격과 신체적 특성면에서 정의하는 반면 다른 연구자들은 리더십이 규정된 행동양식에 의해 대표된다고 믿는다. 반면에 또 다른 연구자들은 리더십을 어느 누구에 의해서든 대체될 수 있는 일시적인 역할로 보기도 한다. 그러나 리더십의 다양한 정의 중에는 공통된 요소가 있다. 공통요소는 사회적 영향력이다.

리더십(leadership)
직원들이 자발적으로 조직의 목표를 추구하게 하는 영향력

이 단원에서 사용된 용어로써, 리더십(leadership)은 "리더가 조직의 목표를 달성하기 위한 노력으로 부하들의 자발적인 참여를 추구하는 사회적 영향의 과정" 이라고 정의된다. 이 정의는 리더십이 권력을 행사하는 것 보다 더 많은 것들을 포괄하며, 서로 다른 수준에서 수행된다는 것을 보여준다. 예를 들어, 개인적인 수준에서 리더십은 멘토링, 코칭, 고무, 동기부여를 포함한다. 집단 수준에서 리더는 팀을 구성하고, 결속력을 다지고 갈등을 해결한다. 마지막으로 조직적 수준에서는 문화를 형성하고 변화를 만들어낸다.

위의 정의에서 리더십은 두 가지 요소가 빠져있다: 도덕적 문제와 부하의 관점이다. 리더십은 도덕적 개념이 아니다. 역사는 부패하고 도덕적으로 타락했지만 실력 있는(효과적인) 리더들로 가득하다. 이에 대해 리더십 전문가인 바바라 켈러만(Barbra Kellerman)은 다음과 같이 결론지었다. 리더들은 우리와 별반 다를게 없다: 신뢰할 가치가 있으며 기만적이기도 하고, 비겁하기도 용감하기도, 탐욕적이기도 관대하기도 하다. 모든 리더들이 좋은 사람이라고 가정하

는 것은 인간사의 현실을 고의적으로 망각하는 것이며, 더 나아가 보다 효율적인 리더가 되기 위한 우리의 시야를 제한하는 것이다. 요약하면 좋은 리더는 그들의 예리한 강점과 약점을 개발하며 그들의 긍정적인 속성을 기반으로 한다는 것이다.

게다가 최근의 리더십에 관한 연구는 추종자의 기대, 태도, 행동이 잠재적 리더의 리더십에 영향을 미친다는 것을 인식하기 시작했다. "팔로우십(Followership)"은 이 장의 마지막 단원에서 다루게 될 것이다.

리더십의 특성과 그 행동적 이론들

이번 장에서는 리더십을 설명하는 두 개의 초기 방식을 고찰한다. 특성이론은 부하와 구분되는 리더의 개인적 특성을 정의하는데 초점을 두었다. 행동적 이론가들은 다른 관점으로 리더십을 고찰한다. 그들은 더 높은 집단업무성과를 가져온 다른 종류의 리더의 행동을 밝히고자 했다. 리더십의 두 가지 접근 모두 현재와 미래의 경영자들에게 리더십에 관한 가치 있는 교훈을 제공해 준다.

학습목표 1
특성이론의 연구를 살펴보고, 리더십의 특성 및 행동성향 이론이 주는 교훈을 논의하라.

특성이론

특성이론은 "위대한 사람 이론"이라고 불리던 리더십 이론의 계승이론이다. 기존 접근은 아브라함 링컨(Abraham Lincoln), 마틴 루터 킹(Martin Luther King), 잭 웰치(Jack Welch)와 같은 리더들이 리더로서의 능력을 선천적으로 타고났다는 가정에 기초 한다. 이와 대조적으로, 특성이론가들은 리더십 특성이 선천적이지 않으며 경험과 학습을 통해 개발될 수 있다고 믿는다. 지도자 특성(leader trait)은 부하들로부터 리더를 구분 짓는데 사용될 수 있는 신체적이고 성격적인 특성이다.

지도자 특성(leader trait)
부하들로부터 리더를 차별화하는 개인적인 특성

2차 세계대전 이전에 성공하는 리더의 특성을 정확히 집어내기 위해 수백 개의 연구들이 수행되었고, 수십 개의 리더십 특성이 규명되었다. 그러나 전후의 기간에 그 열광은 많은 비판으로 대체되었다. 연구자들은 어떤 개인이 조직에서 리더가 되는 지를 정확하게 예측하는 일관된 특성을 밝혀 낼 수 없었다.

현대의 특성 연구 1983년, 두 조직행동론 연구자는 과거의 특성 자료가 잘못 분석되어 왔을 수 있다고 결론을 내렸다. 기존의 연구자료에 현대의 통계기법을 적용함으로써, 그들은 리더의 행동 대부분이 안정적인 근본 특성 덕분이라는 사실을 증명했다. 불행히도, 그들의 방법론은 특정한 특성을 도출하지는 못하였다.

최근들어 세 부분의 메타분석 결과가 중요한 리더십 특성들을 밝혔다. 첫 번째는 로버트

로드(Robert Lord)와 그의 동료들에 의해 1986년 수행되었다. 과거 연구의 재분석을 기초로 하여 로드는 누가 효과적인 리더인지 아닌지 인지하는데 영향을 끼치는 리더십 모형을 사람들이 가지고 있다고 결론지었다. **리더십 전형(leadership prototype)은 리더들이 소유하고 있다고 믿어지는 특성과 행동들**의 정신적 표현이다. 그래서 우리는 누군가의 특성과 행동이 우리의 전형과 일관성 있게 나타날 때 비로소 리더라고 인식하는 경향이 있다. 로드의 연구는 사람들이 지능, 남성성, 지배적인 것과 관련된 특성을 나타내는 사람을 리더로 인식한다는 사실을 입증하였다. 하지만 33개국 6,000명에 가까운 중간급 관리자들을 대상으로 한 조사에서 리더십 전형은 조직의 구조에 따라서 다양하다는 것을 밝혀냈다. 22개 유럽국가의 중간관리자 6,052명을 대상으로 한 또 다른 연구는 리더십 전형이 문화적인 것에 근거한다는 것을 밝혀내었다. 다른 말로 하면, 리더십 전형은 국가의 문화적 가치에 영향을 받는다는 것이다. 연구자들은 아직 글로벌 리더십 전형을 규명하지 못하였다.

리더십 전형(leadership prototype)
전형적으로 리더가 가지고 있다고 생각되는 특성과 행동

캐서린 제퍼츠(Katherine Jefferts)는 최근에 미국 감리 교회(American Episcopal Church)의 주교로 임명되었다. 그녀의 리더십 능력에 기여한 개인적 특성은 도전과 위험에 대한 욕구였다 – 그녀는 비행사 자격증이 있고, 숙련된 등반가이며, 해양학 분야에서 훌륭한 직장을 다닌 후 40세에 감독 사제직에 입문했다. 그녀는 또한 스페인어를 유창하게 한다. 그녀의 성별이 다른 이들에게 논란의 여지가 될 수 있지만, 제퍼츠 쇼리(Jefferts Shori)는 이를 "신성한 사회를 건설하기 위한" 수단으로 보고 있다.

그 다음의 두 메타분석들은 티모시 저지(Timothy Judge)와 그의 동료들에 의해 완성되었다. 첫 번째는 94개의 연구에서 빅(Big)5 성격특성 (이 특성의 복습을 위해 표 5-2를 보라)과 리더십의 출현, 그리고 그 효과의 관계를 고찰했다. 결과는 외향성이 가장 지속적이고 긍정적으로 리더십의 출현과 효과성 모두에 관련이 있는 것을 밝혔다. 성실성과 경험에 대한 개방성 역시 리더십 효과와 긍정적인 상관관계를 가졌다. 저지의 두 번째 메타분석은 151개 표본을 포함하며 리더십 효과와 지적능력이 적당하게 관련되어 있다는 것을 입증하였다. 저지는 리더를 뽑을 때 성격이 지적능력보다 더 중요하다고 결론지었다.

이 결론은 정서와 정치적인 지적능력을 고찰한 연구에 의해 지지되었다. 5단원에서 논의되었던 '정서적 지능'이 성숙하고 건설적인 방식으로 자신과 자신의 관계를 관리하는 능력이었던 것을 상기하라. 리더십이 영향력의 과정임을 고려하면, 정서적 지능이 리더십의 효과와 관련이 있다는 사실은 놀랄만한 일이 아니다. 정치적 지능은 최근에 제시된 리더십 특성이며 정서적 능력에서 파생되어 나타난다. 정치적으로 영리한 리더들은 영감을 주는 비전과 도덕적 목표를 부하들이 달성하도록 힘과 위협을 사용한다. 비록 이러한 리더들은 둔감하고, 같이 일하기 힘들며, 너무 많은 것을 요구할 수 있지만, 그들은 침체되고 변화에 저항적인 상황에 직면했을 때 효과적인 경향이 있다. 애플의 CEO인 스티브 잡스(Steve Jobs)를 묘사한 다음 글을 고려해보자:

"왜냐하면 나는 우두머리야. 그게 이유야!!"

> 잡스는 업계에서 가장 논쟁을 좋아하는 인물이다. 그는 그의 의견을 대중에 말할 때 애플의 경쟁사들을 조롱함으로써 독보적인 우월함을 뽐낸다... 어떠한 CEO도 그것이 좋든 나쁘든 자신의 규칙을 만들 때 이보다 고집이 세거나 뻔뻔하지 않다. 그리고 개인적으로 사업에서 하루하루의 일과를 확인하거나 통제하는 CEO는 없다... 그는 스스로 아이팟(iPod)의 유저 인터페이스부터 시작해서 애플의 휘황찬란한 소매 상점에서 사용된 유리 계단을 지원하는 시스템까지 애플사의 103개의 특허들에 대해 "공동 발명자"라고 말했다...
>
> 잡스의 개인적 남용 역시 전설적이다: 그는 자신의 벤츠 승용차를 장애인 전용 공간에 주차하고, 주기적으로 하청 업체들을 줄이며, 홧김에 직원들을 해고하기도 한다. 하지만 그의 바로 밑에 있는 고위 간부들은 몇 년간 그를 위해 일했고, 비록 몇몇은 그가 잔혹하고 스스로 신용을 깎아내린다고 말했지만, 그는 유래없는 최고의 업적을 이루어내고 있다...
>
> 스탠포드의 경영과학 교수인 로버트 서튼(Robert Sutton)이 말하기를 "실리콘 밸리에 있는 직원들이 잡스를 두려워하는 정도는 믿을 수 없을 정도다... 그는 직원들이 끔찍해할 정도로 느끼게 만든다; 그는 직원들을 울게 만든다. 하지만 그는 거의 항상 옳았고, 비록 그가 틀렸더라도 그것은 매우 창의적인 것이었고 여전히 놀라움의 대상이었다."

정치적으로 지적인 리더들은 조직의 목표를 달성하기 위한 협박/위협과 그들 자신의 기분을 좋게 하기 위해 굴욕을 주고 약자를 괴롭히는 것 사이를 줄타기 하는 것처럼 보인다. 앞으로의 연구는 정치적 능력을 가진 리더들의 장기적인 효과성을 검증하는 것이 필요하다.

특성이론과 관련된 또 다른 질문은 특성의 강도가 높은 것이 필연적으로 더 좋은 것인지 여부이다. MBA 학생들의 연구에 의하면, 적절한 수준의 결단력/소신을 가진 자들이 긍정적인 관계 형성과 목표 달성 측면에서 보았을 때 가장 효과적인 지도자로 보인다고 했다. 결단력/소신에서 매우 높거나 낮은 점수를 획득한 사람들은 덜 효과적인 지도자로 평가됐다. 그러므로, 어떤 특성이 리더십과 연관되어 있는지 뿐만 아니라 그 특성들의 강약 수준이 리더십 효과에 기여하는 정도에 대해서도 고려할 필요가 있다.

성별과 리더십 여성 노동인구의 증가는 여성과 남성 리더들의 공통점과 차이점을 이해하는 데 훨씬 많은 관심을 발생시켰다. 세 부분의 메타분석과 여러 국적의 컨설턴트에 의해 수행된 일련의 연구들은 다음과 같은 차이점을 밝혔다. (1)상대적으로 남성은 업무에, 여성은 사교에 더 집중하는 리더십을 보였다. (2)여성은 남성보다 민주적이거나 참여적인 스타일을 사용하고, 남성은 여성보다 더 독재적이고 지배적인 스타일을 사용한다. (3)남성과 여성은 똑같이 소신/결단력이 있다. 그리고 (4)동료, 관리자, 직속부하에 의해 평가될 때, 여성 경영진이 다양한 기준에서 남성 경쟁자보다 높은 점수를 기록하였다.

조별 활동

리드하는데 있어서 당신의 동기는 무엇인가?

자기 평가 연습

리더가 되려면 가지고 있어야 하는 것을 당신은 가지고 있는가?

특성이론의 교훈은 무엇인가? 우리는 더 이상 리더십 특성의 영향을 무시해선 안된다. 특성은 우리가 리더들을 인식하는데 있어서 중요한 역할을 하고, 궁극적으로 리더십 효과에 영향을 미친다. 특성에 관한 이전 연구에서 우리가 배울 수 있는 것은 무엇인가? 과거의 연구를 종합해보면, (표 14-1)에서 긍정적 특성의 목록을 확인할 수 있다. 이 목록은 당신이 리더십 역할을 맡고자 할 때 갖추어야 할 리더십 특성에 관한 지침서이다. 5단원에서 논의 되었던 성격 테스트와 다른 특성 평가들은 이러한 특성에 관해 당신의 강점과 약점을 파악하기 위해 사용될 수 있다. 그 다음 결과는 개인의 발달 계획을 준비하는데 쓰일 수 있다.

특성이론은 두 가지로 조직에 응용할 수 있다. 첫째로, 조직은 선발과 승진과정에 성격과 특성 평가를 포함하기를 원할지도 모른다. 이때 리더십 특성의 유효한 측정도구를 가지고 행해져야 한다는 것에 주의해야 한다. 둘째로, 경영개발 프로그램은 직원들의 리더십 특성을 끌어올리는데 사용될 수 있다. 예를 들어 하스브로(Hasbro)사는 선정된 경영자 그룹을 360도 평가, 특성평가, 경영자 코칭, 훈련, 실제 프로젝트에서의 문제해결 과제들로 이루어진 프로그램에 참여시켰다. 하스브로는 자신의 리더십 개발 프로그램의 결과에 매우 흥분하고 기뻐하였다.

행동유형이론

이번 단계의 리더십 연구는 제 2차 세계대전 동안 더 나은 군대의 리더를 양성하기 위한 노력의 일원으로 시작되었다. 이는 두 사건으로부터의 결과물이었다. 호손(Hawthorne) 연구의 부산물인 인간관계 행동과, 리더십의 효과를 설명하기 위한 특성이론의 표면적 무능력이 그것이었다. 초기 행동적 리더십 이론의 요점은 성격 특성 대신 리더의 행동에 더 초점이 맞춰져 있었다. 리더의 행동이 업무 집단의 효과성에 직접적으로 영향을 준다고 믿었다. 이것은 리더들

표 14-1
중요한 긍정적인 리더십 특성들

긍정적인 특성	
지적 능력	사교성
자신감	정서적 지능
결단력	외향성
정직성/통합성	성실함

이 다른 사람들에게 효과적으로 영향을 미치는 것을 가능하게 하는 행동의 패턴(리더십 스타일로 명명된)을 규명하도록 연구자들을 이끌었다.

오하이오 주 연구 오하이오 주립 대학의 연구자들은 리더들에 의해 나타난 행동의 리스트를 만들기 시작하였다. 궁극적으로, 오하이오 주의 연구자들은 리더 행동에 오직 두 가지 독립적인 차원이 있다고 결론 내렸다: 배려성과 구조주도성. **배려성(consideration)**은 리더의 행동이 창의적인 상호 존중이나 신뢰와 관련이 있고 집단 구성원들의 필요와 욕구에 관심이 쏠려 있다는 것을 수반한다. **구조주도성(initiating structure)**은 성과를 극대화하기 위해 그룹 구성원들이 무엇을 해야 하는지를 조직화하고 정의내리는 리더 행동이다. 이러한 리더 행동의 두 차원은 리더십의 4가지 행동적 스타일을 산출하는데 초점이 맞춰진다. 낮은 구조주도성–높은 배려성, 높은 구조주도성–높은 배려성, 낮은 구조주도성–낮은 배려성, 그리고 높은 구조주도성–낮은 배려성.

배려성(consideration)
부하들과 상호 존경과 신뢰를 창조하는 것

구조주도성(initiating structure)
집단 구성원들이 무엇을 해야하는지 조직화하고 규명하는 것

처음에는 높은 구조주도성과 높은 배려성 유형이 최상의 리더십의 스타일이 될 것이라고 가정하였다. 몇 년 동안, 고(高)–고(高) 유형의 효과성은 여러 번 시험을 받아왔다. 결과는 복합적으로 나타났고 최근까지 이러한 리더 행동에 관한 연구는 많이 이루어지지 않았다. 2004년 130개 연구의 메타분석과 20,000명이 넘는 사람들로부터 얻은 결과는 배려성과 구조 주도성이 리더십 성과와 강력하고 중요한 관계가 있다는 것을 입증하였다. 비록 부하들이 사려깊은 리더를 선호하지만 구조주도적인 리더를 위해 더 효과적으로 업무를 수행한다는 것으로 나타났다. 이미 언급했지만, 연구 결과는 리더십에서 최고의 스타일이 있다는 생각을 지지하지 않는다. 그러나 사려깊고 구조주도적인 리더 행동의 중요성을 확실히 확인하였다. 부하직원의 만족감, 동기, 성과는 이러한 리더 행동 유형과 상당히 연관을 갖는다. 미래의 연구는 그것들을 현대의 리더십 이론들과 통합할 필요가 있다.

미시간 대학의 연구 오하이오 주 연구에서와 같이, 이 연구는 효과적이고 비효과적인 리더들 사이의 행동적 차이점을 규명하는 것을 추구하였다. 연구자들은 리더십의 두 가지 다른 스타일을 규명하였다: 하나는 직원 중심이었고 다른 하나는 업무 중심이었다. 이러한 행동 유형은 오하이오 주 그룹에 의해 확인된 배려와 구조주도성 스타일과 아주 유사하다.

행동유형이론의 교훈은 무엇인가? 무엇인가 학습된 리더의 행동

기술과 모범사례

리더십 효과를 향상시키기 위한 피터 드러커(Peter Drucker)의 조언

1. 해야할 일을 결정하라.
2. 기업과 조직의 전체 복지를 위해 옳은 일을 결정하라.
3. 바라는 결과, 있음직한 제재, 미래 수정, 체크인 포인트, 어떻게 시간을 보내야 하는지를 구체적으로 암시하는 행동 계획을 개발하라.
4. 결정에 책임을 져라.
5. 활동 계획에 관한 의사소통에 책임을 지고 사람들에게 그들이 업무수행에 필요한 정보를 주어라.
6. 문제보다 기회에 초점을 맞추어라. 문제를 감추지 말고 변화를 위협보다 기회로 다루어라.
7. 생산적인 회의를 운영하라. 다른 유형의 회의들은 다른 형식의 준비와 다른 결과를 요구한다. 그에 맞게 적절히 준비하라.
8. "나" 대신 "우리"라고 생각하고 말하라. 너의 기회와 필요를 생각하기 전에 조직의 기회와 필요를 고려하라.
9. 먼저 듣고, 마지막에 말해라.

출처: Reprinted by permission of *Harvard Business Review*. These recommendations were derived from P F Drucker, "What makes an Effective Executive," *Harvard Business Review*, June 2004, pp 58–63.

을 강조함으로써, 행동유형접근은 리더들이 태어나는 것이 아니고 만들어진다는 사실을 분명하게 한다. 행동 수정과 역할 모형에 훈련 등을 고려해볼 때 리더 행동들은 체계적으로 향상되고 개발될 수 있다.

행동유형연구는 또한 최상의 리더십 스타일은 없다는 것을 밝혀냈다. 특정한 리더십 유형의 효과성은 현재의 상황에 달린 것이다. 예를 들어, 직원들은 역할 모호성에 직면할 때 배려형 리더보다 구조주도형 리더를 선호한다. 또한 연구는 관리자가 다양한 리더 행동을 얼마나 자주 보이는 가와 얼마나 효과적으로 보이는 가의 차이를 고려하는 것이 중요하다는 사실을 밝혀냈다. 예를 들어, 경영자는 비효과적으로 많은 사려깊은 리더 행동들을 보일 수 있다. 그러한 스타일은 직원들을 좌절시키기 쉽고, 업무 만족도와 업무 성과를 떨어뜨리는 결과를 가져온다. 왜냐하면 리더십 행동의 빈도는 효과성에서 덜 중요하기 때문에, 경영자들은 리더 행동을 효과적으로 수행하도록 장려된다. 마지막으로 유명한 경영 전문가이자 컨설턴트인 피터 드러커(Peter Drucker)는 경영자들이 리더십 효과를 향상시키는데 필요한 9가지 행동집합(〈기술과 모범사례〉을 보라)을 추천하였다. 첫 번째 두 항목은 리더들이 필요한 지식을 제공한다. 그 다음 네 항목은 리더들의 지식을 효과적인 행동으로 전환하고, 나머지 두 항목은 전체 조직이 책임감과 중책을 확실히 맡게 만든다. 드러커는 경영자의 역할로 마지막 항목을 강조했다.

상황이론

상황이론(situational theory)
리더 스타일이 현재 상황과 맞아야 한다고 제안함

상황적 리더십 이론들은 리더십 특성과 리더십 유형의 서로 다른 결과들을 설명하려는 시도로부터 나왔다. **상황이론(situational theory)**은 특정한 리더 행동 유형은 상황에 따라 달라질 수 있다고 본다. 상황이 변하면, 적합한 다른 행동 유형이 있다는 것이다. 이는 리더십에 유일한 스타일이 있다는 사고와 정반대의 개념이다. 유일한 리더십 스타일의 개념을 거부하는 세 가지 대안의 상황이론을 면밀히 검증해보자.

2 학습목표
피들러의 상황모형에 근거하여, 리더십 유형이 어떻게 상황적 통제와 상호작용하는지 설명하라.

피들러의 상황모형

조직행동 학자인 프레드 피들러(Fred Fiedler)는 리더십의 상황모형을 개발하였다. 이것은 가장 오래되고 가장 널리 알려진 리더십 모형 중 하나이다. 피들러의 모형은 다음의 가정에 근거한다.

> 리더의 성과는 두 가지 상호관련 요인에 달려있다. (1)리더에게 통제와 영향을 주는 상황의 정도–즉 리더가 성공적으로 업무를 달성할 수 있는 가능성, (2)리더의 기본적 동기부여– 즉 리더의 자아존중감이 주로 과업을 달성하는데 달려있는지, 다른 이들과 밀접한 지원관계를 갖는 지이다.

리더의 기본적인 동기부여와 관련하여, 피들러는 리더가 일 또는 관계에 동기 부여된다고 믿었다. 이러한 기본 동기부여들은 생산을 위한 구조/관심, 사람을 위한 배려/관심을 형성하는 것과 유사하다.

또한 피들러의 이론은 변화에 저항하는 하나의 지배적인 리더십을 가지고 있다고 전제한다. 그는 리더십 스타일과 직면한 상황의 통제 사이의 "균형을 맞추기" 위해 리더들이 리더십 상황을 조작하고 영향력을 행사하는 법을 배워야한다고 제안한다. 상황적 통제와 리더십의 균형을 맞추는 과정의 구성요소를 논의한 후, 우리는 실제적으로 관련 연구와 경영상의 의미들을 재검토한다.

상황적 통제 상황적 통제는 리더가 당면한 업무환경에서 가지는 통제와 영향력의 크기라고 할 수 있다. 상황적 통제는 높고 낮음의 범위를 갖는다. 높은 통제는 리더의 결정이 예측 가능한 결과를 생산할 것임을 의미한다. 왜냐하면 그 리더는 작업 결과에 영향을 미칠 수 있기 때문이다. 한편 낮은 통제는 리더의 작은 영향력 때문에 리더의 결정이 업무결과에 영향을 주지 않음을 의미한다. 상황적 통제에는 세 가지 관점이 있다: 리더-구성원 관계, 과업구조, 직위권력. 이러한 관점들은 각기 다르며 상황적 통제 이론의 8가지 조합을 형성한다(그림 14-1을 보라).

상황적 통제의 세 가지 관점은 다음과 같이 정의된다.

- **리더-구성원 관계**는 리더가 작업집단으로부터 지지, 충성, 신뢰를 받는 것을 의미한다.
- **과업 구조**는 작업집단에 의해 수행되는 과업을 포함하는 구조와 관련된다.
- **직위 권력**은 리더가 보상, 처벌, 혹은 구성원의 순응을 얻기 위해 가지는 공식적인 권력의 정도를 나타낸다.

리더십 동기부여와 상황 통제의 결합 완성된 피들러의 상황모형은 그림 14-1에 나타나 있다. 상황통제 열의 마지막 행은 8가지의 리더십 상황을 보여준다. 각각의 상황은 리더-구성원 관계, 과업구조, 그리고 직위 권력의 독특한 조합을 나타낸다. 상황 Ⅰ, Ⅱ, Ⅲ은 높은 통제 상황을 나타낸다. 그림 14-1은 높은 통제의 상황에서 과업 지향적인 리더가 가장 효과적임을 보여준다. 중간 통제의 상황(상황 Ⅳ, Ⅴ, Ⅵ, Ⅶ)에서는 관계 지향적인 리더가 더욱 효과적인 것으로 기대된다. 마지막으로, 매우 낮은 통제의 조건 아래에서는 과업 지향적인 리더가 더욱 효과적인 것으로 예상되었다(상황 Ⅷ).

연구와 경영상의 의미 연구는 상황모형이 이론적 개선이 필요하다는 것을 제안함과 동시에 피들러 모형에 복합적인 지지를 제공하였다. 피들러 모형의 주요 공헌은 후속 연구자가 리더십의 상황성을 검토하도록 촉진시킨 것이다. 이 연구는 결국 유일한 최적의 리더십 스타일은 없다는 주장을 강화시킨다. 리더는 직면한 상황과 업무에 따라 달라질 필요가 있다. 또한, 직원들

그림 14-1

피들러의 상황모형의 표현

상황적 통제	높은 통제 상황			중간 통제 상황				낮은 통제 상황
리더-구성원 관계	좋음	좋음	좋음	좋음	나쁨	나쁨	나쁨	나쁨
과업 구조	높음	높음	높음	낮음	높음	높음	낮음	낮음
지위 권력	강함	약함	강함	약함	강함	약함	강함	약함
상황	I	II	III	IV	V	VI	VII	VIII
최적의 리더십스타일	과업지향 리더십			관계지향 리더십				과업지향 리더십

출처: Adapted from F E Fiedler, "Situational Control and a Dynamic Theory of Leadership," in Managerial Control and Organizational Democracy, eds B King, S Streufert, and F E Fiedler(New York: John Wiley & Sons, 1978), p114.

에게 리더십 역할을 교육시키는 기업은 리더십이 단순히 다른 사람들을 고무시키거나 일을 밀어붙이는 것 이상의 문제임을 명심해야 한다. 사실, 많은 리더십 개발 프로그램들은 조직의 성공한 사람들을 대상으로 하기 때문에 어떤 사람들은 프로그램 참여 이후에도 어려운 목표를 달성하기 위해 강하게 압박하기만 하고 팀워크를 조성한다거나 다른 사람들의 아이디어를 잘 듣지 않는다. 교육훈련과 그에 따른 보상은 개인들이 업무 지향적이고 관계지향적인 행동을 조합하여 사용하는데 익숙해지도록 고무시킬 수 있다.

당신의 지식을 시험하라

피들러(F. Fiedler)의 리더십 상황모형

경로-목표 이론

3 학습목표

하우스의 수정된 경로-목표 이론과 허시와 블랜차드의 상황적 리더십 이론에 대해 논의하라.

경로-목표이론은 1970년대에 하우스(R. House)에 의해 최초로 제안되었다. 그는 네 가지 리더십 스타일(지시적, 지원적, 참여적, 성취지향적)과 다양한 상황요인들 사이의 상호작용이 리더십 효과에 어떻게 영향을 미치는지 묘사하는 모형을 개발하였다. **상황요인(contingency factors)**은 효과적인 특정 리더십 스타일을 야기하는 상황변수이다. 경로-목표 이론의 상황변수는 두 가지로 나뉜다. 종업원의 특성과 작업환경 특성이다. 다섯가지 종업원 특성은 통제위치, 과업능력, 성취욕구, 경험, 분명함에 대한 요구이다. 두 가지 환경 요인은 과업구조(독립적 혹은 상호의존적 과업들)와 업무집단 역학이다. 이러한 상황적 요인들이 리더십 효과성에 어떤 영향을 끼치는지 좀 더 이해하기 위해, 통제위치(5단원을 보라), 과업능력, 경험, 과업구조를 살펴보자.

상황요인(contingency factors)

리더십 스타일의 적합성에 영향을 주는 변수들

내부적 통제위치를 가지고 있는 직원들은 그들이 업무환경 그 이상을 통제 한다고 믿기 때문에 참여적이거나 성취지향적인 리더십을 더 선호한다. 그러한 사람들은 자신의 활동을 넘어 추가적인 통제를 행사하는 지시적인 리더의 행동에 만족하지 않는다. 이와 대조적으로, 외부에 통제중심이 있는 직원들은 환경을 통제가 불가능한 것으로 여기며, 지원적이고 지시적 리더십에 의해 제공되는 구조를 더 선호한다. 높은 과업능력과 경험을 가진 직원은 추가적인 지시를 필요로 하는 경향이 덜하기 때문에 지시적인 리더십에 부정적으로 반응한다. 이런 사람은 참여적이고 성취 지향적인 리더십에 의해 더욱 동기 부여되고 만족을 느낀다. 반대로, 경험이 부족한 직원들은 새로운 업무를 배우는 것과 관련하여 도전에 직면 했을 때 성취 지향적인 리더십에 대응하기 힘들다고 생각한다. 지원적이고 지시적인 리더십은 이러한 상황에서 도움이 될 수 있다. 마지막으로 지시적이고 지원적인 리더십은 직원들이 역할의 모호성을 경험하는 것을 도와주어야 한다. 그러나 지시적인 리더십은 직원들이 일상적이고 간단한 과업을 처리하는 직원들을 좌절시키기 쉽다. 지원적인 리더십은 다음과 같은 상황에서 가장 유용하다. 다음의 사례에서 회사의 사장이 어떤 상황 요인을 응용하는데 실패했다고 보는가?

클리블랜드에 있는 작은 제조 회사의 사장이 마케팅 이사에게 자신이 한주간 아프리카로 사파리를 떠나기 때문에 연락이 닿지 않을 것이라고 말했다. 하지만 주중에 이사는 그가 특정 업무를 완료했는지, 그리고 다음으로 어떤 업무를 진행해야 할지를 요구하는 음성 메일을 받았다.

"그는 내가 무슨 일을 해야 할지를 알고 있다는 것을 믿지 못하는 것 같았다," 마케팅 이사는 말했다. "그가 휴가에서 돌아왔을 때... 그는 나에게 휴가를 떠나기 전에 음성 메일을 제작해 놓았었다고 털어놓았다."

사사건건 간섭하는 방식에 신물이 나면, 관리자는 그 즉시 떠나버린다.

하우스의 초기 모형으로부터 나온 다양한 예측을 테스트 한 연구가 대략 50개 정도 있다. 결과는 그 이론을 지지하거나, 지지하지 않는 연구와 혼합되어 왔다. 그리하여 하우스는 1996년에 이러한 결과와 조직행동론에 관한 새로운 지식의 축적물에 기초한 새로운 버전의 경로-목표이론을 제안했다.

수정된 이론 수정된 이론은 그림 14-2에 나타나있다. 새로운 이론에는 3가지 중요한 변화가 있다. 첫 번째, 하우스는 이제 리더십이 더욱 복잡해졌으며, 훨씬 다양한 리더행동을 포함하고 있다고 본다. 그래서 그는 리더십 스타일 혹은 행동의 8가지 카테고리(표 14-2를 보라)를 규명하였다. 리더행동목록의 확장에 대한 필요성은 비즈니스 리더들에 관한 최근의 연구조사에 의해 지지되었다. 테일러메이드-아디다스 골프(Taylor Made-Adidas Golf)의 기술 담당 이사인 베누아 빈센트(Benoit Vincent)가 자신의 리더십 행동 목록을 확장함으로써 어떻게 그의 리더십을 개선했는지 고려해보자.

순수 엔지니어로의 수십년 경력, 빈센트의 교육, 환경, 그리고 기술적 능력은 그가 효과적으로 관리해야 하는 100명이 넘는 엔지니어와 다른 직원들에게 존경을 받기에 충분했다. 하지만 이사진 회의에서 빈센트는 엔지니어 배경 지식이 없는 그의 동료 경영자들을 내버려두고 정교하고 구체적인 기술적 정

그림 14-2

하우스의 수정된 경로-목표 이론의 일반적인 표현

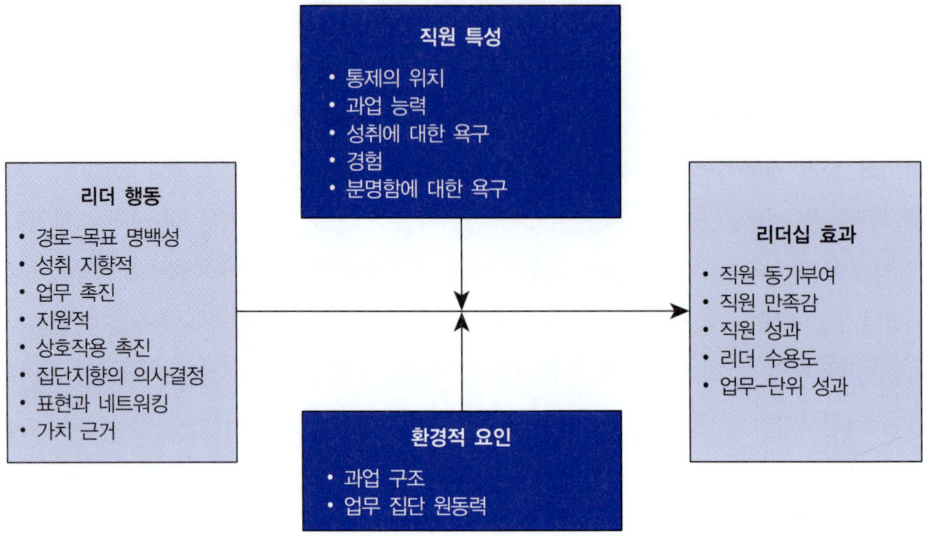

보를 훌쩍 건너뛰어서 모두를 당황스럽게 만들었다. 그의 부서에서 이직은 흔한 일이었다... 만약 직원들이 업무를 완수하면 그는 "보상에 대한 나의 아이디어는 그들이 퇴사하지 않고 계속 일을 할 수 있도록 하는 것이다."고 말했다.

오늘날 빈센트가 TMaG에서 한 행동을 목격한다면, 당신은 그의 더 나은 반쪽이 그의 나쁜 반쪽과 은밀하게 자리를 바꾸었다고 의심할지도 모른다... 현재 그는 사적인 문제나 어려움과 관련해서 처음으로 찾아오는 직원들의 이야기를 경청한다. 그래야 그들은 편안함을 느끼고 누군가가 들어준다는

표 14-2

수정된 경로-목표이론 속의 리더행동 범주

리더행동의 범주	리더행동의 묘사
경로-목표 분명한 행동	직원들의 성과목표를 분명히 하는 것; 어떻게 직원들이 과업을 완성할 수 있는지 지침서를 제공하는 것; 성과기준과 기대를 분명히 하는 것; 성과에 따른 긍정적이고 부정적인 보상의 사용
성취 지향적 행동	도전적인 목표를 설정; 우수성을 강조; 직원의 능력에서 자신감을 입증
업무 촉진 행동	계획, 스케쥴링, 조직화, 협동작업; 직원들의 능력을 개발하기 위해 보조하는 멘토링, 코칭, 상담, 피드백 ;장애물의 제거; 자원제공; 활동과 의사결정을 위한 직원들로의 권한위임
지원적 행동	행복함에 대한 관심과 직원의 욕구를 보임; 친근하고 접근 가능하게 함; 직원들을 동등하게 대우
상호작용 촉진 행동	논쟁 해결; 의사소통 촉진; 소수의 의견공유를 북돋움; 협동과 팀워크를 강조함 ;직원들 사이에서 밀접한 관계를 고무함
그룹 지향적 의사결정 행동	업무집단에게 해결보다 문제 수립; 그룹구성원이 의사결정에 참여하도록 고무; 분석을 위해 그룹에게 필요한 정보를 제공; 의사결정시 유식한 직원들을 포함
표현과 네트워킹 행동	다른 이들에게 긍정적인 면을 보일 수 있도록 업무집단을 표현함; 영향력 있는 다른 이들과 긍정적인 관계를 유지; 조직적 사회적 기능과 행사에 참여; 다른 이에게 무제한의 호의 베품
가치-근거 행동	비전을 수립하고, 이를 위한 열정을 나타냄, 그리고 이것의 성취를 지원함; 자신감을 입증함; 그들의 목표 달성을 위한 능력에서 높은 성과기대와 자신감을 의사소통함; 긍정적인 피드백을 자주 제공

출처: Description were adapted from R J House, "Path-Goal Theory of Leadership: Lessons, Legacy, and a Reformulated Theory," *Leadership Quarterly*, 1996, pp 323-52

기분이 들기 때문이다.

지도의 결과로 빈센트는 경로-목표의 명확한 행동과 직무촉진행동을 수반하는 성취지향적 행동(그가 무엇을 배웠는지에 근거하여, 그는 현재 다른 사람들을 지도한다), 지원적 행동, 상호작용 촉진행동의 사용을 늘리는 방법을 배웠다.

두 번째 중요한 변화는 내적동기(6단원에서 논의되었던)의 역할과 리더십 효과성에 영향을 주는 권한위임(13단원에서 논의되었던)이다. 하우스는 권한위임을 통해 내적동기를 촉진하도록 하는 리더의 필요성을 더욱 강조하였다. 공유된 리더십은 수정된 이론에서 변화를 나타낸다. 즉, 경로-목표이론은 직원들이 리더의 행동에 동조하기 위해 감독자나 관리자가 되어야 할 필요가 없다는 가정을 근거로 한다. 그보다, 하우스는 리더십이 조직의 모든 직원들 사이에서 공유되는 것이라고 믿는다. 이 단원의 마지막 부분에서 공유된 리더십을 좀 더 자세히 이야기할 것이다.

제이피 모건 체이스(J P Morgan Chase)의 CEO인 제이미 다이몬(Jamie Dimon)의 리더십 스타일은 몇몇으로부터 감탄을 받는데 성공하지만 공격과 무례함을 포함할 수 있다.

연구와 경영상의 의미 전체의 결론을 도출하기 위한 적합한 연구방법과 통계적 절차를 사용한 하우스의 수정된 경로-목표이론은 아직 충분히 검증되지 못했다. 향후의 연구는 이 모형의 정확성을 명확히 평가할 필요가 있다. 수정된 경로-목표이론에는 여전히 두 가지 중요한 경영상의 의미가 있다. 첫째, 효과적인 리더는 한 가지 이상의 리더십 스타일을 소유하고 사용한다. 경영자는 경로-목표이론의 다양한 리더십 행동과 친숙해지고, 상황에 따라 새로운 행동을 시도하려고 한다. 둘째, 종업원특성들의 작은 집합체(예: 능력, 경험, 자립욕구 필요)와 환경적 요인들(과업의 자율성, 다양성, 중요성)은 상황요인(contingency factors)과 관련이 있다. 경영자는 이런 다양한 종업원특성과 업무특성에 적합하도록 그들의 리더십 스타일을 수정해 나갈 것이 요구된다.

당신의 지식을 시험하라
경로-목표 이론

허시와 블랜차드의 상황적 리더십이론

상황적 리더십이론은 경영 분야의 저술가 폴 허시(Paul Hersey)와 키네스 블랜차드(Kenneth Blanchard)에 의해 개발되었다. 이 이론에 따르면, 효과적인 리더행동은 부하들의 성숙도 수준에 달려있다. **성숙도(readiness)**는 부하가 과업을 완수하기 위해

성숙도(readiness)
과업을 완성하려는 부하들의 능력과 의지

가지는 능력과 의지로 정의된다. 의지는 자신감, 몰입, 동기부여의 조합이다.

상황적 리더십모형은 그림 14-3에 요약되어 있다. 적합한 리더십 스타일은 높고 낮음에 따라 달라지는 부하의 성숙도와 넷 중 한 가지의 리더십 스타일이 상호 조합됨으로써 발견된다. 4가지 리더십 스타일은 과업과 관계지향인 리더행동의 조합으로 나타난다(S1에서 S4). 리더들은 낮은 성숙도를 가진 부하들에게 "지시적 스타일"을 사용하도록 고무된다. 이 스타일은 지침을 제공하는 것과 같은 높은 과업지향적 리더 행동과 밀착된 감독과 같은 낮은 관계지향적 행동을 결합한다(그림 14-3을 보라). 부하의 성숙도가 높아질수록, 리더들은 지시적 스타일로부터 점진적으로 지도적 스타일, 참여적 스타일, 궁극적으로 위임적 스타일로 이동하게 된다.

비록 상황적 리더십 모형이 훈련 도구로써 널리 사용되고 있지만, 과학적 연구에 의해 강력히 지지받지는 못한다. 결과적으로 연구자들은 리더십 스타일과 부하 성숙도를 측정하기 위해 사용된 자기평가 도구가 부정확하며, 조심스럽게 사용되어야 한다고 결론지었다. 요약하면, 경영자는 상황적 리더십모형으로부터 처방을 사용할 때 신중해야 한다.

그림 14-3
상황적 리더십모형

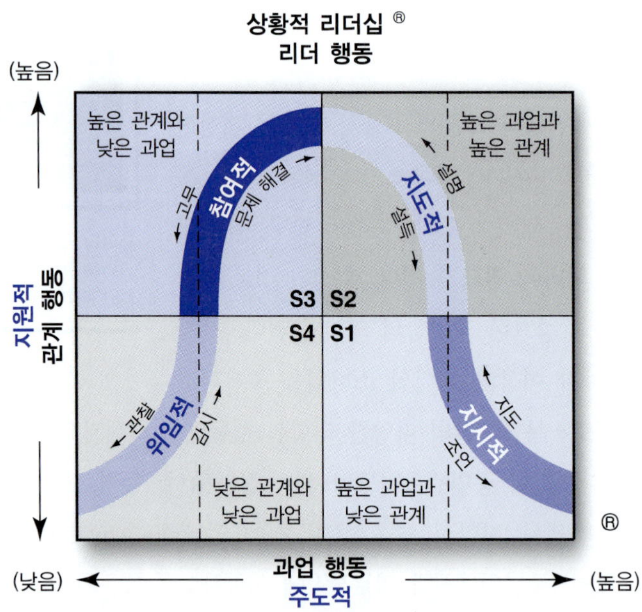

(높음) ← 부하 성숙도 → (낮음)

할수 있고 의지가 있고 자신감이 있음	할수 있으나 의지가 없거나 불안함	할수 없으나 의지가 있거나 자신감이 있음	할수 없고 의지가 없거나 불안함
R4	R3	R2	R1

부하 주도 / 리더 주도

출처: Paul Hersey, *The Management of Organizational Behavior: Utilizing Human Resources*, Center for Leadership Studies, Escondido, CA, 1984. Reprinted with permission. Situational Leadership® is registered trademark of the Center for Leadership Studies, Inc.

리더십의 전방위 모형: 자유방임형에서 변혁적 리더십까지

가장 최근 리더십 접근법 중 하나는 리더십의 전범위(full-range) 모형이다. 이 이론의 저자인 버나드 배스(Bernad Bass)와 브루스 아볼리오(Bruce Avolio)는 자유방임형 리더십(예: 리더의 일반적인 실패)에서 거래적 리더십, 변혁적 리더십까지 다양한 리더십 행동들을 제안하였다. 물론, 자유방임형 리더십은 어떤 경영자에게든 끔찍한 방식이고 지양 해야만 한다. 반면에 거래적 그리고 변혁적 리더십은 직원 태도의 다양성과 행동에 긍정적인 영향을 미치며, 좋은 리더가 되는 서로 다른 측면을 나타낸다. 이러한 리더십의 중요한 두 가지 차원을 고려해 보자.

학습목표 4
거래적 리더십과 변혁적 리더십의 차이를 설명하고, 변혁적 리더십이 어떻게 부하 직원과 작업 집단에 변화를 주는지 논의하라.

거래적 리더십(transactional leadership)
직원의 역할을 분명히 하고 성과에 따른 포상을 제공하는데 초점을 둠

거래적 리더십(transactional leadership)은 직원의 역할과 과업 내용을 명확히 하고 부하들에게 성과에 따른 긍정적이고 부정적인 보상을 제공하는데 초점을 둔다. 나아가, 거래적 리더십은 목표설정의 근본적인 경영 활동들을 포함하고, 목표성취를 향한 과정을 감시하며, 사람들의 목표달성 수준에 맞게 보상과 처벌을 한다. 당신은 거래적 리더십이 직원의 생산성을 높이기 위한 외부적 동기부여(6단원의 우리의 논의를 회상하라) 사용에 근거한다는 이 설명을 이해할 수 있을 것이다. 후지 화재해상보험(Fuji Fire & Marine Insurance)의 최고경영자인 비잔 코스로샤이(Bijan Khosrowshahi)가 느리게 움직이던 회사의 성장 속도를 높이기 위해 어떻게 거래적 리더십을 활용했는지 알아보자.

> 그는 보고체계를 바꿔서 더욱 많은 관리자들이 직접 그에게 보고할 수 있도록 했다. 그리고 그는 관습처럼 되어 있던, 회의에서 참여자들이 보고서를 책 읽듯이 읽는 것을 금지했다...
>
> 재능을 평가하기 위해, 그는 재보험제도에서부터 도요다(Toyota)와 함께 일할 수 있는 기회까지 다양한 문제들에 대해 논하면서 그들의 직무의 세부사항에 대해 40명의 상급 관리자들을 닥달했다...
>
> 코스로샤이(Khosrowshahi)는 관리자들에게 문제와 더불어 대안을 찾아낼 것을 촉구하고, 종업원들이 더욱 진취적으로 행동하도록 독려했다. 일찍이 그는 지원자들에게 신상품 아이디어를 개발해 달라고 요청했다...

후지 화재해상보험의 CEO인 비쟌 코스로샤히는 그의 부하들을 이끌기 위해 거래적 리더십과 변혁적 리더십 두 가지를 모두 사용했다. 그의 리더십은 기업에서 재무성과의 증가로 인해 증명되었다. 당신은 코스로샤히를 위해 일하고 싶은가? 왜인가?

> 야수노부 아오키(Yasunobu Aoki)의 팀은 새로운 자동차 보험 증권을 개발해 줄 것을 요청 받았다... 아오키가 계획을 후지 위원회에 설명했을 때, 그는 그들의 거친 질문들에 난항을 겪어야 했다.
> "내가 이것이 게임이 아니었다는 것을 깨달은 것은 바로 그 때였다," 라고 아오키는 말했다.

변혁적 리더십(transformational leadership)
종업원 자신의 흥미를 넘어 조직의 목표를 추구할 수 있도록 종업원들을 변화시킨다.

이와 대조적으로, **변혁적 리더(transformational leaders)**는 "리더와 종업원들이 업무집단의 일상적인 요구를 넘어서는 목표에 집중하고, 신뢰를 쌓고, 다른 사람들의 리더십을 개발하고, 자기 희생을 하며, 도덕적 대리인으로서 일한다." 변혁적 리더십은 거래적 리더십보다 높은 수준의 내적 동기부여, 신뢰, 몰입, 종업원의 충성도를 자극하기 때문에 변혁적 리더는 중요한 조직 변화를 이끌어낸다. 그러나 거래적 리더십이 효과적인 리더십을 위해 필수적인 전제가 된다는 것과, 최고의 리더는 거래적 리더십과 변혁적 리더십의 조합을 다양하게 사용할 줄 알아야 한다는 것에 우리는 주목할 필요가 있다. 이러한 생각을 지지하며, 연구는 변혁적 리더십이 거래적 리더십을 "증대시키"거나 함께 적용될 때 우수한 성과를 낸다는 것을 밝혀냈다. 후지사의 비잔 코스로샤히의 예로 돌아가서 그가 어떻게 변혁적 리더십을 통해 거래적 리더십을 증대시켰는지, 종업원들로 하여금 어떻게 새로운 방식으로 일하도록 고무시켰는지 알아보자.

> 코스로샤히는 직원들과 점심 식사를 함께 하고, 동경의 히토츠바시(Hitotsubashi) 대학교에서 훈련 프로그램을 개최하는 등 의욕에 넘쳐서 일했다. 지난 해 후지사의 수익 개선을 기념하기 위해, 그는 봉투에 각각의 직원들에게 감사장과 그의 캐리커처가 동봉된 1만엔, 약 95달러 정도를 지급했다.
> 아오키 팀의 멤버이자 사무 직원이었던 히로코 이케노(Hiroko Ikeno)는 몇몇 동료들이 그의 사진을 PC에 저장해놓을 정도로 코스로샤히가 매우 인기가 있다고 말했다.

코스로샤히의 리더십은 최초로 후지의 순보유보험료(수익과 동등한)가 몇 년 간 상승하도록 도와주었다. 이제 변혁적 리더십이 종업원에게 영향력을 주는 과정을 검토해보자.

변혁적 리더십이 어떻게 부하들을 바꾸는가?

변혁적 리더는 직원들의 목표, 가치, 욕구, 믿음, 포부에 변화를 만들며 그들을 변화시킨다. 그들은 직원들의 자아개념—즉, 그들의 가치와 개인적 정체성에 호소하며 변화를 이끌어낸다. 그림 14-4는 어떻게 리더가 변혁적 과정을 완성하는지에 대한 모형을 제시한다.

그림 14-4는 변혁적 리더행동이 처음에는 다양한 개인과 조직 특성에 의해 영향을 받는다는 것을 보여준다. 연구에 따르면 변혁적 리더가 그렇지 않은 리더보다 더 외향적이며, 상냥하고, 앞을 내다 볼 줄 아는 성격을 가지기 쉽다는 것을 밝혔다. 또한 조직문화는 리더의 변혁성 정도에 영향을 준다. 경직되고 관료적인 문화보다 수용적이고 유연한 문화에서 변혁적 리더

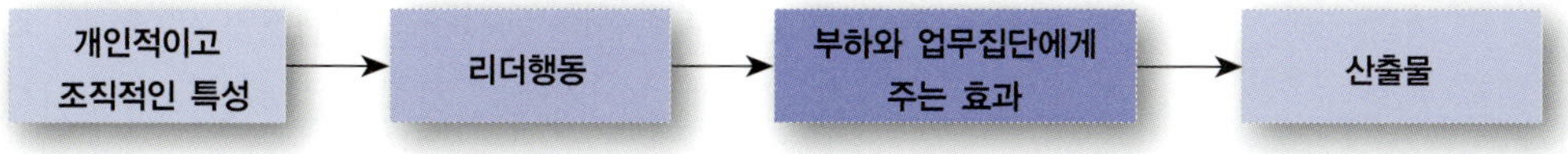

개인적이고 조직적인 특성	리더행동	부하와 업무집단에게 주는 효과	산출물
• 특성 • 조직 문화	• 영감을 주는 동기부여 • 이상적 영향 • 개별적 배려 • 지적인 자극	• 내부 동기부여, 성취지향적, 목표 추구의 증가 • 리더에 대한 신뢰와 정체성 증가 • 업무집단의 응집력과 정체성 증가 • 목표 성취에 있어 자아존중감, 자기효능감, 내부적 관심의 증가 • 변혁적 리더십의 역할 본보기 증가	• 리더와 비전에 개인적 몰입 • 자기 희생적 행동 • 조직적 몰입 • 의미있는 과업과 만족감 • 개인의, 집단의, 조직의 성과 증가

그림 14-4
변혁적 리더십 모형

출처: Based in part on D A Waldman and F J Yammarino, "CEO Charismatic Leadership: Levels-of-Management and Levels-of-Analysis Effects," *Academy of Management Review*, April 1999, pp 266–85; B Shamir, R J House, and M B Arthur, "The Motivational Effects of Charismatic Leadership: A Self-Concept Based Theory," *Organization Science*, November 1993, pp 577–94; and A E Colbert, A L Kristof-Brown, B H Bradley, and M R Barrick, "CEO Transformational Leadership: The Role of Goal Importance Congruence in Top Management Teams," *Academy of Management Journal*, February 2008, pp 81–96.

십이 나타날 확률이 더 높다.

변혁적 리더는 4가지 중요한 리더행동 항목에 관여한다(표 14-4를 보라). **영감을 주는 동기부여**는 미래의 매력적인 비전 수립, 감정적 논쟁의 사용과, 낙천주의와 열정의 표현을 포함한다. 비전은 "현실적이고, 신뢰할 수 있으며, 당신의 조직을 위한 매력적인 미래"이다. 리더십 전문가 버트 나누스(Burt Nanus)에 따르면, "옳은" 비전은 그것이 희망의 지침과 공통의 목적을 제공하기 때문에 인간의 잠재력을 해방시킨다. 그것은 몰입을 유도하고 근로자들을 격려하며, 직원들의 삶에 의미를 부여하고, 우수함의 기준을 설립하며, 높은 이상을 촉진시키고, 조직의 현재 문제와 조직의 미래 목표, 영감 사이에 다리를 놓음으로써 작용한다. 몰슨 쿠어스(Molson Coors Brewing)의 최고경영자인 레오 카일리(Leo Kiely)는 열정적으로 비전을 제시하고(크고, 풍성하고, 대담한 목표) 직원들에게 권한을 부여함으로써(팀에 관여를 하지 않고, 그들이 원하는대로 할 수 있도록) 정서적인 동기부여를 적용했다. 버진 아틀란틱(Virgin Atlantic)의 회장인 리차드 브랜슨(Richard Branson)은 바이오 연료를 쓰는 친환경 항공기 창조라는 비전을 공유했다; 그는 코코넛과 바바수 나무열매로 만든 항공기 연료의 견본을 시음함으로써 항공기의 시운전을 발표했다.

이상적 영향은 리더 행동의 두 번째 항목으로, 집단의 선을 위해 희생하고, 역할모델이 되며, 높은 도덕기준을 나타내는 행동들을 포함한다. 예를 들어, 〈기술과 모범사례〉에 묘사된 행동들은 이러한 종류의 영향을 제공하도록 의도된 것이다. 그들의 행동을 통해 변혁적 리더들은 이상적 가치, 특징, 믿음, 비전을 깨닫기 위해 필요한 행동들의 모델이 된다. 세 번째 행동은, **개별적 배려**로 직원에게 지지와 격려, 권한위임, 코칭을 제공하는 것과 같은 행동을 수반한다.

기술과 모범사례

경영 예절을 통한 리더십

리 헤츠 해리슨(Lee Hecht Harrison)의 회장인 스티브 해리슨(Steve Harrison)은 리더는 경영 예절을 사용함으로써 회사의 문화를 개선할 수 있다고 말했다—다른 사람들에 대한 존경과 관심을 보여주는 "대가성 없는" 제스처. 가장 효과적인 예절은 실행가능하고(행동은 단지 따뜻한 느낌을 주는 것이 아닌), 눈에 보여야 하며(관찰할 수 있거나 눈에 보이게 환경을 변화시킬 수 있는 것), 실용적이고(경영 감각을 만든다), 알맞아야 하며(즉시 그리고 선례를 설정하는 측면에서), 지속 가능해야 한다(오랫동안 호의를 베풀기).

해리슨은 몇 가지 예를 제시했다.

- 장벽을 허물고 참석자들 간에 의사소통을 원활하게 하기 위해 회의에서 자리를 재배치할 것.
- 매일 이메일이나 종이에 '감사합니다'라는 메시지를 적어서 전달할 것.
- 사적으로는 비판하되, 대중 앞에서는 칭찬할 것.
- 시간을 들여서 접수원, 관리원, 정비원들과 얘기할 것.
- 당신을 위해 일하는 직원들의 가족, 친구, 기타 지인들에게 감사를 표할 것.
- 나쁜 소식은 사람을 통해 전달할 것.
- 일정하게 개방된 집무시간(office hour)를 설정하여 다른 직원들이 쉽게 접근할 수 있도록 할 것.

출처: Based on S Harrison, "Deliberate Acts of Decency," *HR Magazine*, July 2007, pp97–99(list quoted from p99).

네 번째 리더십 행동 항목인 **지적인 자극**은 직원들이 현상유지에 의문을 갖고 조직적 문제에 혁신적이고 창의적인 해결을 추구하도록 고무하는 행동들을 포함한다. 이러한 행동들은 경영 전문가인 로저 마틴(Roger Martin)의 발견과도 일치하는데, 이는 성공적인 리더들은 양자택일보다는 모든 측면에서 문제와 기회를 보는 경향이 있다. 신선한 시각에서 본 그의 연구는, 이러한 리더들은 문제를 각각의 요소로 쪼개서 보기보다는 다른 시각에서 사람들을 결속시키려고 한다. 예를 들어, 재무 관련 직원은 오로지 재무 관련 부분만 주목하고 판매 관리자는 단지 새로운 고객들에게 상품을 판매할 방도에만 집중한다.

연구와 경영상의 의미

변혁적 리더십 모형의 구성요소는 최근 십년 동안 리더십 주제로 널리 연구되어왔다. 그림 14-4의 요소간 관계는 이전의 일반적인 연구로부터 지지를 얻고 있다. 변혁적 리더의 행동들은 직원들이 리더와 업무집단 모두에 어느 정도 일체감을 가지는지와 절대적으로 연관성을 갖는다. 변혁적 리더를 따르는 사람들 또한 그들의 일에 좀 더 몰두하고, 본질적인 동기를 찾으며 끈끈한 집단 결속력을 갖기 위해 리더와 일치하는 목표를 세우는 것으로 나타났다. 변혁적 리더십과 업무성과 간의 직접적 관계에 대하여, 49개 연구의 메타분석은 변혁적 리더십이 리더십 효과와 직원의 직무 만족도에 긍정적인 영향을 미친다고 시사했다. 하지만 최근 연구는 모든 형태의 변혁적 행동을 사용하는 것이 중요하다고 제안했다. 변혁적 리더십을 사용하는 레스토랑 관리자들이 만약 종업원들에게 새로운 생각에 대해 개방되어 있다는 것을 알려주었다면 개선에 대한 그들의 아이디어를 더 많이 얻을 수 있었다. 당신의 상사가 오로지 자신만의 비전을 전달하려 한다고 가정해 보자. 아마도 자신의 생각을 상사와 공유하려 하지 않으려는 당신의 모습을 쉽게 떠올릴 수 있을 것이다. 연구에 나온 레스토랑에서도 이와 같은 일이 벌어졌을 것이다. 조직적 차원에서, 두 번째 메타분석은 변혁적 리더십과 효과성의 조직적 척도가 긍정적으로 연관되어 있다는 것을 보여줬다.

이러한 결과들은 4가지 중요한 경영상의 의미를 갖는다. 첫째, 최고의 리더는 단지 변혁적이지만은 않다; 그들은 거래적이면서 변혁적이다. 리더는 자유방임주의나 앉아서 기다리는 태도를 피하는 반면 이러한 두 가지 리더십 타입을 사용하려 시도해야한다.

두 번째, 변혁적 리더십은 직무 만족도, 조직적 몰입, 성과와 같은 개인 수준의 산출물에 영향을 줄 뿐 아니라 집단 역동성과 집단 수준의 성과에도 영향을 미친다. 이와 같이, 관리자들은 그룹의 활동성과 노동단위 산출량을 향상시키기 위하여 그림 14-4에서 나타나는 네 가지 형식의 변혁적 리더십을 수단으로 이용할 수 있다. 이것은 오늘날의 조직들에게 더욱 중요하게 다가온다. 왜냐하면 대부분의 직원들은 독립적으로 일하지 않기 때문이다. 오히려 사람들은 투입량과 타인과의 협동에 의지하려 하며, 많은 조직들이 팀으로 구성되어 있다. 기억해야할 핵심은 바로 변혁적 리더십이 팀과 업무집단(work group) 뿐만 아니라 개개인까지도 변화시킨다는 것이다. 우리는 이것을 당신의 강점으로 활용하기를 권장한다.

세 번째로, 조직 내 모든 계급의 직원들은 훈련을 통해 상호 거래적이면서 동시에 혁신 주도적으로 바뀔 수 있다. 이러한 생각은 거래적 리더십의 혼합형을 실행 발전시킬 뿐만 아니라, 이러한 혼합형 리더십 훈련에 대한 조직적 가치도 강화시킨다. 또한, 기업들이 형식적인 리더십 훈련 프로그램을 제공하는지의 여부를 떠나서, 개인들은 그들의 고유한 리더십 기술을 개발할 수 있다(401쪽에 있는 〈기술과 모범사례〉를 볼 것).

네 번째, 변혁적 리더는 윤리적이거나 비윤리적일 수 있다. 윤리적인 변혁적 리더는 직원들이 그들의 자아개념을 강화하게 할 수 있지만, 비윤리적인 리더는 복종적이고 의지적이며 유순한 부하를 선택하거나 만들어낸다. 최고 경영자는 다음을 통해서 윤리적인 변혁적 리더십을 만들어내고 유지할 수 있다.

1. 명확히 규정된 윤리규범을 만들어내고 실시한다.
2. 윤리적인 행동을 보이는 사람을 모집 선발 승진시킨다.
3. 직원들을 다루는데 있어서 성과보상에 대한 기대심을 향상시킨다. – 이러한 기대는 그 때의 업무수행 보상평가 과정에 따라 평가된다.
4. 다양성을 존중하도록 직원들을 훈련시킨다.
5. 높은 도덕적 행동을 보인 직원을 확인하고, 보상하고, 공개적으로 칭찬한다.

기술과 모범사례

리더십 관련 실험

경영학 교수인 스튜어트 프리드만(Stewart Friedman)은 참여자들이 그들의 '업무, 집, 모임, 자신을 포함한 인생의 모든 영역'의 힘을 개발하는 종합 리더십(Total Leadership)이라는 프로그램을 개발하였다. 목표는 각 개인들이 "그들이 하는 일에 더욱 집중하고, 열정을 갖고, 몰입할 수 있도록" 한 영역에서 다른 영역으로의 개선을 꾀하여 단기간에 변화를 시도하는 것이었다.

처음에, 당신은 당신의 삶의 영역에 있는 핵심 인물들의 욕구 뿐 만 아니라 당신의 핵심 가치와 그 가치들이 당신의 행동들과 얼마나 맞아 떨어지는지를 알아낸다. 그 다음에 당신이 개선하고 싶은 영역이 어디인지를 알게 된다. 프리드만은 각 영역에서 목표들을 충족시킬 수 있도록 설계된 작은 변화들로 실험하기를 추천했다. 성공적인 실험은 일반적으로 다음의 9가지 요소들을 포함한다:

1. **추적하고 반영하기.** 활동들, 생각들, 느낌들을 기록하여 과정을 평가할 수 있게 하라.
2. **계획하고 조직화하기.** 시간을 관리하고 미래를 계획하기 위한 행동을 취하라.
3. **활기를 되찾고 회복하기.** 건강에 도움이 되지 않는 활동들을 그만두고 당신의 몰입도와 건강을 회복하는 것들로 채워 넣어라.
4. **감사하고 돌보기.** 재미있고 즐기는 관계를 갖고 다른 사람들을 섬겨라.
5. **집중하기.** 어려움을 겪고 있는 사람들에게 관심을 가져라.
6. **숨김없는 관계 맺기.** 당신의 비전을 공유하고, 다른 사람들을 돌보며, 주의깊게 경청하라.
7. **시간을 바꾸고 "재배치"하기.** 업무 시간을 조정하고 배치하여 당신의 목표에 도달할 수 있도록 하라.
8. **위임하고 개발하기.** 업무를 재배치하고 제거하여 남는 시간을 만들어서 다른 사람들을 발전시킬 수 있도록 하라.
9. **탐험하고 개척하기.** 당신의 가치에 맞는 활동, 직업들을 향해 전진하라.

출처: Based on S D Friedman, "Be a Better Leader, Have a Richer Life," *Harvard Business Review*, April 2008, pp112–18.

리더십에 관한 추가적 관점들

이 부분에서는 리더십에 관한 네 가지 추가적인 관점을 검토한다: 리더-구성원 교환 이론, 공유된 리더십, 봉사 리더십(섬김 리더십), 5수준 리더십. 리더-구성원 교환이론이 조금 더 철저하게 연구되었기에 우리는 이 이론에 대하여 논의하는데 더 많은 시간을 할애하겠다.

1 학습목표

리더십의 리더-구성원 교환 모형과 공유된 리더십의 개념을 설명하라.

리더십의 리더-구성원 교환 모형(LMX 모형)

조별 활동

당신은 어떤 유형의 리더가 되기를 원하는가?

리더십의 리더-구성원 교환(Leader-Member eXchange) 모형은 관리자와 직속 부하직원들 사이의 관계에 초점을 둔다. 앞에 논의된 이론들이 리더 혹은 부하의 행동이나 특성에 초점을 두고 있는데 비해 이 모형은 관리자와 부하직원의 질적 관계에 초점을 맞추고 있다는 점에서 사뭇 다르다. 또한 이 이론은 행동유형 이론과 피들러의 상황이론과 같이 리더행동이 안정적이거나 평균적인 리더십 유형에 의해 특성화 된다고 가정하지 않는다는 점에서 차이가 있다. 즉, 이전 모형들은 리더가 같은 방식으로 직원들을 다룬다고 가정한다면, 반대로, 리더-구성원 교환 모형은 리더가 직속 부하직원과 각기 다른 1대1 관계를 발전시킨다는 가정에 기초하고 있다. 행동주의 학자들은 이런 종류의 관계를 수직적 양자관계라고 칭한다. 수직적 양자관계의 형성은 자연적으로 발생하는 과정이라 말하며, 리더의 직무 역할의 분배와 권한위임 시도의 결과이다. 이 과정의 결과로, 두 가지로 구분되는 독특한 유형의 리더-구성원 교환 관계가 형성된다.

집단 내 교환(in-group exchange)

상호신뢰, 존경, 호감에 의해서 특성화되는 파트너십.

집단 외 교환(out-group exchange)

상호신뢰, 존경, 호감의 부족으로 특성화되는 파트너십.

리더-구성원 교환의 첫 번째 유형은 **집단 내 교환(in-group exchange)**이다. 이 관계에서는, 리더와 부하직원은 상호영향, 상호신뢰, 존경과 호감, 공동체 정신에 의해서 특성화되는 파트너십을 키워나간다. 두 번째 교환유형은 **집단 외 교환(out-group exchange)**으로 간주되며, 리더는 상호신뢰, 존경, 또는 공동체 정신을 만들어 내는데 실패한 감독자로 구분된다.

연구결과 만약 리더-구성원 교환 모형이 옳다면, 리더-구성원 교환 형태와 직무와 연관된 산출물 사이에는 반드시 중요한 관계가 있을 것이다. 연구결과는 이러한 예상을 뒷받침한다. 예를 들어, 긍정적인 리더-구성원 교환은 직무만족, 직무성과, 목표에 대한 참여, 경영자와 직원 사이의 믿음, 작업장 분위기, 리더십에 대한 만족도와 긍정적으로 연관되어 있었다. 리더-구성원 교환유형은 또한 간호사들과 컴퓨터 분석가들 사이에서 이직률 감소뿐 만 아니라 승진이나 월급수준, 7년간의 보너스 같은 작업결과들을 촉진하는 것으로 밝혀졌다.

연구는 또한 리더-구성원 교환 모형에 영향을 주는 다양한 변수들을 밝혀냈다. 예를 들어 리더-구성원 교환 모형은 리더와 직속 부하직원 사이의 성격적 유사성 및 인구통계학적 유사성과 연관성이 있다. 더욱이 리더-구성원 교환 모형의 특성은 리더와 부하가 서로를 좋아하는 정도, 리더의 부하에 대한 긍정적인 기대치, 두 집단 사이의 커뮤니케이션 빈도 그리고 조직 문화와 절대적으로 연관되어 있다.

경영상의 의미 리더-구성원 교환 모형은 세 가지 중요한 시사점을 갖는다. 첫째, 리더는 모든 부하 직원들의 성과 기대치를 높게 잡아야 한다. 왜냐하면 높은 성과기준은 높은 질의 리더-구성원 교환을 형성하기 때문이다. 둘째, 리더와 부하 사이의 성격 및 인구통계학적 유사성이 더 높은 리더-구성원 교환과 연관이 있다는 이유로 관리자는 부하직원과 긍정적인 관계를 갖겠다는 신념하에 단일 업무환경을 만들어서는 안된다. 4장에서 다양성에 대한 우리의 토론은 다양한 종업원을 갖는 것은 많은 긍정적인 이점이 있다는 것을 명백하게 증명하였다. 세 번째 시사점은 열악한 리더와 구성원간의 관계 속에 있는 우리와 관련있다. 이 상황에서 무엇을 해야 하는지 조언을 하기 전에 우리는 당신이 당신의 현재 리더-구성원 교환의 질에 대하여 평가하기를 바란다. 404쪽에 있는 〈실전 연습〉은 상호 호감도, 충성심, 직무 공헌도, 전문성 등 네 가지 기준을 바탕으로 리더-구성원 교환의 정도를 측정하는 내용을 담고 있다.

리더-구성원 교환 이론의 전체적인 특성은 무엇인가? 당신은 이 측정 결과에 대하여 만족하는가? 어떤 부분에서 점수가 높고 낮은가? 만약 당신의 리더-구성원 교환 이론과 연관된 하부특성이 모든 요소들의 점수가 높다면 당신은 당신과 당신의 매니저 사이의 관계에 있어서 매우 좋은 상황에 있는 것이다. 하지만 전체적인 리더-구성원 교환 이론 점수가 낮거나, 특정 부분에서 낮은 점수를 받았다면, 당신은 매니저와의 관계 개선이 필요하다. 매니지먼트 컨설턴트는 리더-구성원 교환의 특질을 개선하기 위하여 다음과 같이 조언한다.

1. 조직적 목표에 초점을 맞추고, 목표 달성을 위해 당신의 능력을 믿어라. 비협조적인 상관은 단지 극복해야 할 또 다른 장애물일 뿐이다.
2. 권한이 없다고 느끼지 말라. 그리고 일을 완성하기 위하여 스스로에게 권한을 위임하라.
3. 당신이 통제할 수 있는 주위 환경에 초점을 맞추어 당신이 가진 권한을 실행하고 당신이 통제할 수 없는 환경에 대하여 신경 쓰지 말아라.
4. 관리자와의 관계를 향상시키기 위하여 노력하라. 둘 사이의 신뢰를 쌓는 단계부터 시작하고 꾸준하고 효과적인 커뮤니케이션을 통해서 관계를 향상시키도록 노력하라.
5. 관리자와의 차이를 해결하기 위해 확실하고 공손하며 자신 있게 접근하라. 그것은 또한 갈등이 생겼을 때, 문제 해결 접근법을 사용하는데도 유용하다.

자기 평가 연습

당신의 리더-구성원 교환 정도를 평가하라

공유된 리더십

두 조직행동 학자는 "특정한 과업환경에서 개인에게 집중된 리더십이 둘 혹은 그 이상에게 책

실전 연습

당신의 리더-구성원 교환 평가하기

설명: 아래에 보이는 각각의 문항에서 당신과 당신의 현재 관리자/상급자 사이의 관계를 가장 잘 표현한 항목에 다음의 척도를 이용하여 표시하라. 만일 당신이 최근 업무 경험이 없다면, 이전의 관리자를 생각하여 설문을 완성하라. 맞거나 틀린 답은 없다는 것을 기억하라. 12가지의 각각 문항들에 응답한 후, 요소별 리더-구성원 교환 점수를 계산하기 위해 점수 계산 표를 사용하라.

1 = 매우 동의하지 않음
2 = 동의하지 않음
3 = 동의하지도 안하지도 않음
4 = 동의함
5 = 매우 동의함

1. 나는 나의 상급자를 한 인간으로서 매우 좋아한다. 1 2 3 4 5
2. 나의 상급자는 친구삼고 싶은 부류의 사람이다. 1 2 3 4 5
3. 나의 상급자는 같이 일하면 매우 재미있다. 1 2 3 4 5
4. 나의 상급자는 발생한 문제에 대한 완벽한 지식이 없이도 나의 업무활동을 우선적으로 지지해준다. 1 2 3 4 5
5. 만일 내가 다른 이들에 의해 "공격을 받으면" 내 상급자는 나를 옹호해 줄 것이다. 1 2 3 4 5
6. 만일 내가 정직한 실수를 했다면 내 상급자는 조직 안에서 다른 이들로부터 나를 옹호해 줄 것이다. 1 2 3 4 5
7. 나는 내 상급자를 위해서 나의 직무 기술서에 명기된 것 이외의 업무를 한다. 1 2 3 4 5
8. 나는 나의 상급자의 직무 목표를 충족시키기 위해 일반적으로 요구된 것을 넘어 더 많은 노력을 할 의지가 있다. 1 2 3 4 5
9. 나는 나의 상급자를 위해서 고되게 일하는 것을 꺼리지 않는다. 1 2 3 4 5
10. 나는 상급자의 업무 지식에 감명 받았다. 1 2 3 4 5
11. 나는 나의 상급자의 업무에 대한 지식과 능력을 존경한다. 1 2 3 4 5
12. 나는 상급자의 전문적 기술에 감탄한다. 1 2 3 4 5

점수 계산 표

상호 호감도 (1번~3번 문항 총합) ________
충성심 (4번~6번 문항 총합) ________
직무 공헌도 (7번~9번 문항 총합) ________
전문성 (10번~12번 문항 총합) ________
총점 (전체 12문항 총합) ________

평가 기준

낮은 상호 호감도 = 3-9
높은 상호 호감도 = 10-15
낮은 충성심 = 3-9
높은 충성심 = 10-15
낮은 직무 공헌도 = 3-9
높은 직무 공헌도 = 10-15
낮은 전문성 = 3-9
높은 전문성 = 10-15
총체적으로 낮은 리더-구성원 교환 = 12-38
총체적으로 높은 리더-구성원 교환 = 39-60

출처: Reprinted from *Journal of Management*, R C Liden and J M Maslyn, "Multidimensionality of Leader-Member Exchange: An Empirical Assessment through Scale Development," p 56, Vol 24, No 1. Copyright ⓒ 1998 by Sage Publications. Reprinted by permission of Sage Publications.

임이 공유된 리더십보다 더 비효율적일 수 있다는 추측과 이를 뒷받침 할 수 있는 임의의 증거들이 있다." 고 주장했다. 이 관점은 이 장에서 다루었던, 리더십이란 수직적이고 아래로 흐르는 과정이라고 가정하는 이전의 이론 및 모형들과 다르다. 이와 대조적으로, 공유된 리더십의 개념은 사람들이 업무를 완수하기 위해서 정보를 공유하고 협동하는 자세가 필요하다는 사고를 전제한다. 즉 이것은 영향력이나 리더십의 수평적 과정을 받아들이기 위한 직원들의 필요를 강조한다. **공유된 리더십(shared leadership)**은 공식적인 역할이나 직책과 관계없이 지휘에 대한 책임을 개인들이 공유하는 연속적이고 계속적이며 상호영향을 주는 과정을 의미한다.

공유된 리더십(shared leadership)
지휘에 대한 책임을 사람들이 공유하는 연속적이고 계속적이며 상호 영향을 미치는 과정

공유된 리더십은 사람들이 팀으로 일을 할 때, 혹은 복잡한 프로젝트에 관여되어 있을 때, 혹은 숙련된 전문가에 의해 자발적인 인적자본의 공헌이 요구되는 지식업무를 하고 있을 때

가장 요구되기 쉽다. 흥미롭게도, 경영학 교수들은 이것들을 리더들이 온라인 상의 롤플레잉게임(role- playing game)에서 흔히 길드라고 불리는 팀을 지휘하는 조건이라고 지적한다. 이러한 게임에서 뛰어난 리더의 기질을 보이는 사람들을 관찰하고 인터뷰한 결과 그들은 복잡한 상황을 평가하고, 신속한 결단을 내리며, 위험을 감수하고, 적재적소에서 리더십을 발휘하는데 전문성을 보이는 것으로 나타났다. 특히 팀의 명성과 사활에 관련된 그들의 능력과 열정이 상황적 요소와 부합하게 되면 그들의 전문성은 더욱 두드러졌다. 연구자들은 이러한 공유된 리더십의 유형은 특히 리더가 비금전적인 인센티브를 제공할 수 있고 정보가 모든 팀원들에게 공개되었을 때 효과적이라는 것을 밝혀냈다 — 현재의 직장에서 쉽게 발견될 수 있는 조건들이다.

연구자들은 공유된 리더십의 과정에 대하여 이제 막 탐구하기 시작하였고 그 결과들은 많은 주목을 받고 있다. 예를 들어 팀 안에서의 공유된 리더십은 그룹응집력, 집단 시민의식, 그룹효율성과 긍정적으로 연관되어 있다. 표 14-3은 관리자가 어떻게 공유된 리더십을 개발할 것인지 결정할 때 고려해야 할 중요한 질문 및 답변들에 대한 목록이다.

표 14-3
공유된 리더십을 개발할 때 고려해야 하는 주요 질문과 답변

주요 질문	답변
어떠한 업무특성이 공유된 리더십으로 불리는가?	• 상호의존성이 매우 높은 과업 • 굉장한 창의성을 요구하는 과업 • 매우 복잡한 과업
공유된 리더십을 개발하는 과정에서 리더의 역할은 무엇인가?	팀의 구성, 명확한 목표 수립, 자원 확보, 비전의 명료화, 멤버 선출, 팀의 진로 규정, 팀의 경계 관리
공유된 리더십의 개발에 조직의 시스템을 어떻게 이용할 수 있는가?	• 공유된 리더십에 참여하는 지정된 리더와 팀 멤버를 모집하는데 훈련 및 개발 시스템이 이용될 수 있다. • 공유된 리더십에서 승진과 보상에 보상 시스템이 이용될 수 있다. • 공유된 리더십의 가치를 증명하고 명확히 하는데 문화적 시스템이 이용될 수 있다.
수직적인 행동과 공유된 리더십의 행동에서 중요한 팀의 결과물은 무엇인가?	• 직접적인 리더십은 직무중심적인 방향을 제공할 수 있다. • 상호적인 리더십은 핵심성과 측정에 기초한 인간적이고 물질적인 보상을 동시에 제공할 수 있다. • 변혁적 리더십은 팀의 비전에 대한 헌신, 감정적 참여, 더 높은 성과요구의 수행을 자극할 수 있다. • 권한위임의 리더십은 자기 동기부여의 중요성을 강화할 수 있다.
수직적인 리더의 지속적인 책임은 무엇인가?	• 수직적 리더는 팀의 절차를 밟아 나가거나 팀의 공석을 채워야 할 필요가 있다. • 수직적 리더는 팀에 직면한 주어진 업무 특성인 공유된 리더십적 접근의 중요성을 계속해서 강조할 필요가 있다.

출처: C L Pearce, "The Future of Leadership: Combining Vertical and Shared Leadership to Transform Knowledge Work," *Academy of Management Executive*: The Thinking Manager's Source, February 2004, p48. Copyright 2004 by Academic of Management. Reproduced with permission of Academy of Management via Copyright Clearance Center.

6 학습목표

섬김의 리더십 원리를 검토하고 5단계 리더십에 대해 논의하라.

섬김의 리더십(서번트 리더십)

섬김의 리더십은 실험적인 이론이라기보다 경영학에 있어서 철학적인 부분이다. 섬김의 리더십이란 용어는 1970년 로버트 그린리프(Robert Greenleaf)라는 사람에 의해서 만들어졌다. 그린리프는 훌륭한 리더는 하인처럼 행동하며 종업원, 소비자, 사회집단 등 다른 이들의 필요를 충족시킨다고 믿었다. **섬김의 리더십(servant leadership)**은 자신보다 타인에 대한 더 큰 희생에 초점을 맞추고 있다. 섬김의 리더십의 주안점은 자신의 이익을 떠나서 다른 사람들을 섬기는 것이기 때문에, 섬김의 리더들은 다른 사람들을 다치게 할 수 있는 자기중심적인 행동을 하려는 경향이 적다. 섬김의 리더십을 조직 문화에 심기 위해서는 언어적 노력 뿐만 아니라 행동적 노력도 요구된다. 예를 들어, 섬김의 리더는 보너스가 종업원들의 사기를 저하시킬 경우—그들이 비슷한 인센티브를 받지 않는다는 가정 하에—자신의 엄청난 보너스를 포기할 수 있어야 한다.

섬김의 리더십(servant leadership)
자신보다 타인에 대한 더 큰 희생에 초점을 맞춘다.

플로리다 탬파에 있는 섬김의 리더십 이론의 공동 창시자 짐 스튜어트(Jim Stuart)에 따르면 "리더십은 서비스에 대한 희생에서 자연스럽게 나온다. 당신은 만약 당신의 부하가 더욱 현명해지고, 의욕적이며, 자기 책임감이 강해진다면, 무엇보다도 부하들 스스로가 섬김의 리더가 된다면, 당신은 현재 섬김의 리더십을 발휘하고 있는 것이다. 섬김의 리더십은 효과가 빠른

표 14-4
섬김의 리더의 특징

섬김의 리더십의 특징	설명
1. 듣기	섬김의 리더는 그룹의 필요와 욕구를 규명하고 분명하게 하기 위해 듣는 것에 초점을 맞춘다.
2. 공감	섬김의 리더는 다른 사람의 느낌과 감정에 공감하려고 노력한다. 개인이 형편없는 성과를 보였을 때도 그의 좋은 의도를 가정한다.
3. 치유	섬김의 리더는 실패나 고통에 직면했을 때 그들 자신과 다른 모든 사람을 위해 분투한다.
4. 자각	섬김의 리더는 자신의 강점과 한계를 정확히 자각한다.
5. 설득	섬김의 리더는 의사결정을 하고 다른 이에게 영향력을 행사할 때 지위적인 권력보다 설득에 더 의존한다.
6. 개념화	섬김의 리더는 시간과 노력을 들여 더 넓은 기반의 개념적 사고를 개발한다. 섬김의 리더는 단기적인 일일 사안들과 장기적인 개념적 방향 사이에서 적절한 균형을 추구한다.
7. 통찰력	섬김의 리더는 현재의 활동의 과정이나 상황에 관련된 미래 산출물을 예상하는 능력을 가진다.
8. 책무	섬김의 리더는 사람들과 그들이 관리하는 자원에 책임을 지고 있다는 사실을 가정한다.
9. 인력의 성장을 위한 몰입	섬김의 리더는 그들의 현재 업무역할을 넘어 사람들에게 몰입한다. 그들은 개인적, 전문적, 정신적인 성장을 고무시키는 환경을 촉진하는데 몰입한다.
10. 공동체 건설	섬김의 리더는 조직의 내외로 공동체의 감각을 창조하기 위해 노력한다.

출처: These characteristics and descriptions were derived from L C Spears, "Introduction: Servant-Leadership and the Greenleaf Legacy," in *Reflections on Leadership*: How Robert K Greenleaf's Theory of Servant-Leadership Influenced Today's Top Management Thinkers, ed L C Spears (New York: John Wiley & Sons, 1995), pp1–14.

리더십 접근법이 아니다. 이 리더십은 좀 더 오랜 기간이 필요하고, 삶과 일에 있어서 변혁적인 접근이다.

표 14-4에는 섬김의 리더십에서 강조하는 10가지 특성이 나타나 있다. 이러한 특징들과 관련된 사람의 예로 아처 다니엘스 미들랜드(Archer Daniels Midland)의 최고경영자인 페트리샤 워츠(Patricia Woertz)가 있다. 이전의 고용주였던 공장 관리자가 말하기를 워츠는 "경영자들 중에서는 실제적으로 정제 공장의 직원들이 무엇을 말하는지 경청하는 것에 있어서 최고인 사람"이라고 했다. 경청뿐만 아니라, 워츠는 회사의 미래를 개념화하는 능력과 직원 개발에 대한 열정 덕분에 칭송을 받았다.

> ADM의 경쟁사들 뿐만 아니라 세계가 지속적으로 변화하고 진보하고 있다는 것을 지적하면서, 워츠는 그녀가 ADM의 문화속에 지속적인 학습의 태도를 구축하기 위해 노력한다고 말했다.
>
> 식물성 기름 대기업인 ADM은 60개의 나라에서 사업을 하고 있고, 워츠는 리더들 간에 다양성을 촉진시키고 있다. 각 나라에서 현지인을 리더로 고용할 뿐만 아니라, 미국출신 리더를 함부르크에, 독일출신을 중국에, 중국출신을 호주에 배치하는 등 그녀는 "샐러드를 혼합하는 것"을 좋아한다.
>
> 워츠가 미래를 계획할 때, 그녀는 앞에 놓인 도전들에 열정을 바친다... 그런 기회들이 바로 "사람들이 와서 일하는 이유"라고 그녀는 말한다.

기업은 표 14-4에 나온 특징들을 받아들이려고 애쓰는 한 기업 운영상 실패할 일은 드물 것이다.

ADM의 패트리샤 워츠는 섬김의 리더로서 칭송받았다. 표 14-4 중에서 그녀가 보여준 섬김 리더의 성격은 어떤 것인가?

5단계 리더십

이 리더십 모형은 어느 특정한 이론이나 리더십 모형으로부터 도출된 것이 아니었다. 그보다, 이것은 다음의 질문에 대답하려는 종단 연구조사로부터 개발되었다: 좋은 회사가 대단한 회사로 될 수 있는가? 만일 그렇다면 어떻게 가능한가? 그 연구는 자신의 연구기반 컨설팅회사를 설립한 전임 대학교수인 짐 콜린스(Jim Collins)가 이끄는 연구팀에 의해 수행되었다. 그는 「Good to Great」 라는 베스트셀러에 그의 연구를 요약했다.

그 연구 질문에 대답하기 위해 콜린스는 좋은 성과로부터 대단한 성과로 옮겨간 회사의 집합을 규명하였다. 그는 훌륭한 성과를 "주식 시장의 누적 평균 수익률 혹은 그 이하를 보이다가, 기업의 전환점 이후 15년간 주식시장 평균 수익률의 최소 세 배의 누적 수익률 달성"이라고 정의하였다. 1965년에서 1995년까지의 포춘 500의 1435개 회사의 표본들을 통하여 그는 11개의 '좋은 회사에서 훌륭한 회사'가 된 회사들을 찾을 수 있었다: 어봇(Abbot), 서킷 시티(Circuit City), 패니 매이(Fannie Mae), 질레트

그림 14-5
5단계 리더십

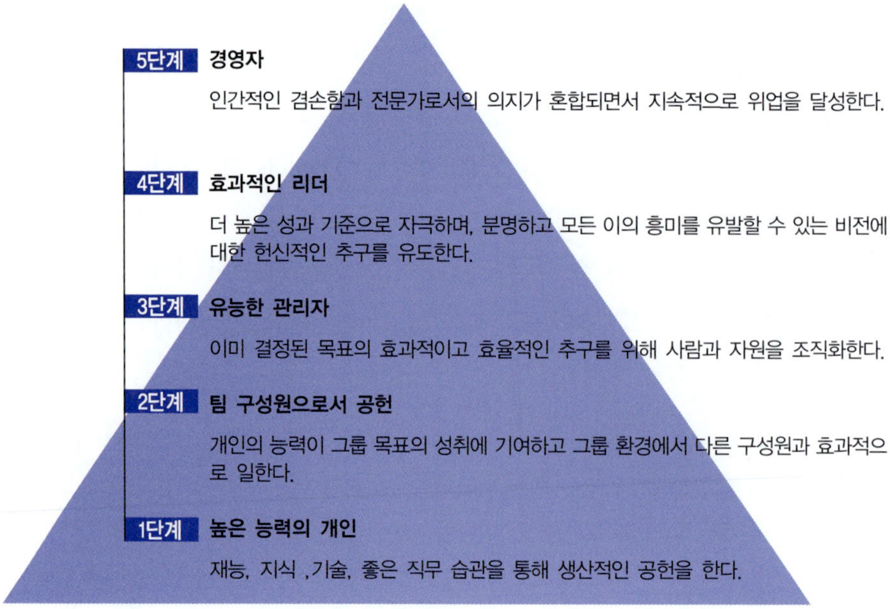

출처: Figure from Good to Great: *Why Some Companies Make the Leap and Others Don't* by J Collins. Copyright © 2001 by J Collins. Reprinted with permission from Jim Collins.

(Gillette), 킴벌리 클락(Kimberly-Clark), 크로거(Kroger), 뉴코(Nucor), 필립 모리스(Phillip Morris), 피트니 바우스(Pitney Bowes), 월그린(Walgreens), 웰스 파고(Wells Fargo). 그의 다음 단계는 11개의 회사와 선별된 다른 회사군을 직접 비교하는 것이었다. 이러한 비교를 통해서 '좋음'에서 '훌륭'으로 옮겨가는 요인들이 밝혀졌다. 5단계 리더십은 이러한 요인 중 하나이다(그림 14-5를 볼 것). 다시 말해, 좋음에서 훌륭한 성과를 경험한 모든 회사의 경영자는 5단계 리더십의 특징을 가지고 있다는 것이다. 지금부터 이 리더십의 단계들을 살펴보도록 한다.

그림 14-5는 5단계 리더가 겸손함과 성공을 위한 대담한 의지를 가지고 있다는 것을 보여준다. 미국 대통령 아브라함 링컨(Abraham Lincoln)은 이러한 특징을 가진 좋은 예이다. 비록 그의 말투는 부드럽고 성격상 부끄럼을 잘 탔지만, 그는 1860년대의 남북전쟁이 진행되는 동안 미연방 통일이라는 목표를 달성하기 위해 확고한 의지를 가지고 있었다. 이러한 결단력은 250,000명의 동맹군과, 360,000명의 연합군의 손실을 가져왔지만 결국에는 통일된 국가라는 결실을 얻게 했다. 그러나 겸손하고 결단력이 있는 것만으로는 링컨이 그의 목표를 달성하는 데에 충분하지 않았다. 겸손함과 결단력 뿐만 아니라 5단계의 리더는 다른 단계의 특징 역시 가지고 있어야 한다. 비록 리더들이 각 단계를 순차적으로 밟고 올라가는 것은 아니지만, 5단계 수준의 리더는 1단계에서 4단계까지의 특징을 가지고 있어야만 조직에 변화를 주기 위해 5단계 특징인 겸손과 의지를 발휘할 수 있다.

이 모형에서 대표되는 능력과 이 단원에서 논의된 이전의 리더십 이론들과의 공통점을 아는 것은 중요하다. 예를 들어, 1단계는 특성이론과 일치한다. 특성연구는 우리에게 리더가 가져야 할 특성을 알려주는데, 이 특성에는 지능, 자신감, 단호함, 정직, 사교성, 정서적 지능, 외향성, 성실성 등이 있다. 또한 3단계와 4단계는 거래적, 변혁적 리더십과 관련성을 보인다. 이 이론의 독창적이면서도 이례적인 면은 '좋은' 리더를 넘어선 '훌륭'한 리더들은 단지 거래적, 변혁적이기만 한 것이 아니라 가장 중요한 겸손과 지독하리 만큼의 단호함을 겸비하고 있다는 결론에 초점을 둔다는 것이다.

5단계 리더십에서는 기억해야 할 세 가지 요점이 있다. 첫째, 콜린스는 회사를 좋음에서 훌륭함으로 이끄는 데는 5단계의 리더가 되는 것뿐만 아니라 추가적인 요인들이 있다는 것에 주목했다. 5단계 리더십은 이러한 추가적 요인들의 실행을 가능하게 한다. 둘째, 오늘날까지 콜린스의 결론을 테스트할 어떤 추가적인 연구도 있지 않았다. 미래 연구는 5단계의 계층을 확인하는 데에 초점을 둬야겠다. 마지막으로, 콜린스는 어떤 사람들은 절대 5단계의 리더가 될 수 없다고 믿었다. 왜냐하면 그들의 자아도취적이고 허풍적인 성향들은 그들의 자아를 진압하고 다른 사람의 최고의 선을 위한 욕구를 허락하지 않기 때문이다. 이와 대조적으로, Bank of America의 국제 위험 관리팀 이사 에이미 우즈 브린클리(Amy Woods Brinkley)는 "당당한 겸손함으로 회사를 운영하는 것은 매우 중요하다"고 말했다. 즉, "무엇을 알고 무엇을 모르는지"를 확실히 인지하여 리더가 다른 직원들의 전문지식을 사용해야 할 때를 알아야 한다.

리더십 과정에서 직원들의 역할

학습목표 7

리더십 과정에서 직원들의 역할을 설명하라.

앞서 말한 모든 이론들은 리더가 핵심이다. 즉, 이 이론들은 리더의 입장에서 리더십의 효과성을 이해하는 것에 초점을 둔다. 우리는 이 장을 리더십 과정에서 직원들의 역할에 대해 논의하면서 마무리하고자 한다. 비록 이 주제에 대한 극소수의 연구만이 진행되었지만, 직원들의 역할이 중요한 이유는 리더와 직원 모두의 성공은 그들 사이의 역동적인 관계를 조건으로 하고 있기 때문이다. 예를 들어, 일반적인 상황에서 강한 감정을 느끼는 사람들은 그들의 리더가 얼마나 카리스마가 넘치는지에 대해 강하게 느끼는 경향이 있다. 그러므로 리더로서 카리스마 넘치는 사람은 부분적으로 직원들의 감정 상태에 의존하게 된다. 이와 유사하게 리더들의 행동은 기업의 임무에 매우 헌신적인 직원들과 단순히 시키는대로 일하는 직원들에게 상이한 영향을 줄 것이다.

리더와 직원들 모두 그들의 상호관계에 책임이 있다. 관계에 어떤 문제가 생긴다면, 두 집단 중 한 쪽이 중재에 나서야 한다. 두 집단 사이의 좋지 않은 관계는 서로의 기대치의 차이 때문에 빈번히 일어난다 – 6장에서의 직무만족에 대한 논의를 떠올려보라. 그러므로 리더와 직원의 기대에 대한 특성 먼저 살펴보도록 한다.

리더는 직원들이 생산적이고, 믿을 만하고, 정직하고, 협조적이고, 주도적이고, 유연하기를 바란다. 리더는 진실을 숨기고, 정보를 은닉하며, 아이디어 창출에 실패하고, 협업하기 싫어하며, 부정확한 피드백을 제공하고, 프로젝트를 도맡아 하기를 꺼려하는 직원들로부터 얻을 것이 없다. 대조적으로, 연구 자료에 따르면 직원들은 자신들에게 세 가지 정서적 반응을 조성하는 리더를 갈망하고, 칭찬하고, 존경한다: 직원들은 조직의 리더가 유의성(한 사람 한 사람의 업무가 중요하고 의미있는지), 사회성(다른 사람들을 존경하고 존엄성 있는 존재로 여기며 조직 목표의 추구에 있어서 함께 일하도록 직원들의 단체 정신을 독려하는지) 그리고 흥미(직원들이 일할 때 에너지에 충만해 있는지)를 조성해 주길 바란다. 그렇다면 직원들은 이러한 상호 기대치에 도달하기 위해 무엇을 할 수 있는가?

두 명의 조직행동 전문가들은 직원들이 리더와의 관계를 관리하기 위한 네 단계의 과정을 규명했다. 첫째로, 직원들이 직장상사를 이해하는 것이 중요하다. 직원들은 관리자의 리더십 스타일, 대인관계 스타일, 목표, 기대, 압박감, 강점과 약점에 대한 공감을 얻으려는 시도를 해야한다. 둘째, 직원들은 그들 자신의 스타일, 욕구, 목표, 기대, 강점과 약점을 이해해야 한다. 다음 단계는 직원들이 상사를 이해하는 정도와 직원 스스로를 이해하는 정도 사이의 격차를 분석하는 것이다. 이 정보를 염두에 두고, 직원들은 양쪽의 욕구와 스타일에 부합하는 관계형성과 유지라는 마지막 단계를 진행할 수 있게 된다.

마지막 단계는 직원들이 상호 간의 강점을 구축하고 리더의 다양한 스타일, 목표, 기대와 약점을 조정하거나 수용하는 것이다. 예를 들어, 직원은 상사가 선호하는 의사소통 방식에 따라 자신의 의사소통 스타일을 조정할 수 있을 것이다. 만약 상사가 참여적인 접근을 좋아한다면, 직원은 자신의 의사결정 스타일을 배제하고 모든 결정에 있어서 관리자의 스타일을 수반하려 할 것이다—의사결정 스타일에 대한 우리의 논의는 10장에서 다시 확인하자. 시간과 자원의 효율적인 사용은 직원들이 고려해야 할 또 다른 문제이다. 대부분의 관리자들은 시간, 에너지, 자원에 쫓기고 있고 이러한 것들을 절약할 줄 아는 직원에게 감사할 것이다. 직원들은 사소한 일로 관리자의 시간을 빼앗으면 안 된다.

마지막으로 고려해야 할 두 가지가 있다. 첫째, 직원이 리더의 스타일, 기대, 약점을 받아들이지 못하거나 리더와 불일치를 완화하기 위해서 이직 혹은 퇴직을 하는 경우도 있다. 우리는 리더와 직원 관계를 유지함에 있어서 누군가는 개인과 윤리의 균형을 이루지 못할 수 있다는 것을 이해해야 한다. 둘째, 우리는 더 훌륭한 직원이 됨으로써 상사의 리더십 효과와 성공수준을 높일 수 있다. 리더는 경쟁력이 있는 직원을 필요로 하고 원하기 때문에 좋은 직원이 되는 것은 모든 이들의 최대 관심사라는 것을 잊지 말아야 한다.

핵심 용어

거래적 리더십(transactional leadership) 397
공유된 리더십(shared leadership) 404
구조 주도성(initiating structure) 389
리더십(leadership) 384
리더십 전형(leadership prototype) 386
배려성(consideration) 389
변혁적 리더십(transformational leadership) 398
상황요인(contingency factors) 392
상황이론(situational theory) 390
섬김의 리더십(servant leadership) 406
성숙도(readiness) 395
지도자 특성(leader trait) 385
집단 내 교환(in-group exchange) 402
집단 외 교환(out-group exchange) 402

단원 요약

- **특성이론을 복습하고, 특성과 행동적 리더십 이론이 가지는 의의에 대해 논의하라.** 오랜 기간 리더십 연구는 효과적인 리더가 부하들에 비해 독특한 특성을 소유하고 있다는 개념을 지지하지 않았다. 좀 더 최근의 연구는 효과적인 리더는 다음의 특성을 소유하고 있다는 것을 보여준다: 지적능력, 자신감, 결단력, 정직성/청렴함, 사교성, 정서적 지능, 외향성, 성실성. 연구는 또한 남자와 여자가 다른 스타일의 리더십을 가진다는 것을 입증하였다. 특성이론이 가지는 의의는 다음과 같다. (a) 우리는 더 이상 특성의 영향력을 무시할 수 없다: 특성은 리더십 효과성에 영향을 끼친다. (b) 조직은 리더의 선발과 승진 과정에서 성격과 특성 평가를 원할 수 있다. (c) 직원들의 리더십 특성을 높이기 위해 경영 개발 프로그램을 이용할 수 있다. 행동적 이론은 다음과 같은 의의를 갖는다. (a) 리더는 선천적으로 타고 나는 게 아니라 후천적으로 개발되는 것이다. (b) 완벽한 리더십 모형은 존재하지 않는다. (c) 리더십 효과는 상황에 따라 달라진다. (d) 관리자들은 리더십 행동의 효과적인 이행을 지향한다.
- **피들러의 상황모형에 따라 어떻게 리더십 스타일이 상황적 통제와 작용하는지 설명하라.** 피들러는 리더 효과성이 리더십 스타일과 상황적 통제사이의 적절한 매치에 달려있다고 믿었다. 리더는 과업지향적이거나 관계지향적이다. 상황통제는 리더-구성원 관계, 과업구조, 지위권력으로 구성된다. 과업지향적인 리더는 높고 낮은 통제의 상황 아래에서 효과적이다. 관계지향적인 리더는 중간의 상황통제를 가질 때 더 효과적이다.
- **하우스의 수정된 경로-목표이론과 허시와 블랜차드의 상황적 리더십 이론을 논의하라.** 수정된 경로-목표이론에는 중요한 세 가지 변화가 있다. 리더는 이제 4가지 범주 대신 8가지의 리더 행동 범주로 나타난다.(표 14-2를 보라) 즉, 이러한 스타일의 효과성은 다양한 직원 특성과 환경 요인에 달려있다. 둘째, 리더는 권한위임을 통해 내재적 동기부여를 촉진하는데 더 노력하도록 기대되어진다. 셋째, 리더십은 경영의 역할을 가진 사람들로 제한되지 않는다. 그보다 리더십은 조직 내에서 모든 직원들 사이에서 공유되어진다. 상황적 리더십 이론에 따르면, 효과적인 리더의 행동은 부하 직원들의 성숙도 수준에 달려있다. 부하 직원의 성숙도가 증가할 때, 리더들은 지시적 스타일로부터 점진적으로 지도적 스타일로, 참여적 스타일로, 궁극적으로 위임적 스타일로 이동하도록 조언받는다. 연구는 상황적 리더십 이론을 지지하지 않는다.
- **거래적 리더십과 변혁적 리더십의 차이를 묘사하고 어떻게 변화적 리더십이 부하들과 업무집단을 변화시키는지 논의하라.** 거래적 리더십과 변혁적 리더십 사이에는 중요한 차이가 있다. 거래적 리더는 직원들의 역할과 과업 요구를 분명히 하고 성과에 따른 긍정적, 부정적 보상을 제공하는데 초점을 맞춘다. 변혁적 리더는 직원들이 그들 자신의 관심을 넘어 조직적 목표를 추구하도록 동기부여한다. 두 가지 형식의 리더십 모두 조직의 성공을 위해 중요하다. 개인특성과 조직문화는 4가지 리더 행동으로 구성된 변혁적 리더십의 중요한 선행요인이다. 즉, 이러한 리더 행동들은 부하와 업무집단의 목표, 가치, 신념, 영감, 동기부여에 긍정적으로 효과를 미친다. 이러한 긍정적인 효과들은 기대되는 결과와 직결된다.

- **리더십의 리더-구성원 교환모형과 공유된 리더십의 개념을 설명하라.** 리더-구성원 교환 모형은 경영자와 그들의 직속부하 사이의 이원적인 관계의 개발에 초점을 맞춘다. 이러한 리더-구성원 교환들은 집단 내부나 집단 외부의 관계의 조건이 된다. 연구는 이러한 리더십 모형을 지지한다. 공유된 리더십은 공식적 역할과 지위에 관계없이 지도를 위해 개개인이 책임을 공유하는 동시적이고, 계속적인 상호 영향 과정을 말한다. 이 리더십 타입은 사람들이 팀 안에서 일을 하거나, 복잡한 프로젝트를 맡고 있을 때, 사람들이 지식관련 업무를 할 때 요구된다.
- **섬김의 리더십의 원칙을 복습하고, 5단계 리더십을 논의하라.** 섬김의 리더십은 실험적인 이론이기 보다는 철학에 가깝다. 섬김의 리더십에서는 훌륭한 리더는 직원, 고객, 공동체를 포함한 다른 이들의 필요를 충족시키는 것을 그들의 최우선 순위로 생각하며 하인과 같이 행동한다. 5단계 리더십은 좋은 회사를 훌륭한 회사로 이끌기 위해 요구되는 리더십 능력의 단계를 의미한다.
- **리더십 과정에서 직원의 역할에 대해 설명하라.** 직원들은 리더와 직원 간의 관계를 관리할 때 네 단계의 과정을 사용할 수 있다. 직원들은 상사와 그들 자신에 대해 이해해야 한다. 그리고 직원들은 자신이 상사를 이해하는 것과 그 스스로를 이해하는 것과의 격차를 분석해야 한다. 마지막 단계에서는 상호 간의 강점을 구축하고 리더의 다양한 스타일, 목표, 기대 약점을 조정하거나 수용하는 것이 요구된다.

토의 문제

1. 인용된 예시에서, 인드라 누이는 어떠한 다른 리더십 특성과 스타일을 보여주었는가?
2. 모든 사람이 리더가 되기에 적합한가? 설명하라.
3. 개인의 리더십 스타일과 상황 중 어떤 것을 변화하는 것이 더 이치에 맞는가? 프레드 피들러와 로버트 하우스는 이 질문에 어떻게 대답하였는가?
4. 당신은 변혁적 리더 아래에서 일해 본 경험이 있는가? 그가 어떻게 부하들을 변화시켰는지 설명하라.
5. 당신은 어떤 리더십 이론의 실용성이 가장 높다고 생각하는가?

윤리적 딜레마

당신은 친구를 도와주어야 하는가?

당신은 콜센터의 관리자인데, 회사에서 일을 하던 친구를 해고시켜야만 하는 어려운 업무에 직면하였다. 이 직원은 과거에 훌륭하게 업무를 수행했으며, 당신은 그가 떠나는 것이 내키지 않는다. 그럼에도 불구하고, 회사는 주 고객과의 계약을 놓쳤고 그의 직책은 쓸모가 없어졌다. 직원이 집을 새로 짓고 있고 마감은 10일이 남은 것을 당신은 알고 있다. 그는 다른 집을 팔았고 현재 처가 식구들과 함께 살고 있다. 그 직원은 당신에게 와서 선처를 호소한다. 그는 새 집을 위한 대출 자격을 얻기 위해 고용기간을 10일정도 늘려줄 것을 원한다. 불행히도, 당신은 그렇게 할 권한이 없어 그에게 부탁을 들어줄 수 없다고 말하였다. 그러자 그는 주택융자 회사가 그의 고용 상태를 구두로 확인하기 위해 전화를 할 것이라고 말하였다. 이 확인 절차는 당신의 친구이자 직원이 새집의 대출금을 얻기 위한 필수적 조건이다. 당신이 그의 고용기간을 늘려줄 수 없기 때문에 그는 지금 다른 부탁을 청하고 있다. 그는 당신이 주택융자 회사에게 그가 여전히 고용상태에 있다고 말해주기 원한다.

딜레마의 해결

콜센터의 관리자로서, 당신은 어떻게 할 것인가?

1. 주택융자회사에 그가 여전히 일한다고 말한다. 당신의 친구는 휴식이 필요하고 그가 가까운 미래에 곧 직업을 찾을 것이라고 확신한다.

2. 거짓말하는 것을 거절한다. 고용에 관해 잘못된 정보를 알리는 것은 비도덕적이다.

3. 간단히 주택융자회사의 전화를 피한다.

4. 다른 선택을 한다. 이에 대해 논의해보자.

진화하는 조직 관리하기

Part Five

Chapter 15

효과적 조직 설계

학습목표

이 단원을 학습한 후, 다음의 질문에 답할 수 있어야 한다.

1. 모든 조직에 공통되는 네 가지 특징들을 설명하라.
2. 개방 시스템과 폐쇄 시스템의 차이를 설명하라.
3. 조직 설계의 기본적인 일곱 가지 방법을 정의하라.
4. 기계적 조직과 유기적 조직을 고려하여 번즈와 스토커의 연구 결과에 대해 논의하라.
5. 일곱 가지 조직 구조가 어울리는 각각의 상황을 규명하라.
6. 조직 효과성에 대한 네 가지 포괄적 기준을 나열하라.

구글을 공동 설립한 세르게이 브린(Sergey Brin, 왼쪽)과 래리 페이지(Larry Page)는 모든 조직에는 최적의 규모가 있다고 믿는다. 당신은 여기에 동의하는가?

구글의 공동 창립자 세르게이 브린과 래리 페이지는 날이 갈수록 시간 활용에 있어서 신중해지고 있다. 억만장자들을 찾는 사람이 많기 때문이다. 그러나, 이들은 구글이 미국에서 가장 일하기 좋은 직장에 2년 연속으로 선정되었을 때 포춘(Fortune)지를 위해 시간을 마련해 주었다.

장기적으로 지속 가능한 회사를 만드는데 중요한 요소 중 하나인 조직 문화에 관한 주제에서, 페이지와 브린은 차례로 번갈아 가며 순환과 정직의 기술을 강조하였다. 페이지는 최근 시애틀에 새로 생긴 구글 사무실 몇 곳을 방문하였는데, 이처럼 작고 생긴 지 얼마 안 된 사무실들이 구글의 초기시절과 흡사하다는 점에 놀라웠다고 한다.

"200명의 사람들이 근무하는 사무실을 걸으면서 구글이 처음 창립했을 때와 비슷한 규모라는게 인상적이었습니다." 라고 그는 말한다. "제 생각에는 조직의 규모가 조직 문화에 큰 도움이 된다고 봅니다." 페이지는 조직에는 "자연적 단위(Natural Unit)"라고 불리는 최적의 규모가 존재한다고 믿는다. 그는 잠시동안 이 자연적 단위의 장점에 대해서 열변을 토해냈다. 페이지는 "우리 기업이 성장할수록, 그에 따른 최적의 조직 규모를 유지하는 것이 우리 조직 문화를 유지하는 방법이라고 생각한다." 라고 덧붙였다.

브린은 페이지에 전적으로 동의하지는 않는다. 브린과 페이지는 말다툼을 하고, 브린은 페이지를 부정하면서 그의 생각을 언뜻 내 비쳤다. "나는 문화를 유지하는 것이 목표라고 생각하지 않는다"라고 브린은 말한다. "차고에 있는 우리의 황금기를 돌아볼 필요는 없다고 생각한다. 목표는 규모면에서의 성장만큼 발전하는 것이다. 문화적 문제나 그 외의 비슷한 문제들은 우리의 규모가 커지면서 확보한 더 많은 자원으로 분명히 극복할 수 있다."

간단히 말해서, 페이지에게는 문화를 유지하는 것이 문제인 반면에 브린에게는 문화를 발전시키는 것이 문제이다. 흥미롭게도, 필요하다고 생각할 때마다 이 설립자들을 저지할 수 있는 슈미트(Schmidt, 구글의 CEO)는 뒷전에서 침묵만을 지킬 뿐이었다.

마이크로소프트(Microsoft)가 규모를 너무 키운 것이 잘못이라고 생각하느냐는 질문에 페이지는 자신의 '자연적 단위' 논리를 다시 내세웠다.

제가 알기로는, 마이크로소프트는 대부분 한 지역에서 성장했고, 확실히 우리의 상황과는 다르다"라고 페이지는 말했다. "우리는 서로 다른 일을 하는 다양한 조직으로 이루어져 있다. 예를 들어, 주로 사업부 형태를 유지하고 있는 유튜브가 있다. 유튜브는 샌 브루노[구글의 본부인 캘리포니아 마운틴 뷰에서 고속도로로 대략 20분 정도 가야하는]에 있고, 확연히 다르면서도 멋진 그들만의 문화를 가지고 있다. 만약 당신이 GE처럼 다양한 업무를 하는 거대하고 성공한 기업들을 보면, 분명 복잡한 조직 구조를 가지고 있지만 그것들을 모두 조화롭게 유지하는 능력이 있다."

유튜브가 독립체라는 생각은 구글 내 많은 사람들에게 거부감을 주기 마련이다. 사실 유튜브는 물리적으로 분리되어 있고, 유튜브 설립자인 채드 헐리(Chad Hurley)와 스티브 첸(Steve Chen)이 여전히 깊이 연관되어 있었다. 사실 유튜브는 구글화 되지 않았다. 그러나 구글의 내부자들은 유튜브 부서의 책임자들이 구글의 상사에게 보고하는 것을 포함하여 업무를 어떻게 해야 하는지를 명확하게 제시했다. GE는 분권화 전략으로 명성이 높으면서도 본사를 중심으로 한 통합된 기업 문화를 가지고 있다. 더 주목해야 할 점은, GE(GE, 포춘 500)의 통합정책처럼 성공적으로 문화적통합을 이뤄낸 회사들이 그리 많지 않았다는 것이다.

두 설립자는 구글이 더 많은 회사를 인수하면서 성장할 거라고 내다보고 있다. 그렇다면 간혹 짜증이 날 정도로 엄격한 구글의 채용절차를 거치지 않은 더블클릭(Double click : 온라인 광고 업체)의 임직원들을 구글은 어떻게 포용할 것인지 의문이 든다.

"구글의 채용 방식이 최적이라고 할 수는 없지만 항상 개선하려고 노력한다"고 페이지는 말한다." 우리는 분명히 뛰어난 사람들을 뽑는다. 또한 서로 다른 종류의 기술을 갖고 있는 사람들을 채용한다. 컴퓨터로 일하는 사람을 뽑기도 하고 건축을 하는 사람을 뽑기도 하고 기타등등 다양한 분야에서 사람을 고용한다.

구글이 인수한 회사들과 구글의 채용 문화는 아마도 다를 것이다. "하지만 각 회사의 상황에 맞는 채용 문화를 가지고 있다"라고 페이지는 덧붙였다. "더블클릭과 같은 회사의 경우, 자신의 업무를 누구보다도 잘 알고 있다. 회사의 역사가 길고 기반도 어느 정도 다져져 있으며, 무엇보다도 고객들에게 좋은 서비스를 제공한다. 그래서 우리는 우리가 하는 방식에 대해 맹신하기보다는 오히려 다른 사람들이 어떻게 운영하는지 배우려고 노력한다."

| 토의하기 |

모든 조직에게는 최적의 규모가 있다는 래리 페이지의 결론에 동의하는가? 당신의 논리를 설명해 보시오.

우리 삶의 거의 모든 부분이 최소한 간접적이나마 조직의 영향을 받는다. 우리는 조직이 음식, 옷, 집, 교육과 고용 등을 제공해 주기를 기대한다. 조직은 엔터테인먼트, 경찰과 화재 예방, 보험, 레크리에이션, 국가 안보, 교통수단, 뉴스와 정보, 법적 지원, 건강 관리와 같은 우리의 욕구를 충족시켜 준다. 현대 조직들은 한 가지 공통점을 가지고 있다. 그것은 조직행동이 나타나는 주요 배경이라는 점이다. 말하자면, 조직들은 조직행동이라는 게임이 진행되고 있는 체스판이다. 그러므로, 현재와 미래의 관리자들은 업무 면에서 사람들을 관리할 때 그들이 올바른 방향으로 움직일 수 있게 도울 수 있는 현대 조직에 대한 실용적인 지식들을 알아야 한다.

앞선 사례는 모든 상황에 최적한 조직 설계방법은 없다는 것을 보여준다. 최적의 설계는 상황의 요구에 얼마나 적합한지에 따라 달라진다. 상황별 설계유형은 이 장의 뒷부분에서 논의될 것이다. 더불어, 구글의 사례는 2장에서 살펴보았던 "조직구조는 조직문화와 관련있다."는 주장을 뒷받침 해 주고 있다. 이는 관리자가 조직문화와 조직설계 간의 상호작용을 고려하는 것이 얼마나 중요한지를 보여주고 있다. 이번 장은 우리가 조직문화와 조직설계 사이의 역동적이고 중요한 관계를 관리하는데 도움을 줄 것이다.

이번 장은 크게 네 파트로 구성되었다. 첫 번째 파트에서는 조직을 정의하고, 조직도를 해석하는 주요 관점을 살펴볼 것이다. 또한 조직을 설계하는 다양한 방법을 집중조명 하겠다. 여기서는 전통적인 사업부형태에서 최근의 조직 유형까지 부서와 회사의 장벽을 낮추는 획기적인 아이디어를 포함하고 있다. 그 다음으로 조직을 설계하기 위한 상황적 접근법을 논의해보고, 조직 효과성을 평가하는 기준을 제시하면서 이 장을 마치겠다.

조직: 정의와 범위

1 학습목표

모든 조직에 공통되는 네 가지 특징들을 설명하라.

이번 단원을 시작하기 위한 발판으로서 우리는 조직이란 단어를 명백히 정의할 필요가 있으며 조직도의 의미를 분명히 할 필요가 있다.

조직이란 무엇인가?

조직(organization)
두 명 이상의 사람들로 이루어진 의도적으로 통합된 활동의 체계

체스터 버나드(Chester Barnard)의 고전적인 정의에 따르면, 조직(organization)이란 "두 명 이상의 사람으로 구성된 의도적으로 통합된 활동 또는 집단의 체계"이다. 이 정의에서 의도적인 통합은 모든 조직이 가지고 있는 네 가지 공통분모를 표현하고 있다: 협력, 공동목표, 분업, 권한체계. 조직 이론가들은 이러한 요소들을 조직의 구조라고 부른다.

협력은 정책, 규정 그리고 규칙의 공식화와 이의 시행을 통해 성취된다. 분업은 각개인이 서로 다르지만 연관된 업무를 수행함으로써 공통된 목표를 추구할 때 발생한다. 명령의 사슬이라고도 불리는 권한체계는 올바른 사람이 올바른 시간에 올바른 일을 하도록 만드는 통제 메커니즘이다. 역사적으로 관리자들은 명령 방침의 일원화를 고수함으로써 권한체계의 무결성을 보존해왔다. 명령일원화의 원칙(unity of command principle)은 모든 직원들이 오직 한명의 관리자에게만 보고를 해야 한다고 말한다. 그렇지 않으면 명령의 충돌과 개인적 책임감 부족으로 인해 조직 내에 비효율성을 나을 것이라고

명령일원화의 원칙(unity of command principle)
각각의 직원은 오직 한 명의 관리자에게 보고해야한다.

주장하고 있다. (실제로, 오늘날 다기능 팀이나 자율 경영팀 같은 혁신에 바탕을 두고 변화를 추구하는 유동적인 조직에서 문제가 되고 있다.) 권한체계에서 관리자들은 또한 보상과 처벌을 관리한다. 네 가지 요소가 일제히 작용할 때 — 노력협력, 공통목표, 분업, 권한체계 — 이 요소들은 조직에 생명을 불어넣고 기능을 발휘할 수 있게 한다.

당신의 지식을 시험하라

권력분배

조직도

조직도(organization chart)

공식적 권한 체계와 노동의 분업 현황을 보여주는 상자와 선으로 이루어진 그림표

조직도(organization chart)는 공식적인 권한이나 분업 관계를 표현한 도표이다. 일반적으로 조직도라는 말은 작업장 벽에 걸린 글상자와 선으로 된 가계도와 비슷한 형태의 것을 의미한다. 각각의 글상자 안에 이름과 현재의 직책이 적혀 있다는 것은 누구나 발견할 수 있다. 그러나 조직 이론가들은 조직도를 통해 좀 더 많은 것을 밝혀낸다. 그림 15-1의 부분적 조직도를 통해 조직구조를 네 가지 차원에서 기본적으로 이해할 수

병원의 조직도 예(이사진과 관리자 직위에 한함) **그림 15-1**

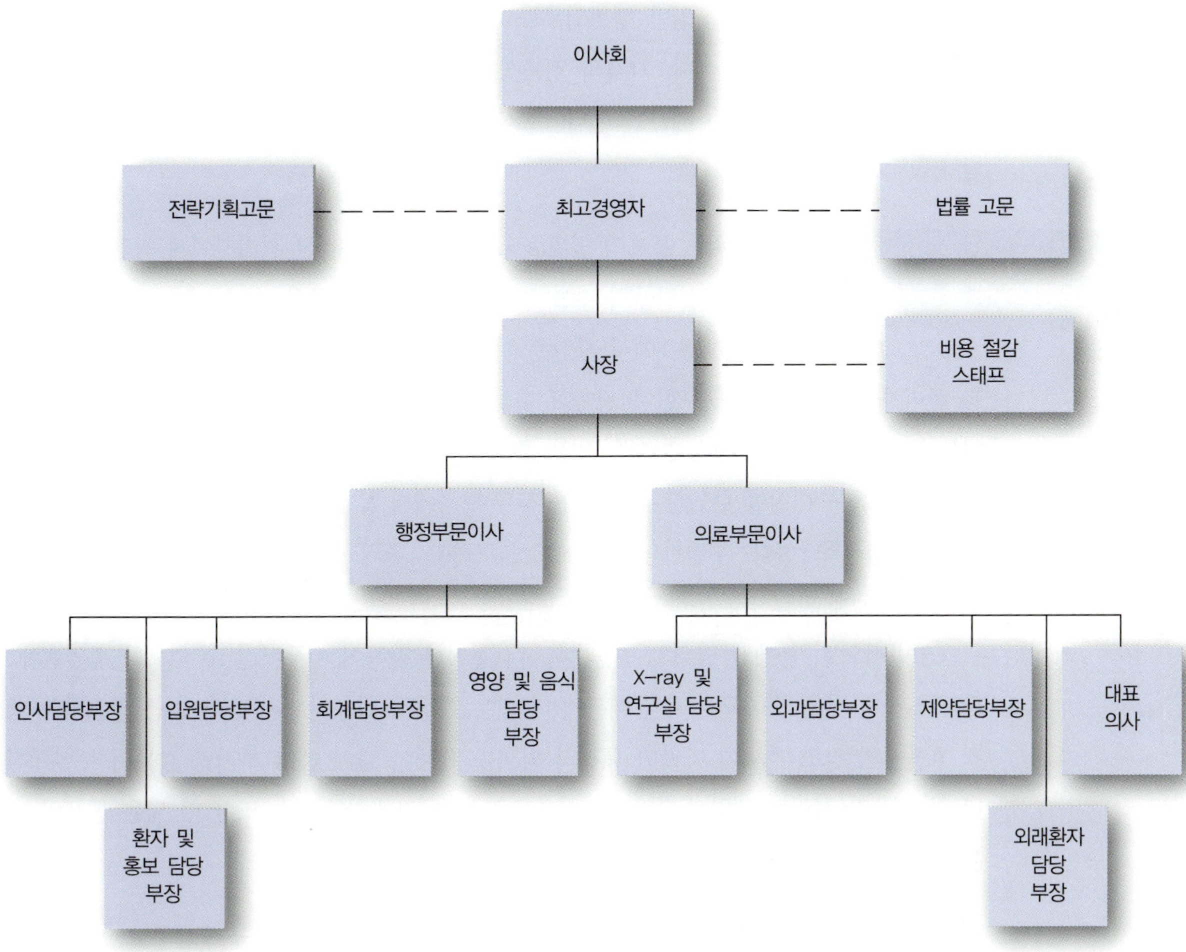

기술과 모범사례

넓은 통제의 범위 관리하기

어떤 상황에서는 관리자가 30명 그 이상의 그룹을 성공적으로 이끌 수 있다. 다음의 조건과 실제 사례를 보라.

- 직무가 서로 유사해서 훈련과 목표 설정이 간단하다.
- 종업원들이 독립적으로 일할 수 있는 지식, 재능, 동기를 가지고 있다.
- 종업원들이 의사결정을 할 수 있도록 권한위임이 되어 있다.
- 임금이 성과와 연결되어 있어서, 종업원들이 역량을 발휘해야할 동기를 가지고 있다.
- 통신 기술을 통해 관리자와 종업원들 사이에 지속적인 교류가 가능하고, 상호간의 지식 공유를 돕는다.

멕시코에 있는 펩시(PepsiCo.)의 쿠키 사업부 게메사(Gemesa)에서는, 관리자들이 각각 56명의 종업원을 맡고 있다. 이러한 통제의 범위가 성공한 이유는 종업원들이 회사의 목표와 업무처리 방식을 충분히 숙지함으로써 더 많은 책무를 처리할 수 있기 때문이다. 또한, 인센티브는 생산성, 품질, 서비스, 팀워크에 따라 지불된다. 이 조직 구조의 효율성은 게메사의 경영 성과를 결과적으로 높여 주었다.

출처: base on G.Anders, "Overseeing More Employees–with Fewer Managers", *The Wall Street journal*, March 24, 2008, p.B6

있다. (1)권한체계(보고 체계), (2)분업, (3)통제 범위, (4)라인과 스탭의 지위(line and staff positions).

권한체계 그림 15-1에서 볼 수 있듯이 이 병원에서는 분명한 권한체계가 있다. 하위 직급부터 시작하는 보고체계를 보자면 10명의 관리자는 두 명의 이사에게 보고를 하면 두 명의 이사는 사장에게 보고를 하고 사장은 최고 경영자에게 보고를 한다. 최종적으로 최고 경영자가 병원의 이사회에 보고를 한다. 그림 15-1의 조직도를 보면 오르내리는 선을 따라 명령체계가 완전히 통일되어 있음을 알 수 있다. 공식적인 권한체계는 직무상의 의사소통 망을 보여주기도 한다.

분업 조직도 예시를 통해서 명령의 체계 뿐만 아니라 분업에 대한 정보도 알 수 있다. 병원의 사장 바로 아래 이사들 중 한 명은 일반 행정업무를 관할한다면 다른 한명은 의료 업무에 책임을 진다. 각각의 전문성은 표에 나와 있는 것처럼 다음 서열의 직위로 세분화 된다. 조직 내에서 더 낮은 직위일수록 업무는 더 전문화 된다.

통제의 범위(spans of control)
한 명의 관리자에게 직접적으로 보고해야 하는 사람들의 수

통제의 범위 **통제의 범위(spans of control)**란 한 관리자에게 직접적으로 보고를 해야 할 사람들의 수를 말한다. 그 범위는 좁을 수도 넓을 수도 있다. 예를 들어, 그림 15-1에서 사장은 두 명이라는 좁은 통제 범위를 가진다.(비서는 보통 관리자의 통제 범위에 포함 되지 않는다.) 그림 15-1에서 행정관리 이사는 5명이라는 더 넓은 통제의 범위를 갖는다. 30명을 넘는 통제의 범위는 기계적으로 규격화된, 반복적인 작업이 밀착 감독을 대신할 수 있는 조립라인 같은 경우에서 볼 수 있다. 역사적으로 5-6명의 통제 범위가 가장 적당하다. 수년간의 토론에도 불구하고, 조직 이론가들은 이상적인 통제 범위에 관해 일치점에 도달하지 못하고 있다.

일반적으로, 통제의 범위가 좁을수록, 더 철저한 감독이 이루어질 수 있으나 종업원에 대한 관리자의 비율이 더 높아지기 때문에 더 많은 행정적 비용이 들어간다. 최근 간소화와 행정적 효율성의 강조 추세에 따르면 통제의 범위를 가능한 넓게 해야 하지만 감독이 부실해지거나 구성원 간 협력의 저하가 있을 수 있으므로 이를 경계해야한다. 또한 더 넓은 통제의 범위는 노동자에게 더 많은 자율성과 권력을 위임하는 경향이 있다.

라인과 스텝의 지위 그림 15-1의 조직도는 라인조직과 스태프 조직을 구분하고 있다. 조직도

에서 사장, 이사, 부장과 같은 계열 안의 관리자들은 명령 체계 안에서 공식적인 의사결정을 한다. 조직도에서 라인조직 관리자는 일반적으로 짙은 실선으로 연결되어있다. 점으로 된 선은 스태프 직위를 나타낸다. **참모 직원**(staff personnel)들은 의사결정 권한을 가지는 **라인 관리자**(line manager)들에게 배경 조사나 기술적인 조언, 권고 등을 제공한다. 예를 들어 조직도 예에서의 비용 절감 전문가들은 단순히 비용 문제에 대해 사장에게 조언을 할 뿐이다. 자신들의 지원 역할을 스스로 감독하는 것 외에는 조직의 다른 멤버들에 대한 어떠한 권한도 가지고 있지 않다. 다기능 팀이나 리엔지니어링과 같은 최근 트랜드에서는 직계조직과 참모조직의 구분이 모호해지고 있다.

스태프 직원(staff personnel)
라인 관리자들을 위해 조사, 조언, 권고 등을 제공한다.

라인 관리자(line manager)
조직의 의사 결정권을 갖는다.

이스라엘에 있는 207명의 경찰관을 대상으로 한 조사에 따르면, 라인조직 사람들이 스태프 조직 사람들보다 훨씬 더 많은 성과를 올린 것으로 나타났다. 이 당연한 결과의 원인은 라인 조직의 관리자들이 부하직원들에게 상대적으로 더 많은 권한과 직무 상황에 대한 통제권을 부여했기 때문이다.

조직의 개방 시스템적 관점

학습목표 2
개방시스템과 폐쇄 시스템의 차이를 설명하라.

조직이 어떻게 진화 하였는지를 이해하려면, 우리는 개방시스템과 폐쇄시스템의 차이를 알아야 한다. **폐쇄 시스템**(closed system)은 자급자족할 수 있는 객체라고도 하며 주위 환경으로부터 차단되어 있다. 반대로 **개방 시스템**(open system)은 생존을 위해 끊임없이 주위 환경과 상호 작용을 한다. 개방시스템과 폐쇄시스템의 차이는 정도의 차이이다. 세상에 존재하는 모든 시스템이 부분적으로 개방되있거나 폐쇄되었기 때문에, 우리는 '환경이 시스템의 기능에 있어서 얼마나 큰 역할을 하는지' 확인해야 한다. 예를 들어, 배터리로 돌아가는 시계는 상대적으로 폐쇄된 시스템이다. 배터리를 일단 넣게 되면 시계는 배터리가 모두 소모될 때까지 시간을 알려주는 일을 수행한다. 반면에 인체는 고도의 개방시스템이다. 환경으로부터 생명을 유지하기 위한 끊임없는 산소의 공급을 필요로 하기 때문이다. 영양소 또한 환경으로부터 얻는다. 개방시스템은 항상성과 피드백 제어와 같은 특징을 갖기 때문에 자동 조정, 적응 그리고 성장이 가능하다.

폐쇄시스템(closed system)
비교적 자급자족을 할 수 있는 독립체

개방시스템(open system)
생존하기 위해서는 주위 환경과 지속적으로 상호작용을 해야만 하는 유기체

역사적으로, 경영 이론가들은 환경을 경시했다. 조직을 기름칠이 잘 된 기계와 같이 폐쇄시스템적 관점에서 바라보았기 때문이다. 그들은 엄격한 계획과 통제가 환경의 불확실성을 제거해 줄 것이라 믿었다. 하지만 이러한 생각은 비현실적인 것으로 밝혀졌다. 1950년대에 나타난 일반 시스템 이론 분야를 살펴보면, 조직 이론가들은 조직에 대해 보다 역동적인 모형을 제시했다. 그 결과인 개방시스템은 조직을 인체와 연관지었다. 따라서, 그림 15-2에 있는 모형은 조직을, 투입물을 다양한 형태로 산출하는 살아있는 유기체로 묘사하고 있다. 조직의 경계는 외부와의 통로이다. 사람, 자본, 정보, 상품과 서비스 등은 경계를 넘나들며 조직 내외부로 이

그림 15-2 조직의 개방시스템

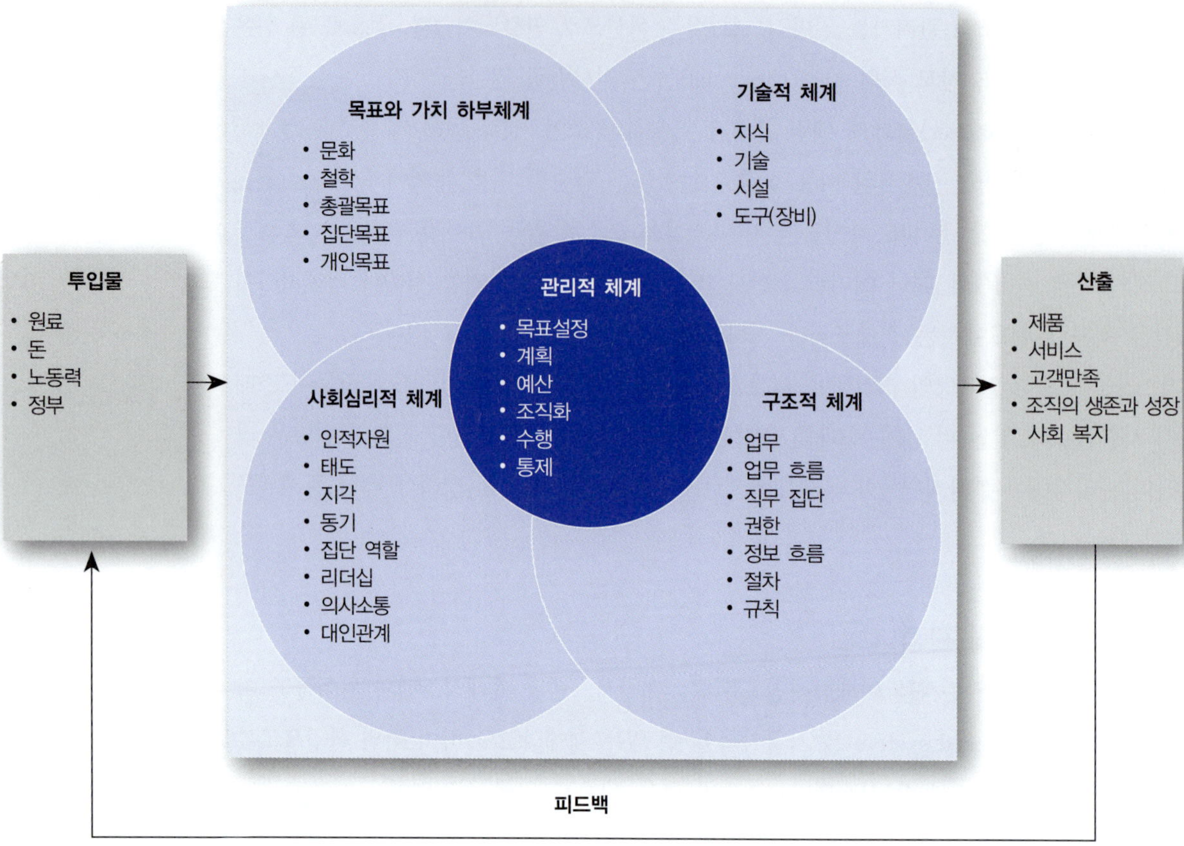

출처: This model is a combination of Figures 5–2 and 5–3 in F E Kast and J E Rosenzweig, *Organization and Management: A Systems and Contingency Approach*, 4th ed (New York: McGraw-Hill, 1986), pp 112, 114. Copyright © 1986 by the McGraw-Hill Companies. Reprinted with permission

동한다. 게다가, 다섯 가지 조직 하부 체계 — 목표와 가치, 기술, 사회심리, 구조, 관리 — 는 상호 의존성을 갖는다. 피드백(판매량, 고객 만족도 등)을 통해 조직은 자가 조절을 하고, 이를 기반으로 불확실성과 변화에서 살아남는다. 사실상, 조직은 하나의 생명체이다.

변화하는 세계에서의 조직설계

3 학습목표
조직설계의 기본적인 일곱 가지 방법을 정의하라.

몇 십년 전까지 대부분의 조직 이론가들은 조직의 수직적 관계를 중심으로 조직구조를 생각했었다. 하지만 최근에는, 많은 조직들이 전체적인 프로세스를 진행하거나 팀제를 운영하기 위해 수평적 관계를 강조하고 있다. 게다가, 몇몇 기업들의 관리자들은 전통적인 조직구조에 대한 대안들을 발견했다. 이번 섹션에서 우리는 세 가지 관점에서 나온 조직구조의 유형들을 알아본다.

전통적 설계

전통적 관점에서 정의한 조직은 기능별, 사업부별, 그리고 매트릭스(matrix) 구조가 있다. 기능별 조직은 제조, 마케팅, 그리고 재무와 같이 수행하는 업무의 기능에 따라 사람들을 조직한다. 관리자는 각각의 이런 기능별 부서들의 성과에 대한 책임이 있으며, 종업원들은 판매나 엔지니어링같은 특정 기능에 자기 자신을 강하게 동일시하려는 경향이 있다. 그림 15-1의 조직도는 기능별 구조를 나타낸다. 이 병원에서의 책무는 첫 번째로 행정부서와 의료부서로 나누어진다. 각각의 부서에서 이 사들은 하위 부서들에 대한 책임을 진다. 이런 구조는 같거나 유사한 활동의 전문가들을 조직화한다. 그래서 규모가 작은 회사가 성장하여 생산직, 영업직, 회계직 신입사원을 채용하게 되면, 그들의 업무를 이해하는 상사와 밑에 배치시킨다.

"알다시피, 나는 여기서 일을 시작한 이래 쭉 주요 인물이 되기를 갈망해 왔어."

Reprinted by permission of Dave Carpenter from Harvard Business Review, April 2004.

사업부별 구조에서는 조직을 상품의 유형 혹은 고객의 유형(위치)과 같은 산출물을 기준으로 분류한다. 예를 들어, 제너럴 일렉트릭(General Electric)에는 6개의 사업부가 있다(주요 생산 사업부) : 상업 금융(GE Commercial Finance), 건강 관리(GE Healthcare), 산업(GE Industrial), 인프라(GE Infrastructure), 재정(GE Money), 엔비씨(NBC Universal). 이 주요 사업 영역들은 생산 혹은 지역 사업부로 나누어져 있다. 건강 관리 부서는 임상 시스템과 진단 영상 기기 생산 부서로 나누어져 있고, 재정 부서는 미주, 아시아 태평양, 유럽, 중앙아시아, 아프리카 지역 부서로 나누어져 있다. 사업부 직원들은 특정 제품이 생산이나 지역적 고객 서비스에 진문성을 띄게 된다. 일반적으로 각각의 사업부는 기능별 부서로 다시 나누어진다.

일부 조직은 기능별 혹은 사업부별 구조가 사람들을 너무 불필요하게 나눈다는 문제점을 꼬집는다. 왜냐하면 고객 만족을 실천할 정도의 부서별 협업이 이루어지지 않고, 효율적인 조직 운영을 위한 사업부별 전문성 공유도 미약하기 때문이다. 수직적 구조를 유지하는 동시에 이러한 문제점을 해결하는 방법이 바로 매트릭스 구조이다. 매트릭스 구조는 기능별 구조와 사업부별 구조의 명령 사슬을 결합하여 두 가지 명령 구조의 격자를 형성한다. 하나의 명령 구조는 기능에 따라 수직적으로 나타나고, 나머지 하나는 생산 라인, 브랜드, 고객 집단, 지역에 따라 수평적으로 나타낸다. 그림 15-3의 예시에서 보듯이, 포드(Ford)는 부사장들을 각각의 부서에 배치하고, 프로젝트 관리자들을 각각의 차종에 배치시켰다. 종업원들은 두 명의 관리자(부서의 책임자와 현재 작업하고 있는 프로젝트의 책임자)에게 보고하게 된다.

그림 15-3 포드가 사용하는 매트릭스 구조 예시

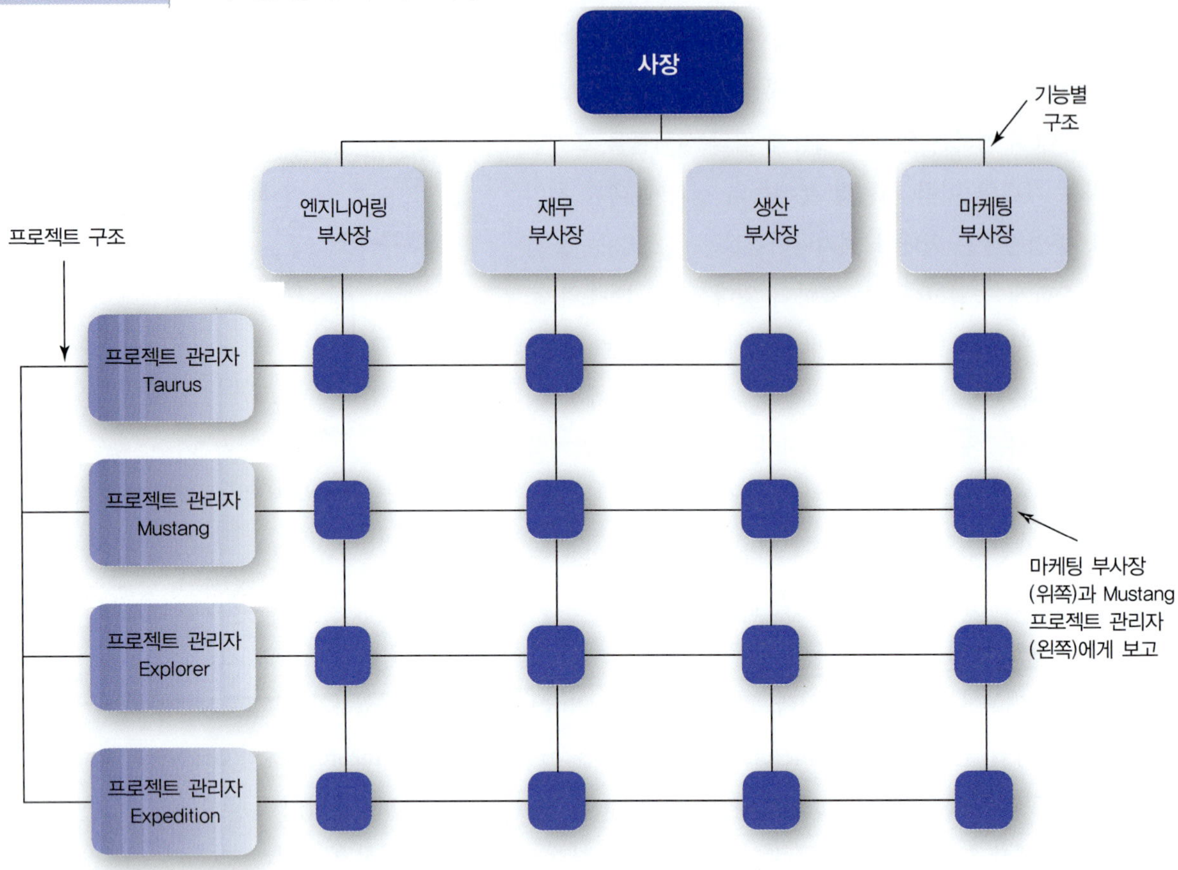

협업중심의 구조: 수평적 설계

기능, 상품, 고객에 따라 업무를 나누는 전통적 접근방법은 내부의 경계를 없애고 사람들의 화합을 중시하는 경영자들을 만족시키지 못한다. 만약 직원들이 지식을 서로 공유하고, 지속적으로 일처리 방식을 개선해나가길 원한다면 자연스럽게 협업할 수 있는 환경을 만들어야 한다. 이러한 시각을 가진 많은 조직들은 전통적 조직설계에서의 수직적 관계보다 직장 동료간의 수평적 관계를 강조한다.

조직설계에서의 수평적 접근은 작업 프로세스에 중점을 두는 경향이 있다. 프로세스는 신상품 개발 또는 주문처리 등 고객의 욕구를 충족시키는데 필요한 모든 업무와 책임을 포함한다. 프로세스를 완수하기 위해서는 서로 다른 부서에 있는 사람들의 노력이 필요하고, 일반적으로 9장에서 설명한 다기능팀의 형태로 조직된다. 그러므로, 팀워크는 수평적으로 설계된 조직의 특성이다. 두 명의 조직설계 전문가는 수평적 조직을 설계하는 다섯 가지 원칙을 제시했다.

1. 개별업무보다 전체적인 작업흐름 위주로 조직하라.
2. 서열을 축소하고 팀을 조직하여 모든 것을 관리하라.
3. 팀 관리자를 지명하여 내부적 팀 프로세스를 관리토록 하라.
4. 생산자와 고객과의 접촉이 성과에 반영되게 하라.
5. 필요하다면 팀 외부에서 요구되는 전문기술을 제공하라.

조직들 간의 영역 개방

수평적 조직이 조직 안의 장벽들을 없애려고 하는 반면, 몇몇 구조들은 조직 간에 장벽이 없는 것이 항상 이상적일 수는 없다는 생각에 기초를 두고 있었다. 때때로 조직들은 공동 목표를 위해 자원을 공유할 수 있는 구조를 창조함으로써 더 좋은 성과를 낼 수 있다. 이 생각을 응용한 결과가 바로 공동화(hollow) 조직, 모듈러(modular) 조직, 또는 가상조직이다.

공동화 조직은 아웃소싱을 전략적으로 응용하려는 경향을 바탕으로 생겨났다. 관리자들은 조직의 핵심역량(타 조직보다 우수하고 수익성 있는 기능)을 확인한다. 예를 들어, 운동화 회사는 자사의 디자인 능력과 시장에 대한 때문에 새로운 디자인을 개발하는데 뛰어날 수 있다고 결정할 수 있다. 그러면 이 회사는 제조, 주문, 선적, 종업원의 복리후생 관리와 같은 활동을 다루기 위해 아웃소싱 파트너를 찾게 될 것이다. 더 많은 프로세스들이 아웃소싱될수록, 조직은 '공동화'가 된다. 그리고 자신이 최고의 성과를 낼 수 있는 것에 집중하게 된다. 가구 회사인 허먼 밀러(Herman Miller)는 조직의 외부에서 디자인 전문기술을 구한다. CEO인 브라이언 워커(Brian Walker)는 아웃소싱의 장점들을 설명한다:

노키아는 세계적인 휴대폰 공급의 선두주자이다. 회사 성공 요인의 일부는 노키아의 제품 개발 방식에서 찾을 수 있다. 노키아는 AT&T를 비롯해 다른 휴대전화 사업자들과 파트너 십을 맺고 전화기를 개발한다. 이러한 가상 조직들이 살아남기 위해서는 어떤 특징들을 가져야 할까?

> 이 외부 네트워크는 우리의 고유 필터를 거치지 않고도 고객들이 직면하는 문제들을 항상 새로운 시각으로 볼 수 있도록 도와준다. 만약 당신이 내부 디자인 직원만 보유하고 있다면, 그 직원들이 비록 뛰어난 재능을 갖고 있다 하여도, 그들의 경험과 시각에 갇혀 문제를 보게 된다. 더 넓은 외부 네트워크로 뛰어들 수 있는 능력은 우리가... 현존하는 혹은 잠재적인 문제들에 대해 신선한 관점을 얻을 수 있게 해준다.

허먼 밀러는 제조업무 또한 아웃소싱하고 있다; 워커는 이 회사가 "제조업자 라기보다는 상품을 완성하는 전문기업"이라고 말한다. 제조업무를 아웃소싱하면 회사 내부에서 제조 프로세스를 자체적으로 바꿀 필요가 없기 때문에 새로운 제품 아이디어를 개발하는데 한계를 줄일 수 있다.

기술과 모범사례

어떻게 지역적으로 분산된 종업원들을 관리할 것인가

세 가지 핵심 요소는 지식 공유, 신뢰감 조성, 유대감 유지이다. 그 외에 방법들은 다음과 같다.

- **신중하게 채용하라:** 특히 재택근무처럼 멀리 떨어진 위치에서 일하는 사람의 경우 체계가 제대로 잡히고, 스스로 동기부여 되고, 효과적으로 의사소통하는 자발적인 사람이어야 한다.
- **정기적인 의사소통하라:** 이메일을 통한 일일 보고와 최소 주 1회 통화로 문제를 미연에 방지하고, 불만을 해결하며 끈끈한 업무관계를 형성할 수 있다.
- **"현장경영"을 실천하라:** 사무실을 나와 정기적으로 직원들을 방문하라, 그리고 업무진행 상황을 직접 확인하라. 정기적인 방문은 지도와 피드백, 정적강화의 기회 또한 제공한다.
- **정기적인 감사를 실시하라:** 공식적인 감사는 회사 정책, 법적 요구, 윤리적 기준을 준수하도록 보장한다.
- **기술을 무기가 아닌 도구로써 사용하라:** 생산성을 높이기 위해 비용 효율이 높은 신기술을 이용하라. 전자 감시 장치를 이용할 때에는 프라이버시와 직원의 사기에 세심한 주의를 기울여야 한다.(가령, 비디오 녹화나 이메일 및 인터넷 사용 감시, 타자 수 세기)
- **온라인과 실제 훈련 사이에 적절한 균형을 찾아라.** 면대면 훈련은 비싸지만 신뢰와 팀웍을 구축할 수 있다.

출처: Adapted from J W Janove, "Management by Remote Control," HR Magazine, April 2004, pp 119-24.

공동화 조직처럼 모듈러 조직 또한 아웃소싱을 이용한다. 하지만 프로세스를 아웃소싱하는 대신, 제트기의 일부 부품이나 소프트웨어의 하부 구성 요소처럼 제품의 일부분을 아웃소싱한다. 모듈러 조직은 아웃소싱한 부품이 품질의 요구차를 만족하는지, 적시에 공급되는지, 조직이 효율적으로 부품을 완제품으로 조립할 수 있는지 확인해야 한다. 유명한 사례로 787 드림라이너(Dreamliner)를 제작한 보잉(Boeing)이 있다.

보잉이 새로운 항공기를 제작하기로 결정했을 때, 회사는 새로운 제작 프로세스를 도입하기로 결정했다. 이 프로세스에 전세계에서 12개사의 파트너를 고용하기로 했고, 이 파트너들은 항공기의 각 부분들을 만들고 미리 조립하는 역할을 했다. 보잉의 임무는 멀리 떨어져있는 공급 사슬을 관리하고 항공기의 각 부분들을 에버렛의 작업 현장에서 완벽하게 조립하는 것이었다.

결과적으로, 조직은 가상 조직 — 보통 일시적으로 나타나는 예외적인 시장의 기회에 대응하기 위해 특별히 만들어진 회사 밖의 회사 — 을 만들기 위해 파트너를 찾는다. 컴퓨터에 있는 "가상 메모리"와 같은 것인데, 이 가상메모리가 있어서 컴퓨터는 기존의 메모리보다 더 많은 메모리가 있는 것처럼 보여진다. 이처럼 가상 조직은 기존 조직이 자신의 영역 안에서 자원을 가지고 할 수 있는 일보다 더 많은 일들을 할 수 있게 해준다. 조직은 필요한 능력을 갖춘 파트너를 찾고 이들과 협상을 통해서 협정을 맺는다. 이 협정을 통해서 참여자들은 각자의 위치에서 일을 하게 된다. 이들은 기술로 연결되어 신상품을 개발하거나 새로운 시장에 진입하는 것과 같은 공동의 목표를 위해 일한다. 이러한 협업을 통해 미국 시장에서의 휴대폰 개발을 할 수 있었던 사례를 살펴보자. AT&T와 버라이즌(Verizon)은 미국의 무선서비스 시장을 지배하고 있었는데, 전화기 생산자들이 반드시 그들과 함께 일해야만 호환 가능한 상품을 만들 수 있고 유통경로를 개척할 수 있었다. 미국에서 시장 점유율을 올리는데 있어서 곤경에 처해있던 노키아는 최근 전략을 바꿔서 "미국 통신사들과 파트너십을 맺고 300명의 제품 개발자들을 AT&T와 버라이즌에 파견하여 전화기를 개발하기로 했다." 또한 판매부문과 R&D 직원들도 특정 무선 통신사들과 함께 일하도록 배치하였다. 일반적으로, 가상 조직에서는 유연성을 필요로 하고, 관리자들은 다른 지역에 있는 사람들을 동기부여하고 이끌 수 있어야 한다. (〈기술과 모범사례〉를 보라)

조직설계를 위한 상황적 접근

"조직설계를 위한 상황적 접근(contingency approach to organization design)"에 따르면, 조직은 상황에 맞게 조직되었을 때 가장 효과적이라고 한다. 이번 단락에서는 상황적 접근에 대해 알아보기 위해 대표적인 연구결과를 살펴보고, 중앙집권적 의사결정과 분권적 의사결정의 차이를 확인하겠다. 그리고 각각의 조직설계 방식이 어떤 상황에서 가장 적합한지 논의해 본다.

조직설계를 위한 상황적 접근(contingency approach to organization design)
조직과 환경적 요소의 효과적인 결합 방법

기계적 조직과 유기적 조직

학습목표 4
기계적 조직과 유기적 조직을 고려하여 번즈와 스토커의 연구 결과에 대해 논의하라.

상황적 조직 설계에 대한 획기적인 연구는 영국 행동과학자인 번스(Tom burns)와 스터커(G. M. Stalker)에 의해 발표되었다. 그들은 이 연구 과정에서 기계적 조직과 구분하는데 매우 유용한 개념을 도출해 냈다. 기계적 조직(mechanistic organizations)은 업무의 범위가 좁게 한정되어 있고 상명하달식으로 의사소통을 하며 엄격한 규칙을 가지고 있는 딱딱한 관료제이다. 기계적 조직은 이번 장에서 앞서 설명한 전통적 설계 방식 중 하나이다. 아이러니하게도 최첨단 시대에서 구식처럼 보이는 이 조직 설계 방식은 여전히 이어져오고 있다. 경쟁이 매우 심한 웹호스팅 산업 — 인터넷 서버들이 있는 보안이 잘 된 시설에서 고객들의 웹사이트를 관리해주는 것 — 에서는 속도와 신뢰가 가장 중요하다. 이러한 환경에서는 원칙과 규칙을 준수하고 완벽한 수행을 요구하는 군대식 관리자가 되어야 한다. 하지만 비즈니스위크지(Business Week)에서 관찰했듯이, "엄격히 통제된 분위기와 군대 풍의 조직은 아마도 보다 자유로운 분위기에 적응된 숙련된 기술자에게는 견디기 힘든 것일 것이다."

기계적 조직(mechanistic organizations)
경직되고, 명령과 통제 위주의 관료주의

반대로, 유기적 조직(organic organizations)은 다양한 일을 수행하는 다재다능한 개인주체들의 유연한 네트워크이다. 예를 들면 여성복을 디자인하고 제조하는 아일린 피셔(Eileen Fisher Inc)가 있다. 수잔 쇼어(Susan Schor)는 이 회사의 경영진 중 한 명으로 설립자인 아일린 피셔는 그녀를 '회사 내에 자신만의 영역을 만든 경영자'라 일컫는다. 그녀는 직원 교육, 사회적 경영, 인적 자원 관리, 내부 의사소통 등 "사람과 문화"의 모든 측면을 다루고 있다. 쇼어의 업적 중 하나는 모든 직원들이 조력자에 의하여 운영되는 팀으로 일하도록 조직적 구조를 바꾼 것이다. "그 누구도 보고하거나 보고받지 않는다. 대신, 상호 교류를 통해 협력한다." 이러한 유기적 조직의 특성은 수평적 조직과 가상 조직의 경계를 낮게 유지하는데 용이하다는 점이다. 인터넷 기술은 필요한 정보를 손쉽게 공유할 수 있는 사람 간의 네트워크 조성을 가능케 함으로써 이러한 방식이 더 실용적일 수 있게 해주었다 — 일종의 사람과 지식 간의 "생태계"라고 할 수 있다. 이제 조직의 과제는 학습과 협업을 위한 최상의 네트워크를 직원들이 만들고 사용할 수 있도록 돕는 것이다.

유기적 조직(organic organizations)
다재다능한 사람들의 유동적이고 유연한 네트워크

실전 연습

기계적 조직과 유기적 조직

설명: 당신의 현재(혹은 과거) 직장에 대한 다음 여덟 가지 요인의 순위를 정하여라. 총 합을 계산한 후에 기준 점수와 비교하라.

특성									
1. 직무 명확성과 필요한 지식	좁음, 기술적임	1	2	3	4	5	6	7	넓음, 일반적임
2. 조직의 목적과 개인의 기여도 사이의 연관성	막연하거나 간접적임	1	2	3	4	5	6	7	명확하거나 직접적임
3. 직무 유연성	융통성이 없고 판에 박힘	1	2	3	4	5	6	7	융통성 있고 다양함
4. 기술 사양, 의무, 권리	특정적	1	2	3	4	5	6	7	일반적
5. 위계질서의 정도	높음	1	2	3	4	5	6	7	낮음(자기관리 강조)
6. 주된 소통 방법	수직적	1	2	3	4	5	6	7	수평적(직원들 사이에서)
7. 주된 의사결정 방식	권위적	1	2	3	4	5	6	7	민주적 참여적
8. 복종과 충성의 강조	높음	1	2	3	4	5	6	7	낮음

총점 = ________________

기준 점수

8–24 = 비교적 기계적

25–39 = 혼합적

40–56 = 비교적 유기적

출처: T Burns, G M Stalker "The Management of Innovation" (London ; Tavistock, 1961) p119–25

당신의 지식을 시험하라

기계적 vs 유기적 조직

정도의 문제 중요한 것은 〈실전 연습〉에서 볼 수 있듯이 각각의 기계적-유기적인 특징은 정도의 문제이다. 조직은 보통 상대적으로 기계적이거나 상대적으로 유기적이다. 같은 조직 내의 과, 부서 등의 단위들은 보통 정도의 차이는 있어도 기계적이기도 하고 유기적이기도 하다. 순수하게 한 쪽의 특성만을 지닌 유형은 거의 드물다. 그렇다면 피고용인(직원)의 입장에서는 어떤 조직 구조가 더 좋을까?

중앙집권적 의사결정(centralized decision making)
최고 관리자가 모든 주요 결정을 함

분권적 의사결정(decentralized decision making)
낮은 단계의 관리자들도 중요한 결정을 할 수 있도록 권한이 위임되어 있음

의사결정을 위한 다른 접근들 의사결정에 있어서는 보통 기계적 조직에서는 중앙집권적이고 유기적 조직에서는 분권화되어 있다. **중앙집권적 의사결정(centralized decision making)**은 중요한 의사결정이 최고경영층에서 행해지는 것을 말한다. **분권화된 의사결정(decentralized decision making)**은 중요한 의사결정이 중간 또는 낮은 직급의 관리자들에 의해 행해지는 것을 말한다. 일반적으로, 분권화된 조직들이 상황에 따른 변화에 적응을 잘하는 것에 반하여, 집권화된 조직들은 스스로를 더욱 단단히 통제한다. 브라질 제조회사인 샘코(Semco)는 극적인 변화가 필요한 시점에서 더욱 분권화된 구조로 전환했다. 샘코가 파산할 위기에 처했을 때 리카르토 셈러(Ricardo Semler)는 CEO가 되었다: 그는 대부분의 고위 간부직급을 없애고 자율경영 팀의 더 낮은 직급으로 의사결정 권한을 넘겼다. 그 결과는 긍정적이었다.

처음에는 비효율성과 고비용을 야기했지만 결국 낮은 직급에서의 혁신으로 인해 번창하게 되었다... 밀

린 재고가 줄어들고, 생산라인들은 확장되었으며, 판매량이 급증했다… 회사의 재조직 후에 수익은 400만 달러에서 2억 1200만 달러로 뛰어올랐다.

이 문제에 대해서 전문가들은 극단적인 중앙집권화나 분권화는 피해야 하며 둘 사이의 적정 수준의 균형점을 찾아야 한다고 충고한다. 한 경영 컨설턴트는 다음과 같이 주장한다.

> 변화의 기로에 놓인 현대 조직은 중앙집권화와 분권화 사이에서 저울질 한다. 강력한 중앙집권화는 효율적인 공유 자원 관리를 이룰 수 있는데 반해, 강력한 분권화는 조직의 시장 대응력을 높일 수 있다. 오늘날에 성공하는 조직들은 이 두 가지 형태 사이의 역설과 갈등을 해결할 수 있는 조직이다. 이러한 조직은 각 형태에 대한 편견없이 특정 상황과 환경에서 최적의 조직적 대안을 분석하는 기업이며 그 결과는 항상 분권화된 단위들이 비용 효율이 높은 집중화된 자원들을 공유하는 복잡한 혼합의 형태가 된다.

집중화와 분권화는 '둘 중 하나'를 선택하는 것의 문제가 아니라 '또한' 처럼 균형을 맞추는 문제이다.

연구를 통한 실무적 시사점 번즈와 스토커는 실제 회사들을 기계적 조직과 유기적 조직으로 분류하면서 한 유형이 다른 유형보다 우월하지는 않다는 것을 발견했다. 어떤 유형이 적절한지는 각 회사가 처한 환경에 따라 달랐다. 환경이 비교적 안정적이고 확실할 때에는, 보통 기계적 조직들이 성공적이었다. 반면 환경이 불안정하고 불확실 할 때에는 유기적인 조직이 성공하는 경향을 보였다.

8개의 제조회사와 2개의 항공우주산업의 관리자 103명을 대상으로 한 최근의 연구에서, 관리자의 능력은 기계적인 부서보다 유기적인 부서에서 효과성에 더 큰 영향을 끼치는 것으로 밝혀졌다. 이를 토대로 전문가들은 경영진 교육과 훈련에 다음의 상황 이론을 추천했다.

> 유기적인 조직과 기계적 조직 둘 다 존재하고, 관리자적 능력이 상이한 두 잠재적인 지원자가 있다면, 우리는 더 높은 역량을 갖춘 지원자를 유기적인 조직으로 보내고 싶어할 것이다. 왜냐하면 유기적 조직에서는 관리자가 책임을 다 함에 있어 구조적 지원이 거의 없기 때문이다. 또한 경영진 훈련은 유기적인 조직을 맡게 될 경영자에게 더 필요로 한다.

42개의 교회 자원봉사단에 대한 연구에서도 흥미로운 결과가 나왔다. 조직들이 기계적(더욱 관료적)일수록 구성원들의 동기부여 정도는 감소하였다. 기계적 조직들은 지원자들의 자유와 의사결정권을 약화시켰다. 연구자들은 관료제 조직에서 관료제가 점점 더 심화되는 이유를 이를 통해서 설명할 수 있다고 생각한다. "기계적인 조직 구조는 본질적으로 동기부여 된 행동의 감소로 인해 더 극단적인 관료적 시스템을 낳는다." 이렇게 관료주의는 더욱 더 큰 관료주의를 낳는다.

최근에는, 하나의 기계적이고 다른 하나는 유기적인 두 공장에서 행해진 현장 연구를 통해서 기대했던 의사소통 패턴을 발견할 수 있었다. 기계적인 공장은 지휘통제에 의한 의사소통(수직적)을 하는 특징을 가지고 있었다. 반면 유기적인 공장에서는 참여적이거나 자문하는 방식의 의사소통(상호적)이 많은 것을 알 수 있었다.

자기평가 연습

당신이 선호하는 조직 구조를 명확히 하라

기계적인 구조와 유기적인 구조는 모두 필요한 곳이 있다 성과 지향적인 조직행동론 학생들은 일반적으로 기계적 조직을 선호하지 않지만 모든 기업들이나 부서들이 유기적이어야 하는 것은 아니다. 예를 들어, 맥도날드의 경우 극단적인 기계적 운영없이는 만족할 만한 품질과 서비스 기준을 달성할 수 없을 것이다. 맥도날드의 직원들이 자신이 일하고 싶은 장소에서 일하고 자신이 선호하는 방식으로 일을 할 때 우리가 받게 될 음식과 서비스를 생각해 보아라! 반면 기계적 구조는 몇몇 직원들에게 소외감을 주기도 하는데 이는 기계적 구조가 직원들의 자제심을 손상시키기 때문이다.

5 학습목표

7가지 조직구조가 어울리는 각각의 상황을 정의하라.

올바른 조직구조 찾기

이 장에서 설명된 모든 조직 구조들은 오늘날 사용되고 있는 것들이다. 왜냐하면 각각의 구조는 상황에 따라 적절하게 적용될 수 있는 각각의 장단점을 가지고 있기 때문이다. 예를 들어, 매우 기계적인 조직의 명확한 역할분담과 엄격한 위계질서는 원자로 시설처럼 세심한 규칙과 일련의 확인절차, 균형조절이 중요한 경우에 효과적이다. 반면 엄청난 불확실성이 동반되는 급변하는 환경에서는, 기능과 조직 간의 벽을 낮추는 유기적인 구조가 효과적일 것이다. 이제부터 각각의 7가지 기본적인 조직 설계유형에 대해 알아보자.

기능별 구조에서는 유사한 재료와 장비를 필요로 하는 사람들끼리 단위별로 묶기 때문에 돈을 절약할 수 있다. 관리자들은 부서원들이 무엇을 하는지 알 수 있고 같은 기능 안에 있는 사람들은 자신들의 전문분야에 대해 자부심을 가지게 된다. 이 덕분에 품질 기준이 유지될 수 있다. 또한 종업원들은 자신이 잘 할 수 있는 것에 집중할 수 있게 된다. 이러한 장점은 조직이 다양한 문제들을 해결하기 위해 종업원이 노력을 쏟아붓지 않아도 되는 안정적인 환경에서 실현될 수 있다. 그러나 오늘날에는 그들의 환경을 안정적이라고 보고 있는 기업이 매우 적기 때문에, 많은 기업들이 기능별 구조로부터 벗어나고 있다.

사업부 구조에서는 종업원들이 고객과 상품에 초점을 맞추게 된다. 관리자들은 고객 욕구를 충족시키기 위해 몇몇 기능에 영향을 주는 의사결정을 하는데 있어서 유연성을 가진다. 이는 고객의 새로운 욕구가 발현되거나 경쟁자가 중요한 제품을 출시할 경우 조직이 더 빨리 움직일 수 있도록 해준다. 하지만 각각의 사업부에 똑같은 기능들이 존재하기 때문에 비용이 증가할 수 있고, 이 구조는 몇몇 기업들에게는 너무 큰 비용이 될 수도 있다. 또한, 사업부는 때때로 회사의 전반적인 임무를 배제하고 고객 집단과 상품에 집중하기도 한다. 포드 자동차(Ford

Motor Company)는 비용을 절약하기 위해 설계, 엔지니어링, 제조 기능을 공유함으로써 지역별, 브랜드별 사업부를 통합하려고 노력했다. 지역별 사업부의 관리자들은 다른 시간대에 새로운 모델의 자동차를 소개했고, 고객들은 다른 디자인을 원한다고 주장했다. 이와 대조적으로, 맥도날드(McDonald)의 경우에는 지역별 사업부를 통해서 관리자들로 하여금 자유롭게 메뉴 아이템을 제안하고 그 지역에서 선호하는 방식으로 인테리어를 할 수 있게 하여 맥도날드(McDonald)의 성장을 도왔다.

매트릭스 구조는 기능별 구조와 사업부 구조의 장점들을 결합시키려는 시도의 하나이다. 이는 매트릭스 구조의 장점이지만 이 구조의 주요 결점이다: 앞 장에서 설명했듯이, 명령 체계의 통일성 원칙을 위협한다. 종업원들은 기능별 부서의 관리자와 상품 혹은 프로젝트 관리자의 요구에 대해 균형을 맞추어야 한다. 관리자가 이 균형 조절을 위해 분투하고 있을 때, 의사결정은 매우 느려지고, 정치적 행동이 일의 진척을 방해할 수 있다. 그러므로 매트릭스 조직이 성공하기 위해서는 조직의 전략과 일관성을 유지하며 목표와 우선순위를 설정할 수 있도록 광범위하게 의사소통하고 헌신과 협업을 장려하며, 갈등을 관리하고 효과적으로 협상하는 우수한 관리자가 있어야 한다. 매트릭스 구조를 만들어서 몇 십 년간 사업을 해 온 기업이 바로 프록터 앤 갬블(Procter & Gamble)이다. 80여 개 나라의 138,000명의 종업원들을 관리하기 위해 이 회사는 시장 개발 조직들이 특정 지역의 소비자의 욕구와 그 욕구에 부응할 수 있는 방법에 초점을 맞추면서도 이러한 전 세계의 사업 단위들이 브랜드의 개발과 생산에도 책임을 가지는 매트릭스 구조를 선택했다. 종업원들은 각각의 다른 관리자들 밑에서 브랜드와 시장의 두 목표를 모두 만족시켜야 했다.

수평적인 설계에서는 일반적으로 조직에서의 조직화와 의사소통이 개선될 수 있다. 다기능(cross- functional)팀을 통해서 급변하는 환경에서 발생하는 문제에 대해 창의적인 해답을 이끌어 낼 수 있다. 팀을 활용하면 전통적인 구조에서처럼 기능별 부서들이 독립적으로 일하는 것보다 신상품을 보다 빨리 그리고 효율적으로 개발할 수 있다. 또한 수평적 설계는 구성원 간의 지식 공유를 촉진시킨다. 하지만, 권위의 체계가 불명확하기 때문에 관리자들은 조직의 전반적인 업무 성과에 있어서 책임을 나눌 수 있어야 하고, 공유된 비전에 헌신할 수 있도록 해야 하며, 설령 직속 상사가 없다할지라도 다른 이들에게 영향력을 행사할 수 있어야 한다. 이 구조는 전문화보다 다양하고 변화하는 고객 욕구에 대응하는 것이 더 중요한 상황에 적합하다. 이 구조에서는 권한이 위임된 상황에서 뛰어난 능력을 발휘할 수 있는 종업원이 필요하다. 수평적 설계는 리서치 인 모션(RIM)사에 적합한 방식이다. 왜냐하면 이 회사가 종업원들의 상품과 고객에 대한 깊은 이해를 중요한 기반으로 하는 회사이기 때문이다. 이 회사의 모든 종업원들은 자사의 휴대용 기기 블랙베리(BlackBerry)를 사용하기 때문에 무엇이 잘 작동하고 그렇지 않은지를 안다. 종업원들이 무엇이 블랙베리를 작동시키는지 자세히 알고 있고, 그것을 지속

타타 모터스(Tata Motors)의 2,500달러짜리 소형차는 모듈(Modular) 조직 구조를 채택한 결과였다. 회사는 이 구조를 통하여 어떻게 비용을 절감하고 비효율성을 줄일 수 있었을까?

적으로 개선하도록 잘 배치되어 있기 때문에 RIM의 최고경영자는 이를 계속 유지하고 있다. "우리는 단순히 운영 체제와 무선 기술을 각각의 다른 회사로부터 사들여서 아시아의 어느 나라에서 조립하지 않았다. 우리는 실질적으로 모든 것을 구축했다... 나는 그만한 이득이 있을 것을 알기 때문에 여기에 대해 투자하는 것을 아깝다고 생각하지 않는다." RIM은 회사 운영의 모든 측면에서 새로운 아이디어를 창조해내기 위해 팀을 만들었고, 그로 인해 생긴 지식을 적용한다.

마지막으로, 조직의 영역을 개방하여 텅 빈 상태로 만들거나, 규격화하거나, 가상화된 조직들은 그들이 무엇을 가장 잘 하는지에 집중할 수 있어서 우수한 성과를 창출할 수 있다. 이런 조직들은 사업부 조직 혹은 수평적 조직의 박학다식한 사람들보다는 더 전문적인 사람들을 활용하여 특정한 전문 분야에 배치한다. 이러한 구조의 불리한 점은 기능 또는 운영상에 있어서 아웃소싱되는 부분의 전문 지식과 이들에 대한 통제를 포기해야 한다는 것이다. 그럼에도 파트너들에게 전문 분야를 맡기고 사업부 조직 또는 수평적 조직에서처럼 고객이나 상품에 집중할 수 있다는 것은 이러한 구조의 장점이다. 인도에서 타타(Tata Motors)가 2,500달러짜리 소형차를 개발하려고 했을 때, 회사는 엔지니어들에게 주기적인 지원이 필요하다고 판단했고, 모듈러 구조(Modular Structure)를 적용하기로 했다. 부품 공급자들은 품질 기준을 만족시키면서도 최대한 저렴한 부품을 설계하기 위해 노력했고, 타타 모터스는 공급자들의 업무를 조정하고 조율하는데 집중했다. 성공적인 공동화 조직(Hollow Organization)은 상품 개발에 중점을 두고, 타 기업과의 계약을 통해 주문, 생산 및 상품 선적을 아웃소싱한다. 이 방식은 비효율성과 업무의 중복성을 제거함으로써 품질을 유지하면서도 노동비용을 40% 줄일 수 있었다.

조직의 성공은 직접적이고 공식적인 지휘권 하에 없는 사람들로부터 성과를 예측할 수 있는 관리자의 능력에 달려있다. 예를 들어, 보잉(Boeing)사는 부품공급자들이 계속해서 약속을 지키지 않아서 드림라이너 제작에 차질을 빚고 있었다. 또한, 이러한 조직들 안에 있는 구성원들은 전통적 조직과 비교했을 때 같은 수준의 책임을 지고 있지 않았기 때문에, 이들을 동기부여하고 이끄는 일이 매우 어려웠다. 그러므로, 이러한 구조는 조직이 믿고 있는 적합한 파트너가 있을 때 가장 적합한 구조가 될 것이다; 효율성은 매우 중요하다; 조직은 이득이 될 수 있도록 아웃소싱할 기능, 프로세스, 혹은 상품의 요소들을 구분할 수 있다; 그리고 충족되어야 하는 요구가 일시적이라면, 가상조직이 적합하다. 다른 회사와 광범위하게 협력하는 20개의 기업에서 관리자들을 대상으로 조사한 결과, 성공하는 기업들은 팀워크를 바탕으로 선발 및 교육을 실시하고, 협업촉진 프로세스에 투자하며, 정보공유를 위한 장비 및 체제는 구축할 뿐만 아니라 협업을 회사의 지속적인 계획 사항으로 다루는 것으로 나타났다.

조직 유효성을 높이기 위한 노력

조직 유효성을 평가하는 것은 관리자, 주주, 정부기관, 조직행동론 전문가를 포함해서 많은 사람들에게 중요한 화제이다. 이 섹션의 목적은 널리 적용할 수 있고 유용한 조직 유효성 모델을 소개하는 것이다.

학습목표 6
조직 유효성에 대한 4가지 포괄적 기준을 나열하라.

일반적인 유효성 기준

이 복잡한 주제를 이해하는 좋은 방법은 조직의 유효성을 평가하는 것에 일반적인 접근법을 고려하는 것이다(그림 15-4를 참조하시오). 이 효과성 기준은 조직의 크기나 영리성에 관계없이 모두 일반적으로 될 수 있다. 게다가, 그림 15-4에서 겹치는 부분이 있듯이 4개의 유효성 기준은 다양한 결합이 가능하다. 기억해야 할 점은 "유효성의 평가에 대한 단순 접근은 모든 상황이나 모든 조직 유형에 적합하지 않다"는 것이다. 코카콜라(Coca-Cola)와 프랑스 텔레콤(France Telecom)은 큰 이익을 좇는 회사라는 점 이외에 어떤 공통점을 갖는가? 다차원적인 접근이 필요하기 때문에, 우리는 4개의 일반적인 유효성 기준을 각각 더 구체적으로 살펴볼 필요가 있다.

조직 유효성을 보기 위한 한 가지 기준은 동료들의 존경심이다. CEO인 제프 이멜트(Jeff Immelt) 하에서, GE사는 몇 년 간 포춘(Fortune)지에서 미국 내의 가장 존경받는 회사들 중 하나로 선정되어 왔다.

목표 달성 목표 달성은 조직에서 가장 널리 사용되는 유효성 기준이다. 조직의 주요 성과와 결과물을 사전에 정해진 목표나 목적과 비교 한다. 편차는 플러스든 마이너스든 간에 시정조치가 필요하다. 이것은 단순하게는 7장에서 배웠던 개인목표 설정과정이 조직단위로 변화한 것이다. 목표 달성의 판단기준과 관련된 효과성은 조직이 얼마나 목표를 성공적으로 달성했는지, 또는 넘어섰는지에 의해 측정된다.

투입과 산출 사이의 관계를 포함하는 생산성 향상은 일반적인 조직단위의 목표이다. 또한 소수 채용, 오염 예방, 질적 진보 등도 조직의 목표가 될 수 있다. 오늘날의 경쟁 압력과 전자상거래 혁명으로 인해 혁신과 속도는 측정하고 감시해야 할 아주 중요한 조직목표가 되었다. 제록스(Xerox)의 기술 담당 최고 책임자 소피 반데브렉(Sophie Vandebroek)에게 혁신은 중요한 핵심 목표이다. 구글(Google)처럼 종업원들에게 창조하는데 있어서 광범위한 자유를 제공하는 몇몇 회사들과는 대조적으로, 제록스는 연구자들에게 "six Ss"에 집중적으로 노력해 줄 것을 요구한다. 시스템을 단순하게(simpler), 빠르게(speedier), 작게(smaller), 똑똑하게

그림 15-4

조직 유효성의 네 가지 측면

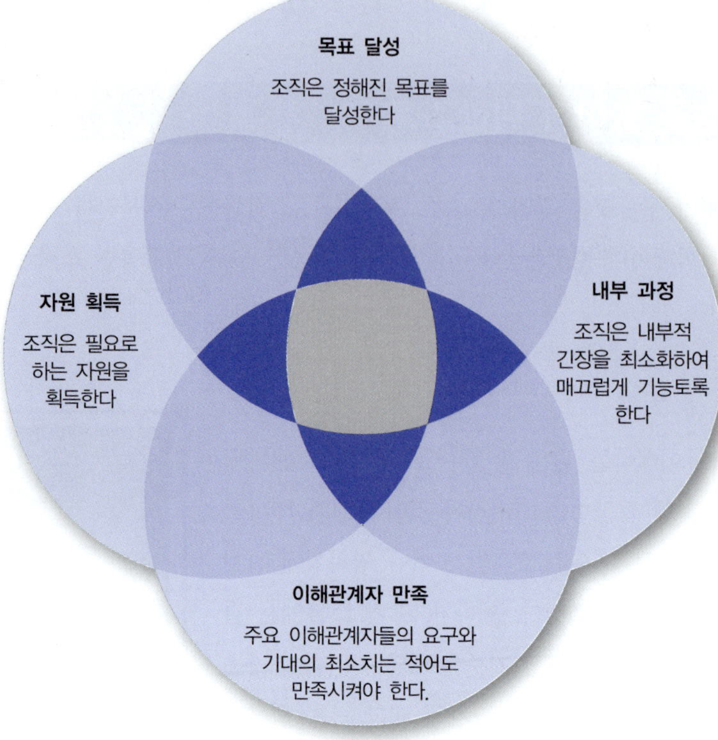

출처: Adapted from discussion in K Cameron, "Critical Questions in Assessing Organizational Effectiveness," *Organizational Dynamics*, Autumn 1980, pp 66–80; and K S Cameron, "Effectiveness as Paradox: Consensus and Conflict in Conceptions of Organizational Effectiveness," *Management Science*, May 1986, pp 539–53.

(smarter), 안전하게(secure) 만들고, 또한 사회적으로 책임 — 예를 들어, 에너지 절약하기 — 을 지는(socially responsible) 혁신이 바로 "six Ss"이다. 반데브렉은 혁신이 다른 사업 목표 달성에 기여하도록 하려면, 혁신을 위한 세 가지 역할이 필요하다고 이야기한다: "기술 한계의 벽을 뛰어넘는 탐험가(explorer) 역할, 경영 그룹 엔지니어들과 함께 일하며 훌륭한 기술들이 실질적으로 상품 혹은 서비스가 되도록 하는 동반자(partnership) 역할, 이런 아이디어들의 사업성을 판단해볼 수 있는 인큐베이터자(incubator) 역할" 이러한 방식으로 제록스의 혁신 그룹(Innovation Group)은 현실적인 목표를 달성하기 위해 노력하고 있다.

자원 획득 이 두 번째 기준은 산출보다는 투입과 관련있다. 원자재, 노동력, 자금, 전문 경영 기술, 기술적인 전문지식 같은 필수적인 생산 요소들을 획득할 수 있으면 이 조직은 효과적인 조직이라고 할 수 있다. 보잉(Boeing)사의 787 드림라이너(787 Dreamliner) 생산과정에 발생한 심각한 문제는 자원 획득이 어려운 조직설계 때문이었다. 속도와 효율성이라는 운영 목표를 달성하기 위해, 이 회사는 전 세계의 제조업자들에게 항공기의 부품뿐만 아니라 디자인까지 아웃소싱했다. 하지만, 계획된 새로운 모델의 항공기 출시일이 다가오자, 보잉사는 공급자들이

사우스웨스트 에어라인(Southwest Airline)은 주변 상업 항공 산업에서 선망의 대상이 되고 있다. 왜냐하면 저비용, 정시(on-time) 전략과 무(無)해고 정책으로 고객과 종업원들을 만족시킴으로써 이익을 창출하는데 있어 지속적으로 효과를 얻었기 때문이다. 사우스웨스트는 성공가도 앞에 펼쳐진 길을 포장하기 위해 이 책에서 다루고 있는 여러 가지 이론들과 제안들을 사용하고 있다.

품질과 생산계획 문제로 난관에 부딪힌 것을 인정할 수밖에 없었고, 어떤 경우에는 보잉의 관리자들이 문제의 심각성조차 인식하지 못하고 있었다.

내부과정 사람들은 세 번째 효과성 기준인 내부과정을 "건강한 체계" 접근법이라고 부르기도 한다. 만약에 정보의 흐름이 원활하고 직원의 충성도, 헌신, 직무 만족과 신용이 높다면 우리는 그 조직을 건강한 체계라고 부른다. 목표는 이러한 내부과정들 중 하나에 맞춰질 것이다. 행동적인 관점에서 볼 때, 건강한 체계에는 역기능적 갈등과 부정적인 정치적 행동이 거의 없다고 한다. 「아직도 가야할 길」(원제 : The Road Less Traveled)을 집필하여 호평을 받고 있는 스캇 펙(M Scott Peck)은 윤리적 측면에서 건강한 체계를 다음과 같이 특징짓는다.

> 펙(Peck)에 따르면 건강한 조직은 진실된 공동체 의식을 가지는 조직이라고 한다: 이런 조직에서는 사람들이 감정적으로 존재하며 두려움과 실망에 관해서 이야기하는 것을 망설이지 않는다. 그 이유는 이것이 우리가 서로를 보살펴 주도록 하기 때문이다. 그 곳에는 진정한 대화, 기꺼이 상처 받을 수 있는 마음, 쉽고 솔직하고 정중하게 말한다는 약속과, 어려움에 처했을 때 외면하지 않겠다는 약속이 있다.

텍사스주 리차드슨에서 원격 조종기와 전자터치 패널을 만드는 AMX사의 베티 이튼 키스(Betty Eaton Keyes)는 이러한 특성들이 그녀의 작업장에 존재한다고 말하고 싶을 것이다. 키스는 은퇴하려고 했지만 직원들을 너무 보고 싶어하는 자신을 발견하고 임시직 접수원으로 회사에 돌아왔다. 바비 라모스(Bobby Ramoz)도 그녀와 같은 생각이다. "매일 일하러 오는 것이 친구의 집에 놀러 가는 것 같습니다." AMX의 최고 경영자인 라시드 스카프(Rashid Skaf)는 경영진이 회사의 번창을 위해 이러한 태도는 적극 추구하고 있다고 설명했다. "직원들이 행복할 때, 그들은 더욱 생산적이고, 그들이 가능하다고 생각했던 것보다 더 많은 것을 성취하게 된다."

이해관계자 만족 조직은 사람에 의존하기도 하고 사람의 삶에 영향을 미치기도 한다. 결과적으로, 많은 사람들이 핵심 이해 관계자들의 만족이 조직 유효성의 중요한 기준이라고 여긴다.

전략적 이해관계자(strategic constituency)
조직의 운영이나 성공에 있어서 이해관계를 갖고 있는 불특정 집단

전략적 이해관계자(strategic constituency)는 조직에 어느 정도 이해관계를 가지고 있는 개인들의 집단이다. — 예를 들면 자원 제공자, 조직의 상품이나 서비스의 이용자, 상품 생산자, 조직의 생존을 위해서 필수적으로 협동해야 하는 집단이나, 조직에 의해서 상당한 영향을 받는 삶의 집단이다.

이해관계자들은 보통 상충되는 이해관계를 가지고 있다. 때문에 경영진들은 적당한 균형점을 찾기 위해 전략적 저울질을 해야만 한다. 예를 들어, 최근 몇 년 사이에 많은 기업은 종업원들의 욕구와 선호를 만족시키는 것이 어려워졌다. 그 이유는 세계적인 경쟁에 대응하기 위해 더욱 효율적으로 운영하라는 투자자들의 압력과 동시에 많은 직원들이 경쟁력을 높이기 위해 직무상의 더 높은 유연성을 요구하고 있기 때문이다. 게다가 직원과 투자자 외에 고객이라는 중요한 이해관계자도 있다. 시티그룹(Citigroup)이 이런 이해관계자들의 중요한 부분을 만족시키기 위해 어떻게 조직을 설계했는지 〈기술과 모범사례〉를 통해 알아보자.

유효성 평가 기준의 혼합: 실무적 가이드라인

관련 전문가들은 현대 조직의 유효성을 평가하는 것에 있어서 다차원적으로 접근할 것을 추천한다. 이것은 하나의 기준이 조직의 수명 주기의 모든 단계에 적합하지는 않다는 것을 의미한다. 또한 하나의 기준은 대립하는 이해관계자들을 만족시키지도 못할 것이다. 잘 관리된 조직은 상황의 독특한 요구에 맞게 유효성 기준을 혼합하고 결합시킨다. 예를 들어, 유료 TV와 비디오 부분에서 컨텐츠 보호 서비스를 제공하는 이데토 홀딩스(Irdeto Holdings)는 이미 수익의 40% 정도를 차지하고 있었던 아시아의 판매량이 급증하고 있다는 사실을 알아낸 후에 구조적 변화를 결정했다. 이런 중요한 지역 시장에 서비스를 제공하는 사업 목표를 달성하기 위해서, 이데토의 이사진은 회사의 베이징 사무소를 제 2의 본부로 전환시키기로 결정했다(제 1본부는 암스테르담 근처에 있다). 이 변화는 주요 이해관계자 — 아시아 고객 — 에게 서비스를 제공하지만 암스테르담에 있는 종업원들의 우려를 불러일으켰다. 이 두 번째 이해관계자에게 이데토의 CEO인 그라함 킬(Graham Kill)은 암스테르담에 새로운 사무실을 지을 계획이라고 밝혔고 만약 종업원들이 두 본사 간에 교대로 근무하기를 원한다면 흥미진진한 경력경로를 경험할 수 있다고 설명했다. 경영진은 또한 중국내 관리자들이 의사

기술과 모범사례

중요 고객들에게 서비스를 제공하기 위해 시티그룹은 어떻게 조직을 구성했을까

오늘날의 다른 많은 기업들처럼 시티그룹(Citigroup)은 국제적으로 몇몇 중요 고객들을 보유하고 있다. 이러한 중요 고객들에게 서비스를 제공하는 것은 간단한 일이 아니다. 주로 특정 국가는 상품 라인에 전문화된 판매와 서비스 요원들이 있었던 전통적 구조에서는 이런 고객들의 욕구를 충족시키기 어려웠다. 시티그룹은 이 문제를 글로벌 계좌 관리를 통해 해결하고 있다. 글로벌 계좌 관리란 범세계적인 거래를 원하는 단 한명의 고객이 시티그룹 내에 있는 모든 전문가가 제공하는 상품과 서비스를 통해 만족할 수 있도록 담당 관리자가 책임지는 시스템이다.

시티그룹은 1960년대에 글로벌 계좌 관리를 시작하면서 직원들에게 고객 전문가가 되기를 주문했고, 중요 고객들을 위한 마케팅 계획을 개발했다. 1970년대에는 전 사업부를 국제 고객들을 위해 집중시켰다. 오늘날, 시티그룹은 글로벌 관계 뱅킹(Global Relationship Banking) 사업부를 통해 1,400명 이상의 중요 고객들을 다룬다.

이 사업부에서는 계좌 관리자들이 재무담당 최고책임자(CFO)나 다른 이사들과 직접적으로 함께 일한다. 관리자들의 성과는 고객 점수로 평가되며 점수는 혁신이나 상품의 질 향상과 같은 고객의 사업 목표에 시티은행이 기여한 정도로 매겨진다. 또한 회사는 이익과 위험 관리를 위한 자체 목표 측면에서 고객과의 관계가 얼마나 목표 달성에 기여하는지 측정한다.

출처: Based on C Senn and A Thoma, "Worldly Wise," The Wall Street Journal, March 3, 2007, http://online.wsj.com

결정을 하는데 있어서 결단력을 가지고, 아시아 시장 뿐 만 아니라 회사 전체에 영향을 미칠 사안들에 대해 고찰할 수 있도록 하기 위해서 내부 과정에 대해서도 고심을 해야만 했다.

관리자들은 중요한 이해관계자로부터 조언을 구할 필요가 있다. 이러한 정보나 조직의 사명, 철학과 합쳐졌을 때 적당한 성과 기준을 관리자는 정할 수 있다. 아래의 지침은 이러한 점에 도움이 된다:

- 목표달성 접근법은 "목표가 명백하고, 모든 사람이 동의하며, 기간이 정해져있고, 측정 가능" 할 때 바람직한 방법이다.
- 자원획득 접근법은 투입물이 결과물이나 산출에 추적 가능한 효과를 가지고 있을 때 바람직한 방법이다. 예를 들면, 미국 적십자사가 헌금을 통해서 받는 어마어마한 돈은 제공하는 서비스의 질을 나타낸다.
- 내부과정 접근법은 특정업무 절차가 조직 성과에 막대한 영향을 끼칠 때 바람직한 방법이다 (예 : 다기능 프로젝트 팀).
- 이해관계자 접근법은 강력한 이해관계자가 조직의 손익에 영향을 미칠 수 있을 때 바람직한 방법이다.

핵심 용어

개방 시스템(open system) 421
기계적 조직(mechanistic organizations) 427
라인 관리자(line manager) 421
명령일원화의 원칙(unity of command principle) 418
분권적 의사결정(decentralized decision making) 428
유기적 조직(organic organizations) 427
전략적 이해관계자(strategic constituency) 436
조직설계를 위한 상황적 접근(contingency approach to organization design) 427
조직(organization) 418
조직도(organization chart) 419
중앙집권적 의사결정(centralized decision making) 428
스태프 직원(staff personnel) 421
통제 범위(spans of control) 420
폐쇄 시스템(closed system) 421

단원 요약

- **모든 조직의 공통적인 네 가지 특징에 대하여 설명하라.** 그것들은 노력(방침과 규정을 통해 달성되는), 공통의 목표(집단의 목표), 업무의 분할(서로 다르지만 연관된 업무를 수행하는 구성원), 권한의 위계이다.
- **폐쇄 시스템과 개방 시스템의 차이를 설명하라.** 배터리 구동 시계와 같은 폐쇄 시스템은 상대적으로 자급자족적이다. 인간의 신체와 같은 개방 시스템은 생존을 위해 주변 환경에 매우 의존적이다.

- **조직이 구조화되는 7가지 기본적 방향에 대해 설명하라.** 전통적 설계는 다음 3가지를 포함한다; (1)업무가 기능에 따라 분류되는 기능별 구조; (2)업무가 상품이나 고객의 종류나 지역에 따라 분류되는 사업부 구조; (3)상품과 기능에 기초하여 두 개의 보고 체계를 갖는 매트릭스 구조. (4)조직은 또한 다기능(cross-functional)팀이 전체 프로세스에 책임이 있는 수평적 구조로 설계된다. 조직은 또한 조직 간의 장벽을 줄임으로써 다음과 같이 설계된다; (5)기능을 아웃소싱하는 공동화 조직; (6)상품 구성요소의 생산을 아웃소싱하는 모듈 조직; (7)프로젝트를 완성하기 위해 다른 회사 구성원들의 노력들을 일시적으로 결합시키는 가상 조직.
- **기계적이고 유기적인 조직을 고려하여 번스와 스토커의 발견을 논의하라.** 영국 연구가인 번스와 스토커는 기계적(관료적, 집중적) 조직은 안정적인 상황에서 효과적이라는 사실을 발견하였다. 불안정한 상황에서는 유기적(유동적, 분산적) 조직이 더 효과적이었다. 이러한 발견들은 조직설계에 있어서 상황적 접근의 필요성을 강조하고 있다.
- **각각의 7가지 조직구조들이 잘 어울리는 때를 알아보라.** 기계적 조직과 부서별 조직은 엄격한 통제가 중요하고 환경이 안정적일 때 필요할 것이다. 유기적 조직은 급격히 변화하는 환경에서 혁신을 고려한다. 사업부 구조는 조직이 다양한 고객 집단에 대한 심도 있는 지식과 고객의 요구에 재빨리 대응할 수 있는 능력이 필요할 때 잘 맞는다. 매트릭스 조직은 회사에 광범위하게 의사소통하고, 헌신과 협업을 발전시키고, 기업의 전략과 일치하는 목표와 우선순위들을 수립하기 위해 효과적으로 협상하는 우수한 관리자가 있을 경우 부서별 구조와 사업부 구조의 장점들을 지닐 수 있다. 수평적 설계는 다양하고 변화하는 고객의 욕구들에 대응하는 능력보다 전문화가 덜 중요할 때 잘 맞는다. 공동화, 모듈, 가상 설계는 조직이 신뢰하는 적절한 파트너를 보유하고 있을 때; 효율성이 매우 중요할 때; 조직이 아웃소싱을 위해 기능, 프로세스, 혹은 상품 요소들을 찾을 수 있을 때; 가상 조직의 경우에는, 필요성이 일시적일 때 최상의 방법이다.
- **네 가지 조직효율성 기준에 대하여 서술하라.** 그것들은 목표달성(설정된 목표를 만족시킴), 자원 획득(생산에 필수적인 투입물 획득), 내부적 과정(건강한 조직 시스템을 건설하고 유지함), 이해관계자의 만족(최소한 모든 핵심 주주의 만족 달성)이다.

토의 문제

1. 이 장을 시작하는 사례로 비추어보아, 구글은 어떤 종류의 조직 구조를 사용하고 있는가? 설명하라.
2. 당신의 현재 또는 가장 최근에 속했던 조직에서의 조직도는 어떻게 그려지는가? 당신이 그렸던 도표가 계급구조(명령의 사슬구조), 노동의 분산, 조정 범위와 타인과 스탭 조직의 특징들을 드러내는가? 그 외에 다른 모습을 드러내는가? 설명하라.
3. 현대적인 조직을 개방 시스템으로 보는 것이 왜 적절한가?
4. 한마디로 상황적 조직설계 접근이 무엇을 수반하고 있는가?
5. 만약 유기적 조직이 대부분의 경영자에게 평판이 좋다면, 왜 모든 조직은 유기적 방식으로 구성되지 않는가?

윤리적 딜레마

최근 전자적 감시는 도가 지나친 것인가?

미국 경영협회(American Management Association)의 국내 설문조사 결과: 전자감시 연구(Electronic Monitoring & Surveillance Survey)에 의하면 고용주의 25%가 이메일을 남용(예를 들어, 공격적인 언어 혹은 과도하게 개인적으로 사용)한 종업원들을 해고한 적이 있다고 한 반면, 대략 33%는 인터넷을 부적절하게 사용(예를 들어, 성인물을 검색)하여 직원들을 해고

한 적이 있다고 밝혔다. "컴퓨터 감시에는 여러 가지 방식이 있는데, 고용주의 45%는 컨텐츠, 키보드 입력, 키보드에서 소요된 시간을 추적하는 방식을 이용했다. 또 43%는 컴퓨터 파일을 저장하고 검사했다. 게다가 12% 정도는 블로고스피어(blogosphere)를 감시해서 회사에 대해 어떤 내용이 적혀 있는지 보고자 했고, 다른 10%는 소셜 네트워킹 사이트를 감시했다." 전자적 감시가 캐리 나겔(Kary Nagel)에게 미친 영향을 알아보자.

24세의 캐리 나겔은 그녀의 개인 이메일에서 신용회복 기관의 소유주들을 비판하기 전까지는 우수한 직원으로 여겨졌다. 그녀는 소유주들이 그녀의 이메일을 읽은 즉시 해고되었다. "나는 내 이메일이나 인터넷 활동을 감시하는 것에 대해 좋다고 한 적이 전혀 없다"라고 그녀는 말했다. "그래서 나는 그런 적이 없는 척 했고, 그것은 끔찍한 가정이었다."

회사들은 전자적 감시가 업무 시간에 인터넷 서핑과 관련하여 30~40%로 추정되는 생산성 감소를 줄일 수 있을 것이라고 믿는다. 흥미롭게도, 웨이크메드(WakeMed Health & Hospitals)와 버터볼(Butterball)과 같은 회사들은 심지어 직원들에게 업무 중에 그들을 감시한다고 공지하지 않았다. 어떤 사람들은 활동을 감시하는 것을 직원들에게 말하지 않는 것은 분명히 잘못된 것이라고 여긴다.

직장에서의 전자적 감시 수준은 어느 정도가 지나친 것인가

1. 전자적 감시는 직원들의 불신의 전조가 되며 사기를 저하시키고, 궁극적으로 생산성을 저하시킨다. 당신의 생각을 설명하라.
2. 고용주들은 금액을 지불하여 설비를 구입한다. 그러므로 그들은 자신들이 투자의 대가를 받고 있는지 또는 자신들의 설비가 제대로 작동하고 있는지 확인할 권리가 있다. 이에 대하여 설명하라.
3. 이러한 종류의 "훔쳐보기"는 고양이-쥐 게임과 같이 생산성보다는 "시스템을 이기는 것"이 중요하게 되는 결과를 초래한다. 이에 대하여 설명하라.
4. 전자적 감시는 적절하게 훈련되고 준비된 고용인들이 도전적이며 적정한 성과 목표에 대하여 책임을 질 경우 불필요하다. 당신의 생각을 설명하라.
5. 어떠한 전자적 업무 모니터링도 잘못된 채용 결정, 부적절한 훈련, 부족한 성과 보상 시스템, 부조리한 감시를 만회하지 못한다. 이에 대하여 설명하라.
6. 다른 의견이나 생각을 제시하고 그에 대하여 논의하라.

Chapter 16

변화와 조직학습의 관리

학습목표

이 단원을 학습한 후, 다음의 질문에 답할 수 있어야 한다.

1. 조직변화의 필요성을 야기시키는 외부적 영향력과 내부적 영향력에 대해 논의하라.
2. 레빈의 변화모델과 변화의 시스템 모델을 설명하라.
3. 조직변화를 이끄는 코터의 8가지 단계를 설명하라.
4. 직원들이 변화를 거부하는 두 가지 이유를 살펴보라.
5. 변화에 대한 저항을 극복하는 대안적 전략에 대해 알아보라.
6. 기업들이 학습능력을 구축하는 과정을 논의하라.

여기서는 10,000명 해고, 저기서는 1,200명 해고: 작업장에서는 엄청난 불안감이 존재하고, 텅 빈 사무실 또한 많다. 경기침체가 도래하면, 불안감, 공실 이 두 가지는 더욱 늘어나기 마련이다. 그래서 인테리어 디자이너들은 직원들이 있었던 공간을 이용하여 무언가—아무런 조치라도—를 하기 위해 이사진들을 설득한다. "이는 흥미로운 시간이다. 왜냐하면 우리는 경영진들을 변화시키기 위해 우리 스스로 생각하기 때문이다."라고 달라스에 있는 사무실 설계 회사 스타펠바그(Staffelbach Design Associates)의 회장인 조 하인즈(Jo Heinz)는 말한다. "인원감축은 때론 당연한 일이다. 물론 그 누구도 이런 일을 반기지는 않지만 말이다. 그러나 이것이 잘 이루어진다면, 회사가 더욱 효율적이고 효과적이게 되도록 도움이 될 것이다." 여기고 있고, 우리는 여전히 성공할 수 있는 건강한 회사라는 메세지를 남아있는 직원들에게 명확하게 전달하는 것이다."

하지만 많은 경영진들은 정리해고 이후에 비용을 지출하는 것을 꺼려한다. 남아있는 직원들을 서로 가까이 붙여놓는다면, 이는 회사가 사용하지 않는 공간을 임대할 수 있기 때문이다. "사람들을 재배치하면 사기를 북돋울 것이지만, 이것은 비용문제이다"라고 일련의 인원감축을 감행한 주택 건설 회사의 시설 계획자가 말한다. "우리는 직원들을 일시적인 직무에서 일하게 만들지 않는다. 이는 지속적으로 손쉬운 정리해고가 될 것이다"라고 그는 덧붙였다.

고객들은 해고가 공지되기 전에 하인즈와 그녀의 팀에 연락하는데, 때로는 해고 공지 4개월

이처럼 텅 빈 사무실은 오늘날의 경기침체에 흔히 볼 수 있는 풍경이다. 빈 공간을 없애기 위해 사무실의 배치를 바꾸는 것은 회사에 어떤 도움을 줄까?

갑자기 텅 빈 사무실에 있게 된 직원들은 그냥 내버려 두는 것이 왜 좋지 않은가 라는 질문에는 확실한 정답이 있다. 이유는 사기 저하 때문이다. "나는 불안하다. 혹시 더 많은 직원들이 잘릴지 누가 알겠는가?"라고 자동차 회사에서 일하고 있는 여성이 말했다. 이 회사에서는 작업장 한 라인에 8명이 일할 수 있는데 정리해고 이후에 4명만이 남은 상황이었다. 모든 컨설턴트들이 그렇듯이 디자이너들은 불확실성 가운데에서 기회를 볼 수 있어야 한다. 물론 이 기회는 디자이너들만을 위한 것은 아니다. 사무실 용품 설계 회사 스틸케이스(Steelcase)의 부회장인 제임스 루드윅(James Ludwig)은 다음과 같이 말한다. "이는 사무실의 물리적인 공간을 재빨리 전환하는 사업이다. 그 목적은 우리가 그들을 가치있는 사람이라 전에 연락하기도 한다. 그러면 하인즈의 팀은 기존 직원들의 의심을 피하기 위해 주말과 늦은 밤에 사무실을 돌아다니며 공간을 파악한다. 그들은 새로운 경영 현실을 반영하기 위해 이사들과 만나서 어떻게 작업장을 재조직할 것인지에 대해 함께 생각한다. 종종 어떤 부서들을 더 가까이 배치하고 어떤 부서들을 더 멀리 배치할 것인가에 대한 답을 찾기도 한다. 설계자들은 일반적으로 빈 사무실을 마사지 의자, 소파, 음소거로 된 플라즈마 TV가 설치된 조용한 방으로 전환할 것을 제안한다. 혹은 원활한 브레인스토밍을 위해 안락한 의자, 향긋한 커피, 인터넷이 설치된 간부회의실로 제안하기도 한다. 그리고 만약 그것도 받아들여지지 않으면, 그들은 비공식적인 회의 장소로 빈 사무실을 사용할 것을 제안한다—여기서는 에스프레소 기계가 필요하지 않다.

정리해고를 목전에 두었을 때, 하인즈의 직원들은 고객 회사 인근에 위치한 호텔에 묵으면서 사령부를 구성한다. 그들은 운반조, 청산조, 계약조, 시설 설치조로 나누어 업무를 조정한다. 해고가 공지된 후에는 디자이너는 사무실로 이동, 모든 움직임을 감독하고 해고된 직원들의 흔적을 뿌리 채 뽑기 위해 남은 직원들과 마주한다. "우리는 직원들이 실망하고 탄압받는다는 느낌을 갖는 것을 알고 있습니다. 그래서 긍정적인 태도로 에너지를 불어 넣어주죠. 우리는 그들에게 도움을 주러 왔다고 합니다."라고 하인즈는 말한다. 그녀에 따르면 직원들의 가장 흔한 불만은 얼마나 더 많은 직원들이 해고를 당해야만 하느냐이다. "우리는 언제나 이 질문에 다음과 같이 대답합니다. '우리는 당신의 직장을 미세한 부분까지 개선하여 생산성을 더욱 쉽게 높일 수 있도록 할 겁니다.'라고요."

관리자들을 관리하기

정리해고 이후 흔히 일어나 듯, 한 에너지 회사의 많은 직원들은 공간을 절약하기 위해 (또 팀의 협력을 키우기 위해—새로운 작업 환경에 대해 기업들이 매번 이렇게 표현한다.) 개인전용 사무실에서 작고 개방된 장소로 작업장을 옮겼다. 벽이 없는 것은 문제가 되지 않았다. 그러나 화이트 보드도 없다면? 그래서 하인즈는 작업장에 꼭 맞는 화이트 보드를 설치하고 관리자들에게 직원들이 워터 마커로 회의실의 유리벽에 쓸 수 있게 하라고 권장했다. "그 이후에, 그들은 정말 행복해 했습니다."라고 그녀는 말한다. "자신의 환경에 대해 통제권을 갖게 되었으니까요."

달라스에 위치한 한 회사의 경우, 이사들은 네모난 정육면체의 사방이 꽉 막힌 공간에서 직무를 봤다. 하인즈는 이사들에게 직원들과 더욱 효과적으로 의사소통을 할 수 있도록 변화할 것을 설득해야만 했다. "우리는 가장 가까운 회의실이 어디인지와 그곳을 어떻게 예약하는지도 알려줘야만 했습니다." 실제로 여러 설계자들에 따르면, 관리자에게 새롭게 개방된 작업 환경의 규칙을 설명하는 데에는 많은 시간이 걸린다고 한다.

| 토의하기 |

당신은 기업이 직원을 해고한 후에 외부 회사를 고용하여 물리적 배치를 재설계하는 것이 놀라운가? 당신의 이론을 설명해 보시오.

글로벌 경쟁의 증가, 정보기술에서의 놀라운 혁신, 소비자 선호도의 변화, 기업윤리 필요성의 증가가 회사들로 하여금 사업하는 방향에 대한 변화를 필요케 한다. 종업원들은 만족스러운 작업 환경을 원하고, 고객들은 더 많은 가치를 요구하며, 투자자들은 재무상태의 공개가 더욱 투명하기를 원한다. 조직적이고 사회적인 변화는 확실히 가속화되고 있다.

앞의 사례에서 예를 들었듯이, 조직은 고객과 주주들을 만족시키기 위해 변해야 한다. 더욱이, 적절한 행동의 절차를 밟는다 해도 어떤 종류의 변화든 간에 각 직원의 저항에 직면하게 된다. 심지어 종업원들이 적극적으로 변화에 저항하지 않는다고 해도, 결근과 이직률의 증가처럼 변화를 매우 부정적으로 느낀다면 목표는 실현되지 않을 수도 있다. 조직변화 분야에서 유명한 전문가인 피터 센지(Peter Senge)는 패스트 매거진(Fast Magazine)과의 인터뷰에서 조직변화에 대해 다음과 같은 논평을 했다.

> 지난 10년 간 내가 큰 회사에서 변화를 시도하려고 할 때, 나는 변화가 가능하다는 것을 강조하기 위해 성공의 증거가 충분하다고 말해야만 했다 — 또한 그것이 가능하지 않다고 하기 위해 실패의 증거가 충분하다고 말해야만 했다.

만약 센지가 맞다면, 현재와 미래의 관리자들에게 더욱 중요한 것은 그들이 어떻게 조직변화를 성공적으로 실행할 수 있는지를 배우는 것이다.

이 마지막 장은 관리자들이 변화를 다루는데 도움을 주기 위해 마련되었다. 특히, 우리는 조직변화의 필요성을 만드는 원동력, 계획된 변화의 모델, 변화에 대한 저항, 학습하는 조직의 창출에 대해 이야기할 것이다.

변화의 동력

1 학습목표

조직변화의 필요성을 야기시키는 외부적 동력과 내부적 동력에 대해 논의하라.

조직의 전략, 리더십, 문화, 업무 프로세스, 조직구조에 있어서 중대한 변화가 있을 수 있다. 미국 인적자원 관리 학회(Society for Human Resource Management, SHRM)의 최근 조사에 의하면, 10명 중 8명의 인사 전문가들이 자신의 회사는 최근 2년 사이에 중대한 조직적 변화를 계획하거나 실행한 적이 있다고 밝혔다. 언제 변해야 하는지를 조직은 어떻게 알까? 조직은 어떤 단서들을 찾아내야 할까? 비록 이런 질문에 대한 명확한 답은 없지만 변화의 동력을 주의 깊게 살펴봄으로써 변화의 필요성을 암시하는 "단서"들을 찾을 수 있다.

조직은 다양한 변화의 동력과 직면하게 된다. 이러한 동력들은 외부적인 것도 있고, 내부적인 것도 있다. 이 섹션에서는 변화의 필요성을 야기시키는 동력에 대해 검토해 볼 것이다. 변화의 동력에 대한 인식은 경영자에게 조직적 변화의 실행을 고려해야 할 시기가 언제인지 결정할 수 있게 도와준다.

외부적 동력

변화에 대한 외부적 동력(external forces for change)
조직 외부에서 비롯된다

변화의 외부적 동력(external forces for change)은 조직 밖에서 비롯된다. 이러한 동력은 국제적 영향력을 가지기 때문에 조직은 현재 진행중인 사업의 본질과 제품·서비스가 생산되는 프로세스에 대해 재고해보게 된다. 변화를 일으키는 외부적 동력으로는 4가지 정도를 들 수 있다. 첫째, 인구 통계학적인 특성. 둘째, 기술의 진보. 셋째, 시장변화 넷째, 사회와 정치적 압박이다. 이에 대해 논의해보자.

인구통계학적 특성 4장에서 우리는 미국노동시장에서 발생하고 있는 인구통계학적인 변화에 대해 자세히 토의를 해 보았다. 우리는 종업원들로부터 헌신과 몰입을 이끌어내기 위해서 다양성을 효과적으로 관리해야 한다고 결론내렸다. 미국 노동자들의 고령화는 도요타(Toyota)의 변화에 있어서 중요한 요인이 되었다. 몇 년 간, 회사는 효율성에서 경쟁 우위를 가졌었다; 종업원들은 다른 미국의 자동차 기술자들보다 더 적은 임금을 받았기 때문에, 차 한 대를 생산하기 위한 노동 비용이 상대적으로 낮았다. 그러나 미국 노동자들이 20년 가량 근무하게 되면서 그들의 임금은 상승했고, 반면 도요타의 미국 경쟁자들은 장기 근로자들을 해고하면서 새로이 고용된 직원들에게 더 적은 임금을 지급하게 되었다. 현재 도요타는 효율성을 개선하기 위해 예전보다 더 열심히 일해야 하고, 복리후생 비용을 절감하고, 경쟁우위를 유지하기 위해 다른 방도를 찾아야한다.

새로운 CEO인 로버트 사겔(Robert Siegel) 주도하에 명성있는 의류업체인 라코스테(Lacoste)는 시장의 힘에 대응하고 있다. 미국 고객들의 취향의 변화는 라코스테가 더 좋은 섬유, 더 높은 가격, 더 독점적인 유통, 새로운 세대의 고객들에게 어필하는 스타일리쉬한 부츠와 양가죽 자켓과 같이 새롭게 디자인된 사계절 패션을 가지고 자사의 고급스러운 브랜드 이미지를 되찾도록 만들었다. 사겔이 말하기를, "라코스테의 10년 전을 생각한다면, 우리는 지금 보유하고 있는 젊은 층의 고객들을 결코 가지고 있지 못했다."

기술진보 제조업체와 서비스업체 모두 생산성과 시장경쟁력, 원가 절감은 물론 고객 서비스를 개선하기 위한 수단으로 기술의 사용을 점점 늘리고 있다. 예를 들어, IT 기술은 인터넷 은행, 상점에서부터 복리후생 패키지에 대한 정보를 제공해주는 온라인 서비스까지 다양한 형식의 셀프 서비스를 제공한다. 뉴욕시에 있는 아도 알랭 뒤카스(Adour Alain Ducasse) 레스토랑 방문자는 바에 있는 터치 스크린을 통해 와인의 정보를 확인하고, 그들이 원하는 와인을 고를 수 있다. 레스토랑의 경영진은 이 기술이 소믈리에를 대신하는 것이 아니라, 고객들이 와인에 대해 배우고 새로운 와인을 시도하는 것을 즐기게 할 수 있는 하나의 방법으로 본다. 공장에서의 로봇사용 등의 다른 적용사례를 보면, 기술은 직원 수를 늘리지 않고 효율성을 향상시키기 위한 방법이다. 진보된 기술의 개발과 활용이 변화의 가장 큰 동력 중 하나라는 것에는 의심의 여지가 없다.

소비자 및 시장 변화 소비자들이 세련될수록 기업은 더 높은 가치를 지닌 제품과 서비스를 제공해야 한다. 소비자들은 예전에 원했던 것보다 더 많은 요구를 해오고 있다. 더욱이 작은

엑셀론은 미국에서 가장 큰 핵연료 운영회사이다. CEO인 존 로위(John Rowe) 하에서, 내부적 능력에 대한 대응으로 반전 능력을 증가시키고, 안전도를 더 높여야 한다.

소비자 전환비용으로 인해 소비자들은 원하는 상품을 얻지 못할 경우 다른 곳에서 쇼핑을 할 것이다. 요즘 장난감 회사들의 큰 문제는 어린이들이 장난감보다는 전자 제품에 점점 더 흥미를 느끼고 있다는 것이다. 이 변화의 동력은 장난감 회사들이 제품 라인에 온라인 활동을 추가하도록 만든다. 이로 인해 회사는 현재 판매하는 제품을 개조하는 수준을 넘어서 새로운 제품 아이디어를 개발하고 이를 출시하기 위해 작업장에서 필요한 기능을 재구성해야 한다.

시장의 변화와 함께 글로벌 경쟁이 치열해지고 있기 때문에 생산성 향상에 대한 압박을 받고 있다. 경기 순환의 변동 또한 제품수요 등락에 대한 대응에 있어서 변화의 필요성을 자극하고 있는데, 기업은 더 많이 생산하거나 더 적게 생산해서 살아남아야 한다.

사회 및 정치적 압력 동력은 사회적 사건이나 정치적 사건으로 인하여 형성된다. 예를 들어, 기후 변화의 영향과 상승하는 에너지 가격에 대한 염려는 전 세계 거의 모든 산업에 걸쳐 변화의 중요한 동력으로 작용했다. 회사들은 "녹색"으로 전환했고, 스스로 에너지를 덜 사용하면서 에너지를 덜 소비하는 상품을 만드는 방법을 찾기 위해 노력했다. 마이크로소프트(Microsoft)의 종업원들은 자가용 대신 회사의 무료 셔틀버스를 요구하고, 3M의 종업원들은 회사의 3P(Pollution Prevention Pays) 프로그램에 수 천 가지 아이디어를 제안하여 회사가 첫 해에 10억 달러 이상을 절약할 수 있도록 했다.

일반적으로, 사회적·정치적 압력은 미국 국민을 대표하는 입법부를 통해 행사된다. 정치적인 사건 역시 잠재적인 변화를 야기한다. 예를 들어, 이라크 전쟁은 국가를 재건하는데 연관된 핼리버턴(Halliburton)과 같은 기업과 방어시설 토건업자에게 엄청난 기회를 제공하였다. 비록 기업이 정치적 영향력의 변화를 예측하기란 힘들지만, 많은 기업들은 로비스트나 고문 등을 두어 정치적, 사회적 변화를 감지하고 대응하려고 한다. 기후변화의 경우, 전문가들은 어느 정도는 통제할 수 있을 것 이라고 본다. 하버드 경영학과 교수인 포레스트 라인하트(Forest Reinhardt)는 회사들이 정부의 통제를 기다리기 보다는 과감한 행동을 취해야 한다고 조언했다.

> 기업주들은 회사에 이익을 가져다줄 먼 미래에 용기있게 투자할 수 있어야 한다... 원하는 미래에 투자함으로써, 기업들은 그 미래를 가장 그럴듯하게 만들어 낼 것이다. 신중한 경영자들은 위험을 감수하면서까지 기후변화에 일방적인 행동을 취해야 한다는 생각에 반대할지도 모른다. 그러나 자신들이 이미 위험에 노출되어 있다는 것을 알아야 한다.

당신의 지식을 시험하라

거시적 환경의 원동력

내부적 동력

변화에 대한 내부적 동력(internal forces for change)은 조직의 내부에서부터 나온다. 이러한 영향력은 낮은 직무 만족도와 같이 포착하기 어려울 수도 있고 낮은 생산성이나 높은 이직률, 갈등과 같이 명백하게 밖으로 드러날 수도 있다. 또한 투자자들이 회사를 압박하여 판매량과 이익을 개선하도록 하기도 한다. 결과적으로, 이사진들은 회사의 최고 경영자들로부터 빠른 결과물을 기대하기 때문에 최고 경영자들은 관리자를 압박하게 된다. 예를 들어, 맥도날드(McDonald)의 CEO인 짐 스키너(Jim Skinner)는 회사의 이익이 감소하고 있다는 것을 인정했다. "우리는 점점 커지고 있지만 더 나아지진 않고 있다. 우리는 더 나아져야 한다." 스키너는 그의 새로운 전략인 'Plan to Win'에 착수했는데, 이는 서비스, 음식의 질, 매장 분위기, 마케팅의 개선을 목표로 하는 것이었다. 일반적으로, 변화에 대한 내부적 영향력은 인적자원 문제와 관리적 행동/결정으로부터 온다. 아마존에서 변화의 내부적 동력 중 하나는 비록 혁신이 최종 개선 결과를 얻는데 몇 년이 걸리더라도 고객의 구매를 개선하는 방법에 대해 끊임없이 조사하는 것을 가치있게 여기는 문화이다. 따라서, 직원에게 권한을 부여하는 것과 같은 작은 변화들은 조직원영에 있어서 처음에는 계획하지 않았지만 전체적으로는 큰 일련의 변화를 이끌어 낸다.

변화에 대한 내부적 동력(internal forces for change)
조직 안에서 시작함

관리자들이 꼭 해야할 것들
변화: 이익보다 많은 고통

계획된 변화 모델

미국 경영자들은 조직문제를 해결하는 데 있어서 근시안적인 임시방편을 사용하고 있다는 비판을 받아왔다. 이러한 방식을 조직변화에 적용하게 되면 시작부터 불행한 결과를 맞게 될 것이다. 임시방편은 문제의 근본적인 원인을 해결하지 못하고 단기간의 효력만을 가질 뿐이다. 그래서 연구자와 관리자들은 변화 프로세스를 효과적으로 관리하는 방법을 찾기 위해 노력해왔다. 이 섹션에서는 계획된 변화모델 세 가지 — 레빈의 변화모델, 변화의 시스템모델, 조직변화를 이끄는 코터의 8단계 — 와 조직의 발전에 대하여 검토해볼 것이다.

레빈의 변화모델

학습목표 2
레빈의 변화모델과 변화의 시스템모델을 설명하라.

조직변화와 관련된 대부분의 이론들은 사회 심리학자 커트 레빈(Kurt Lewin)의 획기적인 연구로부터 시작되었다. 레빈은 변화를 어떻게 시작하고, 관리하고, 변화 프로세스를 안정화 시킬 수 있는지를 설명해주는 계획된 변화 모델의 세 단계를 개발하였다. 이 세 가지 단계는 해동, 변화, 재동결이다.

해동 이 단계에서는 변화에 대한 행동 동기를 부여하는데 집중한다. 이렇게 함으로써 경영진들은 종업원들이 오래된 행동양식이나 태도들을 회사에서 바라는 것으로 바꾸도록 장려한다. 경영자들은 직원들의 현재 행동이나 태도의 유용성 및 타당성을 거부함으로써 해동과정을 시작할 수 있다. 다시 말해, 고용자들은 예전 방식에 대하여 불만을 가질 필요가 있다는 것이다. 경영자들은 효과성, 효율성, 고객만족도와 관련된 자료를 발표함으로써 변화의 동기를 계속 유발한다. 스타벅스(Starbucks)를 국제적으로 유명한 브랜드로 성장시킨 CEO 하워드 슐츠(Howard Schultz)가 재임용된 상황에서 주가와 매장 매출의 하락은 스타벅스 운영에 변화가 필요하다는 것을 알려주었다. 슐츠는 고객의 항의 메모를 통해 회사가 비전을 잃고 있으며 상품 혁신에 있어서 발전이 더뎌지고 있다는 것을 알아냈다. 그는 변화를 위해 리더십을 발휘하고 종업원들과 자주 직접 만나서 "평범함을 용인하는 '구경꾼'이 되지 않도록" 독려하면서 긴장감을 조성하고 업무에 대한 몰입을 유도하였다.

벤치마킹(benchmarking)
한 회사가 그 업무능력을 고능률 조직과 비교하는 과정

벤치마킹은 조직을 해동시키는데 사용할 수 있는 또 다른 기술이다. **벤치마킹(benchmarking)**은 회사가 자사의 성과를 타사와 비교해 보고 높은 성과를 내는 회사의 업무 방식을 배울 수 있는 전반적인 과정이다. 예를 들어 우리가 자문을 맡았던 어느 회사는 벤치마킹을 통해 자사의 소프트웨어 개발비용이 업계 최고업체의 두 배나 되며 신제품을 시장에 내놓는 데에 걸리는 시간은 벤치마킹한 조직보다 네 배나 길다는 사실을 알게 되었다. 이 데이터는 결국 경쟁력을 유지하기 위해 직원들의 태도를 해동시키고 직원들로 하여금 조직의 내부과정을 바꾸도록 동기부여하는 데에 쓰였다. 경영자는 또한 이 단계에서 변화를 저해하는 방해요소를 줄이는 방법을 고안해야 한다.

변화 조직변화는 변화의 규모에 관계없이 회사의 과정, 절차, 제품, 서비스 혹은 결과물들을 개선시키기 위해 수행되어야 한다. 변화는 학습하고 일하는 방법을 바꾸는 것과 연관되어 있기 때문에 이 단계에서는 종업원들에게 새로운 정보, 새로운 행동, 모델 새로운 프로세스나 절차, 새로운 도구, 새로운 기술, 일을 처리하는 새로운 방법 등을 제공하게 된다. 그렇다면 경영진은 무엇을 변화시켜야 할지 어떻게 알 수 있는가?

이 질문에 대한 명료한 대답은 없다. 조직변화는 개선이나 성장을 목표로 할 수도 있고 형편없는 고객 서비스나 낮은 생산성 같은 문제를 해결하는 것을 목표로 할 수도 있다. 변화는 조직 내에 다른 수준들을 목표로 삼을 수 있다. 예를 들어, 관리자를 리더십 훈련 프로그램에 보내는 것은 개인의 직무 만족도와 생산성을 향상시키는 해결책이 될 수 있다. 이와 대조적으로 새로운 IT기술을 도입하는 것은 업무집단 생산성과 전체 기업의 수익을 증가시키기 위한 변화가 될 수 있다. 머리 속에 새겨야 할 중요한 점은, 바라는 결과의 형태를 변화의 목표로 삼아야 한다는 것이다. 다음에 논의될 변화의 시스템모델은 관리자에게 변화의 목표를 규명할 체계를 제공해 줄 것이다.

재동결 직원들이 변화된 행동과 태도를 일상적인 업무 처리 방식에 통합시킬 수 있게 도와줌으로써 재동결을 하면 이 과정 속에서 변화는 정착된다. 이것은 우선 직원들에게 새로운 행동이나 태도를 드러내게 함으로써 성취될 수 있다. 이러한 행동이나 태도가 보여지면 희망하는 변화를 유도하기 위해 정적 강화가 활용된다(〈기술과 모범사례〉을 참조). 여기서 추가적인 코칭이나 모델링 또한 변화의 안정을 도모하는 데에 쓰인다. 특히 금전적 보상(8단원에서 우리의 논의를 회상하라)과 같은 외부적 보상은 행동변화를 강화하는데 빈번히 사용된다.

> **기술과 모범사례**
>
> **로이즈의 변화 재동결 하기**
>
> 로이드(Lloyd's)는 런던을 기반을 하는 보험회사로, 인공위성, 고층건물, 케이스 리차드의 손 같은 특이하고 때로는 위험하기까지 한 자산에 보험 상품을 제공하는 것으로 알려져 있다. 로이드는 다른 회사와 마찬가지로 친환경적이지 않은 부산물들을 만들어 내는데, 그들은 매일같이 대략 4톤 정도의 종이를 소비한다. 로이드의 CEO인 리차드 워드(Richard Ward)는 종이 문서에서 벗어나 전자 회계, 전자 계약, 전자 분쟁 처리로 전환하기 위해 노력하고 있다.
>
> 300년 된 회사의 업무 습관을 바꾸는 것은 어려운 일이지만, 워드는 한 때 회사가 먼저 움직이는 직원들을 보상하고, 그렇지 못한 직원들은 독려하는 프로세스를 채택했다. 올해 말에 모든 분쟁 업무를 종이없이 처리하는 목표를 둔 상황에서, 최근 8월에, 워드는 로이드 분쟁의 30%가 전자적으로 처리되었다고 보고했다.
>
> 월스트릿 저널에 의하면, 공동으로 로이드를 소유한 한 보험업자에게 서신을 보내, 워드는 "그의 목표[종이없이 업무 처리]에 뒤쳐지는 사람들의 목록을 작성하고, 서류로 업무처리를 하는 사람의 수당을 제한하겠다고 겁을 주었다."라고 하기도 했다. 워드는 또한 변화의 선두에 서 있는 사람들에게는 칭찬을 고려 중에 있다: "당신은 여기에 10가지 최선의 방도가 있다고 할 것이다. 그런데 그 나머지는 어디에 있는가?" 워드는 종이없이 작업하는 것을 기념할 방법을 고려하고 있다. 한 가지 아이디어는 저장하거나 분쇄하기 위해 문서를 운송하는 승합차 중에 하나를 부수는 것이다. 부서진 승합차는 회사의 운송에 있어서 본사에 기념비처럼 세워져서 회사의 변혁을 보여줄 것이다.
>
> **출처:** Based on I McDonald, "Making Paperless Trails at Lloyd's," *The Wall Street Journal*, August 13, 2007, pp B1, B6.

변화의 시스템모델

시스템 접근법은 조직변화의 "큰 그림"을 보는 관점이다. 이것은 어떠한 변화이든 크기에 상관없이 변화는 조직을 관통하는 폭포효과가 있기 마련이라는 생각에 그 바탕을 두고 있다. 예를 들어 한 개인을 새 업무 팀장으로 승진시키면 신 구 집단 모두 역학상으로 영향을 받는다. 이와 마찬가지로 프로젝트나 업무 팀을 만들면 보상 실행에 있어 개선의 필요성이 부각될 수 있다. 이러한 사례들은 변화가 또 다른 변화를 낳는다는 사실을 보여준다. 오늘의 해결책은 내일의 문제가 될 수도 있다.

변화의 시스템 모델은 무엇을 변화시켜야 하는지 규정하고 변화의 성공여부를 어떻게 평가할 것인지를 결정하는데 필요한 체제 또는 모델을 제시해준다. 이 모델에 대한 당신의 이해를 돕기 위해, 우리는 이 모델의 구성요소를 알아보고, 간략하게 이의 적용에 관해 논의할 것이다. 시스템 변화모델의 4가지 구성요소는 투입, 전략적 계획, 변화의 목표요소, 산출이다(그림 16-1을 참조).

투입 모든 조직변화는 조직의 사명, 비전, 전략적 계획과 일관성을 가져야 한다. **사명 선언서(mission statement)**는 조직의 존재 "이유"를 나타내는 것이고, 조직의 비전은 조직이 어떤 "모습"이 되고 싶은지를 보여주는 장기적 목표다. 사명과 비전이 조직변화에 미치는 영향의 차이를 생각해보자. 귀 대학의 사명은 사람들을 교육시키는 일일 것이다. 이 사명은 변화에 관련된 어떠한 내용도 담고 있지 않다. 단순히 대학의 전반적인 목적만을 정의하고 있는 것이다. 반면 귀 대학은 국내 "최고"의 대학으로 인정받으려는 비전을 가지고 있을 것이다. 이러한 비전은 조직이 다른 세계적 수준의 대학들에 대응하여 벤치마킹을

> **사명 선언서(mission statement)**
> 조직이 "왜" 존재하는지를 요약한다.

그림 16-1 변화의 시스템모델

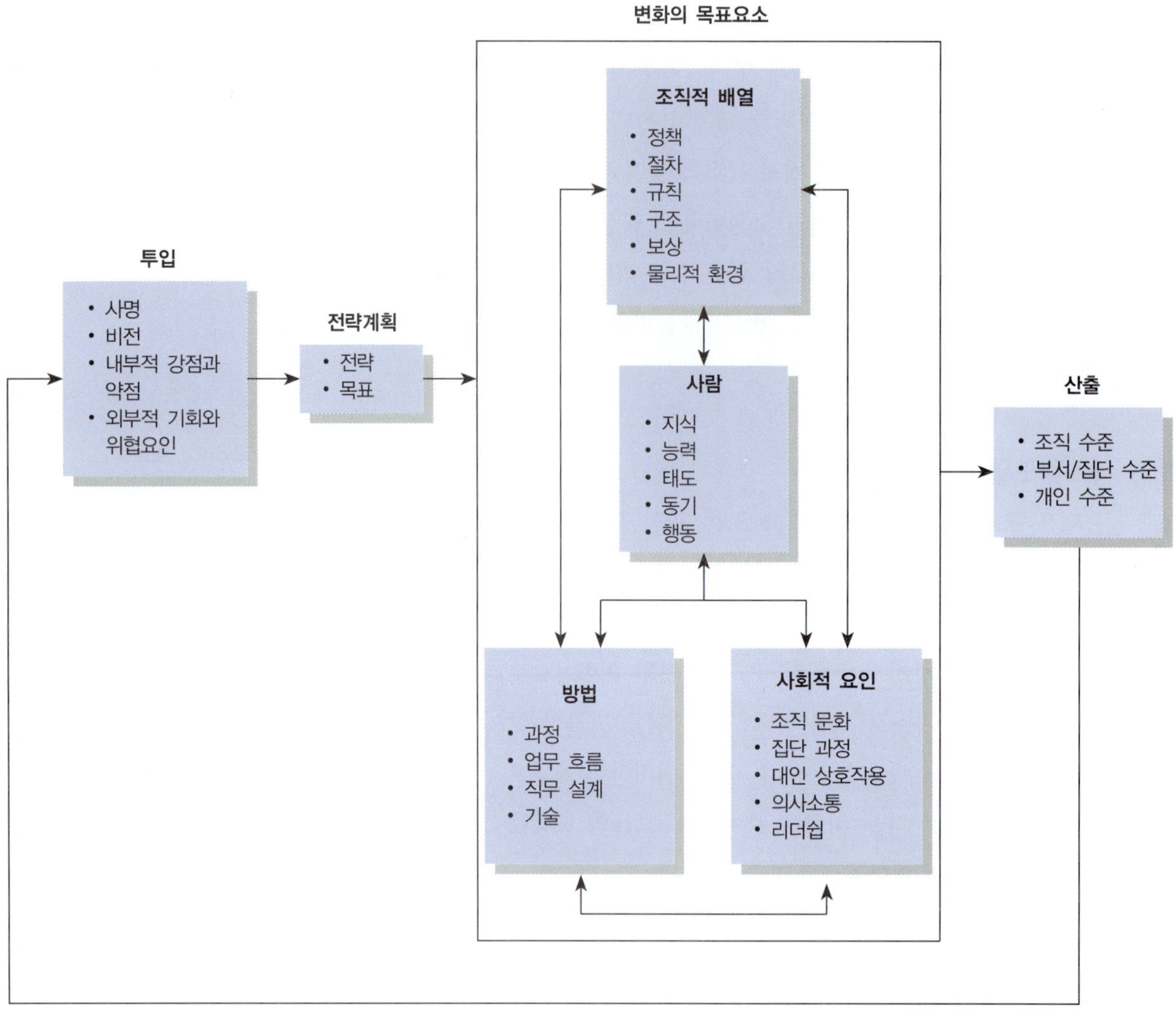

출처: Adapted from D R Fuqua and D J Kurpius, "Conceptual Models in Organizational Consultation," *Journalof Counseling & Development*, July/August 1993, pp 602–18; and D A Nadler and M L Tushman, "Organizational Frame Bending: Principles for Managing Reorientation," *Academy of Management Executive*, August 1989, pp 194–203.

하고 비전을 달성하기 위한 계획을 세울 것을 요구하고 있다. 예를 들어 아리조나 주립대학의 캐리(W.P.Carey) 경영 대학원의 비전은 세계에서 상위 25위안에 포함되는 것이다. 조직의 환경적 기회요인과 위협요인, 강점과 약점을 평가하는 SWOT 분석은 시스템 모델의 또 다른 중요한 투입물이다. SWOT 분석은 전략적 계획수립 프로세스의 핵심 구성요소이다.

전략적 계획(strategic plan)
바라는 결과를 성취하기 위해 필요한 행동의 윤곽을 그리는 장기적 계획

전략적 계획 **전략적 계획(strategic plan)**은 계획된 결과를 달성하기 위한 조직의 장기적인 관점에서의 방향과 행동의 윤곽을 보여준다. 전략계획은 SWOT 분석에서 나온 결과를 토대로 만들어지는데, 이 분석은 수익, 고객만족도, 품질,

적절한 투자수익률, 이직률의 허용가능 수준, 직원 만족도나 몰입도와 같은 바람직한 목표를 달성하기 위한 조직전략을 개발하는데 도움이 된다.

변화의 목표요소(target elements of change)
변화할 수 있는 조직의 요소

변화의 목표요소 변화의 목표 요소(target elements of change)는 변화할 수 있는 조직의 구성요소이다. 이것은 경영자가 조직의 다양한 면에 영향을 줄 수 있도록 관리자가 밀고 당길 수 있는 레버 같은 것이다. 그러나 어떤 레버를 당길 것인가의 선택은 문제의 진단 혹은 비전이나 목표를 달성하는데 필요한 행동의 규명에 달려있다: 문제는 경영자가 원하는 결과를 얻지 못하고 있을 때 존재한다. 변화의 목표요소들은 문제를 규명하고 변화와 관련된 해답을 찾는데 사용된다.

그림 16-1에서 보듯, 변화의 목표요소들은 4가지가 있다: 조직적 배열, 사회적 요인, 방법, 그리고 사람. 각각의 변화 목표요소들은 더 구체화된 조직특징을 가진다. 예를 들어, "사회적 요인"의 구성요소에는 조직문화, 집단 과정, 대인 상호작용, 의사소통, 리더십이 포함되어 있다. 그림 16-1에서 보이는 변화목표요소에 대해 머리속에 새겨야 할 2가지가 있다. 첫째로, 각각의 변화의 목표요소에 연결되어 있는 양방향 혹은 쌍방향 화살표는 조직 전반에 걸쳐서 변화의 파장을 전달한다. 예를 들어, 개인적인 성과보다 팀 체제를 강화하기 위해 보상체계를 바꾸는 것(조직적 배열)은 조직문화에 영향을 줄 것이다(사회적 요인). 둘째, "사람"이라는 요소가 변화목표요소의 한 가운데 영역에 자리잡고 있는데 그 이유는 모든 조직변화는 궁극적으로 종업원들에게 영향을 주기 때문이다. 조직적 변화는 상황이 일어나기에 앞서서 관리자들이 종업원들에게 미칠 변화의 충격을 고려할 때 성공할 가능성이 높다.

산출 산출은 변화의 바람직한 최종 결과물을 말하는 것이다. 다시 한 번 말하지만, 최종 결과물과 조직의 전략계획은 일관성이 있어야 한다. 그림 16-1에 의하면 변화는 조직수준, 부서/집단수준, 혹은 개인수준을 목표로 할 수 있다. 변화에 대한 노력은 조직수준에서 행해질 때 관리하기가 더욱 복잡하고 어렵다. 그 원인은 조직수준의 변화가 그림에 나온 다수의 변화 목표요소에 영향을 미치기 때문이다.

변화의 시스템모델 적용 변화의 시스템모델을 적용하는 방식에는 2가지 다른 방식이 있다. 첫 번째는 전략계획 수립과정에 도움을 주는 역할이다. 일단 경영진이 그들의 비전과 전략적 목표를 결정하고 나면, 목표달성을 지원하기 위한 행동계획을 수립할 때 변화의 목표요소가 고려될 수 있다. 예를 들어, 아돌프 쿠어스(Adolph Coors Company)와 몰슨(Molson)의 합병 담당자에 따르면, 몰슨 쿠어스(Molson Coors Brewing)의 관리팀은 쿠어스 라이트(Coors Light)라는 국제적 브랜드를 만들고 새로운 고급맥주 브랜드를 개발함으로써 비용을 1억8천만 달러까지 절감하는 목표를 세웠다. 변화의 목표요소는 이전 회사의 공유 가치 강화(사회적 요

기술과 모범사례

서킷 시티(Circuit City)의 조직 개혁 살펴보기

전자제품 상점인 서킷 시티 체인점은 최근에 손해와의 전쟁을 해오고 있다. 최고 경영자인 필립 슈노버(Philip J Schoonover)는 해고, 새로운 매장 구성, 서비스에 대한 강조, 효율적인 후방 사무실 체계 확립 등의 힘겨운 변화를 시도했다. 서킷 시티의 미래가 여전히 불투명하기는 하지만, 필립은 어려움에도 불구하고 사람들을 이끄는데 있어서 경험을 얻었다. 그는 회사를 개혁시키기 위한 다섯 가지 아이디어를 다음과 같이 제시한다:

1. **직원의 말에 귀기울이기.** 최고의 전략은 위에서 아래가 아닌 아래에서 위로 갈 때 나온다.
2. **경영진을 새롭게 환기시킬 것.** 조직 개혁의 각 단계에서는 서로 다른 기술이 필요하다.
3. **유산을 받아들일 것.** 회사의 역사적 강점을 활용하고 또한 그것들을 향상시켜야 한다.
4. **미래를 방어할 것.** CEO는 조직 개혁 이후에 회사를 방어할 수 있는 의사결정을 해야 한다.
5. **경로를 유지할 것.** 계획을 실행하는 도중에 장애물이 있을 수 있다; 보다 큰 그림을 봐야 한다.

출처: Based on a list quoted from G McWilliams, "Can Circuit City Survive Boss's Cure?" *The Wall Street Journal*, February 11, 2008, pp B1, B3.

당신은 서킷 시티의 CEO가 회사를 혁신시키기 위해 올바른 아이디어를 갖고 있다고 생각하는가? 설명하시오.

인), 종업원들의 기존 기능에 초점을 둔 생산과 분배의 유지(동기부여, 사람 요소), 종합관리개발 프로그램 창출(또 다른 사람 요소), 자회사 설립을 통한 신상품에서의 전문화(조직적 배열)를 포함한다. 전략의 발전을 위해 이 시스템 모델을 사용하는 다른 예는 〈기술과 모범사례〉에서 확인할 수 있다.

두 번째 적용방식은 조직 문제의 원인을 판단하고 해결책을 제시하기 위한 진단 체계로써 이 모델을 사용하는 것이다. 우리는 이러한 적용 방식을 강조한다. 우리는 한 소프트웨어 회사의 CEO와 접촉했고 세 사업부의 사장들이 왜 서로 협력하지 않는지의 문제를 알아내도록 요청받았다. 그 이유는 두 명의 사장이 잠재 고객으로부터 나온 40만 달러의 똑같은 프로젝트 제안을 했기 때문으로 밝혀졌다. 우리 고객들은 일을 제대로 하지 않았다. 왜냐하면 그 고객들은 같은 회사로부터 두 가지의 제안을 받는 것에 지쳤기 때문이다; 이런 이유로 이 회사의 CEO가 우리에게 전화를 했다. 우리는 변화의 목표요소 각각과 관련된 구조화된 질문을 사용하여 직원들을 인터뷰하기로 결정하였다. 예를 들어, 우리는 직원들에게 보상시스템, 조직문화, 업무흐름, 부서를 넘어 협력에 기여하는 물리적 환경에 대해 의견을 내 줄 것을 요청했다. 그 인터뷰를 통해 우리는 사업부 회장들 간에 협력이 부족했던 이유가 보상시스템(조직 배열), 경쟁적 문화와 형편없는 의사소통(사회적 요인), 형편없는 업무흐름(방법 요인)때문이라는 사실을 알 수 있었다. 우리는 보상시스템을 바꾸고, 조직을 재구조화 하고, 업무흐름을 재설계할 것을 제안했다.

조직변화를 이끌어 내는 코터의 8단계

리더십과 조직변화관리 전문가인 존 코터(John Kotter)는 조직 변화가 일반적으로 상위 경영진이 다수의 시행착오를 겪기 때문에 실패하게 된다고 생각한다. 이를 근거로 코터의 변화선도를 위한 8가지 절차(표 16-1 참고)를 제안했다. 변화의 시스템모델과 다르게, 이 모델은 진단을 위한 것이 아니다. 이 모델은 무엇이 변화해야할 필요가 있는지 진단하는데는 도움을 주지 않을 것이다. 그보다, 이 모델은 경영자들이 변화과정의 순서를 어떻게 배열하고 이끌 수 있는지 처방한다는 점에서 레

표 16-1
조직변화 선도 단계

단계	설명
1. 긴박감을 조성한다.	왜 변화가 필요한지 설득력 있는 이유를 만들어서 조직을 움직이게 한다.
2. 선도 협동체를 만든다.	변화를 이끌 힘이 충분한 사람들로서 다양한 기능과 직급으로 구성된 집단을 만든다.
3. 비전과 전략을 수립한다.	변화과정을 인도할 비전과 전략계획을 수립한다.
4. 변화의 비전을 전달한다.	새로운 비전과 전략계획을 지속적으로 전달할 커뮤니케이션 전략을 수립, 시행한다.
5. 광범위한 권한을 이양한다.	변화의 장애요소를 제거하고 변화의 목표요소를 사용하여 조직을 변화시킨다. 위험감수와 창조적 문제 해결을 장려한다.
6. 단기적인 성공을 만든다.	단기적인 "성공"이나 향상을 계획하고 만든다. 성공에 기여한 사람들을 찾아 포상한다.
7. 얻은 성과를 견고히 하고, 더 많은 변화를 창출한다.	선도 협동체는 단기성공을 통해 얻은 신용으로 더 많은 변화를 만든다. 변화과정이 조직 내의 폭포효과를 일으키면서 변화과정에 새로운 사람들이 들어온다. 조직변화과정을 활성화시키려는 시도들이 생긴다.
8. 새로운 접근법을 문화 속에 정착시킨다.	새로운 행동 및 과정과 조직의 성공사이의 관계를 부각시켜 변화를 더욱 촉진단다. 리더십 개발과 승계를 확실히 달성할 방법을 개발한다.

출처: The steps were developed by J P Kotter, *Leading Change* (Boston: Harvard Business School Press, 1996).

빈의 변화모델과 더 흡사하다.

표 16-1에 제시된 코터의 8가지 단계는 레빈의 변화 모델을 포함한다. 초반 4단계는 레빈의 "해동"단계를 나타낸다. 5, 6, 7단계는 "변화"를, 8단계는 "재동결"과 일치하는 것이다. 코터의 단계는 성공적으로 조직변화를 이끌기 위해 경영자들이 취해야 할 행동에 대한 구체적인 권고사항이 있다는 점에서 가치있다. 코터의 연구에서 단계를 생략하는 것은 비효율적이며 성공적인 조직변화는 70~90%의 리더십과 10~30%의 관리가 필요하다는 점을 밝혀냈다는 점은 중요하니 잘 기억해두자. 즉 고위 간부들은 변화를 관리하는 것이 아니라 주도해야한다. 예를 들어, 펩시(PepsiCo)의 최고 경영자인 인드라 누이(Indra Nooyi)는 펩시가 몸에 좋은 스낵을 제공하고, 회사의 환경적 영향을 제한하며, 직원들에게 '단지 직업이 아닌 경력'을 제공하는 "좋은 회사라는 것을 세계적으로 널리 알리기 위해" 그녀의 비전을 분명히 표현함으로써 명확한 리더십 역할을 보여주고 있다고 할 수 있다.

학습목표 3
조직 변화를 이끄는 코터의 여덟 가지 단계를 설명하라.

조직개발을 통한 변화창조

조직개발은 앞에서 논의한 변화모델과는 다르다. 조직개발은 레빈과 코터가 제안한 것처럼 잘짜여진 순서를 포함하지는 않지만 이것은 변화의 시스템모델과 같이 진단에 초점을 맞춘다. 조직개발은 앞에서 논의한 여러 모델들보다 방향성에 있어서 더 넓은 개념이다. 특히, 이 분

조직개발(organization development)
조직적 변화를 실행하기 위한 도구 혹은 기술의 집합

야 연구와 현장의 전문가들은 **조직개발(organization development)**을 다음과 같이 정의 내렸다.

> 조직개발은 조직 내에서 사람들이 더 효과적으로 함께 일하고 더불어 살 수 있도록 도와주는 계획된 노력으로 이루어진다. 이러한 목표들은 행동과학 원칙들과 방법, 심리학, 사회학, 교육학, 경영학의 분야에서 발췌된 이론들을 적용시킴으로써 달성될 수 있다.

이 정의로부터 볼 수 있듯이, 조직개발은 "인간적이면서 효과적인 시스템으로 스스로를 개선하는 조직의 능력"을 향상시키는 것을 목표로 하는 계획된 조직적 변화를 실행하기 위한 일련의 기법과 개입으로 구성되어 있다. 조직개발 기법 혹은 개입은 이 섹션에서 논의된 각각의 변화 모델에 적용된다. 예를 들어, 조직개발은 레빈의 "변화" 단계에서 사용된다. 이것은 또한 변화의 시스템 모델에서 변화의 목표요소를 확인하고 실행하는 용도로 사용된다. 마지막으로, 조직개발은 코터의 1, 3, 5, 6, 7단계에서 사용될 수도 있다. 이 단원에서는 조직개발의 네 가지 두드러지는 특징들을 살펴보고 이의 연구 및 현실적 시사점을 살펴본다.

조직개발은 심층적 변화를 수반한다 조직개발을 사용하는 변화 대리인들은 일반적으로 피상적이지 않고, 장기지속적인 향상을 바란다. 예를 들어 근본적인 '문화'의 변화를 추구하는 조직개발 컨설턴트 워너 버크(Warner Burke)는 "문제해결이나 절차개선이라는 말과 달리 근본적인 변화라는 것은 조직문화의 몇몇 중요한 면이 결코 예전과 같지 않을 것이라는 뜻이다."라고 썼다.

조직개발은 가치의 전도다 조직개발이 인본주의 심리학에 일부 뿌리를 두고 있다는 사실 때문에 많은 조직개발 컨설턴트들은 의뢰인의 조직에 특정한 가치나 지향점을 옮겨놓는다. 이들은 갈등보다는 협동을, 제도상의 통제보다는 자기통제를, 그리고 독재 경영보다는 민주참여적인 경영을 선호한다. 조직개발이 컨설턴트의 가치기준에 휘둘린다는 사실 외에도 조직개발 실무자들은 어떠한 조직 변화에든지 그 밑바탕에 "가치기준관점"이 있어야 한다고 믿는다. 구체적으로 말하자면 조직개발은 항상 의뢰인에게 초점을 맞춰야하며 조직이 그 비전과 전략적 목표를 달성하는 데에 도움이 되어야 한다. 이 접근법은 조직 조정의 목표가 소비자의 요구충족과 그로 인한 조직의 제품과 서비스에 대한 향상된 가치 부여에 있어야 한다는 사실을 의미한다.

조직개발은 진단/처방의 순환이다 조직개발 이론가들과 실무자들은 오랫동안 조직의 의학적 모델에 집착해왔다. 의사들처럼 내, 외부의 조직개발 컨설턴트들은 "아픈" 조직에 접근하여 그 병을 "진단"하고 "처방"을 한 후 조정을 이행하고 "경과"를 지켜본다. 표 16-2에는 조직, 집단, 혹은 조직 행동의 전체적인 변화에 사용되는 서로 다른 조직개발 개입의 다양한 목록이 나와 있다.

표 16-2
변화를 실행하기 위한 몇몇 조직개발 개입 기법

• **피드백 조사:** 설문지를 직원들에게 배포하여 그들의 관점과 의견을 조사한다. 그 후 결과를 직원들과 공유한다. 집단 단결력, 업무만족도, 경영자의 리더십 같은 문제를 설문지에서 물어볼 수도 있다. 조사가 끝나면 직원들이 문제해결과 건설적인 변화에 참가할 수 있도록 의미있는 결과를 공유한다.
• **과정 컨설턴트:** 조직개발 컨설턴트는 업무집단 안에서 일어나는 소통과정(개인 간 관계, 의사결정, 갈등처리 패턴)을 관찰하고 관련 구성원들에게 피드백을 제공한다. 변화 대리인은 이러한 과정에 대해 직원들(일부는 경영자들)과 컨설팅을 하면서 그들에게 집단역학을 스스로 파악하고 향상시키는 기술을 전수하고 싶어한다.
• **팀 구성:** 작업집단은 구성원들이 하나의 팀으로 일하는 법을 배워 더욱 효율적으로 일하게 하기 위해 만들어진다. 예를 들면, 조직개발 변화 고나리자는 종업원들이 작업집단에 대해 어떻게 생각하는 지를 알아내기 위해 종업원 개개인과 면담을 할 수도 있다. 이 면담은 아마도 작업장에서 멀리 떨어진 곳에서 행해질 것이다. 팀의 단결력을 높이기 위해 조직개발 컨설턴트가 커뮤니케이션과 갈등해결을 도우면서 구성원들이 암벽등반 같은 프로젝트를 함께 하도록 할 수도 있다. 그 목표는 구성원들이 집단의 목표와 노력에 개인적으로 기여할 수 있음을 보여주는 것이다.
• **집단 간 개발:** 집단 간 개발은 그 노력 면에서 팀 구성과 많은 공통점을 보인다. 그러나 집단 간 개발의 목적은 하나가 아닌 여러 업무 집단 사이의 단결력을 향상시키는 것이다. 이 과정 중에서 변화 관리자는 집단 끼리 서로 가지고 있었던 오해와 고정관념을 이끌어 내고 이에 대한 토론을 거쳐 집단 간의 협동을 강화한다.
• **기술중심조직 활동:** 기술중심조직 활동은 업무 종사자들과 함께 업무기술이나 조직 설계의 향상에 관한 개입이다. 업무기술의 변화는 직원간의 커뮤니케이션을 향상시키기 위한 전자우편의 도입이 될 수도 있다. 또한 조직설계의 변화는 의사결정면에서 기업의 집중화를 감소시킬 수 있다.

출처: A Kinicki and B Williams, *Management: A Practical Introduction*, 3rd ed. (Burr Ridge: IL: McGraw-Hill/Irwin, 2008), p330.

조직개발은 과정을 중시한다 이상적으로 조직개발 컨설턴트들은 행동, 관리상의 조치를 관찰할 때 내용이 아닌 형식에 초점을 둔다. 예를 들어 제품 설계 엔지니어들과 시장 조사원들은 컨설턴트가 기술적인 세부사항을 모르더라도 이들에게 서로 효율적으로 소통하는 법에 대한 코치를 받을 수 있다. 의사소통 외에도 조직개발 전문가들은 문제해결, 의사결정, 갈등관리, 신뢰, 권력공유, 경력개발과 같은 다른 과정에도 집중한다.

조직개발 연구와 현실적 영향 조직개발 연구를 논하기 전에 이 책에 있는 주제 중 다수는 조직개발 개입 도중에 사용된 것임을 알아두기 바란다. 예를 들어 팀 구성은 조직개발 기술로 많이 사용되는 것이다. 이는 업무 집단의 기능을 향상시키기 위함이다. 요점은 바로 조직개발 연구가 이전에 논한 다양한 조직행동 기법의 응용에서 실무적 시사점을 가지고 있다는 것이다. 조직개발과 관련된 조직개입은 다음과 같은 통찰을 준다.

- 18개의 연구에 대한 메타 분석에 의하면 변화에 대한 직원들의 만족은 고위 경영진이 변화에 많은 노력을 기울일 때 높게 나타났다.
- 52개의 연구에 대한 메타 분석으로 조직 변화의 시스템 모형이 뒷받침되었다. 곧, 변화를 위해 목표요소 한 가지에 변화를 주면 다른 목표요소에도 변화가 생긴다는 이야기다. 또한 개인행동의 변화와 조직수준의 변화 간에도 긍정적인 관계가 있었다.
- 126개의 연구에 대한 메타 분석에서는 하나 이상의 조직개발 기법을 사용하는 다면적인 개입은 직무, 업무 태도 면에서 한 가지 인적 방법이나 기술중심조직 접근법보다 더 효과적이

라는 사실이 증명되었다.

- 중국, 일본, 미국, 유럽의 1700여개 기업을 조사한 바로는 (1)중국과 일본보다 미국과 유럽의 기업들이 조직개발 개입을 더욱 빈번하게 사용했고 (2)그 중 일부는 문화와 연관이 있었으며 그렇지 않은 것도 있었다.

이 조사에서 도출한 실제 결과는 모두 네 개였다. 우선 계획된 조직변화는 효과가 있다. 그러나 경영진과 변화 관리자들은 다면적인 조직개입을 시도하기를 권하는 바다. 이 책 어딘가에서 말했듯이 목표설정, 피드백, 인정과 포상, 교육, 참여, 도전적인 직무설계는 업무성과와 만족도를 높여준다는 좋은 선례들이 있다. 둘째, 변화계획은 단기, 장기적인 결과를 모두 만족시키도록 짜여졌을 때 더욱 성공적이다. 관리자들은 변화 자체를 목적으로 조직적 변화를 시도해서는 안 된다. 변화에 대한 노력을 통해 긍정적인 결과를 낼 수 있어야 한다. 셋째, 최고 경영진이 변화 프로세스와 변화 계획에서 추구하는 목표에 진심으로 전념했을 때 조직변화는 성공할 가능성이 더 높다. 이것은 특히 조직이 큰 규모의 변화를 추구할 경우에 그러하다. 마지막으로 조직개발 개입의 효과성을 확보하기 위해서는 문화 간 차이에 대한 고려를 해야 한다. 경영자들과 조직개발 컨설턴트들은 한 나라에서 성공한 조직개발 개입을 다른 나라의 비슷한 상황에 맹목적으로 적용해서는 안 된다.

변화에 대한 저항의 이해와 관리

우리는 모두 습관의 생물이다. 일반적으로 사람이 무언가를 하는 데에 있어 새로운 방식을 시도한다는 것은 어려운 일이다. 엄밀히 말하자면 이러한 인간의 근본적인 특성 때문에 근로자들이 직장에서의 변화에 열의를 가지지 않는 것이다. 변화에 대한 저항 때문에 정성들여 이뤄낸 변화가 열매도 맺어보지 못하고 사장되어버린 사례는 거의 모든 관리자들이 겪어봤을 것이다. 변화하기 위해 노력했으나 실패할 경우 큰 대가를 치루기 때문에 경영자들에게 있어 저항을 관리하는 법을 배우는 것은 아주 중요한 일이다. 대가에는 직원들의 충성심 감소, 기업의 목표 달성 가능성 저하, 돈과 자원의 낭비, 실패 후 복구의 어려움 등이 포함된다. 이 단원에서는 변화에 대한 직원들의 저항과 이 문제를 해결할 수 있는 실질적인 방법에 대해 알아보자.

4 학습목표
직원들이 변화를 거부하는 열한가지 이유를 살펴보자.

왜 사람들은 직장에서의 변화에 저항하는가

계획된 변화가 기술적으로나 경영적으로 얼마나 완벽하던지 간에 사람들은 그것을 따를 수도, 아니면 파괴할 수도 있다. 조직변화에 따르는 개인 혹은 집단의 행동은 적극적인 지원에서부터 노골적인 반대까지 다양한 형태를 띨 수 있다. 인적자원 관리자들의 조사에 따르면 "주요 조직적 변화의 과정에서 최고의 장애물 두 가지가 바로 의사소통 단절과 직원의 저항이었다."

변화에 대한 저항(resistance to change)은 기존의 일상 업무과정에서 실제적인 위협이나 상상속의 위협에 대한 감정적/행동적 반응이다. 저항은 소극적인 사직처럼 미미할 수도, 계획적인 사보타지처럼 과격할 수도 있다. 일단은 근로자들이 변화를 거부하는 이유부터 알아보자. 다음은 11가지 주된 원인들의 목록이다.

왜냐면 지금까지 그랬으니까요.

변화에 대한 저항(resistance to change)
실제 혹은 상상 속의 업무 변화에 대한 감정적/행동적 반응

1. **변화에 대한 개인의 경향.** 이 경향은 매우 개인적이면서도 깊이 스며들어 있다. 이것은 어렸을 때부터 배워온 변화와 모호함을 다루는 방법의 산물인 것이다. 어떤 사람들은 변화를 믿지 못하고 의심하지만 또 어떤 사람들은 변화를 유연성, 참을성과 이해를 필요로 하는 상황으로 본다.
2. **미지의 존재에 대한 경악과 두려움.** 혁신적이거나 급격한 변화는 예고 없이 찾아와 직원들을 그 결과에 대한 두려움으로 몰아넣는다. 공식 발표가 없으면 그 빈 공간은 갖가지 풍문들로 채워지게 된다. 이것은 정확히 제너럴 모터스(General Motors)가 신중하게 설계한 감원 프로그램을 통해 종업원을 감축하기 위해서 협상으로 도출된 계획을 발표할 때 일어난 일이다. 종업원의 감축은 GM이 운영비용을 낮추는데 도움을 주기 위해 필요한 것이었다.

   어제 제너럴 모터스 사의 기업인수 제안이 발표 되자마자, 뉴스와 루머들이 미시건에 있는 폰티악 트럭제조 공장을 휩쓸기 시작했다. "그 소문은 삽시간에 퍼졌다"라고 2500명의 임금 근로자가 고용되어 있는 GMC 시에라 트럭과 쉐보레 실버라도를 만드는 공장의 33년 된 베테랑인 52살의 래리 워커가 말했다. "나는 하루종일 그 문제에 대해 동료들과 이야기를 나누었다. 우리 모두 무엇을 해야 할지 알아내는데 애쓰고 있었다."

3. **불신 풍조.** 9장에서 논했듯이 신뢰는 다른 사람의 의도와 행동에 대한 상호간의 믿음과 관련되어 있다. 상호 불신은 잘 계획된 변화를 실패로 몰고 갈 수 있다. 불신은 더 깊은 불신을 낳는 비밀주의를 조장한다. 직원들을 믿는 경영자들은 변화 프로세스를 개방적이고 정직하고 참여적인 일로 만든다. 그러면 경영진을 믿는 직원들은 더 많은 노력을 기울이고 무언가 다른 일에 뛰어들게 된다.
4. **실패에 대한 두려움.** 직무상의 위협적인 변화는 직원들로 하여금 자신의 능력을 의심하게 한다. 자기의심은 자신감을 감소시키고 개인의 성장과 발전을 저해한다.

5. **지위와 고용 안정성의 상실.** 권력기반을 바꾸거나 일자리를 없애는 경영상의 관리적, 기술적 변화는 일반적으로 강한 거부반응을 유발한다. 예를 들어 대부분의 기업 구조조정은 관리직의 제거를 수반한다. 중간 관리자가 자신의 권위 및 지위를 감소시키는 구조조정이나 참여경영 프로그램에 반대하는 것은 놀랄 일이 아니다.
6. **동료들의 압력.** 변화에 직접 영향을 받지 않는 사람들도 친구나 동료의 이익을 보호하기 위해 적극적으로 반대할 수 있다.
7. **문화적 전통이나 집단 관계의 붕괴.** 개인이 발령, 승진, 재임명을 받을 때마다 집단의 문화적 원동력은 불안정 상태에 빠진다.
8. **성격 갈등.** 상대에게 들으면 화날 만한 이야기를 친구가 말 하면 그냥 넘어가는 것처럼 변화 관리자의 성격이 저항을 야기할 수도 있다.
9. **요령 부족이나 나쁜 타이밍.** 변화를 도입하는 데 있어서 감정적 배려가 부족하거나 그 시기가 적절하지 않으면 과격한 저항이 일어날 수 있다.
10. **도움이 안 되는 보상 체계.** 사람들이 저항을 하는 이유에는 변화에 대한 긍정적인 보상이 예상되지 않기 때문인 경우도 있다. 예를 들어 종업원들은 더 많은 압력과 함께 더 긴 근무 시간이 요구되는 변화 노력을 지지하지는 않을 것이다.
11. **과거의 성공.** 성공은 안일함을 낳는다. 이것은 또한 변화에 있어서 완고한 자세를 취하게 한다. 왜냐하면 사람들은 과거에 효과적이던 것이 미래에도 효과적일 것이라고 믿기 때문이다. 몇 십 년 전에 녹색 혁명(green revolution)은 보다 생산적인 밀과 쌀의 종자를 농부들이 사용하게 해서 아시아와 라틴 아메리카의 기근을 완화시켰다. 그러나 델리 대학교에 있는 농업경제 연구센터(agricultural economics research center)를 이끌고 있는 우샤 투테자(Usha Tuteja)는, "사람들은 너무 현실에 안주했다."고 말한다. 점점 증가하는 인구를 먹여살리는 문제를 해결했다고 믿었던 정부는 농업 연구에 대한 지원을 중단했고 불행하게도, 오늘날 새로운 고난들이 다시 식량 공급을 주요 문제로 만들었다. 새로운 대안을 찾기 위해서는 더 많은 연구를 위해 몇 년 간의 투자를 해야만 할 것으로 보인다.

5 학습목표
변화에 대한 저항을 극복하는 대안적 전략에 대해 알아보라.

변화에 대한 저항을 극복하기 위한 대안전략

저항극복에 대한 구체적인 접근법을 알아보기 전에 꼭 머리 속에 새겨두어야 할 다섯 가지가 있다. 첫째, 조직은 변화에 대한 준비가 되어 있어야 한다. 밥상을 차려야 밥을 먹을 수 있듯이 조직도 변화에 대해 준비가 되어 있어야 효과를 낼 수가 있다. 지도자들이 그들의 진실성에 대해 인정받을 수 있는 신뢰의 분위기를 만들기 위해서는 윤리적 리더십뿐만 아니라 변화가 수용될 수 있는 기반을 닦아놓아야 한다. 경영자는 또한 직원들이 변화에 어떻게 대응할지를 고

실전 연습

변화계획에 대한 당신의 몰입은 변화에 대한 당신의 실천적 지지를 예견하는가?

설명: 첫째, 과거나 현재의 고용주에 의해 당신이 무언가 새로운 것을 배우거나 당시의 태도, 행동이나 조직 관례를 중단해야하는 변화를 겪고 있었을 때를 떠올려라. 그 다음은 다음 문항에 답하여 변화에 대한 당신의 몰입도를 평가하라. 아래에 나온 채점 기준을 사용할 것. 마지막으로 변화에 대한 당신의 행동적인 지지를 평가하라.

1 = 절대 아니다.
2 = 아니다.
3 = 모르겠다.
4 = 그렇다.
5 = 확실히 그렇다.

1. 나는 이 변화의 가치를 믿는다.	1——2——3——4——5
2. 이 변화는 중요한 목적에 도움이 된다.	1——2——3——4——5
3. 이 변화는 조직을 위한 훌륭한 전략이다.	1——2——3——4——5
4. 이 변화에 순응하는 수밖에 없다.	1——2——3——4——5
5. 이 변화에 대한 반대의견 피력은 위험부담이 클 것 같다.	1——2——3——4——5
6. 이 변화에 대한 거부는 대가가 너무 클 것 같다.	1——2——3——4——5
7. 이 변화에 협조해야 할 것 같은 의무감이 든다.	1——2——3——4——5
8. 이 변화에 대해 거부하는 것은 너무 무책임한 짓이다.	1——2——3——4——5
9. 이 변화를 지지해야할 것 같은 의무감이 든다.	1——2——3——4——5

총점 = ____________

임의 기준

9–18 = 헌신도 낮음
19–35 = 중간
36–45 = 높음

변화에 대한 행동적 지지

전반적으로 나는 내 태도와 행동을 경영진이 이루고자 한 바에 맞추었다. 1——2——3——4——5

출처: Survey items were obtained from L Herscovitch and J P Meyer, "Commitment to Organizational Change: Extension of a Three-Component Model," *Journal of Applied Psychology*, June 2002, p 477.

려해야 한다: 저항이 불가피한 것인지, 혹은 거의 그러한지 만약 그렇다면, 종업원들의 요구사항이 무엇인지, 이러한 요구사항들이 정당한지. 직원들이 항상 저항하지는 않는다. 만약 그들이 그럴 때는 지도자의 행동에 대한 반응일 수도 있다.

둘째, 사람들은 현 문제의 원인과 변화의 필요성을 인정하지 못할 경우 변화에 저항한다. 이것이 바로 변화에 대한 직원들의 몰입을 증가시켜 극복해야만 하는 "인지적인" 장애물이다. **변화에 대한 몰입(commitment to change)**은 변화 계획의 성공적인 수행을 위해 필요한 행동과 개인을 하나로 묶는 사고방식이라고 정의할 수 있다. 30개의 기업의 343명을 대상으로 한 조사에서 종업원들은 변혁적 지도자(14장에 묘사된)가 있을 때 더욱 변화에 몰입하고, 반면 지도자가 변혁적이지 않을 때 변화 관리 실행이 —

변화에 대한 몰입(commitment to change)
변화를 효과적으로 이행하기 위해 무슨 일도 할 수 있다는 사고방식이 장에서 설명한 것들 — 몰입에 더욱 기여를 하게 된다는 것을 발견했다. 25개의 기업에서 553명의 종업원들을 관찰한 다른 연구에서, 종업원들이 하나의 변화보다 만연되고 중첩되는 변화를 경험할 때 변화에 대한 몰입은 더 낮아진다는 것을 발견했다. 이 장애물의 진가를 알아본 관리자는 코네티컷에 있는 화이자(Pfizer)의 거대한 연구 시설을 이끌고 있는 토니 후버(Tony Hoover)이다. 후버가 말하기를 거기에 있는 과학자들은 두 번의 합병에 따른 비용 절감 문제로 인해 "변화 피로"를 갖고 있고, 따라서 그녀는 의사소통과 긍정적 작업 환경을 증진시키는데 우선순위를 두었다. 변화에 대한 몰입을 더 잘 이해하기 위해 457쪽 〈실전 연습〉에 나온 몰입 측정도구의 축소된 버전을 풀어보기 바란다. 당신은 변화에 헌신적인가? 이 정도 수준의 헌신이 경영진이 성취하려는 것에 대한 당신의 행동적 지지에 영향을 주었는가?

셋째, 상부 경영진이 변화과정을 직원들에게 계속 알려주지 못하면 조직변화는 실패하기 쉽다. 넷째, 사람들이 의식적으로 변화를 거부한다고 짐작하지 마라. 경영자들은 시스템 변화 모델을 통해 실행과정에 영향을 끼치는 장애요소를 파악할 필요가 있다. 다섯째, 변화에 대한 직원들의 인식이나 해석은 거부에 중대한 영향을 끼친다. 직원들은 변화의 이득이 개인적 비용을 충당한다고 인식했을 때 저항을 하지 않을 것이다. 그러므로 최소한, 경영자들은 (1) 변화에 대해 가능한 한 많은 정보를 직원들에게 제공하고, (2) 변화의 원인/근본적 이유를 알리는 한편, (3) 변화에 대해 직원들이 질문을 할 수 있는 회의를 주최하며 (4) 직원들에게 계획된

표 16-3
변화에 대한 저항을 극복하기 위한 여섯 가지 전략

접근법	주로 쓰이는 상황	장점	단점
교육+소통	정보가 부족하거나 정보와 분석이 부정확할 때	설득된 후에는 사람들이 보통 변화 실행을 돕는다.	연관된 사람이 많을 경우 시간이 오래 걸린다.
참여+관련	선도자들이 변화 구상에 필요한 정보를 모두 갖고 있지 못하거나 다른 사람들이 저항을 행사할 상당한 힘이 있을 때	참여인원들이 변화 실행에 헌신적이다. 가지고 있는 관련 정보가 변화 계획에 통합될 수 있다.	참여자들이 부적합한 변화를 구상할 경우 시간의 소모가 많아진다.
촉진+지원	사람들이 조정문제로 반발할 때	조정문제에 가장 적합하다.	시간과 돈을 소모하고서도 실패할 수 있다.
협상+합의	개인이나 집단이 변화를 얻지 못할 것이 명확하거나 그 집단에게 거부를 행사할 상당한 힘이 있을 때	큰 반발을 피할 수 있는 비교적 쉬운 방법이다.	승낙을 위한 경고가 될 경우 다수의 사례에서 많은 비용이 지출될 수 있다.
조종+협동	다른 전술이 통하지 않거나 비용이 너무 많이 들 때	저항 문제에 있어 비교적 신속하고 저렴한 해결책이 될 수 있다.	조종한다는 느낌이 들 경우 장래의 문제로 이어질 수 있다.
직접적+함축적 강제	속도가 생명이거나 변화 선도자들이 상당한 힘을 가지고 있을 때	빠르면서도 모든 종류의 반발을 극복할 수 있다.	선도자에 대한 반감이 생길 경우 위험부담이 크다.

출처: Reprinted by permission of the *Harvard Business Review*. An exhibit from "Choosing Strategy for Change" by J P Kotter and L A Schlesinger(March/April 1979).

변화가 그들에게 어떠한 영향을 줄지 토론할 기회를 주어야 한다. 이러한 권고사항들은 변화 과정 속에서 직원들과의 커뮤니케이션의 중요성을 바탕으로 하는 것이다. 또한 의사소통은 쌍방향 과정이라고 12장에서 언급했었다. 변혁적 지도자는 단지 변화만을 논의하지 않고 반대하는 사람들의 의견도 경청하여 계획된 변화를 개선할 수 있는 새로운 방법을 놓쳐서는 안 될 것이다.

커뮤니케이션 외에도 변화과정에서의 직원참여는 저항을 감소시키는 또 다른 접근법이다. 그러나 조직변화 전문가들은 참여를 변화 저항에 대한 만병통치약으로 간주하는 경향을 비판해왔다. 그들은 저항이 다양한 형태를 띨 수 있으며 더군다나 상황요소도 달라질 수(표 16-3 참고) 있기 때문에 상황접근법을 선호한다. 표 16-3에서 보듯이 '참여+관여'도 자리를 차지하고 있지만 거기에 필요한 시간이 항상 있는 것은 아니다. 또한 표 16-3에서 볼 수 있듯이 서로 다른 다섯 가지의 방법들이 모두 상황에 따른 이점과 결점을 가지고 있다. 요약하자면 변화저항에 대한 만능전략은 없다는 것이다. 경영자들은 완전한 변화전략 레퍼토리를 가지고 있어야 한다.

조별 활동

변화에 대한 저항 극복하기

학습조직 만들기

조직들은 어제의 경쟁적 이점이 이제는 사업유지에 필요한 최소 진입조건이 되고 있다는 것을 느끼고 있다. 이로 인해 조직들은 발전하고 경쟁우위를 유지하기 위한 최선의 방법을 배워야 한다는 엄청난 압박감을 가지고 있다. 사실 연구자들과 현장 관리자들 모두 조직의 학습능력이 핵심적이고 중요한 전략적 무기가 된다는 사실에 동의한다. 그래서 학습능력을 신장, 양성시키는 것은 조직에 있어 중요한 일이다.

그러면 조직학습이란 무엇이며 조직이 학습조직으로 변모하는 방법은 무엇일까? 이 과정에 무엇이 포함되는지를 명확히 하기 위해 이 섹션은 조직학습과 학습조직을 정의하는 것으로 시작해보자. 그리고 조직학습의 모델을 제시한 후 학습조직을 만들기 위해 지도자들이 갖춰야 할 새로운 역할과 기술을 살펴보는 것으로 마무리 지어보자.

조직적 학습과 학습조직의 정의

조직학습(OL: organizational learning)과 학습조직(LO: learning organization)은 서로 다른 것이다. 조직 변화와 학습 전문가인 수잔 피셔(Susan Fisher)와 마가렛 화이트(Margaret White)는, 조직학습을 다음과 같이 정의하고 있다:

> 조직학습이란 조직 내 모든 구성원들이 수행하는, 내외부의 환경에서 오는 정보의 수집을 수반하는 반

사적인 과정이다. 이 정보는 총체적인 공감대 형성과정을 거쳐 조직에서 사용하는 행동과 이론에 대한 지속적 변화를 유발하는 공유된 판단을 이끌어낸다.

이 정의는 조직학습이 인지적이고 사회적인 과정을 통해 정보가 수집되고 해석되는 과정이라는 것에 집중하고 있다. 이러한 해석과정에서 축적된 정보는 조직의 지식기반을 상징한다. 그리고 이 정보는 다시 조직의 "기억"에 저장되어 파일, 기록, 절차, 방침, 조직 문화가 된다. 반면 학습조직은 조직의 지식을 사용하여 혁신과 조직의 효율성을 끌어낸다.

MIT의 피터 센지(Peter Senge) 교수는 베스트셀러가 된 그의 저서 『학습하는 조직의 기술과 실행 방식(원제 The Fifth Discipline)』에서 '학습조직'이라는 말을 대중에 알렸다. 그는 학습조직을 "진정으로 중요시하는 결과를 만들 수 있는 능력을 집합적으로 기르기 위해 함께 노력하는 사람들의 집합"으로 서술했다. 이러한 개념을 실제로 해석하면 다음과 같은 정의를 도출하게 된다. **학습조직(learning organization)**은 주도적으로 지식을 창조, 습득, 전달하며 새로운 지식과 통찰을 기초로 하여 그 행동양식을 바꾸는 것이다.

학습조직(learning organization)
조직 전체에 걸쳐 사전(事前)적으로 지식을 창조, 습득, 전달함.

이 정의를 세 가지 부분으로 나누면 학습조직의 특징이 뚜렷해진다. 첫째, 학습에 있어 새로운 아이디어는 필수조건이다. 학습조직은 적극적으로 조직 안에 새로운 아이디어와 정보를 불어넣는다. 이것은 지속적으로 외부환경을 점검하고, 새로운 재능과 전문성을 갖춘 사람을 적기에 고용하며 직원의 교육과 능력개발을 위해 많은 자원을 쏟음으로서 이루어진다. 둘째, 조직 전반에 걸쳐 새로운 지식이 전달되어야 한다. 학습조직들은 조직 구성원 사이의 정보, 아이디어, 지식공유에 대한 구조, 과정, 개인 간의 장벽을 줄이기 위해 노력한다. 마지막으로 새로운 지식의 결과로 행동이 바뀌어야 한다. 학습조직은 결과에 초점을 맞춘다. 이들은 직원들의 새로운 행동과 작업과정의 사용을 장려하여 기업목표를 달성할 수 있게 환경을 조성한다.

6 학습목표
조직들이 학습능력을 구축하는 과정을 논의하라.

조직의 학습능력 구축

그림 16-2는 조직이 학습능력을 어떻게 구축하고 향상시키는지를 나타낸 모델이다. **학습능력(learning capabilities)**은 경쟁자들과 차별화되는 기술 노하우, 전문지식, 스킬로서 조직이 환경에 적응할 수 있게끔 하는 핵심 경쟁력의 집합체를 나타내는 것이다. 그림 16-2에서 보여지는 일반 개념은 학습능력이 조직 성공의 원동력이 된다는 것이다. 휘발유가 자동차의 엔진을 움직이게 하는 것처럼 학습능력은 조직이 내, 외부의 변화를 예측하고, 이에 반응할 수 있게 해준다. 이러한 능력은 다시 고객 만족 가능성을 높이고 매출과 수익성을 급증시킨다. 이제 조직의 학습능력에 공헌하는 두 가지 주된 요소인 촉진 요소와 학습 양식을 살펴보도록 하자.

학습능력(learning capabilities)
조직이 환경에 적응할 수 있도록 하는 핵심 경쟁력과 과정의 집합체

그림 16-2

조직의 학습능력 구축

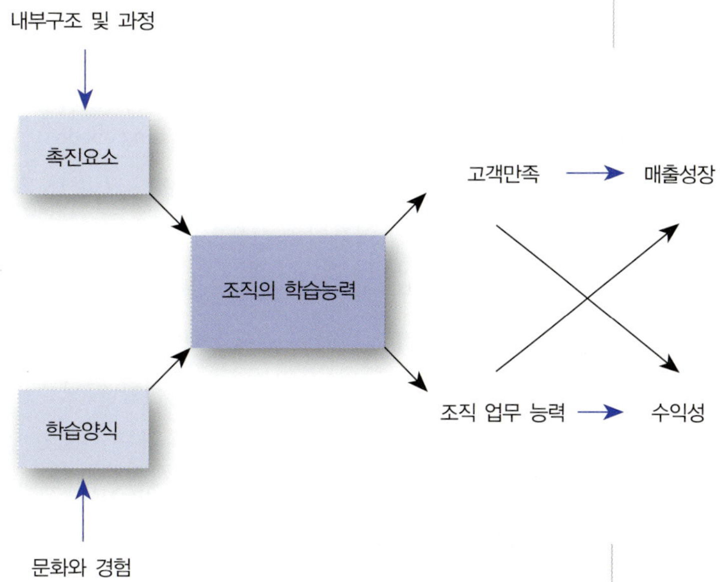

촉진요소 촉진요소는 "학습의 수월성과 효과적인 학습의 양에 영향을 주는 내부 구조 및 과정"을 말한다. 이러한 조건들은 "학습지도 환경, 확고한 학습과정 및 실행, 강화를 제공하는 리더십 행동"이 있는 조직에서 잘 나타난다. 표 16-4는 부서 혹은 조직에서 각각의 요구조건들을 충족시키는데 필요한 자질들을 나타낸 것이다. 많은 조직은 하나 혹은 그 외의 요구조건

표 16-4

학습조직의 기준

학습지원 환경

- 심리적 안정: 사람들은 자신의 의견을 표출하고, 정보를 공유하고, 문제를 논의하고 새로운 아이디어를 시도하는데 두려워하지 않는다.
- 차이에 대한 존중: 다른 아이디어나 의견들도 가치있는 것으로 받아들인다.
- 새로운 아이디어에 대한 개방성: 새로운 아이디어와 접근법이 환영받는다.
- 생각을 위한 시간: 사람들은 품질을 유지하고, 프로세스를 개선하고, 자신의 업무를 검토하기 위해서 너무 바쁘지 않아야 한다.

견고한 학습 프로세스와 실행

- 실험: 개별 부서들은 새로운 아이디어를 자주 시도하고, 이 아이디어를 검사하는 프로세스를 갖는다.
- 정보 수집: 각 부서는 고객, 경쟁사, 트렌드에 관한 정보를 시스템적으로 수집한다.
- 분석: 각 부서는 숨겨진 가정들과 논쟁적 관점들을 포함한 이슈에 대해 효율적으로 논의한다.
- 교육과 훈련: 새로운 직원이나 숙련된 직원 모두 훈련을 받아야 하며, 훈련을 위한 시간이 마련되어야 한다.
- 정보 변환: 직원들은 고객, 공급업체, 조직 내 외부의 전문가들을 만나고, 이러한 활동들은 공식적으로 검토된다.

학습을 강화하기 위한 리더십

- 관리자는 자신의 지식적 한계를 인정하고, 외부로부터의 지원을 수락한다.
- 관리자는 질문을 하는 동시에 효율적으로 들어야 한다.
- 관리자는 다양한 관점의 표현을 격려한다.
- 관리자는 문제를 정의하고, 성과를 분석하고 새로운 아이디어를 반영하기 위해 시간과 자원을 제공한다.

출처: Based on D A Garvin, A C Edmondson, and F Gino, "Is yours a Learning Organization?" *Harvard Business Review*, March 2008, pp 109–16.

들을 이행한다; 조직은 뛰어난 능력을 발휘할 수 있는 영역에서 다른 조직을 능가함으로써 이점을 얻는다.

학습양식(learning modes)
조직이 학습을 만들고 극대화하는 다양한 방법.

학습양식 학습양식(learning modes)은 조직이 학습을 창출하고 극대화하는 다양한 방법을 말하는 것이다. 그림 16-2는 학습양식이 조직의 문화와 경험, 혹은 과거 역사의 영향을 직접적으로 받는다는 사실을 보여준다. EMC 코퍼레이션은 주력분야를 데이터 저장하드에서 소프트웨어로 바꾸어 산업 전환을—정보저장—한 역사를 가지고 있다. 이러한 변화로 인해 EMC의 종업원들은 완전히 새로운 기술을 배워야 했고, 경영진은 전략적인 측면에서 학습 전용부서를 따로 개설하였다. EMC는 학습에 중요한 가치를 두는 문화를 가지고 있었기 때문에 급여 총액의 5%에 달하는 금액을 학습 및 개발 프로그램에 지출했다. 이를 통해 EMC는 새로운 종업원들에게 EMC의 문화와 비전을 가르치기 위한 몰입 프로그램, 정보저장 산업에 대한 강연, 역할극과 사내 학습을 강조하는 판매훈련 프로그램, 멘토링 관계, 외부 학교에서 학업목표를 달성하고 싶어하는 종업원들을 위한 학비지원 등의 활동을 수행했다.

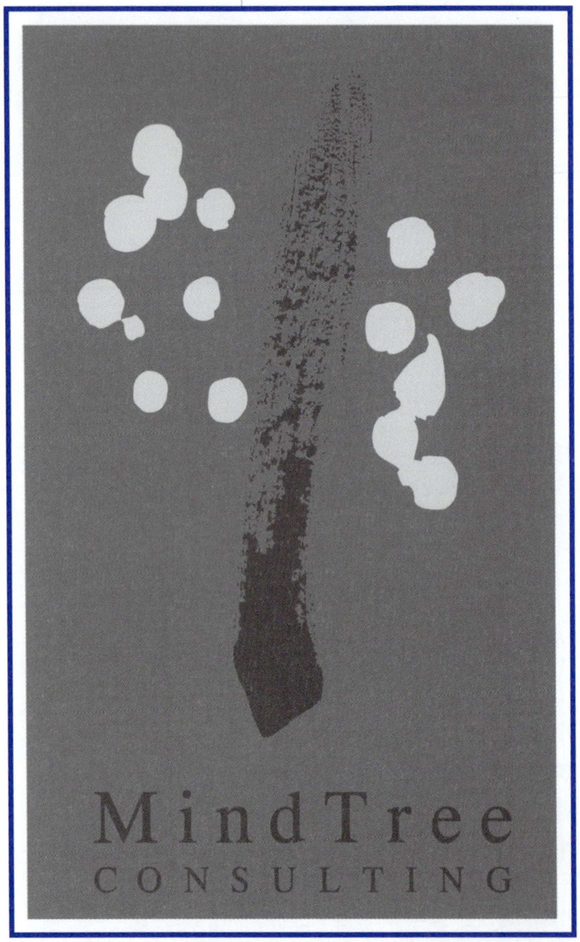

토목공사 회사인 마인드트리 컨설팅(MindTree Consulting)에서, 학습은 회사의 설립과 함께 시작되었다. 이 회사의 로고는 소아마비 아이들에 의해 디자인되었는데 최고 운영책임자인 수브로토 바그치(Subroto Bagchi)에 따르면 이것은 "우리가 모든 사람들로부터 많은 것을 배울 수 있다고 믿는다"라는 것을 의미한다. "공학적 사고방식을 깨기" 위해, 그 회사는 댄스, 우주탐험, 작문 등의 넓고 다양한 배경을 가진 사람들을 초대하여 자사의 3,500명의 직원에게 강의를 제공하고 있다.

조직행동 연구가 대니 밀러(Danny Miller)는 조직학습에 관한 문헌 검토를 통해서 여섯 가지의 주된 학습양식을 찾아냈다:

1. **분석적 학습.** 내·외부 정보의 체계적인 수집을 통해서 학습이 이루어진다. 정보는 주로 양적이며 정식 시스템을 통해 분석된다. 목표 데이터를 숫자로 분석하기 위해 연역적 논리의 사용이 필요하다.
2. **종합적 학습.** 종합학습은 분석학습보다 더욱 직관적이며 포괄적이다. 시스템 사고의 활용을 통해서 대량의 복잡한 정보를 종합하는 것이 필요하다. 즉, 직원들은 이슈, 문제, 기회 간의 상호 연관성을 찾아내고자 한다.
3. **실험적 학습.** 이 양식은 소규모 실험과 실험결과 관찰에 기반을 둔 합리적이고 방법론적인 접근법이다.
4. **쌍방향 학습.** 이 양식은 행동에 의한 학습과 연관되어 있다. 체계적인 방법론적 절차보다 주로 정보의 교환에 의한 학습이 이루어진다. 학습이 더욱 직관·귀납적이다.

5. **구조적 학습.** 이 양식은 조직의 관례(organizational routines)에 기초한 방법론적인 접근이다. 조직의 관례는 직무와 역할을 수행하는 방법을 기술한 표준화된 절차를 말한다. 관례는 우리의 관심에 영향을 주고 기준을 제도화시키고 일관된 용어를 만들어내기 때문에 관례를 통해 학습이 일어난다.
6. **제도화된 학습.** 이 양식은 조직이 외부 환경이나 고위 간부들로부터 가치기준, 신뢰, 관행을 공유하거나 모방하는 귀납적 과정을 말한다. 직원들은 외부의 사례나 고위 간부들에 대한 관찰을 통하여 학습을 한다. 제도 학습에서는 사회화와 멘토링이 중요한 역할을 수행한다.

리더십은 학습조직의 토대다

리더십은 조직학습 육성과 학습조직 창출을 위한 핵심 요소이다. 가장 효과적인 리더는 거래적 리더십과 변혁적 리더십(14장 참고)을 활용하여 조직학습을 촉진하는 사람들이다. 그러나 이렇게 하기 위해서는 리더들이 새로운 역할과 그에 따른 행동을 받아들여야 한다. 구체적으로 말하자면 리더들은 학습조직을 만드는 데에 있어 세 가지 주요 기능을 수행한다: (1)학습에 대한 몰입 조성, (2) 효과적인 아이디어 창출, (3)효과적인 아이디어의 일반화가 바로 그것이다.

학습에 대한 몰입 조성 리더들은 종업원들이 서서히 학습에 지적, 감성적 몰입을 하게 되도록 만들어야 한다. 베인 앤 컴퍼니(Bain & Company)의 CEO인 토마스 티어니(Thomas Tierney)는 이를 위해 리더들이 "교사와 학습자"라는 개념이 존재하는 문화를 만들 것을 제안한다. 그의 생각은 직원들이 선생님과 제자처럼 행동할 때 조직학습과 혁신이 향상된다는 것이다. 물론 리더들은 학습 인프라를 구축하기 위해 재정적 자원을 투자해야 한다.

효과적인 아이디어 생성 효과적인 아이디어는 직원, 소비자, 주주로 대표되는 조직의 3대 핵심 이해관계자 중 하나 이상의 사람들에게 가치를 제공한다. 전문가들은 효과적인 아이디어 창출을 위해 아래의 방법을 추천한다.

- 지속적인 개선 프로그램을 실시하라.
- 교육을 통해 직원들의 경쟁력을 기르거나 조직 외부에서 재능 있는 사람을 영입하라.
- 새로운 아이디어, 프로세스, 구조적 배열을 실험하라.

기술과 모범사례

뇌가 어떻게 학습하는지에 대한 강의

- 사람들이 학습을 장기 기억으로 통합하기 위해서는 충분한 수면을 취해야 한다.
- 일정 시간이 흐르고 난 뒤에 뇌는 차단되기 때문에[집중할 수 있는 시간이 약 20분], 학습분량을 한 입에 먹을 수 있는 너겟 사이즈 정도로 작게 나누어야 한다.
- 사회적 고통 - 거절당하거나 질책당하는 - 은 육체적 고통과 마찬가지로 뇌에 영향을 미친다.
- 사회적 형평성과 존경은 뇌에 화학적 효과를 북돋는다. 불공평과 경멸은 정반대의 현상을 만들어낸다.
- 스트레스는 사람들로 하여금 불분명한 사고를 하게 만든다.
- 불확실성은 불안의 고리를 만들고 의사결정 능력을 감소시킨다.
- 변화를 받아들이게 하려면 종업원들에게 상황에 따라 어느 정도의 권한이 필요하다. 몇 개의 선택만으로도 도움이 된다.
- 더욱 활동적인 학습기술로 직원들을 사로잡으면 직원들이 이직을 안 하고 계속 남도록 할 수 있다.
- 작업장 내에서 고용주가 기대를 충족시켜주지 못하거나 작업장 내에 불확실성을 조장하면 직원들의 사고 능력이 제한될 수 있다.

출처: A Fox, "The Brain at Work," *HR Magazine*, March 2008, pp 37–42.

- 조직 밖으로 나가 세계 최상급의 아이디어와 프로세스를 찾아보라.
- 조직 전체에 시스템 사고를 서서히 주입하라.

효과적인 아이디어의 일반화 리더들은 학습에 대한 개인 간, 집단, 조직의 장벽을 줄이기 위해 공동의 노력을 기울여야 한다. 이것은 학습 인프라를 구축함으로써 이루어질 수 있다. 이를 위해서는 아래의 내용과 같은 많은 노력이 필요하다.

- 학습에 대한 평가와 보상
- 조직 구성원 사이의 개방적이고 솔직한 대화의 증가
- 갈등 감소
- 수직, 수평적인 의사소통의 증가
- 팀워크 장려
- 위험감수와 혁신에 대한 보상
- 실패에 대한 두려움의 감소
- 성공, 실패, 최선의 방법에 관한 조직구성원간의 공유 촉진
- 스트레스의 요인과 좌절의 감소
- 내부경쟁 감소
- 협동과 협력의 증가
- 심리적으로 안전하고 편안한 환경 조성

학습에 대한 장벽을 감소시키는 몇몇 부가적인 제안들뿐만 아니라 이 방법들이 효과가 있는 이유는, 이것들이 뇌기능에 대한 학문인 신경과학에서 유래했기 때문이다(〈기술과 모범사례〉를 볼 것).

조직 망각

앞서 논한 아이디어를 실행하면서 조직은 동시에 성공적이었던 조직의 방식과 패러다임을 잊기도 해야 한다. 단순하게 말하자면 전통적인 조직과 이들에 의해 만들어진 조직행동은 유통기한이 지났다. 경영진은 학습조직을 만들고 싶다면 과거에 유용했던 사고방식에 의문을 품고 이에 도전해야한다. 예를 들어 오래된 계획, 조직, 통제의 경영 패러다임을 비전, 가치, 강화의 경영 패러다임으로 바꿀 수 있다. 경영진과 직원들은 서로를 "우리"와 "그들"이라는 적대관계로 보지 말고 모두가 소유주라는 생각을 가져야 할 때가 왔다.

핵심 용어

벤치마킹(benchmarking) 446
변화에 대한 내부적 동력(internal forces for change) 445
변화에 대한 몰입 (commitment to change) 457
변화에 대한 외부적 동력(external forces for change) 442
변화에 대한 저항(resistance to change) 455
변화의 목표 요소(target elements of change) 449
사명 선언서(mission statement) 447
전략적 계획(strategic plan) 448
조직개발(organization development) 451
학습 양식(learning modes) 462
학습조직(learning organization) 460
학습능력(learning capabilities) 460

단원 요약

- **조직변화의 필요성을 불러일으키는 내/외부적 동력을 논하라.** 조직은 외부와 내부의 변화 동력을 접하게 된다. 주요 외부 변화동력에는 인구통계학적 특징, 기술발전, 시장변화, 사회정치적 압력의 네 가지가 있다. 내부변화 동력은 인적 자원 문제와 경영상의 행동/결정에서 온다.
- **레빈의 변화 모델과 변화 시스템 모델에 대해 설명하라.** 레빈은 변화 과정을 시작, 관리, 안정화시키는 방법을 설명하기 위해 계획 변화의 3단계 모델을 개발했다. 이 세 단계란 변화의 동기를 만드는 해동, 변화, 재동결을 통한 변화의 안정화다. 시스템 변화 모델은 변화의 큰 틀을 잡는다. 이것은 변화의 주된 구성요소 사이의 상호작용에 초점을 둔다. 그 세 가지 요소란 변화의 투입, 목표요소, 산출이다. 변화의 목표요소란 변화 할 수 있는 조직의 요소를 뜻하는 것이다. 여기에는 조직배치, 사회적 요소, 방법, 목표, 사람이 있다.
- **코터의 조직변화 8단계를 설명하라.** 존 코터는 조직변화가 여덟 개의 일반적인 오류 중 하나 이상을 범했을 때 실패 할 수 있다고 믿는다. 그는 조직이 이러한 오류를 극복하기 위해 따라야 할 여덟 가지 단계를 제시했다. 그 8단계는 다음과 같다. (a)긴박감을 조성한다. (b)선도 협동체를 만든다. (c)비전과 전략을 수립한다. (d)변화의 비전을 교환한다. (e)넓은 기반의 행동에 힘을 실어준다. (f)단기적인 성공을 만든다. (g)수익을 통합하고 더 많은 변화를 생산한다. (h)새로운 접근법을 문화 속에 정착시킨다.
- **직원들이 변화에 저항하는 열한가지 이유를 논의하라.** 변화에 대한 저항은 기존의 일상 업무과정에 대한 실제나 상상속의 위협에 대한 감정적/행동적 반응이다. 직원들이 변화에 저항하는 열한가지 원인은 다음과 같다. (a)변화에 대한 개인의 경향. (b)미지의 존재에 대한 경악과 두려움. (c)불신풍조. (d)실패에 대한 두려움. (e)안정된 지위와 직장의 상실. (f)동료들의 압력. (g)문화 전통이나 집단 관계의 붕괴. (h)성격 갈등. (i)요령 부족이나 나쁜 타이밍. (j)도움이 안 되는 포상 체계. (k)과거의 성공
- **변화에 대한 저항을 극복하는 대안 전략을 알아보라.** 조직은 변화할 준비가 되어 있어야 한다. 조직이 변화할 준비가 되어 있다고 가정했을 때, 변화 거부를 극복하기 위한 전략대안은 다음과 같다. 교육+소통, 참여+연관, 촉진+지원, 협상+합의, 조종+협동, 직접적+함축적 강제. 각자 상황에 따른 적합성, 이점, 단점이 있다.
- **조직이 학습능력을 구축하기 위해 사용하는 과정을 논하라.** 학습능력은 조직이 환경에 적응할 수 있게끔 하는 과정과 핵심 경쟁력의 집합체를 나타내는 것이다. 학습능력은 조직의 촉진요소와 학습 양식의 직접적인 영향을 받는다. 촉진요소는 내부구조를 구성하고 조직 내에서의 학습을 장려하거나 방해할 수 있다. 학습양식은 조직이 학습을 만들고 극대화하는 다양한 방법을 말한다. 연구원들은 학습능력에 영향을 끼치는 촉진요소와 학습양식 사이에 최적의 조화 방식이 있을 것이라고 믿는다.

토의 문제

1. 이 장의 처음 사례로 돌아가서, 어떻게 효과적으로 사무실을 재설계 해야 해고를 동반한 변화에 대한 직원들의 저항을 줄일 수 있을까? 설명하시오.
2. 당신은 다음과 같은 발언을 하는 경영자에게 어떻게 반응하겠는가? "행동은 중요치 않다. 직원들은 내 지시만 따르면 된다."
3. 직장에서 조직변화를 겪어 본 적이 있다면 어떤 종류의 조직 발전 개입이 사용되었으며 그것이 효과적이었는지 설명해 보시오.
4. 변화에 대한 저항 원인 중 어떤 것이 가장 일반적이라고 생각하는가? 경영진이 다루기에 가장 어려운 것은 무엇인가?
5. 조직이 진정 학습조직으로 평가 받기 위한 범위는 어느 정도라고 생각하는가? 다른 종류의 대안 방법도 논의해보시오.

윤리적 딜레마

당신의 뛰어난 직원들을 상처주지 않고 감축을 실행하는 윤리적 방법이 있을까?

인텔(Intel)은 지난 20개월 동안 10,500개의 직무를 재구성하거나 없애버렸다. 회사는 이익과 시장 점유율의 감소를 이유로 들어 이러한 감축을 결정했다. 인텔은 감축을 할 때 양적인 접근을 택했다. 즉, 회사는 노동자 인구통계를 연구했고 어떤 지역의 감축이 가장 필요한지 결정한 후 어디서 가장 회사의 미래 계획에 기여를 많이 할지를 고려하여 직원들을 새로이 발령했다. 관리직이 가장 많이 감소했다. 그러나 기업의 이사들은 이 과정에 대해 기쁘게 생각했는데 그 이유는 회사가 현재 더욱 수익성 있고 경쟁력이 생겼기 때문이다.

대조적으로, 몇몇 종업원들은 회사가 "사기, 직원 훈련, 장기적 리더십 자질에 손상을 입힘으로써 재조직화를 망쳤다"고 믿는다. 직원들은 인터뷰에서 "인텔은 재조직화에 대한 직원들의 열정을 고려하지 않았고, 인사조직 전문가들의 능력을 낭비했으며, 현명하지 못하게 하위 관리자들 보다는 상위 관리자들에게 리더십 훈련의 노력을 옮겨갔다"고 불만들을 드러냈다. 불만스러워하는 종업원들은 인텔이 구조조정을 할 때 직원들의 이익을 고려하지 않았다고 생각한다. 인적자원 관리부서가 얻은 내부적 메모에 따르면 고위 관리자들은 양질의 직원들을 잃게 된다는 것을 알고 있었다. 메모에는 이렇게 적혀있었다: "우리는 이 행동을 통해 좋은 직원들을 잃게 된다는 것을 알고 있다. 하지만 우리는 너무 많은 관리자들을 보유하고 있고, 이 관리자 감축은 우리의 의사결정과 의사소통을 개선하고 회사의 규모를 조절하기 위해 필요하다. 게다가, 우리는 군살을 뺀 조직이 되어야 하고 직장의 공석을 제한하고 있기 때문에, 개별 작업자나 관리자처럼 직무를 재배치하는 것은 비합리적인 선택이다.

딜레마 해결: 인텔에서의 해고를 당신은 어떻게 다룰 것인가?

1. 인텔의 접근법은 논리적이다. 수익이 증가하고, 회사는 타임지에서 올해 최고의 발명품으로 선정한 새로운 프로세서 칩을 발표했다. 10,000명의 직원들을 내보내면서 당신은 모든 사람들을 행복하게 할 수 없다.
2. 오로지 숫자에 집착해서 감축하는 것은 좋지 않다. 경영진은 구조조정을 할 때 기대했던 것보다 적게 해고를 한다고 해도 종업원들의 열정과 이익을 수용해야 한다. 장기적으로 이것은 직원의 만족도를 높이고 성과 또한 높아지게 된다.
3. 이는 새로운 임무에 만족하지 못하는 사람들이 비판을 하는 것처럼 보인다. 그들은 불평을 그만두고 여전히 고용되어 있다는 사실에 행복해야 할 것이다.
4. 나는 최적의 접근법이 있는지에 대한 여부를 확신할 수 없다. 직원들이 열성을 가지고 업무를 하는 바람직한 근무 환경을 유지하면서 비용절감이라는 단기목표에 대한 균형을 맞추는 것은 불가능하다.
5. 다른 해석이나 선택을 만들어보고 토론해보자.

찾아보기

가

나

다

라

마

바

사

차

타

파

하

기타